Praxisnetze und das Berufsrecht der Ärzte

Recht & Medizin

Herausgegeben von den Professoren
Dr. Erwin Deutsch, Dr. Adolf Laufs, Dr. Hans-Ludwig Schreiber

Bd./Vol. 64

PETER LANG
Frankfurt am Main · Berlin · Bern · Bruxelles · New York · Oxford · Wien

Maike C. Erbsen

Praxisnetze und das Berufsrecht der Ärzte

Der Praxisverbund als neue Kooperationsform in der ärztlichen Berufsordnung

PETER LANG
Europäischer Verlag der Wissenschaften

Bibliografische Information Der Deutschen Bibliothek
Die Deutsche Bibliothek verzeichnet diese Publikation in der Deutschen Nationalbibliografie; detaillierte bibliografische Daten sind im Internet über <http://dnb.ddb.de> abrufbar.

Zugl.: Heidelberg, Univ., Diss., 2002

D 16
ISSN 0172-116X
ISBN 3-631-51268-6

www.peterlang.de

Vorwort

Die vorliegende Arbeit ist im Wintersemester 2002/2003 von der Juristischen Fakultät der Ruprecht-Karls-Universität Heidelberg als Dissertation angenommen worden. Sie wurde im Juli 2002 abgeschlossen; seither erschienene Literatur konnte nur noch teilweise in den Fußnoten berücksichtigt werden. Gleiches gilt für die im Mai 2002 durch den 105. Deutschen Ärztetag in Rostock beschlossenen Änderungen der (Muster-) Berufsordnung für die deutschen Ärztinnen und Ärzte in Bezug auf das ärztliche Werberecht. Auch diese konnten nur noch kursorischen Eingang in die Arbeit finden.

Nach Abschluß der Arbeit und an dieser Stelle gilt es, sich nochmals bewußt zu machen, wer an ihrem Entstehen Anteil hat. Mein ganz herzlicher Dank gebührt dabei zuerst meinem verehrten Doktorvater, Herrn Prof. Dr. Dr. h. c. Adolf Laufs. Er hat diese Arbeit angeregt, betreut und mich insbesondere bei der teilweise schwierigen Recherchearbeit unterstützt. Besonders danke ich auch Herrn Priv.-Doz. Dr. Christian Katzenmeier für die zügige Erstellung des Zweitgutachtens und seine freundschaftliche Unterstützung bei der Verlagssuche. Mein Dank gilt ebenso Herrn Prof. Dr. Jochen Taupitz, der mich von Anfang an mit offenen Armen am Institut für Medizinrecht (IMGB) in Mannheim aufgenommen hat. Während dieser Zeit habe ich vielfältige Anregungen für meine Dissertation erhalten.

Zu danken habe ich auch den zahlreichen ärztlichen und nichtärztlichen „Netzpraktikern“, ohne deren Hilfs- und Gesprächsbereitschaft diese Arbeit nicht möglich gewesen wäre.

Unentbehrlich waren für mich die zahllosen und jederzeit möglichen Diskussionen mit meinen Kolleginnen und Freundinnen Manuela Brewe, Dr. Barbara Böckenförde-Wunderlich und Monika Vees, denen ich insbesondere für die Mühen der kritischen Durchsicht und des Korrekturlesens zu tiefem Dank verpflichtet bin.

Ganz besonders möchte ich mich bei meinen Eltern Dres. med. Erbsen und meiner Tante Jutta Trebes bedanken. Ohne ihre vielfältige und tatkräftige Unterstützung hätte ich diese Arbeit nicht vollenden können.

Den bedeutendsten Anteil aber hat „mein“ Peter. Er hat mich bestärkt, die Arbeit zu beginnen und mich immer wieder ermutigt, sie fortzusetzen. Er hat es vor allem hingenommen, daß die Wahrnehmung gemeinsamer Interessen über lange Zeit zurückstehen mußte. Ihm und meiner Mutter widme ich diese Arbeit.

Freiburg i. Br., im August 2003 Maike Constanze Erbsen

Inhaltsverzeichnis

Abkürzungsverzeichnis ... 13

Einleitung ... 19

TEIL 1:
GRUNDLEGENDES ZU PRAXISNETZEN –
ENTWICKLUNGEN UND KONZEPT

§ 1 DIE ENTSTEHUNGSGESCHICHTE UND GRUNDGEDANKEN DER „NETZBEWEGUNG“ ... 25

A. Die Ausgangspunkte für die Entwicklung der Praxisnetze ... 25

B. Überblick über Managed Care ... 28

C. Die normative Entwicklung ... 32

D. Die Zielsetzungen der Beteiligten ... 37

I. Ärzteschaft ... 38

II. Kassenärztliche Vereinigungen ... 39

III. Krankenkassen ... 40

IV. Industrie ... 41

V. Patienten ... 41

VI. Erfüllung der ursprünglichen Erwartungen – Evaluationsergebnisse ... 42

§ 2 DAS PRAXISNETZ-KONZEPT ... 44

A. Die Vielfalt der Vernetzungsprojekte ... 44

B. Das Grundkonzept ... 46

TEIL 2:
DIE BILDUNG DES PRAXISNETZES UND SEINE ARBEIT –
BERUFSRECHTLICHE BETRACHTUNGEN

§ 1 DIE VERANKERUNG DER PRAXISNETZE IN DER ÄRZTLICHEN BERUFSORDNUNG ... 49

A. Die grundlegenden Rechtsbeziehungen zwischen den Beteiligten ... 49

B. Der Beruf des Arztes im Rechtssystem ... 50

I. Der Arztberuf als freier Beruf ... 50
II. Das ärztliche Standesrecht als Gegenstand der Untersuchung ... 52
C. Die Praxisnetze im Kooperationssystem der ärztlichen Berufsordnung ... 56
I. Der Praxisverbund als neue Kooperationsform der Berufsordnung ... 56
1. Die Regelung des Praxisverbundes in der MBO-Ä 1997 ... 56
a) „Gebundene" Netze ... 57
b) „Freie" Netze ... 58
c) Bedürfnis nach einer Neuregelung ... 59
2. Die Regelung des Praxisverbundes in der MBO-Ä 2000 ... 60
II. Die Unterscheidung Berufsausübungsgemeinschaft – Organisationsgemeinschaft ... 62
1. Der Praxisverbund als Berufsausübungsgemeinschaft? ... 63
2. Der Praxisverbund als Organisationsgemeinschaft? ... 64
3. Der Praxisverbund als Zwischenform ... 67

§ 2 DAS VERHÄLTNIS DER NETZÄRZTE UNTEREINANDER ... 69

A. Die Gründung des Praxisverbundes ... 69
I. Die Rechtsform des Praxisverbundes ... 69
1. Die BGB-Gesellschaft als „traditionelles Zentrum" des freiberuflichen Gesellschaftsrechts ... 70
2. Der Praxisverbund in Form einer juristischen Person des Privatrechts ... 72
a) Der Grundsatzstreit um die „Heilkunde-GmbH" – Die „Niederlassung in eigener Praxis" als Anknüpfungspunkt ... 72
b) Übertragbarkeit auf den Praxisverbund? ... 75
II. Das Schriftformerfordernis und die Vorlagepflicht des Netzvertrages an die Ärztekammer – Zivilrechtliche Bedeutung ... 77
1. Kap. D II Nr. 11 Abs. 2 MBO-Ä 2000 als Verbotsgesetz i. S. v. § 134 BGB? ... 78
2. Kap. D II Nr. 11 Abs. 2 MBO-Ä 2000 als gesetzliche Formvorschrift i. S. v. § 125 BGB? ... 81

B. Die ärztliche Teilnahme am Praxisverbund – Die Aufnahmeregelung der MBO-Ä 2000 ... 83
I. Die Zulässigkeit einer standesrechtlichen Aufnahmeregelung ... 83
1. Problemstellung: Der Konflikt mit der grundrechtlich geschützten Aufnahmefreiheit ... 83
a) Einschränkung der Vertragsfreiheit ... 83
b) Die betroffenen Grundrechtspositionen des Netzes und der darin verbundenen Ärzte ... 87
aa) Die Berufsausübungsfreiheit des Art. 12 Abs. 1 GG ... 87
bb) Die Vereinigungsfreiheit des Art. 9 Abs. 1 GG ... 89

c) Die Aufnahmeregelung als Besonderheit in der ärztlichen Berufsordnung 90
2. Die Aufnahmeansprüche des Zivilrechts als parallele Problematik 92
a) Ausgangspunkte für die Festlegung zivilrechtlicher Aufnahmepflichten 93
b) Die „Marktmacht" eines Vereins als Anknüpfungspunkt 96
3. Die Zulässigkeit der Aufnahmeregelung unter verfassungsrechtlichen Gesichtspunkten 99
a) Praxisnetze als Wettbewerbsinstrument – Der mit der Aufnahmeregelung verfolgte satzungsgeberische Zweck 99
b) Der Prüfungsmaßstab – Der konkurrenzrechtliche Konflikt zwischen Art. 9 Abs. 1 GG und Art. 12 Abs. 1 GG 102
c) Wettbewerbsgesichtspunkte als zulässiger Eingriffszweck? 106
aa) Die begrenzte Satzungsautonomie der Ärztekammern 106
bb) Die Zweckdualität der Aufnahmeregelung 109
d) Die Verhältnismäßigkeit der Aufnahmeregelung – Bedürfnis nach verfassungskonformer Auslegung 112
II. Konsequenzen für die durch den Praxisverbund aufzustellenden Aufnahmebedingungen 116
1. Die Rechtsbegriffe „für den Versorgungsauftrag notwendig" und „nicht diskriminierend" 117
2. Die notwendige Bezugnahme auf die Marktposition des Praxisverbundes 118
3. Beispiele möglicher Teilnahmevoraussetzungen für die Mitgliedschaft in einem Praxisverbund 120

§ 3 DAS VERHÄLTNIS DER NETZÄRZTE ZU NICHTÄRZTLICHEN NETZMITGLIEDERN 123

A. Die Einbeziehung von Angehörigen anderer Gesundheitsberufe und von stationären Einrichtungen – Die Regelung des Kap. D II Nr. 11 Abs. 3 MBO-Ä 2000 124
I. Beitrittsfähige Einrichtungen und Berufsgruppen 125
1. Der Verweis auf die in Kap. D II Nr. 9 Abs. 2 MBO-Ä 2000 genannten Berufsgruppen 125
2. Kooperation mit weiteren nichtärztlichen und gewerblichen Einrichtungen 127
II. Die bei der Einbeziehung zu beachtenden Grundsätze 128
1. Die Grundsätze des Kap. D II Nr. 9 Abs. 1 S. 4 a)-f) MBO-Ä 2000 130
a) Wahrung der ärztlichen Eigenverantwortung und Selbständigkeit sowie Trennung der Verantwortungsbereiche der Kooperationspartner (Kap. D II Nr. 9 Abs. 1 S. 4 a) und b) MBO-Ä 2000) 131
b) Arztvorbehalt (Kap. D II Nr. 9 Abs. 1 S. 4 c) MBO-Ä 2000) 133
c) Freie Arztwahl (Kap. D II Nr. 9 Abs. 1 S. 4 d) MBO-Ä 2000) 133

d) Diagnostik- und Therapievorbehalt (Kap. D II Nr. 9 Abs. 1 S. 4 e) MBO-Ä 2000) 135
e) Berufsrechtsvorbehalt, insbesondere das Verbot der Errichtung einer Zweigpraxis (Kap. D II Nr. 9 Abs. 1 S. 4 f) MBO-Ä 2000) 136
2. Die Auswahlentscheidung des Praxisverbundes über die aufzunehmenden nichtärztlichen und stationären Kooperationspartner 140
a) Festlegung der berufsübergreifenden Zusammenarbeit auf einen medizinisch-integrativen Zweck? 140
b) Beschränkung des Zugangs nichtärztlicher und stationärer Kooperationspartner durch den Praxisverbund 142

B. Die mitgliedschaftliche Beteiligung einer Kassenärztlichen Vereinigung an einem Praxisverbund 144

I. Die sozialgerichtliche Rechtsprechung 144

II. Aus berufsrechtlicher Sicht 147

§ 4 DAS VERHÄLTNIS DES NETZES ZU DEN PATIENTEN 150

A. Die koordinierten Behandlungsabläufe im Praxisverbund – Das Selbstbestimmungsrecht des Patienten und die Therapiefreiheit des Arztes 151

I. Selbstbestimmungsrecht des Patienten und Therapiefreiheit des Arztes als „Grundpfeiler" der Arzt-Patienten-Beziehung 151

II. Die Einbindung des Patienten in den Praxisverbund – Die Freiheit der Arztwahl 156
1. Die Einschreibung des Patienten in einen Praxisverbund 156
2. Die Ringüberweisung im Praxisverbund – Das Verbot der Zuweisung gegen Entgelt 159
3. Die Information des Patienten über Freiwilligkeit und Unverbindlichkeit seiner Wahlentscheidung 160

III. Die standardisierte Versorgungsweise eines Praxisverbundes 161
1. Das standardmäßige Einholen von Zweitmeinungen 161
2. Die Festlegung netzeigener Behandlungsstandards 162
a) Die „leitliniengestützte" Behandlung im Praxisverbund 163
aa) Ärztliche Leitlinien als zentrales Instrument der Qualitätssicherung in der Medizin 163
bb) Die Anwendung und Erarbeitung von Leitlinien durch die Netzärzte 165
b) Die Pharmakotherapie nach netzeigenen Arzneimittelpositivlisten 167
c) Aufklärungspflicht der Netzärzte über standardisiertes therapeutisches und diagnostisches Vorgehen? 169

IV. Die Wahrung der ärztlichen Therapiefreiheit gegenüber beteiligten Krankenkassen, gewerblichen Netzmanagern und der Industrie 171
1. Die Furcht vor kassenseitig geforderten „exklusiven" Netzverträgen 171

a) Die netzspezifischen Qualitätsvorteile im Vergleich zur herkömmlichen Versorgungsweise einer Einzelpraxis ... 172
b) Berufsrechtliche und tatsächliche Grenzen eines nur für versicherte Patienten vertragsgebundener Krankenkassen geltenden netzärztlichen Leistungsangebots ... 175
2. Die Einrichtung einer gewerblich organisierten Leitstelle für den Praxisverbund ... 179
3. Die Zusammenarbeit des Netzes mit der Industrie ... 181

B. Die Kommunikation im Praxisverbund – Die Schweigepflicht des Arztes ... 184

I. Die ärztliche Schweigepflicht ... 185

II. Der Datenfluß im Praxisverbund ... 187
1. Der Datenaustausch zwischen den Netzärzten zu Behandlungszwecken ... 187
a) Die Einwilligung des Patienten in die Informationsweitergabe – Die Regelung des § 9 Abs. 4 MBO-Ä 2000 ... 188
b) Die Form der Einwilligung – Die unterschiedlichen Regelungen der ärztlichen Schweigepflicht, des Datenschutz- und Kassenarztrechts ... 191
2. Die Datenübermittlung an weitere Netzeinrichtungen zum Zweck des ärztlichen Qualitätsmanagements und zur Budgetsteuerung ... 197

C. Die Information der Patienten über den Praxisverbund – Das ärztliche Werberecht ... 198

I. Arzt und Werbung in der MBO-Ä 2000: Vom kategorischen Werbeverbot zur sachlichen Patienteninformation ... 199

II. Der Auftritt des Praxisverbundes in der Öffentlichkeit nach der ärztlichen Berufsordnung ... 203
1. Die Darstellungsmöglichkeiten des Praxisverbundes nach Kap. D I MBO-Ä 2000 ... 205
a) Die Information der Patienten über Praxisschilder, Verzeichnisse und Zeitungsanzeigen ... 207
aa) Die Informationsmöglichkeiten des einzelnen Netzarztes ... 207
bb) Die Informationsmöglichkeiten des Praxisverbundes ... 208
b) Die Verwendung eines Netznamens und eines Netzlogos ... 210
c) Die Information der Patienten über das Internet und durch Netzbroschüren ... 214
aa) Die Patienteninformation in Form von Netzbroschüren und deren Verbreitung ... 215
bb) Der zulässige Inhalt ... 219
2. Andere Werbemaßnahmen eines Praxisverbundes ... 221
3. Das Duldungsverbot des § 27 Abs. 2 MBO-Ä 2000 ... 223
a) Die Werbung durch am Netz beteiligte Krankenkassen ... 223
b) Die Information durch Kassenärztliche Vereinigungen ... 229

ZUSAMMENFASSUNG DER EINZELNEN ERGEBNISSE ... 231
SCHLUSSBETRACHTUNG ... 242

Literaturverzeichnis 246

Anhang 267
Anhang 1: Die (Muster-) Berufsordnung der deutschen Ärztinnen und Ärzte von 1997 (MBO-Ä 1997) 268
Anhang 2: Die (Muster-) Berufsordnung der deutschen Ärztinnen und Ärzte von 2000 (MBO-Ä 2000) 287
Anhang 3: Die Änderungen durch den 105. Deutschen Ärztetag in Rostock in Bezug auf den Praxisverbund – Auszug aus der (Muster-) Berufsordnung der deutschen Ärztinnen und Ärzte von 2002 (MBO-Ä 2002) 306
Anhang 4: Die Netzregelungen des SGB V: Modellvorhaben (§§ 63-65 a), Strukturvertrag (§ 73 a) und Integrierte Versorgung (§§ 140 a-140 h)..... 310

Abkürzungsverzeichnis

aaO	am angegebenen Ort
Abschn.	Abschnitt
AcP	Archiv für die civilistische Praxis (Zeitschrift)
a. E.	am Ende
ÄBl.-BW	Ärzteblatt Baden-Württemberg
AEV	Arbeiter-Ersatzkassen-Verband
a. F.	alte Fassung
AGB	Allgemeine Geschäftsbedingungen
Alt.	Alternative
Anm.	Anmerkung
AOK	Allgemeine Ortskrankenkasse
ApothekenG	Apothekengesetz
Ärzte-ZV	Ärzte-Zulassungs-Verordnung
ArztR	Arztrecht (Zeitschrift)
AusR	Der Arzt und sein Recht (Zeitschrift)
AWMF	Arbeitsgemeinschaft der Wissenschaftlichen Medizinischen Fachgesellschaften
Az.:	Aktenzeichen
BÄK	Bundesärztekammer
BÄO	Bundesärzteordnung
Beschl.	Beschluß
BKK	Betriebskrankenkasse
BMV-Ä	Bundesmantelvertrag-Ärzte
BNotO	Bundesnotarordnung
BO	Berufsordnung
BORA	Berufsordnung für Rechtsanwälte
BRAO	Bundesrechtsanwaltsordnung
Breithaupt	Sammlung von Entscheidungen aus dem Sozialrecht
BT-Drucks.	Bundestagsdrucksache
CT	Computertomographie
DAV	Deutscher Anwaltsverein
DÄBl.	Deutsches Ärzteblatt (Zeitschrift)
DÖV	Die Öffentliche Verwaltung (Zeitschrift)
DOK	Die Ortskrankenkasse (Zeitschrift)
DuD	Datenschutz und Datensicherheit (Zeitschrift)
EKV-Ä	Bundesmantelvertrag-Ärzte/Ersatzkassen
EWiR	Entscheidungen zum Wirtschaftsrecht (Entscheidungssammlung)
GbR	Gesellschaft bürgerlichen Rechts

GKV	Gesetzliche Krankenversicherung
GRUR	Gewerblicher Rechtsschutz und Urheberrecht (Zeitschrift)
Hb.	Handbuch
HeilBG	Heilberufsgesetz
HKaG	Heilberufe-Kammergesetz
HKG	Heilberufe-Kammergesetz
Hrsg.	Herausgeber
HS.	Halbsatz
i. d. F.	in der Fassung
i. R. v.	im Rahmen von
i. S. v.	im Sinne von
i. V. m.	in Verbindung mit
Kap.	Kapitel
KBV	Kassenärztliche Bundesvereinigung
KG-BW	Heilberufe-Kammergesetz Baden-Württemberg
krit.	kritisch
KrV	Die Krankenversicherung (Zeitschrift)
KV	Kassenärztliche Vereinigung
LÄK	Landesärztekammer
Ls.	Leitsatz
m. Anm.	mit Anmerkung
MBO-Ä XXXX	Musterberufsordnung für Ärzte in der jeweiligen Fassung
MDK	Medizinischer Dienst der Krankenkassen
MedR	Medizinrecht (Zeitschrift)
MRT	Magnetresonanztomographie (Kernspin)
MüKo	Münchner Kommentar zum BGB
MWBO-Ä	Musterweiterbildungsordnung für Ärzte
m. w. Nachw.	mit weiteren Nachweisen
m. zahlr. Nachw.	mit zahlreichen Nachweisen
n. F.	neue Fassung
Nr.	Nummer
Nrn.	Nummern
NZS	Neue Zeitschrift für Sozialrecht
o. J.	ohne Jahr
o. O.	ohne Ort
PKV	Private Krankenversicherung
Rdnr.	Randnummer

Rdnrn.	Randnummern
StBerG	Steuerberatungsgesetz
str.	strittig
st. Rspr.	ständige Rechtsprechung
v. a.	vor allem
Var.	Variante
VdAK	Verband der Angestellten-Krankenkassen
VersR	Versicherungsrecht (Zeitschrift)
VSSR	Vierteljahresschrift für Sozialrecht
VVDStRL	Veröffentlichungen der Vereinigung der Deutschen Staatsrechtslehrer
WM	Wertpapier-Mitteilungen (Zeitschrift)
WPO	Wirtschaftsprüferordnung
WRP	Wettbewerb in Recht und Praxis (Zeitschrift)
ZaeFQ	Zeitschrift für ärztliche Fortbildung und Qualitätssicherung
z. B.	zum Beispiel
ZHR	Zeitschrift für das gesamte Handelsrecht und Wirtschaftsrecht
ZIP	Zeitschrift für Wirtschaftsrecht
zit.	zitiert

Wegen weiterer Abkürzungen wird auf Hildebert Kirchner, Abkürzungsverzeichnis der Rechtssprache, 4. Auflage, Berlin, New York 1993, verwiesen.

„Wer ein Netz knüpft, der will fischen im Gewässer des Gesundheitsmarktes: die Ärzte nach mehr Honorar und besserer Kooperation, die KV vielleicht nach Möglichkeiten, das Budget zu entlasten, die Krankenkassen nach Wirtschaftlichkeitsreserven und Qualitätsverbesserung und der Patient (von dem hier eigentlich kaum die Rede ist) nach gezielter, fachlich kompetenter, persönlicher medizinischer Versorgung."

Dieter Krauskopf

Einleitung

Nach der Definition des *DUDEN* ist ein Netz ein „Gebilde aus geknüpften Fäden, Schnüren o.ä., deren Verknotungen Maschen bilden und das zum Festhalten, Haltgeben o.ä. dient“[1].

Vielleicht ist es diese Funktion des Haltgebens, die in einer Zeit des immer schnelleren Fortschritts dazu führt, daß das vernetzte Arbeiten überall propagiert wird: in der Politik, in der Industrie, in der Verwaltung und im Dienstleistungsbereich. Auch in der Ärzteschaft ist die Vernetzung von Praxen seit längerem ein Thema, dem immer mehr Aufmerksamkeit im gesamten Gesundheitswesen gewidmet wird.

Im August 1998 wurde von der Kassenärztlichen Bundesvereinigung ein Positionspapier zur Entwicklung neuer Versorgungsstrukturen herausgegeben, in dem prognostiziert wurde, daß sich im Laufe der Zeit eine Versorgungsstruktur entwickeln werde, „die durch das Nebeneinander von vernetzten Versorgungsangeboten und Einzelpraxen geprägt ist“[2]. Den Praxisnetzen wird attestiert, sie seien „das zentrale Zukunftsmodell der ambulanten ärztlichen Medizin“[3]. Die Vorhersage, daß ärztliche Praxisnetze über ihre schon heute wichtige Funktion hinaus[4] in der Zukunft unseres Gesundheitssystems eine zunehmende Rolle spielen werden, läßt sich durch Zahlen untermauern: Wurden Anfang 1997 in Deutschland rund 40 Praxisnetze gezählt, so waren es gegen Ende 1998 schon mehr als 200[5], 1999 war sogar schon von bis zu 400 Vernetzungsprojekten die Rede[6]. Wie viele Praxisnetze zur Zeit tatsächlich existieren, läßt sich nicht exakt ermitteln, da die zum Teil sehr unterschiedlichen Projekte nicht zentral erfaßt werden. Daß es sich bei dem Thema Praxisnetze um einen Zukunftsmarkt mit großer Aktualität handelt, zeigt sich nicht nur an der Häufigkeit, mit der dieses Thema in der gesamten Presse – nicht nur der Fachpresse – be-

---

[1] *DUDEN*, Deutsches Universalwörterbuch A-Z, Stichwort „Netz“.

[2] KBV Kontext Spezial, „Die Entwicklung neuer Versorgungsstrukturen“, August 1998, S. 22.

[3] *Plassmann*, Praxisnetze, S. 14.

[4] So z. B. der Abteilungsleiter Gesundheitsversorgung/Krankenversicherung im Bundesgesundheitsministerium *Schulte-Sasse* in seinem Vortrag auf dem Symposium der KBV „Praxisnetze - Innovationen des Gesundheitssystems“ in Königswinter am 18./19.3.1999, abgedruckt in KBV Kontext Nr. 12, Juli 1999, S. 7.

[5] *Meyer-Lutterloh*, Praxiskooperationen und Praxisnetze, S. 55.

[6] Die Angaben differieren hierbei erheblich: *Ratajczak*, in: AG Medizinrecht im DAV (Hrsg.), Ärztliche Kooperationsformen, S. 105; *Szecsenyi*, in: Szecsenyi/Magdeburg (Hrsg.), Ärztliche Qualitätsgemeinschaft Ried, S. 11. – Teilweise wird in Schätzungen davon ausgegangen, daß in den nächsten fünf Jahren zwischen 20.000 und 35.000 Ärzte in bis zu 400-600 Praxisnetzen organisiert sein werden, vgl. *Schlicht*, ÄBl.-BW 2001 (Heft 9), 339.

handelt wird[7], sondern auch darin, daß es private Beratungsfirmen eigens für Netzgründungen, eine Vielzahl von spezifischen Homepages im Internet[8], spezielle Fachzeitschriften[9] und seit Februar 2000 sogar einen Aufbaustudiengang zum Management von Gesundheitsnetzen gibt[10].

Erhebliches Zukunftspotential entfalten Praxisnetze dadurch, daß es sich hierbei um ein vergleichsweise junges Feld handelt, das die Experimentierphase noch nicht verlassen hat[11]. Diese Tatsache, die als Chance für innovationsbereite Ärzte, Kassenärztliche Vereinigungen und Krankenkassen gesehen werden kann, birgt aber auch große Probleme in sich. So gibt es keine einheitlichen Rahmenbedingungen und – wie stets im Rahmen der Gesetzlichen Krankenversicherung – ist dieser Bereich starken gesetzlichen Änderungen unterworfen. Man denke nur an die Diskussion um die „Gesundheitsreform 2000“: Im Referentenentwurf vom 25. Mai 1999 sollte beispielsweise noch unter Punkt 31 die Gestaltungsmöglichkeit des Strukturvertrages (§ 73 a SGB V) abgeschafft und statt dessen unter Punkt 77 ein neuer 11. Abschnitt zum Vierten Kapitel des SGB V mit dem Titel „Integrierte Versorgung“ (§§ 140 a–140 g SGB V n. F.) eingefügt werden[12].

Diese beiden Aspekte, der Neulandcharakter und das Fehlen von ausdrücklichen Regelungen, haben dazu geführt, daß ein regelrechter Wildwuchs von völlig unterschiedlichen Vernetzungsprojekten entstanden ist und das Thema Praxisnetze ein schlagwortartiges Gepräge erhalten hat: Es wird von den verschiedenen Institutionen des Gesundheitswesens zur Förderung ihrer jeweils eigenen, teilweise konträren Positionen genutzt[13]. Bezeichnenderweise hat der Erste Vorsitzende der Kassenärztlichen Bundesvereinigung (KBV), *Dr. Winfried Schorre*, auf einem im Jahre 1999 zu diesem Thema abgehaltenen Symposium geäußert: „“Vernetzte Praxen“ ist zum Zauberwort geworden für uns alle, die wir nach Wegen suchen, den Solidargedanken als Grundlage einer qualitätsgesicherten Patientenversorgung unseres Landes zu erhalten“[14].

---

[7] Statt vieler STERN „Ärzten ins Netz gegangen“ (Heft 22/99 vom 27.5.1999, S. 194 ff.); SÜDKURIER (Konstanz), „Ärzte spinnen ein sicheres Netz“ vom 6.2.1996.

[8] So z. B. diejenigen des „Bundesverbandes Vernetzte Praxen e.V.“ und des „Bundesverbandes der Gesundheitszentren und Praxisnetze e.V.“.

[9] Die Zeitschriften *praxisNETZ* und *Perspectives on Managed Care* erscheinen nun schon im fünften Jahr; erstere ist seit Anfang 2001 ausschließlich als Online-Version im Internet unter http://www.praxisnetz.multimedica.de, Stand: 1.3.2002, verfügbar.

[10] Vgl. *Hellmann*, Perspectives on Managed Care 2000 (Heft 1), 16 f. u. DÄBl. 2001 (Heft 15), A-949.

[11] KBV Kontext Nr. 12, Juli 1999, S. 46.

[12] Dies ist nach langer Diskussion nicht Gesetz geworden. Der Bundestag hat am 17.12.1999 einem Entwurf zugestimmt, in dem die sog. Integrationsversorgung i. S. d. §§ 140 a – 140 h SGB V n. F. zwar eingeführt wird, der § 73 a SGB V aber daneben bestehen bleibt.

[13] Vgl. das Positionspapier der *KBV* „Die Entwicklung neuer Versorgungsstrukturen“, KBV Kontext Spezial, August 1998, S. 9, 10 (bzgl. der Motivation einer Krankenkasse).

[14] Vortrag in redigierter Fassung abgedruckt in: KBV Kontext Nr. 12, Juli 1999, S. 33 ff.

Es ist denn auch nicht verwunderlich, daß die Gründung solcher, die Grundzüge von Managed Care in die Bundesrepublik tragenden, Strukturen von Anfang an Gegenstand zum Teil heftiger Kontroversen in der ärztlichen Standespolitik war. Es vergeht heute kaum eine Woche, ohne daß in den ärztlichen Medien von „Vernetzten Praxen" die Rede ist. Da deren Ziel die Optimierung der Qualität ambulanter Krankenversorgung bei gleichzeitiger Kosteneinsparung, insbesondere durch Vermeidung von Krankenhauskosten, ist, standen bei allen bisherigen Überlegungen zu diesem Thema ökonomische Aspekte im Vordergrund. Die sich ergebenden Rechtsfragen wurden bis auf wenige Ausnahmen allenfalls am Rande in die Diskussion einbezogen. Dabei handelt es sich bei dieser Form der ärztlichen Kooperation um Neuland, das wegen seiner zahlreichen und vielschichtigen Rechtsfragen gerade auch für den Juristen von großem Interesse ist. Obwohl seit den ersten juristischen Beiträgen[15] schon einige Zeit vergangen ist, blieb, was die Voraussetzungen der Netzbildung und die ärztliche Arbeit in Praxisnetzen angeht, vieles noch ungeklärt.

Die „Vernetzten Praxen" sollen deshalb in der vorliegenden Arbeit rechtswissenschaftlich untersucht werden. Aus dem weiten Feld der die Praxisnetze betreffenden Rechtsbereiche soll hierbei das Standesrecht der Ärzte als Berufsrecht im engeren Sinne herausgegriffen werden; andere Rechtsbereiche, die den Gegenstand des ärztlichen Berufsrechts im weiteren Sinne bilden, wie z. B. das Kassenarztrecht, das Zivil- oder Datenschutzrecht, werden dabei weitgehend ausgeklammert bleiben und allenfalls kursorisch Berücksichtigung finden. Unberücksichtigt werden und müssen auch die haftungsrechtlichen Bezüge der ärztlichen Arbeit in Praxisnetzen bleiben. Hiermit würde ein weites Feld betreten, das den Umfang der vorliegenden Untersuchung sprengen würde.

Anlaß für diese Untersuchung bieten die berufsrechtlichen Entwicklungen der letzten Jahre: Um die Praxisnetze auch berufsrechtlich faßbar zu machen, mußte eine neue Kooperationsform in die ärztliche Berufsordnung eingefügt werden. Als Reaktion auf die tatsächlichen und sozialgesetzlichen Entwicklungen im Bereich der Praxisnetze wurde deshalb auf dem 100. Deutschen Ärztetag 1997 der Praxisverbund „erschaffen"[16]. Da die ständig fortschreitende Entwicklung dieser neuen Versorgungsform es jedoch innerhalb von nur drei Jahren notwendig machte, das ursprüngliche, nur einen sehr kleinen Ausschnitt aus der Lebenswirklichkeit der Praxisnetze erfassende Konzept des Praxisverbundes zu

---

[15] *Schirmer*, VSSR 1998, 279 ff.; *ders.*, MedR 1997, 431 ff., 434 ff. sowie das im Auftrag der Kassenärztlichen Vereinigung Nordbaden erstattete grundlegende Rechtsgutachten von *Rieger*, in: KV Nordbaden (Hrsg.), Modellkonzept „Vernetzte Praxen" der Kassenärztlichen Vereinigung Nordbaden, S. 18 ff. (eine gekürzte Fassung des Gutachtens findet sich in MedR 1998, 75 ff.).

[16] Die Begriffe Vernetzte Praxen, Praxisnetz und Ärztenetz können und werden synonym verwendet werden. Der Begriff „Praxisverbund" bezeichnet dagegen nur solche Netze, die unter die neu geschaffene Kooperationsform „Praxisverbund" des Kap. D II Nr. 11 MBO-Ä subsumiert werden können.

ändern, soll vorliegend untersucht werden, ob und wie es dem Ärzteparlament auf dem 103. Deutschen Ärztetag 2000 in Köln gelungen ist, ein praxistaugliches Instrumentarium für die mit vielfältigen Hoffnungen verbundene ärztliche Arbeit in Praxisnetzen bereitzustellen.

Die nachfolgende Untersuchung gliedert sich in zwei Teile. Bevor die berufsrechtliche Situation der Praxisnetze eingehend untersucht wird, soll zu Beginn deren Entwicklungsgeschichte nachgezeichnet und eine Bestandsaufnahme über die mit der Vernetzung von Arztpraxen verfolgten Ziele vorgenommen werden. Dabei wird sich zeigen, daß sich hinter dem Begriff des Praxisnetzes eine Vielzahl ganz verschiedener Netzprojekte verbirgt. Die Vielfalt der einzelnen Vernetzungsprojekte führt zu der Erkenntnis, daß es *das* Praxisnetz im Sinne eines standardisierten Konzepts oder einer Definition nicht gibt, sondern man sich vielfach mit der Aussage begnügt und begnügen muß: „Kein Praxisnetz gleicht dem anderen"[17]. In einer rechtswissenschaftlichen Arbeit kann und muß dieses Problem nicht gelöst werden. Die standesrechtliche Untersuchung der ärztlichen Tätigkeit im Rahmen von Praxisnetzen erfolgt anhand des allen Vernetzungsprojekten im wesentlichen gemeinsamen Grundkonzepts.

Die sich hieran anschließende rechtliche Untersuchung beginnt mit einem Überblick über die erst 1997 in die ärztliche Berufsordnung aufgenommene Kooperationsform des Praxisverbundes. Geklärt werden soll dessen grundsätzliche Verankerung im Kooperationssystem der Berufsordnung, das wie das gesamte freiberufliche Kooperationsrecht durch die Einteilung in Organisations- und Berufsausübungsgemeinschaften gekennzeichnet ist.
Im Anschluß daran werden drei verschiedene Beziehungsebenen zu unterscheiden sein: diejenige der Netzärzte untereinander, diejenige der Netzärzte zu nichtärztlichen Netzmitgliedern und schließlich diejenige des Netzes zu den Patienten.

Auf der das Innenverhältnis der Netzärzte betreffenden Ebene werden zunächst Rechtsfragen in Bezug auf die Gründung des Praxisverbundes zu bearbeiten sein. Besonderes Augenmerk wird danach auf die in der ärztlichen Berufsordnung enthaltene Aufnahmeregelung gerichtet werden, die eine allgemeine Öffnung des Praxisverbundes gegenüber teilnahmewilligen Ärzten postuliert. Sie soll umfassend auf ihre Vereinbarkeit mit dem Grundgesetz, namentlich der Art. 12 Abs. 1, 9 Abs. 1 GG, untersucht werden.

Auf der Ebene der Zusammenarbeit des Netzes mit nichtärztlichen Netzmitgliedern werden die Einbeziehbarkeit von Angehörigen anderer Gesundheitsberufe und die dabei zu beachtenden Grundsätze sowie die Frage nach der Zulässigkeit einer mitgliedschaftlichen Beteiligung von Kassenärztlichen Vereinigungen an einem Praxisverbund untersucht werden.

Im Verhältnis des Netzes zu den Patienten stehen schließlich das Selbstbestimmungsrecht des Patienten und die Therapiefreiheit des Arztes im Mittel-

[17] So z. B. *Meyer-Lutterloh*, Praxiskooperationen und Praxisnetze, S. 57.

punkt. Das besondere Versorgungsverfahren eines Praxisnetzes, das sich durch koordinierte Behandlungs- und Kommunikationsabläufe auszeichnet, soll im Lichte dieser sich in vielen Einzelgewährleistungen manifestierenden Grundpfeiler der Arzt-Patienten-Beziehung beleuchtet werden. Ausgehend von dem gewandelten Standpunkt der ärztlichen Berufsordnung, die nach einigem Druck von außen die sachgerechte Werbung des Arztes als notwendige Informationsbasis für das Patientengrundrecht auf freie Arztwahl anerkannt hat, ist das Verhältnis des Netzes zu den Patienten auch dort angesprochen, wo es um die Öffentlichkeitsarbeit des Praxisverbundes geht. Die Haltung der Berufsordnung zu der nicht nur durch den Praxisverbund und seine Mitglieder, sondern zunehmend auch durch beteiligte Kassenärztliche Vereinigungen und Krankenkassen betriebenen Öffentlichkeitsarbeit des Praxisverbundes wird aus diesem Grund ebenfalls auf dieser Ebene hinterfragt werden.

Am Ende der vielfältige Einzelfragen umfassenden Untersuchung wird sich zeigen, ob die berufsrechtliche Konzeption des Praxisverbundes einen flexiblen praxistauglichen Umgang mit dieser neuen Versorgungsform ermöglicht.

TEIL 1: GRUNDLEGENDES ZU PRAXISNETZEN – ENTWICKLUNGEN UND KONZEPT

§ 1 DIE ENTSTEHUNGSGESCHICHTE UND GRUNDGEDANKEN DER „NETZBEWEGUNG“

A. Die Ausgangspunkte für die Entwicklung der Praxisnetze

Gemäß § 1 S. 1 SGB V hat die Krankenversicherung als Solidargemeinschaft die Aufgabe, die Gesundheit der Versicherten zu erhalten, wiederherzustellen oder ihren Gesundheitszustand zu bessern. Diesem Postulat entsprechend hat sich die Gesetzliche Krankenversicherung (GKV) zu einem bevölkerungsumfassenden System zur Bereitstellung vollständiger medizinischer Versorgung entwickelt[18].

Jedoch hat sich schon früh gezeigt, daß dieses System mit erheblichen Finanzierungsproblemen belastet ist. So wurde bereits im Jahr 1977 ein Krankenversicherungs – Kostendämpfungsgesetz[19] erlassen, dessen Ziel es war, die steigende volkswirtschaftliche Belastung durch den Gesundheitsaufwand nachhaltig zu bremsen. Es folgten zahlreiche weitere Gesetze, die jeweils das Prinzip der Beitragssatzstabilität in den Mittelpunkt des Reformbemühens stellten[20].

Seit 1986 ist der Leidensdruck auf der Finanzierungs– und der Kostenseite erheblich gewachsen, wie die seither durchgeführten großen Gesundheitsreformen[21] beispielhaft zeigen. Mit ihnen sollte die offensichtlich unbeherrschbare Ausgabendynamik im deutschen Versorgungssystem durchbrochen werden. Als ursächlich für die Kostensteigerung im Gesundheitswesen werden vor allem der Anstieg der Arbeitslosigkeit, die Bevölkerungsentwicklung, der medizinische

---

[18] Heute sind rund 90 % der Bevölkerung in der GKV versichert. Eine Übersicht über die Entwicklung der GKV seit ihrer Gründung im Jahr 1883 gibt *Graf v. Stillfried*, in: Arnold/Lauterbach/Preuß (Hrsg.), Managed Care, S. 232 ff.

[19] Das KVKG trat am 1.7.1977 in Kraft (BGBl. I, S. 1069), in seiner Folge hat das Bundesgesundheitsministerium mehr als 6000 (!) Verordnungen und Gesetzesänderungen auf diesem Gebiet gezählt, vgl. *Graf v. Stillfried*, in: Arnold/Lauterbach/Preuß (Hrsg.), Managed Care, S. 241.

[20] Vgl. die Übersicht über die Entwicklung des Kassenarzt-/Vertragsarztrechts von *Krauskopf*, in: Laufs/Uhlenbruck, Hb. des Arztrechts, § 23 Rdnr. 12 ff. – Durch das Gesundheitsstrukturgesetz (GSG) v. 21.12.1992 (BGBl. I, S. 2266) ist der Begriff des Kassenarztes durch den des Vertragsarztes ersetzt worden, siehe hierzu *Schulin*, VSSR 1994, 357 ff. Im folgenden werden beide Begriffe synonyme Verwendung finden.

[21] Genannt seien hier das Gesetz zur Strukturreform im Gesundheitswesen (GRG) v. 20.12.1988 (BGBl. I, S. 2477), das Gesundheitsstrukturgesetz (GSG) v. 21.12.1992 (BGBl. I, S. 2266) und in neuerer Zeit das 1. und 2. GKV – Neuordnungsgesetz (1. u. 2. GKV - NOG) v. 23.6.1997 (BGBl. I, S. 1518 u. S. 1520) sowie das zum 1.1.2000 in Kraft getretene GKV – Gesundheitsreformgesetz 2000 (GKV – GR 2000) v. 22.12.1999 (BGBl. I, S. 2626).

Fortschritt und die starke Zunahme der Arztzahlen[22] gesehen[23]. Die systembedingte strikte Sektorierung[24] der verschiedenen Gesundheitsbereiche sowie die fehlende Preissteuerung[25] durch geringe finanzielle Einbindung der Leistungserbringer in das Versicherungsrisiko und die damit verbundene fast vollständige Verdrängung jeglicher Einflußnahme der Krankenkassen auf die Behandlungsabläufe im medizinischen Versorgungsgeschehen[26] gelten heute als hauptsächliche Hindernisse auf dem Weg zu mehr Effizienz und Effektivität in unserem Gesundheitswesen[27]. Aus der scharfen Trennung der ambulanten von der stationären ärztlichen Versorgung ergeben sich mehrere gravierende Nachteile: die Information, Kommunikation und Koordination zwischen den verschiedenen Versorgungssektoren ist unzureichend; es kommt zu medizinisch nicht begründeten Wiederholungen oder Verzögerungen von Untersuchungs- und Behandlungsmaßnahmen; es besteht eine nicht optimale Allokation von personellen und apparativen Kapazitäten durch erhebliche Parallelität dieser Kapazitäten in den verschiedenen Versorgungssektoren sowie eine medizinisch ineffektive Aufsplittung von Diagnostik und Therapie[28].

Ausgangspunkt für die Entwicklung neuer Versorgungsformen ist die nunmehr allseitige Überzeugung, daß das deutsche Gesundheitssystem ohne tiefgreifende Veränderungen nicht mehr lebensfähig bleiben wird. Ziel einer solchen neuen Architektur des Gesundheitssystems ist es, die richtigen Leistungen auf der angemessenen Versorgungsebene in wirtschaftlicher Form zu erbrin-

---

[22] Nach einer Statistik der Bundesärztekammer hat sich die Anzahl der in Westdeutschland ambulant tätigen Ärzte von 53.303 im Jahr 1975 auf 107.362 im Jahr 1999 mehr als verdoppelt; die Zahl der berufstätigen Ärzte insgesamt ist im gesamten Bundesgebiet von 237.750 im Jahr 1990 auf 291.171 im Jahr 1999 gestiegen, wovon nach einer entsprechenden Statistik der KBV im gleichen Zeitraum eine Zunahme der niedergelassenen Vertragsärzte von 88.811 auf 112.683 zu verzeichnen ist. Zur Statistik der *Bundesärztekammer* siehe Supplement zum DÄBl. 2000 (Heft 25), 8 u. 9; diejenige der *KBV* ist abzurufen unter http://www.kbv.de, Stand: August 2000.

[23] *Eichhorn/Schmidt-Rettig*, in: Eichhorn/Schmidt-Rettig (Hrsg.), managed care, S. 3.

[24] Mit dem Begriff Sektorierung wird die grundsätzliche Trennung von ambulanter und stationärer ärztlicher Versorgung umschrieben.

[25] Diese fehlt auch auf der Seite der Patienten, da die Nachfrage nach Gesundheitsleistungen völlig preisunabhängig ist und dazu führen kann, daß die Versicherten auch für vergleichsweise geringfügige Befindlichkeitsstörungen teure Gesundheitsleistungen in Anspruch nehmen oder sogar zusätzliche Gesundheitsleistungen nachfragen.

[26] Die Rolle der Krankenversicherungen verschiedenster Art ist mehr oder weniger die eines zahlenden Dritten, der sich seinen Versicherten im Wettbewerb vornehmlich durch Großzügigkeit bei der Erstattung der Kosten und nicht durch das Bemühen um eine möglichst hohe Effizienz der Versorgung empfiehlt.

[27] *Rüschmann/Roth/Krauss*, Vernetzte Praxen, S. XV; *Graf v. Stillfried*, in: Arnold/ Lauterbach/Preuß (Hrsg.), Managed Care, S. 245 ff.; *Arnold/Jelastopulu/König/Seitz*, RPG 1998 (Heft 1), 37, 40 f.

[28] *Eichhorn/Schmidt-Rettig*, in: Eichhorn/Schmidt-Rettig (Hrsg.), managed care, S. 6 ff.

gen[29]. Wegen der hohen Kosten im stationären Bereich lautet die häufig in diesem Zusammenhang geäußerte Kurzformel: „So viel ambulant wie möglich, so wenig stationär wie nötig“[30].

Vernetzte Praxen sind dabei nur eine mögliche Erscheinungsform neuer Versorgungsstrukturen[31]. Nach der Definition der *Kassenärztlichen Bundesvereinigung* handelt es sich bei Vernetzten Praxen um ein Verfahren, mit dem die berufliche und wirtschaftliche Situation der Vertragsärzte durch gezielte und systematische Kooperation und durch die Nutzung von Synergieeffekten und Wirtschaftlichkeitsreserven in der Praxisorganisation verbessert werden soll[32]. Eine etwas andere, mehr patientenorientierte Umschreibung bietet das *Wörterbuch der Praxisnetze*: „Ziel einer Vernetzung ist es, durch eine intensivierte Kooperation und Kommunikation eine verbesserte Versorgung anbieten zu können bei gleichzeitiger Reduktion der Gesamtkosten“[33]. Schließlich kommt der Abschlußbericht der Arbeitsgruppe „Vernetzte Praxen“ der *Kassenärztlichen Vereinigung Nordbaden* zu dem Ergebnis, daß durch Praxisnetze eine „rationelle und betriebswirtschaftlich sinnvolle Struktur- und Prozeßqualität bereitgestellt wird, die eine weitgehend optimale Rundumversorgung durch Primärärzte und Spezialisten zu effizienter Patientenbetreuung anbietet“[34].

Es ist nicht eindeutig auszumachen, welche Seite der am Gesundheitswesen Beteiligten die Idee der Praxisnetze in die deutsche Gesundheitspolitik einbrachte. Zum einen wird auf den 1992 neu gewählten Vorstand der Kassenärztlichen Bundesvereinigung unter den Vorsitzenden *Dr. Winfried Schorre* und *Dr. Peter Schwoerer* verwiesen[35], an anderer Stelle ist aber auch von niedergelassenen Vertragsärzten als Initiatoren zu lesen[36]. Ebensowenig ist der Ursprung dieser Idee eindeutig festzumachen. Vielmehr ist davon auszugehen, daß diese viele verschiedene Keimzellen hatte. Zu nennen sind die zunehmenden Kosten, die Schnittstellenproblematik wegen der bestehenden starren Sektorierung und die Problematik der Einzelpraxis. Letztere besteht zum einen in dem stark angewachsenen und von den niedergelassenen Ärzten als zunehmend unerträglich empfundenen Konkurrenzdruck durch die Budgetierung der Lei-

---

[29] KBV Kontext Spezial, August 1998, S. 14.

[30] Vgl. KBV Kontext Nr. 3, August 1997, S. 4; *Fiedler*, in: Eichhorn/Schmidt-Rettig (Hrsg.), managed care, S. 277.

[31] Eine andere bekannte Ausprägung sind die sog. Primärarztsysteme, vgl. unten Fn. 46. Zu den von diesen Systemen erhofften Vorteilen vgl. *Grönemeyer*, Med. in Deutschland, S. 229 ff.; zu diesbezüglichen Modellprojekten der Ortskrankenkassen *Ahrens/Knieps*, in: Eichhorn/Schmidt-Rettig (Hrsg.), managed care, S. 264 ff.

[32] KBV Kontext Spezial, August 1998, S. 4.

[33] *Plassmann*, Wörterbuch der Praxisnetze, S. 59.

[34] Abschlußbericht der Arbeitsgruppe „Vernetzte Praxen“ der *Kassenärztlichen Vereinigung Nordbaden*, S. 10.

[35] *Plassmann*, Praxisnetze, S. 9.

[36] *Rüschmann/Roth/Krauss*, Vernetzte Praxen, S. 11.

stungsausgaben, der zu mangelnder Kollegialität geführt hat und zum anderen in dem zunehmenden wirtschaftlichen Zwang, durch Leistungsausweitung Einkommen zu erzielen, der mit den Schlagworten „Hamsterrad-Effekt“ und „Punktwert-Misere“ umschrieben wird und häufig gegen ein medizinisch verantwortungsvolles Handeln steht[37]. Da die Idee ärztlicher Kooperation im Grunde nicht neu ist[38], spielten sicherlich auch die guten Erfahrungen mit bereits bestehenden Kooperationsformen wie Gruppenpraxen, Qualitätszirkel-Netzwerken[39] oder den ambulanten Gesundheitszentren in den neuen Bundesländern[40] eine entscheidende Rolle.

Zu regelrechten Schlagworten entwickelten sich die Begriffe „Vernetzung“, „Integration“ und „Kooperation“, als Anfang der neunziger Jahre die ersten US-amerikanischen Managed Care – Ansätze in europäische Gesundheitssysteme, wie z.B. das der Schweiz, implementiert wurden und damit auch in die deutsche gesundheitspolitische Diskussion Einzug fanden[41].

B. Überblick über Managed Care

Mit dem bislang nicht einfach und abschließend zu definierenden Begriff Managed Care[42] wird eine Vielzahl von struktur- und ablauforganisatorischen

---

[37] Vgl. *Westebbe*, Ärzte im Netz, S. 79; *Fiedler*, in: Eichhorn/Schmidt-Rettig (Hrsg.), managed care, S. 276.

[38] Kooperationen informeller – auch „virtuelle Netze“ genannt – wie formeller Natur zwischen niedergelassenen Ärzten gibt es schon seit langem. So ist jede Hausarztpraxis Teil eines „informellen Netzes“ vor Ort eng kooperierender Kollegen mit den dazugehörigen Spezialisten und Subspezialisten. Hinzu kommen Pflegekräfte und Gesundheitsfachleute (z. B. in Altenheimen), mit denen die Versorgung regelmäßig abgesprochen wird; vgl. *Kossow*, KrV 1999, 341. Bezüglich formeller Kooperationen läßt sich durch Zahlen belegen, wie interessant diese für Ärzte sind: 1998 waren von den 124.621 niedergelassenen Ärzten nahezu ein Viertel, nämlich 31.442 in Gemeinschaftspraxen tätig; vgl. Statistik der *Bundesärztekammer*, Supplement zum DÄBl. 2000 (Heft 25), 9; Statistik der *KBV* (A 32), abzurufen unter http://www.kbv.de, Stand: August 2000. – *Dietze/Brandenburger*, Recht in der Arztpraxis, S. 27, bezeichnen die seit Beginn der achtziger Jahre in der Bundesrepublik existierenden Tumorzentren als Vorläufer der Netzidee.

[39] Diese haben seit 1994 erhebliche Verbreitung erfahren. Es wird von mehr als 2.000 dieser Gruppen berichtet; inzwischen sollen mehr als 20 % der niedergelassenen Ärzte regelmäßig an solchen Qualitätszirkeln teilnehmen, vgl. *Szecsenyi*, in: Szecsenyi/Magdeburg (Hrsg.), Ärztliche Qualitätsgemeinschaft Ried, S. 9.

[40] Hierzu *v. Essen*, in: Eichhorn/Schmidt-Rettig (Hrsg.), managed care, S. 74 ff.

[41] Einen interessanten Überblick über die Gesundheitssysteme verschiedener Länder Europas, der USA und Kanadas sowie eine Schlußfolgerung für eine Reform des deutschen Gesundheitswesens bietet die internationale Recherche zum „Carl-Bertelsmann-Preis 2000“, herausgegeben von *Böcken/Butzlaff/Esche*, Reformen im Gesundheitswesen, S. 23 ff.

[42] Eine „europäische“ Definition gibt *Baumberger*, in: Merke (Hrsg.), Umbau oder Abbau im Gesundheitswesen, S. 252 ff.; vgl. auch *Ratajczak*, in: AG Medizinrecht im DAV (Hrsg.), Ärztliche Kooperationsformen, S. 115 ff.

Steuerungsinstrumenten beschrieben, durch die das Versicherungssystem und die Versorgungsstruktur im amerikanischen Gesundheitswesen seit knapp 20 Jahren stark verändert wurden. Dabei zielen alle Konzepte von Managed Care darauf ab, eine qualitativ hochwertige Gesundheitsversorgung mit einem möglichst niedrigen Kostenaufwand zu erstellen.

Sinngemäß könnte man Managed Care mit „geführter Versorgung" übersetzen[43]. Denn ein Hauptcharakteristikum dieses Konzepts besteht darin, daß sich die sogenannten Managed Care Organisations (MCOs) im Gegensatz zu unseren Krankenkassen nicht auf die Rolle des zahlenden Dritten beschränken. Ihre Aufgabe als Versicherer ist vielmehr die Steuerung der Gesundheitsversorgung der bei ihnen Versicherten. Nicht mehr der einzelne Arzt oder das einzelne Krankenhaus als Anbieter von Versorgungsleistungen bestimmt den Ablauf des Versorgungsgeschehens, sondern die Managed Care Organisation als Versicherungsträger[44]. Diese Versorgungssteuerung erreichen die Versicherungsträger vor allem durch die Verfolgung der fünf folgenden Strategien[45]:

- Sie wählen die Leistungserbringer sorgfältig aus.
- Sie organisieren das Leistungsgeschehen überwiegend nach der Primärarztstruktur[46].
- Sie setzen ökonomische Anreize durch die Wahl einer entsprechenden Vergütungsform.
- Sie überprüfen Leistungsangebot und -nachfrage und greifen – je nach Ablaufplanung nur im Bedarfsfall oder regelmäßig – direkt in das Leistungsgeschehen ein. Behandlungsrichtlinien kommt dabei eine große Bedeutung zu[47].
- Sie bewerten Technologien streng nach ihren Wirtschaftlichkeitskriterien.

---

[43] So *Seitz/König/Graf v. Stillfried*, in: Arnold/Lauterbach/Preuß (Hrsg.), Managed Care, S. 6. *Dalichau/Grüner*, SGB V, vor §§ 63 ff., S. 3 übersetzen Managed Care mit „Versorgung aus einer Hand".

[44] *Eichhorn/Schmidt-Rettig*, in: Eichhorn/Schmidt-Rettig (Hrsg.), managed care, S. 11.

[45] Ausführlich zu den einzelnen Strategien: *Eichhorn/Schmidt-Rettig*, in: Eichhorn/Schmidt-Rettig (Hrsg.), managed care, S. 13 ff.; *Seitz/König/Graf v. Stillfried*, in: Arnold/Lauterbach/Preuß (Hrsg.), Managed Care, S. 11 ff.; *Fiedler*, in: Eichhorn/Schmidt-Rettig (Hrsg.), managed care, S. 272 ff.

[46] Hierunter werden Systeme verstanden, in denen die Organisation des Leistungsgeschehens allein bei dem obligatorisch als erstes aufzusuchenden Hausarzt liegt. Diesem kommt die sog. Gatekeeper-Funktion zu: Er behandelt den Patienten entweder selbst oder legt fest, an wen sich der Patient zu wenden hat – Facharztpraxis oder Krankenhaus – und welche Behandlungsverfahren zur Anwendung kommen. Hierzu *Eichhorn/Schmidt-Rettig*, in: Eichhorn/Schmidt-Rettig (Hrsg.), managed care, S. 13 ff. sowie die Angaben oben Fn. 31. Ein typisches Primärarztsystem ist das Hausarztmodell in den Niederlanden, vgl. hierzu *Grégoire*, in: Eichhorn/Schmidt-Rettig (Hrsg.), managed care, S. 310 ff.

[47] Dieses Vorgehen ist landläufig unter den Stichwörtern Case Management und Disease Management bekannt. Siehe hierzu *Baumberger*, in: Eichhorn/Schmidt-Rettig (Hrsg.), managed care, S. 238 ff. sowie unten Fn. 53.

Diese Strategien werden in den USA in verschiedenen Organisationsformen und Strukturen umgesetzt[48]. Die in Deutschland bekannteste und wohl auch typischste Organisationsform ist die sogenannte Health Maintenance Organisation (HMO). Kennzeichnend für eine HMO[49] als privater Versicherungsträgerin ist, daß sie die medizinischen Dienstleistungen, die sie als Versicherungspaket für die bei ihr eingeschriebenen Versicherten anbietet, größtenteils selbst, d. h. in eigenen Einrichtungen mit angestellten Ärzten erbringt oder durch vertraglich gebundene Leistungserbringer erbringen läßt[50].

Zusammenfassend kann hier festgehalten werden, daß Managed Care für die aktuelle Gesundheitspolitik in Deutschland deswegen so interessant ist, weil sich diese Techniken nachweislich sowohl auf das Kostenbewußtsein von Ärzten und Patienten bei der Erbringung und Inanspruchnahme von Gesundheitsleistungen als auch auf die Qualität der ärztlichen Tätigkeit positiv ausgewirkt haben[51].

Die Übertragung von Managed Care–Techniken auf das bundesdeutsche Gesundheitswesen ist jedoch seit jeher stark umstritten, was vor allen Dingen auf die folgenden Hauptnachteile[52] von Managed Care zurückzuführen ist. Managed Care verändert die Rolle des Arztes: Der Arzt, der nach klassischer Auffassung eine umfassende Therapiefreiheit besitzt und nur seinem Berufsethos und dem Patienten verpflichtet ist, wird zu einem Leistungsanbieter mit Erfolgshonorar. Die Rolle des Freiberuflers wandelt sich zunehmend zu der eines Unternehmers. Zudem wird die Therapiefreiheit des Arztes durch die über Case Management und Disease Management[53] vorgeschriebene Behandlungsroutine unter Um-

---

[48] Eine Übersicht über die verschiedenen Erscheinungsformen von MCOs in den USA bieten *Ratajczak*, in: AG Medizinrecht im DAV (Hrsg.), Ärztliche Kooperationsformen, S. 116 ff.; *Huber/Hess*, in: Eichhorn/Schmidt-Rettig (Hrsg.), managed care, S. 245 ff. sowie *Werner*, Gemeinschaftliche ärztliche Berufsausübung, S. 111 ff.

[49] Träger einer HMO müssen nicht unbedingt Versicherungsunternehmen sein, auch Ärztevereinigungen, Krankenhäuser oder Firmen mit eigener Kollektivversicherung kommen hierfür in Betracht.

[50] Einzelheiten zum Aufbau und zur Arbeitsweise einer HMO bei *Breyer/Zweifel*, Gesundheitsökonomie, S. 300 ff.; zu den seit etwa 10 Jahren in der Schweiz praktizierten HMOs vgl. *Huber/Hess*, in: Eichhorn/Schmidt-Rettig (Hrsg.), managed care, S. 248 ff.; *Sommer*, in: Arnold/Lauterbach/Preuß (Hrsg.), Managed Care, S. 221 ff.; *Felder*, Qualitäts-Management 1999 (Heft 2), 63 f.

[51] *Eichhorn/Schmidt-Rettig*, in: Eichhorn/Schmidt-Rettig (Hrsg.), managed care, S. 22; *Seitz/König/Graf v. Stillfried*, in: Arnold/Lauterbach/Preuß, Managed Care, S. 18. Wie positiv sich eine integrierte Struktur auf die Leistungsfähigkeit im Gesundheitswesen auswirken kann, zeigt das Beispiel der amerikanischen Organisation „Friendly Hills", dargestellt von *Munte/Krista*, in: Eichhorn/Schmidt-Rettig (Hrsg.), managed care, S. 65 ff.

[52] *Krauskopf*, in: Laufs/Uhlenbruck, Hb. des Arztrechts, § 31 Rdnr. 19; *Seitz/König/Graf v. Stillfried*, in: Arnold/Lauterbach/Preuß (Hrsg.), Managed Care, S. 19. Vgl. auch *Schwoerer*, in: Merke (Hrsg.), Umbau oder Abbau im Gesundheitswesen, S. 148 f.

[53] „Case Management" („Fallmanagement") ist eine Managementstrategie, die das Ziel verfolgt, die Versorgung von Versicherten in einer akuten Krankheitsphase so zu steuern, daß in einem abgestimmten Prozeß die individuell notwendigen Gesundheitsleistungen zeitnah zur

ständen erheblich eingeschränkt. Überdies kann sich die Verantwortlichkeit des Arztes für sein ärztliches Handeln durch diese Vorgaben im Sinne einer Änderung des objektiven Sorgfaltsmaßstabs wandeln. Auch für den Patienten können sich schwerwiegende Veränderungen seiner Situation ergeben. So sind die bereits erwähnten Primärarztmodelle, aber auch die Einschreibepflicht in eine HMO darauf angelegt, die im deutschen Gesundheitssystem traditionell fest verankerte Arztwahlfreiheit des Patienten erheblich einzuschränken[54].

Nur am Rande sei hier bemerkt, daß in Deutschland – wenn auch etwas versteckt – seit langem Ansätze von Managed Care vorhanden sind. Man findet sie in der medizinischen Versorgung im Rahmen der gesetzlichen Unfallversicherung des SGB VII, die insbesondere von den Berufsgenossenschaften mit dem ausdrücklichen Ziel getragen und organisiert wird, Qualität und Effizienz durch eine verstärkte Leistungsüberwachung und Patientenführung zu erreichen. In diesem System werden ärztliche Therapiefreiheit und Arztwahlfreiheit des Patienten durch verschiedene Maßnahmen erheblich eingeschränkt. Zu nennen sind die Leistungsüberwachung durch verbindliche Behandlungsleitlinien, die Festlegung der stationären Behandlung auf bestimmte, meist hochgradig spezialisierte Krankenhäuser sowie das Durchgangsarzt-Verfahren, bei dem mit ausgewählten Leistungserbringern Verträge geschlossen und die Patienten verpflichtet werden, diese Durchgangsärzte aufzusuchen[55].

Bei der Entwicklung von Praxisnetzen geht es nun nicht darum, das deutsche Gesundheitssystem entsprechend dem amerikanischen grundsätzlich umzugestalten mit der Folge, daß die solidarische gesetzliche Krankenversicherung durch private Versicherungsträger ersetzt würde. Vielmehr wird damit das Ziel verfolgt, einzelne Gedanken von Managed Care in das deutsche Gesundheitssystem einzubetten[56]. Auf Seiten der Krankenkassen soll ein Wandel vom passiven

---

Verfügung gestellt werden. Die Führung des Patienten übernimmt dabei ein sog. Case Manager, der für die fortlaufende Fallbeobachtung, die Organisation eines optimalen Behandlungsprozesses und die Betreuung des Patienten auch zur Stärkung dessen Therapiebefolgens („Compliance") zuständig ist. „Disease Management" („Krankheitsmanagement") bezeichnet eine Versorgungsform, bei der alle Therapieschritte bei der Behandlung bestimmter Krankheitsbilder wie z. B. Krankenbehandlung, Rehabilitation und Pflege über eine gezielte Fallsteuerung oft unter Einsatz von Leitlinien aufeinander abgestimmt werden. Beide Strategien können dergestalt miteinander kombiniert werden, daß das Case Management gezielt zur Fallführung von chronisch Kranken beim Disease Management eingesetzt wird.

[54] Vgl. *Weide*, MedR 2001, 72 ff., die sich in ihrem Beitrag zu den Risiken einer Managed Care-Versorgung nach amerikanischem Muster sogar zu der Warnung „Managed Care – Vorsicht, Lebensgefahr!" veranlaßt sieht.

[55] Vgl. *Arnold/Jelastopulu/König/Seitz*, RPG 1998 (Heft 1), 39 ff.; *Seitz/Jelastopulu/König*, in: Arnold/Lauterbach/Preuß (Hrsg.), Managed Care, S. 344 sowie *Schulin/Igl*, Sozialrecht, § 30 Rdnr. 504.

[56] So bezeichnen *Rüschmann/Roth/Krauss*, Vernetzte Praxen, S. 263, Praxisnetze denn auch als Keimlinge für „managed GKV" und *Nehls*, in: Merke (Hrsg.), Umbau oder Abbau im

Kostenträger zum aktiven Mitgestalter medizinischer Versorgungsprozesse durch Nutzung finanzieller Erfolgsrechnungen auf der Grundlage von sektorübergreifenden Patientenkarrieren stattfinden[57]. Auf Seiten der Ärzteschaft soll ein Wettbewerb etabliert werden, indem eine regionale Ärztegruppe mehr Gestaltungskraft und damit Marktmacht erhält.

C. Die normative Entwicklung

In der Bundesrepublik wurden Mitte der neunziger Jahre die ersten offiziellen Projekte zur Etablierung von Praxisnetzen eingeleitet[58], die bald zu Vorreitern für die weitere Entwicklung wurden. So entstanden 1995 das Projekt „Vernetzte Praxen" der KV Südbaden und der AOK Baden-Württemberg[59] sowie das „Praxisnetz Berliner Ärzte", das von einer Gruppe von Ärzten in Zusammenarbeit mit der BKK[60] ins Leben gerufen wurde. Auf Initiative der jeweiligen lokalen Ärzteschaft hin wurden 1996 die „Medizinische Qualitätsgemeinschaft Rendsburg"[61] zusammen mit dem VdAK[62], dem AEV[63] und der KV Schleswig-Holstein sowie die „Ärztliche Qualitätsgemeinschaft Ried" gegründet. Beteiligt waren hier ebenfalls der VdAK, der AEV und die KV Hessen. Es bildeten sich jedoch nicht nur Netze unter Beteiligung von Krankenkassen und Kassenärztlichen Vereinigungen[64], sondern es entstand gleichzeitig eine Flut von Netzinitiativen, die sich um Belange der gesetzlichen Krankenversicherung überhaupt nicht kümmerten[65]. Diese Initiativen im quasi privaten Bereich strebten eine

---

Gesundheitswesen, S. 210 ff., bezeichnet das „Praxisnetz Berliner Ärzte" als „Managed Care-Labor".

[57] So sieht sich beispielsweise die Techniker Krankenkasse in ihrer Informationsbroschüre („Das starke Duo für Ihre Gesundheit: Praxisnetz Berliner Ärzte und die TK", S. 1) für das von ihr mit angebotene „Praxisnetz Berliner Ärzte" nicht mehr als „Kassenmodell, sondern als modernes Dienstleistungsunternehmen".

[58] Aufgrund der ungeheuren und unübersichtlichen Vielfalt der Vernetzungsprojekte werden in dieser Arbeit nur einige wenige Erwähnung finden. Die Auswahl erfolgt dabei völlig urteilsfrei. Einen kleinen Überblick über existierende Projekte geben die Dokumentationen der *KBV* in Kontext Nr. 3, August 1997; Kontext Nr. 9, Dezember 1998, und deren nur im Internet abzurufende Neuauflage (http://www.kbv.de/Homepage/themen/vernprax/Projektregister/index.html, Stand: März 1999; die Homepage der Zeitschrift praxisNETZ (http://www.praxisnetz.multimedica.de/public/index.html, Stand: 1.3.2002) sowie *Kraus/Müller/ Golombowski*, Hb. Managed Care, Kap. IV und *Schlicht*, Profitips für Praxisnetze, S. 48 ff.

[59] Vgl. *Schwoerer/Dieter/Hauenstein*, DÄBl. 1995 (Heft 25/26), A-1828 ff. sowie *Tscheulin/Rost*, in: Kreyher (Hrsg.), Handbuch Gesundheits- und Medizinmarketing, S. 351 f.

[60] Seit Januar 1998 ist auch die Techniker Krankenkasse Berlin dem Modell beigetreten.

[61] Inzwischen hat sich die AOK Schleswig-Holstein angeschlossen.

[62] Verband der Angestellten-Krankenkassen.

[63] Arbeiter-Ersatzkassen-Verband.

[64] Je nach dem, ob die Initiative zur Netzgründung von Seiten einer Krankenkasse zusammen mit einer Kassenärztlichen Vereinigung oder von Seiten der lokalen Ärzteschaft ausgeht, spricht man von einem „top down"- oder „bottom up"- Modell.

[65] *Plassmann*, Praxisnetze, S. 13; *Westebbe*, Ärzte im Netz, S. 24.

Verbesserung der Versorgungs- und Arbeitsbedingungen durch verstärkte Kooperation auf lokaler Ebene an[66].

Ausgehend von diesen Aktivitäten im Bereich der gemeinsamen Selbstverwaltung wurden mit dem *2. GKV-Neuordnungsgesetz (2. GKV-NOG)*[67] die gesetzlichen Grundlagen für flexiblere Vertragsregelungen erheblich ausgeweitet. Durch die ab 1.7.1997 neu eröffneten Möglichkeiten der Modellvorhaben (§§ 63 ff. SGB V) und Strukturverträge (§ 73 a SGB V) sollten den Beteiligten Instrumente an die Hand gegeben werden, neue Versorgungsformen zu schaffen und zu erproben.

Erklärtes Ziel des Gesetzgebers war dabei, den Gedanken des funktionsfähigen Wettbewerbs[68] und des eigenverantwortlichen Handelns der Krankenkassen, der durch die Kassenwahlfreiheit der Versicherten und den Risikostrukturausgleich bereits in das System der GKV eingeführt worden war, erheblich auszuweiten. Die Wettbewerbsmöglichkeiten der Krankenkassen sollten nicht mehr nur auf die Höhe der Beitragssätze sowie den Verwaltungs- und Servicebereich beschränkt sein, sondern sich auch auf die Gestaltung neuer Versorgungsstrukturen erstrecken[69]. Von Seiten des Gesetzgebers versprach man sich dadurch eine entscheidende Verbesserung der Innovationsfähigkeit des deutschen Gesundheitswesens und der sozialen Krankenversicherung[70].

Mit der vom 100. Deutschen Ärztetag im Jahre 1997 neu verabschiedeten *Musterberufsordnung für Ärzte (MBO-Ä 1997)*[71] sollten die Praxisnetze auch eine berufsrechtliche Grundlage bekommen: Der „Praxisverbund“ wurde in den Katalog der zulässigen Formen gemeinsamer Berufsausübung aufgenommen[72]. Allerdings haben sich die Delegierten des Deutschen Ärztetages bei der Ausgestaltung der Verbundnorm des Kap. D II Nr. 11 MBO-Ä 1997 streng an den Regelungen des Sozialgesetzgebers orientiert: Praxisnetze waren sowohl im SGB V als auch in der MBO-Ä 1997 nicht für autonom erklärt worden; Direktverträge zwischen Praxisnetzen und Krankenkassen waren nicht zulässig. Da beide Gestaltungsmöglichkeiten des SGB V, Modellvorhaben wie Strukturverträge, von der Mitwirkung und Zustimmung der Kassenärztlichen Vereinigungen abhingen, waren Netze nur dann als Praxisverbund für berufsrechtlich zuläs-

---

[66] Eine Übersicht über diese Netztypen bieten die oben Fn. 58 genannten Dokumentationen der KBV.

[67] Vom 23.6.1997 (BGBl. I, S. 1520).

[68] Wettbewerbliche Elemente wurden als §§ 173, 266 SGB V bereits durch das Gesundheitsstrukturgesetz (GSG) v. 21.12.1992 (BGBl. I, S. 2266) mit Wirkung vom 1.1.1996 in das Gesundheitswesen eingebracht.

[69] BT-Drucks. 13/6087, S. 17.

[70] BT-Drucks. 13/6087, S. 18.

[71] Abgedruckt in *Laufs/Uhlenbruck*, Hb. des Arztrechts, Anhang zu Kap. 1, S. 36 ff. sowie unten Anhang 1. Vgl. zu den geänderten Regelungen im einzelnen *Laufs*, NJW 1997, 3071 ff.

[72] § 22 MBO-Ä 1997 sowie Kap. D II Nr. 11 MBO-Ä 1997.

sig erklärt worden, wenn „der Zusammenschluß durch ein gemeinsames Versorgungsziel im Rahmen der *vertragsärztlichen Versorgung* der Versicherten der gesetzlichen Krankenversicherung aufgrund von *Maßnahmen der Kassenärztlichen Vereinigung* begründet ist“[73].

In der Folgezeit gab es geradezu einen Boom an Netzgründungen und Netzinitiativen. Anfänglich zeigten sich die Krankenkassen großzügig bei der Unterstützung von Initiativgruppen. Ende 1998 zählte die Kassenärztliche Bundesvereinigung 52 Praxisnetze. Die Mehrzahl aller Netze gründete sich allerdings ohne Rückgriff auf die durch das SGB V bereitgestellten Gestaltungsmöglichkeiten[74]. So fanden sich in der Ende 1998 herausgegebenen Übersicht der KBV unter 52 Netzen nur 15, die über einen Vertrag mit einer Krankenkasse verfügen; in der im März 1999 aktualisierten Fassung dieses Registers standen den 17 Praxisnetzen mit vertraglicher Grundlage bereits 46 Netze ohne Vertrag mit einer Krankenkasse gegenüber[75].

Mit dem *GKV-Solidaritätsstärkungsgesetz (GKV-SolG)*[76] vom 19.12.1998 wurde die entstandene Aufbruchsstimmung jedoch erheblich gebremst. Durch die darin enthaltene strikte Ausgabenbegrenzung für neu abzuschließende Strukturverträge wird die Gestaltungsmöglichkeit des § 73 a SGB V für Praxisnetze praktisch gegenstandslos[77]. Den Vertragspartnern solcher Verträge wird es fast unmöglich gemacht, finanziell interessante Rahmenbedingungen zu vereinbaren. Somit kommen als Rechtsgrundlage für neu abzuschließende Verträge nur noch Modellvorhaben nach §§ 63 ff. SGB V in Betracht, die von dieser Beschränkung nicht explizit erfaßt werden. Allerdings besteht auch hinsichtlich der Modellvorhaben die Befürchtung, daß diese vertragliche Möglichkeit in Zukunft von den Beteiligten nur noch zurückhaltend genutzt werden wird. Als hauptsächliche Hindernisse werden das Gebot zur Wahrung der Beitragssatz-

---

[73] So der Wortlaut des Kap. D II Nr. 11 S. MBO-Ä 1997 (Hervorhebungen durch die Verfasserin).

[74] So sind bis Mitte 2000 von etwa 400 Netzen nur ca. 20 unter Einbindung von Krankenkassen zustande gekommen. Vgl. *Roth*, „Mit Netz, aber ohne doppelten Boden“, FAZ vom 4.8.2000, S. 10; *Szecsenyi* in Szecsenyi/Magdeburg (Hrsg.), Ärztliche Qualitätsgemeinschaft Ried, S. 11.

[75] KBV Kontext Nr. 9, Dezember 1998, S. 7 f. Zu dem aktualisierten Register siehe oben Fn. 58.

[76] Auch Vorschaltgesetz genannt (BGBl. I, S. 3853).

[77] Durch Art. 13 des GKV-SolG (BGBl. I, S. 3860) wird der zulässige Anstieg der Vergütungssumme von Praxisnetzen auf den Anstieg der Grundlohnsumme im Jahre 1998 begrenzt. Da hiervon auch mögliche Beiträge zur Anschubfinanzierung und alle Sonderleistungen, die ggf. im Rahmen eines solchen Vertrages ambulant erbracht werden, erfaßt sind, besteht seitens der KBV die Befürchtung, daß vernetzungswillige Ärzte nun dazu verpflichtet sind, sämtliche Vor- und Zusatzleistungen zur Stärkung der ambulanten Versorgung selbst zu finanzieren; vgl. *KBV*, Vorschaltgesetz 1999, S. 35.

stabilität sowie die für die jeweilige Vereinbarung geltende Vorlagepflicht an die zuständige Aufsichtsbehörde angesehen[78].

Ein neuer Vertragstypus zur Gestaltung von Praxisnetzen ist mit den Vorschriften zur Integrierten Versorgung (§§ 140 a – 140 h SGB V) durch das *Gesetz zur Reform der gesetzlichen Krankenversicherung (GKV-Gesundheitsreformgesetz 2000)*[79] geschaffen worden. Nach dem Willen des Gesetzgebers soll die Integrierte Versorgung dazu dienen, „die bisherige starre Aufgabenteilung zwischen der ambulanten und stationären Versorgung gezielt zu durchbrechen, um die Voraussetzungen für eine stärker an den Versorgungsbedürfnissen der Patientinnen und Patienten orientierten Behandlung zu verbessern“[80]. Dies soll durch eine stärkere Kooperation der haus- und fachärztlichen Bereiche, der ärztlichen und nichtärztlichen Leistungserbringer und des ambulanten und stationären Bereichs erreicht werden. Mit den Maßnahmen der Integrierten Versorgung soll über die Vernetzungsstrukturen, wie sie bisher in den Strukturverträgen nach § 73 a SGB V vereinbart werden konnten, bewußt hinausgegangen werden. Es geht nicht mehr nur um eine verbesserte Kooperation im ambulanten Bereich. Ausdrücklich gewollt ist ein enge Verzahnung von ambulantem und stationärem Sektor; Krankenhäuser sollen in die Vernetzung mit einbezogen werden[81]. Dazu gehören auch strukturell völlig neue Möglichkeiten für Praxisnetze, die diesen zu erheblicher Eigenständigkeit in der Versorgungslandschaft verhelfen: Sie sollen Aufgaben übernehmen können, die bisher den Kassenärztlichen Vereinigungen vorbehalten waren. So besteht nach § 140 b Abs. 3 S. 3 SGB V eine umfassende Gewährleistungspflicht für die organisatorischen, betriebswirtschaftlichen, medizinischen und medizinisch-technischen Voraussetzungen der vereinbarten Versorgung. Zusätzlich dazu kann in den Integrationsverträgen gemäß § 140 c Abs. 2 S. 1 SGB V eine Übernahme der gesamten Bugdetverantwortung für das Netz vereinbart werden. Im Unterschied zu den Modellvorhaben handelt es sich hierbei nicht um eine zeitlich begrenzte Erprobung, sondern Verträge zur Integrationsversorgung sollen Bestandteil der Regelversorgung werden[82].

---

[78] § 63 Abs. 3 u. 5 SGB V. Vgl. *KBV*, Vorschaltgesetz 1999, S. 36; *Plassmann*, Praxisnetze, S. 37.

[79] Vom 22.12.1999 (BGBl. I, S. 2626). Ursprünglich sollten die Normen der Integrierten Versorgung den Strukturvertrag ersetzen (vgl. BT-Drucks. 14/1245, S. 9), dies konnte aber im Laufe des Gesetzgebungsverfahrens nicht durchgesetzt werden.

[80] BT-Drucks. 14/1245, S. 91.

[81] So heißt es in der Gesetzesbegründung (BT-Drucks. 14/1245, S. 91): „Im Gegensatz zu den nach bisherigem Recht möglichen Praxisnetzen aufgrund Strukturverträgen soll [...] eine Versorgungsdichte erreicht werden, die über die bloße ambulante ärztliche Behandlung hinausgehen soll, aber nicht notwendigerweise gehen muß.“

[82] *Schulte-Sasse*, in: KBV Kontext Nr. 12, Juli 1999, S. 8; *Rebscher*, in: KBV Kontext Nr. 14, Juni 2000, S. 19.

Dieses Reformgesetz gilt als Wendepunkt in der strukturellen Entwicklung der gesetzlichen Krankenversicherung, ist es doch den Krankenkassen nun erstmals möglich, Direktverträge mit einzelnen Vertragsärzten und deren Gemeinschaften über Modellvorhaben (§ 64 Abs. 1 S. 1 SGB V) und über integrierte Versorgungsformen (§ 140 b Abs. 2 SGB V) zu schließen. Zum ersten Mal seit der Einführung der Kassenärztlichen Vereinigungen im Jahre 1931 sind diese nicht länger die obligatorischen Vertragspartner der Krankenkassen bei Verträgen über die vertragsärztliche Versorgung[83].

Mit diesen neuen Vertragskompetenzen der Krankenkassen und ihrer dadurch erheblich vergrößerten Machtstellung gegenüber der Ärzteschaft werden nun Managed Care-Instrumente ausdrücklich in das deutsche Gesundheitssystem implementiert[84]. So war auch dieser Punkt der Gesundheitsreform Anlaß für einen erbittert geführten Streit zwischen den am Gesundheitswesen Beteiligten. Von Seiten der Ärzteschaft wurden diese Regelungen unter dem Stichwort „Einkaufsmodell" mehrheitlich abgelehnt. „Einkaufsmodell" deshalb, weil den Krankenkassen eine umfassende Einkaufsmacht gegenüber einzelnen Ärzten oder Arztgruppen an die Hand gegeben wird; sie können sich einzelne Ärzte oder Arztgruppen heraussuchen, andere aber von den Versorgungsverträgen ausschließen. Man fürchtete ein Machtungleichgewicht zugunsten der Krankenkassen, da sich im neu eröffneten Vertragswettbewerb auf der einen Seite große Körperschaften des öffentlichen Rechts und ihre Dachverbände und auf der anderen Seite Gruppen von 20 bis rund 100 Ärzten gegenüberstehen[85]. Schlagwortartig zusammengefaßt befürchtete man durch die ermöglichte Eigenständigkeit der Netze eine Aushöhlung des Sicherstellungs- und Gewährleistungsauftrages der Kassenärztlichen Vereinigungen, eine Zergliederung der Versor-

---

[83] Die im ursprünglichen Gesetzentwurf v. 23.6.1999 als § 140 b Abs. 6 SGB V (BT-Drucks. 14/1245, S. 92, vgl. auch BT-Drucks. 14/1977, S. 172) vorgesehene Beteiligung der Kassenärztlichen Vereinigungen durch eine Zustimmungspflichtigkeit der einzelnen Verträge ist entfallen. In § 140 b Abs. 1 S. 3 u. 4 SGB V ist lediglich die fakultative Inanspruchnahme der Beratungs- und Honorarverteilungskompetenz der Kassenärztlichen Vereinigungen durch die vernetzungswilligen Ärzte vorgesehen. Soweit durch die abzuschließenden Verträge die vertragsärztliche Versorgung betroffen ist, werden die Kassenärztlichen Vereinigungen nur in Form einer obligatorischen Rahmenvereinbarung über die integrierte Versorgung zwischen der Kassenärztlichen Bundesvereinigung und den Spitzenverbänden der Krankenkassen, die Bestandteil der Bundesmantelverträge wird (§ 140 b Abs. 1 S. 2 i. V. m. § 140 d SGB V), in das Verfahren mit einbezogen. Im Rahmen von Modellvorhaben ist eine solche Rahmenvereinbarung sogar nur fakultativ (§ 64 Abs. 2 S.1 SGB V). Die Rahmenvereinbarung zu § 140 d SGB V zwischen KBV und den Spitzenverbänden der Krankenkassen ist im Internet abzurufen unter http://www.kbv.de, Stand: 30.11.2000; vgl. hierzu den Kommentar von *Zuck*, NJW 2000, 3404 sowie *Wigge*, NZS 2001, 17, 20 ff. – Den Sicherstellungsauftrag der Kassenärztlichen Vereinigungen (§§ 72 ff. SGB V) hat der Gesetzgeber letztendlich formell unberührt gelassen.

[84] Vgl. *Ratajczak*, in: AG Medizinrecht im DAV (Hrsg.), Ärztliche Kooperationsformen, S. 108 f., der die Integrierte Versorgung als deutsches Synonym für Managed Care versteht.

[85] Vgl. *Kossow*, KrV 1999, 341.

gungslandschaft mit der Folge, daß die heute für alle Versicherten bestehenden gleichen Zugangsrechte zur medizinischen Versorgung in Zukunft nicht mehr gewährleistet sind sowie das Ende des Solidarsystems der GKV durch Selbstselektion der Versicherten, Risikoselektion der Krankenkassen und sog. Rosinenpickerei auf Seiten der Ärzteschaft[86].

Ausgehend von der zwischenzeitlich eingetretenen gesetzlichen Entwicklung und der Tatsache, daß die meisten Praxisnetze ohne Beteiligung der Krankenkassen zustande gekommen waren, beschloß der 103. Deutsche Ärztetag im Mai 2000 eine Änderung der Verbundnorm des Kap. D II Nr. 11 MBO-Ä 1997[87]. Die berufsrechtliche Zulässigkeit eines Praxisnetzes ist nun nicht mehr an die Beteiligung einer Kassenärztlichen Vereinigung geknüpft, vielmehr ist es Ärzten nach Kap. D II Nr. 11 Abs. 1 MBO-Ä 2000 gestattet, eine Kooperation zu verabreden, „welche auf die Erfüllung eines durch *gemeinsame oder gleichgerichtete Maßnahmen bestimmten Versorgungsauftrags* oder auf eine *andere Form der Zusammenarbeit zur Patientenversorgung*, z. B. auf dem Felde der Qualitätssicherung oder Versorgungsbereitschaft, gerichtet ist“[88].

D. Die Zielsetzungen der Beteiligten

Die Erwartungen, die von den verschiedenen am Gesundheitswesen Beteiligten an Praxisnetze gestellt werden, sind ebenso vielfältig wie vielschichtig[89].

Durch die zum Teil völlig unterschiedliche, sogar gegenläufige Motivation sind Praxisnetze vor allem im Vorfeld der Gesundheitsreform 2000 zu einem gesundheitspolitischen Schlagwort geworden, das von den verschiedenen Institutionen im Gesundheitswesen zur Förderung ihrer jeweils eigenen, teilweise konträren Positionen genutzt wird. Seit dem ersten Aufkommen der Vernetzungsidee befinden sich die Praxisnetze deshalb in einem Spannungsfeld verschiedener gesundheitspolitischer Interessen[90]. Anschaulich beschreibt

---

[86] Statt vieler *Schorre*, in: KBV Kontext Nr. 12, Juli 1999, S. 34 ff.; *Baumgärtner*, in: KBV Kontext Nr. 14, Juni 2000, S. 35; vgl. auch die Stellungnahme der Bundesärztekammer zum Gesetzentwurf, abzurufen unter: http://www.bundesaerztekammer.de/bak/owa/idms.show?id =110240, Stand: August 2000.

[87] Die MBO-Ä 2000 ist in einer Sonderbeilage zum DÄBl. 41/2000 veröffentlicht, über http://www.bundesaerztekammer.de/30/Berufsordnung/index.html, Stand: 31.12.2001, im Internet abzurufen sowie unten im Anhang 2 wiedergegeben.

[88] Hervorhebungen durch die Verfasserin.

[89] Einen Überblick über die verschiedenen Interessen der am Aufbau eines Praxisnetzes Beteiligten gibt *Preißler*, MedR 1998, 90 f.

[90] So betonen Krankenkassen wie Kassenärztliche Vereinigungen das Innovationspotential und die Förderungswürdigkeit der Praxisnetze, werfen sich jedoch gleichzeitig gegenseitige Blockadepolitik beim Abschluß neuer Verträge vor. Aus Sicht der Krankenkassen: *Metzinger*, KrV 1999, 349; aus Sicht der Kassenärztlichen Vereinigungen: KBV Kontext Spezial, August 1998, S. 9.

Krauskopf[91] diese Situation: „Wer ein Netz knüpft, der will fischen im Gewässer des Gesundheitsmarktes: die Ärzte nach mehr Honorar und besserer Kooperation, die KV vielleicht nach Möglichkeiten, das Budget zu entlasten, die Krankenkassen nach Wirtschaftlichkeitsressourcen und Qualitätsverbesserung und der Patient (von dem hier eigentlich kaum die Rede ist) nach gezielter, fachlich kompetenter, persönlicher medizinischer Versorgung. Wer bringt diese – zum Teil divergierenden – Ziele auf einen Nenner? Das Praxisnetz? Man kann doch wohl behaupten, daß ein solches Netz nur dann richtig funktioniert, wenn jeder Beteiligte sich einen Vorteil verspricht (und möglichst bald erlebt)".

Übereinstimmung herrscht bei allen Beteiligten hinsichtlich der Hoffnung auf höhere Qualität in der gesundheitlichen Versorgung bei gleichzeitiger Minimierung oder zumindest Beibehaltung der Gesundheitskosten.

I. Ärzteschaft

Die Motivation der Ärzteschaft, sich an der Entwicklung von Praxisnetzen zu beteiligen, speist sich vor allem aus den zwischenzeitlich eingetretenen Verschlechterungen der Rahmenbedingungen für die ärztliche Tätigkeit im ambulanten Bereich. Die traditionelle Einzelpraxis wird als den Anforderungen nicht mehr gewachsen angesehen. Die Ärzte haben ein starkes Bedürfnis, die eigene Berufsausübung neu zu definieren, da sie aus dem durch den stark zugenommenen ökonomischen Druck bestehenden Dilemma, daß eigene Entscheidungsspielräume (Stichwort „Hamsterrad-Effekt" und „Punktwert-Misere"), Kollegialität und Lebensqualität zunehmend fehlen, nur dann ein Entkommen sehen, wenn sich ihre berufliche Situation grundlegend ändert[92]. So unterschiedlich die einzelnen Netze strukturiert sind, so unterschiedlich ist auch die Gewichtung der konkreten Zielsetzungen der ihnen angehörenden Ärzte. In den Grundzügen beziehen sich ihre Erwartungen auf Erhöhung der Lebensqualität durch verbesserte Arbeitsbedingungen – nicht zuletzt wegen intensiverer Kommunikation und Kooperation mit den Kollegen vor Ort –, Verringerung des Verwaltungsaufwandes in der Praxis, Konzentration auf die Medizin und auf Erhöhung des Praxisertrages durch Erschließung neuer Honorarquellen und Einsparungen durch Synergieeffekte sowie auf Stärkung der Qualitätssicherung und auf Zukunftssicherung der Praxis. Teilweise artikuliert sich in einer Vernetzung auch das Bedürfnis der Ärzte, sich von den als verkrustet empfundenen Strukturen der

---

[91] *Krauskopf*, in: AG Medizinrecht im DAV (Hrsg.), Ärztliche Kooperationsformen, S. 141. Vgl. auch die von *Schorre*, in: KBV Kontext Nr. 4, Februar 1997, o. S., angeführten unterschiedlichen Ansätze bei der Gründung von vernetzten Praxisstrukturen sowie *Schirmer*, MedR 1997, 431, 438.

[92] Umfassend zur Motivation der Ärzte *Westebbe*, Ärzte im Netz, S. 79 ff.; *Plassmann*, Praxisnetze, S. 16 f.; vgl. auch *Meyer-Lutterloh*, RPG 1998, 1 ff.

Kassenärztlichen Vereinigung loszulösen, da letztere nicht mehr als kompetent angesehen wird, die individuelle Existenz zu sichern[93].

II. Kassenärztliche Vereinigungen

Von den Kassenärztlichen Vereinigungen waren nicht alle von Anfang an bereit, sich an der Entwicklung von Praxisnetzen zu beteiligen. Sie fürchteten um ihre eigene Macht, da eine stärkere Autonomie der Netze zwangsläufig zu einer Schwächung der umfassenden Position der Kassenärztlichen Vereinigungen führen muß[94]. Trotzdem haben die meisten Kassenärztlichen Vereinigungen, insbesondere die Kassenärztliche Bundesvereinigung, schon früh das Innovationspotential und die Förderungswürdigkeit der Vernetzungsbewegung betont und begreifen Praxisnetze heute als neue Ausprägung ihres Sicherstellungsauftrages[95]. Angesichts der zwischenzeitlichen Aktivitäten des Gesetzgebers sehen sich die Kassenärztlichen Vereinigungen zunehmend als Service- und Dienstleistungsunternehmen und setzen ihren veränderten Sicherstellungsauftrag dahingehend um, daß sie ihr über lange Jahre hinweg erworbenes Know-how auf den Gebieten der Vertragsgestaltung, der Abrechnung und der Technik von Honorarverteilung und Qualitätssicherung den vernetzungswilligen Ärzten in Form einer professionellen Beratung und Unterstützung anbieten[96].

Vereinzelt sind die Kassenärztlichen Vereinigungen aber auch angesichts der im Vorfeld des GKV-Gesundheitsreformgesetz 2000 angekündigten Schwächung der KV-Position in die Offensive gegangen – ein Umstand, der die Funktion der Praxisnetze als politisches Instrument deutlich macht. In Nord-Württemberg wurde 1999 durch die dortige Kassenärztliche Vereinigung ein Praxisnetz gegründet, dem nach dem Willen seiner Initiatoren möglichst alle örtlichen

---

93 *Schorre*, in: KBV Kontext Nr. 12, Juli 1999, S. 33 f. Ein Teil der etablierten Netze begreift sich quasi als Gegenbewegung zu den Kassenärztlichen Vereinigungen und versucht, exklusive Verträge mit den Krankenkassen zu schließen.

94 Wie oben bereits erwähnt, fürchtete man vor allem eine Aushöhlung des Sicherstellungsauftrages und eine Zersplitterung der Versorgungslandschaft. Zum Standpunkt der KBV *Richter-Reichhelm*, praxisNETZ 2000 (Heft 3), 30 f., siehe auch *Kluth*, MedR 2003, 123, 126 f.

95 So der Vorsitzende der KV-Hessen und KBV-Vorstand *Bausch*, in: Szecsenyi/Magdeburg, Ärztliche Qualitätsgemeinschaft Ried, S. 8. Vgl. auch die Standortbestimmung der *KBV*, in: KBV Kontext Spezial, August 1998, S. 8 ff. Einen Überblick über die Standpunkte einzelner Kassenärztlicher Vereinigungen bieten praxisNETZ 2000 (Heft 4), 21; 2000 (Heft 5), 27.

96 *Bausch*, in: KBV Kontext Nr. 14, Juni 2000, S. 42 f.; *Salfeld*, ebenda, S. 29 ff. Erste Ergebnisse der Bemühungen der KBV um moderne Beratungsinstrumente sind das im Januar 2000 erschienene „Arbeitsbuch für Netze“ (hierzu *Tophoven*, KrV 2000, 239, 242 f. sowie *KBV*, Tätigkeitsbericht 2000, Kap. IV) sowie die im August 2000 gemeinsam mit der Bundesärztekammer und der Deutschen Apotheker- und Ärztebank gegründete „Netz-Akademie – Management für Versorgungsstrukturen im Gesundheitswesen e. V.“, vgl. BÄK-INTERN 9/2000, S. 9. Anfang 2003 ist ein weiterer Leitfaden der KBV erschienen („Integrierte Versorgung. Entwicklungsperspektiven für Praxisnetze“), der sich mit zentralen Organisationsfragen von Praxisnetzen beschäftigt.

Vertragsärzte beitreten sollen. Ziel dieses „MEDI-Verbunds", in dessen geschäftsführender „MEDI-Verbund GmbH" die Kassenärztliche Vereinigung eine Gesellschafterfunktion innehat, ist unter anderem die Schaffung einer ärztlichen Anbietermacht gegenüber den Krankenkassen[97].

III. Krankenkassen

Neben den oben bereits angesprochenen Hoffnungen auf Qualitätsverbesserung bei gleichzeitiger Kostenminimierung, unter anderem durch Vermeidung von teueren Krankenhauseinweisungen, sind Praxisnetze für die gesetzlichen Krankenkassen deshalb von großem Interesse, weil dies ein Bereich ist, in dem sie ihre hinzu gewonnenen Vertragskompetenzen als Wettbewerbsinstrument gegenüber ihren Konkurrenzkassen einsetzen können. Auch für die privaten Krankenversicherer werden Netze zunehmend interessant. So gibt es in Berlin bereits das „Medinet" unter Beteiligung der DKV[98].
Diese Funktion der Praxisnetze als Wettbewerbsinstrument der Krankenkassen hat teilweise dazu geführt, daß letztere auf exklusiven Netzverträgen bestehen, obwohl es sich nach dem Willen des Gesetzgebers bei der Netzbewegung um eine auf grundsätzliche Veränderung des Gesundheitssystems abzielende Entwicklung handeln sollte[99]. Zum Teil erhoffen sich die Kassen, Praxisnetze dazu nutzen zu können, in Bereiche vorzudringen, die bisher der ausschließlichen Kompetenz der Kassenärztlichen Vereinigungen und der Ärzte vorbehalten waren. Hierzu zählen die Qualitätssicherung, die Honorarverteilung, die Organisation und die Datentransparenz[100].

---

[97] Zu den Zielen und der Struktur des „MEDI-Verbundes" im einzelnen *Baumgärtner* (KV-Vorsitzender für Nord-Württemberg und Initiator), in: KBV Kontext Nr. 14, Juni 2000, S. 35 ff. sowie *Ratajczak*, in: AG Medizinrecht im DAV (Hrsg), Ärztliche Kooperationsformen, S. 133 ff. Diese offensive Idee hat mittlerweile Nachahmer in anderen KV-Bezirken gefunden: in Berlin ebenfalls als „MEDI-Verbund" und in Schleswig-Holstein in abgewandelter Form als „Ärzte-Genossenschaft". Mittlerweile ist den Kassenärztlichen Vereinigungen die gesellschaftsrechtliche Beteiligung an einem Praxisnetz gerichtlich untersagt worden, dazu unten Teil 2 § 3 B. I.

[98] Vgl. *Götting/Preuß*, Perspectives on Managed Care 2000 (Heft 2), 16 ff. Zu den Problemen beim Aufbau ärztlicher Versorgungsnetze durch die Private Krankenversicherung (PKV) *Clade*, DÄBl. 2000 (Heft 39), A-2495. Zu den Vorstellungen der AOK zur Gestaltung von Praxisnetzen *Krauskopf*, in: AG Medizinrecht im DAV (Hrsg.), Ärztliche Kooperationsformen, S. 144 f.

[99] Vgl. die Begründung zu § 140 b Abs. 1 SGB V (BT-Drucks. 14/1245, S. 92): „Integrationsversorgungsverträge sollen von Krankenkassen oder deren bevollmächtigten Verbänden abgeschlossen werden. Wünschenswert wären *gemeinsam und einheitlich* ausgehandelte Verträge [...]." Siehe auch den Vorwurf des Ersten Vorsitzenden der KBV *Schorre*, in: KBV Kontext Nr. 4, Februar, o. S.: „Die Krankenkassen wollen sich durch eigene Versorgungs- und Vertragsprofile voneinander abgrenzen und sind deswegen nicht bereit, gemeinsam vernetzte Praxisstrukturen ausschließlich unter Versorgungsgesichtspunkten zu fördern."

[100] So *Ahrens/Knieps*, in: Eichhorn/Schmidt-Rettig (Hrsg.), managed care, S. 262.

IV. Industrie

Die Vorhersage, daß es sich bei Praxisnetzen in Zukunft um eine Versorgungsform innerhalb der Regelversorgung handeln wird, hat auch die Pharmaindustrie dazu bewegt, deren Entwicklung aufmerksam zu verfolgen[101]. Interessant sind Netze nicht nur wegen möglicherweise veränderter Marktbedingungen, sondern auch wegen der anfänglich viel propagierten netzeigenen Positivlisten für Arzneimittel. So gab es schon früh firmeneigene „Key-Account-Management"-Einrichtungen für Arztnetze, die speziell auf Netze zugeschnittene Serviceangebote entwarfen. Diese bestanden in direkten Finanzierungshilfen in Form einer Anschubfinanzierung des Netzes, in Kostenübernahmen von Netzberatungsfirmen oder von Workshops, aber auch in der Bereitstellung und Entwicklung spezieller Netzsoftware und in der Erstellung und dem Druck von Netzunterlagen. Eine kontinuierliche Zusammenarbeit zwischen Pharmafirmen und Netzen hat sich mittlerweile in den Bereichen Fortbildung, Patientenschulung, Netzmarketing, EDV sowie im Rahmen des Disease Managements entwickelt. Berichtet wird auch über Kooperationen im Bereich des Case- und Qualitätsmanagements der medizinischen Versorgung, bei Therapievorschlägen und Diagnostik[102].

V. Patienten

Bezogen auf den Patienten als der Schlüsselfigur des Gesundheitswesens wird immer wieder betont, daß die eigentliche Zielsetzung der Praxisnetze darin besteht, die Qualität der Patientenversorgung grundlegend zu verbessern. Dies soll durch Intensivierung der Kommunikation und Kooperation zwischen den Ärzten sowie durch verbindliche Maßnahmen der Qualitätssicherung erreicht werden. Durch Veränderungen im Servicebereich, wie Verlängerungen der Praxisöffnungszeiten, Einrichtung von Anlauf- oder Notfallpraxen, Ausgabe von Patientenpässen und Durchführung von Informationsveranstaltungen, soll die Qualitätsverbesserung für den Patienten spürbar werden[103].

Obwohl vielfach den Patienten die konkreten Vorteile einer Netzversorgung noch nicht ausreichend nahe gebracht werden konnten, hat die Evaluation einzelner Netzprojekte bereits eine deutliche Erhöhung der Patientenzufriedenheit ergeben[104].

---

[101] Bezeichnend ist, daß die von *Westebbe* (siehe unten Fn. 110) durchgeführte Untersuchung über die Entwicklung neuer Kooperations- und Organisationsformen in der ambulanten Medizin durch eine Pharmafirma in Auftrag gegeben wurde.

[102] Hierzu *Schmidt*, Perspectives on Managed Care 2000 (Heft 1), 7 ff.; *ders.*, Perspectives on Managed Care 2000 (Heft 2), 11 ff.

[103] Vgl. *Plassmann*, Praxisnetze, S. 23 ff., der die Vorteile für Patienten hauptsächlich darin begründet sieht, daß sich die Arbeitsumstände des niedergelassenen Arztes durch die Vernetzung erheblich verbessern und dieser dadurch eine qualitativ bessere Medizin betreiben kann.

[104] Siehe den Evaluationsbericht für die „Ärztliche Qualitätsgemeinschaft Ried (ÄQ Ried)": *Klingenberg/Szecsenyi*, in: Szecsenyi/Magdeburg (Hrsg.), Ärztliche Qualitätsgemeinschaft Ried, S. 82 ff. (Zusammenfassung S. 112 ff.); vgl. auch den Erfahrungsbericht eines Patienten

VI. Erfüllung der ursprünglichen Erwartungen – Evaluationsergebnisse

Die – technisch schwierige – Evaluation einzelner Netzprojekte[105] hat ergeben, daß die ideellen Ziele der Praxisnetze wesentlich besser verwirklicht werden konnten als die materiellen Zielsetzungen.

Die hohen Erwartungen, die in wirtschaftlicher Hinsicht an die Netze als vielgepriesene Versorgungsform der Zukunft gestellt wurden, fanden in den Untersuchungen keine Bestätigung; zu den erhofften Kosteneinsparungen im Vergleich zur traditionellen vertragsärztlichen Versorgung ist es bislang nicht gekommen. Insbesondere konnte eine Änderung der Versorgungsstruktur durch Substitution der stationären durch die ambulante Behandlung nicht in dem angestrebten Umfang erreicht werden. Bei praktisch gleichbleibenden Einweisungszahlen konnten die Studien lediglich eine geringe Verkürzung der Verweildauer der Patienten in den Krankenhäusern feststellen.
Auch hinsichtlich der Honorarsituation der Netzärzte ist es zu keiner meßbaren Stabilisierung gekommen. Lediglich im Bereich der Pharmakotherapie wurden vereinzelt mehr Rationalität und Wirtschaftlichkeit in der Verordnungspraxis durch Senkung der Verschreibungskosten und der Verschreibungsrate festgestellt[106].

Was hingegen die ideellen Ziele der Praxisvernetzungen angeht, sprechen alle verfügbaren Evaluationsberichte von einer deutlichen Zunahme der Zufriedenheit der Beteiligten hinsichtlich der Behandlung im Netz. So haben die untersuchten Netze von Seiten der Patienten eine außerordentlich hohe Akzeptanz erfahren. Aufgrund der intensivierten Kommunikation und Kooperation zwischen den einzelnen Netzärzten wird die Behandlungsqualität im Netz von den Patienten höher eingeschätzt.

Auch die beteiligten Ärzte beurteilen die Vernetzung ihrer Praxen positiv, da diese zu einer deutlichen Verbesserung der Kooperation untereinander wie auch

---

der ÄQ Ried: *Fahrig*, ebenda, S. 64 ff. Zum selben Ergebnis kommt eine Studie im Rahmen einer betriebswirtschaftlichen Diplomarbeit, die die Zufriedenheit der Patienten der ÄQ Ried mit der von Patienten unvernetzter Praxen einer Nachbarregion vergleicht: *Hasselbach*, Patientenzufriedenheit, S. 84 ff. Hinsichtlich der „Medizinischen Qualitätsgemeinschaft Rendsburg (MQR)" siehe *Rüschmann/Roth/Krauss*, Vernetzte Praxen, S. 217 ff.

[105] Zu den Evaluationsergebnissen im einzelnen siehe die Evaluationsberichte oben Fn. 104. Vgl. auch den unter: http://www.kvsb.de/hauptframe/aktuell/vernetztepraxen/html, Stand: August 2000, abzurufenden Projektbericht von *Rost/Klar* zum „Modellprojekt – Qualität und Humanität" der KV Südbaden und der AOK, S. 17.

[106] *Szecsenyi/Broge/Pelz/Magdeburg/Kauffmann-Kolle*, in: Szecsenyi/Magdeburg (Hrsg.), Ärztliche Qualitätsgemeinschaft, S. 128 ff. (Zusammenfassung S. 160 f.). Vgl. auch *Rüschmann/Roth/Krauss*, Vernetzte Praxen, S. 244, die für das „Regionale Praxisnetz Kiel" lediglich einen moderateren Anstieg des Verordnungsvolumens im Vergleich zum Landesdurchschnitt feststellen konnten.

mit beteiligten Krankenhäusern sowie zu einer Steigerung der Lebensqualität geführt habe[107].

Angesichts des Ausbleibens der erhofften Einspareffekte sind die Krankenkassen bei der Anschubfinanzierung von neu entstehenden Praxisnetzen etwas zurückhaltender geworden. Auf Seiten der Ärzteschaft jedoch hält der Trend zur Vernetzung weiterhin an.

[107] Vgl. *Rost/Klar*, Projektbericht: „Modellprojekt – Qualität und Humanität", S. 16; *Rüschmann/Roth/Krauss*, Vernetzte Praxen, S. 242 ff., die aufgrund der deutlichen Zunahme von Konsilen und Arztbriefen auf eine intensivere ambulante Betreuung schließen. Zur Patientenzufriedenheit vgl. die oben in Fn. 104 genannten Evaluationsberichte.

§ 2 DAS PRAXISNETZ-KONZEPT

Die Vielzahl von Vernetzungsprojekten ist praktisch unübersehbar. Die Angaben variieren zwischen 300 und 400 aktiven Praxisnetzen in der Bundesrepublik[108]. Zwar besteht gemäß Kap. D II Nr. 11 Abs. 2 MBO-Ä 2000[109] eine Vorlagepflicht für Verbundverträge an die zuständige Ärztekammer. Viele Netze sind dieser jedoch nicht nachgekommen, so daß keine genauen Zahlen verfügbar sind.

Was nun die konkrete Ausgestaltung eines Praxisnetzes angeht, so ist festzustellen, daß es *das* Praxisnetz im Sinne einer bestimmten, abschließend definierbaren Organisationsform nicht gibt. Es wird denn auch eher von einer „Bewegung" als von einer bestimmten Organisationsform gesprochen, da jede vernetzungswillige Ärztegruppe ihr individuelles Netz quasi neu erfindet und deswegen eine große Vielfalt an Netzprojekten besteht[110].

A. Die Vielfalt der Vernetzungsprojekte

Die etablierten Netzprojekte weisen hinsichtlich ihrer Größe, ihrer Struktur und ihrer Zielsetzungen bzw. deren tatsächlicher Umsetzung, dem sog. Vernetzungsgrad, zum Teil erhebliche Unterschiede auf[111].

Schon die fachliche Zusammensetzung der Netze ist sehr verschieden. Es haben sich fachgruppenreine Praxisnetze gebildet, an denen lediglich Hausärzte oder Ärzte einer Facharztgruppe beteiligt sind[112]. Verbreiteter sind jedoch Vernetzungsmodelle unter Beteiligung unterschiedlicher Facharztgruppen, die die fachübergreifende Kooperation fördern[113].

Große Unterschiede gibt es auch in der Anzahl der teilnehmenden Ärzte. Das aktuelle Register der *KBV* beschreibt insgesamt 63 Praxisnetze mit einer Teilnehmerzahl zwischen 540 (Berlin) und 18 (Hamburg-St. Pauli) Kooperationsärzten[114]. Der bereits angesprochene nord-württembergische „MEDI-Verbund" umfaßt sogar schon mehr als 2.700 Ärzte[115].

---

[108] Siehe oben Fn. 6. Teilweise wird angenommen, daß heute bereits ca. 20% der Vertragsärzte in Netzen organisiert sind, vgl. *Götting/Preuß*, Perspectives on Managed Care 2000 (Heft 2), 16, 17.

[109] Diese bestand auch schon nach Kap. D II Nr. 11 MBO-Ä 1997.

[110] *Westebbe*, Ärzte im Netz, S. 27; *Rieger*, in: Rieger (Hrsg.), Lexikon des Arztrechts, Stichwort „Praxisnetz" (Nr. 4305), Rdnrn. 1 ff.

[111] Einen Überblick über die verschiedenen Formen vernetzter Praxen geben *Lingenfelder/Kronhardt*, in: Kreyher (Hrsg.), Handbuch Gesundheits- und Medizinmarketing, S. 317.

[112] So z. B. das bayernweite „Chirurgennetz (CHN)", vgl. hierzu *Seib*, praxisNETZ 2000 (Heft 3), 8 f.

[113] Zu diesen gehören die oben auf S. 32 genannten Netze.

[114] Stand: März 1999, vgl. oben Fn. 58.

[115] *Baumgärtner*, in: KBV Kontext Nr. 14, Juni 2000, S. 38.

Was die Zielsetzungen angeht, so kann zwischen indikationsspezifischen, kommunikationsorientierten, versorgungsstrategischen und betriebswirtschaftlichen Zielen unterschieden werden[116]. Als die fünf Grundbausteine der Praxisvernetzung gelten die Felder der Präsenz, der Qualitätssicherung, der Kommunikation, der wirtschaftlichen Kooperation sowie der neuen Verträge und Honorarformen[117]. Die Verwirklichung der einzelnen Ziele in Form der sog. Vernetzungsmodule[118] ist dabei höchst verschieden; sie reicht von der bloßen Intensivierung der innerkollegialen Kommunikation über die Betonung eines spezifischen Netzmerkmals, wie z. B. der Kooperation mit dem stationären Bereich, der integrativen Notfallversorgung oder dem Einsatz von Informationstechnologie bis hin zur Erprobung netzeigener Honorarbudgets und Honorierungssysteme.

Anschaulich ist die Typenbildung von *Meyer-Lutterloh*[119]. Anhand ihrer Merkmale und Ziele unterscheidet er drei Haupttypen von Netzen:

- Netze, die primär wirtschaftliche Ziele verfolgen. Durch Maßnahmen zur Verbesserung der betriebswirtschaftlichen Situation wollen diese Netze mehr Lebensqualität, höhere Einkommen und eine größere Berufszufriedenheit für die Ärzte und die anderen im Netz vertretenen Leistungserbringer erreichen. Bestandteile solcher Netze sind z. B. gemeinsamer Einkauf, Optimierung der Praxisabläufe, Arbeitsteilung, organisierte Urlaubsvertretung, gemeinsame Gerätenutzung, Mitarbeiterpool, Leistungsangebote außerhalb des GKV-Bereiches und unternehmerische Aktivitäten.
- Netze, die die Qualität, Wirtschaftlichkeit und Humanität der Patientenversorgung durch Serviceleistungen für Patienten und Veränderungen des Leistungsangebotes verbessern wollen. Maßnahmen solcher Netze sind die Versorgung auch außerhalb der üblichen Sprechzeiten, eine gemeinsam betriebene Notfallpraxis, die abgestimmte Zusammenarbeit der Netzärzte, Disease und Case Management, die Qualitätssicherung durch netzeigene Qualitätszirkel, die Vermeidung nicht erforderlicher Leistungen und/oder Krankenhausaufenthalte (z. B. durch Zweitmeinungsverfahren), die kompetente Vermittlung nichtärztlicher Hilfen (z. B. häuslicher Krankenpflege) und das gemeinsame Angebot von Wahlleistungen außerhalb der Finanzierungspflicht der GKV und der PKV.

---

[116] Eine Übersicht über die verschiedenen Zielsetzungen der einzelnen Netzprojekte geben die oben in Fn. 58 genannten Dokumentationen der *KBV*, insbesondere die dort letztgenannte sowie *Schmid*, praxisNETZ 2000 (Heft 2), 18 ff.; *ders.*, praxisNETZ (Heft 3), 28 ff. Einen Einblick in die verschiedenen Projekte verschafft der regelmäßig in der Zeitschrift praxisNETZ erschienene „Steckbrief" eines Netzes.

[117] Vgl. hierzu *Schwoerer*, in: Merke (Hrsg.), Umbau oder Abbau im Gesundheitswesen, S. 146.

[118] Einen Überblick über die verschiedenen Module (wie z. B. Patientenbuch oder Anlaufpraxis) gibt *Meyer-Lutterloh*, Praxiskooperationen und Praxisnetze, S. 71 ff. Siehe auch die Zitate oben Fn. 104.

[119] *Meyer-Lutterloh* in: Kreyher (Hrsg.), Handbuch Gesundheits- und Medizinmarketing, S. 302 ff. Vgl. auch die Typologie von *Westebbe*, Ärzte im Netz, S. 44 ff.

- Netze, die die Qualität und Effizienz der Versorgung durch die Einbindung des Netzes in Modellvorhaben, Strukturverträge oder Integrationsversorgungsverträge und die Anwendung von Managed Care-Instrumenten verbessern wollen. Neben den bereits genannten Merkmalen sind diese Netze durch die Übernahme von Budgetverantwortung und die Implementierung von finanziellen Anreizsystemen gekennzeichnet.

In rechtlicher Hinsicht bedeutsam ist, daß sich die gesamte Netzbewegung in einem ganz grundlegenden Punkt unterscheidet: Auf der einen Seite gibt es die – hier so genannten – „gebundenen" Netze, die in einen Vertrag mit einer oder mehreren Krankenkassen eingebunden sind, sei es im Rahmen eines Modellvorhabens nach §§ 63 ff. SGB V, eines Strukturvertrages nach § 73 a SGB V oder in Zukunft im Rahmen der Integrationsversorgung nach §§ 140 a ff. SGB V. Auf der anderen Seite gibt es die weitaus zahlreicheren „freien" Netze, die sich ohne Rückgriff auf die durch das Sozialrecht bereitgestellten Gestaltungsmöglichkeiten aus rein ärztlicher Initiative heraus gründen und sich ohne gesonderten Vertrag mit einer Krankenkasse außerhalb der GKV bewegen[120].

B. Das Grundkonzept

Trotz aller Unterschiede in der konkreten Ausgestaltung beruhen alle Vernetzungsprojekte im wesentlichen auf folgendem Konzept, das als Grundlage für die folgende berufsrechtliche Untersuchung herangezogen wird[121]:

- Das Praxisnetz umfaßt ein räumlich begrenztes Versorgungsgebiet, z. B. einen Stadtteil, eine Stadt oder eine Region.
- Getragen wird das Netz von den Praxen der niedergelassenen Ärzte, die dabei ihre Selbständigkeit beibehalten. Die Teilnahme am Netz erfolgt sowohl für Ärzte als auch für Patienten auf freiwilliger Basis, wobei grundsätzlich die freie Arztwahl in vollem Umfang erhalten bleibt.
- Für die kontinuierliche Betreuung ist ein vom Patienten gewählter Hausarzt zuständig, der seinen Patienten zur ambulanten Mit- oder Weiterbehandlung grundsätzlich an Fachärzte und nicht direkt an Klinikambulanzen oder er-

---

[120] Zu den „gebundenen" Netzen vgl. die oben auf S. 32 genannten, zu den „freien" Netzen vgl. oben Fn. 58 u. 65.

[121] Zitiert im wesentlichen nach der Zielbeschreibung des Abschlußberichts der Arbeitsgruppe „Vernetzte Praxen" der *Kassenärztliche Vereinigung Nordbaden*, S. 10 ff., insbes. S. 14 f.; vgl. auch *Rieger*, MedR 1998, 75 sowie die Übersicht bei *Orlowski*, VSSR 1998, 265, 275 f. – Plastisch könnte man ein Praxisnetz als die Weiterentwicklung eines multilokalen integrativen Gesundheitszentrums beschreiben; Beispiele einiger „Praxiszentren", die durchaus als Vorläufer der Netzidee bezeichnet werden können, bei *Lang/Schade/Lautenschläger*, Praxisgründung - Praxisführung, S. 148 ff.

mächtigte Krankenhausärzte überweist. Gleiches gilt für die Einweisung zur stationären Behandlung.

- Die Hausärzte halten die zentralen Behandlungsinformationen über die Patienten in ihrem Bereich. Soweit der Facharzt auf Überweisung durch einen Hausarzt in Anspruch genommen wird, unterrichtet er den Hausarzt über seine Feststellungen und weiteren Veranlassungen und hält mit diesem Rücksprache über eventuelle Krankenhauseinweisungen. Die Weiterüberweisung durch den Facharzt ist nur in Abstimmung mit dem Hausarzt möglich, es sei denn, es handelt sich um Auftragsleistungen, die der behandelnde Facharzt primär für seine Behandlung benötigt.
- Hausärzte und Fachärzte verpflichten sich zur engen Kommunikation und Kooperation bei der eigenen Leistungserbringung. Im besonderen werden dabei Personal und Einrichtungen gemeinsam genutzt. Im Rahmen der Netzorganisation wird eine Abstimmung der Tätigkeitsbereiche und Tätigkeitszeiten unter den Ärzten vorgenommen. Diese betrifft insbesondere die Leistungsbereiche sowie auch die Praxisöffnungszeiten, um eine möglichst weitgehende Präsenz der Ärzte des Netzes zu gewährleisten.
- Das Netz verfügt über eine Verbindlichkeitswirkung für seine Teilnehmer, ohne jedoch die Grenze zu einer gewerblichen Tätigkeit zu überschreiten.
- Die beteiligten Haus- und Fachärzte unterwerfen sich einem für das Netz definierten und gültigen Qualitätsstandard. Dieser ist im Netz zu erarbeiten und ständig im Bezug zum medizinischen Fortschritt weiterzuentwickeln. Es werden nur solche Ärzte in das Netz aufgenommen oder können darin verbleiben, die bereit sind, diesen Qualitätsstandard für sich anzuerkennen und zu praktizieren.
- Alle an einem Netz beteiligten Ärzte wählen aus ihrer Mitte einen Beirat, der die beteiligten Ärzte und Arztgruppen repräsentativ erfaßt und für die Qualitätssicherung und die Abstimmung des netzeigenen Qualitätsstandards zuständig ist.
- Das Netz besitzt eine Leitstelle, die eine zentrale Anlaufstelle für Patientenkontakte bietet und eine Versorgung rund um die Uhr gewährleistet. Die Leitstelle stellt darüber hinaus eine zentrale Anlaufstelle für Informationen der Netzmitglieder dar und ist außerdem für die Überwachung und Steuerung der wirtschaftlichen Leistungsfunktion des Netzes zuständig.
- Unter Umständen erfolgt eine Zusammenarbeit des Netzes mit selbständig tätigen Angehörigen nichtärztlicher Fachberufe, insbesondere ambulanten Pflegediensten, Physiotherapeuten, Diplompsychologen, Logopäden, Ergotherapeuten sowie auch eine Kooperation mit örtlichen Kliniken.
- Soweit es sich um ein Netz handelt, das in einen Vertrag mit einer Krankenkasse eingebunden ist, kann es unterschiedliche Regelungen hinsichtlich der

Vergütung der Netzärzte geben. Zum Teil bestehen für Netze eigene Honorarbudgets, erzielte Einsparungen werden den Ärzten teilweise gutgeschrieben. Wo die Abrechnung in herkömmlicher Form erfolgt, werden für bestimmte Leistungen im Rahmen von Sonderaufgaben (z. B. besondere Dokumentations- und Kommunikationsleistungen, Durchführung von Gruppenschulungen usw.) zum Teil Sonderhonorare gezahlt.

TEIL 2: DIE BILDUNG DES PRAXISNETZES UND SEINE ARBEIT – BERUFSRECHTLICHE BETRACHTUNGEN

§ 1 DIE VERANKERUNG DER PRAXISNETZE IN DER ÄRZTLICHEN BERUFSORDNUNG

A. Die grundlegenden Rechtsbeziehungen zwischen den Beteiligten

Die etablierten Netzprojekte unterscheiden sich in systematischer Hinsicht in einem ganz grundlegenden Punkt: Sie lassen sich je nach der Natur ihrer Vertragsgrundlage in – hier so genannte – „freie" und „gebundene" Netze einteilen[122].

Die nur aus Vertragsärzten bestehenden „gebundenen" Netze verfügen über eine zusätzliche, zu den allgemeinen kassenärztlichen Rechtsbeziehungen hinzutretende, kassenarztrechtliche Vertragsbeziehung. Ein solch "gebundenes" Netz kann dabei auf einem Modellvorhaben (§§ 64 ff. SGB V), einem Strukturvertrag (§ 73 a SGB V) oder – seit der Gesundheitsreform 2000 – auf einem Vertrag der Integrierten Versorgung (§§ 140 a ff. SGB V) basieren. Vertragspartner bei der Festlegung des den Versorgungsauftrag des Netzes prägenden spezifischen Versorgungsziels sowie der Art und Weise der Kooperation der Netzärzte[123] sind in diesem Fall die Krankenkassen auf der einen und entweder die Kassenärztlichen Vereinigungen oder seit neuerem auch die Netzärzte selbst auf der anderen Seite. Die Teilnahme eines Arztes an einem zwischen einer Krankenkasse und einer Kassenärztlichen Vereinigung vereinbarten „gebundenen" Netz ist freiwillig und erfolgt durch eine öffentlich-rechtliche Beitrittserklärung gegenüber der Kassenärztlichen Vereinigung[124].

Demgegenüber besitzen die "freien" Netze, die aus privat- und vertragsärztlich niedergelassenen Praxen bestehen können, keine zusätzliche Einbindung in das Kassenarztrecht. Bei ihnen ist die grundlegende Kooperationsvereinbarung rein privatrechtlicher Natur. Die einzelnen Bedingungen der Kooperation werden hier also nur von den Netzärzten selbst festgelegt, eine gesonderte Beteiligung der Krankenkassen an der Gründung dieser Netzform findet nicht statt.

Deutlich werden die Unterschiede zwischen „freien" und „gebundenen" Netzen bei einem Blick auf die den beiden Netzformen zugrundeliegenden Ebenen

---

[122] Trotz deutlicher Überzahl der "freien" Netze (vgl. hierzu oben Teil 1 § 1 C.) machten die bisherigen grundlegenden Beiträge zu diesem Thema lediglich die "gebundenen" Netze zum Gegenstand ihrer Untersuchung. Die unterschiedlichen rechtlichen Grundlagen der verschiedenen Netzformen werden allenfalls angedeutet, so bei *Herzog*, AusR 1999, 67 ff.

[123] Zu den Gestaltungsmöglichkeiten in den kassenarztrechtlichen Vereinbarungen im einzelnen siehe *Schirmer*, MedR 1997, 431, 434 ff. (Modellvorhaben); ebenda 437 ff. (Strukturverträge) sowie *ders.*, VSSR 1998, 279 ff. (Strukturverträge).

[124] So *Rieger*, MedR 1998, 75, 76.

von Rechtsbeziehungen: Abgesehen von den ohnehin bestehenden – wie z. B. zu den Patienten – findet sich bei den "freien" Netzen lediglich eine Ebene von Rechtsbeziehungen, nämlich im Verhältnis der Netzärzte zueinander[125]. Im Verhältnis zu Kassenärztlichen Vereinigungen und Krankenkassen werden keine zusätzlichen Rechtsbeziehungen begründet; es bleibt bei den aus der Zulassung als Vertragsarzt folgenden allgemeinen Rechten und Pflichten.

Im Gegensatz dazu sind bei den „gebundenen" Netzen verschiedene Ebenen von Rechtsverhältnissen zu unterscheiden[126]:
- Rechtsbeziehungen der KV zu den Krankenkassen[127],
- Rechtsbeziehungen der KV zu den beteiligten Ärzten sowie
- Rechtsbeziehungen der beteiligten Ärzte untereinander.

Soweit von der durch das GKV-Gesundheitsreformgesetz 2000 geschaffenen Möglichkeit der Direktverträge zwischen Krankenkassen und Netzärzten in Form eines Modellvorhabens oder eines Integrationsversorgungsvertrages Gebrauch gemacht wird, entfällt eine direkte Einbindung der KV in die Vereinbarungen, so daß sich die Rechtsverhältnisse auf die beiden folgenden Ebenen beschränken:
- Rechtsbeziehungen zwischen Krankenkassen und Netzärzten sowie
- Rechtsbeziehungen der Netzärzte untereinander.

Der Sinn dieser Einteilung in „freie" und „gebundene" Netze wird im folgenden deutlich werden: Aus der zusätzlichen Einbindung der „gebundenen" Netze in das Kassenarztrecht ergeben sich für die beiden Netzformen teilweise unterschiedliche berufsrechtliche Bindungen.

B. Der Beruf des Arztes im Rechtssystem

I. Der Arztberuf als freier Beruf

Nach traditioneller Auffassung wird der Arztberuf grundsätzlich nicht in Gewinnerzielungsabsicht ausgeübt, sondern unterliegt dem „altruistischen Postulat"[128], kranken Menschen zu helfen. Die ärztliche Tätigkeit wird nicht als ge-

---

[125] Unberücksichtigt bleibt im folgenden die Netzbildung unter Beteiligung einer privaten Krankenkasse. Soweit ersichtlich, existiert bislang auch erst ein solches Netz, vgl. oben Teil 1 § 1 D. III.

[126] So auch *Rieger*, MedR 1998, 75; *ders.*, in: Rieger (Hrsg.), Lexikon des Arztrechts, Stichwort „Praxisnetz" (Nr. 4305), Rdnrn. 13 ff.

[127] Nach der anschaulichen Beschreibung von *Schirmer*, VSSR 1998, 279, 286, „wölbt" sich die sozialrechtliche Vereinbarung zwischen den Krankenkassen und den Kassenärztlichen Vereinigungen über die darunterliegenden Rechtsbeziehungen.

[128] So *Taupitz*, Standesordnungen, S. 149; *Laufs*, Arztrecht, Rdnr. 17, spricht von einem „Liebesdienst", der den Gegenstand des ärztlichen Auftrages bildet. – Vgl. § 1 Abs. 1 BÄO sowie § 1 Abs. 1 S. 1 MBO-Ä 2000: „Der Arzt dient der Gesundheit des einzelnen Menschen und des gesamten Volkes."

werbliche Tätigkeit, sondern als ein sogenannter freier Beruf angesehen, der Dienstleistungen „höherer Art" anbietet[129]. Der definitorischen Bestimmung und Abgrenzung des nicht klar umrissenen Begriffs der Freiberuflichkeit[130] soll hier nicht weiter nachgegangen werden; verwiesen sei an dieser Stelle auf die Definition, die sich die freien Berufe im Bundesverband der freien Berufe selbst gegeben haben. Sie lautet: „Angehörige freier Berufe erbringen aufgrund besonderer beruflicher Qualifikation persönlich, eigenverantwortlich und fachlich unabhängig geistig-ideelle Leistungen im Interesse ihrer Auftraggeber und der Allgemeinheit. Ihre Berufsausübung unterliegt in der Regel spezifischen berufsrechtlichen Bindungen nach Maßgabe der staatlichen Gesetzgebung oder des von der jeweiligen Berufsvertretung autonom gesetzten Rechts, welches die Professionalität, Qualität und das zum Auftraggeber bestehende Vertrauensverhältnis gewährleistet und fortentwickelt"[131].

Für die vorliegende Arbeit sind vor allem die berufscharakteristischen Wesensmerkmale der Freiberuflichkeit von Bedeutung[132]. Kennzeichen eines freien Berufs sind anerkanntermaßen der Gemeinwohlbezug der Tätigkeit, die Erbringung ideeller persönlicher Leistungen, die von einem spezifischen persönlichen Vertrauen geprägte Beziehung zum Auftraggeber sowie eine ausgeprägte fachliche Unabhängigkeit und Weisungsfreiheit der Berufsangehörigen. Früher wurde darüber hinaus noch auf die wirtschaftliche Selbständigkeit der freiberuflich Tätigen verwiesen. Angesichts der Geltung der ärztlichen Berufsordnung (siehe vor allem § 23 MBO-Ä 2000) für alle Ärzte und damit auch für die mittlerweile überwiegende Zahl der nicht in eigener Praxis niedergelassenen, sondern als Angestellte in Kliniken oder Sanatorien tätigen Ärzte, ist es heute weniger denn je überzeugend, die wirtschaftliche Unabhängigkeit zum Wesensmerkmal des freien Berufes zu machen[133].

---

[129] Vgl. § 1 Abs. 2 BÄO u. § 1 Abs. 1 S. 2 MBO-Ä 2000 sowie BVerfGE 5, 25, 30.
[130] Vgl *Quaas*, MedR 2001, 34 f. u. *Kutzenmeier*, MedR 1998, 113, 115, beide unter Berufung auf BVerfGE 10, 354, 364: „'Freier Beruf' ist kein eindeutiger Rechtsbegriff. Selbst wenn ein Beruf unstreitig zu den freien Berufen gehört, lassen sich daraus präzise normative Wirkungen für seine Behandlung im Recht [...] nicht ableiten. [...] ‚Freier Beruf' ist ein soziologischer Begriff [...]." Vgl. auch § 1 Abs. 2 PartGG.
[131] Zitiert nach *Zuck*, in: Herrmann/Backhaus (Hrsg.), Freiberufe im Wandel, S. 1.
[132] Ausführlich zu den Charakteristika freier Berufe *Taupitz*, Standesordnungen, S. 17 ff., S. 38 ff. sowie *Michalski*, Gesellschafts- und Kartellrecht, S. 1 ff., S. 13 ff.; einen Überblick über die in der Rechtsprechung des Bundesverfassungsgerichts verwendeten Merkmale der Freiberuflichkeit gibt *Tettinger*, NJW 1987, 294, 294 ff. Speziell für den Arztberuf *Laufs*, in: Laufs/Uhlenbruck (Hrsg.), Hb. des Arztrechts, § 3 Rdnrn. 1 ff.
[133] *Michalski*, Gesellschafts- und Kartellrecht, S. 11 f.; *Taupitz*, Standesordnungen, S. 44 f., S. 46 ff. sowie *Laufs*, Berufsfreiheit und Persönlichkeitsschutz im Arztrecht, S. 6. Genaue Zahlen bei *Laufs*, in: Laufs/Uhlenbruck (Hrsg.), Hb. des Arztrechts, § 12 Rdnr. 1.

II. Das ärztliche Standesrecht als Gegenstand der Untersuchung

Das ärztliche Berufsrecht als die Summe der Rechtsnormen, unter denen der Arzt und seine Berufstätigkeit stehen, ist nicht einem bestimmten Rechtskreis zuzuordnen, sondern erscheint als „interdisziplinäres Recht“, das eine Vielzahl von Rechtsbereichen, hauptsächlich das Zivilrecht, Strafrecht und Sozialversicherungsrecht, tangiert.

Die Berufspflichten des Arztes ergeben sich dabei nicht nur aus staatlichen Rechtsnormen, sondern auch aus dem untergesetzlichen ärztlichen Standesrecht, dem Berufsrecht im engeren Sinne[134]. Dieses wird als Element der ärztlichen Selbstverwaltung durch die Landesärztekammern insbesondere in Form von Berufsordnungen geregelt. Es läßt sich bezüglich seiner Inhalte einteilen in sog. Standesorganisationsrecht (z. B. Geschäftsordnungen der Ärztekammern), Standesverfahrensrecht (z. B. Regelungen über Schlichtungs- und Disziplinarverfahren) sowie materielles Standesrecht in Form von Verhaltensregeln für die betreffenden Berufsangehörigen. Letzteres besteht aus erzwingbaren und berufsgerichtlich ahndbaren konkreten Handlungsgeboten und Unterlassungspflichten und bildet den für die folgende Untersuchung maßgeblichen Prüfungsmaßstab; die Begriffe Berufsrecht und Standesrecht werden dabei synonyme Verwendung finden.

Seit dem Ende des 19. Jahrhunderts gehört der ärztliche Beruf zu den traditionell verkammerten Berufsbildern[135]. Rechtspolitischer Grund für eine solche Verkammerung ist, daß zum einen die beruflichen Leistungen dieser Berufsgruppe einen besonderen Gemeinwohlbezug aufweisen und zum anderen die Eigenart dieser beruflichen Leistungen nicht nur eine durch akademische Ausbildung gesicherte fachliche Qualifikation, sondern auch für alle Berufsangehörigen verbindliche Vorschriften der Berufsausübung mit entsprechenden Sanktionsmöglichkeiten erfordert[136]. Das ärztliche Berufsrecht liegt grundsätzlich – abgesehen von der Zulassung zu den ärztlichen und anderen Heilberufen (Art. 74 Abs. 1 Nr. 19 GG) und dem Recht der Vertragsärzte (Art. 74 Abs. 1 Nr. 12 GG) sowie den berufsbezogenen Strafvorschriften (Art. 74 Abs. 1 Nr. 1 GG) – in der ausschließlichen Kompetenz der Länder[137]. Deren Kammergesetze[138]

---

[134] So *Laufs*, Arztrecht, Rdnr. 50. Zur begrifflichen Unterscheidung zwischen Berufs- und Standesrecht siehe *Taupitz*, Standesordnungen, S. 157 ff.

[135] Zur Entwicklungsgeschichte des ärztlichen Standesrechts im einzelnen *Taupitz*, Standesordnungen, S. 211 ff.

[136] Vgl. *Narr/Hess/Schirmer*, Ärztliches Berufsrecht, Rdnr. B 18.

[137] Vgl. BVerfG NJW 1999, 841, 843.

[138] In Baden-Württemberg etwa gilt das „Gesetz über die öffentliche Berufsvertretung, die Berufspflichten, die Weiterbildung und die Berufsgerichtsbarkeit der Ärzte, Zahnärzte, Tierärzte, Apotheker und Dentisten (Heilberufe- Kammergesetz)“ i. d. F. v. 16.3.1995 (GBl. 313). – Trotz einzelner Abweichungen stimmen die Kammergesetze der verschiedenen Bundesländer im wesentlichen überein. Eine Zusammenstellung der einzelnen „Heilberufe-

beschränken sich darauf, die notwendigen Rahmenbedingungen der ärztlichen Berufsausübung zu normieren, im übrigen aber die Durchführung des Gesetzesauftrages und die Wahrnehmung der eigenen Angelegenheiten auf die Ärztekammern zu übertragen. Die als Körperschaften des öffentlichen Rechts verfaßten Landesärztekammern werden ermächtigt, verbindliches Berufsausübungsrecht in Form von Berufsordnungen zu regeln. Die ärztliche Berufsordnung ist eine auf Gesetz beruhende, unmittelbar rechtsverbindliche autonome Satzung der Ärztekammer[139], die zu ihrer Wirksamkeit der Genehmigung durch die zuständige staatliche Aufsichtsbehörde, in der Regel entweder das jeweilige Innenministerium oder das Ministerium für Arbeit, Gesundheit und Soziales, bedarf[140].

Das entstehungsgeschichtlich als reines Binnenrecht[141] ausgestaltete Standesrecht bleibt dabei im großen und ganzen auf die Regelung von berufsständischinternen Sachverhalten beschränkt, es darf nicht das Verhalten von Patienten und Dritten regeln[142]. Gleichwohl ist die ärztliche Selbstverwaltung im ganzen

---

Kammergesetze", „Kammergesetze", „Heilberufegesetze" und „Ärztegesetze" findet sich bei *Schiwy*, Deutsches Arztrecht, Bd. II u. III, Nrn. 1050 ff.

[139] Obwohl der Begriff „Satzung" nur zum Teil ausdrücklich in der Ermächtigung genannt wird (so in §§ 9, 10 Nr. 15 KG-BW; § 15 Abs. 4 ÄrzteG-Hamburg; § 33 Abs. 1 HeilBerG-Mecklenburg-Vorpommern; § 25 Nr. 1 f.) HKG-Niedersachsen; § 14 Abs. 1, 4 Nr. 4 HeilBG-Rheinland-Pfalz; § 14 Abs. 2 Nr. 9 HKG-Saarland; § 31 Nr. 3 HeilberufeG-Schleswig-Holstein) ist davon auszugehen, daß in allen Heilberufs-Kammergesetzen Satzungsautonomie verliehen wird; so schon *Spann*, Ärztliche Rechts- und Standeskunde, S. 219 u. *Taupitz*, Standesordnungen, S. 629 ff. – Die Berufsordnungen der einzelnen Landesärztekammern sind in ihrer aktuellen Fassung in der Regel über deren Homepages im Internet einzusehen, so z. B. die der Landesärztekammer Baden-Württemberg unter http://www. laekbw.arzt.de (Stand: 1.3.2002).

[140] Siehe nur § 9 Abs. 3 KG-BW.

[141] So *Taupitz*, NJW 1986, 2851, 2854.

[142] Vgl. § 31 Abs. 2 KG-BW: „Die Berufsordnung kann weitere Vorschriften über Berufspflichten enthalten, insbesondere hinsichtlich 1. der Einhaltung der Pflicht zur Verschwiegenheit und der sonst für die Berufsausübung geltenden Rechtsvorschriften, 2. der Einhaltung der Pflicht, sich beruflich fortzubilden, der Zertifizierung von Fortbildungsangeboten und der Bestätigung abgeleisteter Fortbildungsmaßnahmen, 3. der Mitwirkung an Maßnahmen der Kammer oder eines von ihr beauftragten Dritten, die der Sicherung der Qualität ärztlicher [...] Leistungen dienen sowie der Zertifizierung, 4. der Ausstellung von Gutachten und Zeugnissen, 5. der Praxisankündigung, der Praxisschilder [...], 6. der Durchführung von Sprechstunden, 7. der gemeinsamen Ausübung der Berufstätigkeit, 8. des Abschlusses einer ausreichenden Haftpflichtversicherung und der Angemessenheit und Nachprüfbarkeit des Honorars, 9. der Werbung [...], 10. der Verordnung und Empfehlung von Heil- und Hilfsmitteln, 11. des beruflichen Verhaltens gegenüber anderen Berufsangehörigen und der Zusammenarbeit zwischen Berufsangehörigen und Angehörigen anderer Berufe, 12. der Beschäftigung und angemessenen Vergütung von Vertretern, Assistenten und sonstigen Mitarbeitern sowie der Ausbildung der Famuli und Praktikanten, 13. der Ausbildung zu Helferberufen, 14. der Einrichtung, Ausstattung und des Betriebs von tierärztlichen Kliniken, 15. der

keine private und rein interne Angelegenheit der Ärzteschaft mit der Möglichkeit der einseitigen Verfolgung eigener Interessen, sie ist auch eine der Allgemeinheit und dem Gemeinwohl verpflichtete Institution[143].

Deutlich wird dies unter anderem in der Präambel der MBO-Ä 2000: „[...] die Berufsordnung stellt die Überzeugung der Ärzteschaft zum Verhalten von Ärzten gegenüber den Patienten, den Kollegen, den anderen Partnern im Gesundheitswesen sowie zum Verhalten in der Öffentlichkeit dar. [...] Mit der Festlegung von Berufspflichten der Ärzte dient die Berufsordnung zugleich dem Ziel,
-das Vertrauen zwischen Arzt und Patient zu erhalten und zu fördern;
-die Qualität der ärztlichen Tätigkeit im Interesse der Gesundheit der Bevölkerung sicherzustellen;
-die Freiheit und das Ansehen des Arztberufs zu wahren;
-berufswürdiges Verhalten zu fördern und berufsunwürdiges Verhalten zu verhindern."

Die Grenzen der Satzungsautonomie der Ärztekammern hat das *Bundesverfassungsgericht* in seinem vielzitierten Facharztbeschluß aufgezeigt: Aus dem Demokratieprinzip, dem Rechtsstaatsprinzip (Art. 20 Abs. 3 GG)[144] und vor allem aus dem Gesetzesvorbehalt des Art. 12 Abs. 1 GG folgt, daß es in erster Linie Aufgabe des parlamentarischen Gesetzgebers ist, freiheitsbeschränkende Regelungen anzuordnen und damit die Abwägung zu treffen, ob und in welchem Maß die Freiheit des einzelnen gegenüber den Belangen der Gemeinschaft zurückzutreten hat[145]. Entsprechend der am Verhältnismäßigkeitsprinzip orientierten Stufentheorie[146], die zwischen Berufsausübungsregelungen und den Beschränkungen der Berufswahl durch subjektive wie objektive Zulassungsvoraussetzungen bei sich steigernden Legitimationsanforderungen unterscheidet, fehlt den Kammern die Kompetenz für Berufswahlregelungen, da hier der Kreis „eigener" Angelegenheiten durch die Berührung von schutzwürdigen Interessen von Nichtmitgliedern, wie beispielsweise Berufsanwärtern, überschritten wird[147]. In Bezug auf bloße Berufsausübungsregelungen wird die Normierungskompetenz der Kammern grundsätzlich bejaht. Die den Kammern zugestandene Satzungsautonomie dient nach den Worten des *BVerfG* dazu, „gesellschaftliche Kräfte zu aktivieren, den entsprechenden Gruppen die Regelung solcher Angelegenheiten, die sie selbst betreffen und die sie in überschaubaren Bereichen am sachkundigsten beurteilen können, eigenverantwortlich zu überlassen und

---

Durchführung von Sektionen." – Zur grundsätzlichen Beschränkung der Satzungsautonomie auf Kammermitglieder *Kleine-Cosack*, Berufsständische Autonomie, S. 262 ff.

143 Siehe dazu *Taupitz*, MedR 1998, 1, 2; zur sog. dualen Funktion und zur Außenwirkung von Standesordnungen *ders.*, Standesordnungen, S. 501 ff. u. S. 862 ff.

144 Vor allem aus dem ihm innewohnenden Vorbehalt des Gesetzes.

145 BVerfG NJW 1972, 1504, 1506 f. = BVerfGE 33, 125 ff. Allgemein zur sog. Wesentlichkeitslehre siehe BVerfGE 49, 89, 126 f. = NJW 1979, 359, 360 m. w. Nachw.

146 Grundlegend BVerfGE 7, 377, 402 ff. (Apothekenurteil).

147 So BVerfG NJW 1972, 1504, 1507.

dadurch den Abstand zwischen Normgeber und Normadressat zu verringern"[148]. Es gilt jedoch auch für sie der „Maßstab des Wesentlichen"[149]: Je stärker die freie berufliche Betätigung beeinträchtigt wird, desto deutlicher ist dies gesetzlich vorzuzeichnen[150].

Daß das Satzungsrecht darüber hinaus in materiellrechtlicher Hinsicht mit höherrangigem Recht, vor allem dem Grundgesetz, voll in Übereinstimmung stehen muß, ist – so das *BVerfG* – „selbstverständlich"[151]. Zusätzlich zu der Bindung an das ermächtigende Gesetz bildet Art. 12 GG in der Regel die grundrechtliche Maßstabsnorm für Einschränkungen durch Kammermaßnahmen. In Betracht kommen können aber auch das in Art. 5 GG verankerte Grundrecht auf Meinungsfreiheit und ferner gelegentlich die Eigentumsfreiheit des Art. 14 GG[152]. Entsprechend der bereits erwähnten Stufentheorie sind Einschränkungen der Berufsausübung durch Satzungsrecht der Kammern nur aus gemeinwohlorientierten Gründen zu rechtfertigen. Maßstab einer solchen Freiheitsbeschränkung muß nach allgemeiner Auffassung das Ziel einer funktionsgerechten Erfüllung gemeinschaftswichtiger Aufgaben und die Sicherung einer optimalen Versorgung der Allgemeinheit mit freiberuflichen Leistungen sein[153].

Allgemeine Rechtsverbindlichkeit für die Ärzte erlangt das Satzungsrecht der Kammern und damit insbesondere die Berufsordnung durch eine gesetzliche Pflichtmitgliedschaft[154] aller approbierten und berufstätigen Ärzte, unabhängig davon, in welcher Funktion sie tätig sind[155]. Die dadurch erzielte Einheitlichkeit des Arztberufs führt dazu, daß dieser der einzige Beruf in der Bundesrepublik ist, der trotz unterschiedlichster Betätigungsfelder seiner Mitglieder – man

---

[148] So BVerfG NJW 1972, 1504, 1506.

[149] So *Kleine-Cosack*, Berufsständische Autonomie, S. 278. – Zu den diesen Maßstab konkretisierenden Kriterien im einzelnen *Laufs/Reiling*, Ethikkommissionen, S. 35.

[150] BVerfG NJW 1972, 1504, 1507. Das BVerfG hat seine Ansicht mehrfach wiederholt und bekräftigt: so z. B. BVerfGE 71, 162, 172 ff. (berufsordnungsrechtliches Werbeverbot); BVerfGE 71, 183, 197 ff. (Werbung von Sanatorien); BVerfG NJW 1988, 191 ff. (anwaltliche Standesrichtlinien).

[151] So auch *Laufs*, in: Festschrift für W. Weißauer, S. 91 u. *Brandstetter*, Berufsordnungen, S. 159.

[152] Zu den Grenzen der Satzungsautonomie der Kammern in materieller Hinsicht *Taupitz*, Standesordnungen, S. 844 ff. sowie in formeller Hinsicht *Kleine-Cosack*, Berufsständische Autonomie, S. 272 ff.

[153] Einem „fiktiven Standesethos" soll keine rechtfertigende Funktion zukommen; so *Kleine-Cosack*, Berufsständische Autonomie, S. 25 f. unter Berufung auf *Leisner*, Berufsordnungsrecht und Werbeverbote, S. 46 u. *Steindorff*, Freie Berufe, S. 17. Kritisch hinsichtlich einer solch pauschalen „Telosisolation" *Taupitz*, Standesordnungen, S. 845 ff, insbes. S. 861 ff.; siehe dazu ausführlich unten § 2 B. I. 3. c).

[154] Zum Status der Ärztekammern als Zwangskörperschaften des öffentlichen Rechts siehe *Brohm*, in: Festschrift für G. C. v. Unruh, S. 790 ff.

[155] Siehe nur § 2 Abs. 1 Nr. 1 KG-BW sowie § 23 Abs. 1 MBO-Ä 2000. Vgl. *Narr/Hess/Schirmer*, Ärztliches Berufsrecht, Rdnrn. B 30 ff. sowie *Laufs*, in: Laufs/Uhlenbruck (Hrsg.), Hb. des Arztrechts, § 12 Rdnr. 2.

denke nur an so verschiedene Berufsbilder wie das eines in freier Praxis niedergelassenen und das eines behördlich beschäftigten Arztes – über ein einheitliches Berufsrecht verfügt.

Inhaltlich orientieren sich die Berufsordnungen der 17 Landesärztekammern eng an der Musterberufsordnung für die deutschen Ärztinnen und Ärzte (MBO-Ä), die vom Deutschen Ärztetag als dem obersten beschlußfassenden Gremium der Bundesärztekammer erlassen wird. Die Musterberufsordnung hat im Sinne einer bundesweiten Rechtseinheit bloße Vorschlagsqualität und entfaltet keinerlei rechtliche Bindungswirkung für die einzelnen Landesärztekammern und deren Mitglieder. Obwohl ihre Regelungen größtenteils in das Satzungsrecht der Landesärztekammern aufgenommen werden, gibt es doch in Einzelfällen Abweichungen in den verschiedenen Berufsordnungen, auf die, soweit notwendig, im folgenden eingegangen werden wird[156].

C. Die Praxisnetze im Kooperationssystem der ärztlichen Berufsordnung

I. Der Praxisverbund als neue Kooperationsform der Berufsordnung

Als neue berufsrechtliche Kooperationsform für Netze wurde durch den 100. Deutschen Ärztetag 1997 der Praxisverbund in den in § 22 MBO-Ä enthaltenen Katalog der berufsrechtlich zulässigen Formen ärztlicher Kooperation aufgenommen. Die Vorschrift Kap. D II Nr. 11 MBO-Ä bildet nunmehr die zentrale berufsrechtliche Bestimmung zum Umgang mit Praxisnetzen. Gegenstand der vorliegenden Untersuchung sollen diejenigen Praxisnetze sein – und das ist nach der Neufassung der MBO-Ä im Mai 2000[157] die ganz überwiegende Mehrheit –, die einen Praxisverbund im Sinne dieser berufsrechtlichen Regelung darstellen.

1. Die Regelung des Praxisverbundes in der MBO-Ä 1997

Soweit überhaupt eine Anpassung der einzelnen Berufsordnungen an den „Vorschlag" der Musterberufsordnung von 1997 erfolgte[158], lautete Kap. D II Nr. 11 in den einzelnen Berufsordnungen:

---

[156] Abweichungen sind nicht immer ausdrücklich gewollt, sondern ergeben sich häufig aus einer fehlenden Umsetzung der Musterberufsordnung. – Trotz fehlender Kompetenz der Bundesärztekammer zum Erlaß einer verbindlichen Berufsordnung wird im folgenden vereinfachend stets auf die Normen der MBO-Ä Bezug genommen werden.

[157] Dazu unten 2.

[158] Regelungen zum Praxisverbund sind zum Teil erst mit erheblicher Verspätung in die Berufsordnungen der Landesärztekammern aufgenommen worden: in die BO-Brandenburg mit der Änderung v. 28.4.2001, in die BO-Mecklenburg-Vorpommern mit der Änderung v. 26.1.2000, in die BO-Hamburg mit der Änderung vom 27.3.2000 und in die BO-Saarland mit der Änderung vom 16.5.2001.

„Ärzte dürfen sich, ohne eine Berufsausübungsgemeinschaft oder Organisationsgemeinschaft zu bilden, unter Beibehaltung ihrer selbständigen Berufsausübung und ihrer Praxissitze durch schriftlichen Vertrag, der der Vorlage an die Ärztekammer bedarf, zu einem Praxisverbund zusammenschließen, wenn der Zusammenschluß durch ein gemeinsames Versorgungsziel im Rahmen der vertragsärztlichen Versorgung der Versicherten der gesetzlichen Krankenversicherung aufgrund von Maßnahmen der Kassenärztlichen Vereinigungen begründet ist, und die Mitgliedschaft in einem Praxisverbund allen dazu bereiten Ärzten offensteht.
Soll die Möglichkeit zur Mitgliedschaft beschränkt werden (z. B. durch räumliche oder qualitative Kriterien), müssen die dafür maßgeblichen Kriterien für den Versorgungsauftrag notwendig und nicht diskriminierend sein und der Ärztekammer gegenüber offengelegt werden.
Ärzte in einem zulässigen Praxisverbund dürfen die medizinisch gebotene oder vom Patienten gewünschte Überweisung an nicht dem Praxisverbund zugehörige Ärzte nicht behindern."

Mit dieser Norm sollte auf die tatsächliche Entwicklung der „Netzbewegung" reagiert werden, indem den Praxisnetzen nun auch eine berufsrechtliche Grundlage gegeben wurde.

Es wurde jedoch schnell deutlich, daß diese Vorschrift den tatsächlichen Anforderungen nicht genügte: Sie bot keine Definition des Praxisverbundes und schaffte mehr Probleme als Lösungen. Vor allem die Qualifizierung der „freien" Netze als Praxisverbund bereitete erhebliche Schwierigkeiten. Aus diesem Grund ist Kap. D II Nr. 11 im Mai 2000 auf dem 103. Deutschen Ärztetag in Köln geändert worden[159].

a) „Gebundene" Netze

Der Einfluß des im gleichen Jahr durch das 2. GKV- Neuordnungsgesetz eingeführten § 73 a SGB V auf Kap. D II Nr. 11 MBO-Ä 1997 ist kaum zu verkennen. Als Reaktion auf die Neuentwicklung in der gesetzlichen Krankenversicherung war die Norm auf die „gebundenen" Netze mit einem Vertrag nach §§ 63 ff. SGB V oder § 73 a SGB V zugeschnitten worden.

Die Berufsordnung gestattete den Zusammenschluß zu einem Praxisverbund nur Vertragsärzten und setzte dadurch die privat Niedergelassenen zurück[160]. Aus Furcht vor der Herausbildung von „Kartellen" in der ausgewogenen Wettbewerbsordnung der freiberuflich tätigen Ärzte sollten vor einer allgemeinen

[159] Die Regelung der MBO-Ä 1997 ist nur noch in den Berufsordnungen der Landesärztekammern Mecklenburg-Vorpommern (v. 26.1.2000), Hamburg (v. 27.3.2000) sowie Nordrhein (v. 18.3.2000) enthalten (Stand: 1.3.2002).
[160] Kritisch dazu schon *Laufs*, NJW 1997, 3071, 3072.

Zulassung des Praxisverbundes zunächst Erfahrungen mit den sich aus dem Strukturvertragskonzept ergebenden Zusammenarbeitsformen gewonnen werden[161]. Durch die berufsrechtlich obligatorische Festlegung der objektiven netzspezifischen Regelungen in einem Vertrag nach §§ 63 ff., 73 a SGB V sollte die Transparenz der Netzarbeit sichergestellt werden.

b) „Freie" Netze

Hinsichtlich der wesentlich häufiger vorkommenden „freien" Netze bereitete die Regelung, nach der „der Zusammenschluß [...] aufgrund von Maßnahmen der Kassenärztlichen Vereinigung begründet" sein mußte, erhebliche Schwierigkeiten.

Angesichts der kammerseitigen Furcht vor unkontrollierbaren privaten Netzinitativen war der Normwortlaut eng auszulegen und eine Beteiligung der Kassenärztlichen Vereinigungen an den grundlegenden Netzverträgen zu fordern. Da die „freien" Netze jedoch lediglich über eine rein privatrechtliche Vertragsgrundlage verfügen, fehlt es gerade an einer Beteiligung der Kassenärztlichen Vereinigungen. Das Verhältnis zu den Kassenärztlichen Vereinigungen bleibt bei diesen Netzinitativen solange unberührt, wie die vertragsärztlichen Pflichten durch die Netztätigkeit nicht beeinträchtigt werden. Denkbar wäre lediglich eine aus § 33 Abs. 1 S. 2 Ärzte-ZV folgende *Unterrichtungs*pflicht gegenüber der Kassenärztlichen Vereinigung bei gemeinsamer Nutzung von Praxisräumen und Praxiseinrichtungen sowie bei gemeinsamer Beschäftigung von Hilfspersonal durch das Netz. An einer *Maßnahme* im Sinne eines aktiven Tuns von Seiten der KV fehlt es bei den „freien" Netzen regelmäßig, so daß ihre Qualifizierung als Praxisverbund ausschied. Nach Auffassung der Bundesärztekammer waren die „freien" Netze deshalb als berufsrechtswidrig einzustufen; deren Entwicklung sollte jedoch nicht behindert, sondern beobachtet werden[162].

Im Ergebnis führte diese Regelung zu einer unterschiedlichen Behandlung der „gebundenen" und „freien" Netze, da die MBO-Ä 1997 den Praxisverbund hinsichtlich seiner Präsentation in der Öffentlichkeit privilegierte. Nach Kap. D I Nr. 3 Abs. 5 MBO-Ä 1997 durften Ärzte ihren Zusammenschluß zu einem Praxisverbund i. S. v. Kap. D II Nr. 11 MBO-Ä 1997 in Zeitungsanzeigen bis zu dreimal und in Verzeichnissen als Praxisverbund zusätzlich zu eventuellen Einzelangaben der Praxis bekanntgeben, wohingegen den „freien" Netzen diese Werbemöglichkeit versagt blieb.

Diese werberechtliche Vorschrift ist – soweit überhaupt eine Anpassung an die MBO-Ä 1997 erfolgt ist – gleichlautend in die Berufsordnungen der Landesärztekammern übernommen worden. Die Berufsordnung der Landesärztekammer Baden-Württemberg gestand dem einzelnen Netzarzt hinsichtlich seiner

---

[161] Vgl. *Schirmer*, MedR 1997, 431, 441 u. VSSR 1998, 279, 295 sowie *Laufs*, NJW 1999, 1758, 1759.

[162] So die Auskunft der Bundesärztekammer an die Verfasserin.

Zugehörigkeit zu einem Praxisverbund darüber hinaus sogar eine Ankündigungsmöglichkeit im Internet zu[163]. Allein die bayerische Landesärztekammer hatte sich in ihrer Berufsordnung vom 12.10.1997 in konsequenter Fortführung ihrer grundlegenden Kritik an Kap. D II Nr. 11 MBO-Ä 1997 jeglicher Privilegierung des Praxisverbundes enthalten; Kap. D I Nr. 3 Abs. 5 fehlte in der BO-Bayern ganz.

c) Bedürfnis nach einer Neuregelung

Durch diese stark an die sozialrechtlichen Vorgaben gekoppelte Konzeption des Praxisverbundes wurde eine Zweiteilung der Netzbewegung bewirkt, die die Frage nach der Zulässigkeit einer solch engen und überdies an der – sich schnell weiterentwickelnden – Realität vorbeigehenden[164] Regelung in einer ärztlichen Berufsordnung nach sich zog. Dies um so mehr, als die Bundesärztekammer die „freien“ Netze als berufsrechtswidrige Kooperationen ansah.

In der Folge setzte sich zunehmend die Auffassung durch, daß eine solche Regelung im Hinblick auf die eigentliche Aufgabe einer ärztlichen Berufsordnung unhaltbar war. Diese kann nicht darin bestehen, den Regelungen des Sozialgesetzgebers schnellstmöglichst Folge zu leisten und sich damit gleichsam zu dessen Instrument zu machen. Wie wenig sinnvoll zumindest ein solches Vorgehen für eine ärztliche Berufsordnung ist, zeigte sich schon mit Einführung der integrierten Versorgung durch das GKV-Gesundheitsreformgesetz 2000: Die Regelung des Kap. D II Nr. 11 MBO-Ä 1997 war nicht nur hinsichtlich der Erfassung der „freien“ Netze problematisch, sie sah auch für die durch die §§ 140 a ff. SGB V neu geschaffene integrierte Versorgung keine Lösung vor. Die vom Sozialgesetzgeber geforderte Verzahnung von stationärer und ambulanter Versorgung war unter der Ägide des Kap. D II Nr. 11 MBO-Ä 1997 nicht möglich; eine Einbeziehbarkeit stationärer Einrichtungen und Angehöriger anderer Gesundheitsberufe in den Praxisverbund war nicht vorgesehen.

Vielmehr sollten „spezielle Regeln für bestimmte Gruppen vermieden werden, da die Berufsordnung ohne weiteres und uneingeschränkt für alle Ärzte gilt und für alle gleichermaßen die gemeinsame rechtliche Grundlage darstellt“[165]. Statt einer Privilegierung der in einen mit einer Krankenkasse geschlossenen Netzvertrag eingebundenen Vertragsärzte als einem verschwindend geringen Teil der Ärzteschaft muß es der ärztlichen Berufsordnung darum gehen, einen autonomen, berufsrechtlich sinnvollen ordnungspolitischen Rahmen zu setzen, dessen Ziel die Einheit der Ärzteschaft und nicht deren Spaltung ist.

Darüber hinaus sind Eingriffe in die Berufsausübungsfreiheit der Ärzte zwar grundsätzlich möglich, die entsprechenden berufsrechtlichen Satzungsnormen

---

[163] Vgl. Kap. D I Nr. 6 Abs. 2 BO-BW.

[164] Vgl. das bereits oben Teil 1 § 1 C. angesprochene tatsächliche Überwiegen der „freien“ Netze.

[165] So *Laufs*, MedR 1995, 11, 15, in Bezug auf das berufsrechtliche Verbot der Ausübung der Heilkunde in der Rechtsform einer GmbH.

müssen jedoch zum Schutz der Volksgesundheit erforderlich und geeignet sein. Die von Kap. D II Nr. 11 MBO-Ä 1997 intendierte Wettbewerbsregulierung war für sich genommen kein zulässiger Zweck einer Berufsausübungsregelung[166].

Angesichts dieser Problematik hatte sich in der Praxis der Landesärztekammern ein pragmatisches Vorgehen durchgesetzt: Zum Teil wurde die „Maßnahme der Kassenärztlichen Vereinigungen" – in einer den Wortlaut ziemlich überdehnenden Weise – sehr weit ausgelegt, so daß es zur Erfüllung dieses Merkmals ausreichte, wenn das Konzept des konkreten Praxisnetzes von der örtlichen KV formlos gebilligt wurde[167]. Teilweise ließen die einzelnen Landesärztekammern auch die Frage nach der Kooperationsform eines Netzes gänzlich unbeachtet; sie prüften lediglich die Berufsrechtskonformität der vertraglich vereinbarten Netzaktivitäten[168].

2. Die Regelung des Praxisverbundes in der MBO-Ä 2000

Aufgrund der beschriebenen Probleme ist die umstrittene Bestimmung zum Praxisverbund durch den 103. Deutschen Ärztetag in Köln im Mai 2000 wie folgt geändert worden[169]:

> *„(1) [1]Ärzte dürfen, auch ohne sich zu einer Berufsausübungsgemeinschaft zusammenzuschließen, eine Kooperation verabreden (Praxisverbund), welche auf die Erfüllung eines durch gemeinsame oder gleichgerichtete Maßnahmen bestimmten Versorgungsauftrags oder auf eine andere Form der Zusammenarbeit zur Patientenversorgung, z. B. auf dem Felde der Qualitätssicherung oder Versorgungsbereitschaft, gerichtet ist. [2]Die Teilnahme soll allen dazu bereiten Ärzten ermöglicht werden; soll die Möglichkeit zur Teilnahme beschränkt werden, z. B. durch räumliche oder qualitative Kriterien, müssen die dafür maßgeblichen Kriterien für den Versorgungsauftrag notwendig und nicht diskriminierend sein und der Ärztekammer gegenüber offengelegt werden. [3]Ärzte in einer zulässigen Kooperation dürfen die medizinisch gebotene oder vom Patienten gewünschte Überweisung an nicht dem Verbund zugehörige Ärzte nicht behindern.*

---

166 Vgl. BVerfGE 76, 171 ff.; BGH GRUR 1989, 827 f.; BGH GRUR 1997, 136 ff. Siehe dazu ausführlich unten § 2 B. I. 3. c).

167 So die Handhabung der Landesärztekammer Baden-Württemberg, vorgetragen durch *Kiesecker* auf dem 3. Gesundheitsforum der Bezirksärztekammer Südwürttemberg in Reutlingen am 8. April 2000.

168 So die Auskunft einzelner Landesärztekammern an die Verfasserin.

169 Von einer Übernahme der Änderungen in das Satzungsrecht der Landesärztekammern ist in näherer Zukunft auszugehen; vgl. oben Fn. 159. Im Folgenden wird deshalb stets die Neufassung als Prüfungsmaßstab herangezogen.

(2) Die Bedingungen der Kooperation nach Abs. 1 müssen in einem schriftlichen Vertrag niedergelegt werden, der der Ärztekammer vorgelegt werden muß.
(3) In eine Kooperation nach Abs. 1 können auch Krankenhäuser, Vorsorge- und Rehakliniken und Angehörige anderer Gesundheitsberufe nach Abschnitt D II Nr. 9 Abs. 2 einbezogen werden, wenn die Grundsätze nach Abschnitt D II Nr. 9 Abs. 1 gewahrt sind."

Mit dieser Neufassung haben sich der Streit um die Qualifizierung der Beteiligung der KV an der Netzgründung und die daraus folgenden Einordnungsschwierigkeiten der „freien" Netze in die Vorschrift des Kap. D II Nr. 11 MBO-Ä 1997 erledigt. Auf die Teilnahme einer Kassenärztlichen Vereinigung an den Verbundverträgen kommt es nicht mehr an.

Die Voraussetzungen zur Qualifikation eines Netzes als Praxisverbund sind nunmehr weit gefaßt. Die MBO-Ä 2000 fordert für eine solche Kooperation lediglich einen Vertrag unter Ärzten, der Vereinbarungen über ein gemeinsames Vorgehen innerhalb eines dadurch bestimmten Versorgungsauftrages oder über eine anders geartete Form der Zusammenarbeit zur Patientenversorgung enthält.

Die erste Vertragsalternative erfaßt unproblematisch die „gebundenen" Netze, da ein Netzvertrag nach §§ 63 ff. SGB V oder § 73 a SGB V einen "durch gemeinsame oder gleichgerichtete Maßnahmen bestimmten Versorgungsauftrag" darstellt. Auch die durch das GKV-Gesundheitsreformgesetz 2000 neu in das Fünfte Sozialgesetzbuch eingeführte Möglichkeit der Vertragsgestaltung im Rahmen der integrierten Versorgung (§§ 140 a ff. SGB V) kann nun eine Grundlage für einen Praxisverbund i. S. v. Kap. D II Nr. 11 MBO-Ä 2000 bilden. Die „freien" und nun auch die rein privatärztlichen Netze lassen sich dagegen unter die zweite Alternative subsumieren, soweit es sich bei ihnen um eine „Form der Zusammenarbeit zur Patientenversorgung" handelt. Als Beispiele für eine solche nennt Kap. D II Nr. 11 Abs. 1 MBO-Ä 2000 Maßnahmen der Qualitätssicherung oder der Versorgungsbereitschaft[170].

Zwar bietet auch Kap. D II Nr. 11 n. F. keine Definition eines Praxisverbundes; durch die Formulierung „...auf die Erfüllung eines durch gemeinsame oder gleichgerichtete Maßnahmen bestimmten Versorgungsauftrags oder auf eine *andere* Form der Zusammenarbeit zur Patientenversorgung, *z. B.* auf dem Felde der Qualitätssicherung oder Versorgungsbereitschaft..."[171] wird aber klargestellt, daß dessen hauptsächliches Kooperationsziel in besonderen Maßnahmen auf dem Gebiet der Patientenversorgung liegen muß; ein Verbund, der lediglich

[170] Als Beispiel für Netzmaßnahmen auf dem Gebiet der Versorgungsbereitschaft seien die Bereitstellung eines ärztlichen Bereitschaftsdienstes rund um die Uhr, einer Anlaufpraxis, das Abhalten von Sondersprechstunden oder das in Schleswig-Holstein praktizierte Projekt „Betreutes Schlafen" genannt, vgl. hierzu *Rüschmann/Roth/Krauss*, Vernetzte Praxen, S. 318 f.
[171] Hervorhebung durch die Verfasserin.

ökonomische oder im wesentlichen nur politische Ziele verfolgt, ist kein Praxisverbund i. S. d. Berufsordnung[172].

Was die Eingliederung der Netze in die Kooperationsformen der Berufsordnung angeht, so ist mit der Neufassung des Kap. D II Nr. 11 MBO-Ä 2000 und dem damit verbundenen Verzicht auf jeglichen Bezug des Praxisverbundes zur gesetzlichen Krankenversicherung die Unterscheidung zwischen „freien" und „gebundenen" Netzen hinfällig geworden. Aufgegeben wird diese Unterscheidung deswegen jedoch nicht, bei der weiteren berufsrechtlichen Untersuchung wird sie immer wieder von Bedeutung sein.

II. Die Unterscheidung Berufsausübungsgemeinschaft – Organisationsgemeinschaft

Im folgenden soll der Frage nachgegangen werden, wie die neu geschaffene Kooperationsform des Praxisverbundes in die herkömmliche berufsrechtliche Systematik der Berufsausübungsgemeinschaft auf der einen und der Organisationsgemeinschaft auf der anderen Seite einzuordnen ist. Deren Beantwortung ist deshalb von Bedeutung, weil die Wahl der Art der Zusammenarbeit – auf der Ebene der ärztlichen Berufsausübung oder der Ebene der Organisation – anknüpfend an den mehr oder minder starken Bezug zum berufsrechtlichen Kern der ärztlichen Tätigkeit unterschiedlichen berufsrechtlichen Bindungen unterliegt.

Der Unterscheidung in Berufsausübungs- und Organisationsgesellschaften begegnet man bei allen freiberuflichen Zusammenschlüssen[173]; sie basiert letztlich auf dem Grundproblem jeder Zusammenarbeit von Angehörigen freier Berufe: Der Wahrung der allgemeinen professionellen Unabhängigkeit.

Für den ärztlichen Bereich wird sie von § 22 MBO-Ä 2000 aufgenommen, der zur ärztlichen Berufsausübung in Form einer Gruppenpraxis[174] vier Typen von Kooperationsformen zuläßt:

- die Berufsausübungsgemeinschaften von Ärzten,
- die Organisationsgemeinschaften unter Ärzten,
- die Medizinische Kooperationsgemeinschaft sowie
- den Praxisverbund.

---

[172] Siehe dazu unten § 3 B. II.

[173] *Michalski*, Gesellschafts- und Kartellrecht, S. 93 ff.; *Schürmann*, Rechtsformwahl freiberuflicher Zusammenarbeit, S. 28 f.; für den anwaltlichen Bereich *Donath*, ZHR 156 (1992), 138 f.

[174] Den Begriff „Gruppenpraxis" versteht man als Oberbegriff für alle üblichen Zusammenschlüsse zwischen Ärzten des gleichen oder verschiedener Fachgebiete. Vgl. *Henke*, NJW 1974, 2035 u. *Ehmann*, MedR 1994, 141, 143. Siehe auch die „Gruppenpraxis-Definitionen" bei *v. Troschke/Kosanke*, Ärztliche Gruppenpraxis, S. 45 f. – Bis in die 60er Jahre war eine gemeinsame Ausübung ärztlicher Tätigkeit gänzlich unzulässig, vgl. § 18 MBO-Ä 1956 (abgedruckt bei *Spann*, Ärztliche Rechts- und Standeskunde, S. 227).

1. Der Praxisverbund als Berufsausübungsgemeinschaft?

Das bekannteste und auch in § 22 MBO-Ä 2000 genannte Beispiel einer Berufsausübungsgemeinschaft von Ärzten ist die Gemeinschaftspraxis. Diese bezeichnet die engste Verbindung niedergelassener Ärzte[175] und wird üblicherweise definiert als die „gemeinsame Ausübung ärztlicher Tätigkeit durch mehrere Ärzte des gleichen oder ähnlichen Fachgebiets in gemeinsamen Räumen mit gemeinsamer Praxiseinrichtung, gemeinsamer Karteiführung und Abrechnung sowie mit gemeinsamem Personal auf gemeinsame Rechnung. Die Gemeinschaftspraxis hat einen einheitlichen, also gemeinsamen Patientenstamm“[176]. Rechtlich entscheidendes Merkmal einer Berufsausübungsgemeinschaft ist, daß der Behandlungsvertrag mit den Patienten auf seiten der Ärzte gemeinschaftlich geschlossen wird. Die beteiligten Ärzte schulden seine Erfüllung gemeinschaftlich. Die Gemeinschaftspraxis ist deshalb *eine* Praxis[177].

Inhalt einer Netzvereinbarung ist demgegenüber eine Kooperation zwischen einzelnen *selbständigen* Praxen[178] und nicht deren Verschmelzung zu einer großen Behandlungsinstitution. Der Behandlungsvertrag kommt nach wie vor wie bei einer herkömmlichen Einzelpraxis nur zwischen dem einzelnen Netzarzt und seinem Patienten zustande; das Netz als solches wird nicht in die Behandlung des Patienten integriert[179].

Hier liegt vielmehr ein Zusammenschluß auf der Ebene der Organisation und nicht auf der Ebene der Berufsausübung vor[180]. Es geht bei einer Vernetzung nicht darum, den Patienten *gemeinsam* zu behandeln, sondern ihn nach abgesprochenen Qualitätsmaßstäben *selbständig* zu behandeln.

Dazu gehört natürlich auch, daß jede vernetzte Praxis ihren angestammten Praxissitz beibehält; Kap. D II Nr. 8 Abs. 2 MBO-Ä 2000 verpflichtet die Berufsausübungsgemeinschaften jedoch auf einen gemeinsamen Praxissitz. Des

---

[175] So *Deutsch*, Medizinrecht, Rdnr. 83; sie bedarf deshalb auch umfassender zusätzlicher Regelung, vgl. Kap. D II Nr. 8 MBO-Ä 2000.

[176] Nach BSGE 23, 170, 171; vgl. auch *Uhlenbruck*, in: Laufs/Uhlenbruck (Hrsg.), Hb. des Arztrechts, § 18 Rdnr. 12 u. *Ehmann*, MedR 1994, 141, 145.

[177] *Schirmer*, MedR 1995, 341, 347; *Narr/Hess/Schirmer*, Ärztliches Berufsrecht, Rdnr. B 428 sowie *Ehmann*, MedR 1994, 141, 145, der von einer „Vergesellschaftung der ärztlichen Tätigkeit“ spricht.

[178] Vgl. hierzu *Dahm*, AusR 2000, 134, 137. – Diese können jedoch ihrerseits als Gemeinschaftspraxen oder als Praxisgemeinschaften ausgestaltet sein.

[179] *Weimar*, MDR 2000, 866, 869.

[180] Ebenso *Schirmer*, VSSR 1998, 279, 289 u. *Broglie*, AusR 1999, 55, 60. Vgl. auch *Herzog*, AusR 1999, 67, 70, der wohl eine Einordnung als Berufsausübungsgemeinschaft für möglich hält, diese aber im Ergebnis auf der Rechtsfolgenseite scheitern läßt: „Beide Formen der Berufsausübungsgemeinschaft eignen sich aber für das Netz insofern nicht, weil nach der Berufsordnung die Berufsausübungsgemeinschaft nur an einem gemeinsamen Praxissitz zulässig ist. Angesichts der Tatsache, daß sich die Gemeinschaftspraxis [...] bewährt hat [...], könnte daran gedacht werden, nach festgestellter Bewährung der Praxisnetze eine entsprechende Änderung der Berufsordnung durchzuführen.“

weiteren wäre die Pflicht des Kap. D I Nr. 2 Abs. 9 MBO-Ä 2000, alle Mitglieder einer Berufsausübungsgemeinschaft auf dem Praxisschild aufzuführen, bei einem Praxisverbund, der u. U. mehrere Dutzend, wenn nicht sogar mehrere hundert Mitglieder haben kann, nicht praktikabel[181].

Aus den gleichen Gründen scheitert eine Einordnung des berufsübergreifend tätigen Praxisverbundes als Medizinische Kooperationsgemeinschaft i. S. v. § 22 Var. 3 i.V.m. Kap. D II Nr. 9 MBO-Ä 2000[182]. Auch hierbei handelt es sich um eine Berufsausübungsgemeinschaft, denn Kooperationszweck einer Medizinischen Kooperationsgemeinschaft ist es, den Patienten ein einheitliches und interprofessionell dargebrachtes heilkundliches Leistungsangebot zu unterbreiten[183]. Anders als bei einer Netzvereinbarung geht es auch bei der Medizinischen Kooperationsgemeinschaft um die Gründung einer einheitlichen Praxis oder eines einheitlichen Instituts[184].

2. Der Praxisverbund als Organisationsgemeinschaft?

Als Beispiele für eine Organisationsgemeinschaft nennt § 22 Var. 2 MBO-Ä 2000 Praxis- und Apparategemeinschaften[185]. Im Vergleich zur Berufsausübungsgemeinschaft ist eine Organisationsgemeinschaft eine beschränkte Form der Zusammenarbeit. Sie ist begrenzt auf die sachlichen und personellen Mittel der Praxis. Vergemeinschaftet sind hier in der Regel nur die Praxisräume und Gegenstände der Praxiseinrichtung, meist ist auch das nichtärztliche Personal gemeinsam eingestellt. Die Praxisgemeinschaft als häufigste Form der Organisationsgemeinschaft ist infolgedessen nicht *eine* Praxis[186]; in Bezug auf ihre ärztliche Tätigkeit handeln die Ärzte in einer solchen Kooperation wie bei einer Einzelpraxis jeweils selbständig und eigenverantwortlich. Jeder Arzt hat seinen eigenen Patientenstamm und seine eigene Karteiführung. Verträge kommen jeweils nur zwischen ihm und dem Privatpatienten oder der Kassenärztlichen

---

181 Vgl. *Rieger*, MedR 1998, 75, 77. – Auch die bei einem Praxisnetz regelmäßig anzutreffende Verbindung von Ärzten verschiedener Fachgruppen wäre wohl ein weiteres Argument gegen eine Klassifizierung als Berufsausübungsgemeinschaft. Zu dieser allerdings strittigen Frage *Ehmann*, MedR 1994, 141, 145 sowie *Narr/Hess/Schirmer*, Ärztliches Berufsrecht, Rdnr. B 428.

182 Zum berufsübergreifend tätigen Praxisverbund siehe unten § 3 A.

183 Vgl. *Werner*, Gemeinschaftliche ärztliche Berufsausübung, S. 363. Ferner *Ratzel/Lippert*, MBO-Ä 1997, § 22 Rdnr. 12; *Krieger*, in: AG Medizinrecht im DAV (Hrsg.), Ärztliche Kooperationsformen, S. 170.

184 Zum Beispiel eines Instituts für ambulante medizinische Rehabilitation, in dem Arzt, Physiotherapeut, Logopäde, Ergotherapeut und Psychologe vereint sind. Weitere Beispiele bei *Schirmer*, MedR 1995, 383, 384. – Wie hier *Rieger*, MedR 1998, 75, 78.

185 Zur Definition vgl. *Narr/Hess/Schirmer*, Ärztliches Berufsrecht, Rdnr. B 435 sowie *Uhlenbruck*, in: Laufs/Uhlenbruck (Hrsg.), Hb. des Arztrechts, § 18 Rdnr. 9.

186 Vgl. *Luxenburger*, in: AG Medizinrecht im DAV (Hrsg.), Ärztliche Kooperationsformen, S.67 ff.,S. 69.

Vereinigung zustande. Die ärztliche Leistung ist nicht wie bei der Berufsausübungsgemeinschaft austauschbar; eine Vertretung ist nur in dem Umfang zulässig, der anderen nicht vergemeinschafteten Praxen entspricht[187].

Die Organisationsgemeinschaft ist demnach eine unterhalb der Ebene der ärztlichen Berufsausübung vereinbarte Art der Zusammenarbeit. Sie beschränkt sich auf die äußere Praxisorganisation als Grundlage für die je einzeln verantwortete ärztliche Berufsausübung[188].

Die Nähe eines Praxisverbundes zu einer Organisationsgemeinschaft zeigt sich in der Wahrung der Eigenständigkeit und Selbstverantwortlichkeit der einzelnen Netzärzte bezogen auf den Kern ihrer ärztlichen Tätigkeit. Auch bei einem Praxisverbund geht es nicht um die Vergemeinschaftung der Berufsausübung, sondern im weitesten Sinne um eine Vergemeinschaftung im Bereich der Organisation[189].

Für die Zusammenarbeit in einem Praxisverbund ist der Begriff der reinen Praxisorganisation jedoch zu eng. Denn bei näherer Betrachtung der klassischen Organisationsgemeinschaften wird deutlich, daß es sich hierbei in der Regel um einen Zusammenschluß mit primär ökonomisch-technischer Zielsetzung handelt. Durch gemeinsame Organisation der Praxisführung und die daraus entstehende Synergie sollen Kosten eingespart werden[190].

Mit der Festlegung auf ökonomisch-technische Kooperationsfelder ist das für den vorliegenden Zusammenhang wesentliche Kennzeichen einer Organisationsgemeinschaft angesprochen. Es besteht darin, daß sich diese nur auf einen Bereich bezieht, der mit der spezifisch ärztlichen Tätigkeit als solcher nichts zu tun hat: Sie betrifft nur das praxisorganisatorische Verhältnis der beteiligten Ärzte und ist keine fachliche Kooperation. Rechtswirkungen nach außen entfaltet die Organisationsgemeinschaft nur im Rahmen ihres Kooperationsgegenstandes, also hinsichtlich der Anmietung, Beschaffung, Einrichtung und Unterhaltung der gemeinsamen Einrichtungen oder der Beschäftigung gemeinschaftlichen Personals. Gegenüber dem Patienten tritt die ärztliche Gemeinschaft als solche nicht nach außen auf, ihm gegenüber entfaltet sie keinerlei unmittelbaren Rechtswirkungen. Sie darf deshalb gemäß Kap. D I Nr. 2 Abs. 11 MBO-Ä 2000 auch nicht auf dem Praxisschild angekündigt werden[191].

---

[187] *Taupitz*, NJW 1996, 3033, 3039. Vgl. auch *Luxenburger*, in: AG Medizinrecht im DAV (Hrsg.), Ärztliche Kooperationsformen, S. 67 ff.,S. 69.

[188] So *Schirmer*, MedR 1995, 341, 347.

[189] *Rieger*, MedR 1998, 75, 77, bezeichnet Netze daher auch als „Ärzte-Kooperationsgemeinschaft besonderer Art" und stuft sie als neue Unterart der Organisationsgemeinschaft ein.

[190] Dies gilt nicht nur für die häufigsten Formen wie die Praxis-, Apparate- oder Laborgemeinschaften, sondern auch für Ärztehäuser oder Ärztezentren. Siehe hierzu *Ahrens*, MedR 1992, 141, 142 u. *Luxenburger*, in: AG Medizinrecht im DAV (Hrsg.), Ärztliche Kooperationsformen, S. 67 ff., S. 72.

[191] *Rieger*, MedR 1998, 75, 77.

Als nicht-fachliche Kooperation beinhaltet die Organisationsgemeinschaft im Vergleich zur Berufsausübungsgemeinschaft von vornherein ein wesentlich geringeres Konfliktpotential gegenüber der fachlichen Unabhängigkeit des Arztes und den sonstigen – auch und vor allem zum Schutz der Patienten bestehenden – ärztlichen Berufspflichten. Sie unterliegt deswegen deutlich geringeren berufsrechtlichen Beschränkungen[192].

Bei einer Vernetzung werden zwar durch das allgemeine Postulat der Kosteneinsparung auch den Patienten nicht betreffende, rein ökonomische Zielsetzungen verfolgt, und es gibt Netze mit Einkaufs- und Apparategemeinschaften und einem Mitarbeiterpool. In erster Linie geht es jedoch um eine Zusammenarbeit auf dem Gebiet der Patientenversorgung[193]. Deren Ziel ist es, ein gegenüber der herkömmlichen Einzelpraxis verbessertes und umfassenderes Leistungsangebot bereitzustellen; es soll die Versorgung des Patienten auf der jeweils richtigen Ebene und dessen Begleitung während des gesamten Behandlungsprozesses erreicht werden. Ermöglicht werden soll dies durch das Angebot von ärztlichen Bereitschaftsdiensten, Besuchsdiensten, Anlaufpraxen und Patientenschulungen, durch ein optimiertes Überweisungs- und Kommunikationsverfahren mit Berichtspflicht und Einsatz von Überweisungsbegleitbriefen oder Patientenbüchern oder sogar durch die Anwendung von Disease- und Case-Management-Konzepten[194].

Der Kooperationsgegenstand eines Praxisverbundes muß demnach als ein doppelter bezeichnet werden: Er umfaßt die patientenbezogene medizinische Versorgung und deren Abläufe sowie betriebsorganisatorische und administrative Vorkehrungen zur Ermöglichung dieser Versorgung[195].

Anhand der beispielhaft aufgezählten Elemente der Verbundversorgung wird deutlich, daß sich der Praxisverbund nicht auf den rein innerärztlichen praxisorganisatorischen Bereich beschränkt, sondern einen, wenn auch nicht rechtlichen, so doch tatsächlichen Außenbezug zu den Patienten herstellt. Daß dies auch durch die Berufsordnung gewollt ist, zeigen die den Auftritt des Praxisverbundes in der Öffentlichkeit betreffenden Normen der MBO-Ä 2000, da sie dem

---

[192] *Taupitz*, NJW 1996, 3033, 3040. Vgl. auch *Michalski*, Gesellschafts- und Kartellrecht, S. 94 u. S. 107 ff., der jedoch zu den Berufsausübungsgesellschaften alle Formen der gemeinsamen Berufsausübung zählt.

[193] So ausdrücklich die Neufassung des Kap. D II Nr. 11 in der MBO-Ä 2000.

[194] Weitere Beispiele nennt *Meyer-Lutterloh*, Praxiskooperationen und Praxisnetze, S. 74; vgl. auch *Schirmer*, VSSR 1998, 279, 284 f. – Ein Beispiel für ein Patientenbuch ist abgedruckt bei *Plassmann*, Praxisnetze, S. 46 ff., eine „Patienteninformation" der „Medizinischen Qualitätsgemeinschaft Rendsburg" findet sich bei *Rüschmann/Roth/Krauss*, Vernetzte Praxen, S. 296 f.

[195] Ähnlich für den Gegenstand eines Strukturvertrages nach § 73 a SGB V *Schirmer*, VSSR 1998, 279, 289.

Praxisverbund – im Gegensatz zu einer Organisationsgemeinschaft – einen eigenen Außenauftritt ermöglichen[196].

Die Versorgungsverbesserung im Netz soll durch systematische organisatorische Maßnahmen auf fachlicher Ebene erreicht werden. Damit handelt es sich bei einer Vernetzung streng genommen zwar um eine organisatorische, im Gegensatz zu einer herkömmlichen Organisationsgemeinschaft, jedoch fachlich ausgerichteten Zusammenarbeit der beteiligten Ärzte. Ganz deutlich wird der fachliche Bezug der Netzarbeit insbesondere in den Fällen, in denen Behandlungsabläufe durch die Vereinbarung von netzeigenen Leitlinien oder Maßnahmen des Disease- oder Case-Managements organisiert werden.

Die fachliche Kooperation in einem Netz ist jedoch nicht so weitgehend wie bei einer Berufausübungsgemeinschaft, das Netz nimmt nicht wie diese am *Rechts*verkehr gegenüber den Patienten teil. Bei einem Praxisnetz geht es nicht um eine gemeinsame, durch die zu jeder Zeit austauschbare ärztliche Leistung gekennzeichnete, sondern lediglich um eine abgesprochene selbständige Berufsausübung der Netzärzte. Wenn in diesem Zusammenhang von Außenbezug die Rede ist, so ist damit nicht die unmittelbare Einbeziehung des Netzes in das Behandlungsverhältnis gemeint, denn eine solche erfolgt nicht. Gemeint ist vielmehr die unbestreitbare mittelbare Wirkung, die die Netzarbeit hinsichtlich des Behandlungsverhältnisses vor allem durch die Vereinbarung von Maßnahmen der Qualitätssicherung entfalten kann[197].

3. Der Praxisverbund als Zwischenform

Wenn man die Kooperationsformen „Organisationsgemeinschaft“ und „Berufsausübungsgemeinschaft“ als unterschiedliche Stufen eines im Hinblick auf seine persönlichen und fachlichen Bindungen zunehmenden Stufenmodells ärztlicher Kooperationen begreift[198], handelt es sich nach alledem bei einem Praxisverbund grundsätzlich um eine Zwischenstufe zwischen der herkömmlichen Organisationsgemeinschaft als unterster und der Berufsausübungsgemeinschaft als höchster Stufe ärztlicher Zusammenarbeit[199].

---

[196] Kap. D I Nr. 3 Abs. 4 und Kap. D I Nr. 5 Abs. 4 MBO-Ä 2000. – Zu der in diesem Zusammenhang von *Rieger*, MedR 1998, 75, 77, zu findenden, eher mißverständlichen Äußerung, bei einem Netz handele es sich um eine bloße, nicht gegenüber dem Patienten auftretende, Innengesellschaft, siehe unten § 2 A. I. 1.

[197] Vgl. *Laufs*, MedR 2000, 559. – Zu den Auswirkungen der Netzarbeit auf die Patienten ausführlich unten § 4 A.

[198] Ähnlich *Rieger*, Verträge zwischen Ärzten in freier Praxis, S. 53, der davon ausgeht, daß „in der Reihenfolge Gemeinschaftspraxis – Praxisgemeinschaft – Apparategemeinschaft die personale Bindung allmählich zugunsten der bloßen kapitalmäßigen Teilhaberschaft zurücktritt“.

[199] Zu stützen ist diese Auffassung durch die Neufassung des Kap. D II Nr. 11 Abs. 1 MBO-Ä 2000, in der es heißt: „Ärzte dürfen, *auch ohne* sich zu einer Berufsausübungsgemeinschaft zusammenzuschließen, eine Kooperation verabreden...“ (Hervorhebung durch die Verfasse-

Damit ist jedoch nicht gesagt, daß ein Praxisverbund in keinem Fall als Organisationsgemeinschaft qualifiziert werden kann. Angesichts der Vielfalt der Vernetzungsprojekte ist dies nicht pauschal zu beantworten. Es kommt vielmehr auf den jeweiligen Vernetzungsgrad und damit auf die Frage an, wie stark Patientenbelange und Kernbereich der ärztlichen Tätigkeit durch die Netzarbeit berührt werden.

Je deutlicher der Schwerpunkt im fachlichen Bereich liegt und je mehr sich die Netzkooperation dadurch auf den Treppen des oben genannten Stufenmodells auf eine Berufsausübungsgemeinschaft hin bewegt, desto weniger kann von einer Organisationsgemeinschaft die Rede sein. Dies wird z. B. dann der Fall sein, wenn sich das Netz hochentwickelten Maßnahmen des Disease Managements unterwirft, da im Rahmen eines solchen durch gezielte Einschränkungen der Therapiefreiheit des Arztes die Betreuung der Patienten wesentlich geändert wird[200].

Abschließend sei noch darauf hingewiesen, daß der Vernetzungsgrad eine gewisse Qualität – vergleichbar einer Erheblichkeitsschwelle – erreichen muß. Damit man von einer Kooperationsform im Sinne von § 22 MBO-Ä 2000 sprechen kann, muß die Zusammenarbeit der Ärztegruppe über die Aktivitäten eines herkömmlichen Qualitätszirkels hinausgehen[201]. Bei einer Zusammenarbeit unterhalb dieses erforderlichen Vernetzungsgrades handelt es sich nicht um eine *Kooperations*form der ärztlichen Berufsordnung. Ein solch „virtuelles Netz" ist berufsrechtlich unbeachtlich und kann lediglich als Summe von Einzelpraxen behandelt werden.

---

rin). – Ähnlich wohl auch *Schirmer*, VSSR 1998, 279, 289: „Da Gegenstand dieses Vertrages nicht eine gemeinsame Berufsausübung im engeren Sinne ist, aber auch nicht eine Praxisorganisation im weitesten Sinne, handelt es sich nicht um eine Gemeinschaftspraxis oder eine Praxisgemeinschaft, sondern um eine Kooperation".

[200] Vgl. *Greulich/Berchtold/Löffel (Hrsg.)*, Disease Management, S. 49: „Der Arzt trifft wichtige Entscheidungen nicht mehr allein, sondern er ist zusammen mit einem ganzen Team von Fachleuten für den Behandlungsprozeß verantwortlich. Alle Entscheide werden also vermehrt im Behandlungsteam vorbereitet und getroffen. Eine Guideline verpflichtet zu nachvollziehbaren Behandlungsschritten und schränkt die vielgerühmte klinische Freiheit des einzelnen Arztes ein..."

[201] Zum Teil – so die Auskunft der Landesärztekammer Berlin an die Verfasserin – wird vorgeschlagen, erst dann von einem berufsrechtlich beachtlichen Netz auszugehen, wenn dieses nach außen gegenüber den Patienten in Erscheinung tritt.

§ 2 DAS VERHÄLTNIS DER NETZÄRZTE UNTEREINANDER

A. Die Gründung des Praxisverbundes

I. Die Rechtsform des Praxisverbundes

Die vorliegende Arbeit begutachtet die Praxisnetze nach den Maßstäben des ärztlichen Standesrechts. Dementsprechend kann es bei der Frage nach den Rechtsformmöglichkeiten für Netze nur darum gehen, welche rechtlichen Organisationsformen den Netzen aus berufsrechtlicher Sicht offenstehen. Abgesehen davon, daß es sich hierbei um eine Frage des Einzelfalles handelt, die schon allein wegen der Vielfalt der 300 bis 400 in Deutschland arbeitenden Praxisnetze nicht pauschal zu beantworten ist, soll deshalb nicht die für Netze zweckmäßigste Gesellschaftsform gefunden werden.

Inhaltlich werden in dem Gesellschaftsvertrag in der Regel Festlegungen über die folgenden Punkte zu treffen sein[202]:
- Präzisierung der Behandlungspflichten im Netz, z. B. von Qualitätssicherungspflichten (Teilnahme an Qualitätszirkeln, Einholung von Zweitmeinungen), von Dokumentationspflichten im Hinblick auf besondere Kooperationsverfahren und von Pflichten zur Befundübermittlung mit Einwilligung des Patienten an die mitwirkenden Ärzte,
- Präsenzpflichten im Netz,
- Errichtung einer Leitstelle (Beschreibung ihrer Funktion und ihrer personellen Besetzung),
- Arzneimittelwirtschaftlichkeit (netzeigene Positivliste),
- Finanzierungspflichten für den vergemeinschafteten Kooperationsaufwand,
- Errichtung eines EDV-Systems zur besseren Informationsverarbeitung innerhalb des Netzes,
- Erweiterung des Pflichtenkreises im Rahmen einer Sonderversorgung (Koordination komplexer Versorgungsabläufe über die ärztliche Behandlung hinaus, z. B. Rehabilitation, geriatrische Versorgung, im Zusammenwirken mit anderen Behandlern, Kooperationsverträge mit Krankenhäusern).

Als rechtliche Organisationsformen für Netze werden vorgeschlagen: die Gesellschaft bürgerlichen Rechts (GbR), der rechtsfähige Verein (e.V.), die Gesellschaft mit beschränkter Haftung (GmbH), die (Kleine) Aktiengesellschaft (AG)[203] und die Genossenschaft (e.G.)[204]. Die Gestaltung „gebundener" Netze

---

[202] Zitat nach *Schirmer*, MedR 1997, 431, 439, dort allerdings als Mindestinhalte für den Strukturvertrag nach § 73 a SGB V formuliert. Siehe auch *Rieger*, in: Rieger (Hrsg.), Lexikon des Arztrechts, Stichwort „Praxisnetz" (Nr. 4305), Rdnrn. 36 ff.

[203] Vgl. das Gesetz für die kleineren Aktiengesellschaften und zur Deregulierung des Aktienrechts vom 2.8.1994, BGBl. I, S. 1961.

im Wege eines öffentlich-rechtlichen Kooperationsmodells wird mangels Flexibilität abgelehnt[205].

Die Berufsordnung äußert sich zu der Frage der Rechtsform eines Praxisverbundes nicht. Kap. D II Nr. 11 Abs. 2 MBO-Ä 2000 fordert lediglich einen schriftlichen Vertrag über die „Bedingungen der Kooperation", der der Ärztekammer vorgelegt werden muß[206]. Aus den Regelungen des Kap. D I Nr. 3 Abs. 4 und Kap. D I Nr. 5 Abs. 4 MBO-Ä 2000[207] zur Außendarstellung des Verbundes wird aber immerhin deutlich, daß der Praxisverbund selbst als Zusammenschluß in der Öffentlichkeit auftreten kann.

1. Die BGB-Gesellschaft als „traditionelles Zentrum" des freiberuflichen Gesellschaftsrechts

Die bereits angesprochene berufscharakteristische medizinische Unabhängigkeit des Arztes wird in der ärztlichen Berufsordnung an vielen Stellen betont, am deutlichsten in § 2 MBO-Ä 2000[208]: „(1) Der Arzt übt seinen Beruf nach seinem Gewissen, den Geboten der ärztlichen Ethik und der Menschlichkeit aus. Er darf keine Grundsätze anerkennen und keine Vorschriften oder Anweisungen beachten, die mit seiner Aufgabe nicht vereinbar sind oder deren Befolgung er nicht verantworten kann. [...] (4) Der Arzt darf hinsichtlich seiner ärztlichen Entscheidungen keine Weisungen von Nichtärzten entgegennehmen".

Um die Eigenverantwortlichkeit und Selbständigkeit der freien Berufsausübung zu sichern, ist das Gesellschaftsrecht der freien Berufe seit jeher durch die Unanwendbarkeit des Handelsgesetzbuches und den Verweis auf die BGB-Gesellschaft gekennzeichnet[209]. Diese gilt deshalb als das „traditionelle Zentrum" des freiberuflichen Gesellschaftsrechts[210]. Wenn die Ärztekammern ihren

---

[204] Vgl. *Meyer-Lutterloh*, Praxiskooperationen und Praxisnetze, S. 87 f.; *Schlicht*, Profitips für Praxisnetze, S. 4 f. und *Tschada*, praxisNETZ 2000 (Heft 3), 20 f. – Einen Überblick über die „gelebten" Rechtsformen der Netze geben *KBV* Kontext Nr. 9, Dezember 1998 sowie der „Netz-Steckbrief" in der Zeitschrift praxisNETZ.

[205] *Rieger*, MedR 1998, 75, 76 f.

[206] Zum Schriftformerfordernis unten II. 2.

[207] Kap. D I Nr. 3 Abs. 4 MBO-Ä 2000: „Ärzte, welche sich zu einem zugelassenen Praxisverbund [...] zusammengeschlossen haben, dürfen *dies als Verbund* in Zeitungsanzeigen bis zu dreimal bekannt geben" sowie Kap. D I Nr. 5 Abs. 4 MBO-Ä 2000: „Ärzte, welche sich zu einem zugelassenen Praxisverbund [...] zusammengeschlossen haben, dürfen *den Verbund* in Computerkommunikationsnetzen [...] ankündigen. Auf dieser Homepage dürfen sachliche Informationen *des Verbundes* [...] gegeben werden. Jede berufsrechtswidrig werbende Herausstellung *des Verbundes* und/oder der an ihm teilnehmenden Ärzte ist untersagt." (Hervorhebungen durch die Verfasserin).

[208] Die MBO-Ä 2000 widmet ihr sogar einen eigenen Abschnitt (Kap. B IV. Abschn. 4); vgl. auch §§ 17, 23 MBO-Ä 2000.

[209] *Schmidt*, ZIP 1993, 633, 634. Zur Beschränkung anwaltlicher Zusammenschlüsse auf die Rechtsform der GbR siehe *Donath*, ZHR 156 (1992), 134, 136 ff.

[210] So *Damm* in Festschrift für H. E. Brandner, S. 38.

vernetzungswilligen Mitgliedern regelmäßig zur Ausgestaltung des Netzes als Gesellschaft bürgerlichen Rechts raten, so hat das seinen Grund darin, daß man sich damit auf lange geübtem und berufsrechtlich sicherem Terrain bewegt[211]. Eine Beschränkung der Netze auf diese Rechtsform läßt sich aus der ärztlichen Berufsordnung jedoch nicht ableiten. Eine solche existiert nur für die Berufsausübungsgemeinschaft unter Ärzten (Kap. D II Nr. 8 Abs. 1 MBO-Ä 2000).

In der Literatur findet sich immer wieder der Hinweis, bei einem als GbR organisierten Praxisnetz handele es sich ebenso wie bei einer Praxisgemeinschaft um eine Innengesellschaft, da es nicht nach außen gegenüber dem Patienten auftrete[212]. Das Netz wird als solches zwar nicht Partei des Behandlungsvertrages, und es werden insofern keine eigenen Rechtsbeziehungen zum Patienten begründet und sollten auch nicht über die Grundsätze der Rechtsscheinshaftung begründet werden[213]. Unabhängig von dieser rechtlichen Ebene des Behandlungsverhältnisses tritt das Netz aber – z. B. als Veranstalter von Patientenschulungen oder als Herausgeber des Patientenbuches – sehr wohl gegenüber dem Patienten auf. Dem entspricht auch die bereits angesprochene Ankündigungsfähigkeit des Praxisverbundes. Ohne diese Ankündbarkeit und ohne eine gewisse Einbeziehung des Patienten in das Netz wären die angebotenen Versorgungsverbesserungen gar nicht durchzusetzen. Allein aus der fehlenden Einbindung eines Praxisnetzes in den Behandlungsvertrag kann nicht auf die Eigenschaft als Innengesellschaft geschlossen werden. Dabei würde verschwiegen, daß das Praxisnetz hinsichtlich seiner praxisorganisatorischen Elemente, soweit es also im Rahmen der Anmietung, Beschaffung, Einrichtung und Unterhaltung der gemeinsamen Einrichtungen oder der Beschäftigung gemeinschaftlichen Personals tätig wird, durchaus als Außengesellschaft gegenüber Dritten auftritt[214]. Wie der Blick auf die Fahr- oder Tippgemeinschaft als typische Fälle einer Innengesellschaft zeigt, ist Wesensmerkmal der Innengesellschaft jedoch gerade die generelle Nichtteilnahme am Rechtsverkehr[215]. Ein Praxisnetz kann nur dann eine Innengesellschaft sein, wenn es überhaupt nicht – weder gegenüber den Patienten noch gegenüber Dritten – am Rechtsverkehr teilnimmt, und

---

[211] Die Ausgestaltung eines Netzes als GbR wird von seiten der Kammervertreter häufig vorgeschlagen, so von *Kiesecker* in ihrem Vortrag „Ärztliche Kooperationen – Beurteilung aus berufsrechtlicher Sicht" auf dem 3. Gesundheitsforum der Bezirksärztekammer Südwürttemberg am 8. April 2000 in Reutlingen; siehe auch den Abschlußbericht der Arbeitsgruppe „Vernetzte Praxen" der *Kassenärztlichen Vereinigung Nordbaden*, S. 13. – Zur inhaltlichen Ausgestaltung einer solchen Netz-GbR siehe *Weimar*, MDR 2000, 869 ff.

[212] So *Rieger*, MedR 1998, 75, 77; *Broglie*, AusR 1999, 55, 60 sowie *Herzog*, AusR 1999, 67, 70.

[213] Dazu unten § 4 A. IV. 2.

[214] Aus diesem Grunde auch relativierend *Rieger*, Verträge zwischen Ärzten in freier Praxis, S. 53. Kritisch zu der oft pauschalen Einstufung von Praxisgemeinschaften als Innengesellschaften *Michalski*, Gesellschafts- und Kartellrecht, S. 115 f.

[215] *Ulmer*, in: MüKo, BGB, § 705, Rdnr. 208; Palandt-*Sprau*, BGB, § 705, Rdnr. 33.

damit nur in den seltenen Fällen, in denen keinerlei betriebsorganisatorische Zwecke verfolgt werden.

2. Der Praxisverbund in Form einer juristischen Person des Privatrechts

a) Der Grundsatzstreit um die „Heilkunde-GmbH" – Die „Niederlassung in eigener Praxis" als Anknüpfungspunkt

Die ambulante ärztliche Berufsausübung in Form juristischer Personen des Privatrechts, insbesondere in der Form einer GmbH, wird seit längerem in der Literatur wie auch in der Rechtsprechung diskutiert. Noch bis vor kurzem galt sie als „schlechterdings nicht diskutabel"[216]. Grund hierfür waren die „offenbar in deutlichem Widerspruch zu freiberuflich-ärztlichen Wesensmerkmalen stehenden Strukturmerkmale solcher Gesellschaftsformen: Die Beschränkung der Haftung auf ein Gesellschaftsvermögen vertrage sich nicht mit der personalen Eigenverantwortung des Arztes, ein Anstellungsverhältnis bei einer GmbH sei mit der unverzichtbaren Weisungsfreiheit nicht vereinbar, die Anonymität der juristischen Person widerspreche der personal-vertrauensvollen Beziehung zum Patienten, offenes gewerbliches Auftreten einer Kapitalgesellschaft laufe der altruistischen Motivation der Berufsausübung zuwider, gewerbliche Zügellosigkeit stehe gegen standesrechtliche Bindung"[217].

In den Berufsordnungen aller Landesärztekammern[218] und seit neuerem auch in einigen Kammergesetzen[219] sind deshalb Normen zu finden, die die ambulante ärztliche Berufsausübung an die „Niederlassung in eigener Praxis" knüpfen und damit nicht nur die GmbH, sondern weitergehend alle juristischen Per-

[216] So *Taupitz*, NJW 1992, 2317, 2318.
[217] So *Taupitz* NJW 1992, 2317 f. u. 2323 ff. sowie *ders.*, JZ 1994, 1100; siehe auch *Laufs*, MedR 1995, 11 u. schon *Henke*, NJW 1974, 2035, 2036.
[218] Siehe § 17 Abs. 1 MBO-Ä 2000: „Die Ausübung ambulanter ärztlicher Tätigkeit außerhalb von Krankenhäusern einschließlich konzessionierter Privatkrankenanstalten ist an die Niederlassung in eigener Praxis gebunden, soweit nicht gesetzliche Vorschriften etwas anderes zulassen". Wortgleiche oder ähnliche Regelungen finden sich in allen Berufsordnungen der Landesärztekammern.
[219] Als Reaktion auf die Entscheidung BGHZ 124, 224 ff., in der eine Zahnheilkunde-GmbH mangels hinreichend klarer gesetzlicher Verbotsnorm für zulässig erachtet worden war, haben folgende Kammergesetze entsprechende Verbotsregelungen erhalten: Art. 18 Abs. 1 S. 2 HKaG-Bayern i. d. F. v. 9.8.1996 (GVBl. S. 328); § 4 a Abs. 4 S. 1 Berliner KG i. d. F. v. 5.10.1999 (GVBl. S. 537); § 31 Abs. 2 S. 1 HeilBerG-Brandenburg i. d. F. v. 22.9.1995 (GVBl. S. 230); § 32 Abs. 1 S. 1 HKG-Niedersachsen i. d. F. v. 16.12.1999 (GVBl. S. 423); § 29 Abs. 2 HeilBerG-Nordrhein-Westfalen i. d. F. v. 9.5.2000 (GVBl. S. 403); § 20 Abs. 2 HeilBG-Rheinland-Pfalz i. d. F. v. 22.12.1995 (GVBl. S. 526); § 16 Abs. 4 HKaG-Sachsen i. d. F. v. 24.5.1994 (GVBl. S. 935).

sonen des Privatrechts als Organisationsformen ärztlicher Praxen ausschließen[220].

Trotz fortbestehender rechtspolitischer Bedenken gegen die Heilbehandlungs-GmbH, vor allem unter dem Gesichtspunkt der Anonymisierung und Kommerzialisierung des ärztlichen Dienstes, haben sich jedoch mittlerweile gewichtige Stimmen, unter ihnen auch der *BGH*, überzeugend für eine Zulässigkeit der GmbH (und damit auch anderer juristischer Personen des Privatrechts) als Organisationsform ärztlicher Tätigkeit ausgesprochen. Die entsprechenden satzungsrechtlichen und kammergesetzlichen Verbote werden vielfach wegen Verstoßes gegen Art. 3 und 12 GG für verfassungswidrig gehalten[221]. Vor allem in der Literatur hat sich weitgehend die Auffassung durchgesetzt, daß die freie Berufsausübung der Ärzte nicht durch die Organisationsform ihrer Tätigkeit gekennzeichnet ist, sondern dadurch, daß sie sich wie Freiberufler verhalten und die Kooperationsform in ihrer konkreten Ausgestaltung dies uneingeschränkt ermöglicht[222].

Unabdingbare Voraussetzung für die ärztliche Berufsausübung in Form juristischer Personen des Privatrechts ist demnach, daß im Gesellschaftsvertrag die fachliche Weisungsfreiheit des Arztes gewährleistet und sichergestellt ist, daß der Arzt alle ihn betreffenden berufsrechtlichen Bestimmungen einzuhalten in der Lage ist. Allenfalls im Rahmen der betriebstechnischen Organisation darf der Arzt der Organisationsgewalt eines Arbeitgebers unterliegen[223]; der Fortbestand der beruflichen Unabhängigkeit bildet damit gewissermaßen die „conditio sine qua non" aller Formen ärztlicher Kooperation[224].

---

[220] Ausführlich zur „Niederlassung" als zentralem Begriff des ärztlichen Berufsrechts *Schiller*, NZS 1997, 103 ff.

[221] Vgl. BGHZ 124, 224 ff. = NJW 1994, 786 ff. = MedR 1994, 152 ff. m. Anm. *Taupitz*. In diesem Sinne die Aufsätze von *Taupitz*, NJW 1992, 2317; *ders.*, JZ 1994, 1100; *ders.*, NJW 1996, 3033, 3038 ff.; *Rieger*, MedR 1995, 87, 89; *Katzenmeier*, MedR 1998, 113, 116, jeweils mit zahlreichen Nachw. Verfassungsrechtliche Bedenken äußern auch *Laufs*, MedR 1995, 11, 15 u. *Narr/Hess/Schirmer*, Ärztliches Berufsrecht, Rdnr. 36; anders hinsichtlich der kammergesetzlichen Regelungen aber wohl *Ulmer*, in: MüKo, BGB, Vor § 1 PartGG, Rdnr. 14; *Michalski*, Gesellschafts- und Kartellrecht, § 8 C sowie *Tettinger*, MedR 2001, 287, 292. – Eindeutig für die Zulässigkeit der Heilkunde-GmbH auch die Antwort der *Bundesregierung* vom 28.7.1997 auf eine kleine Anfrage, BT-Drucks. 13/8315.

[222] So *Katzenmeier*, MedR 1998, 113, 115, unter Berufung auf *Ahlers*, in: Festschrift für H. Rowedder, S. 10 (hier allerdings bezogen auf Rechtsanwälte). Anders *Michalski*, Gesellschafts- und Kartellrecht, S. 262 f.: Ob eine Rechtsform mit dem freiberuflichen Charakter einer Tätigkeit vereinbar ist, „entscheidet sich anhand der die einzelnen Gesellschaftsformen typisierenden Strukturmerkmale und nicht danach, ob der Konflikt von Rechtsform und Freiberuflichkeit im Wege individueller Vertragsgestaltung überwunden werden kann".

[223] *Taupitz*, NJW 1992, 2317, 2325.

[224] So *Laufs*, MedR 1995, 11, 15.

Eine andere Ansicht vertritt namentlich der *Bayerische Verfassungsgerichtshof*[225]. Unter Verweis auf die Freiberuflichkeit des Arztes und das Wohl der von ihm behandelten Patienten kommt das Gericht in einer Entscheidung aus dem Jahr 1999 zu dem Ergebnis, daß „die Förderung und die Aufrechterhaltung des Berufsstandes *selbständiger* Ärzte [...] ein legitimes Anliegen des Gesetzgebers" ist[226]. Das in Art. 18 Abs. 1 S. 2 HKaG-Bayern enthaltene Verbot, eine ärztliche Praxis in der Rechtsform einer juristischen Person des privaten Rechts zu führen, verstoße weder gegen das Grundrecht der Berufsfreiheit noch gegen den Gleichbehandlungsgrundsatz. Durch diese Norm werde das Berufsbild des selbständigen in freier Praxis niedergelassenen Arztes geregelt und fixiert. Da hiermit eine Berufsausübungsregelung getroffen werde, stehe dem Gesetzgeber ein weiter Gestaltungsspielraum zur Verfügung; das Verbot einer Praxisführung durch eine juristische Person werde durch vernünftige Erwägungen des Gemeinwohls gerechtfertigt. Zum Wesen eines freien Berufs gehöre vor allem die Unabhängigkeit in der gesamten Berufsgestaltung: Der Angehörige eines freien Berufs habe die freie Verfügung über die eigene Arbeitskraft, könne insbesondere seine Arbeitszeit einteilen, trage aber auch das volle wirtschaftliche Risiko. Neben dieser Unabhängigkeit gehöre zu den wichtigsten Wesensmerkmalen des freien Berufs ein hohes Maß an Verantwortungsbewußtsein gegenüber den jeweiligen Vertragspartnern aus der Bevölkerung[227]. Einen weiteren rechtfertigenden Grund sieht das Gericht in der Weisungsfreiheit der ärztlichen Tätigkeit: Sobald ein Arzt im Rahmen einer praxisführenden juristischen Person tätig würde, könne er sich mittelbar wirtschaftlich orientierten Weisungen von seiten der juristischen Person ausgesetzt sehen, die zu einer Verschlechterung der von ihm erbrachten ärztlichen Leistungen und damit zu einer Gefährdung der Volksgesundheit führen könnten[228]. Eine Ungleichbehandlung von Ärzten im Verhältnis zu Tierärzten und Zahnärzten liege nicht vor, weil Art. 18 Abs. 1 S. 2 HKaG-Bayern für alle drei Berufsgruppen gleichermaßen gelte. Ebenso fehle es an einer Ungleichbehandlung gegenüber Krankenhäusern, weil im Gegensatz zu den in freier Praxis niedergelassenen Ärzten ein Krankenhaus nicht die ambulante ärztliche Grundversorgung der Patienten sicherstelle, sondern auf ambulantem Gebiet nur eingeschränkt tätig sei[229].

Unabhängig von diesem Streit um die Zulässigkeit juristischer Personen, der ohnehin aus abrechnungsrechtlichen Gründen eher theoretischer Natur ist[230], ist jedoch zu fragen, ob bei den hier untersuchten Praxisnetzen die ärztliche Tätig-

---

[225] BayVerfGH DVBl. 2000, 1052 ff. Kritisch die Urteilsanmerkung von *Bachmann*, NJW 2001, 3385 f.
[226] BayVerfGH DVBl. 2000, 1052, 1054 (Hervorhebung durch die Verfasserin).
[227] BayVerfGH DVBl. 2000, 1052, 1054.
[228] BayVerfGH DVBl. 2000, 1052, 1054 f.
[229] BayVerfGH DVBl. 2000, 1052, 1055.
[230] Darauf hat zuletzt *Saenger*, NZS 2001, 234, 236, hingewiesen.

keit im Rahmen einer „Niederlassung in eigener Praxis" überhaupt berührt wird. Wäre dies nicht der Fall, stellten die restriktiven berufsrechtlichen Vorschriften von vornherein keinen Hinderungsgrund bei der Ausgestaltung eines Praxisnetzes als juristischer Person des Privatrechts dar.

b) Übertragbarkeit auf den Praxisverbund?

Ein Rückgriff auf die genannten Organisationsformen ist ärztlichen Zusammenschlüssen nicht generell verwehrt: Der Streit um die Zulässigkeit juristischer Personen bezog und bezieht sich noch immer[231] lediglich auf die sog. *Heilkunde-* oder *Ärzte-*GmbH[232], die die Heilkunde durch angestellte und damit abhängige Ärzte ausüben läßt. Grundsätzlich möglich ist demgegenüber eine sog. *Kosten-* oder *Betriebs-*GmbH, die nicht die Führung einer ärztlichen Praxis zum Gegenstand hat, sondern nur der Erledigung organisatorischer oder administrativer Aufgaben dient und häufig als Trägerin von Ärztehäusern oder Gesundheitszentren fungiert. Ebenso werden schon seit langem beanstandungslos Praxisgemeinschaften, insbesondere Laborgemeinschaften, in Form juristischer Personen des Privatrechts, vor allem als eingetragene Vereine, geführt[233].

Dies hat seinen Grund in der bereits angesprochenen Tatsache, daß es sich bei solchen Zusammenschlüssen nicht um patientenbezogene ärztlich-fachliche, sondern nur um praxisorganisatorische Kooperationen handelt. Die ärztliche Dienstleistung wird nach wie vor nur durch die einzelnen Ärzte erbracht, die Gesellschaft selbst wird nicht in das Behandlungsverhältnis integriert. Ihr Bezug zum freiberuflichen und damit berufsrechtlich relevanten Kern der ärztlichen Tätigkeit ist dadurch, daß es lediglich um die Bereitstellung organisatorischer Voraussetzungen für die ärztliche Berufsausübung, aber eben nicht um die ärztliche Berufsausübung selbst geht, so minimal, daß es in der Regel nicht zu den gefürchteten Konflikten zwischen der Gesellschaft und den wesentlichen Charaktermerkmalen des Arztberufs kommen kann[234]. Soweit es um die Bildung von bloßen Hilfseinrichtungen für die technische, organisatorische und finan-

---

[231] Dazu, daß der Streit um die „Ärzte-GmbH" – anders als im Bereich der Beratungsberufe (vgl. §§ 59 c-59 m BRAO und §§ 3, 49 StBerG sowie §§ 1 Abs. 3, 27, 36 ff. WPO) – nach wie vor nicht endgültig ausgefochten ist, siehe zuletzt *Taupitz*, in: Festschrift für K. Geiß, S. 503; *Ganster*, Freier Beruf und Kapitalgesellschaft, S. 148 ff., S. 577 ff., S. 607 ff.; *Tettinger*, MedR 2001, 287, 291 f. sowie OVG Nordrhein-Westfalen MedR 2001, 150.

[232] Zur begrifflichen Abgrenzung vgl. *Taupitz*, NJW 1996, 3033, 3034. – Zu dem aus kassenarzt- und versicherungsrechtlichen Gründen „beschränkten Absatz-Markt" für solche Heilbehandlungs-GmbHs siehe die oben in Fn. 221 zitierten Beiträge von *Taupitz*, *Laufs* und *Katzenmeier* sowie *Korts/Korts*, Heilberufsgesellschaften, S. 34 f.

[233] *Uhlenbruck*, in: Laufs/Uhlenbruck (Hrsg.), Hb. des Arztrechts, § 18 Rdnr. 11, dort Fn. 31. – Zu der unter dem Gesichtspunkt mangelnder Erforderlichkeit verfassungswidrigen Einbeziehung solcher Praxisgemeinschaften in die Verbotsnormen des Art. 18 Abs. 1 S. 2 HKaG-Bayern und § 16 Abs. 4 HKaG-Sachsen ausführlich *Taupitz*, NJW 1996, 3033, 3039 f.

[234] Siehe *Taupitz*, NJW 1996, 3033, 3040; a. A. wohl *Michalski*, Gesellschafts- und Kartellrecht, S. 272 ff.

zielle Unterstützung eines Praxisverbundes geht, sind juristische Personen als Organisationsform zulässig. Die ärztliche Berufsausübung ist hier in keinem Fall betroffen[235].

Diese Grundsätze lassen sich allgemein auf den Praxisverbund übertragen. Bei einem solchen handelt es sich zwar nicht um eine rein praxisorganisatorische, sondern vor allem um eine auf den Patienten bezogene medizinische Kooperation, aber das entscheidende Merkmal eine Netzes, daß durch dieses die ärztliche Tätigkeit „in eigener Niederlassung" nicht berührt wird, zeigt sich in dessen bereits festgestellter Nähe zu einer Organisationsgemeinschaft. Wie bei dieser handelt es sich bei einem Praxisverbund im weitesten Sinne um eine Kooperation im organisatorischen Bereich. Die Ausübung der Heilkunde verbleibt bei den selbständig niedergelassenen Netzärzten, so daß Gesellschaftszweck eines Netzes nicht das *Führen einer ärztlichen Praxis* ist. Dieses erfolgt nach wie vor durch den jeweiligen Netzarzt. Er ist es, „der nach außen hin die Verantwortung übernimmt, den Umfang, den Zeitpunkt und die Art der Durchführung von Aufträgen bestimmt und die Höhe der Liquidation festlegen kann, in dessen Namen die Behandlungsverträge geschlossen werden und der im Falle des Verkaufs den Goodwill der Praxis realisieren darf"[236]. Es werden zwar durch netzinterne Absprachen im Bereich der Qualitätssicherung, vor allem durch Maßnahmen des Disease-Managements, Elemente der ärztlichen Berufsausübung betroffen, da jene den Umfang und die Art der Patientenbehandlung zumindest mitbestimmen können. Diese in der Regel nur mittelbaren Auswirkungen auf das Behandlungsverhältnis können jedoch nicht bewirken, daß die Führung der ärztlichen Praxis dem Netz zugesprochen werden muß. Denn die maßgeblichen Kriterien für eine selbständige Praxisführung sind in der Beantwortung der Frage zu sehen, in wessen Namen der Behandlungsvertrag geschlossen wird und in wessen Namen die Liquidation gegenüber Privatpatienten und Kassen erfolgt[237].

Entscheidendes Argument für die Gestaltbarkeit eines Praxisnetzes in Form juristischer Personen des Privatrechts ist, daß sich der Patient nach wie vor nur dem einzelnen Netzarzt gegenübersieht und nur mit diesem den Behandlungsvertrag schließt. Die Situation des Patienten gegenüber einem Netz ist von vornherein eine ganz andere. Die von den Befürwortern eines Verbots der „Heilkunde-GmbH" häufig angeführten Argumente,

-„das für den Arztberuf wesensgemäße Vertrauensverhältnis zum Patienten und die Unmittelbarkeit des Arzt-Patienten-Verhältnisses würden gestört";

-„der Patient erwarte von der ärztlichen Berufsausübung, daß nicht kommerzielle, sondern berufsethische Gesichtspunkte im Vordergrund stünden";

---

[235] So auch *Kiesecker* in ihrem Vortrag „Ärztliche Kooperationen – Beurteilung aus berufsrechtlicher Sicht" auf dem 3. Gesundheitsforum der Bezirksärztekammer Südwürttemberg am 8. April 2000 in Reutlingen.

[236] Definition durch *Taupitz*, NJW 1996, 3033, 3035.

[237] Vgl. *Taupitz*, NJW 1996, 3033, 3035, unter Berufung auf *Ahrens*, MedR 1992, 141, 145.

-„das Vertrauen der Patienten in die gewissenhafte ärztliche Berufsausübung beruhe auf der unbeschränkten persönlichen Haftung des Arztes";
-„das Interesse der Patienten an der Geheimhaltung vertraulicher Mitteilungen sei bei der Berufsausübung im Rahmen einer GmbH nicht gewährleistet, denn der angestellte Arzt habe keine rechtlichen Möglichkeiten, um dem Geschäftsführer und eventuell den Gesellschaftern die Einsichtnahme in die Krankenakten zu verweigern"[238],
wurden schon in jenem Zusammenhang von den Verbotsgegnern überzeugend widerlegt[239]. In der vorliegenden Konstellation sind sie von vornherein nicht einschlägig.

Zusammenfassend kann festgehalten werden, daß bei den hier untersuchten Praxisnetzen die ärztliche Tätigkeit im Rahmen einer „Niederlassung in eigener Praxis" nicht berührt wird. Die Ausübung der Heilkunde verbleibt nach wie vor in den Händen der selbständig niedergelassenen Netzärzte und das Netz wird nicht in das Behandlungsverhältnis integriert. Aus diesem Grund sind Netze in der Form juristischer Personen des Privatrechts gestaltbar[240].

II. Das Schriftformerfordernis und die Vorlagepflicht des Netzvertrages an die Ärztekammer – Zivilrechtliche Bedeutung

Nach § 24 MBO-Ä 2000 „soll" der Arzt alle Verträge, die seine ärztliche Tätigkeit betreffen, vor ihrem Abschluß der Ärztekammer vorlegen, „damit geprüft werden kann, ob die beruflichen Belange gewahrt sind". Kap. D II Nr. 11 Abs. 2 MBO-Ä 2000 – wie schon zuvor die entsprechende Regelung der MBO-Ä 1997 – modifiziert diese allgemeine Vertragsvorlage in zweifacher Hinsicht: Zum einen „müssen" die Bedingungen der Netzkooperation in einem schriftlichen Vertrag festgelegt werden, und zum anderen „muß" dieser der Ärztekammer vorgelegt werden[241]. Anders als die lediglich eine Ob-

---

[238] Zitat nach *Taupitz*, NJW 1992, 2317, 2322.

[239] Siehe nur *Taupitz*, NJW 1992, 2317, 2323 f. u. *Laufs*, MedR 1995, 11, 13 ff.

[240] A. A. wohl *Kiesecker* in ihrem Vortrag „Ärztliche Kooperationen – Beurteilung aus berufsrechtlicher Sicht" auf dem 3. Gesundheitsforum der Bezirksärztekammer Südwürttemberg am 8. April 2000 in Reutlingen.

[241] Kap. D II Nr. 11 Abs. 2 MBO-Ä 2000 lautet wörtlich: „Die Bedingungen der Kooperation nach Abs. 1 müssen in einem schriftlichen Vertrag niedergelegt werden, der der Ärztekammer vorgelegt werden muss". – Abweichungen von der MBO-Ä 2000 enthalten lediglich die Berufsordnungen der Landesärztekammern Baden-Württemberg und des Saarlandes: Kap. D II Nr. 11 Abs. 2 BO-BW bestimmt: „Die Bedingungen der Kooperation nach Absatz 1 sind in einem schriftlichen Vertrag niederzulegen. Der Vertragsabschluß ist der Bezirksärztekammer unter Vorlage einer Vertragsabschrift anzuzeigen"; Kap. D II Nr. 11 Abs. 2 BO-Saarland lautet demgegenüber: „Die Bedingungen der Kooperation nach Absatz 1 müssen in einem schriftlichen Vertrag niedergelegt werden; der Vertragsabschluss ist der Ärztekammer anzuzeigen" (Stand: 1.3.2002).

liegenheit des Arztes beinhaltende Sollvorschrift des § 24 MBO-Ä 2000[242] statuiert Kap. D II Nr. 11 Abs. 2 MBO-Ä 2000 damit eine Berufspflicht der Netzärzte zur Vorlage des Netzvertrages an die Ärztekammer und stellt darüber hinaus ein berufsrechtliches Schriftformerfordernis auf. Unabhängig davon, daß die Verletzung dieser Pflicht eine berufsgerichtliche Maßnahme zur Folge haben kann, stellt sich hier die kontrovers diskutierte Frage nach der Fortwirkung einer berufsrechtlichen Anordnung auf zivilrechtliche Rechtsgeschäfte[243].

Zu klären ist unter diesem Gesichtspunkt zweierlei: Zum einen, ob es sich bei dieser Vorlagepflicht vor dem Hintergrund des § 134 BGB um eine Art „gesetzlichen Genehmigungsvorbehalt" handelt mit der Folge, daß die Wirksamkeit des Netzvertrages von seiner Vorlage an die Ärztekammer sowie von dem Ergebnis der kammerseitigen Überprüfung abhängt, und zum anderen, ob das statuierte Schriftformerfordernis als eine gesetzliche Formvorschrift i. S. v. § 125 BGB anzusehen ist, so daß die Nichtbeachtung der Schriftform die Nichtigkeit des Netzvertrages zur Folge hat.

1. Kap. D II Nr. 11 Abs 2 MBO-Ä 2000 als Verbotsgesetz i. S. v. § 134 BGB?

Der *BGH* ist in Bezug auf § 134 BGB in mehreren Entscheidungen wie selbstverständlich und mit nur knapper Begründung davon ausgegangen, daß es sich bei berufsständischen Satzungsnormen um Verbotsgesetze im Sinne dieser Vorschrift handelt und hat den Ärztekammern eine Kompetenz zur Anordnung zivilrechtlicher Konsequenzen zugesprochen[244]. Verlockend an dieser Auffassung ist, daß dem oft als ineffektiv und zu wenig bedeutsam bezeichneten Berufsrecht damit zu mehr Durchsetzungskraft verholfen werden könnte[245]. Die hierdurch erreichte, zur Nichtigkeit des betreffenden Vertrages führende Interventionswirkung von Kammersatzungen auf zivilrechtliche Rechtsgeschäfte ist jedoch aus dogmatischer Sicht fragwürdig, da – selbst wenn man die Vor-

---

[242] So zur gleichlautenden Vorschrift der MBO-Ä 1997 *Ratzel/Lippert*, MBO-Ä 1997, § 24 Rdnr. 1. – Abgesehen von einzelnen geringfügigen Abweichungen – z. B. statuiert § 10 Abs. 2 BO-Saarland lediglich eine diesbezügliche „Empfehlung" – ist die Vertragsvorlage in allen Berufsordnungen als Sollvorschrift ausgestaltet worden. Lediglich § 24 BO-Schleswig-Holstein enthält eine ausdrückliche „Verpflichtung" des Arztes zur Vorlage aller Verträge über seine ärztliche Tätigkeit an die Ärztekammer.

[243] Zur Wirksamkeitsentfaltung des Standesrechts im Rahmen der §§ 138, 823 Abs. 2 BGB siehe *Taupitz*, Standesordnungen, S. 1086 ff. u. S. 1268 ff. m. zahlr. Nachw. sowie *ders.*, in: Festschrift für E. Steffen, S. 489 ff. Dazu auch *Ratzel*, MedR 2002, 492 ff.

[244] BGH NJW 1986, 2360; BGH MedR 1990, 77; BGH MedR 1992, 269; OLG Hamm NJW 1985, 679 sowie KG NJW 1989, 2871, für den anwaltlichen Bereich. In diesem Sinne auch *Maier/Maly*, in: MüKo, BGB, § 134, Rdnr. 28 a.

[245] Vgl. hierzu *Kleine-Cosack*, Berufsständische Autonomie, S. 22 f. u. *Cramer/Henkel*, MedR 2000, 565, 566. Siehe auch die Argumentation des OLG Hamm NJW 1985, 679, 681, bezogen auf einen Verstoß gegen das Verbot der Zuweisung von Patienten gegen Entgelt (§ 31 MBO-Ä 2000): „...insbesondere berufsgerichtliche Maßnahmen gegen den Arzt reichen nicht aus, um den Schutzzweck der Verbotsnormen zu erreichen".

schriften ärztlicher Berufsordnungen als „Gesetze" i. S. v. Art. 2 EGBGB ansehen mag[246] – richtigerweise deren Verbotsnormcharakter zu problematisieren ist.

Da sich die Nichtigkeitsfolge des § 134 BGB unmittelbar aus dem zugrundeliegenden Verbotsgesetz in der Form ergeben muß, daß sich das ausgesprochene Verbot gegen die Vornahme oder den Inhalt des Rechtsgeschäfts richtet, um seinen rechtlichen oder wirtschaftlichen Erfolg zu verhindern[247], können berufsständische Satzungsnormen nur dann als Grundlage des § 134 BGB in Betracht kommen, wenn die betreffende Berufsordnungsvorschrift gerade die Nichtigkeit eines zivilrechtlichen Rechtsgeschäfts bezweckt und auch bezwecken darf.

Für Kap. D II Nr. 11 MBO-Ä 2000 kann diese Zweckrichtung angesichts seiner Entstehungsgeschichte nicht angenommen werden. Vernetzungen von Arztpraxen wurden aufgrund ihrer Anklänge an Managed Care und der schon fast als traditionell zu bezeichnenden Scheu der Kammerfunktionäre vor neuartigen Formen ärztlicher Kooperation[248] in ihrer Frühphase von Seiten der Ärztekammern argwöhnisch beobachtet. Man befürchtete die Herausbildung von „Kartellen", die von vornherein der Berufsrechtsumgehung oder sogar der Berufsrechtswidrigkeit verdächtigt wurden. Vor diesem Hintergrund ist, auch wenn in Kap. D II Nr. 11 Abs. 2 MBO-Ä 2000 der in § 24 MBO-Ä 2000 enthaltene Zusatz „damit geprüft werden kann, ob die beruflichen Belange gewahrt sind" fehlt, Kap. D II Nr. 11 Abs. 2 MBO-Ä 2000 hinsichtlich seines Normzwecks zweifelsohne nur als eine Modifikation der allgemeinen Vertragsvorlage anzusehen: Hier wie dort dient die Vertragsvorlage lediglich Kontrollzwecken; die ärztliche Arbeit im Netz soll transparent gemacht werden, um die Einhaltung der ärztlichen Berufspflichten überprüfen zu können[249]. Daß der Satzungsgeber weitergehend die Wirksamkeit des Netzvertrages von seiner Vorlage an die

---

[246] So wohl Palandt-*Heldrich*, BGB, EG 2, Rdnr. 1, der pauschal auf autonome Satzungen verweist. Anders Staudinger-*Leiß/Bolck*, BGB, Art. 2 EGBGB, Rdnr. 11 i.V.m. Rdnr. 3: „nur verbindliche Regeln mit Außenwirkung". Angesichts des beschränkten Adressatenkreises von Kammersatzungen ist deren Zuordnung zu Art. 2 EGBGB jedenfalls nach letzterer Auffassung nicht selbstverständlich.

[247] Allg. Meinung, siehe nur Soergel-*Hefermehl*, BGB, § 134, Rdnr. 1 f. u. 14, *Taupitz*, Standesordnungen, S. 1081, spricht von einer „Hilfsfunktion" des § 134 BGB bei der Durchsetzung einer Verbotsnorm.

[248] Man vergleiche nur die heute seltsam anmutende seinerzeit lebhaft geführte Diskussion um die Zulassung von ärztlichen Gemeinschaftspraxen, hierzu *Fischer*, Teamarbeit der Ärzte, S. 33 ff.; siehe auch die restriktive Vorschrift des § 18 Abs. 1 MBO-Ä 1956 (abgedruckt bei *Spann*, Ärztliche Rechts- und Standeskunde, S. 227): „Die Errichtung einer Gemeinschaftspraxis ist nur in Ausnahmefällen und mit Genehmigung der Ärztekammer zulässig".

[249] Vgl. zu § 24 MBO-Ä *Taupitz*, MedR 1993, 367, 377 f.; *Werner*, Gemeinschaftliche ärztliche Berufsausübung, S. 219 ff. und zum gleichlautenden § 10 Abs. 3 MBO-Ä 1983 *Lang/Schade/Lautenschläger*, Praxisgründung – Praxisführung, S. 118 f. Siehe auch *Narr*, Ärztliches Berufsrecht, Rdnr. 932 (Stand: Januar 1988), zu § 10 Abs. 2 MBO-Ä a. F.: „Zweck der Bestimmung ist es, rechtsunerfahrene Ärzte vor dem Abschluß von Verträgen unter dem Gesichtspunkt der Wahrung beruflicher Belange zu beraten".

Ärztekammer abhängig machen wollte, die Vorlagepflicht also Sanktionszwekken dienen sollte, ist der Berufsordnung nicht zu entnehmen.

Kap. D II Nr. 11 Abs. 2 MBO-Ä 2000 fehlt aber nicht nur der für ein Verbotsgesetz i. S. v. § 134 BGB erforderliche Normzweck, den Ärztekammern muß auch die für die Anordnung einer derartigen Fortwirkung auf zivilrechtliche Rechtsgeschäfte notwendige Satzungskompetenz abgesprochen werden[250].

Die Befugnisse der Kammern sind nicht nur hinsichtlich ihres persönlichen Geltungsbereiches, sondern auch im Hinblick auf den sachlichen Gehalt der Satzungsnormen von der konkreten Ermächtigung in den landesrechtlichen Kammergesetzen abhängig und durch diese begrenzt. Die hinsichtlich ihres Adressatenkreises beschränkte Satzungsautonomie der Ärztekammern wird selbst von den Befürwortern einer grundsätzlichen Verbotsnormeigenschaft ärztlicher Berufsordnungen anerkannt, wenn diese die Anwendbarkeit des § 134 BGB auf vertragliche Beziehungen zwischen Kammermitgliedern beschränken und gegen Berufsrecht verstoßende Rechtsgeschäfte zwischen Kammerangehörigen und Außenstehenden von der Nichtigkeitsfolge ausnehmen[251]. Die zivilrechtliche Fortwirkung ärztlicher Berufsordnungsvorschriften lediglich unter dem Aspekt ihres begrenzten persönlichen Geltungsbereichs zu beschränken, greift indessen – und dies ist vor allem im vorliegenden Zusammenhang bedeutsam, bei dem es sich regelmäßig um einen nur zwischen Ärzten geschlossenen Netzvertrag handelt – zu kurz. Es bleibt dabei unberücksichtigt, daß die ärztlichen Berufsordnungen nach der Konzeption der Kammergesetze „materielles Disziplinarrecht“ darstellen, zu deren Sanktionierung die Kammergesetze spezielle berufsgerichtliche Maßnahmen bereitstellen[252]. Dieser rein disziplinarische Charakter wird auch in der Rechtsprechung deutlich, wenn das *BVerfG* berufsgerichtliche Sanktionen als „Erziehungs- und Zuchtmittel“[253] begreift oder das *Berufsgericht für Heilberufe beim VG Neustadt a. d. Weinstraße* deren Funktion darin sieht, daß sie „die Berufsangehörigen zur Erfüllung ihrer speziellen Berufspflichten anhalten und dadurch Ansehen und Funktionsfähigkeit des Standes garantieren“[254]. Daß die den Ärztekammern eingeräumte Satzungs-

---

[250] Hierzu ausführlich und überzeugend *Taupitz*, Standesordnungen, S. 1073 ff., insbes. S. 1079 ff. Anders im Ergebnis wohl *Schirmer*, MedR 1995, 383, 386, bezogen auf die einem kammerseitigen Genehmigungsvorbehalt unterliegende Mitwirkung eines Arztes an einer Medizinischen Kooperationsgemeinschaft i. S. v. § 23 a Abs. 5 MBO-Ä a. F. (= Kap. D II Nr. 9 Abs. 5 MBO-Ä 2000).

[251] So Staudinger-*Dilcher*, BGB, § 134, Rdnr. 2 sowie BGH NJW 1981, 2007, 2008 u. NJW 1986, 2360, 2361.

[252] Vgl. nur §§ 55, 58 KG-BW. Zu den berufsgerichtlichen Verfahren und Maßnahmen *Laufs*, in: Laufs/Uhlenbruck (Hrsg.), Hb. des Arztrechts, § 14 Rdnrn. 15 ff.

[253] BVerfGE 27, 180, 186 = NJW 1970, 507 ff. unter Berufung auf BVerfGE 21, 378, 384 = NJW 1967, 1651 ff.

[254] So Ls. 1 eines Urteils v. 4.2.1972, Az.: O (H) 4/69, abgedruckt bei *Luyken*, Entscheidungen der Heilberufsgerichte, Stand: 1985, A 1.1, Nr. 3.10 (S. 107 f.).

kompetenz über die rein innerberuflichen Sachverhalte hinaus die privatrechtlichen Beziehungen der Kammerangehörigen erfassen und damit unmittelbar zivilrechtliche Folgen herbeiführen können soll, ist den Kammergesetzen durchweg nicht zu entnehmen[255]. Das völlige Schweigen der Kammergesetze zu dieser Frage legt es nahe, vom Fehlen einer diesbezüglichen Ermächtigung auszugehen und hinsichtlich der oben angeführten Beschränkung auf Kammerangehörige eher umgekehrt zu formulieren, daß ein Rechtsgeschäft zwischen einem Kammermitglied und einem nicht der Kammergewalt unterworfenen Außenstehenden „erst recht" nicht wegen Verstoßes gegen die ärztliche Berufsordnung nichtig sein kann[256].

Damit gilt für Kap. D II Nr. 11 Abs. 2 MBO-Ä 2000 wie im Rahmen des § 24 MBO-Ä 2000, daß die berufsrechtliche Vorlagepflicht keine Auswirkungen auf den zivilrechtlichen Vertragsschluß hat: Weder führt eine kammerseitige Mißbilligung der Kooperationsbedingungen oder deren Nichtvorlage durch das Netz zur Unwirksamkeit des Vertrages noch führt der umgekehrte Fall einer Billigung durch die Kammer dazu, daß ein aus zivilrechtlicher Sicht unwirksamer Netzvertrag im Sinne einer „Heilung" wirksam würde[257].

2. *Kap. D II Nr. 11 Abs. 2 MBO-Ä 2000 als gesetzliche Formvorschrift i. S. v. § 125 BGB?*

Die Beantwortung der Frage, ob es sich bei dem gegenüber dem allgemeinen Zivilrecht eine Verschärfung darstellenden Schriftformerfordernis des Kap. D II Nr. 11 Abs. 2 MBO-Ä 2000 um eine gesetzliche Formvorschrift i. S. v. § 125 BGB handelt, so daß ein die Form nicht beachtender Netzvertrag aus diesem Grund nichtig wäre, folgt weitgehend denselben Regeln wie die soeben behandelte Frage nach der Anwendbarkeit des § 134 BGB. Wie dort fehlt es hier für die Anordnung einer solchen Nichtigkeitsfolge an dem entsprechenden Normzweck und der erforderlichen Normsetzungskompetenz seitens der Ärztekammern.

Das den Grundsatz der Formfreiheit einschränkende Aufstellen gesetzlicher Formvorschriften ist regelmäßig durch deren spezielle Schutzfunktionen geprägt und erfolgt deshalb in der Regel im Rahmen von besonders weitreichenden, komplizierten und riskanten Rechtsvorgängen. Hauptsächlich geht es dabei um deren Warnfunktion (der Erklärende soll vor übereilter Bindung bei besonders

---

[255] *Taupitz*, Standesordnungen, S. 1073 ff., insbes. S. 1079 ff. u. *ders.*, MedR 1992, 271, 272. – In diesem Sinne urteilt auch BGH, VersR 1987, 1191, wenn dort ausgeführt wird, den Kammern komme aufgrund der ihnen verliehenen Satzungsgewalt keine Kompetenz zur Begründung zivilrechtlicher Ansprüche zu.

[256] So *Taupitz*, Standesordnungen, S. 1083 sowie im Ergebnis auch *Narr*, Ärztliches Berufsrecht, Rdnr. 933 (Stand: Januar 1988).

[257] Zu der im vorliegenden Zusammenhang zu weit führenden Frage nach einer eventuellen Amtshaftung der Kammer bei fehlerhafter Vertragsprüfung siehe *Taupitz*, MedR 1993, 367, 378 u. *Werner*, Gemeinschaftliche ärztliche Berufsausübung, S. 222 f.

riskanten Geschäften geschützt werden), deren Beweisfunktion (der Geschäftsinhalt soll deutlich gekennzeichnet und zuverlässig beweisbar sein) und deren Beratungsfunktion (eine sachkundige Beratung und Belehrung bei komplizierten Rechtsvorgängen ist rechtspolitisch erwünscht)[258]. Der mit Kap. D II Nr. 11 Abs. 2 MBO-Ä 2000 verfolgte Zweck ist ein anderer und ergibt sich aus dem bereits oben zu § 134 BGB Gesagten: Die Schriftform des Netzvertrages dient lediglich dazu, den Netzvertrag an die Ärztekammer vorlagefähig zu machen, damit dieser auf die Einhaltung der standesrechtlichen Auflagen hin überprüft werden kann. Insbesondere dient die Pflicht zur schriftlichen Abfassung des Netzvertrages nicht der Erfüllung einer Warn- oder Beweisfunktion. Andernfalls wäre nicht erklärbar, warum dies nur für einen Netzvertrag gelten solle und nicht auch für Verträge über deutlich stärker in die berufliche Unabhängigkeit des Arztes eingreifende Berufsausübungsgemeinschaften. Im Hinblick auf die Vorlagepflicht des Netzvertrages erfüllt das Formerfordernis bloße Hilfsfunktion.

Daß die geforderte Schriftlichkeit ferner eine eigenständige Bedeutung im Rahmen von § 125 BGB erlangen soll, ist auch hier der Berufsordnung nicht zu entnehmen. Eine solche über das Zivilrecht zu vermittelnde nichtigkeitsbegründende Bedeutung würde auch dem zuvor gefundenen Ergebnis, daß es sich bei der Regelung hinsichtlich der Haupt-, nämlich der Vorlagepflicht, gerade nicht um eine Verbotsnorm i. S. v. § 134 BGB handelt, zuwiderlaufen. Quasi über die „Hintertür" würde dieses Ergebnis umgekehrt.

Darüber hinaus muß den Ärztekammern mit denselben Argumenten wie im Rahmen von § 134 BGB die Satzungskompetenz zur Herbeiführung unmittelbar zivilrechtlicher Folgen abgesprochen werden. Bei der angeordneten Schriftform für den vorzulegenden Netzvertrag handelt es sich demnach um eine berufsrechtliche Pflicht, deren Vernachlässigung lediglich die Einleitung eines in den Kammergesetzen vorgesehenen Disziplinarverfahrens ermöglicht[259].

---

[258] Statt vieler *Förschler*, in: MüKo, BGB, § 125, Rdnrn. 3 f.

[259] Im Ergebnis ebenso *Schirmer*, MedR 1995, 383, 384, für die Medizinische Kooperationsgemeinschaft des § 23 a Abs. 1 S. 1 MBO a. F. (= Kap. D II Nr. 9 Abs. 1 S. 2 MBO-Ä 2000).

B. *Die ärztliche Teilnahme am Praxisverbund – Die Aufnahmeregelung der MBO-Ä 2000*

Die ärztliche Teilnahme am Praxisverbund wird durch die Vorschrift Kap. D II Nr. 11 Abs. 1 S. 2 MBO-Ä 2000 aufgegriffen[260]. Sie besagt:

> *„Die Teilnahme soll allen dazu bereiten Ärzten ermöglicht werden; soll die Möglichkeit zur Teilnahme beschränkt werden, z. B. durch räumliche oder qualitative Kriterien, müssen die dafür maßgeblichen Kriterien für den Versorgungsauftrag notwendig und nicht diskriminierend sein und der Ärztekammer gegenüber offengelegt werden".*

Eine gleichlautende Regelung im Hinblick auf die Möglichkeit zur Beschränkung der Teilnahme enthielt schon die MBO-Ä 1997, sie bestimmte darüber hinaus aber restriktiver: „Ärzte dürfen sich [...] zu einem Praxisverbund zusammenschließen, wenn [...] die Mitgliedschaft in einem Praxisverbund allen dazu bereiten Ärzten offensteht".

I. Die Zulässigkeit einer standesrechtlichen Aufnahmeregelung

1. Problemstellung: Der Konflikt mit der grundrechtlich geschützten Aufnahmefreiheit

a) Einschränkung der Vertragsfreiheit

Nach der Konzeption der Berufsordnung soll der Zugang zu einem Praxisverbund allen beitrittswilligen Ärzten offenstehen; Praxisnetze sollen ihre Mitglieder nicht frei auswählen dürfen.

In der Literatur wird hinsichtlich der Aufnahme neuer ärztlicher Mitglieder in den Praxisverbund regelmäßig auf das Kassenarzt-, Wettbewerbs- und allgemeine Zivilrecht verwiesen, das eine weitgehende Öffnung des Netzes gegenüber teilnahmewilligen Ärzten fordere[261].

Als Zwangskörperschaften des öffentlichen Rechts seien Kassenärztliche Vereinigungen wegen Art. 3 Abs. 1, 12 Abs. 1 GG nicht befugt, einem Bewerber die Teilnahme an einer Netzvereinbarung nach §§ 63 ff., 73a oder 140 a ff.

---

[260] Soweit eine Anpassung an die MBO-Ä 2000 erfolgt ist, haben alle Landesärztekammern diese Formulierung übernommen; einzig die BO-BW hat einen anderen Wortlaut: „Soll die Möglichkeit zur Teilnahme beschränkt werden, müssen die dafür maßgeblichen Kriterien für den Versorgungsauftrag notwendig und nicht diskriminierend sein und der Bezirksärztekammer gegenüber offengelegt werden".

[261] *Rieger*, in: Rieger (Hrsg.), Lexikon des Arztrechts, Stichwort „Praxisnetz" (Nr. 4305), Rdnrn. 22 u. 77 f.; *ders.*, MedR 1998, 75, 78; siehe auch *Schirmer*, MedR 1997, 431, 439 f.; *ders.*, VSSR 1998, 278, 302 f.; vgl. aber *Weimar*, MDR 2000, 866, 867: der Gesellschaftsvertrag eines Netzes solle den klarstellenden Passus enthalten, „daß ein Rechtsanspruch auf Aufnahme nicht besteht".

SGB V zu verweigern, ohne daß „ein vernünftiger, aus der Natur der Sache sich ergebender oder sonstwie sachlich einleuchtender Grund“[262] für die Ablehnung gefunden werde. Für eine Kassenärztliche Vereinigung bestehe daher regelmäßig eine Pflicht zur Einbeziehung beitrittswilliger Vertragsärzte in die kassenärztliche Vereinbarung eines „gebundenen“ Praxisnetzes[263].

Aus wettbewerbsrechtlicher Sicht seien die Netzärzte in der Auswahl ihrer ärztlichen Kooperationspartner nicht frei; § 1 UWG gestatte eine Beschränkung des Zugangs zu einem Netz nur nach streng sachlichen und damit nicht willkürlich festgelegten räumlichen oder fachlichen Kriterien[264].

Aus den §§ 826, 249 BGB ergebe sich zudem ein mittelbarer zivilrechtlicher Aufnahmezwang, sofern der Praxisverbund eine erhebliche wirtschaftliche oder soziale Machtstellung in seiner Region besitze und der Bewerber ein schwerwiegendes Interesse am Erwerb der Mitgliedschaft habe. Die im Netzvertrag insoweit enthaltenen qualifizierten Aufnahmevoraussetzungen müßten auch aus diesem Grund sachlich gerechtfertigt und dürften nicht willkürlich sein[265].

Bedeutung und Zulässigkeit der Vorschrift Kap. D II Nr. 11 Abs. 1 S. 2 MBO-Ä 2000 werden in der Literatur nicht erörtert, es wird lediglich festgestellt, daß diese Regelung der skizzierten höherrangigen Rechtslage in vollem Umfang Rechnung trage und mit ihr in Einklang stehe[266]. Abgesehen von der Frage, ob die in dieser Vorschrift postulierte generelle Öffnung des Praxisverbundes gegenüber ärztlichen Netzaußenseitern tatsächlich in jedem Fall mit dem höherrangigen Recht in Einklang steht[267], wird damit eine Selbstverständlichkeit einer solchen standesrechtlichen Regelung suggeriert, die einer näheren Betrachtung nicht standhalten kann.

Im Bereich beruflicher Kooperationen kommt der Vertragsfreiheit als der Befugnis, sowohl den Kooperationspartner als auch den Inhalt der die Aufnahme neuer Kooperationspartner betreffenden Regelungen autonom zu bestimmen, zentrale Bedeutung zu[268]. Die verfassungsrechtlich geschützte Privatautonomie gewährleistet neben der „Auswahlfreiheit“ als der Autonomie, sich seine Ver-

---

[262] So BVerfGE 18, 38, 46, st. Rspr zu Art. 3 GG.

[263] In der Praxis erfolgt die Teilnahme eines Vertragsarztes an einer sozialrechtlichen Netzvereinbarung durch schriftliche Teilnahmeerklärung seitens des Arztes und durch schriftliche Annahme der Beitrittserklärung seitens der Kassenärztlichen Vereinigung. Hierdurch kommt ein öffentlich-rechtlicher Vertrag zustande. Siehe dazu *Rieger*, MedR 1998, 75, 76.

[264] So *Rieger*, in: Rieger (Hrsg.), Lexikon des Arztrechts, Stichwort „Praxisnetz“ (Nr. 4305), Rdnr. 77; zum folgenden ebenda, Rdnr. 78. Ebenso *Herzog*, AusR 1999, 67, 71 f. – Grundsätzlich zur Anwendbarkeit des UWG auf niedergelassene Ärzte *Piper*, in: Festschrift für H. E. Brandner, S. 449 ff.

[265] Vgl. die Nachweise in Fn. 261.

[266] So *Rieger*, in: Rieger (Hrsg.), Lexikon des Arztrechts, Stichwort „Praxisnetz“ (Nr. 4305), Rdnr. 22, Fn. 11, und Rdnr. 77.

[267] Dazu unten 3. d).

[268] *Höfling*, Vertragsfreiheit, S. 17.

trags- oder Kooperationspartner auszusuchen, die damit notwendig verbundene „Inhaltsfreiheit" als der Autonomie, die Kriterien der Auswahl frei zu bestimmen[269]. Im Bereich der Aufnahme neuer Mitglieder in eine Vereinigung werden diese Teilgewährleistungen unter dem Begriff der Aufnahmefreiheit zusammengefaßt[270].

Ein Zwang zum Vertragsschluß bedeutet immer eine Aufoktroyierung eines Vertragspartners; ein Zwang zur Aufnahme eines Bewerbers in eine Vereinigung stellt demgegenüber jedoch eine ungleich höhere Belastung dar[271]. Nicht nur ist das zeitliche Ausmaß unterschiedlich; die Mitgliedschaft ist auf einen längeren Zeitraum angelegt, wohingegen sich ein Austauschvertrag regelmäßig in kurzer Zeit abwickelt. Unterschiedlich ist vor allem die Intensität der Bindung; während die Partner eines Austauschvertrages in der Regel nur während des kurzfristigen Leistungsaustauschs verbunden sind, sind die Mitglieder einer Vereinigung über die Vereinigungsorganisation untereinander bei der Verfolgung des Vereinigungszwecks verbunden.

Angesichts ihres Charakters als Soll-Vorschrift beinhaltet die hier in Rede stehende Aufnahmeregelung freilich keinen ausdrücklichen Zwang zur Aufnahme teilnahmewilliger Netzaußenseiter. Die dem Verbund und seinen Mitgliedern grundrechtlich zugestandene Vertragsfreiheit wird hierdurch gleichwohl berührt. Den Netzärzten wird zwar ausdrücklich die Kompetenz zur Beschränkung des Zugangs zu ihrem Netz eingeräumt, die Ausgestaltung der einzelnen Zugangsbestimmungen wird ihnen aber nicht freigestellt. Aufgegeben wird den Netzärzten im wesentlichen zweierlei: Zum einen müssen die aufzustellenden Teilnahmebedingungen für den Versorgungsauftrag notwendig und dürfen nicht diskriminierend sein, zum anderen müssen sie gegenüber der Ärztekammer offengelegt werden. Die den Netzärzten grundsätzlich zugestandene Freiheit, eine Auswahl unter neu aufzunehmenden Teilnehmern zu treffen, wird dadurch auf die Aufstellung rein sachlicher Kriterien beschränkt; die Aufnahme in einen Praxisverbund darf einem Netzaußenseiter nicht aus beliebigen Gründen verweigert werden. Dies bedeutet einen Eingriff in die „Inhaltsfreiheit" des Verbundes und der Netzärzte.

In der zivilrechtlichen Literatur wird allerdings vertreten, die Privatautonomie umfasse nicht die Freiheit, einen Vertragsschluß aus beliebigen, also auch aus unsachlichen und diskriminierenden Gründen zu verweigern[272]. Abgesehen davon, daß schon fraglich ist, ob eine solche Beschränkung der Vertragsfreiheit

---

[269] *Reichert*, Hb. des Vereins- und Verbandsrechts, Rdnr. 656, bezeichnet diese Inhaltsfreiheit im vereinsrechtlichen Zusammenhang als „Organisationsautonomie". – Daß der Praxisverbund als Vereinigung selbst Träger von Grundrechten sein kann, dazu sogleich b).

[270] Dazu *Traub*, WRP 1985, 591, 594.

[271] Dazu, daß Kontrahierungs- und Aufnahmezwang nicht völlig deckungsgleich sind, *Grunewald*, AcP 182 (1982), 181, 199 f.

[272] So *Tilmann*, ZHR 141 (1977), 32, 78 f., der einen Kontrahierungszwang bei „rechtswidrig motivierter Geschäftsverweigerung" als gegeben sieht.

auf sachliche Motive überhaupt anerkannt werden kann – denn es sind kaum Motive denkbar, die stets und immer unsachlich sind[273] –, kann diese Auffassung hier nicht als Argument gegen die Eingriffsqualität der Aufnahmeregelung angeführt werden. Es bliebe dabei unberücksichtigt, daß grundsätzlich die Freiheit besteht, die Motive für eine Geschäftsverweigerung zu verschweigen und sie so jeder Kontrolle zu entziehen[274]. Genau dieses Recht wird den Netzärzten jedoch durch das Berufsrecht genommen: Im Gegensatz zu anderen ärztlichen Kooperationen, wie den Apparate- oder Laborgemeinschaften, sollen sie neue Kooperationspartner nicht nach rein internen und verdeckt bleibenden Motiven auswählen dürfen. Die als zweites Element in der Aufnahmeregelung des Kap. D II Nr. 11 Abs. 1 S. 2 MBO-Ä 2000 enthaltene Offenlegungspflicht zwingt die Netzärzte dazu, ihre Aufnahmekriterien transparent zu gestalten, um sie durch die Kammer kontrollierbar zu machen.

Man könnte nun einwenden, die Pflicht zur Offenlegung der netzinternen Aufnahmekriterien beinhalte gar keinen eigenen, neuen Regelungsgehalt, sie wiederhole nur die generelle Vorlagepflicht für die „Bedingungen der Kooperation" aus Kap. D II Nr. 11 Abs. 2 MBO-Ä 2000. Tatsächlich geht die Transparenzregel des Abs. 1 S. 2 jedoch über die generelle Vorlagepflicht des Abs. 2 hinaus. Diese verlangt ebenso wie die allgemeine Norm des § 24 MBO-Ä 2000 eine Vorlage des Netzvertrages nur zum Zwecke der Überprüfung, ob die berufsrechtlichen Vorschriften durch die Kooperation gewahrt sind[275], angesprochen ist hiermit eine typische Kammeraufgabe[276].

Kap. D II Nr. 11 Abs. 1 S. 2 MBO-Ä 2000 ordnet dagegen eine deutlich weitergehende Prüfkompetenz der Kammer an: Die netzeigenen Aufnahmekriterien sollen nicht auf ihre „Berufsgerechtigkeit", sondern auf ihre „Sachgerechtigkeit" hin überprüft werden. Der Sache nach handelt es sich dabei um eine generell-präventive Inhaltskontrolle der privatautonom durch das Netz gesetzten

---

[273] So weist *Grunewald*, AcP 182 (1982), 181, 192, zutreffend darauf hin, daß die diskriminierende Qualität des Motivs am jeweiligen Vertragsinhalt zu messen ist. Als anschauliches Beispiel führt sie das Kriterium der Religionszugehörigkeit an: Bei der Einstellung eines Lehrers in einer Konfessionsschule würde es sich hierbei um ein sachliches Kriterium handeln, wohingegen es bei Umsatzgeschäften des täglichen Lebens als unsachlich zu werten wäre. – Zu bedenken ist auch, daß dem Diskriminierungsverbot des Art. 3 Abs. 3 GG keine unmittelbare Drittwirkung zukommt; es gilt primär nur im Verhältnis Staat – Bürger (vgl. Art. 1 Abs. 3 GG).

[274] Beispielsweise gesteht der BGH bestehenden Vereinigungen das Recht zu, selbst dann, wenn ein Bewerber die (autonom gesetzten) satzungsmäßigen Voraussetzungen für eine Aufnahme erfüllt, frei und unkontrolliert zu entscheiden, ob sie einen Mitgliedschaftsbewerber aufnehmen wollen; st. Rspr., statt vieler siehe nur BGHZ 101, 193, 200.

[275] Siehe dazu bereits oben § 2 A. II. 1.

[276] Diese Prüfkompetenz der Kammer hinsichtlich der Einhaltung der Berufspflichten durch die Kammerangehörigen entspricht der kammergesetzlichen Generalklausel, wonach die Kammermitglieder verpflichtet sind, „ihren Beruf gewissenhaft auszuüben und dem ihnen im Zusammenhang mit dem Beruf entgegengebrachten Vertrauen zu entsprechen" – so z. B. § 29 KG-BW.

Aufnahmebedingungen. Eine solche vom Einzelfall losgelöste Kontrolle greift in die Vertragsfreiheit der Netzärzte ein. Wie sich an späterer Stelle[277] noch zeigen wird, erfolgt in den ähnlich gelagerten Konstellationen des bürgerlichrechtlichen Vereinsrechts eine Inhaltskontrolle satzungsrechtlicher Aufnahmebedingungen nicht generell-präventiv, sondern nur im Einzelfall und ist wegen der durch Art. 9 Abs. 1 GG gewährten Vereinsautonomie nur ausnahmsweise und nur bei denjenigen Vereinen zulässig, bei denen die konkreten Umstände des Einzelfalles einen *Zwang* zur Aufnahme ergeben.

Weiterhin könnte man geltend machen, das die Vertragsfreiheit einschränkende Potential der Aufnahmeregelung sei nur sehr gering, da die Netzärzte ihren Versorgungsauftrag frei und durch die Kammer nicht auf seine Sachgerechtigkeit hin kontrollierbar definieren können. Dadurch werde ihnen gerade die Befugnis eingeräumt, durch möglichst enge Definition ihres Versorgungsauftrages eine Auswahl unter neu aufzunehmenden Ärzten zu treffen und den Teilnehmerkreis klein zu halten. Aber auch dieser Aspekt ändert nichts daran, daß es sich bei der Aufnahmeregelung um eine Beschränkung der dem Verbund und seinen Mitgliedern zukommenden Auswahlfreiheit handelt. Denn das Recht, den Kooperationszweck frei zu bestimmen, besteht unabhängig von der Freiheit, sich die Partner der Kooperation auszusuchen. Kap. D II Nr. 11 Abs. 1 S. 2 MBO-Ä 2000 verpflichtet die Netzärzte jedoch, den Zweck der Vernetzung zum Anknüpfungspunkt für die Ablehnung von Bewerbern zu machen und damit den Versorgungsauftrag mit den Kriterien der Aufnahme in jedem Fall in Beziehung zu setzen. Betroffen ist auch hier die „Inhaltsfreiheit" des Netzes: Es dürfen nicht beliebige Kriterien zur Auswahl neuer Mitglieder aufgestellt werden, sondern nur solche Kriterien angewendet werden, die sich aus dem Versorgungsauftrag rechtfertigen lassen.

b) Die betroffenen Grundrechtspositionen des Netzes und der darin verbundenen Ärzte

aa) Die Berufsausübungsfreiheit des Art. 12 Abs. 1 GG

Sedes materiae ist Art. 2 Abs. 1 GG. Allerdings werden die zahlreichen spezifischen Erscheinungsformen der Vertragsfreiheit primär entsprechenden grundrechtlichen Spezialverbürgungen zugeordnet[278].

Da es sich bei der Vernetzung von Arztpraxen um einen beruflichen Zusammenschluß handelt und die Aufnahme neuer Netzteilnehmer eine berufsbezogene Fragestellung darstellt, ist hier – wie so oft im Bereich von Kammerregelungen – die durch Art. 12 Abs. 1 GG geschützte Berufsausübungsfreiheit betroffen. Hinsichtlich der Berufsausübung beschränkt sich der Wortlaut des Art. 12 Abs. 1 S. 2 GG zwar lediglich auf die Aufstellung eines Gesetzesvorbe-

---

[277] Siehe unten 2.

[278] Grundlegend hierzu *Höfling*, Vertragsfreiheit, S. 4 ff.; vgl. jedoch die Kritik durch *Taupitz*, AcP 192 (1992), 341, 342.

halts. Seit dem Apothekenurteil des *Bundesverfassungsgerichts* ist es jedoch ganz h. M., daß Art. 12 Abs. 1 GG die Berufsfreiheit in all ihren Stadien garantiert[279]. Mit der grundrechtlichen Gewährleistung der Berufsausübung ist notwendigerweise auch die vertragliche Gestaltung der beruflichen Tätigkeit als eine ihrer typischen Erscheinungsformen vom Schutzbereich des Art. 12 Abs. 1 GG erfaßt[280]. Dabei kommt dem Recht, den Partner einer beruflichen Kooperation frei von Einflüssen Dritter aussuchen zu können, im Berufsleben zentrale Bedeutung zu[281]. Die Aufnahmeregelung wirkt auf die vertragliche Gestaltung der in einem Praxisnetz ausgeübten beruflichen Tätigkeit ein, da auf die Auswahl der beruflichen Kooperationspartner Einfluß genommen wird.

In persönlicher Hinsicht kommen die Gewährleistungen der Berufsfreiheit nicht nur den Netzärzten, sondern auch dem Verbund als einer beruflichen Assoziation zu. Primär prädestiniert der „individualrechtlich-personale" Ansatz des *Bundesverfassungsgerichts*[282] zwar natürliche Personen als Träger dieses Grundrechts, nach Maßgabe des Art. 19 Abs. 3 GG steht die Berufsfreiheit jedoch auch inländischen juristischen Personen des Privatrechts zu. Entgegen der zivilrechtlichen Terminologie können juristische Personen im Sinne dieser Verfassungsnorm nicht nur rechtsfähige Gesellschaften, sondern auch nichtrechtsfähige (Personal-)Gesellschaften sein[283]. In sachlicher Hinsicht schützt Art. 12 Abs. 1 GG als Teil der Berufsausübung die Freiheit, den Beruf in Assoziation mit anderen auszuüben[284]. Durch Art. 12 Abs. 1 i.V.m. Art. 19 Abs. 3 GG wird bei juristischen Personen die Freiheit gewährleistet, „eine Erwerbszwecken dienende Tätigkeit, insbesondere ein Gewerbe, zu betreiben, soweit diese Tätigkeit ihrem Wesen und ihrer Art nach in gleicher Weise von einer juristischen wie von einer natürlichen Person ausgeübt werden kann"[285]. Infolgedessen schützt Art. 12 Abs. 1 GG neben der „Unternehmensfreiheit" der juristischen Person die „Unternehmerfreiheit" der assoziierten Personen[286]; letztere erstreckt sich auf die freie Gründung und Führung von Unternehmen[287].

---

279 BVerfGE 7, 377, 402 f. Statt aller nur *Pieroth/Schlink*, Grundrechte, Rdnr. 808.
280 *Breuer*, in: Isensee/Kirchhof (Hrsg.), Hb. des Staatsrechts, Band VI, § 147, Rdnr. 97.
281 Dieses wird durch die sog. Dispositionsfreiheit gewährleistet, hierzu *Breuer*, in: Isensee/Kirchhof (Hrsg.), Hb. des Staatsrechts, Band VI, § 147, Rdnr. 63.
282 BVerfGE 7, 377, 397; 50, 290, 362 f. u. 364 f.
283 So BVerfGE 3, 383, 391; 6, 273, 277; siehe auch *Breuer*, in: Isensee/Kirchhof (Hrsg.), Hb. des Staatsrechts, Band VI, § 147, Rdnr. 23; *Scholz*, in: Maunz/Dürig, GG, Band I, Art. 12 Rdnr. 98.
284 BVerfGE 50, 290, 363; vgl. hierzu allgemein schon *Mestmäcker*, in: Festschrift für H. Westermann, S. 411 ff. u. *Papier*, VVDStRL 35 (1977), 55, 87.
285 BVerfGE 21, 261, 266; 22, 380, 383; 74, 129, 148 f.; siehe auch *Scholz*, in: Maunz/Dürig, GG, Band I, Art. 12 Rdnrn. 34, 98 ff.
286 So *Breuer*, in: Isensee/Kirchhof (Hrsg.), Hb. des Staatsrechts, Band VI, § 147, Rdnr. 23.
287 BVerfGE 50, 290, 363.

bb) Die Vereinigungsfreiheit des Art. 9 Abs. 1 GG

Betroffen ist darüber hinaus die Vereinigungsfreiheit des Art. 9 Abs. 1 GG. Der Zusammenschluß zu einem Praxisverbund bildet eine Vereinigung im Sinne dieses Grundrechts, handelt es sich hierbei doch um eine Verbindung, „zu der sich eine Mehrheit natürlicher oder juristischer Personen für längere Zeit zu einem gemeinsamen Zweck freiwillig zusammengeschlossen und einer organisierten Willensbildung unterworfen hat"[288]. Auf die Rechtsform des Praxisverbundes kommt es dabei nicht an. Nach h. M. kommt der Vereinigungsfreiheit der Charakter eines „Doppelgrundrechts" zu[289]. Geschützt ist nicht nur das Individualrecht, Vereine und Gesellschaften zu gründen und sich in ihnen zu betätigen, sondern auch das Kollektivrecht, das auch der Vereinigung einen eigenen Entstehens-, Bestands- und Betätigungsschutz zuerkennt.

Diese Auslegung als Doppelgrundrecht beruht auf einer teleologischen und am Grundsatz der Grundrechtseffektivität orientierten Interpretation: Wenn Art. 9 GG die Bildung von Vereinigungen schützt, so muß deren Bestand und deren freie Betätigung nicht nur in der Person der in ihr mitgliedschaftlich verbundenen Individuen, sondern auch in der Person der Vereinigung selbst geschützt sein[290].

Ebenso wie im Rahmen von Art. 12 Abs. 1 GG sind deshalb auch hier nicht nur die Netzärzte als natürliche Personen Grundrechtsträger der Vereinigungsfreiheit; deren Gewährleistungen stehen auch dem Praxisverbund selbst zu.

In sachlicher Hinsicht gewährt Art. 9 Abs. 1 GG „das Recht, Vereine und Gesellschaften zu bilden". Angesprochen ist damit zum einen die Konstituierung einer Vereinigung, also die Freiheit der Entscheidung über den Zeitpunkt der Gründung, den Zweck, die Rechtsform, den Namen, die Satzung und den Sitz der Vereinigung (sog. Vereinsautonomie), angesprochen ist zum anderen auch der Bestand einer Vereinigung. Denn wenn der Beitritt zu und Austritt aus einer bereits bestehenden Vereinigung, die Betätigung innerhalb einer und durch eine

---

[288] So der in § 2 Abs. 1 VereinsG definierte Vereinsbegriff, der mit den verfassungsrechtlichen Begriffen „Vereine" und „Gesellschaften" deckungsgleich ist, vgl. hierzu *Pieroth/Schlink*, Grundrechte, Rdnrn. 720 ff. sowie *Murswiek*, JuS 1992, 116, 117.

[289] Entwickelt wurde die Lehre vom „Doppelgrundrecht" vor allem für die Koalitionsfreiheit des Art. 9 Abs. 3 GG, für die Vereinigungsfreiheit des Abs. 1 gilt sie jedoch entsprechend. Vgl. zu Art. 9 Abs. 1 GG: BVerfGE 13, 174, 175; 30, 227, 241 ff.; 84, 372, 378; *Scholz*, in: Maunz/Dürig, GG, Band I, Art. 9 Rdnrn. 23 f. u. 43 ff.; *Schmidt-Bleibtreu/Klein*, GG, Art. 9 Rdnr. 5; *Merten*, in: Isensee/Kirchhof (Hrsg.), Hb. des Staatsrechts, Band VI, § 144, Rdnrn. 27 ff.

[290] So *Scholz*, in: Maunz/Dürig, GG, Band I, Art. 9 Rdnr. 23; siehe auch *Merten*, in: Isensee/Kirchhof (Hrsg.), Hb. des Staatsrechts, Band VI, § 144, Rdnr. 27. – Kritisch hierzu unter Berufung auf Art. 19 Abs. 3 GG *Kemper*, in: v. Mangoldt/Klein/Starck, GG, Band I, Art. 9 Rdnrn. 137 ff. sowie *Pieroth/Schlink*, Grundrechte, Rdnrn. 731 f.

Vereinigung und das Recht zum Verbleiben und Fernbleiben nicht geschützt wären, bestünde die Gefahr, daß der Schutz der Vereinigungsfreiheit leerliefe[291].

Die durch Art. 9 Abs. 1 GG geschützte Bildungs- und Bestandsfreiheit umfaßt nicht nur das Recht, Kooperationen frei zu gründen und ihnen beizutreten oder fernzubleiben; die Freiheit zur Kooperation gesteht bestehenden Vereinigungen und ihren Mitgliedern auch das Recht zu, über das „Ob" und „Wie" der Aufnahme weiterer Personen autonom zu entscheiden[292]. Dieses Recht wird dem Praxisverbund und den in ihm zusammenarbeitenden Netzärzten durch die Aufnahmeregelung der Berufsordnung verwehrt. Kap. D II Nr. 11 Abs. 1 S. 2 MBO-Ä 2000 bestimmt zwar keinen Zwang zur Aufnahme teilnahmewilliger Netzaußenseiter. Das „Ob" der Aufnahme wird jedoch gleichwohl durch das im ersten Halbsatz aufgestellte Postulat, „die Teilnahme soll allen dazu bereiten Ärzten ermöglicht werden", berührt. Eingegriffen wird vor allem in die durch Art. 9 Abs. 1 GG geschützte Entscheidungsfreiheit über das „Wie" der Aufnahme weiterer Netzärzte. Denn die Entscheidung, wie eine Auswahl unter den neu in den Praxisverbund aufzunehmenden Ärzten zu treffen ist, wird von der Berufsordnung vorgegeben und durch die Kammer kontrolliert: Zulässig sind nur sachliche Kriterien, die sich aus dem Versorgungsauftrag des Netzes ergeben müssen. Indem Kap. D II Nr. 11 Abs. 1 S. 2 MBO-Ä 2000 den Versorgungsauftrag zur notwendigen Bezugsgröße für eine Auswahlentscheidung macht, verliert diese – zumindest zum Teil – ihren autonomen Charakter.

c) Die Aufnahmeregelung als Besonderheit in der ärztlichen Berufsordnung

Eingriffe in die Vereinigungs- und vor allem in die Berufsausübungsfreiheit sind – anders als der Terminus „frei" vermuten ließe – bei Angehörigen freier Berufe häufig zu beobachten. Die in den Berufsordnungen der freien Berufe enthaltenen staatlichen Eingriffsbefugnisse erwecken oftmals den Eindruck, freie Berufe seien stärker reglementiert als andere Berufe, die Rede ist deshalb auch von staatlich gebundenen freien Berufen[293]. Sozietätsbeschränkungen[294], bestimmte Tätigkeitsverbote[295] und Rechtsformvorgaben gehören zum klassischen Arsenal

---

[291] *Pieroth/Schlink*, Grundrechte, Rdnr. 727 ff. Vgl. auch BVerfGE 30, 227, 241, wonach der „Kernbereich des Vereinsbestandes und der Vereinstätigkeit" von Art. 9 Abs. 1 GG geschützt werde.

[292] *Scholz*, in: Maunz/Dürig, GG, Band I, Art. 9 Rdnrn. 78, 98; *Schmidt-Bleibtreu/Klein*, GG, Art. 9 Rdnr. 5a sowie *Murswiek*, JuS 1992, 116, 121.

[293] Neuerdings wird auch von einem „Dreiviertelbeamten" gesprochen, vgl. *Bogs*, in: Festschrift für W. Thieme, S. 718 f.; dazu auch *Stober*, NJW 1981, 1529 ff.; krit. zum Begriff des „staatlich gebundenen Berufs" *Sodan*, NZS 2001, 169, 176 f. m. zahlr. Nachw.

[294] Für den Arztberuf z. B. Kap. D II Nr. 9 u. 10 MBO-Ä 2000; für Steuerberater und Notare z. B. § 56 Abs. 1 StBerG, § 9 BNotO.

[295] Für den ärztlichen Beruf beispielsweise § 3 Abs. 1 MBO-Ä 2000, der es dem Arzt untersagt, neben der Ausübung seines Berufs eine andere Tätigkeit auszuüben, „welche mit den ethischen Grundsätzen des ärztlichen Berufs nicht vereinbar ist". Für den Beruf des Steuerberaters vgl. § 57 Abs. 2 u. Abs. 4 StBerG.

des Rechts der freien Berufe[296]. Gerechtfertigt werden sie regelmäßig mit einem Verweis auf deren berufscharakteristische Wesensmerkmale[297]; durch die berufsrechtliche Reglementierung soll vor allem die Unabhängigkeit und Eigenverantwortlichkeit des freiberuflich Tätigen gewährleistet werden. Nach der Rechtsprechung liegen solche Vorschriften im Interesse einer geordneten Rechtspflege oder Gesundheitsversorgung und dienen damit dem Allgemeinwohl[298]. Wegen ihrer berufsspezifischen Besonderheiten stellen Zusammenschlüsse von Angehörigen freier Berufe zu gemeinsamer Berufsausübung traditionell einen sehr sensiblen Problemkomplex dar. In der Literatur wie in der täglichen Praxis immer wieder auftretende Fragestellungen sind etwa die Nutzung von gewerblichen Rechtsformen als Organisationsform für kollegiale Zusammenarbeit[299], die Möglichkeit der Begründung überörtlicher oder sogar internationaler Sozietäten[300] und die Voraussetzungen für eine gemeinschaftliche Berufsausübung unterschiedlicher freier Berufe, der sog. interprofessionellen Kooperation[301].

Die MBO-Ä 2000 enthält für ärztliche Kooperationen eine Vielzahl solcher typischen (unmittelbar wie mittelbar wirkender) freiberuflichen Beschränkungsvorschriften[302]. Die Aufnahmeregelung des Kap. D II Nr. 11 Abs. 1 S. 2 MBO-Ä 2000 stellt vor diesem Hintergrund jedoch in Bezug auf die personale Besetzung von beruflichen Verbindungen unter Beteiligung eines Arztes eine Besonderheit in der ärztlichen Berufsordnung dar; regelt sie doch als einzige Vorschrift der Berufsordnung die ärztliche Zusammensetzung einer beruflichen Kooperation. Die ärztliche Zusammensetzung einer beruflichen Verbindung wird über diese Aufnahmeregelung hinaus an keiner anderen Stelle in der Be-

---

296 So *Tettinger*, Kammerrecht, S. 183, im Hinblick auf die freien Beratungsberufe. Einen allgemeinen Überblick über in Art. 9 Abs. 1 GG eingreifende berufsrechtliche Regelungen gibt *Kemper*, in: v. Mangoldt/Klein/Starck, GG, Band I, Art. 9, Rdnr. 112.

297 Dazu bereits oben § 1 B. I.

298 So. z. B. BVerfGE 21, 173, 179; 54, 301, 315; 80, 269, 279 f. – Der durch § 1 Abs. 2 BÄO anerkannte freiberufliche Charakter der ärztlichen Tätigkeit gilt als eingriffsrechtfertigender Gemeinwohlbelang i. S. v. Art. 12 Abs. 1 GG, hierzu *Gleißner-Klein*, Private Standesregeln, S. 177 ff.

299 Für den Arztberuf vgl. den bereits dargestellten Grundsatzstreit um die Zulassung der „Heilkunde-GmbH", oben § 2 A. I. 2. a).

300 Für den ärztlichen Bereich *Dahm*, AusR 2000, 134 ff. sowie *Römermann/Schulte*, MedR 2001, 178 ff. – Vgl. auch *Preißler*, MedR 2001, 543, 545 ff., der das in Kap. D II Nr. 8 Abs. 2 MBO-Ä 2000 enthaltene Verbot einer überörtlichen Berufsausübungsgemeinschaft unter Ärzten wegen Verstoßes gegen Art. 9, 12 GG und vor allem gegen Art. 3 GG für formell und materiell verfassungswidrig hält.

301 Dazu ausführlich unten § 3 A.

302 So z. B. das Niederlassungsgebot des § 17, das Verbot der Zweigpraxis des § 18, der Typenzwang ärztlicher Zusammenschlußformen des § 22, das Gebot der Wahrung ärztlicher Unabhängigkeit des Abschnitts 4 (§§ 30-35) und die Rechtsformvorgabe für die Berufsausübungsgemeinschaft (Kap. D II Nr. 8).

rufsordnung angesprochen[303]. Zusammensetzungsbezogene Regelungen finden sich lediglich für interprofessionelle Kooperationen[304], bei denen der Teilnehmerkreis auf Angehörige bestimmter nichtärztlicher Fachberufe beschränkt wird. Eine Besonderheit stellt die Aufnahmeregelung auch hinsichtlich ihrer Zielrichtung dar: Hier geht es nicht – wie sonst – darum, den Ärzten vorzugeben, welche Partner in eine berufliche Kooperation (nicht) aufgenommen werden *dürfen*, sondern darum, unter welchen Voraussetzungen neue Kooperationspartner aufgenommen werden *müssen*.

2. Die Aufnahmeansprüche des Zivilrechts als parallele Problematik

Der in der Literatur zur rechtlichen Stellung von Netzaußenseitern zu findende Verweis[305] auf sich aus dem Zivilrecht ergebende Aufnahmezwänge für Praxisnetze ist insofern bedeutsam, als er deutlich macht, daß Durchbrechungen der Vertragsfreiheit in Form von Aufnahmeansprüchen unserer Rechtsordnung nicht fremd sind. Aus der schlichten Existenz solcher außerhalb der ärztlichen Berufsordnung stehenden höhergesetzlichen Anspruchsnormen kann allerdings nicht automatisch auf die Zulässigkeit einer solchen Regelung in einer untergesetzlichen, als Satzung ausgestalteten Berufsordnung geschlossen werden. Diese Schlußfolgerung verbietet sich aus zweierlei Gründen: Zum einen handelt es sich bei den zivilrechtlichen Aufnahmeansprüchen anders als bei der hier interessierenden berufsrechtlichen Aufnahmeregelung um Fragen der mittelbaren Drittwirkung von Grundrechten[306]. Im Gegensatz zu der hier vorliegenden, das hoheitliche Verhältnis zwischen der Kammer als Körperschaft des öffentlichen Rechts und ihren Zwangsmitgliedern betreffenden, satzungsrechtlichen Regelung ist dort das horizontale Verhältnis zwischen Privaten betroffen.

In der verfassungsrechtlichen Literatur zu Art. 9 Abs. 1 GG ist zwar häufig der Hinweis zu finden, bei dem Recht der Aufnahme handele es sich nicht um ein Problem der öffentlich-rechtlichen Vereinigungsfreiheit, sondern der zivilrechtlichen Vertragsfreiheit[307]. Bei der in Frage stehenden satzungsrechtlichen Auf-

---

[303] Selbst die fachliche Zusammensetzung einer Berufsausübungsgemeinschaft wird nicht durch das Berufsrecht kontrolliert. Maßgaben für grundsätzlich zulässige fachübergreifende Gemeinschaftspraxen ergeben sich lediglich aus dem Kassenarztrecht; vgl. hierzu *Narr/Hess/Schirmer*, Ärztliches Berufsrecht, Rdnrn. B 433 f.

[304] In Form einer Medizinischen Kooperationsgemeinschaft (Kap. D II Nr. 9 MBO-Ä 2000) oder einer sonstigen Partnerschaft, in der nicht die Heilkunde am Menschen ausgeübt wird (Kap. D II Nr. 10 MBO-Ä 2000).

[305] Siehe oben I. 1. a).

[306] Siehe nur *Merten*, in: Isensee/Kirchhof (Hrsg.), Hb. des Staatsrechts, Band VI, § 144, Rdnr. 20; *Scholz*, in: Maunz/Dürig, GG, Band I, Art. 9 Rdnr. 98: „§ 27 GWB [...] bedeutet eine richtige Positivierung der Drittwirkungsgrundsätze zu Art. 9 Abs. 1". So ausdrücklich auch BGH NJW 1999, 1326.

[307] So *Merten*, in: Isensee/Kirchhof (Hrsg.), Hb. des Staatsrechts, Band VI, § 144, Rdnr. 46 u. *Kemper*, in: v. Mangoldt/Klein/Starck, GG, Band I, Art. 9 Rdnr. 123.

nahmeregelung der MBO-Ä 2000 kann dies jedoch nicht gelten. Vorliegend geht es eben gerade nicht um eine Grundrechtskollision zwischen Privaten; betroffen ist hier das vertikale Verhältnis zwischen der Ärztekammer als Trägerin öffentlicher Gewalt und den ihr zwangsweise verbundenen Mitgliedern. Die Grundrechte entfalten ihre unmittelbare Wirkung nicht nur gegenüber Eingriffen des Staates selbst, sondern gegenüber allen mit hoheitlichen Befugnissen ausgestatteten Rechtsträgern und damit gegenüber der „öffentlichen Gewalt" (Art. 19 Abs. 4 GG) in allen ihren Erscheinungsformen[308].

Zum anderen wäre selbst dann, wenn man zu dem Ergebnis käme, daß diese berufsrechtliche Norm lediglich eine höhergesetzliche Regelung wiederholte, ohne einen eigenen, neuen Regelungsgehalt zu enthalten, angesichts ihrer begrenzten Satzungsautonomie immer noch die Normierungskompetenz der Kammer zu problematisieren.

Auch wenn der Blick auf die im Zivilrecht bestehenden Aufnahmeansprüche nicht die Zulässigkeit einer entsprechenden Regelung in einer ärztlichen Berufsordnung zu begründen vermag, so macht es eine Verknüpfung der sich hier stellenden Frage mit ähnlichen Fallgestaltungen des Zivilrechts doch möglich, die dort im Hinblick auf eine solche Durchbrechung der Vertragsfreiheit vorgebrachten Argumente und Wertungen zu nutzen, um die Zulässigkeit einer hoheitlichen Regelung der Aufnahme in eine Vereinigung eingehend zu beurteilen.

a) Ausgangspunkte für die Festlegung zivilrechtlicher Aufnahmepflichten

Die maßgeblichen zivilrechtlichen Ansprüche auf Aufnahme in eine Vereinigung finden sich im Bereich des Kartellrechts, dort hauptsächlich in Form des § 20 Abs. 6 GWB[309] (dem früheren § 27 GWB)[310], im Wettbewerbsrecht in § 1 UWG und im bürgerlich-rechtlichen Vereinsrecht, dort hauptsächlich in den §§ 826, 249 BGB.

Hinsichtlich des letztgenannten, bürgerlich-rechtlichen Aufnahmeanspruchs, besteht zwar Einigkeit über seine Existenz, seine exakte Anspruchsgrundlage ist dagegen umstritten[311]. Der *BGH* selbst benennt seinen normativen Anknüpfungspunkt eher beiläufig: Ein Zwang zur Aufnahme soll sich nach der Begründung

[308] So *Taupitz*, Standesordnungen, S. 846; grundlegend zum Status der Ärztekammern als öffentlich-rechtliche Zwangskörperschaften *Brohm*, in: Festschrift für G. C. v. Unruh, S. 790 ff.

[309] Ein kartell(zivil)rechtlicher Anspruch auf Aufnahme kann sich aus mehreren Vorschriften ergeben, unter anderem auch aus § 20 Abs. 1 GWB, dazu *Emmerich*, Kartellrecht, S. 259.

[310] Zum 1.1.1999 ist das GWB umfassend geändert worden, vgl. BGBl. 1998 I, S. 2521 u. S. 2547.

[311] Zu den in Betracht kommenden Anspruchsgrundlagen *Grunewald*, AcP 182 (1982), 181, 196 ff.; *Traub*, WRP 1985, 591, 593 f.; Reichert, Hb. des Vereins- und Verbandsrechts, Rdnr. 655, der den Aufnahmeanspruch „mittelbar aus Art. 9 Abs. 1 GG" begründet sieht, und insbesondere *Nicklisch*, JZ 1976, 105, 107 ff., der als Grundlage des Aufnahmeanspruchs eine „Horizontalwirkung" der Grundrechte nennt.

des Gerichts aus dem Rechtsgedanken der § 826 BGB und § 20 Abs. 6 GWB ergeben; entscheidend sei eine Abwägung der Interessen der Beteiligten[312]. In der Praxis ist man in zunehmendem Maße zu einer Übertragung der Wertungen des § 20 Abs. 6 GWB auf die genannten Vorschriften übergegangen, so daß die verschiedenen Aufnahmeansprüche mittlerweile weitgehend deckungsgleich sind[313].

Die zivilrechtliche Reichweite der Vereinsautonomie ist ein schon seit langem diskutiertes Thema. Bereits 1972 hat der *BGH* die Frage aufgeworfen, „ob und inwieweit ein *Verein* unter Berücksichtigung seiner satzungsgemäßen Zwecke einerseits und der berechtigten Interessen seiner Mitglieder andererseits *nur zur Setzung gerechter und angemessener Regeln befugt* ist, und ob *die Gerichte das von ihm gesetzte Recht unter diesen Gesichtspunkten in weiterem Umfang nachzuprüfen* haben als bisher allgemein angenommen worden ist"[314].

Ausgangspunkt für die im Rahmen der §§ 826, 249 BGB erfolgende Festlegung von Aufnahmepflichten und gerichtlichen Kontrollen privatautonom gesetzter Aufnahmebedingungen ist die Überlegung, daß der Vertragsfreiheit die Vorstellung von der Gleichheit der Vertragspartner zugrunde liegt[315]. Sie basiert auf dem Gedanken, daß Verträge inhaltlich von Gleichberechtigten abgeschlossen werden, also von Partnern, die beim Aushandeln des Vertragsinhalts gleiche Machtmittel einsetzen können. Jede Verschiebung in diesem Gleichgewicht führt zur einseitigen Wahl von Vertragspartner und Vertragsinhalt durch nur eine der Parteien. Im allgemeinen Vertragsrecht versucht man dieser ungleichen Machtverteilung primär mit der Kontrolle der einseitig vorgegebenen Vertragsbedingungen anhand der §§ 138, 242 BGB und insbesondere anhand des AGB-Gesetzes[316] zu begegnen. Im Vorfeld eines Vertragsschlusses versucht die Festsetzung eines Kontrahierungszwangs dem Ungleichgewicht entgegenzuwirken[317]. In gleicher Weise soll der soziale Machtzuwachs von Vereinen und Verbänden[318] ausgeglichen werden, denn auch hier sind die Funktionsvoraussetzun-

[312] BGHZ 63, 282, 285; BGH NJW 1980, 186, 187 und in neuerer Zeit NJW 1999, 1326 (m. Anm. *Kirberger*, EWiR 1999, 1097 f.); kritisch *Bartodziej*, ZGR 1991, 517, 518 ff. u. 545 f.

[313] Vgl. *Emmerich*, Kartellrecht, S. 259 und *Lutz*, in: Gloy (Hrsg.), Hb. des Wettbewerbsrechts, § 42, Rdnr. 20. – Da sich die Wertungen und Argumente der einzelnen Aufnahmeansprüche im wesentlichen entsprechen, wird im folgenden – aus Gründen der Übersichtlichkeit – hauptsächlich auf das bürgerlich-rechtliche Vereinsrecht abgestellt.

[314] WM 1972, 1249 (Hervorhebungen durch die Verfasserin).

[315] So unter Verweis auf den Funktionszusammenhang zwischen Vertragsfreiheit und der Inhaltskontrolle von Allgemeinen Geschäftsbedingungen, *Nicklisch*, Inhaltskontrolle, S. 34 ff.

[316] Seit der zum 1.1.2002 in Kraft getretenen Schuldrechtsrechtreform sind die Regelungen des AGBG als §§ 305-310 in das BGB integriert.

[317] *Grunewald*, AcP 182 (1982), 181, 186 sowie *Nicklisch*, Inhaltskontrolle, S. 34 ff.

[318] Im folgenden sind mit Vereinigungen, Vereinen und Verbänden jeweils Organisationen in der Rechtsform des bürgerlich-rechtlichen Vereins gemeint; alle drei Begriffe werden synonyme Verwendung finden. Nur der Klarstellung halber sei angefügt, daß ein Verein im allgemeinen Sprachgebrauch einen eher kleinen und weniger bedeutenden Zusammenschluß

gen der Privatautonomie – ein wirksamer Vertragswettbewerb – häufig nicht mehr gegeben[319]. Es stehen sich nicht mehr gleich starke Vertragsparteien gegenüber. In vielen Fällen haben Vereine Funktionen übernommen und an Machtposition gewonnen, die nicht mehr dem Leitbild des BGB vom kleinen, unbedeutenden, vorwiegend geselligen Verein mit freiwilliger Mitgliedschaft entsprechen. Zahlreiche Verbände haben heute, z. B. durch die Vergabe von Subventionen, durch ihren Einfluß auf die Gesetzgebung oder durch die Eröffnung zahlreicher Zugangsmöglichkeiten, die an eine Mitgliedschaft gebunden sind, eine derart hohe Machtzunahme erfahren, daß viele Menschen darauf angewiesen sind, Mitglied zu werden. Der einzelne, der sich ernsthaft und mit Erfolg in einem derartigen durch Vereine und Verbände geprägten Lebensbereich betätigen will, hat keine andere Wahl, als sich der Verbandsgewalt der betreffenden Vereinigung zu unterwerfen[320].

In systematischer Hinsicht steht man bei dieser Frage nach der Drittwirkung von Grundrechten vor dem Problem einer Grundrechtskollision: Es stehen sich auf der Seite des Verbandes die aus Art. 9 Abs. 1 GG folgende Aufnahmefreiheit und auf der Seite des Bewerbers das ebenfalls aus Art. 9 Abs. 1 GG folgende Beitrittsrecht zu bestehenden Vereinigungen, subsidiär das aus Art. 2 Abs. 1 GG folgende Grundrecht auf freie Entfaltung der Persönlichkeit sowie daneben das Verbot der Diskriminierung aus Art. 3 GG gegenüber[321]. Handelt es sich im Einzelfall um einen Berufsverband, so können sich beide Seiten jeweils auf ihr aus Art. 12 Abs. 1 GG folgendes Recht auf freie Berufsausübung berufen[322].

Angesichts des Machtzuwachses von Vereinigungen auf der einen Seite und des damit verbundenen Machtverlustes[323] des einzelnen auf der anderen Seite, steht das Zivilrecht damit vor der Aufgabe, „der Freiheitsausdehnung und dem Freiheitsgebrauch [...] durch Organisationen ein Maß zu setzen, das die Verwirklichung und Ausnutzung der rechtlichen Freiheit durch die einen mit der

---

bezeichnet, wohingegen ein Verband für eine mitgliederstarke, einflußreiche und mächtige Organisation steht.

[319] *Bartodziej*, ZGR 1991, 517, 523, bezeichnet die zivilrechtlichen Aufnahmeansprüche deshalb auch als „Kompensationsmittel zur Stärkung der Stellung von Außenseitern".

[320] Zur Machtzunahme von Verbänden und Vereinen siehe *Nicklisch*, Inhaltskontrolle, S. 11 ff.

[321] Zu diesem „Spannungsverhältnis zweier Grundrechtspositionen" *Traub*, WRP 1985, 591, 594.

[322] Aus diesem Grund sieht *Nicklisch*, JZ 1976, 105, 107 ff., die Grundlage für einen Aufnahmeanspruch in einer Grundrechtskollision und in deren Bewertung. Grundsätzlich zur Frage der „Grundrechtsgeltung gegenüber Trägern gesellschaftlicher Macht" *Böckenförde*, in: Posser/Wassermann (Hrsg.), Freiheit in der sozialen Demokratie, S. 77 ff.; dazu auch *Bartodziej*, ZGR 1991, 517, 520 ff.

[323] Zu dem zwischen Machtbildung einerseits und Machtverlust andererseits bestehenden Abhängigkeitsverhältnis anschaulich *Böckenförde*, in: Posser/Wassermann (Hrsg.), Freiheit in der sozialen Demokratie, S. 70 ff.

Realisierungsmöglichkeit dieser Freiheit durch die anderen vereinbar hält“[324]. Nach der Rechtsprechung soll eine solche Balancierung der kollidierenden Freiheiten durch eine umfassende Abwägung sämtlicher in Betracht kommender Interessen erfolgen[325].

b) Die „Marktmacht“ eines Vereins als Anknüpfungspunkt

Nach ständiger Rechtsprechung des *BGH* kann eine Aufnahmepflicht nur dann bestehen, wenn „die Rechtsordnung mit Rücksicht auf schwerwiegende Interessen der betroffenen Kreise die Selbstbestimmung des Vereins über die Aufnahme von Mitgliedern nicht hinnehmen kann“[326]. Vielmehr verpflichtet „eine Monopol- oder sonstige Machtstellung zur Rücksichtnahme auf die Rechte anderer“; die Vereinsgewalt muß dort ihre Grenzen finden, „wo es sich darum handelt, Willkürakte oder offensichtlichen Ermessensmißbrauch zu verhindern“[327]. In Anlehnung an § 826 BGB und § 20 Abs. 6 GWB ist das „ganz allgemein der Fall, wenn der Verein oder Verband[328] im wirtschaftlichen oder sozialen Bereich eine überragende Machtstellung innehat und ein wesentliches oder grundlegendes Interesse am Erwerb der Mitgliedschaft besteht“[329]. Im Interesse des Vereins an seinem Bestand und an seiner Funktionsfähigkeit muß einschränkend noch hinzukommen, daß „die Ablehnung der Aufnahme [...] zu einer – im Verhältnis zu bereits aufgenommenen Mitgliedern – sachlich nicht gerechtfertigten ungleichen Behandlung und unbilligen Benachteiligung eines die Aufnahme beantragenden Bewerbers“ führt[330]. Es fallen also nicht nur die berechtigten Interessen des Bewerbers an der Mitgliedschaft und die Bedeutung der damit verbundenen und ihm vorenthaltenen Rechte und Vorteile ins Gewicht. „Es kommt vielmehr auch auf eine Bewertung und Berücksichtigung der Interessen des Vereins oder des Verbandes an, die im Einzelfall dahingehen können, den Bewerber von der Mitgliedschaft fernzuhalten. Nur wenn nach

---

[324] So *Böckenförde*, in: Posser/Wassermann (Hrsg.), Freiheit in der sozialen Demokratie, S. 75. Vgl. auch *Bartodziej*, ZGR 1991, 517, 523 f.: Die „Gewährung von Aufnahmeansprüchen [...] ist der resignative Ausdruck des Befundes, daß die Machtkonzentration beim jeweiligen Verein oder Verband bereits soweit fortgeschritten ist, daß die Etablierung von Konkurrenzorganisationen durch die abgewiesenen Außenseiter unmöglich oder doch ohne reelle Erfolgschance in absehbarer Zeit ist“.

[325] Siehe dazu die folgenden Zitate Fn. 326-331.

[326] So BGH NJW 1999, 1326.

[327] So bereits KG NJW 1962, 1917, 1918.

[328] Die Rechtsprechung ist zunächst nur von einem Aufnahmezwang für Monopolverbände ausgegangen. Sie hat diesen aber zunehmend auf jeden Verband „mit wirtschaftlicher oder sozialer Übermacht“ ausgedehnt. Es können nicht nur Wirtschafts- und Berufsverbände oder Groß-, Dach- und Spitzenverbände, sondern auch Freizeit- und Geselligkeitsvereine von einem Aufnahmezwang betroffen sein. Einen Überblick über die Entwicklung der Rechtsprechung geben *Nicklisch*, JZ 1976, 105 ff. u. *Bartodziej*, ZGR 1991, 517, 524 ff.

[329] BGH NJW 1999, 1326, unter Berufung auf BGHZ 93, 151, 152; BGHZ 102, 265, 276.

[330] So die weiteren Ausführungen des BGH NJW 1999, 1326.

einer Abwägung der beiderseitigen Interessen die Zurückweisung des Bewerbers unbillig erscheint, besteht in der Regel ein Anspruch auf Aufnahme“[331].

Folge der für den Einzelfall zu entscheidenden Festlegung eines Aufnahmezwangs ist eine Inhaltskontrolle derjenigen Satzungsbestimmungen, die die Voraussetzungen für den Erwerb der Mitgliedschaft normieren. Andernfalls, wenn der Verein jede in der Satzung festgeschriebene Bedingung für den Erwerb der Mitgliedschaft dem Bewerber entgegenhalten könnte, würde die Aufnahme wieder zur Disposition des Vereins stehen[332]. Entscheidendes Kriterium für die Satzungskontrolle soll der Zweck des jeweiligen Vereins sein, da jeder Verein auf die Verwirklichung seines individuell festgelegten Zwecks ausgericht ist. Einem Bewerber um die Mitgliedschaft in einem mit einem Aufnahmezwang belegten Verein können also nur solche Beschränkungen entgegengehalten werden, die vom Vereinszweck gefordert werden. So kann beispielsweise die Aufnahme weiterer Mitglieder mit der Begründung abgelehnt werden, der Verein habe bereits genug Mitglieder, wenn der betreffende Vereinszweck effektiv nur verfolgt werden kann, wenn die Mitgliederzahl gering ist[333].

Die Präzisierung des nur schwach konturierten Begriffs der „Markt- oder Sozialmacht“ als Anknüpfungspunkt für die Zuerkennung von Aufnahmeansprüchen ist im wesentlichen durch die Literatur versucht worden[334]. Durch den *BGH* selbst ist eine Klarstellung hinsichtlich des räumlichen Bezugspunktes der Beurteilung erfolgt: Für die Annahme einer „Markt- oder Sozialmächtigkeit“ eines Verbandes ist es danach nicht erforderlich, daß sich dessen Einflußbereich auf das ganze Bundesgebiet oder das Gebiet eines Landes erstreckt, überragende Machtstellungen von Vereinen sind vielmehr auch begrenzt auf einzelne Regionen vorstellbar[335].

Nach Nicklisch[336] muß der Verband eine derartige wirtschaftliche oder soziale Übermacht innehaben, daß eine der staatlichen Gewalt vergleichbare, die Freiheitsrechte des Bewerbers bedrohende grundsätzliche Überordnung der Vereinigung vorliegt.

---

[331] BGH NJW 1999, 1326, unter Verweis auf BGHZ 93, 151, 153 f. u. BGH NJW-RR 1986, 583 f.

[332] *Grunewald*, AcP 182 (1982), 181, 210.

[333] So *Grunewald*, AcP 182 (1982), 181, 211, mit dem Beispiel eines Tennisvereins mit nur wenigen Plätzen. Zu den Einwendungen, die einem Mitgliedschaftsbewerber entgegengehalten werden können, auch *Bartodziej*, ZGR 1991, 517, 538 ff.

[334] Zu den Schwierigkeiten, die diese Präzisierung in der Praxis bereitet, *Traub*, WRP 1985, 591, 595 ff.

[335] So BGH NJW 1999, 1326, 1327, für einen regional „mächtigen“ Sportverband; in dieser Richtung bereits BGH NJW-RR 1986, 583 f.

[336] *Nicklisch*, JZ 1976, 105, 109; krit. zu dessen These von der „staatsanalogen Mächtigkeit“ *Bartodziej*, ZGR 1991, 517, 520 f.

Häufig sind Typisierungsversuche nach dem Zweck des jeweiligen Vereins gemacht worden[337]. So soll das Gewicht der Vereinsautonomie in Abhängigkeit davon bewertet werden, ob es sich bei dem zu verpflichtenden Verein um eine Wirtschafts- oder Berufsvereinigung oder um eine nicht-wirtschaftliche, rein gesellige oder sozial mächtige Vereinigung handelt. Je näher der Verbandszweck der Förderung wettbewerblicher und wirtschaftlicher Interessen steht, um so stärker soll das Interesse des Bewerbers an der Mitgliedschaft wiegen und um so mehr soll die Verbandsautonomie zurücktreten. Solche Vereine sollen schon dann zur Aufnahme verpflichtet sein, wenn sie für die wirtschaftliche oder berufliche Existenz des einzelnen von „einiger Bedeutung" sind[338]. Je weiter der Verbandszweck dagegen von der Förderung wettbewerblicher und wirtschaftlicher Interessen entfernt ist, um so schwerer soll die Verbandsautonomie ins Gewicht fallen, und das Interesse des Bewerbers an der Mitgliedschaft soll zurückstehen.

Begründet wird diese unterschiedliche Bewertung mit dem Schutzzweck des § 20 Abs. 6 GWB, der Grundnorm zum Aufnahmezwang. Dieser diene allein der Erhaltung gleicher Wettbewerbsbedingungen. Im Bereich von nicht-wirtschaftlichen Vereinigungen sei die Gefahr von Wettbewerbsverzerrungen nicht im gleichen Maße gegeben[339]. Zudem sei die oben (I. 1. a)) aufgezeigte besondere Belastungssituation der aufoktroyierten Mitgliedschaft bei der zwangsweisen Aufnahme neuer Mitglieder in eine wirtschaftliche oder berufliche Vereinigung nicht im gleichen Maße gegeben, da der Zusammenschluß unter den Mitgliedern bei diesen Vereinigungen nicht vorwiegend von persönlichen Komponenten geprägt, sondern entsprechend dem Betätigungsfeld des Vereins ökonomisch ausgerichtet sei[340].

Eine andere Meinung[341] will weiter differenzieren. Die Frage nach der „Markt- oder Sozialmächtigkeit" einer Vereinigung soll sich nicht in einer starren Analyse des Vereinscharakters erschöpfen, sondern soll darüber hinaus unter Heranziehung kartellrechtlicher Kriterien, wie z. B. Marktanteil und Finanzkraft der Vereinigung oder Neugründungsschranken für Außenseiter, die konkrete Wettbewerbssituation der betreffenden Vereinigung erfassen. Je eher einem Verband die anonymere „Sammlungsfunktion" einer wirtschaftlichen oder beruflichen Vereinigung zukomme, je aussichtsloser parallele Neugründungsversuche seien und je größer die Wettbewerbsdominanz des Verbands sei, desto eher sei ein Verband mit einem Zwang zur Aufnahme neuer Mitglieder zu belegen.

---

[337] So *Traub*, WRP 1985, 591, 598 ff. (auch zum folgenden) und *Grunewald*, AcP 182 (1982), 181, 205 ff.; vgl. auch die Nachweise bei *Bartodziej*, ZGR 1991, 517, 530 ff.
[338] So *Grunewald*, AcP 182 (1982), 181, 209.
[339] *Traub*, WRP 1985, 591, 598 ff.
[340] *Grunewald*, AcP 182 (1982) 181, 209.
[341] *Bartodziej*, ZGR 1991, 517, 526 ff., 532 f.

Für die weitere Untersuchung bleibt festzuhalten, daß es sich bei einem durch das Zivilrecht vermittelten Aufnahmezwang für eine Vereinigung und der damit verbundenen Inhaltskontrolle der satzungsmäßigen Aufnahmebedingungen um einen Ausnahmefall handelt[342]. Diese Abweichung vom Regelfall der Aufnahmefreiheit wird nur unter zwei Voraussetzungen zugestanden: Es muß sich im Einzelfall eine beherrschende Stellung im Sinne einer „Markt- oder Sozialmacht" der Vereinigung nachweisen lassen, so daß der Mitgliedschaftsbewerber auf den Beitritt angewiesen ist. Und die Ablehnung der Aufnahme muß zu einer – im Verhältnis zu bereits aufgenommenen Mitgliedern – sachlich nicht gerechtfertigten ungleichen Behandlung und unbilligen Benachteiligung des Bewerbers führen.

3. Die Zulässigkeit der Aufnahmeregelung unter verfassungsrechtlichen Gesichtspunkten

a) Praxisnetze als Wettbewerbsinstrument – Der mit der Aufnahmeregelung verfolgte satzungsgeberische Zweck

Die bereits an anderer Stelle beispielhaft aufgeführten Netzprojekte zeigen, daß es – bedingt durch die unter Umständen stark differierenden Vernetzungsziele – erhebliche Unterschiede in der Größe und der fachlichen Zusammensetzung der Praxisnetze gibt[343]. Die Mitgliederzahlen bewegen sich zwischen einem guten Dutzend und sogar bis zu mehreren tausend Netzärzten.

Zum Teil werden Netze in Abhängigkeit von ihren konkreten Zielsetzungen und den jeweiligen regionalen Gegebenheiten ein Interesse daran haben, die Anzahl der teilnehmenden Ärzte zu beschränken und die Aufnahme beitrittswilliger Ärzte von der Erfüllung bestimmter Voraussetzungen abhängig zu machen. Im Hinblick auf ein optimales Funktionieren der netzinternen Kommunikation und Kooperation wird eine Beschränkung der Teilnehmerzahl auf eine überschaubare Größe und eine Verhinderung großer Teilnehmerfluktuationen nicht selten sogar geboten sein[344]. Als sinnvoll gilt unter diesem Aspekt wohl ein Zusammenschluß von 30 bis 50 Netzärzten[345]. Für die in ein Modellvorhaben oder in ein Projekt der integrierten Versorgung eingebundenen Praxisnetze ist kassenarztrechtlich durch die §§ 64 Abs. 2 S. 2, 140 d Abs. 1 Nr. 3 SGB V eine Festlegung von Mindest- und Höchstzahlen der teilnehmenden Vertragsärzte

---

[342] So ausdrücklich *Kirberger*, EWiR 1999, 1097, 1098 und *Roth*, in: Wolter/Riedel/Taupitz (Hrsg.), Einwirkungen der Grundrechte auf das Zivilrecht, öffentliche Recht und Strafrecht, S. 247, allgemein zu der gerichtlichen Inhaltskontrolle privatrechtlicher Verträge.

[343] Siehe oben Teil 1 § 2 A.

[344] Dazu, daß eine ständige Veränderung der ärztlichen Zusammensetzung eines Netzes im Hinblick auf das mit der Vernetzung verfolgte Versorgungsziel kontraproduktiv sein kann, *Ratajczak*, in: AG Medizinrecht im DAV (Hrsg.), Ärztliche Kooperationsformen, S. 130.

[345] So *Schulte-Sasse*, in: KBV Kontext Nr. 12, Juli 1999, S. 9.

sowie eine Regelung zu den Voraussetzungen und Bedingungen einer Teilnahme überdies ausdrücklich vorgesehen[346].

Hauptsächlich von seiten der Ärztekammern wird jedoch gefürchtet, daß sich eine solche grundsätzlich sinnvolle und anerkennenswerte Auswahl der teilnehmenden Ärzte durch das Netz zu einer regelrechten „Mitgliederselektion“ entwickelt, die zu erheblichen Wettbewerbsnachteilen der Netzaußenseiter in einer Region führen kann. Angesichts netzinterner Überweisungsabsprachen und der Möglichkeit, daß ein Praxisnetz aufgrund seiner Aktivitäten sowie seiner Größe und der daraus folgenden Patientenbindung eine erhebliche wirtschaftliche und soziale Machtstellung in seiner Region erlangt und damit gleichsam zu einem marktrelevanten Wettbewerbsinstrument wird, kann der Beitritt zu einem solchen Netz für den einzelnen regional niedergelassenen Arzt von fundamentaler Bedeutung werden. Die Furcht der Kammern und Kassenärztlichen Vereinigungen[347] vor einer Veränderung der unter den niedergelassenen Ärzten bestehenden Wettbewerbsbedingungen durch Praxisvernetzungen kommt nicht von ungefähr: Motiv des Sozialgesetzgebers bei der Einführung neuer Versorgungsformen in das System der Gesetzlichen Krankenversicherung war es, den Wettbewerb im Gesundheitswesen zwischen den Krankenkassen und zwischen den Leistungserbringern zu stärken[348]. Diese Zielsetzung wurde von manchen Kassen bereitwillig aufgenommen, um sich durch die Installierung von Praxisnetzen gegenüber ihren Konkurrenzkassen im Wettbewerb um den Patienten als Kunden zu profilieren[349]. Und auch in der Literatur wird den Praxisnetzen ein Potential zur Ausübung von Marktmacht und der Charakter eines Wettbewerbsinstruments zugesprochen[350]. So wertet *Meyer-Lutterloh*[351] die grundsätzliche Möglichkeit einer Mitgliederselektion als eindeutigen Vorteil der Netze gegen-

---

[346] Die zu § 140 d SGB V erfolgte Rahmenvereinbarung zwischen der Kassenärztlichen Bundesvereinigung und den Spitzenverbänden der Krankenkassen sieht in ihren §§ 6 u. 7 allgemeine und besondere Voraussetzungen zur Teilnahme von Vertragsärzten an der integrierten Versorgung vor. Die Rahmenvereinbarung ist im Internet abzurufen unter: http://www.kbv.de (Stand: 30.11.2000). Ausführlich dazu unten II. 3.

[347] Siehe dazu bereits oben Teil 1 § 1 C. u. Teil 2 § 1 C. I. 1.

[348] So der Gesetzesentwurf der SPD- und BÜNDNIS 90/DIE GRÜNEN-Fraktion zum GKV-Gesundheitsreformgesetz 2000 vom 23.6.1999 (BT-Drucks. 14/1245, S. 1); z. B. durch die Einführung der Möglichkeit von Direktverträgen zwischen Krankenkassen und Leistungserbringern. – Dazu, daß die Gesundheitsreformen des vergangenen Jahrzehnts im Hinblick auf die Implementierung von Wettbewerbsgesichtspunkten in die GKV jedoch nicht homogen waren, sondern zwischen staatlicher Reglementierung einerseits und zunehmender Marktöffnung andererseits hin- und herschwankten, *Wigge/Frehse*, MedR 2001, 549.

[349] Bezeichnend ist insoweit die von der Techniker Krankenkasse in einer Informationsbroschüre zu dem von ihr mit angebotenen „Praxisnetz Berliner Ärzte“ gemachte Werbeaussage „Den Ärzten ins Netz gegangen“.

[350] So *Westebbe*, Ärzte im Netz, S. 112.

[351] *Meyer-Lutterloh*, Praxiskooperationen und Praxisnetze, S. 64.

über den Kassenärztlichen Vereinigungen, und *Westebbe*[352] schreibt großen Netzen mit über 100 Teilnehmern eine „sinnvolle Marktmacht mit vielen wirtschaftlichen Chancen" und kleinen Netzen mit 20 bis 30 Teilnehmern eine „zu geringe wirtschaftliche Macht" zu.

Darüber darf jedoch nicht vergessen werden, daß es eine erhebliche Bandbreite von verschiedenen Praxisnetzen gibt. In Abhängigkeit von ihrem jeweiligen Vernetzungszweck gibt es durchaus Netze, die weit davon entfernt sind, ein Instrument des Wettbewerbs zu sein. Sie bewegen sich in einem eher kleinen Rahmen, verfügen über keinen fortgeschrittenen Organisationsgrad und tragen vielmehr Züge eines intern bleibenden fortentwickelten Qualitätszirkels oder einer Apparategemeinschaft[353].

Die Aufnahmeregelung des Kap. D II Nr. 11 Abs. 1 S. 2 MBO-Ä 2000 ist Ausdruck des Zwiespalts zwischen dem legitimen Interesse des Netzes an der Auswahl seiner Mitglieder einerseits und der sich negativ auf die Wettbewerbssituation der regional niedergelassenen Ärzte auswirkenden Mitgliederselektion andererseits. Es gilt zwar das allgemeine Postulat, daß die Teilnahme am Praxisverbund allen dazu bereiten Ärzten ermöglicht werden soll, die Möglichkeit zur Beschränkung des Zugangs wird jedoch sogleich, wenn auch unter Vorgabe bestimmter Bedingungen, eingeräumt. Vergleichbar mit der den zivilrechtlichen Aufnahmeansprüchen zugrundeliegenden Motivation ist auch hier die mit einer übermäßigen Marktzunahme eines Netzes einhergehende Schwächung der Position der Netzaußenseiter treibende Kraft für die standesrechtliche Aufnahmeregelung. Der vom Satzungsgeber verfolgte Zweck ist die Verhinderung des Mißbrauchs wirtschaftlicher Macht. Ein Verdrängungswettbewerb unter den niedergelassenen Ärzten soll verhindert und die ausgewogene Wettbewerbssituation zwischen den niedergelassenen Ärzten gewahrt bleiben[354]. Die Pflicht zur Transparenz hinsichtlich der netzeigenen Aufnahmekriterien soll eine berufsrechtliche Mißbrauchsaufsicht zur Kontrolle dieser wirtschaftlichen Macht ermöglichen,

---

[352] *Westebbe*, Ärzte im Netz, S. 102 u. S. 110; vgl. auch *Dalichau/Grüner*, SGB V, Band I, § 73 a, S. 3. Zu der Größe eines Praxisnetzes als Wettbewerbsparameter gegenüber Krankenkassen auch *Binder*, Effizienz durch Wettbewerb, S. 150 ff.

[353] So spricht auch *Rieger*, in: Rieger (Hrsg.), Lexikon des Arztrechts, Stichwort „Praxisnetz" (Nr. 4305), Rdnr. 3, davon, daß Kap. D II Nr. 11 Abs. 1 S. 1 MBO-Ä 2000 auch „Mini-Netze" gestatte, die z. B. nur auf die Zusammenarbeit verschiedener Fachgebiete bei der Durchführung bestimmter diagnostischer Maßnahmen (z. B. Röntgen oder MRT) oder die Versorgung chronisch Kranker (z. B. Diabetiker) beschränkt sind; zu letzteren vgl. die Projektübersicht in *Senator für Arbeit, Frauen, Gesundheit, Jugend und Soziales der Freien Hansestadt Bremen*, Versorgungsstrukturen für Diabetiker in Bremen, S. 56 ff.

[354] So *Kiesecker* in ihrem Vortrag „Ärztliche Kooperationen – Beurteilung aus berufsrechtlicher Sicht" auf dem 3. Gesundheitsforum der Bezirksärztekammer Südwürttemberg in Reutlingen am 8. April 2000; vgl. auch *Schirmer*, VSSR 1998, 279, 295: es „soll mittelbar eine Kontrolle durch die Ärztekammer über die innere Wettbewerbsordnung der vernetzten Praxen ausgeübt werden können".

ähnlich dem, was das Kartellrecht (GWB) für den Bereich des Wirtschaftlichen zu leisten versucht.

b) Der Prüfungsmaßstab – Der konkurrenzrechtliche Konflikt zwischen Art. 9 Abs. 1 GG und Art. 12 Abs. 1 GG

Besonders problematisch ist der Konflikt der Aufnahmeregelung mit Art. 9 Abs. 1 GG[355]. Geht es bei den „üblichen" berufsrechtlichen Regelungen regelmäßig um einen wegen des in Art. 12 Abs. 1 S. 2 GG enthaltenen Gesetzesvorbehalts verhältnismäßig einfach zu rechtfertigenden Eingriff in die Berufsausübungsfreiheit[356], so steht man bei Art. 9 Abs. 1 GG vor der Schwierigkeit, daß die Vereinigungsfreiheit – abgesehen von der hier nicht einschlägigen Schrankenregelung des Art. 9 Abs. 2 GG[357] – schrankenlos gewährt wird. Eingriffsrechtfertigungen können sich hier nur aus verfassungsimmanenten Schranken und somit nur aus anderen Verfassungswerten und kollidierenden Grundrechten ergeben[358].

Diese Unterschiede in der Schrankenregelung rufen in der hier anzutreffenden Konstellation, in der die Vereinigungsfreiheit Mittel zur kollektiven Verfolgung eines grundrechtlich anderweitig geschützten Freiheitszwecks ist, erhebliche konkurrenz- und schrankenrechtliche Probleme hervor. Die Vereinigungsfreiheit fungiert hier wegen ihrer Zweckoffenheit als „Ausübungsrecht" im Verhältnis zur Berufsausübungsfreiheit als zweckbestimmendem „Inhaltsrecht"[359]; das Kollektivrecht des Art. 9 Abs. 1 GG besitzt dann (lediglich) akzessorischen Charakter[360]. Bei Annahme einer Gesetzkonkurrenz zwischen Art. 9 Abs. 1 GG und Art. 12 Abs. 1 GG sähe man sich mit der – wegen Art. 3 Abs. 1 GG – unhaltbaren Situation konfrontiert, daß die kollektive Ausübung eines Freiheitsrechts wesentlich weiter gehen würde als die individuale Ausübung desselben Freiheitsrechts. Berufliche Betätigungen durch Handels- oder Kapitalgesellschaften stünden so unter einem grundrechtlich völlig anders gearteten Schutz

---

[355] Dazu oben 1. b) bb).

[356] Vgl. *Breuer*, in: Isensee/Kirchhof (Hrsg.), Hb. des Staatsrechts, Band VI, § 148, Rdnr. 20: „Auf der Stufe der reinen Berufsausübungsregelung verfügt der Gesetzgeber über einen wirtschafts- und sozialpolitischen Gestaltungsspielraum von beträchtlicher Weite". Dazu, daß die Vereinigungsfreiheit „ungleich weniger staatliche Dirigismen erlaubt bzw. staatlichen Eingriffen gegenüber ungleich sensibler reagiert, als dies [...] die mit einfachem Gesetzesvorbehalt ausgestatteten Grundrechte aus Art. 12 und Art. 14 tun", *Scholz*, in: Maunz/Dürig, GG, Band I, Art. 9 Rdnr. 153.

[357] Dazu, daß es sich bei Art. 9 Abs. 2 GG nicht um eine Schutzbereichsbegrenzung, sondern um eine Eingriffsrechtfertigung handelt, *Murswiek*, JuS 1992, 116, 121.

[358] BVerfGE 28, 243, 261; zu weiteren Nachweisen aus Rechtsprechung und Literatur vgl. *Bauer*, in: Dreier (Hrsg.), GG, Band I, Art. 9 Rdnrn. 54 ff. sowie *Sachs*, MDR 1996, 1197, 1201 f.

[359] Str., so *Scholz*, in: Maunz/Dürig, GG, Band I, Art. 9 Rdnr. 111.

[360] *Merten*, in: Isensee/Kirchhof (Hrsg.), Hb. des Staatsrechts, Band VI, § 144, Rdnr. 30; dazu krit. *Sachs*, MDR 1996, 1197, 1200 f.

als dies für die entsprechenden Betätigungen des Einzelunternehmers gelten würde. Die Ausübung eines Grundrechts in kollektiver Form würde damit deutlich privilegiert. Aus diesem Grund urteilt auch das *BVerfG*: Das Freiheitsrecht des Art. 9 Abs. 1 GG „kann einem gemeinsam verfolgten Zweck keinen weitergehenden Schutz vermitteln als einem individuell verfolgten [...]; es kann [...] deshalb nicht weiterreichen als Art. 12 Abs. 1 GG“[361].

Dieses „dogmatische Dilemma“[362] versucht *Scholz*[363] durch Annahme einer Idealkonkurrenz zwischen dem zweckoffenen Freiheitsrecht des Art. 9 Abs. 1 GG und dem damit verbundenen zweckbestimmenden Grundrecht, hier Art. 12 Abs. 1 GG, und vor allem durch eine Übertragung der Schrankenregelung der Berufsfreiheit auf die schrankenlos gewährte Vereinigungsfreiheit zu lösen. In schrankenrechtlicher Hinsicht sollen sowohl die Schrankenvorbehalte des Art. 9 Abs. 1 GG als auch diejenigen des Art. 12 Abs. 1 S. 2 GG maßgeblich sein. Entsprechend der verfassungsgerichtlichen Rechtsprechung, nach der dem Grundrecht des Art. 9 Abs. 1 GG „zwar ein ausdrücklicher Gesetzesvorbehalt“ fehle, ihm aber „eine ‚immanente Schranke‘ inne“ sei[364] und der Gesetzgeber das Recht habe, „der Betätigung des Vereins Schranken zu ziehen, die zum Schutz anderer Rechtsgüter von der Sache her geboten sind“[365], sollen die aus dem Gesetzesvorbehalt des Art. 12 Abs. 1 S. 2 GG fließenden Freiheitsbeschränkungen auf die Vereinigungsfreiheit, sofern diese im Dienste beruflicher Zwecke steht, übertragbar sein. Da es sich bei den herangezogenen Beschränkungen aus der Sicht der Vereinigungsfreiheit um externe Grundrechtsschranken handelt, sollen diese im Hinblick auf die eigenständige Bedeutung der Vereinigungsfreiheit auch dieser gegenüber verhältnismäßig sein müssen und deren Freiheitsgarantie in höchstmöglichem Maß erhalten[366].

Andere[367] kritisieren die Charakterisierung des Art. 9 Abs. 1 GG als bloßes „Ausübungs-, Komplementär- oder Hilfsrecht“ und wollen die konkurrenz-

---

[361] BVerfGE 54, 237, 251; vgl. auch BVerfGE 50, 290, 353; 30, 227, 243.
[362] So *Merten*, in: Isensee/Kirchhof (Hrsg.), Hb. des Staatsrechts, Band VI, § 144, Rdnr. 50.
[363] *Scholz*, in: Maunz/Dürig, GG, Band I, Art. 9 Rdnrn. 111, 148 ff.; für eine Idealkonkurrenz zwischen Art. 12 Abs. 1 und Art. 9 Abs. 1 GG auch *Breuer*, in: Isensee/Kirchhof (Hrsg.), Hb. des Staatsrechts, Band VI, § 147, Rdnr. 99.
[364] BVerfGE 39, 334, 367.
[365] BVerfGE 30, 227, 243. Verwiesen wird auch auf die allgemeinen Begrenzungsgrundsätze des BVerfG zu Art. 2 Abs. 1 GG: „Der Einzelne muß sich diejenigen Schranken seiner Handlungsfreiheit gefallen lassen, die der Gesetzgeber zur Pflege und Förderung des sozialen Zusammenlebens in den Grenzen des bei dem gegebenen Sachverhalt allgemein Zumutbaren zieht, vorausgesetzt, daß dabei die Eigenständigkeit der Person gewahrt bleibt“.; vgl. BVerfGE 39, 334, 367; 4, 7, 16; 33, 303, 334.
[366] So *Scholz*, in: Maunz/Dürig, GG, Band I, Art. 9 Rdnr. 149 a. E.
[367] Insbesondere *Kemper*, in: v. Mangoldt/Klein/Starck, GG, Band I, Art. 9 Rdnrn. 16 ff., 23 ff., 33, 110 ff., v. a. 113 ff. u. *Papier*, VVDStRL 35 (1977), 55, 88; für eine differenzierende Auslegung des Freiheitstatbestandes auch *Merten*, in: Isensee/Kirchhof (Hrsg.), Hb. des

rechtliche Problematik, daß der Schutz gemeinschaftlicher Zweckverfolgung nicht über den Schutz individualer Freiheitsausübung hinausgehen könne, durch eine Begrenzung des Schutzbereichs der Vereinigungsfreiheit einer Lösung zuführen oder sie zumindest zu einer Ausnahme werden lassen.

Kritik wird im wesentlichen an zwei Punkten laut: Zum einen sei es „dogmatisch unbefriedigend“, die vereinsmäßige Zweckverfolgung zunächst in den Schutzbereich des Art. 9 Abs. 1 GG mit einzubeziehen, um sie dann in einem zweiten Schritt doch nur nach Maßgabe der sonstigen Grundrechte zu schützen. Zum anderen sei es nicht mit der allgemeinen Grundrechtssystematik vereinbar, die Schranken anderer Grundrechte auf den schrankenlos gewährten Art. 9 Abs. 1 GG zu übertragen[368].

Nach dieser Ansicht ist im Hinblick auf das in Art. 9 Abs. 1 GG genannte *Bilden* einer Vereinigung auf Tatbestandsebene die auf rein organisatorische Belange gerichtete „interne“ vereinigungsmäßige Betätigung von der nach außen gerichteten „externen“ Betätigung zu unterscheiden[369]. „Extern“ soll eine Betätigung dann sein, wenn sie nicht mehr Teil der Vereinigungs*bildung* ist. Alles, was zur Vereinigungs*bildung* gehört, soll zu den Interna der Vereinigung zählen. Nur diese sollen dem Schutz des Art. 9 Abs. 1 GG und den auf den Vereinigungs*bestand* bezogenen Schrankenregelungen der Vereinigungsfreiheit unterfallen[370]. Die „externen“ Betätigungen sollen hingegen den Grundrechtsschranken der sonstigen Freiheitsgewährleistungen zugeordnet werden.

Auch diese Auffassung kann den konkurrenzrechtlichen Konflikt zwischen der *Bildungs*freiheit des Art. 9 Abs. 1 GG und der grundrechtlich anderweitig geschützten *Betätigungs*freiheit nicht völlig vermeiden. Insbesondere für den Fall einer beruflichen Vereinigung, wo die Vereinigungsfreiheit mit der Berufsfreiheit aufeinander trifft, stellt sich auch bei restriktiver Auslegung des Schutzbereichs des Art. 9 Abs. 1 GG regelmäßig das Konkurrenzproblem. Auch hier lautet das Ergebnis, daß der den Schutzbereich des Art. 9 Abs. 1 GG und den des Art. 12 Abs. 1 GG betreffende Eingriff letztlich an der Schrankenregelung des Art. 12 Abs. 1 S. 2 GG zu messen ist. Erreicht wird dieser Ziel nur auf einem anderen systematischen Weg: Art. 9 Abs. 1 GG soll wegen Spezialität des

---

Staatsrechts, Band VI, § 144, Rdnr. 50 und wohl auch *Pieroth/Schlink*, Grundrechte, Rdnr. 732.

[368] So *Kemper*, in: v. Mangoldt/Klein/Starck, GG, Band I, Art. 9, Rdnr. 33.

[369] Die Anknüpfungspunkte für eine solche differenzierende Betrachtungsweise sind im einzelnen umstritten. Genannt werden der Vereinigungszweck, die Außenwirkung der Vereinsbetätigung, die Frage, ob eine Vereinigung „wie jedermann“ im Rechtsverkehr tätig werde, der Kernbereich des Vereinsbestandes und der Vereinstätigkeit sowie die Effektivität des Grundrechtsschutzes. Ausführlich zu den einzelnen Bezugspunkten *Kemper*, in: v. Mangoldt/Klein/Starck, GG, Band I, Art. 9 Rdnrn. 23 ff.

[370] Kritisiert wird dieser Vorschlag zur Reduktion der externen Vereinsbetätigungsfreiheit auf den für die Betätigung als solche geltenden Grundrechtsschutz von *Sachs*, MDR 1996, 1197, 1200, 1201.

Art. 12 Abs. 1 GG zurücktreten[371]. Die Vereinigungsfreiheit als bloße Garantie der freien Selbstorganisation soll immer dann hinter die anderen Grundrechte zurücktreten, wenn deren Schutzbereiche das einschlägige Verhalten allgemein, einschließlich seiner Organisationsform, umfassen[372]. Gleichwohl soll die Vereinigungsfreiheit nicht gänzlich jede Wirkung verlieren; im Rahmen der vorzunehmenden Verhältnismäßigkeitsprüfung bleibt sie der Maßstab für den Regelungszweck des Gesetzgebers[373].

Bezogen auf die vorliegend zu untersuchende Zulässigkeit der in der MBO-Ä 2000 statuierten Aufnahmeregelung kann die dargestellte Konkurrenzlösung nur insoweit zur Anwendung kommen, als sich für die Aufnahme in eine berufliche Vereinigung ein Pendant im Rahmen individualer Berufsausübung finden läßt. Andernfalls würde der ihr zugrundeliegenden Argumentation, der Schutz gemeinschaftlicher Zweckverfolgung könne nicht über den Schutz individualer Freiheitsausübung hinausgehen, die Basis fehlen.

Fragen der Aufnahme neuer Mitglieder in eine Vereinigung sind zwar typischerweise kollektivbezogen, da es bei individualer Berufsausübung denknotwendig keine Aufnahme geben kann. Ein individualbezogenes Korrelat findet das Recht der Aufnahme jedoch in der durch die Privatautonomie geschützten Abschlußfreiheit als der Freiheit, sich seinen Vertragspartner aussuchen zu können. Dies ergibt sich aus der Überlegung, daß die Pflicht zur Aufnahme eines neuen Mitglieds in eine bestehende Vereinigung eine Pflicht zum Vertragsschluß und damit einen Anwendungsfall des Kontrahierungszwangs darstellt[374]. Eine Aufnahmeregelung läßt sich daher durchaus mit der im allgemeinen Vertragsrecht kasuistisch vorgeschriebenen Auswahl eines Vertragspartners vergleichen: In beiden Fällen geht es – wenn auch in unterschiedlicher Intensität[375] – um die Aufoktroyierung eines Vertragspartners. Deutlich wird die Vergleichbarkeit bei einem Blick auf die Situation der Vereinigungsaußenseiter oder Nachfrager, wenn diese auf bestimmte, nur durch die Vereinigung oder den Einzelunternehmer erbringbare Leistungen angewiesen sind: In beiden Fällen kann es für den einzelnen von erheblicher, wenn nicht sogar existentieller Bedeutung sein, ob er zum Mitglied oder Vertragspartner gemacht wird oder nicht[376].

---

[371] Allgemein zur grundrechtlichen Spezialität *Pieroth/Schlink*, Grundrechte, Rdnrn. 339 ff.

[372] So *Kemper*, in: v. Mangoldt/Klein/Starck, GG, Band I, Art. 9 Rdnrn. 113 ff., im Hinblick auf berufsrechtliche Sozietätsverbote und Rechtsformvorgaben.

[373] *Kemper*, in: v. Mangoldt/Klein/Starck, GG, Band I, Art. 9 Rdnr. 115.

[374] Zum Aufnahmezwang als „Kontrahierungszwang im Vereinsrecht" ausführlich *Grunewald*, AcP 182 (1982), 181, 184 f., 198 ff.

[375] Dazu bereits oben 1. a).

[376] Zu dem Beispiel des zum Vertragsschluß gezwungenen einzigen Metzgers eines entlegenen Ortes *Grunewald*, AcP 182 (1982), 181, 195. Zu dem Beispiel eines Fußballvereins, der ein „wesentliches und grundlegendes Interesse" am Erwerb der Mitgliedschaft in einem

Da es bei Fragen der Mitgliederaufnahme um organisatorische Belange geht, die den Bestand einer Vereinigung betreffen – die Existenz der Vereinigung als Organisation hängt ja gerade vom Zusammenwirken ihrer Mitglieder ab –, ist durch eine hoheitliche Aufnahmeregelung die „interne“ Vereinigungsbetätigung betroffen. Damit wäre an sich Art. 9 Abs. 1 GG als das speziellere Freiheitsrecht anzusehen, da Fragen der Aufnahme neuer Mitglieder in eine Vereinigung deren internes Organisationsgefüge unabhängig von dem jeweilig konkret verfolgten – durch ein anderes Grundrecht geschützten – Vereinigungszweck tangieren. Aufnahmevorgaben treffen jede Vereinigung in ihrem existentiellen Gefüge, gleich, ob es sich dabei um einen Sportverein, einen Kunstverein, einen Adelsverein oder einen Anwaltsverein[377] handelt.

Im Bereich beruflicher Kooperationen trifft man jedoch auf die Besonderheit, daß Art. 12 Abs. 1 GG eine umfassende Gewährleistung der freien Berufsausübung enthält; geschützt ist nicht nur die berufliche Tätigkeit des einzelnen, sondern es wird als deren wesentliches Element zugleich die Berufsausübung in assoziierter Form geschützt[378]. Dazu gehört auch und gerade die autonome Entscheidung über die Person des Kooperationspartners, denn einen umfassenden Schutz gemeinschaftlicher Berufsausübung kann es ohne den Schutz dieser „internen“ Organisationsfreiheit nicht geben.

Dementsprechend ist im Hinblick auf die assoziierte Berufsausübung Art. 12 Abs. 1 GG gegenüber Art. 9 Abs. 1 GG das speziellere Grundrecht[379]. Primärer verfassungsrechtlicher Maßstab für die Zulässigkeit der hier in Frage stehenden Aufnahmeregelung des Kap. D II Nr. 11 Abs. 1 S. 2 MBO-Ä 2000 ist demzufolge die mit einem Gesetzesvorbehalt ausgestattete Freiheitsgewährleistung des Art. 12 Abs. 1 GG.

c) Wettbewerbsgesichtspunkte als zulässiger Eingriffszweck?

aa) Die begrenzte Satzungsautonomie der Ärztekammern

Eingriffsrechtfertigungen in die Berufsfreiheit beurteilen sich seit dem Apothekenurteil des *Bundesverfassungsgerichts*[380] nach der dort entwickelten Stufentheorie. Diese unterscheidet die Stufen der Regelung der Berufsausübung, subjektiver Berufszulassungsvoraussetzungen und objektiver Berufszulassungsschranken als drei Stufen zunehmender Eingriffsintensität und besteht

---

eine regionale Monopolstellung bei der Belegung von Hallenplätzen und der Vergabe von Trainingsstunden innehabenden Sportverband hat, BGH NJW 1999, 1326.

[377] Zum (verneinten) Aufnahmeanspruch eines Rechtsanwalts in den „Hamburger Anwaltsverein“ BGH NJW 1980, 186 ff.

[378] So *Sachs*, MDR 1996, 1197, 1198; vgl. auch die Nachweise oben Fn. 284.

[379] So im Ergebnis auch *Kemper*, in: v. Mangoldt/Klein/Starck, GG, Band I, Art. 9 Rdnr. 113 m. w. Nachw. dort in Fn. 392. Bezeichnenderweise spielt denn auch in der Rechtsprechung des Bundesverfassungsgerichts Art. 9 Abs. 1 GG bei beruflichen Assoziationen praktisch keine Rolle, siehe nur BVerfGE 54, 237, 251, zur Beurteilung eines Sozietätsverbots.

[380] BVerfGE 7, 377, 405 ff.

in einer konkretisierten modellhaften Anwendung des Grundsatzes der Verhältnismäßigkeit. Eine Regelung durch den Gesetzgeber ist inhaltlich „um so freier, je mehr sie reine Ausübungsregelung ist“ und umgekehrt „um so enger begrenzt, je mehr sie auch die Berufswahl berührt“[381]. Der Gesetzgeber steht danach unter um so höheren Rechtfertigungsanforderungen, je intensiver er eingreift oder einzugreifen ermächtigt[382]. In materieller Hinsicht ergibt sich daraus im wesentlichen eine Güterabwägung. Eine Regelung der Berufsausübung ist nach der Rechtsprechung des *Bundesverfassungsgerichts* dann zulässig, wenn vernünftige Erwägungen des Gemeinwohls dies zweckmäßig erscheinen lassen. Die Zweckmäßigkeitsprüfung obliegt dabei dem Gesetzgeber. Vorausgesetzt wird, daß der Eingriff in die Berufsausübungsfreiheit der Verfolgung eines legitimen Zwecks dient und zur Erreichung dieses Zwecks geeignet ist. Die Freiheit der Berufswahl darf hingegen nur soweit eingeschränkt werden, wie dies der Schutz besonders wichtiger Gemeinschaftsgüter zwingend erfordert. Berufswahlregelungen, die objektiv wirkende Beschränkungen enthalten, mithin auf der eingriffsintensivsten Stufe erfolgen, können dagegen nur ausnahmsweise zur Abwehr nachweisbarer oder höchstwahrscheinlich schwerer Gefahren für überragend wichtige Gemeinschaftsgüter statuiert werden[383].

Die Stufentheorie gibt nicht nur den materiellen, sondern auch den formellen Rahmen einer Einschränkung der Berufsfreiheit vor. Seit dem Facharztbeschluß des *Bundesverfassungsgerichts* ist anerkannt, daß die Kompetenz der Kammern zum Erlaß von Berufsordnungsrecht auf Eingriffe auf der schwächsten Stufe, derjenigen der Berufsausübung, beschränkt ist. Zudem gilt für sie in besonderem Maße der „Maßstab des Wesentlichen“: „Je empfindlicher die freie berufliche Betätigung beeinträchtigt, je intensiver eine auf Dauer angelegte Lebensentscheidung des Einzelnen und das Interesse der Allgemeinheit an der Art und Weise der Tätigkeit berührt werden“, desto deutlicher ist dies gesetzlich vorzuzeichnen[384].

Die Kammergesetze der Länder ermächtigen die Ärztekammern generalklauselartig zum Erlaß von Berufsordnungsvorschriften, die die gemeinsame Ausübung der Berufstätigkeit regeln[385]; die inhaltliche Reichweite der Normierungskompetenz der Kammern im Hinblick auf die von der Stufentheorie geforderte Gemeinwohlorientierung des Eingriffszwecks ist damit naturgemäß

[381] BVerfGE 7, 377, 403.

[382] Trotz späterer Modifizierungen und kritischer Einwände ist die Stufenlehre nach wie vor h. M.; kritisiert wird im wesentlichen die mangelnde Konturierung der jeweiligen Abwägungskriterien, dazu und zu den Stufen im einzelnen ausführlich *Breuer*, in: Isensee/Kirchhof (Hrsg.), Hb. des Staatsrechts, Band VI, § 148, Rdnrn. 6 ff. sowie *Pieroth/Schlink*, Grundrechte, Rdnrn. 855 ff.

[383] BVerfGE 7, 377, 405 ff.

[384] BVerfG NJW 1972, 1504, 1506 f. = BVerfGE 33, 125 ff. Siehe dazu bereits oben Teil 2, § 1 B. II. – Allgemein zur sog. Wesentlichkeitstheorie siehe BVerfGE 49, 89, 126 = NJW 1979, 359, 360 m. w. Nachw.

[385] Siehe nur § 31 Abs. 2 Nr. 7 KG-BW.

nicht eindeutig umrissen. Allgemein wird immer wieder gefordert, das durch die Kammern zu setzende Standesrecht habe sich von berufsständischem Regelungsdenken loszulösen und streng an der ihm innewohnenden Funktionalität – der besseren Erfüllung der Berufspflichten – auszurichten[386]. Maßstab einer Beschränkung der Berufsfreiheit könne allein das Ziel einer funktionsgerechten Erfüllung gemeinschaftswichtiger Aufgaben, z. B. die Wirtschaftlichkeit des Gesundheitssystems, und die Sicherung einer optimalen Versorgung der Bevölkerung mit ärztlichen Leistungen sein; bloße Standesauffassungen reichten nicht aus, um eine Beschränkung der Berufsfreiheit zu legitimieren[387]. Begründet wird dies mit der verfassungsgerichtlichen Rechtsprechung, nach der die den Kammern zugestandene Satzungsautonomie dazu dient, „den entsprechenden Gruppen die Regelung solcher Angelegenheit, die *sie selbst betreffen* und die *sie in überschaubaren Bereichen* am sachkundigsten beurteilen können, eigenverantwortlich zu überlassen“[388], und der eigentliche Bereich des berufsordnenden Kammerrechts darin besteht, *Interna* des Berufsstandes zu regeln. Der Gesetzgeber darf nach dem *BVerfG* „einen Verband am ehesten zur Ordnung berufs*interner* Angelegenheiten ermächtigen, die das *Verhältnis der Verbandsmitglieder untereinander* betreffen“[389] und umgekehrt, ist das Eingreifen des Gesetzgebers erforderlich, wenn es „sich nicht um eine *bloße berufsinterne* Angelegenheit (handelt), die *ausschließlich* das *Verhältnis der Kammermitglieder untereinander* betrifft“[390]. Berufsständischer Konkurrenzschutz als solcher soll deshalb nach allgemeiner Meinung kein Schutzgut sein, das öffentlich-rechtliche Eingriffe in die Berufsfreiheit rechtfertigen kann[391]. Standesrecht als „Instrument der Marktregulierung“ innerhalb eines Berufsstandes im Sinne einer Konservierung einmal bestehender Wettbewerbspositionen unter den Berufsangehörigen, um jeglichen oder mindestens vielfältige Möglichkeiten von Wettbewerb untereinander auszuschließen, wird als unzulässig angesehen[392]. Kammerseitiges Berufsordnungsrecht soll nicht zulässig sein, soweit die Ordnung des Berufs es unabdingbar verlangt, sondern nur, soweit die von den Berufsangehörigen im einzelnen zu erfüllenden Aufgaben es unabdingbar erfordern; entscheidendes Kriterium soll damit sein, ob eine spezifisch gemein-

[386] So ausdrücklich *Leisner*, Berufsordnungsrecht und Werbeverbote, S. 46 f.; ihm folgend *Kleine-Cosack*, Berufsständische Autonomie, S. 25 f. und *Ring*, Wettbewerbsrecht der freien Berufe, S. 394, in Bezug auf standesrechtliche Werbeverbote.
[387] So BVerfGE 76, 171 ff. zum anwaltlichen Standesrecht. So auch BGH GRUR 1989, 827, 827 und jüngst BGH GRUR 1997, 136 (Ls. 2).
[388] So BVerfG NJW 1972, 1504, 1506 (Hervorhebungen durch die Verfasserin).
[389] So BVerfGE 33, 171, 183 (Hervorhebungen durch die Verfasserin).
[390] BVerfGE 38, 373, 381 ff. – Rezeptsammelstellen (Hervorhebungen durch die Verfasserin).
[391] *Starck*, NJW 1972, 1489, 1493; *Leisner*, Berufsordnungsrecht und Werbeverbote, S. 46 f.; *Ring*, Wettbewerbsrecht der freien Berufe, S. 223, S. 394, S. 483 f.; *Brandstetter*, Berufsordnungen, S. 160 ff.; *Jarass*, NJW 1982, 1833, 1837; VGH Mannheim NJW 1975, 2264, 2265; zuletzt BVerfG, Beschl. v. 9.3.2000, MedR 2000, 479, 480.
[392] So *Ring*, Wettbewerbsrecht der freien Berufe, S. 55.

schaftswichtige Aufgabe des Berufs eine bestimmte Regelung verlangt[393]. Der Kern der Normierungskompetenz der Kammer soll insoweit nicht in wirtschaftsregelnder Aufsicht, sondern im Disziplinarrecht, im Rahmen dessen, was wirtschaftsordnende Gesetze an Verhaltenspflichten begründen, liegen[394].

bb) Die Zweckdualität der Aufnahmeregelung

Ausgangspunkt für die standesrechtliche Statuierung einer Aufnahmeregelung für einen Praxisverbund ist wie in den vergleichbaren Fällen der durch das Zivilrecht vermittelten Aufnahmeansprüche[395] die Person des einzelnen Netz- oder Vereinigungsaußenseiters. Dessen Wettbewerbsposition gegenüber einem (über)mächtigen Netz soll verbessert werden, indem dem Praxisnetz die Ausübung eines diskriminierenden Verdrängungswettbewerbs zum Nachteil regional konkurrierender Ärzte untersagt wird. Auf den ersten Blick trägt die Aufnahmeregelung einen rein konkurrenzschützenden Charakter und wäre damit nicht unter gemeinwohlorientierten Aspekten zu rechtfertigen.

Die häufig formelhaft geforderte Abkehr von berufsständisch „zünftigem“[396] Konkurrenzdenken – so notwendig sie im generellen auch sein mag – hilft in vielen Fällen jedoch nicht weiter. Zum einen verdeutlicht sie in nicht ausreichendem Maße die Reichweite des abzulehnenden berufsständischen Konkurrenzschutzes und bereitet deshalb im Einzelfall erhebliche Abgrenzungsschwierigkeiten. Denn die ärztliche Berufsordnung weist sehr viele Normen mit zumindest auch wettbewerblichem Bezug auf[397]. – Sollen all diese Vorschriften mangels alleiniger Orientierung am Gemeinwohl wegen Verstoßes gegen Art. 12 Abs. 1 GG verfassungswidrig sein?

An erster Stelle ist hierbei ganz gewiß an das traditionelle Verbot ärztlicher Werbung (§ 27 i.V.m. Kap. D I Nrn. 1-5 MBO-Ä 2000)[398] und an die in den Berufsordnungen enthaltenen Konkurrenzschutzklauseln (§ 29 Abs. 2 S. 2 MBO-Ä 2000)[399] zu denken. Wettbewerbliche Bezüge tragen darüber hinaus aber auch die Kollegialitätsvorschriften. So ordnet § 20 Abs. 1 MBO-Ä 2000 zu Praxisvertretungen an: „Niedergelassene Ärzte sollen grundsätzlich zur gegen-

---

393 So *Brandstetter*, Berufsordnungen, S. 160 m. zahlr. Nachw.

394 So *Leisner*, Berufsordnungsrecht und Werbeverbote, S. 47.

395 Siehe oben I. 2.

396 So *Ring*, Wettbewerbsrecht der freien Berufe, S. 55.

397 Einen Überblick über wettbewerbsrelevante Normen des ärztlichen Berufsrechts geben *Cramer/Henkel*, MedR 2000, 565, 566 ff. Dazu auch *Taupitz*, Standesordnungen, S. 847 ff.

398 Zum Konkurrenzschutzgedanken des Werbeverbots *Ring*, Wettbewerbsrecht der freien Berufe, S. 393, S. 192 ff. Zu dessen Verfassungsmäßigkeit *Piper*, in: Festschrift für H. E. Brandner, S. 454 ff.

399 Zur Verfassungswidrigkeit des früher durch § 14 Abs. 4 BO-BW (v. 4.6.1958) ausgesprochenen Gebots an einen Praxisvertreter, sich innerhalb eines bestimmten Zeitraumes im Bereich der von ihm vertretenen Praxis nur mit Einwilligung des Praxisinhabers niederzulassen, VGH Mannheim NJW 1975, 2264 f. Zur verfassungsrechtlichen Beurteilung einer ähnlichen, an einen Weiterbildungsassistenten gerichteten Norm, BGH GRUR 1997, 136 ff.

seitigen Vertretung bereit sein; *übernommene Patienten sind nach Beendigung der Vertretung zurückzuüberweisen*“[400]. Und § 29 Abs. 2 S. 1 MBO-Ä 2000 bestimmt zur kollegialen Zusammenarbeit: „Es ist *berufsunwürdig*, einen Kollegen aus seiner Behandlungstätigkeit oder *als Mitbewerber um eine berufliche Tätigkeit durch unlautere Handlungen zu verdrängen*“[401].

Zum anderen verstellt die oftmals zu undifferenzierte und schlagwortartig verwendete Aussage, das Kammer-Berufsordnungsrecht unterliege dem Gebot der strengen Ausrichtung an der Funktionalität, indem es allein der besseren Erfüllung der Berufspflichten zu dienen habe, den Blick darauf, daß sich die Regelungszwecke „Gemeinwohl“ und „Konkurrenzschutz unter den Berufsangehörigen“ nicht zwangsläufig ausschließen müssen[402]. Es sind durchaus Konstellationen denkbar, in denen eine standesrechtliche Regelung gleichzeitig dem „Gemeinwohl“ *und* dem „Konkurrenzschutz unter den Berufsangehörigen“ dient. Daß eine solch duale Zwecksetzung nicht allein wegen ihrer Dualität verfassungsrechtlich zu beanstanden ist, wird vom *BVerfG* anerkannt. Es hat die Verleihung von Satzungsautonomie an solche öffentlich-rechtlichen Kammern befürwortet, „deren Zweck es ist, die beruflichen *Interessen der Mitglieder* im weitesten Sinne zu fördern ***und*** ihre ordnungsmäßige Berufsausübung im *Allgemeininteresse* zu gewährleisten“[403]. Und auch der *BGH*[404] hat in einem Fall aus jüngerer Zeit, in dem es um ein in einer ärztlichen Berufsordnung enthaltenes Wettbewerbsverbot ging, durch das dem zum Facharzt weitergebildeten Arzt untersagt wurde, sich innerhalb von zwei Jahren im Einzugsbereich der Praxis niederzulassen, in der die Weiterbildung erfolgte, entschieden, daß diese „Konkurrenzschutzklausel [...] *nicht allein den privaten Interessen* des aus- oder weiterbildenden Arztes (dient), sie liegt vielmehr ***auch und gerade*** im *Interesse des Gemeinwohls*“. Wenn nun die Eingriffszwecke „Konkurrenzschutz“ und „Gemeinwohl“ in keinem Gegensatzverhältnis zueinander stehen, dann ist es für die verfassungsrechtliche Rechtfertigung einer in die Berufsausübungsfreiheit ihrer Mitglieder eingreifenden Kammernorm ausreichend, wenn sie in gebührender Deutlichkeit *auch* dem Gemeinwohl dient[405]. Wettbewerbsgesichtspunkte stellen also dann eine im Rahmen von Art. 12 Abs. 1 GG zulässige Eingriffsrechtfertigung dar, wenn sie sich *auch* auf Gemeinwohlaspekte zurückführen lassen.

Unter dem Blickwinkel der zulässigen Zweckdualität einer Norm läßt sich die hier in Rede stehende standesrechtliche Aufnahmeregelung verfassungsrechtlich

---

400 Hervorhebungen durch die Verfasserin.

401 Hervorhebungen durch die Verfasserin.

402 Dazu ausführlich *Taupitz*, Standesordnungen, S. 845 ff., insbes. S. 861 ff., der der „gängigen Telosisolation“ eine Absage erteilt.

403 BVerfGE 33, 125, 157 (= NJW 1972, 1504, 1506) (Hervorhebungen durch die Verfasserin).

404 Urteil v. 13.6.1996, GRUR 1997, 136, 137 (Hervorhebungen durch die Verfasserin).

405 Vgl. die Anm. von *Taupitz*, EWiR 1997, 77, 78, zu BGH GRUR 1997, 136 ff.

rechtfertigen. Denn auf den zweiten Blick wird erkennbar, daß sie nicht nur die Aufrechterhaltung der unter den niedergelassenen Ärzten bestehenden Wettbewerbssituation zum Ziel hat, sondern auch in nicht unerheblichem Maße den Interessen der Patienten und damit dem „Gemeinwohl" dient. Eine wesentliche, mit der Vernetzung von Arztpraxen verfolgte Zielsetzung ist die Verbesserung der Patientenversorgung[406], insbesondere durch optimale Begleitung des Patienten während des gesamten Behandlungsprozesses. Bei einer in diskriminierender Weise erfolgenden Zurückweisung eines beitrittswilligen Arztes besteht damit die Besonderheit, daß nicht nur der jeweilige Arzt, sondern auch seine quasi hinter ihm stehenden Patienten von der Zurückweisung betroffen werden. Denn die Teilnahme eines Arztes an einem Praxisverbund ist untrennbar mit der Teilhabe seiner Patienten an der in ihrem Sinne optimierten Verbundversorgung verknüpft.

Wie eng die Verknüpfung von Arzt- und Patienteninteressen in der Frage der Teilnahme des Arztes an einem Netz ist, macht das Beispiel einer Informationsbroschüre der Techniker Krankenkasse für das von ihr mit angebotene „Praxisnetz Berliner Ärzte" deutlich, die Gegenstand einer wettbewerbsgerichtlichen Überprüfung war[407]: *„Muß ich meinen Hausarzt wechseln? Diese Broschüre enthält ein Verzeichnis aller 250 Ärzte, die schon beim Praxisnetz mitmachen. Wenn Sie Ihren Hausarzt darin finden, ändert sich nichts. Ist er noch nicht dabei, fragen Sie ihn doch einfach, ob er mitmachen will."*

Der Arzt, der zum Wohle seiner Patienten – nach dem aus dem Hippokratischen Eid abgeleiteten Gelöbnis der Berufsordnung immerhin die Hauptaufgabe des Arztes[408] – diesen die Vorteile einer Netzversorgung zukommen lassen will, kann dies unter Umständen nur als Mitglied des ihn zurückweisenden Praxisverbundes tun. Und seine Patienten, die an den Vorteilen einer Netzversorgung teilhaben wollen, hätten keine andere Möglichkeit, als die gegebenenfalls schon über einen langen Zeitraum bestehende vertrauensvolle Beziehung zu ihrem behandelnden Arzt abzubrechen und zu einem ihnen fremden Arzt zu wechseln, der bereits Mitglied in dem betreffenden Verbund ist. Ein durch willkürliche Zurückweisung ausgeübter Verdrängungswettbewerb unter den regional niedergelassenen Ärzten wäre damit zum Nachteil des Patienten. Dieser würde ohne

406 Dies macht Kap. D II Nr. 11 Abs. 1 S. 1 MBO-Ä 2000 deutlich: Voraussetzung für einen Praxisverbund ist danach, daß es sich um eine „Form der Zusammenarbeit zur Patientenversorgung" handelt. Siehe dazu bereits oben Teil 2 § 1 C. I. 2. u. Teil 1 § 1 A. über die der Implementierung von Praxisnetzen in die Versorgungslandschaft zugrundeliegenden Beweggründe.

407 Zitiert nach den Tatbeständen der Urteile des LG Hamburg v. 16.9.1998, Az.: 315 O 260/98, S. 5 (mit Kurzdarstellung in MedR 1999, 34) und des OLG Hamburg v. 24.6.1999, Az.: 3 U 227/98, S. 4 (nicht veröffentlicht).

408 „Die Erhaltung und Wiederherstellung der Gesundheit meiner Patienten soll oberstes Gebot meines Handelns sein". Ausführlich zur hippokratischen Tradition des Arztberufs *Laufs*, in: Laufs/Uhlenbruck (Hrsg.), Hb. des Arztrechts, § 4 Rdnrn. 13 ff. u. § 3 Rdnr. 11.

sein Zutun vor die Entscheidung gestellt, welche Art medizinischer Versorgung ihm wichtiger ist: Die durch den ihm bekannten und vertrauten Arzt oder die durch kooperative und kommunikative Maßnahmen verbesserte Versorgung in einem Praxisnetz durch ihm unbekannte Ärzte. Zwischen den erst durch die Entwicklung des regionalen Netzes entstehenden Polen „Verbleiben bei dem vertrauten Arzt" und „optimierte Versorgung in einem Netz" würde ein Ausschließlichkeitsverhältnis aufgebaut, das nicht im Sinne des Patienten wäre, er selbst könnte es nicht auflösen. Auflösbar wäre dies nur durch die Entscheidung der Netzärzte, den betreffenden Arzt doch in den Praxisverbund aufzunehmen.

Nach der Intention des Sozialgesetzgebers sollte es sich bei der Einführung von Modellen zur Verbundversorgung aber um eine auf grundsätzliche Veränderung des Gesundheitssystems abzielende Entwicklung handeln, die „die bisherige starre Aufgabenteilung zwischen der ambulanten und stationären Versorgung gezielt [...] (durchbricht), um die Voraussetzungen für eine stärker an den *Versorgungsbedürfnissen der Patientinnen und Patienten orientierten Behandlung zu verbessern*"[409]; „wünschenswert (sind) gemeinsam und einheitlich ausgehandelte Verträge" zwischen den Vertragspartnern der Integrationsversorgung[410]. Erklärtes Ziel des Sozialgesetzgebers war, die Versorgung der Patienten durch Verbundsysteme zu verbessern. Darüber hinaus kann die, wenn auch nur mittelbare, Ermöglichung von diskriminierenden Selektionsmechanismen zum Nachteil der Patienten und damit der von Art. 12 Abs. 1 GG geschützten „Allgemeinheit" von einem an das Willkürverbot des Art. 3 GG gebundenen Gesetzgeber nicht gewollt sein.

Die Aufnahmeregelung des Kap. D II Nr. 11 Abs. 1 S. 2 MBO-Ä 2000 verhindert eine zum Nachteil der Patienten ausgeübte – weil auch auf diese selektiv wirkende – diskriminierende Selektion unter den niedergelassenen Ärzten. Sie dient damit nicht zuletzt dem Interesse der Allgemeinheit an einer weitgehend einheitlichen ärztlichen Versorgung und verfolgt auf diese Weise einen legitimen Eingriffszweck i. S. v. Art. 12 Abs. 1 GG.

d) Die Verhältnismäßigkeit der Aufnahmeregelung – Bedürfnis nach verfassungskonformer Auslegung

Besondere Bedeutung kommt hier der Frage nach der Verhältnismäßigkeit der Aufnahmeregelung zu. Dies nicht nur deshalb, weil sie generell im Rahmen der Rechtfertigungsprüfung von Grundrechtseingriffen, insbesondere solcher in Art. 12 Abs. 1 GG, eine große Rolle spielt, sondern weil in der vorliegenden Konstellation die Freiheitsgewährleistung des Art. 9 Abs. 1 GG im Hintergrund fortwirkt. Die starke, weil schrankenlos gewährte, Freiheitsgarantie der

[409] So die Begründung zur Einführung der Integrationsversorgung der §§ 140 a ff. SGB V durch das GKV-Gesundheitsreformgesetz 2000, BT-Drucks. 14/1245, S. 91 (Hervorhebungen durch die Verfasserin).

[410] So die Begründung zu § 140 b Abs. 1 SGB V (BT-Drucks. 14/1245, S. 92).

Vereinigungsfreiheit entfaltet ihre, wenn auch nur subsidiäre Wirkung in Form eines Prüfungsmaßstabs im Rahmen der Verhältnismäßigkeit des gleichermaßen Art. 12 Abs. 1 GG wie Art. 9 Abs. 1 GG betreffenden Eingriffs[411]. Die dargelegten Gemeinwohlinteressen können nur eine solche Regelung der Aufnahme in einen Praxisverbund rechtfertigen, die sich streng am Verhältnismäßigkeitsgrundsatz orientiert. Sie darf also hinsichtlich der sachlichen Beschränkungen, die sie dem Praxisnetz und den darin verbundenen Ärzten auferlegt, nicht über das Erfordernis eines am Patientenwohl orientierten, weitgehend einheitlichen ärztlichen Versorgungsangebots hinausgehen. Nach der Rechtsprechung des *Bundesverfassungsgerichts* ist eine Regelung der Berufsausübung "statthaft, [...] wenn das gewählte Mittel zur Erreichung des verfolgten Zwecks geeignet und auch erforderlich ist und wenn bei einer Gesamtabwägung zwischen der Schwere des Eingriffs und dem Gewicht der ihn rechtfertigenden Gründe die Grenzen der Zumutbarkeit noch gewahrt" sind[412].

Zweifel an der Verhältnismäßigkeit der standesrechtlichen Aufnahmeregelung läßt der Blick auf die im Zivilrecht bestehenden Aufnahmepflichten für Vereinigungen[413] aufkommen. Dieser hat gezeigt, daß sich ein zivilrechtlicher Zwang zur Aufnahme und zur Duldung der damit verbundenen Inhaltskontrolle der die Aufnahme betreffenden Satzungsnormen nur bei im Einzelfall konkret nachzuweisender sozialer und/oder wirtschaftlicher Machtstellung des zu verpflichtenden Vereins ergibt. Im Gegensatz dazu ordnet Kap. D II Nr. 11 Abs. 1 S. 2 MBO-Ä 2000 eine Festlegung der netzinternen Aufnahmekriterien auf sachliche Gesichtspunkte und eine Inhaltskontrolle dieser durch das Netz gesetzten Aufnahmekriterien für alle Praxisnetze unabhängig von ihrer tatsächlich vorhandenen Marktmacht an.

Dieser Unterschied zeigt, daß die bloße Existenz zivilrechtlicher Aufnahmeansprüche für sich genommen kein Argument für die Zulässigkeit der standesrechtlichen Aufnahmeregelung sein kann; bei der Regelung des Kap. D II Nr. 11 Abs. 1 S. 2 MBO-Ä 2000 handelt es sich nicht um eine reine Wiederholung der höherrangigen Rechtslage ohne einen eigenen Regelungsgehalt[414]. Dem außenstehenden Arzt stehen die Aufnahmeansprüche des Zivilrechts zur Erlangung der Netzmitgliedschaft gerade nicht generell zur Seite. § 20 Abs. 6 GWB ist nicht einschlägig, da es sich bei einem Praxisverbund nicht um eine Wirtschafts- oder Berufsvereinigung im Sinne dieser Vorschrift han-

[411] Siehe oben I. 3. b); *Scholz*, in: Maunz/Dürig, GG, Band I, Art. 9 Rdnr. 149 a. E. und *Kemper*, in: v. Mangoldt/Klein/Starck, GG, Band I, Art. 9 Rdnr. 115, die trotz unterschiedlicher Systematik zum gleichen Ergebnis kommen.

[412] St. Rspr., statt vieler siehe nur BVerfGE 61, 291, 312; 68, 272, 282.

[413] Siehe oben I. 2.

[414] Dies suggeriert jedoch der in der Literatur im Zusammenhang mit der Regelung Kap. D II Nr. 11 Abs. 1 S. 2 MBO-Ä 2000 zu findende pauschale Verweis auf die im Zivilrecht bestehenden Ansprüche; siehe oben I. 1. a).

delt[415]. Und ein Aufnahmeanspruch aus den §§ 826, 249 BGB setzt voraus, daß der teilnahmewillige Arzt im konkreten Fall die soziale oder wirtschaftliche Marktmacht des betreffenden Praxisverbundes, die dazu führt, daß er auf die Teilnahme an dem Verbund angewiesen ist, nachweisen kann.

Ebensowenig vermag ein Verweis auf die eine an den kassenarztrechtlichen Grundverträgen beteiligte Kassenärztliche Vereinigung als öffentlich-rechtliche Zwangskörperschaft wegen Art. 3 GG treffende Pflicht, beitrittswillige und -fähige[416] Ärzte an einer Netzvereinbarung nach §§ 64, 73 a, 140 b SGB V teilhaben zu lassen, die Zulässigkeit der standesrechtlichen Aufnahmeregelung zu begründen[417]. Unter diesem Gesichtspunkt erscheint die Regelung des Kap. D II Nr. 11 Abs. 1 S. 2 MBO-Ä 2000 in inhaltlicher Hinsicht lediglich als eine Reaktion auf diese bei „gebundenen" Netzen bestehende Besonderheit. Sie dient in diesem Fall dazu, den gegenüber der Kassenärztlichen Vereinigung bestehenden kassenarztrechtlichen Aufnahmeanspruch eines beitrittsfähigen Arztes berufsrechtlich auch gegenüber dem Verbund durchsetzbar zu machen. Es soll ein Widerspruch vermieden werden, der dadurch entstünde, daß die Kassenärztliche Vereinigung zur Aufnahme eines Bewerbers verpflichtet wäre, wohingegen der Praxisverbund die Aufnahme dieses Bewerbers verweigern könnte. Die eine Kassenärztliche Vereinigung treffende Aufnahmepflicht war somit zwar möglicherweise der Anlaß für den Berufsrechtsgeber, überhaupt eine Regelung über die ärztliche Teilnahme an einem Praxisverbund zu erlassen, ein Rechtfertigungsgrund für den skizzierten standesrechtlichen Eingriff in die Berufsausübungs- und Vereinigungsfreiheit des Netzes und der in ihm verbundenen Ärzte ist damit jedoch nicht gefunden. Da die Gefahr einer Konfliktsituation zwischen Kassenärztlicher Vereinigung und Praxisverbund nur im Rahmen „gebundener" Netze gegeben ist, kann sie nicht als Argument dafür herhalten, eine standesrechtliche Aufnahmeregelung für alle Praxisnetze unabhängig davon zu erlassen, ob sie in einen besonderen Versorgungsvertrag mit einer Krankenkasse eingebunden sind oder nicht. Im Hinblick auf die zahlenmäßig überwiegenden „freien" Netze ist dieser Zweck nicht erforderlich.

Im Vergleich zu der flexiblen Einzelfallabwägung im Rahmen der §§ 826, 249 BGB handelt es sich bei der standesrechtlichen Aufnahmeregelung

---

[415] Vgl. die Definition von *Bechtold*, Kartellgesetz, § 20 Rdnrn. 72 f.: „Unter „Wirtschafts- und Berufsvereinigung" ist eine Vereinigung von Unternehmen zu verstehen, die die wirtschaftlichen und/oder beruflichen Interessen ihrer Mitglieder als *wirtschafts- oder berufspolitische Vereinigung* vertritt, und zwar als Repräsentant gegenüber der Öffentlichkeit, den Gesetzgebungsorganen, der Verwaltung und anderen Interessengruppen. Eine Vereinigung ist keine „Wirtschafts- oder Berufsvereinigung", soweit sie *selbst unternehmerische Funktion* wahrnimmt oder ihre Mitglieder unternehmerische Funktion auf sie verlagert haben" (Hervorhebungen durch die Verfasserin). So auch *Reichert*, Hb. des Vereins- und Verbandsrechts, Rdnr. 649.

[416] Voraussetzung ist die Erfüllung der in den Verträgen nach §§ 64, 73 a, 140 b SGB V vereinbarten Beitrittsvoraussetzungen durch den beitrittswilligen Arzt.

[417] Siehe auch hierzu oben I. 1. a).

um eine statische Regelung. Sie ist völlig losgelöst vom Einzelfall und schreibt unterschiedslos für jeden Praxisverbund eine Pflicht zur Normierung sachgerechter Aufnahmekriterien und zur Transparenz vor. Ob der einzelne Praxisverbund tatsächlich aufgrund seiner Größe, seiner Aktivitäten und der damit zusammenhängenden Patientenbindung eine solche Marktmacht innehat, daß der einzelne außenstehende Arzt zur wirtschaftlich sinnvollen Ausübung seines Berufs auf die Mitgliedschaft in diesem Praxisverbund angewiesen ist, ist unerheblich. Eine vergleichbar statische Regelung enthält § 20 Abs. 6 GWB. Auch hier spielt es keine Rolle, ob der Wirtschafts- oder Berufsverband, der ein bestimmtes Unternehmen nicht aufnehmen will, eine Monopolstellung, eine „marktbeherrschende" oder eine „marktstarke" Stellung einnimmt. Vielmehr wird bei einem Wirtschafts- oder Berufsverband i. S. d. § 20 Abs. 6 GWB aufgrund seines Charakters als mächtige Dachorganisation vermutet, daß der Bewerber auf die Mitgliedschaft angewiesen ist[418].

Eine solche Vermutung kann jedoch angesichts der durch Art. 9 Abs. 1 GG umfassend gewährten Vereinigungsautonomie nicht unbesehen auf die ärztliche Kooperation in Form eines Praxisverbundes übertragen werden; in Frage steht hier die Erforderlichkeit der Aufnahmeregelung. Diese berücksichtigt nicht, daß es entscheidend auf den mit der jeweiligen Vernetzung verfolgten Zweck ankommt und daß es durchaus kleine Praxisnetze gibt, denen keinesfalls die Wirkung eines marktrelevanten Wettbewerbsinstruments zukommt. Weil solche Netze über keinen fortgeschrittenen Organisationsgrad verfügen und eher die Züge eines weiterentwickelten, aber nicht nach außen in Erscheinung tretenden Qualitätszirkels oder einer Apparategemeinschaft tragen[419], ist bei ihnen die Gefahr eines Machtmißbrauchs mangels der dazu notwendigen Machtkonzentration nicht gegeben[420]. Eine im Interesse der mitbetroffenen Patienten erfolgende Verhinderung von Machtmißbrauch ist bei dieser Art von Netzen nicht erforderlich. Da diese Netze nicht über das gefürchtete kollektivspezifische Schädigungspotential verfügen, indem sie nicht die zum Nachteil außenstehender Ärzte und der mit ihnen verbundenen Patienten einsetzbare Machtkonzentration besitzen, muß zur größtmöglichen Erhaltung der Vereinigungsfreiheit im Einzelfall nach der tatsächlichen Marktposition eines Netzes gefragt werden.

Zu bedenken ist jedoch, daß es sich bei der möglichst einheitlichen Versorgung der Allgemeinheit mit ärztlichen Leistungen um einen so sensiblen Bereich handelt, daß die grundsätzliche Erforderlichkeit einer präventiv-generellen Lauterkeitskontrolle des im Einzelfall eben doch wettbewerbsrelevanten Aufnahmeverhaltens von Praxisnetzen nicht in Frage gestellt werden kann. Die berufsrechtliche Aufnahmeregelung steht damit in einem Spannungsfeld zwischen größtmöglicher Erhaltung der Vereinigungsfreiheit einerseits und notwendiger Verhinderung von Machtmißbrauch zum Wohle der mitbetroffenen Patienten

---

418 *Traub*, WRP 1985, 591, 593 f.
419 Siehe dazu oben Fn. 353.
420 Vgl. *Westebbe*, Ärzte im Netz, S. 102 u. S. 110 sowie oben I. 3. a).

und damit der Allgemeinheit andererseits. Dieses Spannungsverhältnis verlangt nach einer differenzierenden Betrachtung.

Die Offenlegungspflicht hinsichtlich der von einem Praxisverbund gesetzten Aufnahmekriterien ist unter dem Gesichtspunkt, daß dadurch ein zum Nachteil der Patienten wirkender Verdrängungswettbewerb unter den niedergelassen Ärzten verhindert werden soll, als verhältnismäßig anzusehen. Der oben[421] angesprochene Aspekt, daß es sich bei der Transparenzpflicht um die Eröffnung einer kammerseitigen Prüfkompetenz der Aufnahmekriterien auf ihre „Sachgerechtigkeit" hin handelt, läßt sich letztlich auf eine Überprüfung ihrer „Berufsgerechtigkeit" zurückführen. Überprüfbar durch die Kammer soll sein, ob sich die netzeigenen Aufnahmekriterien im Rahmen der „Pflicht zur Kollegialität", die die Ausübung eines Verdrängungswettbewerbs zum Nachteil der Patienten verbietet, halten. Daß die Pflicht zur Offenlegung als generell-präventive Kontrolle ausgestaltet ist, ist im Hinblick auf das zu schützende Patientenwohl gerechtfertigt; eine wirkungsvolle Überwachung der sich unter Umständen schnell entwickelnden und verändernden Marktposition eines Netzes ist auf anderem Wege nicht zu gewährleisten.

Hinsichtlich der Festlegung auf sachliche Kriterien ist jedoch für die Anwendung in der Kammerpraxis eine verfassungskonforme einschränkende Auslegung der Rechtsbegriffe „für den Versorgungsauftrag notwendig" und „nicht diskriminierend" zu fordern: Die konkrete Marktposition eines Praxisverbundes muß Berücksichtigung finden. Zweck der Aufnahmeregelung ist die Verhinderung von (einzelnen) Mißbrauchsfällen, ein Mißbrauch ist aber nur dort möglich, wo die dazu notwendige Machtkonzentration vorhanden ist. Das Urteil über die diskriminierende Wirkung, die von einer netzeigenen Ausschlußbedingung ausgeht, muß davon abhängen, welche Bedeutung die Netzmitgliedschaft für einen außenstehenden Arzt hat. Denn eine Diskriminierung kann es nur dort geben, wo durch die von einem Netz ausgesprochene Zugangsverweigerung eine Benachteiligung des Netzaußenseiters entsteht.

II. Konsequenzen für die durch den Praxisverbund aufzustellenden Aufnahmebedingungen

Da die durch einen Praxisverbund zu setzenden Aufnahmebedingungen davon abhängen, welcher Zweck mit der jeweiligen Vernetzung verfolgt wird, ist eine Vielzahl unterschiedlichster Aufnahmebedingungen denkbar. Dementsprechend kann es hier nicht darum gehen, die Zulässigkeit aller in Betracht kommender Bedingungen zu beurteilen. Die vorliegende Untersuchung muß sich vielmehr darauf beschränken, die bei der Entscheidung über die Zulässigkeit eines Aufnahmekriteriums zu beachtenden Gesichtspunkte aufzuzeigen; nur einige der möglichen Aufnahmekriterien werden dabei beispielhafte Erwähnung finden.

---

[421] I. 1. a).

Maßgeblich für das Urteil über die Zulässigkeit eines durch einen Praxisverbund gesetzten Ausschlußkriteriums ist das zuvor gefundene Ergebnis, daß die in Kap. D II Nr. 11 Abs. 1 S. 2 MBO-Ä 2000 genannten Rechtsbegriffe „für den Versorgungsauftrag notwendig" und „nicht diskriminierend" einer verfassungskonformen einschränkenden Auslegung bedürfen.

1. Die Rechtsbegriffe „für den Versorgungsauftrag notwendig" und „nicht diskriminierend"

Zunächst soll die inhaltliche Bedeutung dieser durch die Berufsordnung verwendeten Formulierungen kurz umrissen werden.

Der Begriff des Versorgungsauftrags ist weit zu verstehen. Die Möglichkeit zur Teilnahmebeschränkung kommt nicht nur den über einen kassenarztrechtlich formulierten Versorgungs*auftrag* verfügenden „gebundenen" Netzen zugute. Vor dem Hintergrund der in Kap. D II Nr. 11 Abs. 1 S. 1 MBO-Ä 2000 zur Umschreibung des Kooperationszwecks eines Praxisverbundes verwendeten Formulierung „...auf die Erfüllung eines durch gemeinsame oder gleichgerichtete Maßnahmen bestimmten Versorgungsauftrages oder auf eine *andere* Form der Zusammenarbeit zur Patientenversorgung gerichtet..."[422] kann der in Abs. 1 S. 2 genannte Versorgungsauftrag vielmehr nur als der im konkreten Fall beabsichtigte Vernetzungszweck verstanden werden. Maßgeblich für die Notwendigkeit eines Aufnahmekriteriums kann dementsprechend allein dessen sachlicher Bezug zu den im betreffenden Verbund konkret vereinbarten Netzzielen sein, unabhängig davon, ob es sich hierbei um ein über einen besonderen Versorgungsvertrag an eine Krankenkasse „gebundenes" oder um ein „freies" Netz handelt.

Zu fragen ist darüber hinaus, ob zwischen den Rechtsbegriffen „für den Versorgungsauftrag notwendig" und „nicht diskriminierend" ein Unterschied besteht oder ob sich die Bewertung eines Aufnahmekriteriums als nicht diskriminierend als Folge seiner Notwendigkeit für den Versorgungsauftrag darstellt. Anders gewendet: Sind alle Kriterien, die sich nicht aus dem konkreten Versorgungsauftrag rechtfertigen lassen, allein aus diesem Grund diskriminierend? Oder beurteilt sich die diskriminierende Qualität einer netzeigenen Aufnahmebedingung nach zusätzlichen, außerhalb des konkreten Versorgungsauftrags liegenden Maßstäben, wie z. B. den in Art. 3 Abs. 3 GG genannten? Diese Frage ist nicht pauschal zu beantworten. Im Regelfall werden beide Erfordernisse zwar deckungsgleich sein. So wird sich beispielsweise eine Beschränkung des ärztlichen Teilnehmerkreises auf Männer nur schwerlich aus einem üblichen Versorgungsauftrag rechtfertigen lassen. Es sind aber durchaus Konstellationen denkbar, in denen einem Auswahlverhalten eines Netzes die Notwendigkeit für den Versorgungsauftrag nicht abgesprochen werden kann, es aber gleichwohl diskriminierenden Charakter trägt. Dem Erfordernis, daß eine durch einen

---

[422] Hervorhebung durch die Verfasserin.

Praxisverbund normierte Aufnahmebedingung nicht diskriminierend sein darf, kommt in diesen Fällen die zusätzliche Schutzfunktion eines Auffangtatbestandes zu. Andernfalls könnte das Netz durch eine möglichst enge Definition seiner Vernetzungsziele letztlich doch diskriminierende Ausschlußregelungen erlassen oder beitrittswillige Ärzte dadurch benachteiligen, daß es unter Mißachtung seiner eigenen Teilnahmebedingungen ein unterschiedliches Aufnahmeverhalten an den Tag legt.

Als anschauliches Beispiel für die erstgenannte Alternative wäre an einen Praxisverbund zu denken, der alle Ärzte einer Region, deren Nachnamen die Anfangsbuchstaben A-K und O-Z tragen, in sich vereinigt und seine Zielsetzung dahingehend definiert, daß eine im Sinne des Patienten optimierte Behandlung durch die vernetzte Zusammenarbeit der Ärzte A-K und O-Z erfolgen soll. Gegen dieses – zugegebenermaßen stark überzeichnete – Beispiel ließe sich freilich der Einwand erheben, einer solchen Zielformulierung fehle es an ausreichender Sachlichkeit. Grundsätzlich überzeugen kann dieser durch die Überzeichnung provozierte Einwand jedoch nicht, denn die berufsrechtliche Voraussetzung für eine ärztliche Kooperation in Form eines Praxisverbundes ist nach Kap. D II Nr. 11 Abs. 1 S. 1 MBO-Ä 2000 lediglich, daß es sich dabei um eine "Form der Zusammenarbeit zur Patientenversorgung" handelt; eine solche liegt hier vor. Die inhaltliche Ausgestaltung der auf dem Gebiet der Patientenversorgung erfolgenden Zusammenarbeit eines Praxisverbundes wird durch die Berufsordnung nicht vorgegeben. Ein Beispiel für die zweitgenannte Alternative wäre ein Praxisverbund, der sich zum Ziel gesetzt hat, von jeder Facharztgruppe nur einen Vertreter aufzunehmen, dann jedoch bereits vier Internisten aufgenommen hat und dem fünften und sechsten Facharzt für Innere Medizin die Netzteilnahme unter Verweis auf seinen Vernetzungszweck und die normierten Aufnahmegrundsätze verweigert.

Das Erfordernis, daß ein durch einen Praxisverbund gesetztes Ausschlußkriterium nicht diskriminierend sein darf, bestimmt sich damit zumindest auch nach allgemeinen Maßstäben, die im Einzelfall durchaus außerhalb des konkreten Versorgungsauftrages liegen können.

2. Die notwendige Bezugnahme auf die Marktposition des Praxisverbundes

Die verfassungsrechtliche Dimension der standesrechtlichen Aufnahmeregelung, insbesondere im Hinblick auf die schrankenlos gewährleistete Vereinigungsfreiheit des Art. 9 Abs. 1 GG, gebietet – wie gezeigt[423] – ihre einschränkende Auslegung. Das in der Kammerpraxis zu fällende Werturteil über eine durch einen Praxisverbund aufgestellte Aufnahmebedingung muß davon abhängen, welche Marktposition diesem, den Zugang beschränkenden, Praxisverbund zukommt. Je größer die Marktmacht eines Praxisverbundes ist, desto strengere Maßstäbe müssen an die Kriterien „für den Versorgungsauftrag notwendig" und

---

[423] Siehe oben I. 3. d).

„nicht diskriminierend“ angelegt werden. Eine netzeigene Ausschlußbedingung ist demnach um so strenger auf ihre Notwendigkeit zur Erreichung des konkreten Versorgungsauftrags und ihre diskriminierende Wirkung zu untersuchen, je größer die Bedeutung der Netzmitgliedschaft für einen außenstehenden Arzt ist. Und umgekehrt gilt: Je kleiner die Marktmacht eines Praxisverbundes ist und damit die Zugangsbedeutung für einen Netzaußenseiter im Sinne eines „Angewiesenseins“ auf die Mitgliedschaft, desto geringere Anforderungen sind an die Notwendigkeit des Ausschlußkriteriums für die Erreichung des Versorgungsauftrags und an seine diskriminierende Wirkung zu stellen. Der „marktbedeutende“ Praxisverbund ist also in viel stärkerem Maße gehalten, eine sachgerechte Auswahl unter den neu aufzunehmenden Netzmitgliedern zu treffen als der „marktunbedeutende“ Praxisverbund, bei dem der Netzzugang für die außenstehenden Ärzte und die mit ihnen verbundenen Patienten keine große Rolle spielt. Damit ist nicht gesagt, daß die grundgesetzlich geschützte Auswahlautonomie bei „marktunbedeutenden“ Praxisnetzen dazu führt, daß in jedem Fall jede Form von Diskriminierung der Ahndung durch die Kammer entzogen wird. Der Stellenwert der Auswahlautonomie muß hier jedoch höher sein, als wenn im Rahmen eines „marktbedeutenden“ Praxisnetzes unter Berufung auf die Auswahlautonomie eine wettbewerbsverzerrende Selektion unter den niedergelassenen Ärzten und der hinter ihnen stehenden Patienten stattfindet.

Was das Auffinden allgemeingültiger Kriterien zur Bestimmung der Marktposition eines Netzes angeht, so sieht man sich hier ähnlichen Schwierigkeiten ausgesetzt, wie sie in der zivilrechtlichen Literatur zu den Aufnahmeansprüchen der §§ 826, 249 BGB beklagt werden[424]: Die Marktposition eines Netzes ist eine Frage des Einzelfalles. Die „Macht“ eines Praxisverbundes speist sich ebenso wie die „Macht“ der Vereine und Verbände nicht aus einer einheitlichen Quelle, sondern hat durchaus unterschiedliche Ursachen. Wenn man die Marktposition eines Praxisverbundes mit seiner regionalen Bedeutung übersetzt, dann ist die Aufgabe nur vermeintlich einfacher, denn auch diese gründet sich auf ganz verschiedene Faktoren. Letztlich wird sich eine allgemeine Gültigkeit beanspruchende Lösung nicht finden lassen. Es können nur Anhaltspunkte für eine Entscheidung über die Marktposition eines Netzes gegeben werden.

Zu beachten ist die Größe eines Praxisverbundes und seine fachliche Zusammensetzung sowie die damit zusammenhängende Frage nach der Möglichkeit einer wirtschaftlich sinnvollen Parallelgründung eines weiteren Netzes in der betreffenden Region. Die Größe eines Praxisverbundes richtet sich dabei nach der im Verhältnis zur Gesamtzahl der in der Region niedergelassenen Ärzte zu bestimmenden Mitgliederzahl des Verbundes, also danach, wie viele regionale Ärzte welcher Fachrichtung sich dem Verbund bereits angeschlossen haben. Zu

[424] Siehe dazu *Traub*, WRP 1985, 591, 595 ff.; *Bartodziej*, ZGR 1991, 517, 526 ff. und oben I. 2. b).

beachten ist aber auch der Anteil der von dem Praxisverbund versorgten Patienten[425].

Darüber hinaus ist nach dem Organisationsgrad des Netzes zu fragen. Für die Beurteilung der Marktposition eines Praxisverbundes kommt es darauf an, welche Vernetzungsmodule verwirklicht werden, also wie weit die durch das Netz bereitgestellte Versorgungsbreite und -tiefe, die eine effiziente „Rundumversorgung" durch Primärärzte und Spezialisten gewährleisten soll[426], bereits fortgeschritten ist. Zu achten ist deshalb auf die Reichweite netzinterner Überweisungsabsprachen, auf besondere Versorgungsangebote wie verlängerte Praxisöffnungszeiten, Hausbesuchsdienste sowie auf Kooperationsabsprachen mit stationären Einrichtungen und nichtärztlichen Leistungserbringern, wie ambulanten Krankenpflegediensten oder Physiotherapeuten.

Zu berücksichtigen ist nicht zuletzt, ob es sich bei dem zur Beurteilung stehenden Praxisverbund um ein „gebundenes" oder um ein „freies" Netz handelt. Bei einem über einen besonderen Versorgungsvertrag an (mindestens) eine Krankenkasse gebundenen Netz wird es sich regelmäßig um einen „marktmächtigen" Praxisverbund handeln, so daß sich ebenso wie für die an den kassenarztrechtlichen Grundverträgen beteiligte Kassenärztliche Vereinigung aus Art. 3 GG für den Verbund aus dem Standesrecht ein Verbot sachlich nicht gerechtfertigter und diskriminierender Aufnahmeverweigerung ergeben wird.

3. Beispiele möglicher Teilnahmevoraussetzungen für die Mitgliedschaft in einem Praxisverbund

Abschließend seien noch einige „real existierende" Teilnahmevoraussetzungen für die Mitgliedschaft in Praxisnetzen genannt.

Ein Beispiel in ihren Grundzügen zumindest auf „gebundene" Netze übertragbarer Aufnahmebedingungen enthalten die in §§ 6 und 7 der *Rahmenvereinbarung der Kassenärztlichen Bundesvereinigung und der Spitzenverbände der Krankenkassen zur integrierten Versorgung gemäß § 140 d SGB V*[427] festgelegten „allgemeinen und besonderen Teilnahmevoraussetzungen für Vertragsärzte":

- „Teilnahme an der vertragsärztlichen Versorgung
- Verpflichtung zur Erfüllung des [...] vereinbarten Versorgungsauftrages
- Verpflichtung zur Dokumentation der erbrachten Leistungen
- Befähigung zur Teilnahme am elektronischen Informationsaustausch [...]
- Eine bestimmte fachliche Ausrichtung des teilnehmenden Arztes bzw. der Arztpraxis
- Eine zusätzliche Qualifikation

---

[425] So auch *Kiesecker* in ihrem Vortrag „Ärztliche Kooperationen – Beurteilung aus berufsrechtlicher Sicht" auf dem 3. Gesundheitsforum der Bezirksärztekammer Südwürttemberg in Reutlingen am 8. April 2000.

[426] So der Abschlußbericht der Arbeitsgruppe „Vernetzte Praxen" der *Kassenärztlichen Vereinigung Nordbaden*, S. 11.

[427] Im Internet abzurufen unter http://www.kbv.de, Stand: 30.11.2000.

- Eine besondere technische oder personelle Ausstattung der Praxis
- Die Zulassung in der Region, in der die integrierte Versorgung angeboten wird
- Eine Mindestanzahl von in der Praxis betreuten Patienten, die bei den teilnehmenden Krankenkassen versichert sind".

Weitere Voraussetzungen für die Teilnahme eines Arztes an einem Praxisverbund können sein:
- die Beteiligung an einem besonderen Abrechnungsverfahren
- die Bereitschaft zur Übernahme von Präsenzpflichten nach den Vorgaben des Praxisnetzes (z. B. Durchführung von Spätsprechstunden, telefonische Rufbereitschaft, Wochenenddienste)
- die Bereitschaft zur Minimierung von Wartezeiten für teilnehmende Versicherte
- die Bereitschaft zur Teilnahme an den netzinternen Qualitätssicherungsprogrammen (z. B. an Qualitätszirkeln)
- die Bereitschaft zur intensiven Kommunikation und Kooperation mit den anderen am Praxisnetz beteiligten Ärzten[428].

Im Hinblick auf die optimale Mitwirkung eines Arztes an den vereinbarten Netzaktivitäten kann auch in der Beschränkung der Teilnahme auf nur eines von mehreren regionalen Praxisnetzen unter Umständen ein legitimer Ausschlußgrund zu sehen sein[429]. Eine Aufnahmeregelung, nach der die Teilnahme eines Arztes an einem „marktmächtigen" Praxisverbund von einer Entscheidung der Netzärzte darüber abhängig gemacht wird, ob von der Mitgliedschaft des betreffenden Arztes eine qualitative Verbesserung der Patientenversorgung im Verbund zu erwarten ist, ist nur dann zulässig, wenn der Netzvertrag für diese Entscheidung nicht diskriminierende und einheitliche sachliche Kriterien vorgibt.

Dagegen wird die in dem Gesellschaftsvertrag der „MEDI-X GbR"[430] enthaltene Bedingung, daß nur derjenige Arzt Mitglied werden kann, der gleichzeitig Mitglied in der „Vertragsärztlichen Vereinigung Nordwürttemberg-Ärzteinitiative e.V."[431] oder in der „Arbeitsgemeinschaft Praxisverbundsysteme" oder in der „Arbeitsgemeinschaft Psychotherapeuten" oder in der „Arbeitsgemeinschaft

---

[428] So die Teilnahmevoraussetzungen der Anlage 1: „Beteiligung von Ärzten" des Vertrages über das Praxisnetz Berliner Ärzte und Betriebskrankenkassen/Techniker Krankenkasse (Stand: 3.7.1998).

[429] Unklar ist insoweit die in dem Beschluß des SG Kiel v. 23.5.2000, Az.: S 14 KA 17/00 ER (nicht veröffentlicht) zu findende Aussage, der Sinn einer solchen Bestimmung entziehe sich der Kammer.

[430] Stand: 21.10.1999; zu den Zielsetzungen der „MEDI-Systeme" im einzelnen siehe unten § 3 B. II.

[431] Diese ist neben der Kassenärztlichen Vereinigung Nordwürttemberg eine der Initiatorinnen des „MEDI-Verbundes", dazu *Baumgärtner*, in: KBV Kontext Nr. 14, Juni 2000, S. 36 f.

Krankenhausärztliche Vereinigung" ist, von den Rechtsberatern der Bundesärztekammer und den Landesärztekammern sowie dem Berufsordnungsausschuß der Landesärztekammer Baden-Württemberg übereinstimmend als „diskriminierend" und damit als unzulässiges Aufnahmekriterium bewertet. Eine solche Bedingung lasse sich nicht aus dem Versorgungsauftrag begründen und habe mit verbesserter Patientenversorgung im Netz nichts zu tun[432].

[432] So *Kiesecker*, die in ihrem Vortrag „Ärztliche Kooperationen – Beurteilung aus berufsrechtlicher Sicht" auf dem 3. Gesundheitsforum der Bezirksärztekammer Südwürttemberg am 8. April 2000 in Reutlingen, auch ein Abstellen auf die Dauer der Weiterbildung, die Dauer der Berufsausübung, die Mitgliedschaft in einem Berufsverband sowie eine willkürliche zahlenmäßige Beschränkung der (Gesamt)zahl der Netzteilnehmer als unzulässig ansah.

§ 3 DAS VERHÄLTNIS DER NETZÄRZTE ZU NICHTÄRZTLICHEN NETZMITGLIEDERN

Typisch für das freiberufliche Standesrecht sind – hauptsächlich wegen der berufscharakteristischen fachlichen Unabhängigkeit der Normadressaten – Zusammenschlußverbote, durch die fachliche Kooperationen auf Angehörige derselben oder zumindest artverwandter Berufe beschränkt werden[433].

Der Arzt muß seinen Beruf unbeeinflußt durch berufsfremde Dritte nach professionellem Standard ausüben. Dieser Grundsatz schlägt sich in verschiedenen Vorschriften des ärztlichen Berufsrechts nieder. Einer jahrhundertelangen Tradition folgend untersagt § 30 Abs. 1 S. 1 MBO-Ä 2000 dem Arzt prinzipiell, „zusammen mit Personen, die weder Ärzte sind noch zu seinen berufsmäßig tätigen Mitarbeitern gehören, zu untersuchen oder zu behandeln“[434]. Erlaubt ist eine auf die Ausübung der Heilkunde im weitesten Sinne gerichtete Kooperation mit einem Angehörigen eines „anderen Gesundheitsberufes“ lediglich dann, „wenn die Verantwortungsbereiche des Arztes und des Angehörigen des Gesundheitsberufs klar erkennbar voneinander getrennt bleiben“ (§ 30 Abs. 2 MBO-Ä 2000). Die ärztliche Berufsordnung regelt jedoch nicht nur die gemeinsam mit Nichtärzten ausgeübte unmittelbare Behandlungstätigkeit am Patienten[435], sie enthält auch Bestimmungen über die Zusammenarbeit mit Dritten wie z. B. Herstellern und Händlern von Arznei-, Heil- und Hilfsmitteln oder medizinisch-technischen Geräten, die eine mögliche mittelbare Einflußnahme auf das ärztliche Handeln zu verhindern suchen (§§ 31 ff. MBO-Ä 2000).

Maßgeblicher Zweck dieser Vorschriften ist – wie schon deren Kapitelüberschrift zeigt – die Wahrung der fachlichen Unabhängigkeit des Arztes. Darüber hinaus liegt vor allem dem Kooperationsverbot des § 30 Abs. 1 S. 1 MBO-Ä 2000 die Überlegung zugrunde, daß der Arzt die ihn treffende schwerwiegende Verantwortung für das Wohl des Patienten selbst tragen muß und sie keinesfalls mit nichtärztlichen Personen teilen darf, denen es an einer medizinisch-wissenschaftlichen Ausbildung, die für eine ärztliche Behandlung nach „bestem Ver-

---

433 Dazu bereits oben Teil 2 § 2 B. I. 1. c). – *Michalski*, Gesellschafts- und Kartellrecht, S. 50 ff.; *Ahrens*, MedR 1992, 141, 145. Für den Beruf des Rechtsanwalts siehe etwa § 59 a BRAO, wonach sich Rechtsanwälte nur mit Mitgliedern einer Rechtsanwaltskammer und der Patentanwaltskammer, mit Steuerberatern, Steuerbevollmächtigten, Wirtschaftsprüfern und vereidigten Buchprüfern in einer Sozietät zur gemeinschaftlichen Berufsausübung verbinden dürfen. Zur verfassungsrechtlichen Beurteilung eines Sozietätsverbots zwischen Anwaltsnotaren und Wirtschaftsprüfern *Sachs*, MDR 1996, 1197 ff.

434 Zur historischen Entwicklung der standesrechtlichen Zusammenschluß- und Zusammenarbeitsverbote *Taupitz*, Standesordnungen, S. 213 ff., insbes. S. 218 f. – Zur Verfassungsmäßigkeit dieser Vorschrift BayVerfGH DÖV 1966, 793.

435 Nur auf diese beziehen sich die oben genannten Bestimmungen, siehe dazu *Laufs*, in: Laufs/Uhlenbruck (Hrsg.), Hb. des Arztrechts, § 10 Rdnr. 14.

mögen und Urteil" Voraussetzung ist, fehlt[436]. Im übrigen dienen Verbote der gemeinsamen ärztlichen und nichtärztlichen Tätigkeit auch dem Konkurrenzschutz: „Minderwertige" nichtärztliche Berufe sollen nicht an der Reputation des „höherwertigen" ärztlichen Berufes teilhaben können[437].

Ausgelöst durch die Diskussion um das zum 1. Juli 1995 in Kraft getretene Partnerschaftsgesellschaftsgesetz[438] hat sich die ärztliche Berufsordnung in den letzten Jahren zunehmend gegenüber Zusammenschlüssen zwischen Ärzten und Angehörigen nichtärztlicher Fachberufe geöffnet. Mit der Einführung der Medizinischen Kooperationsgemeinschaft des § 23 a MBO-Ä a. F. (Kap. D II Nr. 9 MBO-Ä 2000) hat die systematische und gleichberechtigte Zusammenarbeit zwischen Ärzten und Angehörigen „medizinnaher" Berufe erstmals eine berufsrechtliche Grundlage erhalten. Gleichzeitig ermöglichte die Berufsordnung auch die Gründung interdisziplinärer Partnerschaften mit Angehörigen nicht im Gesundheitswesen tätiger Berufe, sofern in diesen nicht die Heilkunde am Menschen ausgeübt wird, § 23 b MBO-Ä a. F. (Kap. D II Nr. 10 MBO-Ä 2000).

Der Praxisverbund stand in der ursprünglichen Fassung der MBO-Ä 1997 nur Ärzten offen. Bedingt durch die gesetzlichen Entwicklungen im Bereich der Integrationsversorgung der §§ 140 a ff. SGB V hat sich der Praxisverbund in seiner durch den 103. Deutschen Ärztetag neu gefaßten Form nunmehr gegenüber nichtärztlichen Teilnehmern geöffnet. Entsprechend der gesetzgeberischen Forderung nach einer stärkeren Verzahnung zwischen ambulanter und stationärer Versorgung und einer möglichst umfassenden ambulanten Versorgung erlaubt Kap. D II Nr. 11 Abs. 3 MBO-Ä 2000 nun eine Einbeziehung bestimmter stationärer Einrichtungen und Angehöriger nichtärztlicher Gesundheitsberufe in den Praxisverbund.

A. Die Einbeziehung von Angehörigen anderer Gesundheitsberufe und von stationären Einrichtungen – Die Regelung des Kap. D II Nr. 11 Abs. 3 MBO-Ä 2000

Praxisnetze beschränken sich nicht nur auf eine Zusammenarbeit zwischen einzelnen selbständigen Arztpraxen, zunehmend bestehen in Ergänzung zu dieser rein ambulant-ärztlichen Zusammenarbeit Kooperationsvereinbarungen mit regionalen Krankenhäusern und mit Angehörigen nichtmedizinischer Fachberufe wie Physiotherapeuten, Apothekern und ambulanten Pflegediensten[439]. Die

---

[436] So BayVerfGH DÖV 1966, 793, 794, unter Berufung auf BVerfGE 9, 338, 351.
[437] So *Ratzel/Lippert*, MBO-Ä 1997, § 30 Rdnr. 1.
[438] BGBl. I (1994), S. 1744.
[439] Beispiele finden sich in der Projektübersicht in *KBV* Kontext Nr. 9, Dezember 1998, sowie bei *Rüschmann/Roth/Krauss*, Vernetzte Praxen, S. 32 ff. u. S. 311 ff. und im Abschlußbericht der Arbeitsgruppe „Vernetzte Praxen" der *Kassenärztlichen Vereinigung Nordbaden*, S. 13. Nach *Tophoven*, KrV 2000, 239, sollen solche interdisziplinären und sektorübergreifenden Ansätze bei Praxisnetzen heute sogar schon die Regel sein.

Formen solcher interprofessionell kooperierender Praxisnetze sind dabei so vielfältig wie die Ziele, die in den einzelnen Vernetzungsprojekten verfolgt werden.

Häufig zu beobachten sind in Klinikräumen untergebrachte Bereitschafts- oder Notfallpraxen von Praxisnetzen, die das übliche Spektrum einer hausärztlichen Praxis bieten und bei lebensbedrohlichen Notfällen oder bei schweren Erkrankungen eine unverzügliche Weiterbehandlung und Übernahme in das Krankenhaus ermöglichen[440]. Weitere Kooperationen mit dem stationären Sektor bestehen im Bereich des ambulanten Operierens, der Nutzung von Großgeräten oder der indikationsbezogenen Zusammenarbeit[441]. Vorrangiges Ziel eines Praxisnetzes ist die Ersetzung kostenintensiver Krankenhausversorgung durch eine möglichst umfassende ambulante Betreuung. Zu diesem Zweck bestehen vielfach Vereinbarungen mit ambulanten Pflegediensten, Physiotherapeuten und anderen Angehörigen nichtärztlicher Berufe über häusliche Visitendienste und Pflegebetreuung. Bei einer indikationsbezogenen Zusammenarbeit, etwa im Bereich der Diabetikerversorgung oder der Krebsbehandlung, kann es sinnvoll sein, Psychologen, Apotheker und Angehörige von Pflegeberufen nicht nur im Rahmen der Akutbehandlung, sondern zum Beispiel auch im Rahmen von Vorsorgemaßnahmen wie Patientenschulungen einzubeziehen.
Die Teilnahme stationärer Einrichtungen und Angehöriger nichtärztlicher Berufsgruppen an einem Praxisverbund greift die Vorschrift Kap. D II Nr. 11 Abs. 3 MBO-Ä 2000 auf. Sie besagt:

> *„In eine Kooperation nach Abs. 1 können auch Krankenhäuser, Vorsorge- und Rehakliniken und Angehörige anderer Gesundheitsberufe nach Abschnitt D II Nr. 9 Abs. 2 einbezogen werden, wenn die Grundsätze nach Abschnitt D II Nr. 9 Abs. 1 gewahrt sind".*

I. Beitrittsfähige Einrichtungen und Berufsgruppen

1. Der Verweis auf die in Kap. D II Nr. 9 Abs. 2 MBO-Ä 2000 genannten Berufsgruppen

Kap. D II Nr. 11 Abs. 3 MBO-Ä 2000 erklärt neben der Einbeziehung von Krankenhäusern, Vorsorge- und Rehakliniken die Teilnahme von Angehörigen der folgenden in Kap. D II Nr. 9 Abs. 2 MBO-Ä 2000 genannten Gesundheitsberufe für zulässig:
- Zahnärzte,

---

[440] Projektbeispiele in praxisNETZ 2000 (Heft 2), 8 u. praxisNETZ 2000 (Heft 6), 7 f. sowie bei *Andreas*, ArztR 2000, 32, 33 ff.
[441] Ein anschauliches Beispiel für eine Vernetzung von Klinik, Praxis und Pflege findet sich bei *Frank*, in: Carstensen/Ulsenheimer (Hrsg.), Ambulantes Operieren, S. 53 ff.

- Psychologische Psychotherapeuten, Kinder- und Jugendlichenpsychotherapeuten, Diplompsychologen,
- Klinische Chemiker, Ernährungswissenschaftler und andere Naturwissenschaftler,
- Diplom-Sozialpädagogen, Diplom-Heilpädagogen,
- Hebammen,
- Logopäden und Angehörige gleichgestellter sprachtherapeutischer Berufe,
- Ergotherapeuten,
- Angehörige der Berufe in der Physiotherapie,
- Medizinisch-technische Assistenten,
- Angehörige staatlich anerkannter Pflegeberufe,
- Diätassistenten[442].

Nicht ausdrücklich genannt ist in dieser als abschließend aufzufassenden Aufzählung der Apotheker. Anders als bei den durch die Berufsordnung aufgeführten Berufsgruppen handelt sich bei einem Apotheker nicht um einen Angehörigen eines auf therapeutische Dienstleistungen gerichteten Berufs, der ergänzend zu einer ärztlichen Behandlung tätig wird. Dennoch gibt es Kooperationsfelder, auf denen eine Einbeziehung eines Apothekers in einen Praxisverbund durchaus sinnvoll sein kann. Zu denken wäre beispielsweise an eine pharmakologische Beratung der Netzärzte im Rahmen der Qualitätszirkelarbeit oder an eine Mitwirkung von Apothekern an durch ein Netz durchgeführten Patientenschulungen, z. B. auf dem Gebiet der Diabetikerversorgung[443]. Da es sich bei dem Beruf des Apothekers zweifellos um einen naturwissenschaftlichen handelt, bietet der Normwortlaut des Kap. D II Nr. 9 Abs. 2 c) („und andere Naturwissenschaftler“[444]) auch einen Anknüpfungspunkt, um Apotheker in einen Praxisverbund einbeziehen zu können. Daß die Zusammenarbeit von Apothekern und Ärzten

---

[442] Diese Aufzählung, die wortgleich bereits in Kap. D II Nr. 9 Abs. 2 MBO-Ä 1997 enthalten war, ist in die Berufsordnungen der Landesärztekammern übernommen worden. Lediglich die BO-BW nennt zusätzlich den Beruf des Diplom-Sportlehrers und die BO-Hessen denjenigen des Orthoptisten. – Einzelheiten zu den in eine Medizinische Kooperationsgemeinschaft einbeziehbaren Berufsgruppen bei *Werner*, Gemeinschaftliche ärztliche Berufsausübung, S. 368 ff.

[443] Die Zusammenarbeit eines Netzes mit Apothekern wird deshalb auch immer wieder genannt, so z. B. von *Rieger*, Gutachten für die Arbeitsgruppe „Vernetzte Praxen“ der Kassenärztlichen Vereinigung Nordbaden, S. 32 f.; vgl. auch die Übersicht über die verschiedenen Netzprojekte in *KBV* Kontext Nr. 9, aktualisierte Fassung von März 1999, sowie die in *Senator für Arbeit, Frauen, Gesundheit, Jugend und Soziales der Freien Hansestadt Bremen*, Versorgungsstrukturen für Diabetiker in Bremen, S. 54, genannten Beispiele für eine Zusammenarbeit zwischen Praxisnetzen und Apothekern. Zu dem von der Einbeziehung des Apothekerberufes in einen Praxisverbund versprochenen Nutzen für Patienten, Kostenträger, Ärzte und Apotheker selbst, *Schaefer*, in: Kreyher (Hrsg.), Handbuch Gesundheits- und Medizinmarketing, S. 536 f.

[444] Die Formulierungen in den Berufsordnungen der Länder sind insoweit gleichlautend.

wegen der in den jeweiligen Berufsgesetzen verankerten Zuweisungsverbote[445], die es beiden Berufsgruppen untersagen, Absprachen über die Zuweisung von Patienten zu treffen, aus berufsrechtlicher Sicht traditionell problematisch ist, steht der Möglichkeit, Apotheker in den Praxisverbund einzubeziehen, nicht entgegen. Abgesehen davon, daß jedenfalls nach dem ärztlichen Berufsrecht Ausnahmen von diesem Verbot möglich sind[446], geht es bei der Frage nach der grundsätzlichen Teilnahmemöglichkeit eines Apothekers an einem Praxisverbund nicht um die auf die Erlangung geldwerter Vorteile gerichtete Zuweisung von Patienten, sondern um eine auf die Verbesserung der Patientenversorgung abzielende Zusammenarbeit beider Berufsgruppen auf konsiliarischer und informatorischer Ebene[447].

Ebenso wie ärztliche Praxisgemeinschaften oder Gemeinschaftspraxen an einem Praxisverbund teilnehmen können, müssen auch Gemeinschaften der in Kap. D II Nr. 9 Abs. 2 MBO-Ä 2000 genannten nichtärztlichen Leistungserbringer, wie z. B. Berufsausübungsgemeinschaften von Physiotherapeuten, in den Praxisverbund einbeziehbar sein. Andernfalls befände sich die ärztliche Berufsordnung in einem Widerspruch zu der insoweit höherrangigen Rechtslage, insbesondere zu § 140 b Abs. 2 SGB V, der als Vertragspartner der Krankenkassen bei den Verträgen über integrierte Versorgungsformen ausdrücklich Gemeinschaften der „sonstigen an der Versorgung der Versicherten teilnehmenden Leistungserbringer“ aufführt. Dies gilt um so mehr, als die die Teilnahme von Nichtärzten am Praxisverbund regelnde Vorschrift des Kap. D II Nr. 11 Abs. 3 MBO-Ä 2000 als Reaktion auf die gesetzliche Entwicklung im Bereich der Integrationsversorgung der §§ 140 a ff. SGB V in die ärztliche Berufsordnung eingefügt wurde.

2. Kooperation mit weiteren nichtärztlichen und gewerblichen Einrichtungen

Darüber hinaus sind auf einer unterhalb der Einbeziehung liegenden Ebene Kooperationsverträge zwischen einem Praxisverbund und Sanitätshäusern, Medizintechnikunternehmen, Orthopädietechnikern, Rettungsdiensten, dem Medizinischen Dienst der Krankenkassen (MDK) oder ähnlichen Einrichtungen möglich[448]. Bei den drei erstgenannten Einrichtungen können sich aus berufsrechtlicher Sicht vor allem Probleme mit dem bereits genannten Zuweisungsverbot des § 34 Abs. 5 MBO-Ä 2000 ergeben.

---

[445] § 34 Abs. 5 MBO-Ä 2000 und § 11 ApothekenG.

[446] Im einzelnen dazu unten II. 1. c).

[447] Die Einbeziehbarkeit der Apotheker in den Praxisverbund bejahen auch *Wigge/Kleinke*, MedR 2002, 391, 393 f. Siehe auch *Rieger*, in: Rieger (Hrsg.), Lexikon des Arztrechts, Stichwort „Praxisnetz“ (Nr. 4305), Rdnr. 9.

[448] So auch *Rieger*, Gutachten für die Arbeitsgruppe „Vernetzte Praxen“ der Kassenärztlichen Vereinigung Nordbaden, S. 32, der darüber hinaus noch Kooperationsabsprachen des Netzes mit Gesundheitsämtern und Betriebsärzten nennt.

Kooperationsverträge, die die Zuweisung von Patienten an solche Unternehmen zum Gegenstand haben, sind nur unter strikter Ausrichtung an einer medizinischen Indikation zulässig[449]. Erforderlich ist ein medizinischer oder therapeutischer Grund für die Patientenzuweisung an ein bestimmtes Unternehmen dieser Art. Rein wirtschaftlich motivierte Zusammenarbeitsformen sind nur auf der von der Patientenbehandlung losgelösten Ebene der Praxisorganisation zulässig, soweit es beispielsweise um die Beschaffung von Praxisbedarf geht. Bei den beiden letztgenannten Einrichtungen sind aus berufsrechtlicher Sicht die Vorgaben zur ärztlichen Schweigepflicht zu beachten. Ansonsten sind individuelle Absprachen mit solchen Einrichtungen berufsrechtlich unproblematisch.

Eine unabhängig von der netzärztlichen Praxistätigkeit erfolgende Zusammenarbeit einzelner Netzärzte mit Betreibern von Fitnesscentern oder Sportvereinen, beispielsweise auf dem Gebiet der (sport)medizinischen Beratung und Betreuung dieser Einrichtungen und ihrer Mitglieder, folgt den allgemeinen Regeln über die ärztliche Nebentätigkeit[450]. Solange im Rahmen solcher Tätigkeiten nicht potentielle Patienten für die Haupttätigkeit des Netzarztes gewonnen werden oder die Nebentätigkeit insoweit eine Umgehung des ärztlichen Werberechts[451] darstellt, sind sie berufsrechtlich zulässig. Sonderprobleme ergeben sich für den einzelnen Arzt aufgrund seines Status als Netzarzt nicht.

II. Die bei der Einbeziehung zu beachtenden Grundsätze

Kap. D II Nr. 11 Abs. 3 a. E. MBO-Ä 2000 bestimmt, daß eine Einbeziehung der genannten Berufsgruppen in einen Praxisverbund nur zulässig ist, wenn durch die konkrete Kooperation „die Grundsätze nach Abschnitt D II Nr. 9 Abs. 1 gewahrt sind". In Verbindung mit der Beschränkung der teilnahmefähigen Berufe entspricht dieser pauschale Verweis auf die in Kap. D II Nr. 9 Abs. 1 MBO-Ä 2000 enthaltenen Zusammenschlußregelungen der Medizinischen Kooperationsgemeinschaft der traditionell restriktiven Haltung der ärztlichen Berufsordnung gegenüber interprofessionellen Zusammenschlüssen. Um berufsrechtlich virulente Vermischungen zwischen ärztlicher und nichtärztlicher Tätigkeit zu vermeiden, soll das bei der Einführung der Medizinischen Kooperationsgemeinschaft durch den 98. Deutschen Ärztetag 1995 gefundene Ergebnis eines berufsrechtlich und funktional geordneten Zusammenschlusses[452] auf den interprofessionell kooperierenden Praxisverbund übertragen werden. Die berufsrechtliche Regelung zur Medizinischen Kooperationsgemeinschaft ist durch drei Elemente gekennzeichnet: Erstens können nur Kooperationspartner

---

[449] Im einzelnen dazu unten II. 1. c).

[450] Siehe hierzu *Schiller*, NZS 1997, 103, 110 f. und *Ratzel/Lippert*, MBO-Ä 1997, § 18 Rdnr. 1.

[451] Dazu unten § 4 C.

[452] So *Schirmer*, MedR 1995, 383, zu § 23 a MBO-Ä a.F. (= Kap. D II Nr. 9 MBO-Ä 2000).

aus einem bestimmten Berufskreis, nämlich aus dem Bereich der Gesundheitsberufe, kooperieren. Zweitens muß dem Arzt durch die nichtärztlichen Kooperationspartner die Einhaltung der für ihn geltenden berufsrechtlichen Bestimmungen ermöglicht werden. Jeder der Kooperationspartner ist selbständig und eigenverantwortlich in seinem berufsrechtlich gestatteten Kompetenzbereich zuständig. Und drittens können in dem konkreten Zusammenschluß nur solche Berufsangehörigen miteinander kooperieren, die in ihrer Verbundenheit einen gemeinsamen Zweck im Bereich der medizinischen Versorgung erfüllen können[453]. In diesem Zusammenhang muß berücksichtigt werden, daß es sich bei der Medizinischen Kooperationsgemeinschaft aufgrund ihres Charakters als Berufsausübungsgemeinschaft um eine Form der Zusammenarbeit handelt, die den Kern der ärztlichen Tätigkeit wesentlich stärker zu berühren geeignet ist und deshalb auch von vornherein wesentlich strengeren berufsrechtlichen Bindungen unterliegt als der Praxisverbund, der eine bloße Kooperation zwischen selbständig bleibenden Arztpraxen darstellt[454]. Entsprechend der Formulierung des Kap. D II Nr. 11 Abs. 3 MBO-Ä 2000 kann sich dieser Verweis daher nur auf die „Grundsätze" des Kap. D II Nr. 9 Abs. 1 MBO-Ä 2000 und damit ausschließlich auf eine sinngemäße und im Rahmen des Praxisverbundes sinnvolle Übertragung der dort genannten Anforderungen beziehen.

Die in Kap. D II Nr. 9 Abs. 1 S. 2 MBO-Ä 2000 enthaltene Rechtsformvorgabe, die die Gestalt der Medizinischen Kooperationsgemeinschaft auf die Partnerschaftsgesellschaft oder auf die Gesellschaft bürgerlichen Rechts beschränkt, ist aus diesem Grund für den berufsübergreifend tätigen Praxisverbund gegenstandslos. Sie beruht auf dem Umstand, daß bei einer Medizinischen Kooperationsgemeinschaft der Behandlungsvertrag mit dem Kollektiv der Behandelnden und nicht mit dem einzelnen Behandler geschlossen wird. Entsprechend der für eine Berufsausübungsgemeinschaft unter Ärzten geltenden berufsrechtlichen Forderung nach Gesellschaftsformen, „welche die eigenverantwortliche und selbständige sowie nicht gewerbliche Berufsausübung wahren" (Kap. D II Nr. 8 Abs. 1 S. 1 MBO-Ä 2000), soll ein durch die Strukturmerkmale juristischer Personen des Privatrechts (vermeintlich) entstehender Widerspruch zu freiberuflich-ärztlichen Wesensmerkmalen vermieden werden[455]. Bei einer berufsübergreifenden Zusammenarbeit im Rahmen eines Praxisverbundes ist dieser Normzweck nicht einschlägig. Der Patient sieht sich hier nach wie vor lediglich einem einzelnen Netzarzt oder einem einzelnen nichtärztlichen Lei-

[453] *Schirmer*, MedR 1995, 383.
[454] Vgl. dazu oben Teil 2 § 1 C. II. – Die Mitwirkung eines Arztes an einer Medizinischen Kooperationsgemeinschaft steht deshalb auch unter einem Genehmigungsvorbehalt (Kap. D II Nr. 9 Abs. 5 MBO-Ä 2000).
[455] Zu dem Grundsatzstreit über die „Heilkunde-GmbH" siehe bereits oben Teil 2 § 2 A. I. 2. a).

stungserbringer gegenüber; nur mit diesem wird der Behandlungsvertrag geschlossen.

1. Die Grundsätze des Kap. D II Nr. 9 Abs. 1 S. 4 a)-f) MBO-Ä 2000

Die nachfolgenden – im Kooperationsvertrag deutlich zu machenden – Grundvoraussetzungen für einen zulässigen berufsübergreifenden Zusammenschluß sind zum Teil merklich durch ihre Bezugnahme auf eine Berufsausübungsgemeinschaft gekennzeichnet. Für den Praxisverbund können sie nur insoweit eigenständige Bedeutung beanspruchen, als dieser nicht die gemeinsame, sondern nur die koordinierte Behandlung von Patienten zum Gegenstand hat. Im großen und ganzen greifen diese Grundvoraussetzungen lediglich das auf, was sich ohnehin aus den allgemeinen berufsrechtlichen Regeln nicht nur für die Zusammenarbeit von Arzt und Nichtarzt, sondern grundsätzlich für die ärztliche Arbeit ergibt. Durch ihre ausdrückliche Normierung im Rahmen der interprofessionellen Kooperation sollen ihr Gewicht und ihre Geltung auch für die berufsübergreifende Zusammenarbeit unterstrichen werden.

Von vornherein gegenstandslos für den berufsübergreifend tätigen Praxisverbund ist die Vorschrift des Kap. D II Nr. 9 Abs. 1 S. 4 g) MBO-Ä 2000, die bestimmt, daß im Rechtsverkehr die Namen und Berufsbezeichnungen aller Kooperationspartner sowie ggf. der Zusatz Partnerschaft anzugeben sind. Für die Medizinische Kooperationsgemeinschaft stellt sie lediglich eine Fortführung der Regelung des Kap. D I Nr. 2 Abs. 9 MBO-Ä 2000 dar und rechtfertigt sich allein aus dem Gedanken, daß sich der Patient im Gegensatz zu einem Praxisverbund nicht mehr nur einem Einzelarzt, sondern einer Behandlungsgemeinschaft gegenübersieht.

Die sinngemäße Übertragung der in Kap. D II Nr. 9 Abs. 1 S. 4 MBO-Ä 2000 an die Medizinische Kooperationsgemeinschaft gestellten Anforderungen ergibt für den Praxisverbund, daß eine Einbeziehung von Nichtärzten nur möglich ist, wenn:

- die eigenverantwortliche und selbständige Berufsausübung der Netzärzte gewahrt ist[456];
- die Verantwortungsbereiche der Kooperationspartner gegenüber den Patienten getrennt bleiben[457];
- medizinische Entscheidungen, insbesondere über Diagnostik und Therapie, ausschließlich durch die Netzärzte getroffen werden, sofern diese nicht nach ihrem Berufsrecht den im Praxisverbund selbständig tätigen Berufsangehörigen eines anderen Fachberufs solche Entscheidungen überlassen dürfen[458];

---

[456] Dazu im folgenden a).
[457] Dazu im folgenden a).
[458] Dazu im folgenden b).

- der Grundsatz der freien Arztwahl gewahrt bleibt[459];
- der behandelnde Netzarzt zur Unterstützung bei seinen diagnostischen Maßnahmen oder zur Therapie auch andere als die in dem Praxisverbund kooperierenden Berufsangehörigen hinzuziehen kann[460] und
- die Einhaltung der berufsrechtlichen Bestimmungen der Ärzte, insbesondere das grundsätzliche Verbot der Errichtung einer Zweigpraxis, die Pflicht zur Dokumentation, das Verbot der Werbung und die Regeln zur Erstellung einer Honorarforderung, von den übrigen Kooperationspartnern beachtet wird[461].

a) Wahrung der ärztlichen Eigenverantwortung und Selbständigkeit sowie Trennung der Verantwortungsbereiche der Kooperationspartner (Kap. D II Nr. 9 Abs. 1 S. 4 a) und b) MBO-Ä 2000)

Mit der Verpflichtung zur Wahrung der ärztlichen Eigenverantwortung und Selbständigkeit sowie zur Trennung der Verantwortungsbereiche der Kooperationspartner ist der bereits in § 2 Abs. 4 MBO-Ä 2000 enthaltene und wichtigste Grundsatz jeder ärztlichen Kooperation umschrieben: Die professionelle Weisungs- und Entscheidungsfreiheit in fachlichen Angelegenheiten als unabdingbares Wesensmerkmal des „freien" Arztberufs darf unter keinen Umständen angetastet werden. Allenfalls in Bezug auf Fragen der äußeren Organisation, die nicht die ärztliche Berufsausübung als solche betreffen, darf eine Weisungsgebundenheit des Arztes bestehen[462].

Hintergrund dieser Regelung ist der Gedanke, daß jede mit rechtlicher Verbindlichkeit eingegangene Verbindung für die Beteiligten – je nach Intensität und Umfang der Gemeinschaftlichkeit – mit gegenseitigen Abhängigkeiten, z. B. durch das gemeinsame Tragen von Anschaffungs- oder Betriebskosten, verbunden ist. Je höher der Grad der Gemeinschaftlichkeit und der damit verbundenen Verpflichtungen ist, desto größer kann die Gefahr werden, daß die für eine gewissenhafte, ärztliche wie nichtärztliche Beratung oder Behandlung erforderliche Objektivität nicht mehr in jedem Fall gewährleistet ist. Im Falle der finanziellen Abhängigkeit eines Gesellschafters könnte ein anderer Gesellschafter versucht sein, auf die Berufsausübung seines Partners dergestalt Einfluß zu nehmen, daß beispielsweise dem Arzt erleichterte Zahlungsmodalitäten gegen Überlassung zahlreicher Patienten zugesagt werden. Bei einem interprofessionell kooperierenden Praxisverbund wird zwar diese Gefahr regelmäßig nicht so groß sein wie bei einer Berufsausübungsgemeinschaft oder herkömmlichen Organisationsgemeinschaft, da die selbständige Praxisstruktur beibehalten wird und der Grad der Vergemeinschaftung deshalb geringer ist. Aber auch hier kann es durchaus zu einer Konfliktsituation kommen, wenn gemeinsam mit den

---

459 Dazu im folgenden c).
460 Dazu im folgenden d).
461 Dazu im folgenden e).
462 Dazu bereits oben § 2 A. I. 2.

nichtärztlichen Kooperationspartnern Investitionen getätigt werden, z. B. hinsichtlich einer Bereitschaftspraxis in den Räumen eines Krankenhauses. In jedem Fall sollte also der Kooperationsvertrag zwischen einem Netz und seinen nichtärztlichen Partnern Regelungen enthalten, die eine unmittelbare oder auch nur mittelbare Einflußnahme auf die fachliche Entscheidungs- und Weisungsfreiheit der beteiligten Ärzte zu unterbinden geeignet sind.

Ebenfalls der Sicherung der ärztlichen Weisungs- und Entscheidungsfreiheit in fachlichen Angelegenheiten dient das Verbot der entgeltlichen Patientenzuweisung, das auch im Rahmen des berufsübergreifend tätigen Praxisverbundes zu beachten ist. Dieses erfaßt nicht nur die verabredete Zuweisung unter Ärzten, sondern auch die abgesprochene Zuweisung durch oder an Nichtärzte[463]. § 31 MBO-Ä 2000 verbietet es dem Arzt, sich „für die Zuweisung von Patienten oder Untersuchungsmaterial ein Entgelt oder andere Vorteile versprechen oder gewähren zu lassen oder selbst zu versprechen oder zu gewähren". Hinsichtlich der Reichweite des Zuweisungsverbots gilt für die Beziehungen zwischen Ärzten und Nichtärzten das gleiche wie für rein ärztliche Zusammenarbeitsformen[464]. Verboten sind unmittelbar wie mittelbar auf Entgeltlichkeit gerichtete Absprachen. Es sind also nicht nur Vereinbarungen zwischen Netzärzten und beispielsweise einem in den Praxisverbund einbezogenen Physiotherapeuten in der Form unzulässig, daß der Physiotherapeut den Netzärzten potentielle Patienten gegen ein von den Netzärzten zu zahlendes Entgelt zuweist oder die Netzärzte dem Physiotherapeuten Patienten gegen ein von diesem zu zahlendes Entgelt zuweisen. Unzulässig sind auch solche Vermittlungen, die zwar jeweils unentgeltlich erfolgen, bei denen der mittelbare wirtschaftliche Ausgleich aber dadurch hergestellt wird, daß diese in einem Gegenseitigkeitsverhältnis stehen[465]. Bei der berufsübergreifenden Netzarbeit muß jedoch im Hinblick auf den Schutzzweck des § 31 MBO-Ä 2000 das gleiche gelten wie im Rahmen der rein ärztlichen Zusammenarbeit in Form eines Praxisverbundes. Die letztgenannte Facette des Zuweisungsverbots, nach der der reine Gegenseitigkeitscharakter der Vermittlung schon das berufsrechtliche Unwerturteil über die Absprache fällt, ist bei der koordinierten Zusammenarbeit eines Netzes mit Angehörigen nichtärztlicher Gesundheitsberufe nicht einschlägig. Durch das Zuweisungsverbot sollen im Interesse des Patienten lediglich solche Vermittlungen verhindert werden, die ihren Grund nicht in der Behandlung selbst, sondern in nichtmedizinischen, wirtschaftlich motivierten Erwägungen haben[466]. Das durch ein Netz praktizierte System gegenseitiger Zuweisungen dient jedoch primär medizinischen Zwecken. Durch die unter den ärztlichen und nichtärztlichen Kooperati-

---

[463] OLG Hamm NJW 1985, 679, 680; *Narr*, Ärztliches Berufsrecht, Rdnr. 1016 (Stand: Januar 1988).
[464] Zur Geltung des § 31 MBO-Ä 2000 im rein ärztlichen Verhältnis, siehe unten § 4 A. II. 1.
[465] Vgl. *Ahrens*, MedR 1992, 141, 146.
[466] *Ratzel/Lippert*, MBO-Ä 1997, § 31 Rdnr. 1.

onspartnern abgesprochene Behandlung nach verbindlich festgelegten Qualitätsmaßstäben soll zu einer Verbesserung der Patientenversorgung insgesamt beigetragen werden. Grundgedanke der Praxisnetze ist gerade die abgesprochene medizinische „Rundumversorgung" des Patienten. Solange sich die Patientenvermittlungen im Rahmen des jeweiligen Vernetzungsziels halten, kann hierin kein Verstoß gegen § 31 MBO-Ä 2000 gesehen werden.

Die darüber hinaus durch Kap. D II Nr. 9 Abs. 1 S. 4 b) MBO-Ä 2000 vorgeschriebene Trennung der Verantwortungsbereiche der Kooperationspartner ergibt sich schon aus § 30 Abs. 2 MBO-Ä 2000 und beinhaltet eine Selbstverständlichkeit: Handlungen, die der Ausübung der Heilkunde am Menschen zuzurechnen sind, dürfen nur von approbierten Ärzten vorgenommen werden. Da der mit Nichtärzten kooperierende Praxisverbund lediglich die koordinierte, jeweils selbständig bleibende Behandlungstätigkeit zum Gegenstand hat, entfaltet er im Gegensatz zu einer Medizinischen Kooperationsgemeinschaft, bei der die gemeinsame Behandlung von Patienten den Gegenstand der Kooperation bildet, diesbezüglich kein besonderes Konfliktpotential.

b) Arztvorbehalt (Kap. D II Nr. 9 Abs. 1 S. 4 c) MBO-Ä 2000)

Auch die Festlegung eines Arztvorbehaltes beinhaltet Selbstverständliches: Medizinische Entscheidungen dürfen nur durch den Arzt getroffen werden. Dieser darf Entscheidungen über Diagnostik und Therapie seinem nichtärztlichen Kooperationspartner nur dann überlassen, wenn der Angehörige des nichtärztlichen Fachberufs nach seinem eigenen Berufsrecht zur Durchführung der konkreten Maßnahme berechtigt ist. Zweck der Vorschrift ist zu verhindern, daß im Kooperationsvertrag ein „arbeitsteiliges" Diagnose- und Therapiekonzept dergestalt festgelegt wird, daß der Arzt angehalten ist, die Durchführung bestimmter Maßnahmen, die auch durch einen Nichtarzt erfolgen dürfen, zwingend einem solchen zuweisen zu müssen[467]. Im Interesse des Patienten hat die Entscheidung darüber, ob überhaupt eine und ggf. welche therapeutische oder diagnostische Handlung vorzunehmen ist, allein der Arzt zu treffen.

Während dieser „Arztvorbehalt" die sachliche Entscheidungsfreiheit des Arztes zum Ausdruck bringt, beinhaltet der unten unter d) anzusprechende „Therapievorbehalt" des Kap. D II Nr. 9 Abs. 1 S. 4 e) MBO-Ä 2000 die persönliche Entscheidungsfreiheit des Arztes darüber, welcher bestimmte Nichtarzt eine solche Maßnahme auszuführen hat.

c) Freie Arztwahl (Kap. D II Nr. 9 Abs. 1 S. 4 d) MBO-Ä 2000)

Hinsichtlich des dem Patienten zustehenden Rechts, den von ihm aufzusuchenden Arzt frei zu wählen, hat diese Vorschrift lediglich klarstellenden Charakter. Dessen Arztwahlfreiheit ergibt sich bereits aus der allgemeinen Vorschrift des

---

[467] *Schirmer*, MedR 1995, 341, 384 f.

§ 7 Abs. 2 MBO-Ä 2000; für den Praxisverbund wird ihre Geltung durch Kap. D II Nr. 1 Abs. 1 S. 3 MBO-Ä 2000 ausdrücklich bekräftigt[468]. Eigenständige Bedeutung entfaltet die Vorschrift Kap. D II Nr. 9 Abs. 1 S. 4 d) MBO-Ä 2000 nur insofern, als daß sie für das berufsübergreifend tätige Praxisnetz deutlich macht, daß sich die Wahlfreiheit des Patienten nicht auf die Entscheidung über den von ihm zu konsultierenden Arzt beschränkt. Dem Patienten steht darüber hinaus das Recht zu, unter mehreren Apotheken, Pflegediensten, Physiotherapeuten, Krankenhäusern etc. frei zu wählen[469].

Um eine Aushöhlung dieser Wahlfreiheit durch Abreden zwischen Ärzten und Nichtärzten zu verhindern, wird es dem Arzt durch § 34 Abs. 5 MBO-Ä 2000 grundsätzlich verboten, „Patienten ohne hinreichenden Grund an bestimmte Apotheken, Geschäfte oder Anbieter von gesundheitlichen Leistungen zu verweisen". Der Normzweck ähnelt dem des bereits angesprochenen Zuweisungsverbots des § 31 MBO-Ä 2000: Es sollen unärztliche, nicht allein an sachlichen, den Interessen der Gesundheit des Patienten dienenden Maßstäben orientierte Verordnungen ausgeschlossen werden[470]. Die auf medizinischen Erwägungen beruhende Verweisung wird von dem Verbot des § 34 Abs. 5 MBO-Ä 2000 nicht erfaßt. Zulässig ist es deshalb, wenn ein Arzt im Rahmen einer Drogensubstitutionstherapie zur Vermeidung eines möglichen Rezeptmißbrauchs durch seine suchtmittelabhängigen Patienten nur Verweisungen an eine bestimmte Apotheke ausspricht[471]. Der Normzweck des § 34 Abs. 5 MBO-Ä 2000 ist im Rahmen eines – durch Kap. D II Nr. 11 Abs. 3 MBO-Ä 2000 ausdrücklich für zulässig erklärten – berufsübergreifend tätigen Praxisverbundes nicht einschlägig. Hier geht es gerade darum, durch eine stärkere, über das sonst übliche Maß der Zusammenarbeit zwischen Ärzten und nichtärztlichen Leistungserbringern hinausgehende Kooperation und Kommunikation die Versorgung der Patienten zu verbessern. Die am konkreten Versorgungsziel des Netzes orientierte Zusammenarbeit (und nur diese!) stellt einen „hinreichenden Grund" i. S. v. § 34 Abs. 5 MBO-Ä 2000 dar.

Eine durch die Netzärzte ausgesprochene Empfehlung an die mit dem Praxisverbund kooperierenden Apotheken, Geschäfte und Anbieter von gesundheitlichen Leistungen ist unter dieser Voraussetzung berufsrechtlich zulässig[472].

---

[468] Dazu unten § 4 A. II.

[469] *Ratzel*, MedR 1998, 98, 100; allgemein zur Reichweite der Wahlfreiheit des Patienten *Narr*, Ärztliches Berufsrecht, Rdnr. 1200 (Stand: Januar 1988).

[470] Vgl. OLG Stuttgart MedR 1997, 175, 177. Dem Apotheker sind derartige Absprachen mit Ärzten ebenfalls standesrechtlich untersagt; dazu Gerichtshof der Heilberufe Niedersachsens MedR 1984, 34. – Zur Vereinbarkeit solcher Verbote mit höherrangigem Recht, LandesberufsG für Heilberufe beim OVG Koblenz NJW 1994, 813.

[471] OLG Schleswig NJW 1995, 3064 u. nachfolgend Berufsgericht für die Heilberufe in Schleswig bei Luyken, Entscheidungen der Heilberufsgerichte, A 1.5, Nr. 36 (S. 210.83).

[472] So im Ergebnis auch *Rieger*, in: Rieger (Hrsg.), Lexikon des Arztrechts, Stichwort „Praxisnetz" (Nr. 4305), Rdnrn. 56 f.; *Schirmer*, VSSR 1998, 279, 301 sowie *Krieger*, in: AG

Schwierigkeiten könnten sich allerdings für den beteiligten Apotheker ergeben. § 11 ApothekenG[473] sieht keine Ausnahme von dem auch für Apotheker geltenden Verbot der Zuweisung von Patienten vor. Er bestimmt restriktiver: „Erlaubnisinhaber und Personal von Apotheken dürfen mit Ärzten oder anderen Personen, die sich mit der Behandlung von Krankheiten befassen, keine Rechtsgeschäfte vornehmen oder Absprachen treffen, die eine bevorzugte Lieferung bestimmter Arzneimittel, die Zuführung von Patienten, die Zuweisung von Verschreibungen oder die Fertigung von Arzneimitteln ohne volle Angabe der Zusammensetzung zum Gegenstand haben". Das Tatbestandsmerkmal „Zuweisung von Verschreibungen" wird jedoch durch die Rechtsprechung weit ausgelegt[474]. Es soll nur dann erfüllt sein, wenn die Rezepte dem Apotheker direkt durch den Arzt zugeleitet werden. Das Verbot des § 11 ApothekenG soll nicht einschlägig sein, solange lediglich eine – wenn auch „intensive und den Patienten einschüchternde"[475] – Empfehlung des Arztes an eine bestimmte Apotheke vorliegt, und der Patient das Rezept durch den Arzt ausgehändigt bekommt. In diesen Fällen verbliebe dem Patienten zumindest eine theoretische Wahlmöglichkeit zwischen verschiedenen Apotheken.

d) Diagnostik- und Therapievorbehalt (Kap. D II Nr. 9 Abs. 1 S. 4 e) MBO-Ä 2000)

Die Entscheidungsfreiheit des Arztes darüber, welchen bestimmten Angehörigen eines medizinischen Fachberufs er zur Unterstützung seiner diagnostischen Maßnahmen oder zur Therapie heranziehen will, ist Ausdruck seiner fachlichen Unabhängigkeit. Ausschlaggebend für diese Entscheidung des Arztes kann und darf nur das Patienteninteresse sein.

Die durch eine Vernetzung beabsichtigte Versorgungsverbesserung im Sinne einer optimalen „Rundumbetreuung" des Patienten ist in der Regel nur dadurch zu erreichen, daß alle Behandlungschritte im Netz durchgeführt werden. Mittels Umkehrschluß läßt sich aus Kap. D II Nr. 11 Abs. 1 S. 3 MBO-Ä 2000 folgern, daß die Zulässigkeit eines solchen „Haltens des Patienten im Netz" durch die ärztliche Berufsordnung grundsätzlich anerkannt wird[476]. Mit dem durch Verweis auf Kap. D II Nr. 9 Abs. 1 MBO-Ä 2000 ausgesprochenen „Diagnostik- und Therapievorbehalt"[477] soll jedoch sichergestellt werden, daß dem einzelnen Netzarzt nicht durch vertragliche Bindungen die Ausübung seiner fachlichen Entscheidungsfreiheit, insbesondere in den Fällen, in denen bestimmte therapeutische Maßnahmen nach medizinischen Maßstäben die Kompetenz des dafür zuständigen Kooperationspartners überschreiten, unmöglich gemacht wird.

Medizinrecht im DAV (Hrsg.), Ärztliche Kooperationsformen, S. 171 f., für die Medizinische Kooperationsgemeinschaft.

[473] Apothekengesetz i. d. F. v. 15.10.1980 (BGBl. I, S. 1963).

[474] Siehe OVG Nordrhein-Westfalen, NVwZ-RR 2000, 216 f.

[475] So die Worte des OVG Nordrhein-Westfalen, NVwZ-RR 2000, 216, 217.

[476] Dazu unten Teil 2 § 4 A. II. 1.

[477] So *Schirmer*, MedR 1995, 383, 385.

Der Kooperationsvertrag darf dementsprechend keine Regelung enthalten, die die Netzärzte in medizinisch begründeten Fällen in der Auswahl derjenigen Personen, die sie bei der von ihnen durchgeführten Therapie unterstützend hinzuziehen möchten, einschränkt.

e) Berufsrechtsvorbehalt, insbesondere das Verbot der Errichtung einer Zweigpraxis (Kap. D II Nr. 9 Abs. 1 S. 4 f) MBO-Ä 2000)

Der Kooperationsvertrag muß eine Regelung enthalten, durch die sichergestellt wird, daß die übrigen Kooperationspartner die für den Arzt geltenden berufsrechtlichen Vorschriften beachten. Die Gewährung berufsrechtlich ordnungsgemäßen Verhaltens für die Netzärzte wird damit zur vertraglichen Pflicht aller nichtärztlichen Kooperationspartner. Durch diese Forderung sollen nicht die nur für Ärzte geltenden Berufspflichten der MBO-Ä 2000 auf die in das Netz einbezogenen Nichtärzte übertragen werden – eine solche Normierung wäre unter kompetenzrechtlichen Aspekten nicht zulässig –, sondern es soll für die Netz*ärzte* klargestellt werden, daß ihnen durch die berufsrechtlich zugestandene Zusammenarbeit mit Nichtärzten in einem berufsübergreifend tätigen Praxisverbund nicht mehr Rechte zuwachsen können, als ihnen nach dem Berufsrecht in einer herkömmlichen Einzelpraxis oder in einer rein ärztlichen Kooperation zustünden.

Kap. D II Nr. 9 Abs. 1 S. 4 f) MBO-Ä 2000 zählt mit dem Verbot der Errichtung einer Zweigpraxis, der Pflicht zur Dokumentation, dem Verbot der Werbung[478] und den Regeln zur Erstellung einer Honorarforderung beispielhaft die besonders wichtigen berufsrechtlichen Bindungen des Arztes auf, die im Rahmen einer interprofessionellen Kooperation unter Beteiligung eines Arztes beachtet werden müssen. Die sich aus dem Berufsrecht ergebenden Pflichten zur Dokumentation und zur Erstellung einer Honorarforderung sind auf die durch den Berufsrechtsgeber insoweit als bedrohlich angesehene Medizinische Kooperationsgemeinschaft gemünzt. Die Aufzählung soll klarstellen, daß die berufsrechtliche Pflicht zur Dokumentation der ärztlichen Tätigkeit ebenso wie die bei der Erstellung einer ärztlichen Honorarforderung zu beachtenden Gebote von den Ärzten selbst zu erfüllen sind und nicht wegen der gemeinsamen Berufsausübung einem der nichtärztlichen Kooperationspartner überlassen werden dürfen[479]. Im Rahmen des berufsübergreifend tätigen Praxisnetzes bedarf es aufgrund der selbständig bleibenden Tätigkeit der Beteiligten keines besonderen Hinweises auf diese sich schon aus den allgemeinen Regelungen der §§ 10, 12 MBO-Ä 2000 ergebenden Pflichten.

Da Praxisnetze häufig zentrale Notfall- oder Anlaufpraxen einrichten, die aus den Einzelpraxen der Netzärzte ausgelagert und entweder in den Räumlichkeiten eines örtlichen Krankenhauses oder in separaten, neu geschaffenen

---

[478] Zu Fragen der Werbung im Praxisverbund siehe unten § 4 C.

[479] *Schirmer*, MedR 1995, 383, 385.

Praxisräumlichkeiten untergebracht sind[480], bedarf das durch Kap. D II Nr. 9 Abs. 1 S. 4 f) MBO-Ä 2000 für die Medizinische Kooperationsgemeinschaft hervorgehobene und in § 18 MBO-Ä 2000 allgemein geregelte Verbot der Errichtung einer Zweigpraxis besonderer Erwähnung. Dieses verbietet es dem Arzt, „an mehreren Stellen Sprechstunden abzuhalten" (Abs. 1 S. 1). Netzeigene Notfall-, Anlauf- oder Bereitschaftspraxen sind zentrale Sonderpraxen, die außerhalb der normalen Sprechstundenzeiten durch turnusmäßig wechselnde Netzärzte besetzt werden. Während Notfallpraxen eine Weiterentwicklung der innerhalb der an der vertragsärztlichen Versorgung teilnehmenden Ärzteschaft schon lange bestehenden Notdienstgemeinschaften darstellen[481], dienen Anlauf- oder Bereitschaftspraxen dazu, die Präsenz der Netzärzte durch über die normalen Sprechzeiten hinausgehende Praxisöffnungszeiten zu erhöhen. Der Vorteil solcher zentralen Sonderpraxen liegt auf der Hand: Sie bieten dem Patienten eine zentrale und gleichbleibende und damit schnell erreichbare Anlaufstelle für ambulant-ärztliche Hilfe während der Abend-, Nacht- und Wochenendstunden.

Anknüpfend an den für die ambulant-ärztliche Berufsausübung zentralen berufsrechtlichen Begriff der Niederlassung (vgl. § 17 MBO-Ä 2000) soll durch das Verbot der Errichtung einer Zweigpraxis der starke Persönlichkeitsbezug der ärztlichen Tätigkeit betont werden, die nicht beliebig vervielfältigbar ist und durch einen überschaubaren Tätigkeitsradius gekennzeichnet sein soll[482]. Vermieden werden soll eine räumliche Verlagerung der Praxistätigkeit dergestalt, daß die ärztliche Sprechstunde und vor allem der damit verbundene Erstkontakt zu den Patienten an einer anderen Stelle als der Stammpraxis abgehalten wird[483]. § 18 Abs. 2 MBO-Ä 2000 macht jedoch deutlich, daß nicht jede ambulant-ärztliche Tätigkeit außerhalb der Stammpraxis eines niedergelassenen Arztes von diesem Verbot erfaßt wird. Die Zulässigkeit einer gemeinschaftlich mit anderen Ärzten organisierten Notfallpraxis in den sprechstundenfreien Zeiten wird durch § 18 Abs. 2 S. 2 MBO-Ä 2000 ausdrücklich anerkannt. Auch wenn in einer zentralen Notfallpraxis häufig fremde und nicht eigene Patienten behandelt werden und somit ein Erstkontakt

---

480 Ein Beispiel einer netzeigenen zentralen Notfallpraxis findet sich in praxisNETZ 2000 (Heft 3), 12 f.; vgl. auch *Rüschmann/Roth/Krauss*, Vernetzte Praxen, S. 28, zu der Anlaufpraxis der „Medizinischen Qualitätsgemeinschaft Rendsburg".

481 *Meyer-Lutterloh*, Praxiskooperationen und Praxisnetze, S. 52.

482 So *Ratzel/Lippert*, MBO-Ä 1997, § 18 Rdnr. 1; umfassend zum Begriff der Niederlassung *Schiller*, NZS 1997, 103 ff. – Ein Beispiel einer unzulässigen Zweigpraxis beinhaltet das Urteil OVG Nordrhein-Westfalen, MedR 1999, 425 ff.

483 Nach *Narr*, Ärztliches Berufsrecht, Rdnr. 924 (Stand: Januar 1988), dient das Verbot der Zweigpraxis letztlich dem Gesundheitsinteresse der Bevölkerung: „Die unbeschränkte Zulassung von Sprechstundenausübung an verschiedenen Orten müßte zwangsläufig zur Qualitätsverminderung ärztlicher Tätigkeit führen." – Zur Verfassungsmäßigkeit dieses Verbots, siehe Landesberufsgericht für Ärzte in Stuttgart bei *Luyken*, Entscheidungen der Heilberufsgerichte, A 2.15, Nr. 5 (S. 951 ff.).

zum Patienten hergestellt wird, handelt es sich bei einer solchen Einrichtung nicht um eine berufsrechtlich unerwünschte Zweigpraxis; die „Niederlassung in eigener Praxis" (§ 17 Abs. 1 MBO-Ä 2000) und damit die räumliche Abgrenzbarkeit der fachlichen Tätigkeit des einzelnen Netzarztes werden durch eine zentrale Notfallpraxis nicht berührt. Bei der Sprechstunde im Rahmen einer Notfallpraxis geht es nicht darum, eine eigenständige Parallelsprechstunde zu der Stammsprechstunde abzuhalten, sondern darum, entsprechend der in § 26 Abs. 1 MBO-Ä 2000 statuierten Pflicht des niedergelassenen Arztes, am Notfalldienst teilzunehmen, die notfallmedizinische Versorgung der Bevölkerung während der sprechstundenfreien Zeit sicherzustellen.

Nicht ganz so eindeutig ist die berufsrechtliche Situation für die durch ein Netz angebotenen Sondersprechstunden in Form einer Anlauf- oder Bereitschaftspraxis. § 18 Abs. 2 S. 1 MBO-Ä 2000 erlaubt zwar die Einrichtung sog. ausgelagerter Praxisräume und definiert diese als „Untersuchungs- und Behandlungsräume für spezielle Untersuchungs- oder Behandlungszwecke (z. B. Operationen, medizinisch-technische Leistungen)", knüpft deren Zulässigkeit aber an das Erfordernis, daß der dort erfolgenden Versorgung ein Aufsuchen der Stammpraxis durch den Patienten vorausgegangen sein muß. Nach der berufsrechtlichen Konzeption der ausgelagerten Praxisräume darf dort also kein Erstkontakt mit den Patienten stattfinden, der Arzt muß vielmehr die Patienten *seiner* Praxis zur Untersuchung oder Behandlung an den ausgelagerten Praxisstandort einbestellen. An diesem darf demnach keine eigenständige Sprechstunde, sondern nur eine Bestellsprechstunde abgehalten werden; lediglich bestimmte Tätigkeiten, wie z. B. die Großgerätediagnostik, sollen aus der originären Praxis heraus an einen anderen Erbringungsort verlagert werden dürfen[484].

Das Anbieten von erweiterten Sprechzeiten im Rahmen einer Anlaufpraxis kann durchaus als der von § 18 Abs. 2 S. 1 MBO-Ä 2000 geforderte „spezielle Behandlungszweck" ausgelagerter Praxisräume angesehen werden. Und auch das Verbot, dort eigenständige Sprechstunden abzuhalten, steht der Qualifikation einer netzeigenen Anlauf- oder Bereitschaftspraxis als ausgelagerter Praxisstätte nur vermeintlich entgegen. Zwar geht es bei einer Anlauf- oder Bereitschaftspraxis eines Netzes gerade darum, in den üblicherweise sprechstundenfreien Zeiten einen normalen Praxisbetrieb abzuhalten, dieser Zweck wird jedoch von der Berufsordnung in Kap. D II Nr.11 Abs. 1 S. 1 MBO-Ä 2000 ausdrücklich anerkannt, wenn dort von einer „Form der Zusammenarbeit zur Patientenversorgung, z. B. auf dem Felde der [...] Versorgungsbereitschaft" die Rede ist. Wenn das von der Berufs-

---

[484] So *Schiller*, NZS 1997, 103, 108 und BSG MedR 2002, 365 ff. – Vgl. auch die Problemstellung von *Kiesecker* zu OVG Nordrhein-Westfalen, MedR 1999, 425, 426, nach der es für die Abgrenzung zwischen ausgelagerten Praxisräumen und Zweigpraxis im Einzelfall auf die Kriterien „eigene Anmeldung" oder „eigene Vewaltung" ankommen kann.

ordnung explizit anerkannte Ziel einer Vernetzung von Arztpraxen in der Vermeidung kostenintensiver Krankenhausbehandlungen durch Verbesserung des ambulanten Versorgungsangebotes gerade auch während der Abendstunden liegt, kann dessen zur besseren Erreichbarkeit für die Patienten zentral organisierte Ausführung in Form einer Anlauf- oder Bereitschaftspraxis nicht verboten sein. Um Widersprüche zu vermeiden, muß das Anbieten von erweiterten Netzsprechstunden in Form einer zentralen Anlauf- oder Bereitschaftspraxis als Ausnahme von dem Verbot, in ausgelagerten Praxisräumen eine eigenständige Sprechstunde abzuhalten, gelten. Unter dieser Voraussetzung ist eine zentrale Anlauf- oder Bereitschaftspraxis eines Netzes als ausgelagerte Praxisstätte i. S. v. § 18 Abs. 2 S. 1 MBO-Ä 2000 berufsrechtlich zulässig[485].

Die mit der Unterbringung der netzeigenen Notfall- oder Anlaufpraxis in Krankenhausräumlichkeiten verbundene Inanspruchnahme netzfremder Einrichtungen, Geräte und Mitarbeiter ist berufsrechtlich nicht zu beanstanden. Seit einer Entscheidung des *Bundessozialgerichts* aus dem Jahre 1973[486] ist schon für die „Niederlassung in freier Praxis" allgemein anerkannt, daß diese nicht die Verfügungsgewalt eines Eigentümers voraussetzt. Für die Ausübung des ärztlichen Berufs in eigener Praxis ist es danach unerheblich, „ob dem Arzt das Eigentum an dem Gebäude oder dem Gebäudeteil zusteht, in dem sich die Praxisräume befinden, oder wie die Eigentumsverhältnisse an der Geräte- und Materialausstattung der Praxis liegen"[487]. Wesentlich für die „Niederlassung in freier Praxis" ist, daß der Arzt in der Praxis seine ärztliche Berufstätigkeit in voller eigener Verantwortung ausführen kann. Der Arzt muß den medizinischen Auftrag nach eigenem Ermessen gestalten können und damit über die räumlichen und sächlichen Mittel und gegebenenfalls auch über den Einsatz von Hilfspersonal disponieren können. Da die Erbringung ambulanter notfallmedizinischer Leistungen in Form einer zentralen Notfallpraxis und das Anbieten von Sprechstunden außerhalb der allgemeinen Praxisöffnungszeiten in Gestalt einer Anlaufpraxis die an die „Niederlassung" gebundene allgemeine Praxistätigkeit der Netzärzte nicht berühren, muß für die in Krankenhausräumlichkeiten untergebrachten netzeigenen Sonderpraxen entsprechendes gelten. Solange die Netzärzte über die ihnen von einem Krankenhaus zur Verfügung gestellten Praxisräume und -einrichtungen sowie gegebenenfalls das Praxispersonal nach den Erfordernissen ihres ambulant-

---

[485] So im Ergebnis auch *Kiesecker* in ihrem Vortrag „Ärztliche Kooperationen – Beurteilung aus berufsrechtlicher Sicht" auf dem 3. Gesundheitsforum der Bezirksärztekammer Südwürttemberg in Reutlingen am 8. April 2000.

[486] BSGE 35, 247, 250 (Ls. 2).

[487] BSGE 35, 247, 250 (Ls. 2); ihm folgend *Ahrens*, MedR 1992, 141, 145; *Hess*, in: Kasseler Kommentar, Band 1, § 95 SGB V Rdnr. 43; *Schulenberg*, AusR 1999, 35, 36 sowie *Narr/Hess/Schirmer*, Ärztliches Berufsrecht, Rdnr. B 383. – Daß ein Arzt für seine freiberufliche Tätigkeit die Einrichtungen eines Krankenhauses in Anspruch nehmen kann, wurde zwischenzeitlich ausdrücklich entschieden, BSG MedR 1996, 86, 88.

ärztlichen Auftrages disponieren können, ist die Nutzung fremder Praxismittel durch das Netz berufsrechtlich zulässig[488].
Probleme können sich allerdings dann ergeben, wenn wegen nicht eindeutiger Trennung zwischen Praxisräumen des Netzes und des Krankenhauses der Eindruck entsteht, es handele sich nicht um eine Notfall- oder Anlaufpraxis frei niedergelassenener Netzärzte, sondern um eine Einrichtung des Krankenhauses. In Bezug auf die „Niederlassung" eines Arztes in Krankenhausräumlichkeiten findet sich in der Literatur die pauschale Forderung, die Tätigkeitsbereiche zwischen Arzt und Krankenhaus müssten klar voneinander abgegrenzt sein, und es bedürfe einer räumlichen Abtrennung der ambulanten Arztpraxis vom üblichen Krankenhausgeschehen[489]. Jedoch ist im Hinblick auf die zu schützenden Patienteninteressen eine absolute, in organisatorischer wie fachlicher Hinsicht erfolgende räumliche Trennung beider Tätigkeitsbereiche nicht notwendig. Damit die Patienten erkennen können, ob sie durch ambulant tätige Netzärzte oder durch angestellte Krankenhausärzte behandelt werden, genügt eine räumliche Trennung, soweit es allein um die Behandlung des Patienten geht. Die Netzärzte müssen über eigene, nur ihnen zugängliche Behandlungszimmer mit allen erforderlichen Nebenräumen verfügen und diese Praxisräume des Netzes müssen auch als solche gekennzeichnet sein. Aus der schon seit langem zulässigen organisatorischen Vergemeinschaftung im Rahmen von Praxisgemeinschaften ergibt sich, daß Patientenanmeldung, Warte- und Sanitärräume sowie bestimmte technische Einrichtungen, wie z. B. Laborgeräte, gemeinsam mit der Krankenhausambulanz genutzt werden können[490].

2. *Die Auswahlentscheidung des Praxisverbundes über die aufzunehmenden nichtärztlichen und stationären Kooperationspartner*

a) *Festlegung der berufsübergreifenden Zusammenarbeit auf einen medizinisch-integrativen Zweck?*

Im Hinblick auf die abstrakte Formulierung in Kap. D II Nr. 11 Abs. 3 MBO-Ä 2000 („wenn die Grundsätze nach Abschnitt D II Nr. 9 Abs. 1 gewahrt sind") bedarf es der Klärung, welche Reichweite diesem Verweis zukommt. Kap. D II Nr. 9 Abs. 1 MBO-Ä 2000 verpflichtet die Beteiligten an einer Medizinischen Kooperationsgemeinschaft nämlich nicht nur, die soeben angesprochenen, allgemein für den Arzt geltenden Berufspflichten zu beachten. Dessen Satz 3 verbietet es dem Arzt darüber hinaus, im Rahmen einer Medizinischen Kooperationsgemeinschaft „willkürliche" Bindungen mit den Angehörigen der Kata-

[488] So auch *Preißler*, in: Schmid/Ratzel (Hrsg.), Arzt Recht Wirtschaft, Kap. 2 Teil II, S. 17, in Bezug auf die Einrichtung einer Praxisklinik.
[489] So *Gitter/Köhler*, Der Grundsatz der persönlichen ärztlichen Leistungspflicht, S. 5.
[490] So im Ergebnis auch *Preißler*, in: Schmid/Ratzel (Hrsg.), Arzt Recht Wirtschaft, Kap. 2 Teil II, S. 18, in Bezug auf Praxiskliniken sowie *Taupitz*, MedR 1993, 367, 372, im Hinblick auf integrative Gesundheitszentren.

logberufe zu knüpfen. Die Berufsordnung schreibt ihm vielmehr vor, nur einen solchen berufsübergreifenden Zusammenschluß einzugehen, der in seiner „Verbindung mit dem Arzt einen gleichgerichteten oder integrierenden diagnostischen oder therapeutischen Zweck bei der Heilbehandlung, auch auf dem Gebiete der Prävention und Rehabilitation, durch räumlich nahes und koordiniertes Zusammenwirken aller beteiligten Berufsangehörigen erfüllen“ kann[491]. Die Medizinische Kooperationsgemeinschaft muß also eine Funktionalität dahingehend aufweisen, daß sie auf die Erfüllung eines medizinisch-integrativen Zwecks gerichtet ist. Unter diesem Gesichtspunkt wäre eine Verbindung zwischen Laborärzten und Hebammen in Form einer Medizinischen Kooperationsgemeinschaft kein berufsrechtlich zulässiger Zusammenschluß[492]. Es sollen vielmehr Partner zusammenwirken, die gemeinsam, aber auch einzeln im Rahmen ihres Berufsrechts Diagnostik und/oder Therapie erbringen können; die Arbeitsfelder der Kooperationspartner müssen eine gemeinschaftliche Richtung aufweisen. Beispiele sind die Kooperationsfelder „Ambulante medizinische Rehabilitation“ in der Zusammensetzung Arzt, Physiotherapeut, Logopäde, Ergotherapeut, Psychologe, „Laboratoriumsmedizin“ unter Verbindung von Laborärzten mit Klinischen Chemikern und medizinisch-technischen Assistenten sowie „Frauenheilkunde und Geburtshilfe“ unter Zusammenarbeit von Gynäkologen, Hebammen und Psychotherapeuten[493].

Da es sich bei der Medizinischen Kooperationsgemeinschaft im Gegensatz zum Praxisverbund um eine Berufsausübungsgemeinschaft handelt, die die diagnostischen und therapeutischen Leistungen gemeinschaftlich erbringt, stellt sich die Frage, ob eine Übertragung dieses Funktionalitätserfordernisses auf den lediglich eine Kooperation zwischen eigenverantwortlich und selbständig bleibenden Netzangehörigen darstellenden Praxisverbund sinnvoll ist. In Verbindung mit der Beschränkung der teilnahmefähigen Berufsgruppen soll durch das Funktionalitätserfordernis ein beliebiger Zusammenschluß unter dem Dach einer Medizinischen Kooperationsgemeinschaft verhindert werden[494]. Diese Zielsetzung, die Vermeidung beliebiger Verbindungen zwischen Ärzten und Angehörigen verschiedener Berufsgruppen, wird auch durch die Vorschrift zum Praxisverbund Kap. D II Nr. 11 MBO-Ä 2000 verfolgt. Hier werden der Teilnehmerkreis und der Kooperationszweck eines Praxisverbundes durch die Berufsordnung beschränkt. Zulässig ist ein kooperativer Zusammenschluß in Form eines Praxisverbundes nur, wenn er auf „die Erfüllung eines durch gemeinsame oder gleichgerichtete Maßnahmen bestimmten Versorgungsauftrags

---

491 So die Formulierung in Kap. D II Nr. 9 Abs. 1 S. 3 MBO-Ä 2000.

492 Vgl. *Ratzel/Lippert*, MBO-Ä 1997, Kap. D II Nr. 9 Rdnr. 2, die das Beispiel einer kooperativen Berufsausübung zwischen Arzt und Rechtsanwalt anführen.

493 Beispiele zitiert nach *Schirmer*, MedR 1995, 383, 384.

494 Anschaulich beschreibt *Schirmer*, MedR 1995, 383, 384, die Zielsetzung des Funktionalitätserfordernisses: Es soll die Entstehung eines „medizinischen Gemischtwaren-Ladens“ verhindert werden.

oder auf eine andere Form der Zusammenarbeit zur Patientenversorgung" gerichtet ist (Kap. D II Nr. 11 Abs. 1 S. 1 MBO-Ä 2000). Charakteristisches Wesensmerkmal eines Praxisverbundes ist die Verfolgung eines medizinisch-integrativen Zwecks. Die diagnostische und therapeutische „Rundumversorgung" der Patienten soll gerade durch das koordinierte Zusammenwirken der verschiedenen Berufsgruppen im medizinischen Bereich und damit funktionsbezogen erreicht werden. Allerdings ist zu beachten, daß die Funktionsbezogenheit der berufsübergreifenden Zusammensetzung eines Praxisverbundes nicht so streng zu beurteilen ist wie im Rahmen einer Medizinischen Kooperationsgemeinschaft. Der Kooperationszweck eines Praxisverbundes geht in der Regel über die fachspezifische Zusammenarbeit von Angehörigen gleicher oder zumindest ähnlicher medizinischer Fachgebiete hinaus. Zweck einer Vernetzung ist regelmäßig nicht nur die intensivierte Zusammenarbeit verschiedener Berufsgruppen auf dem Gebiet der Gynäkologie, der Chirurgie/Orthopädie oder der Labormedizin[495]. Obwohl es durchaus auch fachgruppenreine Netzprojekte gibt[496], ist häufigster Zweck der Vernetzung von Arztpraxen vielmehr die auf eine grundlegende Verbesserung der Patientenversorgung abzielende Zusammenarbeit verschiedener Fachgebiete im Sinne einer ganzheitlichen Versorgung des Patienten. Die Funktionsbezogenheit der berufsübergreifenden Zusammensetzung eines Praxisverbundes muß daher danach beurteilt werden, welcher Zweck mit dem konkreten Netzprojekt verfolgt werden soll. Handelt es sich um eine fachgruppenreine Zusammenarbeit, die beispielsweise nur die Zusammenarbeit von Chirurgen auf dem Gebiet ambulanter Operationen erfaßt, so fehlte es einer Einbeziehung von Hebammen im Hinblick auf das Vernetzungsziel – der Versorgung der Bevölkerung mit chirurgischen Leistungen – an der medizinischen Bedeutung und damit an der erforderlichen Funktionsbezogenheit. Die Einbeziehung von Physiotherapeuten oder ambulanten Pflegediensten wäre demgegenüber im Hinblick auf den Vernetzungszweck aus medizinischer Sicht sinnvoll. Handelt es sich hingegen um ein Netz, das eine grundlegende Verbesserung der Zusammenarbeit aller oder vieler Fachgruppen in einer bestimmten Region anstrebt, können an die Funktionsbezogenheit des Zusammenschlusses keine allzu hohen Anforderungen gestellt werden.

b) Beschränkung des Zugangs nichtärztlicher und stationärer Kooperationspartner durch den Praxisverbund

Ähnlich wie bei den ärztlichen Teilnehmern eines Praxisverbundes stellt sich hier die Frage, ob sich ein Netz im Hinblick auf die bestehende Konkurrenz zwischen mehreren örtlichen Krankenhäusern oder mehreren Angehörigen des gleichen nichtärztlichen Fachberufs auf die Kooperation nur mit einem Vertreter

[495] Vgl. dazu die soeben genannten Beispiele von den in Form einer Medizinischen Kooperationsgemeinschaft ausgestaltbaren Arbeitsfeldern.
[496] Z. B. das oben Teil 1 § 2 A., dort Fn. 112, erwähnte bayernweite Chirurgennetz „CHN".

der jeweiligen Leistungserbringergruppe beschränken kann; ob also die Einbeziehung nur *eines* Krankenhauses, *eines* Apothekers oder *eines* ambulanten Pflegedienstes von mehreren regional tätigen zulässig ist. Denkbar wäre, daß die Ärzte eines Praxisverbundes in der Region eine beherrschende Stellung einnehmen und Krankenhauseinweisungen gezielt auf das einbezogene Krankenhaus konzentriert werden. Ein weiteres Krankenhaus in der Region würde dann unter Umständen erhebliche Einbrüche in der Möglichkeit der Patientenversorgung erleiden.

Die Monopolisierung der Zusammenarbeit der Netzärzte mit bestimmten nichtärztlichen und stationären Leistungserbringern wird durch die Berufsordnung nicht explizit ausgeschlossen. Im Gegensatz zu der die ärztliche Zusammensetzung eines Praxisverbundes betreffenden Aufnahmeregelung des Kap. D II Nr. 11 Abs. 1 S. 2 MBO-Ä 2000[497] enthält Kap. D II Nr. 11 Abs. 3 MBO-Ä 2000 – abgesehen von der geforderten Funktionsbezogenheit der Zusammenarbeit[498] – keine Aussagen hinsichtlich der Auswahl der einbeziehbaren Einrichtungen und Berufsangehörigen. Berufsrechtlich ist eine monopolisierende Auswahl unter den in den Praxisverbund aufzunehmenden stationären und nichtärztlichen Kooperationspartnern lediglich mit den Instrumenten der Zuweisungsverbote der §§ 31, 34 Abs. 5 MBO-Ä 2000 und der „Arzt"wahlfreiheit greifbar. Solange sich die konkrete Kooperation jedoch im Rahmen dieser Gebote bewegt, insbesondere weder dem Patienten die Konsultation eines nicht in den Praxisverbund einbezogenen Leistungserbringers noch dem einzelnen Netzarzt die Ausübung seiner fachlichen Entscheidungsfreiheit unmöglich gemacht wird, muß die Beschränkung der Zusammenarbeit auf nur einen von mehreren örtlichen Leistungserbringern als berufsrechtlich zulässig oder zumindest als berufsrechtlich nicht verboten gewertet werden[499].

Für eine entsprechende Anwendung der für die Aufnahme neuer Netz*ärzte* geltenden Regelung des Kap. D II Nr. 11 Abs. 1 S. 2 MBO-Ä 2000 auf die Aufnahme nichtärztlicher Mitglieder in den Praxisverbund ist kein Raum. Es fehlt an der für eine Analogie notwendigen planwidrigen Regelungslücke. Möglich ist eine Analogie nur dann, wenn das Schweigen des Regelungsgebers nicht darauf zurückzuführen ist, daß dieser bewußt von einer Regelung absah; bewußtes Schweigen darf nicht nachträglich vom Rechtsanwender korrigiert werden[500]. Die Ärztekammern als ärztliche Berufsrechtsgeber sind aber auf den

---

[497] Siehe dazu oben Teil 2 § 2 B.

[498] Siehe soeben a).

[499] So im Ergebnis wohl auch *Rieger*, in: Rieger (Hrsg.), Lexikon des Arztrechts, Stichwort „Praxisnetz" (Nr. 4305), Rdnr. 57, zu den damit verbundenen wettbewerbs- und kartellrechtlichen Fragen, ebenda, Rdnrn. 76 ff. – Anders im Hinblick auf Kap. D II Nr. 11 MBO-Ä 1997 wohl *Schirmer*, VSSR 1998, 279, 303.

[500] Zu den methodischen Voraussetzungen einer Analogie *Larenz/Canaris*, Methodenlehre, S. 191 ff.

Erlaß berufsständisch interner Regelungen beschränkt[501], eine Kompetenz zur Regelung von Konkurrenzschutzfragen anderer Berufsgruppen kommt ihnen nicht zu. Aus der Sicht des ärztlichen Berufsrechtsgebers ist für die Auswahlentscheidung der Netzärzte über die Aufnahme nichtärztlicher Mitglieder in den Praxisverbund lediglich maßgeblich, daß sich die Ärzte hierdurch nicht ihrer Therapiefreiheit berauben und die Wahlfreiheit des Patienten beschränken[502].

B. Die mitgliedschaftliche Beteiligung einer Kassenärztlichen Vereinigung an einem Praxisverbund

I. Die sozialgerichtliche Rechtsprechung

Die bis heute nur ganz vereinzelt vorzufindende mitgliedschaftliche Beteiligung einer Kassenärztlichen Vereinigung[503] an einem Praxisnetz ist bislang lediglich durch die sozialgerichtliche Rechtsprechung behandelt und von dieser durchweg untersagt worden.

Das *Schleswig-Holsteinische Landessozialgericht*[504] hatte sich mit der Frage zu befassen, ob eine KV Mitglied einer neu gegründeten Ärzte-Genossenschaft werden darf, die insbesondere folgende satzungsmäßigen Zwecke verfolgt[505]: Sicherung des Überlebens mittelständisch geprägter vertragsärztlicher Versorgungsstrukturen *durch Schaffung flexibler Reaktionsmöglichkeiten auf neue gesetzliche Vorgaben und politische Veränderungen*; Sicherstellung, Verbesserung und Förderung der vertragsärztlichen sowie der *privatärztlichen* medizinischen Versorgung im Land Schleswig-Holstein im Sinne einer qualitativ hochwertigen medizinischen Versorgung der Patienten unter Berücksichtigung der ökonomischen Effektivität; Schutz der an der vertragsärztlichen Versorgung Beteiligten vor Globalansprüchen bei gleichzeitiger Beschränkung der vergüteten Leistungen; *Sicherung der Marktposition* der niedergelassenen Vertragsärzte gegenüber Krankenkassen und medizinischen Leistungsanbietern durch

---

[501] Siehe dazu oben Teil 2 § 2 B. I. 3. c), insbes. die dort in Fn. 388-390 zitierte verfassungsgerichtliche Rechtsprechung.

[502] Davon unabhängig ist die – hier nicht zu beantwortende – Frage, ob sich der von einer Zurückweisung durch einen regional mächtigen Praxisverbund betroffene nichtärztliche Netzaußenseiter oder das nicht in das Netz aufgenommene Krankenhaus mit Hilfe der zivilrechtlichen Aufnahmeansprüche Zugang zu dem Praxisverbund verschaffen kann; vgl. dazu oben Teil 2 § 2 B. I. 2.

[503] Soweit ersichtlich, gab es bisher nur zwei Netze unter KV-Beteiligung (in Nordwürttemberg und Berlin); der ursprünglich geplante Beitritt der örtlichen KV an die nachfolgend angesprochene Ärzte-Genossenschaft in Schleswig-Holstein ist bislang unterblieben.

[504] LSG Schleswig-Holstein, Beschluß v. 26.6.2000, Az.: L 6 B 61/00 KA ER = Breithaupt 2000, 995 ff., teilweise abgedruckt in MedR 2001, 40. Vgl. auch den vorausgegangenen Beschluß des SG Kiel v. 23.5.2000, Az.: S 14 KA 17/00 ER (soweit ersichtlich, nicht veröffentlicht).

[505] Hervorhebung der durch das LSG unter dem Gesichtspunkt der KV-Beteiligung angegriffenen Satzungsinhalte durch die Verfasserin.

qualitative und wirtschaftliche Kooperation; Durchführung von Vergütungsverhandlungen mit den Krankenkassen und Abschluß entsprechender Vergütungsvereinbarungen mit verbindlicher Wirkung für alle Genossen; ferner die Bildung von Einkaufsgemeinschaften, die *politische Interessenvertretung* ihrer Mitglieder und Marketing für ihre Mitglieder.

Gegen den Beitritt der KV zu einer solchen Ärzte-Genossenschaft sprach nach Ansicht des *LSG* insbesondere, daß durch die mit einer Mitgliedschaft verbundene Unterstützung einseitiger Interessen einzelner Vertragsärzte eine Vernachlässigung der der KV gegenüber allen Vertragsärzten obliegenden Verpflichtungen bewirkt würde. Vor allem verstoße eine Mitwirkung der KV an der in der Satzung vorgesehenen einseitigen Stärkung der Machtposition der Genossen gegen die notwendige Gleichbehandlungspflicht der KV gegenüber den ihr zwangsmitgliedschaftlich verbundenen Vertragsärzten, da sich der angesprochene Wettbewerb notwendigerweise nicht nur gegenüber den anderen Leistungsanbietern oder den Krankenkassen, sondern auch gegenüber den außenstehenden, nicht der Genossenschaft angehörenden, Vertragsärzten vollziehen würde[506]. Durch die Zugehörigkeit zu einer solchen privatrechtlich verfaßten Organisation überschreite die KV außerdem bei weitem den ihr als Zwangskörperschaft des öffentlichen Rechts gesetzlich zugewiesenen Aufgabenbereich, auf dessen Einhaltung die Gesamtheit der Vertragsärzte als ihre Zwangsmitglieder einen Anspruch habe. Die Zwecke der Genossenschaft, eine *politische* Interessenvertretung ihrer Mitglieder und eine Reaktionsmöglichkeit auf gesetzliche Vorhaben und politische Veränderungen zu schaffen, sind nach Auffassung des Gerichts – insbesondere hinsichtlich der letztgenannten Zielrichtung, die „die Gefahr bewirke, daß den gesetzlichen Entwicklungslinien entgegengewirkt werden soll" – mit der körperschaftlichen Struktur und dem öffentlich-rechtlichen Aufgabenzweck der KV unvereinbar.

Mit einer in den wesentlichen Punkten ähnlichen Argumentation sah das *Landessozialgericht Baden-Württemberg*[507] die Beteiligung der KV Nordwürttemberg am dortigen „MEDI-Verbund" sowie die damit verbundene finanzielle, sachliche und personelle Förderung eines einzelnen Verbundes wegen Verstoßes gegen Art. 2 Abs. 1 GG und Art. 12 Abs. 1 GG als rechtswidrig an[508]. Die KV

---

[506] Vgl. auch *Schirmer*, VSSR 1998, 279, 302, der davon ausgeht, daß die der KV zukommende „Mittlerrolle" es verbiete, „das Gleichgewicht der allgemeinen vertragsärztlichen Versorgung durch den Aufbau von kartellartigen Netzstrukturen zu gefährden."

[507] LSG Baden-Württemberg, Beschluß v. 27.7.2001, Az.: L 5 KA 5097/00 ER-B = MedR 2002, 212 ff. m. Anm. *Steck*. Vgl. auch den vorausgegangenen Beschluß des SG Stuttgart v. 14.11.2000, Az.: S 5 KA 4825/00 ER (nicht veröffentlicht); das Hauptsacheverfahren (Az.: S 5 KA 4826/00) ist bislang noch anhängig (Stand: 1.3.2002).

[508] So im Ergebnis auch *Kamps* in seinem Vortrag „Ärztliche Kooperationen in Baden-Württemberg – Beurteilung aus sozialrechtlicher Sicht" auf dem 3. Gesundheitsforum der Bezirksärztekammer Südwürttemberg am 8. April 2000 in Reutlingen, der sich im Hinblick auf

wurde im Wege einer einstweiligen Anordnung verpflichtet, ihre Gesellschafterstellung an diesem Ärztenetz unverzüglich aufzugeben und es wurde ihr untersagt, dieses durch Verbreitung werbender Aussagen zu unterstützen[509]. Ebenso wie das *Schleswig-Holsteinische LSG* verwies auch das *LSG Baden-Württemberg* auf den Status einer KV als öffentlich-rechtliche Zwangskörperschaft, deren Einrichtung nur zur Erfüllung legitimer öffentlicher Aufgaben zulässig sei. Mit der unmittelbaren Beteiligung an ärztlichen Zusammenschlüssen verlasse eine KV grundsätzlich den ihr als öffentlich-rechtlicher Zwangskörperschaft zugewiesenen, „durch die Mittel des normsetzenden Vertragsabschlusses, der Rechtsanwendung und der hoheitlichen Aufsicht gekennzeichneten" Bereich verbandschaftlicher Organisationsaufgaben und begebe sich auf die Ebene der ärztlichen Leistungserbringung selbst[510]. Nach Ansicht des Gerichts sind Kassenärztliche Vereinigungen zu einem solchen Vorgehen nach geltendem Recht nicht befugt und dürfen – wegen Art. 12 Abs. 1 GG – auch nicht von seiten des Gesetzgebers dazu ermächtigt werden. Zur Begründung führt das Gericht aus: „Würde der Gesetzgeber die Beteiligung Kassenärztlicher Vereinigungen an solchen ärztlichen Einrichtungen oder Gemeinschaften im Bereich von Aufgaben legitimieren, die von anderen Mitgliedern bereits wahrgenommen werden oder – wie hier – wahrgenommen werden wollen, würde dies zumindest das Recht auf gleichmäßige Teilnahme an den gesetzlich eröffneten Erwerbsmöglichkeiten[511] unzumutbar beeinträchtigen. Denn offenkundig müssen Mitglieder öffentlich-rechtlicher Zwangskörperschaften es nicht hinnehmen, dass mit organisatorischer Unterstützung und der Amtsautorität der Zwangskörperschaft,

die Mitgliedschaft der KV Nordwürttemberg in diesem Verbund sogar zu der Warnung vor einer Verwirklichung des § 266 StGB in Form einer Haushaltsuntreue veranlaßt sah.

[509] So der Tenor des Beschlusses LSG Baden-Württemberg v. 27.7.2001, Az.: L 5 KA 5097/00 ER-B; zur Werbung einer Kassenärztlichen Vereinigung für einen durch sie mitgetragenen Praxisverbund siehe unten § 4 C. II. 3. b).

[510] LSG Baden-Württemberg, aaO. (Fn. 509), S. 29. – Im konkreten Fall bestand die Besonderheit, daß die KV es sich – wie es das Gericht auf S. 25 seines Beschlusses ausführt – zur Aufgabe erhoben hat, „die Gründung eines Verbundnetzes zu fördern, das nach geographischer Beteiligung und der Zahl der teilnehmenden Vertragsärzte eine Größe erreichen sollte, die es den Krankenkassen unmöglich macht, an ihr vorbei Vertragsverhandlungen zu führen". Dies veranlaßte das Gericht zu der Feststellung (aaO., S. 29): „Schon im Ansatz kann es für eine an Gesetz und Recht gebundene öffentlich-rechtliche Körperschaft keine legitime öffentliche Aufgabe sein, gesetzliche Regelungen zu unterlaufen. Genau dies hatte die Bg aber im Sinne, als sie sich an den M.-Ärztenetzen mit dem Ziel beteiligt hat, den Einfluss der Krankenkassen zu beschränken, mithin diesen die faktischen Gestaltungsmöglichkeiten wieder zu nehmen, die sie nach dem Willen des parlamentarischen Gesetzgebers durch §§ 140 ff. SGB V gerade erhalten sollten".

[511] Gemeint war im konkreten Fall die den Vertragsärzten durch das Gesundheitsreformgesetz 2000 mit § 140 b Abs. 2 Spiegelstrich 1 SGB V eröffnete Möglichkeit, als Teil einer Gemeinschaft von Leistungserbringern unmittelbar und an den nach § 75 Abs. 1 S. 1 SGB V bis dahin ausschließlich zuständigen Kassenärztlichen Vereinigungen vorbei, Integrationsversorgungsverträge mit Krankenkassen abzuschließen.

der sie angehören, Tätigkeitsfelder beschnitten werden, die nach Verfassungsordnung und Gesetzeslage dem Wettbewerb der einzelnen Mitglieder offen stehen sollen"[512].

II. Aus berufsrechtlicher Sicht

Auch aus berufsrechtlicher Sicht ist die Mitgliedschaft einer KV in einem Praxisnetz problematisch.

Der in Kap. D II Nr. 11 Abs. 3 MBO-Ä 2000 enthaltene Katalog der in einen Praxisverbund aufnahmefähigen Personen und Institutionen sieht eine Beitrittsmöglichkeit einer KV nicht vor. Diese als abschließend aufzufassende Aufzählung führt dazu, daß jedenfalls bezogen auf den Praxisverbund eine mitgliedschaftliche Beteiligung einer KV an einem Netz als berufsrechtswidrig anzusehen ist[513].

Darüber hinaus ist unabhängig von der Mitgliedschaft der KV fraglich, ob es sich bei dieser Art von Kooperation überhaupt um einen Praxisverbund i.S.d. Berufsordnung handeln kann. Nach hier vertretener Auffassung kann Kap. D II Nr. 11 Abs. 1 MBO-Ä 2000 nur so verstanden werden, daß ein Praxisverbund seinen inhaltlichen Schwerpunkt in speziellen Maßnahmen zur Patientenversorgung haben muß[514]. Wie jedoch die nähere Betrachtung der konkreten Zielsetzungen solcher Netze unter mitgliedschaftlicher Beteiligung einer Kassenärztlichen Vereinigung zeigt, ist ihre Gründung im wesentlichen politisch motiviert[515], ihr Kooperationszweck kann nicht primär in gemeinsamen Maßnahmen zur Patientenversorgung gesehen werden.

So formuliert der Vorsitzende der Kassenärztlichen Vereinigung Nordwürttemberg und Initiator des dortigen „MEDI-Verbundes" dessen Zwecke wie folgt[516]:

„1. starke ärztliche Interessenvertretung gegenüber der Politik (Pressure-group)
2. Überwindung der innerärztlichen Konflikte und Beibehaltung der wohnortnahen hausärztlichen und fachärztlichen Versorgung
3. gemeinsame Mobilisierung der Nachfragemacht (Einkaufsgenossenschaft)
4. flexible Zukunftsoption und zweite Verteidigungslinie für den Fall der Aushebelung der KVen".

---

512 LSG Baden-Württemberg, aaO. (Fn. 509), S. 30.

513 So auch *Kiesecker* in ihrem Vortrag „Ärztliche Kooperationen – Beurteilung aus berufsrechtlicher Sicht" auf dem 3. Gesundheitsforum der Bezirksärztekammer Südwürttemberg am 8. April 2000 in Reutlingen.

514 Dazu oben Teil 2 § 1 C. I. 2.

515 So bezeichnet *Tophoven*, KrV 2000, 239, 239, den sogleich beispielhaft angeführten MEDI-Verbund auch als „berufspolitische Initiative".

516 *Baumgärtner*, in: KBV Kontext Nr. 14, Juni 2000, S. 36 u. 38. – Hinsichtlich der „Ärzte-Genossenschaft" in Schleswig-Holstein wird auf die oben gemachten Ausführung zu deren Satzungsinhalten verwiesen.

Noch deutlicher wird die politische Motivation angesichts der weiteren Ausführungen zu den Primär- und Sekundärzielen dieses Verbundes:
„- Primärziele:
1. Unabhängigkeit von der Politik durch eine flexible Parallelorganisation zur KV Nordwürttemberg
2. kein Einkaufs- und Sicherstellungsmonopol durch die gesetzlichen Krankenversicherungen; ohne die neu organisierten Ärzte ist eine Sicherstellung der ambulanten Behandlung nicht mehr möglich
3. bessere Honorierung durch strukturierte Vertragsabschlüsse mit den gesetzlichen Krankenversicherungen, wobei die gesetzlichen Krankenkassen Morbiditätsrisiko übernehmen und der Verbund im Bereich „veranlaßte Leistungen" über eine bessere regionale Zusammenarbeit Einsparungen realisiert
4. bessere fachübergreifende regionale Zusammenarbeit in den einzelnen GbR-Gesellschaften, die an sich nichts anderes sind als große dezentrale Praxisgemeinschaften
- Sekundärziele:
1. bessere technische Kommunikation, durchaus mit medizinischer und politischer Zielsetzung, wobei die Nutzung neuer Medien Voraussetzung ist
2. Vernetzung der Praxen über das DGN[517]
3. Rabatte beim Einkauf von Strom, Steuerberatung, Telefonkosten und anderem, Nutzung von E-Commerce
4. gemeinsame Einrichtungen bezüglich IGEL-Leistungen[518], Diabetikerbetreuung, Reha und anderem
5. Neustrukturierung der Zusammenarbeit mit den Krankenhäusern".

Jedenfalls bei diesem Netz stehen die politischen Ziele doch deutlich im Vordergrund, wohingegen konkreten Maßnahmen zur Patientenversorgung – immerhin die Hauptaufgabe der Ärzteschaft (§ 1 MBO-Ä 2000) und der Kassenärztlichen Vereinigungen (Sicherstellungsauftrag des § 75 SGB V) sowie der Hauptzweck der kassenarztrechtlichen Netzvertragsgrundlagen – nicht nur

---

[517] Gemeint ist das „Deutsche Gesundheitsnetz", eine durch die Bundesärztekammer und die Kassenärztliche Bundesvereinigung angebotene Intranet-Plattform für Ärzte; vgl. dazu *Menzel/Schläger*, DuD 1999, 70, 71.

[518] Die Abkürzung „IGEL" steht für „Individuelle Gesundheitsleistungen". Nach der formalen Definition durch die Kassenärztliche Bundesvereinigung sowie ärztliche Verbände und Berufsverbände werden damit solche ärztlichen Leistungen umschrieben, die nicht zum Leistungsumfang der gesetzlichen Krankenversicherung gehören, die dennoch von Patienten nachgefragt werden und die ärztlich empfehlenswert oder – je nach Intensität des Patientenwunsches – zumindest ärztlich vertretbar sind; näher dazu *Krimmel*, Kostenerstattung und Individuelle Gesundheitsleistungen, S. 139 ff. sowie *Heberer*, Ärztliches Berufs- und Standesrecht, S. 250 ff. Diese „angeblich" ärztlichen Leistungen sind nicht unumstritten, vgl. *Scheler*, in: Festschrift für E. Deutsch, S. 744; zu der ablehnenden Haltung der Krankenkassen gegenüber dem Konzept der IGEL-Leistungen siehe *Krimmel*, Kostenerstattung und Individuelle Gesundheitsleistungen, S. 154 ff.

hinsichtlich der Häufigkeit ihrer Nennung, sondern auch im Hinblick auf ihre örtliche Stellung in den zitierten Ausführungen nur eine untergeordnete Bedeutung zukommt.

Angesichts dieser Schwerpunktbildung wird die Qualifizierung solcher Netzprojekte als Praxisverbund i. S. v. Kap. D II Nr. 11 MBO-Ä 2000 nur schwerlich zu begründen sein[519].

---

[519] So im Ergebnis auch *Ratajczak*, in: AG Medizinrecht im DAV (Hrsg.), Ärztliche Kooperationsformen, S. 135, allerdings noch im Rahmen der ursprünglichen restriktiven Praxisverbund-Regelung der MBO-Ä 1997. – Zu dem von Kap. D II Nr. 11 Abs. 1 MBO-Ä 2000 vorausgesetzten Kooperationszweck eines Praxisverbundes siehe oben Teil 2 § 1 C. I. 2.

§ 4 DAS VERHÄLTNIS DES NETZES ZU DEN PATIENTEN

Das Aufkommen der Idee von der Vernetzung von Arztpraxen ist eng verknüpft mit der seit längerem interdisziplinär geführten Diskussion um die Gewährleistung und systematische Weiterentwicklung der Qualität im Gesundheitswesen[520]. In Zeiten immer knapper werdender finanzieller Ressourcen sollen Praxisnetze dazu beitragen, die Qualität der medizinischen Versorgung zu erhöhen und die Gesundheitskosten zu minimieren oder zumindest beizubehalten[521]. Im Hinblick auf die angestrebte Verbesserung der Versorgung steht man vor dem Problem, daß der Begriff der „Qualität im Gesundheitswesen" nur schwer zu definieren und zu beurteilen ist[522]. Anders als in anderen Bereichen ist der Begriff der Gesundheit unbestimmt, Krankheiten werden subjektiv eingeschätzt, und die Patienten haben die unterschiedlichsten Bedürfnisse. Zudem kann die Beurteilung der Qualität einer medizinischen Behandlung je nachdem, ob sie von seiten des Arztes oder des Patienten vorgenommen wird, ganz verschiedenen Kriterien unterliegen. Während der eine einen verobjektivierten naturwissenschaftlichen Maßstab anlegt, wird der andere die Qualität seiner Behandlung eher nach individuellen, ganz subjektiven Kriterien, die durchaus auch von Gefühlen wie Sympathie oder Antipathie geprägt sein können, bestimmen[523].

Im Rahmen der Praxisnetze wird versucht, mit Hilfe verschiedener Bausteine des Qualitätsmanagements die medizinische Versorgung des Patienten positiv zu beeinflussen. Zu diesem Qualitätsmanagement gehören im wesentlichen die Koordinierung und Standardisierung von Behandlungsabläufen, deren möglichst umfassende Dokumentation und Bewertung zur Erstellung von Verordnungs-, Einweisungs- und Praxisspiegeln[524] sowie der standardisierte Informationsaustausch unter den am Behandlungsprozeß Beteiligten. Im Sinne des Patienten und der Wirtschaftlichkeit der Versorgung sollen dadurch kostenintensive Krankenhausbehandlungen und Doppeluntersuchungen sowie unnötige und unkontrollierte Mehrfachinanspruchnahmen vermieden werden.

Die durch ein Praxisnetz zur Erreichung seiner doppelten Zielsetzung – Verbesserung der Patientenversorgung bei gleichzeitiger Minimierung oder zumindest Beibehaltung der Gesundheitsausgaben – eingesetzten Instrumentarien sind

---

520 Siehe dazu *Wienke*, in: Wienke/Lippert/Eisenmenger (Hrsg.), Die ärztliche Berufsausübung in den Grenzen der Qualitätssicherung, S. 1 ff. sowie die weiteren in diesem Band erschienenen Beiträge.

521 Siehe dazu die im ersten Teil dargestellten Erwartungen der Beteiligten, oben Teil 1 § 1 D.

522 Dazu *Katzenmeier*, MedR 1997, 498 ff.

523 Zu den unterschiedlichen Perspektiven in der Arzt-Patienten-Beziehung im Hinblick auf das ärztlicherseits zu achtende Selbstbestimmungsrecht des Patienten, siehe *Barth*, Mediziner-Marketing, S. 160 ff, insbes. S. 162; vgl. auch *Buchborn*, MedR 1993, 328, 330.

524 Dazu *Szecsenyi/Magdeburg/Broge*, Perspectives on Managed Care 1998 (Heft 2), 20 ff., für die „Ärztliche Qualitätsgemeinschaft Ried".

dabei so verschieden wie die einzelnen Netzprojekte[525]. Häufig zu finden sind in netzeigenen Qualitätszirkeln erarbeitete Behandlungsleitlinien und Positivlisten für Arzneimittel, Zweitmeinungsverfahren und Patientenbücher sowie Leistungs- und Kostendatenerhebungen durch eine zentrale Leitstelle. Typisch sind Ringüberweisungen im Praxisverbund, denn zur Realisierung des vernetzten Versorgungsziels muß der Patient im Netz gehalten werden. Insbesondere in „gebundenen“ Netzen findet eine Einschreibung des Patienten in das Netz statt; die Versorgung durch das Netz wird dort an einen Verzicht des Patienten auf seine Arztwahlfreiheit geknüpft. Wie alle Maßnahmen des Qualitätsmanagements können auch diese sogenannten Vernetzungsmodule die maßgeblich durch das Selbstbestimmungsrecht des Patienten und die Therapiefreiheit des Arztes geprägte Arzt-Patienten-Beziehung beeinflussen[526].

Die am häufigsten verwendeten Vernetzungsmodule sollen aus diesem Grund zunächst unter den Gesichtspunkten der Arztwahlfreiheit des Patienten und der Therapiefreiheit des Arztes untersucht werden. Daran schließt sich die Betrachtung des Problemfeldes der ärztlichen Schweigepflicht im Praxisverbund an.

A. Die koordinierten Behandlungsabläufe im Praxisverbund – Das Selbstbestimmungsrecht des Patienten und die Therapiefreiheit des Arztes

I. Selbstbestimmungsrecht des Patienten und Therapiefreiheit des Arztes als „Grundpfeiler“ der Arzt-Patienten-Beziehung

Der ärztliche Umgang mit den Patienten wird grundsätzlich durch § 7 MBO-Ä 2000 aufgegriffen[527]. Dieser bestimmt in seinen beiden ersten Absätzen:

> *„(1) Jede medizinische Behandlung hat unter Wahrung der Menschenwürde und unter Achtung der Persönlichkeit, des Willens und der Rechte des Patienten, insbesondere des Selbstbestimmungsrechts, zu erfolgen.*
> *(2) Der Arzt achtet das Recht seiner Patienten, den Arzt frei zu wählen oder zu wechseln. Andererseits ist – von Notfällen oder besonderen rechtlichen Verpflichtungen abgesehen – auch der Arzt frei, eine Be-*

---

[525] Vgl. die in *KBV* Kontext Spezial, August 1998, S. 16 ff., enthaltenen Vorschläge zur Verwirklichung eines netzeigenen Qualitäts-, Wirtschaftlichkeits- und Vergütungsmanagements; siehe auch *Eichhorn*, Perspectives on Managed Care 1999 (Heft 4), 11, 14; *Meyer-Lutterloh*, in: Kreyher (Hrsg.), Handbuch Gesundheits- und Medizinmarketing, S. 309 f. sowie *Rüschmann/Roth/Krauss*, Vernetzte Praxen, S. 24 ff., zu den Leistungsstrukturen der „Medizinischen Qualitätsgemeinschaft Ried (MQR)“.

[526] Siehe dazu den Überblick von *Laufs*, NJW 1999, 2717 ff.

[527] Konkretisiert werden diese „Behandlungsgrundsätze und Verhaltensregeln“ durch die in Kap. C Nr. 1 MBO-Ä 2000 enthaltenen „Grundsätze korrekter ärztlicher Berufsausübung“.

handlung abzulehnen. Den begründeten Wunsch des Patienten, einen weiteren Arzt zuzuziehen oder einem anderen Arzt überwiesen zu werden, soll der behandelnde Arzt in der Regel nicht ablehnen".

Indem die ärztliche Berufsordnung diese Vorschrift an den Beginn des Abschnitts B. II. über die „Pflichten gegenüber Patienten"[528] stellt und ihre Forderungen als „Behandlungsgrundsätze"[529] definiert, macht sie deutlich, daß der Patient Subjekt und nicht Objekt der ärztlichen Behandlung ist. Seinem Wohl *und* seinem Willen kommt für die Heilbehandlung durch den Arzt fundamentale Bedeutung zu: Salus et voluntas aegroti suprema lex[530].

Von überragender Wichtigkeit für das durch besonderes Vertrauen gekennzeichnete Arzt-Patienten-Verhältnis[531] ist das verfassungsrechtlich geschützte und von der ärztlichen Berufsordnung besonders betonte Selbstbestimmungsrecht des Patienten mit seinen beiden wichtigsten Ausprägungen: dem Recht auf freie Arztwahl und dem Recht auf Aufklärung. Die genaue dogmatische Herleitung des Selbstbestimmungsrechts ist noch nicht abschließend geklärt[532]. Verwiesen wird auf das allgemeine Persönlichkeitsrecht aus Art. 2 Abs. 1 i. V. m. Art. 1 Abs. 1 GG, die allgemeine Handlungsfreiheit des Art. 2 Abs. 1 GG und das Recht auf Schutz des Lebens sowie der körperlichen Unversehrtheit aus Art. 2 Abs. 2 S. 1 GG[533]. Das *Bundesverfassungsgericht* hat das Vertrauensverhältnis zwischen Arzt und Patient dem Schutz des allgemeinen Persönlichkeitsrechts unterstellt und betont, daß dieses Vertrauen zu den „Grundvoraussetzungen ärztlichen Wirkens" gehöre, „weil es die Chancen der Heilung vergrößert und damit – im Ganzen gesehen – der Aufrechterhaltung einer leistungsfähigen Gesundheitsfürsorge dient"[534]. Und der *BGH* hat entschieden, „daß das Verhältnis zwischen Arzt und Patient ein starkes Vertrauen voraussetzt, daß es in starkem Maße in der menschlichen Beziehung wurzelt, in die der Arzt zu dem Kranken tritt, und daß es daher weit mehr als eine juristische Vertragsbeziehung

---

[528] So die Abschnittsüberschrift.

[529] So die Normüberschrift.

[530] *Laufs*, Arztrecht, Rdnr. 8. Zum Verhältnis von Wohl und Wille des Patienten siehe auch *Barth*, Medizinier-Marketing, S. 162.

[531] Vgl. *Laufs*, Arztrecht, Rdnr. 16: „Das Verhältnis zwischen dem Arzt und seinem Patienten lebt von der vertrauensvollen und uneingeschränkten Zuwendung beider Partner". – Das besondere Vertrauensverhältnis zwischen Arzt und Patient wird durch die MBO-Ä 2000 selbst betont. So heißt es in der Präambel: „Mit der Festlegung von Berufspflichten der Ärzte dient die Berufsordnung zugleich dem Ziel, das Vertrauen zwischen Arzt und Patient zu erhalten und zu fördern; [...]."

[532] Eine Übersicht über den Meinungsstand findet sich bei *Voll*, Einwilligung im Arztrecht, S. 48 ff. sowie bei *Francke/Hart*, Patienteninformation, S. 164 ff.

[533] Vgl. BSG NZS 1994, 125, 127; *Wigge*, VSSR 1996, 399, 413 ff.; *Barth*, Mediziner-Marketing, S. 177 f.; *Francke*, Ärztliche Berufsfreiheit und Patientenrechte, S. 149 ff.; *Schulin*, VSSR 1994, 357, 363 ff. sowie *Kern/Laufs*, Die ärztliche Aufklärungspflicht, S. 8 f.

[534] BVerfGE 32, 373, 380.

ist"[535]. Grundvoraussetzung für das Entstehen von Vertrauen zwischen Arzt und Patient ist, daß der Patient in der Auswahl seines Arztes frei ist, wenn der Patient also den Arzt *seines Vertrauens* aufsuchen und Ärzte, denen er nicht vertraut, meiden kann[536].

Die Arztwahlfreiheit des Patienten umfaßt nicht nur die Entscheidungsfreiheit darüber, ob und durch welchen Arzt er sich behandeln lassen will, sie umfaßt auch das Recht, eine Behandlung durch einen bestimmten Arzt jederzeit abzubrechen[537]. Dementsprechend gilt die freie Arztwahl auch im Überweisungsrecht: Es liegt in der alleinigen Entscheidungskompetenz des Patienten, welchen konkreten Arzt aus einer bestimmten Fachgruppe er aufsuchen will[538].

Obwohl sich in den letzten Jahrzehnten das Arzt-Patienten-Verhältnis von dem lange Zeit als paternalistisch angesehenen Modell weitgehend verabschiedet hat und die Patientenautonomie und die Mitverantwortlichkeit des Patienten für den Behandlungsprozeß – zumindest im Zeitgeist und in der Rechtswissenschaft – zunehmend Betonung und Ausarbeitung erfahren hat[539], ist es keineswegs so, daß die Arztwahlfreiheit des Patienten uneingeschränkte Geltung beansprucht. Im Gegenteil, ihre Beschränkungen insbesondere im Recht der gesetzlichen Krankenversicherung sind in Zeiten knapper finanzieller Ressourcen zahlreich und werden wohl weiter zunehmen[540]. Im Rahmen der gesetzlichen Krankenversicherung steht das Recht auf freie Arztwahl grundsätzlich unter dem Vorbehalt der Finanzierbarkeit. So hat das *BVerfG* betont, daß der Versicherte im Rahmen der sozialen Krankenversicherung „nur einen Anspruch

[535] BGHZ 29, 46, 53 = NJW 1959, 811, 813. Siehe auch *Katzenmeier*, Arzthaftung, S. 57 ff., S. 369 ff., zur Arzt-Patienten-Beziehung als „therapeutischem Arbeitsbündnis".

[536] Vgl. *Laufs*, Arztrecht, Rdnr. 16; *ders.*, in: Festschrift für W. Geiger, S. 229. – Wie wichtig den Patienten die freie Arztwahl ist, zeigt eine durch das Wissenschaftliche Institut der Ärzte Deutschlands e.V. (WIAD), Bonn, durchgeführte repräsentative Umfrage: 83 % der Befragten gaben an, die Chance, jederzeit den Arzt wechseln zu können, als „wichtig" anzusehen. Eine Übersicht über die einzelnen Ergebnisse dieser Umfrage findet sich bei *Clade*, DÄBl. 1999 (Heft 11), A-676.

[537] Vgl. *Deutsch*, Medizinrecht, Rdnr. 13.

[538] Dem tragen die Vorschriften § 27 Abs. 5 EKV-Ä und § 24 Abs. 5 BMV Ä Rechnung, die bestimmen, daß die Überweisung nicht auf den Namen eines bestimmten Vertragsarztes, sondern auf die Gebiets-, Schwerpunkt- oder Zusatzbezeichnung auszustellen ist.

[539] Ausführlich zu den bestehenden und noch zu schaffenden „Patientenrechten" das Gutachten von *Francke/Hart*, Charta der Patientenrechte, 1999; vgl. auch die darauf basierende Deklaration der 72. Konferenz der deutschen Gesundheitsminister (GMK) „Patientenrechte in Deutschland heute" (abrufbar über http://www.bremen.de/info/gesundheit/veroeffentlichungen.html, Stand: 29.12.2001); dazu *Katzenmeier*, MedR 2000, 24 ff. und krit. *Laufs*, NJW 2000, 846 ff. – Zur geringen Akzeptanz der Figur des „mündigen Patienten" in der Ärzteschaft, *Barth*, Mediziner-Marketing, S. 160 f.

[540] Dazu *Wigge*, VSSR 1996, 399, 410 ff. – Das Bundesgesundheitsministerium plant im Rahmen einer weiteren Gesundheitsreform die Einführung eines gesetzlichen Hausarztmodelles: Der Versicherte, der „auf seiner Arztwahlfreiheit beharrt" und sich nicht einem Hausarztmodell unterwerfen will, „muß künftig höhere Beiträge in Kauf nehmen", siehe Frankfurter Allgemeine Sonntagszeitung v. 2.12.2001, S. 1 u. S. 37.

auf ausreichende ärztliche Versorgung" habe; „ob der Sozialversicherte aus Art. 2 Abs. 1 GG einen Anspruch auf freie Arztwahl herleiten kann", hat das Gericht dabei offengelassen[541]. Das *BSG* ist dieser Rechtsprechung gefolgt und hat entschieden, daß dem Interesse des Versicherten an freier Arztwahl nur im Rahmen anderer für die Sozialversicherung gleichermaßen wichtiger Gesichtspunkte, insbesondere der Wirtschaftlichkeit, Rechnung getragen werden könne[542]. Und auch das *BVerwG* weist darauf hin, daß es ein uneingeschränktes Recht auf freie Arztwahl nicht gebe, zur Wahrung der Belange der Allgemeinheit könne „in vielen Rechtsgebieten, insbesondere unter dem Aspekt dessen, was finanzierbar ist, auf Einschränkungen des Rechts auf freie Arztwahl nicht verzichtet werden"[543]. Eine grundlegende Einschränkung liegt bereits darin, daß sich die Wahlfreiheit des sozialversicherten Patienten auf die Auswahl unter den zur vertragsärztlichen Versorgung zugelassenen Leistungserbringern beschränkt[544]. Es ist deshalb auch vom „Prinzip der organisiert freien Arztwahl" die Rede[545]. Selbst die Befürworter einer umfassenden Patientenbeteiligung am Behandlungsprozeß müssen konstatieren: „Patienten können sich ihren Arzt oder Gesundheitsanbieter frei wählen, *wenn dies mit der Funktionsweise des Gesundheitswesens vereinbar ist*"[546]. Eine bedeutsame Einschränkung erfährt die freie Arztwahl bei der berufsgenossenschaftlichen Heilbehandlung. Dort dient das sog. Durchgangsarztverfahren der durch § 34 Abs. 1 SGB VII vorgegebenen Pflicht, nach Arbeitsunfällen so schnell wie möglich eine sachgemäße, wenn nötig fachärztliche oder speziell unfallmedizinische Heilbehandlung und Versorgung zu beginnen[547]. Jeder Unfallverletzte soll zunächst einem von den Landesverbänden der gewerblichen Berufsgenossenschaft bestellten Durchgangsarzt vorgestellt werden, der auf die Diagnose von Unfallverletzungen spezialisiert ist und der darüber entscheidet, ob eine fachärztliche oder besondere unfallmedizinische Versorgung erforderlich ist. Der Durchgangsarzt kann dem Verletzten eine bestimmte Art der Heilbehandlung und auch einen bestimmten Facharzt oder eine bestimmte Krankenanstalt vorschreiben.

Das Pendant zur grundgesetzlich geschützten Autonomie und Gesundheit des Patienten bildet die Therapiefreiheit des Arztes. Dieser durch Art. 5, 12 GG geschützte und durch die Bundesärzteordnung[548] sowie die ärztliche Berufsord-

---

[541] BVerfGE 16, 286, 303 f. (Chefarzt-Entscheidung).
[542] BSGE 21, 104, 112; 58, 18, 23 ff.
[543] BVerwGE 60, 367, 371 f.
[544] § 76 Abs. 1 SGB V sowie § 13 Abs. 3 BMV-Ä und § 7 Abs. 3 EKV-Ä.
[545] So schon *Spann*, Ärztliche Rechts- und Standeskunde, S. 26 sowie *Wigge*, VSSR 1996, 399, 413.
[546] So *Barth*, Mediziner-Marketing, S. 167 (Hervorhebungen durch die Verfasserin) – Dazu, daß das Prinzip des Funktionierens des Gesundheitssystems als Rechtfertigungsgrund für Freiheitsbeschränkungen deutlich auf dem Vormarsch ist, *Bonvie*, MedR 2002, 338, 345.
[547] Dazu *Schulin/Igl*, Sozialrecht, § 30 Rdnr. 504.
[548] § 1 Abs. 2 BÄO.

nung[549] besonders hervorgehobene „Grundpfeiler des ärztlichen Dienstes“[550] umfaßt drei Elemente: Der Arzt hat zum einen die Indikation festzustellen und damit darüber zu entscheiden, ob überhaupt eine Behandlung stattfinden soll. Zum anderen darf kein Arzt zu einer seinem Gewissen widersprechenden Methode oder zu einer bestimmten Arzneimitteltherapie gezwungen werden. Schließlich steht es primär in der Kompetenz des Arztes, die ihm im Einzelfall geeignet erscheinende diagnostische oder therapeutische Methode auszuwählen[551]. Anders als der Begriff der Therapiefreiheit vermuten ließe, handelt es sich hierbei nicht um ein ärztliches Privileg im Sinne eines eigennützigen Rechtes, sondern um ein fremdnütziges Recht des Arztes. Wie alle Regeln zur ärztlichen Tätigkeit dienen die Regeln zur beruflichen Freiheit des Arztes dem selbstbestimmten Wohl des Patienten[552]. Wenn der Arzt seinem beruflichen Auftrag, „das Leben zu erhalten, die Gesundheit zu schützen und wiederherzustellen, Leiden zu lindern, Sterbenden Beistand zu leisten und an der Erhaltung der natürlichen Lebensgrundlagen im Hinblick auf ihre Bedeutung für die Gesundheit der Menschen mitzuwirken“ (§ 1 Abs. 2 MBO-Ä 2000), genügen können soll, benötigt er einen durch das Recht anerkannten Entscheidungsspielraum. Ohne die Möglichkeit zu gewissenhaftem Ermessen kann der Arzt den medizinischen und persönlichen Besonderheiten des einzelnen Behandlungsfalles nicht gerecht werden[553]. Gleichwohl gilt die für den Patienten wie den Arzt ihrem Wesen nach unentbehrliche ärztliche Therapiefreiheit nicht uneingeschränkt. Durch immer größer werdenden Kostendruck im Gesundheitswesen erfährt die ohnehin durch straf- und zivilrechtlich formulierte Sorgfaltsanforderungen begrenzte[554] und an den „informed consent“, die Einwilligung des aufgeklärten Patienten, gebundene ärztliche Therapiefreiheit zunehmende Beschränkung[555].

---

[549] §§ 1, 2 Abs. 1 u. 4, 11 Abs. 1, Kap. C Nr. 2 MBO-Ä 2000.

[550] So *Laufs*, in: Festschrift für E. Deutsch, S. 625.

[551] *Laufs*, ZaeFQ 1997, 586; BGH NJW 1982, 2121 = MedR 1983, 23.

[552] *Laufs*, in: Festschrift für E. Deutsch, S. 626. – Einer Verwendung des Begriffes der Therapiefreiheit ist aus diesem Grund in der Literatur entgegengetreten worden, namentlich durch *Francke*, Ärztliche Berufsfreiheit und Patientenrechte, S. 149, dort Fn. 52: „Die Begriffe Therapiefreiheit oder Kurierfreiheit sind zu weit gefaßt und sollten nicht weiter verwendet werden. Sie lassen in der Profession und bei Patienten die Assoziation zu, daß es auch um die Entscheidung gehen könne, ob der Patient ohne seine Einwilligung behandelt wird, und verweisen damit auf längst überkommene Vorstellungen ärztlicher Heilgewalt über den Patienten“.

[553] *Laufs*, ZaeFQ 1997, 586.

[554] Zu den straf- und zivilrechtlichen Grenzen der ärztlichen Therapiefreiheit siehe *Dahm*, in: Rieger (Hrsg.), Lexikon des Arztrechts, Stichwort „Therapiefreiheit“ (Nr. 5090), Rdnrn. 4 ff.

[555] Manche Autoren gehen soweit, in einer Gesamtbetrachtung der sozialgesetzgeberischen Maßnahmen einen „Austausch des Berufsbildes“ des Arztes zu sehen. Der ärztliche Beruf sei insgesamt eher durch Freiheitsbeschränkungen als durch Freiheitsbetätigung gekennzeichnet. Für den Arzt stehe die Therapiefreiheit daher vielfach nur noch auf dem Papier, so *Zuck*, in: Hermann/Backhaus (Hrsg.), Freiberufe im Wandel, S. 5.

II. Die Einbindung des Patienten in den Praxisverbund – Die Freiheit der Arztwahl

Daß die Freiheit der Arztwahl auch im Praxisverbund grundsätzliche Geltung beansprucht, macht die Vorschrift Kap. D II Nr. 11 Abs. 1 S. 3 MBO-Ä 2000 deutlich. Sie bestimmt:

> *„Ärzte in einer zulässigen Kooperation dürfen die medizinisch gebotene oder vom Patienten gewünschte Überweisung an nicht dem Verbund zugehörige Ärzte nicht behindern".*

1. Die Einschreibung des Patienten in einen Praxisverbund

Die im Rahmen von „gebundenen" Praxisnetzen erbrachten ärztlichen Leistungen sind Bestandteil der vertragsärztlichen Versorgung und damit grundsätzlich Gegenstand der vertragsärztlichen Gesamtvergütung und Honorarverteilung. Die §§ 63 Abs. 3, 73 a Abs. 1, 140 c SGB V sehen allerdings vor, daß die grundlegenden Netzvereinbarungen in Form von Modellvorhaben, Strukturverträgen und Verträgen über integrierte Versorgungsformen Sondervereinbarungen über die ökonomischen Rahmenbedingungen der ärztlichen Arbeit in „gebundenen" Netzen enthalten können[556]. So besteht unter anderem die Möglichkeit, im Strukturvertrag ein netzeigenes Budget für die im Netz erbrachten Leistungen zu vereinbaren und „von den nach § 87 SGB V getroffenen Leistungsbewertungen abzuweichen"[557]. Darüber hinaus können gesonderte Vergütungen für den Verbund vereinbart werden, z. B. zur Anschubfinanzierung der mit dem Netzaufbau verbundenen Investitionen[558].

Aufgrund dieser vergütungsrechtlichen Besonderheiten wird für die ärztliche Arbeit in Praxisnetzen immer wieder eine Einschränkung der Arztwahlfreiheit gefordert. Wegen der erforderlichen Wirtschaftlichkeit der Netzversorgung seien solche Verbundsysteme andernfalls für die Krankenkassen und die beteiligten Netzärzte nicht kalkulierbar und damit nicht handhabbar. Die vom Sozialgesetzgeber in § 140 c Abs. 2 SGB V vorgesehene Möglichkeit, im Rahmen von Verträgen über integrierte Versorgungsformen die Budgetverantwortung insgesamt oder für definierte Teilbereiche (sog. kombiniertes Budget) unter Berücksichtigung der Zahl der teilnehmenden Versicherten, deren Risikostruktur sowie weiterer Morbiditätskriterien auf den Praxisverbund zu übertragen, ließe sich

---

[556] Einzelheiten zu solchen Vergütungs- und Budgetregelungen bei *Schirmer*, VSSR 1998, 279, 292 ff.

[557] § 73 a Abs. 1 S. 4 SGB V; wie *Schirmer*, VSSR 1998, 279, 292, anschaulich bemerkt, werden durch Strukturverträge damit „als „Inseln" in der vertragsärztlichen Versorgung Sonderverhältnisse im Hinblick auf Vergütung und Wirtschaftlichkeitsverantwortung" geschaffen.

[558] Vgl. das Beispiel einer Netzfinanzierung bei *Rüschmann/Roth/Krauss*, Vernetzte Praxen, S. 35 f.

nur dann verwirklichen, wenn die Zahl der im Verbund zu versorgenden Versicherten nicht ständig fluktuiere[559].

Nach der kassenarztrechtlichen Konzeption der Praxisnetze ist die Teilnahme der Versicherten an einer Verbundversorgung freiwillig[560], eine obligatorische Zuweisung an ein bestimmtes regionales Netz ist nicht vorgesehen. § 73 a Abs. 1 S. 1 SGB V knüpft ausdrücklich an den „vom Versicherten [...] *gewählten* Verbund haus- und fachärztlich tätiger Vertragsärzte" an[561]. Im Rahmen einer Netzversorgung kann die freie Arztwahl der Versicherten daher nur mit deren ausdrücklicher Einwilligung eingeschränkt werden. Praktiziert wird ein solches System freiwilliger „organisatorischer Beschränkungen" der Arztwahlfreiheit bei den sog. Einschreibemodellen[562]. Der Versicherte erklärt hier mit einer gesonderten Wahlentscheidung für einen Praxisverbund – der Einschreibung – seinen *freiwilligen* Verzicht auf die Inanspruchnahme von Ärzten außerhalb des Netzes und damit auf die (teilweise) Ausübung seiner Arztwahlfreiheit[563]. Versicherte, die sich für ein bestimmtes Praxisnetz einschreiben, sind damit angehalten, im Bedarfsfall in der Regel eine der vernetzten Praxen aufzusuchen. Verbindlichkeit ist dieser Verzichtserklärung kassenarztrechtlich indes nicht zugeschrieben worden, zu ihrer Einhaltung können lediglich finanzielle Anreize gegeben werden. § 63 Abs. 3 S. 3 SGB V sieht dafür die Weitergabe von erzielten Einsparungen an die teilnehmenden Versicherten vor, wohingegen § 140 g S. 1 SGB V sogar eine ausdrückliche Bonusregelung enthält: „Versicherten kann [...] ein Bonus gewährt werden, wenn sie die Teilnahmebedingungen mindestens ein Jahr eingehalten haben [...]".

Aus standesrechtlicher Sicht begegnet das Einholen von Einschreibeerklärungen der Netzpatienten keinen Bedenken; als negative Freiheit stellt der Verzicht auf die Ausübung der Arztwahlfreiheit die Kehrseite zu ihrer Wahrnehmung dar. Da der Arzt „das Recht seiner Patienten, den Arzt frei zu wählen oder zu wechseln"[564] als Behandlungsgrundsatz zu beachten hat, muß dieser jedoch in jedem Fall freiwillig sein, der Patient darf durch die Netzärzte keinesfalls zur Abgabe einer solchen Verzichtserklärung gedrängt werden. Inhaltlich bezieht sich diese Willenserklärung des Patienten lediglich auf die Inanspruchnahme nicht am Netz teilnehmender Ärzte, die Auswahl unter mehreren im Netz ver-

---

559 So *Ratajczak*, in: AG Medizinrecht im DAV (Hrsg.), Ärztliche Kooperationsformen, S. 130.

560 So ausdrücklich §§ 73a Abs. 1 S. 5, 140 a Abs. 2 S. 1 SGB V.

561 Hervorhebung durch die Verfasserin.

562 So *Schirmer*, VSSR 1998, 279, 295. Ein Beispiel für ein Einschreibemodell findet sich bei *Wigge*, VSSR 1996, 399, 406 f.

563 *Pitschas*, VSSR 1998, 253, 258.

564 § 7 Abs. 2 S. 1 MBO-Ä 2000.

tretenen Ärzten einer Fachgruppe, beispielsweise unter mehreren Internisten, ist davon nicht erfaßt[565].

Die zulässige Reichweite einer Einschreibung in einen Praxisverbund ergibt sich aus Kap. D II Nr. 11 Abs. 1 S. 3 MBO-Ä 2000. Sie findet ihre Grenzen in medizinischen Notwendigkeiten und in dem Willen des Patienten. Sobald medizinische Gründe gegen eine (Weiter-)Behandlung des Patienten im Netz sprechen, weil beispielsweise die für die notwendige Behandlung spezialisierte Fachgruppe im Netz nicht vertreten ist, ist die Festlegung des Patienten auf eine Inanspruchnahme der im Netz zusammengeschlossenen Ärzte gegenstandslos. Denn der Verzicht des Patienten auf die Ausübung seiner Arztwahlfreiheit entbindet die Netzärzte nicht von dem für sie geltenden Kompetenzbeschränkungsgebot[566]. „Wenn die eigene Kompetenz zur Lösung der diagnostischen und therapeutischen Aufgabe nicht ausreicht“[567], muß eine Überweisung an einen außenstehenden Arzt erfolgen; medizinische Gesichtspunkte haben in diesem Fall Priorität vor rein wirtschaftlichen, budgetären Gesichtspunkten. Ausgedrückt ist damit eine Selbstverständlichkeit: Die Netzärzte dürfen nur solche medizinischen Leistungen im Netz erbringen, die im Rahmen ihrer fachlichen Kompetenz liegen. Denn der Patient vertraut darauf, daß eine fachärztliche Leistung von einem qualifizierten Gebietsarzt nach den Regeln der gebietsärztlichen Kunst erbracht wird[568]. Da Kap. D II Nr. 11 Abs. 1 S. 3 MBO-Ä 2000 den Netzärzten untersagt, die vom Patienten gewünschte Überweisung an nicht dem Verbund zugehörige Ärzte zu behindern, ist der Patient an seine Einschreibeerklärung in keiner Weise gebunden. Er kann zu jedem Zeitpunkt und ohne Angabe von Gründen die Überweisung an einen außenstehenden Arzt verlangen.

Die berufsrechtlichen Grenzen, die einer Einschreibung von Patienten in einen Praxisverbund gesetzt sind, machen deutlich, daß allzu große Hoffnungen auf ihre Effizienz im Hinblick auf die Kalkulierbarkeit eines netzeigenen Budgets verfehlt wären. Solange die den Versicherten durch eine am Netz beteiligte Krankenkasse in Aussicht gestellten finanziellen Anreize nicht ausreichen, um die Patienten zu einem dauerhaften Verbleiben im Netz anzuhalten, läßt sich mit einer solchen – tatsächlich nur organisatorisch wirkenden – Wahlentscheidung des Patienten keine budgetbezogene Planungssicherheit erreichen[569].

---

565 So auch *Rieger*, Gutachten für die Arbeitsgruppe „Vernetzte Praxen“ der Kassenärztlichen Vereinigung Nordbaden, S. 44.

566 Darauf weist auch *Schirmer*, VSSR 1998, 279, 295, hin.

567 So die Formulierung in Kap. C Nr. 2 MBO-Ä 2000. – Das Kompetenzbeschränkungsgebot ist zudem in der Weiterbildungsordnung (§ 22 MWBO-Ä i. d. F. der Beschlüsse des 95. Deutschen Ärztetages in Köln) und in den Heilberufskammergesetzen der Länder (vgl. nur § 37 KG-BW) enthalten.

568 So die „innere Rechtfertigung“ des Kompetenzbeschränkungsgebots, vgl. *Dahm*, MedR 1998, 70, 72.

569 Umfragen haben ergeben, daß finanzielle Anreize allein häufig nicht ausreichen, um die Patienten zu einem Verzicht auf ihre freie Arztwahl zu bewegen: Die Mehrheit will auf dieses

2. *Die Ringüberweisung im Praxisverbund – Das Verbot der Zuweisung gegen Entgelt*

Die „abgeschlossene und systematische, [...] nach besonderen Regeln verlaufende Kooperation“[570] verschiedener Arztpraxen im Rahmen eines Praxisverbundes ist regelmäßig davon abhängig, daß der Patient in jedem Stadium des Behandlungsprozesses im Netz verbleibt. Kennzeichnend für eine Verbundversorgung ist daher die Überweisung von Netzarzt zu Netzarzt. Berufsrechtlich ist ein solches netztypisches Ringüberweisungssystem zulässig. Kap. D II Nr. 11 Abs. 1 S. 3 MBO-Ä 2000 verbietet nur die Behinderung *medizinisch gebotener oder vom Patienten gewünschter* Überweisungen an nicht dem Praxisverbund zugehörige Ärzte. Solange der Patient jedoch mit seiner Überweisung innerhalb des Netzes einverstanden ist und keine medizinischen Gründe (z. B. eine fehlende apparative Ausstattung der Netzärzte oder das Fehlen eines spezialisierten Fachvertreters im Netz) für eine Überweisung an einen außenstehenden (Fach-) Arzt sprechen, ist ein solches Überweisungsverhalten der Netzärzte berufsrechtlich nicht zu beanstanden[571].

Grundsätzlich ist bei der Überweisung von Patienten das Verbot der Zuweisung gegen Entgelt zu beachten, § 31 MBO-Ä 2000. Dieses untersagt dem Arzt, „für die Zuweisung von Patienten oder Untersuchungsmaterial ein Entgelt oder andere Vorteile sich versprechen oder gewähren zu lassen oder selbst zu versprechen oder zu gewähren“. Verboten sind nicht nur solche Absprachen, die unmittelbar auf die Zahlung eines Entgelts für die Zuweisung gerichtet sind. Die Voraussetzungen des Zuweisungsverbots werden auch durch ein im Rahmen ärztlicher Kooperation praktiziertes System der wechselseitigen Patientenüberweisung erfüllt, bei dem das ausdrücklich oder konkludent vereinbarte Gegenseitigkeitsprinzip für den mittelbaren wirtschaftlichen Ausgleich und damit den erforderlichen Entgeltcharakter sorgt[572]. Primärer Schutzzweck des § 31 MBO-Ä 2000 ist, die Weisungs- und Entscheidungsfreiheit des Arztes in fachlichen

---

Recht auch dann nicht verzichten, wenn daraus persönliche finanzielle Vorteile resultieren, vgl. dazu die oben in Fn. 536 angeführte Umfrage des Wissenschaftlichen Instituts der Ärzte Deutschlands e.V.; *Krauskopf*, in: Laufs/Uhlenbruck (Hrsg.), Hb. des Arztrechts, § 31 Rdnr. 8, konstatiert deshalb auch: „Die Motivierung von Versicherten [...], möglichst zahlreich daran teilzunehmen, (bildet) das größte Hindernis“. – Ein Beispiel für ein erfolgreiches Einschreibemodell ist das „Praxisnetz Berliner Ärzte“: Nach Auskunft der Kassenärztlichen Vereinigung Berlin hatten sich bereits Mitte 1999 rund 15.000 BKK- und TK-Versicherte zur Teilnahme an diesem Modell eingeschrieben.

[570] So die Netzdefinition von *Schirmer*, VSSR 1998, 279, 288 f., bezogen auf den Strukturvertrag nach § 73 a SGB V.

[571] Zu diesem Umkehrschluß kommen auch *Schirmer*, VSSR 1998, 279, 295 u. *Rieger*, in: Rieger (Hrsg.), Lexikon des Arztrechts, Stichwort „Praxisnetz“ (Nr. 4305), Rdnr. 55.

[572] So *Ahrens*, MedR 1992, 141, 145 f. u. *Taupitz*, MedR 1993, 367, 373. Eine Bestätigung hat diese zunächst nur in der Literatur zu findende Auffassung nun durch die Rechtsprechung erhalten, vgl. LG Heidelberg, MedR 1998, 273 ff. – Einzelfälle zum Zuweisungsverbot finden sich bei *Ratzel/Lippert*, MBO-Ä 1997, § 31 Rdnrn. 2 ff. sowie bei *Bonvie*, MedR 1999, 64 ff.

Angelegenheiten zu sichern. Der Arzt soll sich in seiner Entscheidung, welchem anderen Arzt er Patienten zuweist oder welchen Kollegen er zur Diagnose hinzuzieht, nicht von vornherein gegen Entgelt binden, sondern diese Entscheidung allein auf Grund medizinischer Erwägungen im Interesse des Patienten treffen[573]. Obwohl das durch einen Praxisverbund praktizierte System von Ringüberweisungen innerhalb des Verbundes durch seine Gegenseitigkeit den tatbestandlichen Entgeltcharakter des § 31 MBO-Ä 2000 aufweist, werden diese der verbesserten Koordination und Kommunikation im Behandlungsprozeß dienenden Überweisungen vom Verbot der mittelbar entgeltlichen Zuweisung nicht erfaßt. Der Schutzzweck des § 31 MBO-Ä 2000 macht deutlich, daß nur solche Überweisungen verboten sein sollen, die auf sachfremden, nichtmedizinischen Erwägungen beruhen. Mit den netzinternen Patientenvermittlungen werden gerade medizinische Zwecke verfolgt, sie dienen der systematischen Zusammenarbeit der Netzärzte, die im Sinne des Patienten seine ambulante Behandlung optimieren und seine „Rundumversorgung“ im Netz ermöglichen soll[574].

In der Literatur findet sich in diesem Zusammenhang die Auffassung, das Zuweisungsverbot des § 31 MBO-Ä 2000 sei auch deshalb nicht einschlägig, weil ein durch die ärztliche Berufsordnung sanktioniertes Praxisnetz nach seinem Sinn und Zweck eine Behandlungseinheit bilde, innerhalb derer es keine „Zuweisungen“ mehr gebe[575]. Dieser grundsätzlich überlegenswerte Gedanke kann jedoch nicht generell die Nichtanwendbarkeit des § 31 MBO-Ä 2000 begründen. Vielmehr bedarf es einer differenzierten Betrachtung: Die Frage, ob ein Praxisverbund eine „Behandlungseinheit“ darstellt, muß maßgeblich davon abhängen, wie fortgeschritten der Organisationsgrad eines Netzes im Hinblick auf die in ihm verwirklichten Qualitätsmanagement-Bausteine ist.

3. *Die Information des Patienten über Freiwilligkeit und Unverbindlichkeit seiner Wahlentscheidung*

Um dem hohen Stellenwert der freien Arztwahl gerecht zu werden, ist der Patient bei erstmaligem Aufsuchen eines Netzarztes über die organisatorische Struktur des Praxisverbundes und die Freiwilligkeit und Unverbindlichkeit

---

[573] Der Schutzzweck des § 31 MBO-Ä 2000 hat jedoch nicht nur diese patientenbezogene Komponente, sekundär soll auch die Beibehaltung eines fairen Wettbewerbs unter den Ärzten gewährleistet werden. Zum Schutzzweck des Zuweisungsverbots siehe *Ratzel/Lippert*, MBO-Ä 1997, § 31 Rdnr. 1.

[574] So auch *Rieger*, in: Rieger (Hrsg.), Lexikon des Arztrechts, Stichwort „Praxisnetz“ (Nr. 4305), Rdnrn. 58 f. sowie *Andreas/Debong/Bruns*, Hb. des Arztrechts in der Praxis, S. 205.

[575] So *Rieger*, in: Rieger (Hrsg.), Lexikon des Arztrechts, Stichwort „Praxisnetz“ (Nr. 4305), Rdnr. 59; *ders.*, Gutachten für die Arbeitsgruppe „Vernetzte Praxen“ der Kassenärztlichen Vereinigung Nordbaden, S. 38 f.

seiner Einbindung in das Netz zu informieren[576]. Damit sich der Patient nicht gewissermaßen „im Netz gefangen“ fühlt, muß er darüber aufgeklärt werden, daß sein Selbstbestimmungsrecht im Rahmen der Verbundversorgung nicht gegen seinen Willen eingeschränkt werden kann und daß seine Teilnahme an den im Netz verwirklichten organisatorischen Besonderheiten, wie z. B. den Ringüberweisungssystemen oder Zweitmeinungsverfahren, in vollem Umfang freiwillig und zu keinem Zeitpunkt verbindlich ist.

Dies gilt vor allem im Hinblick auf das Einholen von Einschreibeerklärungen. Um zu vermeiden, daß sich der Patient dauerhaft an seinen Verzicht auf die Ausübung der ihm zukommenden Arztwahlfreiheit gebunden fühlt, ist der Patient über die Reichweite seiner Verzichtserklärung zu informieren. Er muß darüber aufgeklärt werden, daß es sich hierbei um eine organisatorisch wirkende Wahlentscheidung handelt, der letztlich keine Verbindlichkeit zukommt. Eine dahingehende Information des Patienten dient nicht zuletzt dem Interesse der Netzärzte an Patienteneinschreibungen. Ein dermaßen aufgeklärter Patient, dem bewußt gemacht wurde, daß er sich mit einer Einschreibeerklärung nicht dauerhaft seiner Arztwahlfreiheit begibt, sondern jederzeit ohne Angabe von Gründen einen außerhalb des Netzes tätigen Arzt aufsuchen kann, wird eher geneigt sein, sich in den Praxisverbund einzuschreiben.

III. Die standardisierte Versorgungsweise eines Praxisverbundes

1. Das standardmäßige Einholen von Zweitmeinungen

Die in Praxisnetzen häufig eingesetzten Zweitmeinungsverfahren – in der Sprache von Managed Care „second opinion“ genannt – sehen als Behandlungsregel vor, daß der Patient vor der Einleitung von operativen oder kostenintensiven Behandlungsmaßnahmen standardmäßig einem weiteren Arzt gleicher Fachrichtung vorgestellt wird, um eine zweite fachliche Meinung einzuholen. Das standardisierte Einholen einer Zweitmeinung dient der Qualitätssicherung und soll unnötige Belastungen des Patienten und des Budgets vermeiden. Während es kassenarztrechtlich als zulässig angesehen wird, die Veranlassung einschneidender medizinischer Maßnahmen von der obligatorischen Einholung einer Zweitmeinung abhängig zu machen[577], gibt das Standesrecht eine andere Antwort. Ausdrücklich bestimmt die ärztliche Berufsordnung zwar nur den Behandlungsgrundsatz, sich „dem Wunsch von Patienten nach Einholung einer Zweitmeinung [...] nicht zu widersetzen“[578]. Das Selbstbestimmungsrecht des

---

[576] Zu der Art und Weise der Information, z. B. in Form von in den Netzpraxen ausgelegten Informationsblättern, siehe unten Teil 2 C. II.

[577] *Schirmer*, VSSR 1998, 279, 298.

[578] Kap. C Nr. 2 MBO-Ä 2000; vgl. auch § 7 Abs. 2 S. 3 MBO-Ä 2000: „Den begründeten Wunsch des Patienten, einen weiteren Arzt zuzuziehen [...], soll der behandelnde Arzt in der Regel nicht ablehnen.“

Patienten gesteht diesem jedoch nicht nur das Recht zu, darüber zu entscheiden, durch welchen Arzt er behandelt werden will, sondern beinhaltet vordringlich die Entscheidungsfreiheit darüber, ob überhaupt eine Behandlung oder Untersuchung erfolgen soll. Dem Patienten steht das in Kap. C Nr. 1 MBO-Ä 2000 ausdrücklich normierte Recht zu, jederzeit „empfohlene Untersuchungs- und Behandlungsmaßnahmen abzulehnen". Aus berufsrechtlicher Sicht darf der Patient durch die Netzärzte daher nicht zum Aufsuchen eines weiteren Arztes gedrängt werden. Das Einholen einer Zweitmeinung vor der Durchführung aufwendiger medizinischer Maßnahmen bedarf stets der Zustimmung des Patienten[579].

2. Die Festlegung netzeigener Behandlungsstandards

Wesentliches Element des netzspezifischen Qualitätsmanagements ist die therapeutische und diagnostische Vorgehensweise nach netzeigenen Behandlungsstandards und unter Umständen ihre Festschreibung in Form von Behandlungsleitlinien für in der täglichen Praxis zahlreich vorkommende und/oder chronisch verlaufende Krankheitsbilder sowie die Erarbeitung von Arzneimittelpositivlisten für die Pharmakotherapie. Die gemeinsame Entwicklung von Diagnose- und Behandlungsabläufen auf der Ebene der vernetzten Ärzte, zum Teil auch unter Einbeziehung der Patienten z. B. in Gestalt von Patientenbefragungen[580], soll dazu beitragen[581],

- „die wissenschaftlich begründete, qualitätsgesicherte, effektive und effiziente Patientenversorgung im Rahmen der verfügbaren Ressourcen zu unterstützen.
- wissenschaftlich nicht begründete, hinsichtlich ihres Nutzens fragwürdige oder für die Lösung eines speziellen Problems nicht zweckmäßige oder notwendige Leistungen zu vermeiden.
- die ärztliche Zusammenarbeit im Netz und auch sektorenübergreifend, z. B. mit Krankenhäusern, zu verbessern.

---

[579] So im Ergebnis auch *Schirmer*, VSSR 1998, 279, 298. – In der Regel wird eine solche Zustimmung des Patienten vorliegen. Umfragen haben ergeben, daß 87% der Befragten die Möglichkeit, jederzeit eine Zweitmeinung einholen zu können, als „wichtig" ansehen, vgl. *Clade*, DÄBl. 1999 (Heft 11), A-676.

[580] Vgl. *Francke/Hart*, Charta der Patientenrechte, S. 270, die die notwendige Beteiligung von Patienten an der Beratung und Festlegung von Behandlungsstandards als „defizitär" bezeichnen; zur Beteiligung von Patienten an der Leitlinienerstellung, um deren „Compliance" zu erhöhen, siehe *Kaiser*, Perspectives on Managed Care 1999 (Heft 2), 31, 32.

[581] Zum folgenden *Kaiser*, Perspectives on Managed Care 1999 (Heft 2), 31, 32; ähnlich auch die bei *Ollenschläger/Thomeczek*, in: BÄK/KBV/AWMF (Hrsg.), Curriculum Qualitätssicherung Teil 1, S. 177 f., dargestellten allgemeinen Erwartungen an die Berücksichtigung ärztlicher Leitlinien.

- neue Ansatzpunkte für die Honorierung ärztlicher und medizinischer Leistungen aufzuzeigen und so zur Lösung der Probleme Mengenausweitung und Punktwerteverfall beizutragen.
- die Entscheidungs- und Rechtssicherheit des einzelnen Arztes zu erhöhen"[582].

a) Die „leitliniengestützte" Behandlung im Praxisverbund

aa) Ärztliche Leitlinien als zentrales Instrument der Qualitätssicherung in der Medizin

Die Entwicklung von Leitlinien für ärztliches Handeln in Diagnostik und Therapie spielt in der in Zeiten des zunehmenden Kostendrucks auf breiter Basis geführten Diskussion um Qualitätssicherung in der Medizin schon seit längerem eine große Rolle[583]. Mit dem aus dem Angloamerikanischen („guidelines") übernommenen Begriff der Leitlinien werden systematisch entwickelte Entscheidungshilfen für Ärzte über die angemessene ärztliche Vorgehensweise bei speziellen gesundheitlichen Problemen umschrieben[584]. Da der Begriff der Leitlinie nicht gesetzlich definiert ist, haben sich im Laufe der Diskussion um medizinische Qualitätssicherung zur Beschreibung der ärztlichen Leitlinien folgende Kennzeichen herauskristallisiert[585]:

- Leitlinien sind institutionell gesetzte, methodische oder sachliche Regeln guten ärztlichen Handelns in Bezug auf bestimmte diagnostische oder therapeutische Vorgehensweisen, die in einem geordneten Verfahren zustande gekommen sind[586].

---

582 *Hart*, MedR 1998, 8, 12, bezeichnet diesen Wunsch als „Haftungsimmunisierung".

583 Aus der schier überwältigenden Literatur siehe nur *Möhrle*, in: Wienke/Lippert/Eisenmenger (Hrsg.), Qualitätssicherung, S. 14 f.; *Thomeczek/Ollenschläger*, ebenda, S. 53 sowie *Hart*, MedR 1998, 8 ff., 10 f. – Allgemein zu den mit der Qualitätssicherung in der Medizin verbundenen Problemen vgl. die Tagungsbände *Nagel/Fuchs (Hrsg.)*, Leitlinien und Standards im Gesundheitswesen: Fortschritt in sozialer Verantwortung oder Ende der ärztlichen Therapiefreiheit?, Köln 1997 und *Wienke/Lippert/Eisenmenger (Hrsg.)*, Die ärztliche Berufsausübung in den Grenzen der Qualitätssicherung, Berlin 1998; speziell zu den ärztlichen Leitlinien vgl. den Tagungsband *Hart (Hrsg.)*, Ärztliche Leitlinien: Empirie und Recht professioneller Normsetzung, Baden-Baden 2000.

584 So die von der *Zentralstelle der deutschen Ärzteschaft zur Qualitätssicherung in der Medizin (ÄZQ)* erarbeiteten und durch die *BÄK* und die *KBV* offiziell verabschiedeten und veröffentlichten „Beurteilungskriterien für Leitlinien in der medizinischen Versorgung", DÄBl. 1997 (Heft 33), A-2154 f.

585 Zum folgenden ausführlich *Hart*, MedR 1998, 8, 10 f.; *ders.*, in: Rieger (Hrsg.), Lexikon des Arztrechts, Stichwort „Ärztliche Leitlinien" (Nr. 530), Rdnrn. 1 ff. sowie *Ollenschläger/Thomeczek*, in: BÄK/KBV/AWMF (Hrsg.), Curriculum Qualitätssicherung Teil 1, S. 177.

586 Zum Verfahren der Leitlinienerstellung *Bauer* in Eichhorn/Schmidt-Rettig (Hrsg.), managed care, S. 164 f.; allgemein zu den Methoden medizinischer Standardbildung *Buchborn*, MedR 1993, 328, 330 f.

- Leitlinien beschreiben wissenschaftlich begründete und/oder durch ärztliche Erfahrung belegte Vorgehensweisen und dienen der Qualität ärztlichen Handelns und dem Patientenschutz.
- Leitlinien müssen regelmäßig auf ihre Gültigkeit und Aktualität hin überprüft und ggf. fortgeschrieben werden.
- Leitlinien sind Orientierungshilfen im Sinne von „Handlungs- und Entscheidungskorridoren", von denen in begründeten Fällen abgewichen werden kann oder sogar abgewichen werden muß[587].

Auch wenn sich ärztliche Leitlinien in den letzten Jahren zu einem zentralen Instrument der Qualitätssicherung in der Medizin entwickelt haben[588], ist die Haltung gegenüber diesen Maßnahmen nicht zuletzt wegen ihrer zahlreichen haftungs- und sozialrechtlichen Implikationen überaus zwiespältig[589]. Aus berufsrechtlicher Sicht wird vor allem die Bewahrung der zum Wohle des selbstbestimmten Patienten bestehenden ärztlichen Therapiefreiheit angemahnt[590]. Die durch die zunehmende Standardisierung der ärztlichen Arbeit in Form von Richtlinien, Leitlinien und Empfehlungen[591] deutlich werdende „Tendenz [...], dem behandelnden Arzt weniger Ermessen und mehr Verhaltensanweisungen in die Hand zu geben"[592], dürfe nicht zu einer „Einheitsbehandlung" der Patienten führen[593], die den Weg zu einer an der Individualität des Einzelschicksals des kranken Patienten orientierten medizinischen Reaktion versperre[594]. Bei der grundsätzlich notwendigen Ausbildung von Standards in der Medizin dürfe nicht übersehen werden, daß es „den Standard-Patienten mit

---

587 So die „Leitlinie der Leitlinien" der *BÄK* und der *KBV*, DÄBl. 1997 (Heft 33), A-2154 f.

588 *Ollenschläger/Oesingmann/Thomeczek/Kolkmann*, in: Hart (Hrsg.), Ärztliche Leitlinien, S. 41; *Wienke*, MedR 1998, 172 ff.

589 Siehe dazu die verschiedenen Beiträge in *Hart (Hrsg.)*, Ärztliche Leitlinien: Empirie und Recht professioneller Normsetzung, Baden-Baden, 2000.

590 Insbesondere vor dem Hintergrund einer durch den Sozialgesetzgeber ermöglichten schleichenden Infiltration der bislang rein ärztlichen Qualitätssicherung durch eine zunehmend fremdbestimmte Qualitätssicherung, *Laufs*, in: Festschrift für E. Deutsch, S. 626 ff., S. 629 f. sowie ausführlich *Schneider*, MedR 1998, 151 ff.; *ders.*, in: Wienke/Lippert/Eisenmenger (Hrsg.), Qualitätssicherung, S. 167 ff.; vgl. auch *Narr*, Ärztliches Berufsrecht, Rdnr. 40 (Stand: Oktober 1988).

591 Zur Abgrenzung der Leitlinien von den eine andere Verbindlichkeitswirkung aufweisenden Richtlinien und Empfehlungen, *Hart*, MedR 1998, 8, 10 ff.

592 So *Schirmer*, in: BÄK/KBV/AWMF (Hrsg.), Curriculum Qualitätssicherung Teil 1, S. 193.

593 So der Titel eines zu diesem Thema 1998 in Hannover stattgefundenen Symposiums und des dazu herausgegebenen Tagungsbandes: *Beske/Kern (Hrsg.)*, Leitlinien und Standards in der Medizin – Auf dem Weg in die Einheitsbehandlung?, Würzburg 1999.

594 *Laufs*, ZaeFQ 1997, 586 f., 588 f.

der Standard-Erkrankung, der allein durch den Standard-Arzt nach Standard-Verfahren geheilt werden könnte", nicht gibt[595].

bb) Die Anwendung und Erarbeitung von Leitlinien durch die Netzärzte

In berufsrechtlicher Hinsicht stellen sich bei der Anwendung und Erarbeitung von Leitlinien durch die in einem Praxisverbund zusammengeschlossenen Netzärzte im wesentlich zwei Fragen[596]. Zum einen: Sind die Netzärzte im Hinblick auf die ärztliche Therapiefreiheit und das Selbstbestimmungsrecht des Patienten überhaupt berechtigt, die Art und Weise ihres therapeutischen und diagnostischen Vorgehens von einer Leitlinie abhängig zu machen? Zum anderen: Ist es den im Praxisverbund zusammengeschlossenen Ärzten erlaubt, eigene, unter Umständen von den durch „höhere Instanzen" erarbeiteten Leitlinien abweichende Leitlinien festzulegen?

Da es sich bei Leitlinien um ein allgemein anerkanntes, wenn auch im einzelnen nicht unumstrittenes[597] Instrument der ärztlichen Qualitätssicherung handelt, ist ihre Anwendung in einem Praxisverbund grundsätzlich zulässig[598]. Die Frage nach dem Verhältnis einer „leitliniengestützten" Behandlung zu den Grundwerten der Arzt-Patienten-Beziehung beantwortet der Blick auf die eingeschränkte Verbindlichkeitswirkung der Leitlinien. Wenn es sich hierbei nach der Definition der *BÄK* und der *KBV* um „Orientierungshilfen im Sinne von Handlungs- und Entscheidungskorridoren, von denen in begründeten Fällen abgewichen werden kann oder sogar muß"[599], handelt, dann ist das auf ärztliche Leitlinien gestützte therapeutische und diagnostische Vorgehen der Netzärzte im Hinblick auf das Selbstbestimmungsrecht des Patienten und die darauf basierende ärztliche Therapiefreiheit nicht zu beanstanden. Der einzelne Netzarzt beraubt sich damit nicht der Möglichkeit zu gewissenhaftem Ermessen und zur Ausübung der ärztlichen Intuition, die nötig sind, um den Eigenheiten des Einzelfalles gerecht zu werden. Die von *Hart* treffend als „Handlungsempfehlungen mit 'Abweichungskorridoren'"[600] beschriebenen Leitlinien haben lediglich die Aufgabe, die Bedingungen für eine *im Regelfall* angemessene und gute

---

[595] So *Seifert*, in: Wienke/Lippert/Eisenmenger (Hrsg.), Qualitätssicherung, S. 161; vgl. auch *Laufs*, in: Festschrift für E. Deutsch, S. 626.

[596] Eine dritte Frage stellt sich im Hinblick auf die ärztliche Aufklärungspflicht: Ist der Patient zur Ausübung seines Selbstbestimmungsrechts darüber aufzuklären, daß die Behandlung auf Leitlinien gestützt ist und damit nicht einem individuellen, sondern einem verobjektivierten Therapiekonzept folgt? Dazu unten c).

[597] Wie *Hart*, in: Hart (Hrsg.), Ärztliche Leitlinien, S. 159, betont, stehen Rechtswissenschaft und Rechtspraxis erst am Anfang der Diskussion um die Bedeutung ärztlicher Leitlinien.

[598] So auch *Schirmer*, VSSR 1998, 279, 297 f.

[599] *ÄZQ*, DÄBl. 1997 (Heft 33), A-2154 f.

[600] MedR 1998, 8, 11; *Wienke*, MedR 1998, 171, 173, sieht Leitlinien als „goldenen Mittelweg": „...sie geben dem Arzt einerseits eine Richtschnur für sein Handeln vor, engen hingegen seine Handlungsfreiheit andererseits nicht zu stark ein".

ärztliche Behandlung vorzugeben[601]. Sobald der von der Regel abweichende Einzelfall eintritt, darf und muß der Netzarzt, um dem einzelnen Patienten eine den „Regeln der ärztlichen Kunst“[602] entsprechende Behandlung zuteil werden zu lassen, einen anderen diagnostischen und therapeutischen Weg beschreiten. Der Behandlungsanspruch des Patienten richtet sich nach wie vor auf eine Behandlung nach den „Regeln der ärztlichen Kunst“, mithin nach dem medizinischen Standard[603]. Da die Verobjektivierung des Therapieplanes den Netzarzt nicht von der Pflicht zur Behandlung lege artis entbindet, kann der Patient weiterhin darauf vertrauen, die seinem Einzelfall angemessene medizinische Versorgung zu erhalten. Um tatsächlich den Regel- und nicht den Ausnahmefall zu beschreiben, sollten die in einem Praxisverbund verwendeten Leitlinien daher inhaltlich dem medizinischen Standard entsprechen oder ihn zumindest nicht unterschreiten.

Die nicht nur aus berufsrechtlicher, sondern gleichermaßen aus kassenarzt-, straf- und haftungsrechtlicher Sicht notwendige Ausrichtung an den „Regeln der ärztlichen Kunst“ markiert auch die rechtliche Grenze, die einer Erarbeitung eigener Leitlinien durch die Netzärzte gesetzt ist. Abgesehen davon, daß einem solchen Vorhaben bereits insofern Grenzen gesetzt sein werden, als die vollständige Neuentwicklung netzeigener Leitlinien einen sehr hohen, im ärztlichen Alltag wahrscheinlich nicht zu bewältigenden Aufwand erfordert[604], ist eine Festschreibung von im Netz zu erbringenden Behandlungsabläufen in netzeigenen Leitlinien zwar prinzipiell zulässig[605], sie muß sich jedoch am medizinischen Standard orientieren. Dieser darf nicht unterschritten werden[606]. Berufsrechtliche Probleme ergeben sich, wenn die Netzärzte bei der Erstellung eigener Leitlinien von Leitlinien und Standards abweichen wollen, die durch dazu ermächtigte Einrichtungen wie beispielsweise Ärztekammern, Kassenärztliche Vereinigungen oder wissenschaftliche Fachgesellschaften erarbeitet wurden. Ein Abweichen ist nur dort möglich, wo es sich im Einzelfall nicht um solche Leitli-

---

[601] Vgl. in diesem Zusammenhang die anschaulich dargetane Position von *Möhrle*, in: Wienke/Lippert/Eisenmenger (Hrsg.), Qualitätssicherung, S. 12: „Richtig verstandene Qualitätssicherung bedeutet keine Einengung der Therapiefreiheit, keine Beschneidung des ärztlichen Handlungsspielraumes. Es muß vielmehr eine Selbstverständlichkeit sein, daß wir unsere ärztlichen Leistungen qualitätsgesichert erbringen; das schulden wir unseren Patienten, den Kostenträgern und, nicht zuletzt, auch uns selbst.“

[602] So die Formulierung in Kap. C Nr. 2 MBO-Ä 2000.

[603] Auf das Problem, daß Leitlinien zu einer Neu- oder Umbildung von Standards, vor allem auch in haftungsrechtlicher Sicht, beitragen können, sei hier nicht weiter eingegangen. Siehe dazu nur *Hart*, in: Hart (Hrsg.), Ärztliche Leitlinien, S. 137 ff.; *Dressler*, ebenda, S. 161 ff. sowie *Wienke*, MedR 1998, 171, 173 f.

[604] *Kaiser*, Perspectives on Managed Care 1999 (Heft 2), 31, 32.

[605] Von seiten der Kassenärztlichen Bundesvereinigung wird diese Eigeninitiative der Praxisnetze auf dem Gebiet des Qualitätsmanagements sogar positiv beurteilt: Eine solche werde dem ärztlichen Selbstverständnis und den Grundgedanken eines Qualitätsmanagements eher gerecht als bundesweit verbindliche Vorgaben, so *Tophoven*, KrV 2000, 239, 240.

[606] Vgl. Schirmer, VSSR 1998, 279, 298.

nien und Standards handelt, die als von „der Ärztekammer eingeführte Maßnahmen zur Sicherung der Qualität der ärztlichen Tätigkeit“[607] zu gelten haben. Die Beachtung solcher Qualitätssicherungsmaßnahmen ist nach § 5 MBO-Ä 2000 eine Berufspflicht[608].

b) Die Pharmakotherapie nach netzeigenen Arzneimittelpositivlisten

Ein weiteres, den Behandlungsleitlinien in seinen Wirkungen ähnliches Standardisierungsinstrument eines Praxisverbundes ist eine netzeigene Positivliste für Arzneimittel. Diese verkörpert einen Vorschlag, welche Substanzgruppen und Medikamente bei welchen Indikationen und gegebenenfalls nach welchem Stufenplan von den Netzärzten zu verordnen sind. Von der Verwendung einer solchen Positivliste erhoffen sich die Praxisnetze, die Qualität der Pharmakotherapie zu verbessern, da den Netzärzten zum einen eine Auswahl wirtschaftlicher Verordnungsalternativen und zum anderen eine Information beispielsweise über nicht mehr aktuelle Arzneimittel bei behandlungsbedürftigen Indikationen, „richtige“ Arzneimittel in falscher Dauer, Dosierung oder Indikation gegeben werden kann[609].

Für die Arzneimittelversorgung in der gesetzlichen Krankenversicherung wird über die Einführung einer Positivliste schon seit langem diskutiert[610]. Der Gesetzgeber hat verschiedene Versuche unternommen, eine solche Positivliste im System der GKV zu installieren: Während die durch das Gesundheitsstrukturgesetz 1993 eingeführten Rechtsgrundlagen[611] für den Erlaß einer Positivliste für Arzneimittel in der vertragsärztlichen Versorgung zunächst durch das 5. SGB V-ÄndG v. 18.12.1995 aufgehoben wurden[612], hat der Sozialgesetzgeber mit der Einführung des § 33 a SGB V durch das GKV-Gesundheitsreformgesetz 2000 erneut Regelungen über eine Arzneimittelpositivliste in das Fünfte Sozialgesetzbuch aufgenommen[613]. Die nun in einem mehrstufigen Verfahren zu erarbeitende Positivliste trägt die Form einer Rechtsverordnung (§ 33 a Abs. 1 S. 1 SGB V) und soll den Anspruch der Versicherten auf Arznei-

---

[607] So die Formulierung in § 5 MBO-Ä 2000.

[608] *Schirmer*, VSSR 1998, 279, 298.

[609] Vgl. *Rüschmann/Roth/Krauss*, Vernetzte Praxen, S. 27. Zum Aufbau einer netzeigenen Positivliste für Arzneimittel siehe *Glaeske*, in: Merke (Hrsg.), Umbau oder Abbau im Gesundheitswesen, S. 159 ff.

[610] Siehe dazu den Überblick von *Francke*, in: Rieger (Hrsg.), Lexikon des Arztrechts, Stichwort „Positivliste“ (Nr. 4190), Rdnrn. 1 ff.

[611] §§ 31, 34 a, 92 a SGB V a. F., eingefügt durch das Gesundheitsstrukturgesetz (GSG) v. 21.12.1992 (BGBl. I, S. 2266); vgl. dazu *Keseberg*, DOK 1997, 293 ff.

[612] BGBl. I, S. 1986. Zu den praktischen Schwierigkeiten bei der Erstellung einer Positivliste und den gesundheitspolitischen Erwägungen der Aufhebung siehe BT-Drucks. 13/2264 sowie 13/3045.

[613] Siehe dazu BT-Drucks. 14/1245.

mittelversorgung deutlich verändern[614]: Ab dem Tag des Inkrafttretens dieser Rechtsverordnung hat der Versicherte nur noch Anspruch auf Versorgung mit „in der vertragsärztlichen Versorgung verordnungsfähigen" Arzneimitteln[615]. Der Vertragsarzt darf dann nur noch „ausnahmsweise im Einzelfall mit Begründung" Arzneimittel verordnen, die nicht in die Positivliste aufgenommen wurden und nur dann, wenn dies in der Liste selbst vorgesehen ist[616].

Die Verfassungsmäßigkeit einer in gesetzlicher Form erlassenen und bundesweit geltenden Positivliste ist in der rechtswissenschaftlichen Literatur umstritten[617]. Die dort angeführten Gesichtspunkte Absatzrechte oder -chancen der pharmazeutischen Hersteller, Berufsfreiheit der Ärzte und Grundrechte der Patienten, insbesondere deren Recht auf körperliche Unversehrtheit[618], können vorliegend jedoch nicht herangezogen werden. Denn eine durch die Netzärzte selbst erarbeitete Positivliste für Arzneimittel ist zum einen gerade Ausdruck ihrer Therapiefreiheit, da nicht eine fremdbestimmte, sondern eine durch die Netzärzte selbst getragene Entscheidung über die Aufnahme oder Nichtaufnahme bestimmter Arzneimittel erfolgt. Und zum anderen sind die wirtschaftlichen Auswirkungen, die eine Positivliste eines Netzes auf dort nicht berücksichtigte pharmazeutische Hersteller haben kann – ähnlich wie bei einem Einzelarzt, der sich im Laufe seiner Berufsjahre eine eigene „inoffizielle" Positivliste erarbeitet hat – regional begrenzt und damit sehr gering. Marktrelevante Bedeutung wird eine netzeigene Positivliste aufgrund des nur begrenzten lokalen Gewichts eines Praxisverbundes kaum entfalten können[619].

---

[614] Zu dem dreistufigen Verfahren bei der Erstellung der Positivliste siehe *Francke*, in: Rieger (Hrsg.), Lexikon des Arztrechts, Stichwort „Positivliste" (Nr. 4190), Rdnrn. 3 ff. – Europarechtliche Bedenken gegen die Zulässigkeit des § 33 a SGB V äußern *Koenig/Sander*, MedR 2001, 295, 296 ff.

[615] So die nach Art. 22 Abs. 4 GKV-Gesundheitsreformgesetz 2000 am Tag des Inkrafttretens der als Rechtsverordnung zu erlassenden Positivliste lautende Fassung des § 31 Abs. 1 S. 1 SGB V. – Zu welchem Zeitpunkt diese Rechtsverordnung in Kraft treten wird, läßt sich derzeit noch nicht sagen. Nach einer Pressemitteilung des Bundesgesundheitsministeriums wird dort mit einem Inkrafttreten frühestens Ende 2002/Anfang 2003 gerechnet, Pressemitteilung Nr. 99 v. 19. 9. 2001, im Internet abzurufen unter http://www.bmgesundheit.de/presse/2001/2001/99.htm (Stand: 4.2.2002).

[616] So § 33 a Abs. 11 SGB V.

[617] Umfassend dazu *Philipp*, Arzneimittellisten und Grundrechte, S. 120 ff. u. S. 185 ff.; zur Grundrechtsrelevanz einer Positivliste und für deren Verfassungsmäßigkeit *Schefold*, in: Glaeske/Schefold (Hrsg.), Positivliste für Arzneimittel, S. 97 f., S. 100 ff. – Unmittelbar einschlägige Rechtsprechung liegt (noch) nicht vor; vgl. aber den Nichtannahmebeschluß des BVerfG, NJW 1995, 1606, zu der durch das GSG von 1993 zunächst eingeführten Positivliste u. OLG Düsseldorf Pharma Recht 1998, 58 ff., zu den wettbewerbs- und kartellrechtlichen Aspekten einer Positivliste, die von der Landesärztekammer Berlin erarbeitet wurde, der sog. „Berliner Positivliste".

[618] Ausführlich zu den verschiedenen in Betracht kommenden Patientengrundrechten *Philipp*, Arzneimittellisten und Grundrechte, S. 185 ff.: diskutiert werden die Grundrechte aus Art. 2 Abs. 2 S. 1, 3, 9 u. 14 GG.

[619] So auch *Schirmer*, VSSR 1998, 279, 303.

Berufsrechtlich ist die Erarbeitung und die therapeutische Befolgung einer solchen Positivliste nicht zu beanstanden. Voraussetzung ist allerdings, daß die Netzärzte bei der Entscheidung über die von ihnen in die Positivliste aufzunehmenden Arzneimittel tatsächlich frei sind und sich nicht von einer durch den dadurch „begünstigten" Arzneimittelhersteller versprochenen Vergütung oder auf sonstige Weise erfolgenden Honorierung leiten lassen. Ein solches Verhalten wäre wegen Verstoßes gegen die §§ 32, 34 MBO-Ä 2000 berufsrechtswidrig[620].

c) Aufklärungspflicht der Netzärzte über standardisiertes therapeutisches und diagnostisches Vorgehen?

Das verfassungsrechtlich garantierte Selbstbestimmungsrecht des Patienten sowie der zwischen Arzt und Patient geschlossene Behandlungsvertrag machen die als „umstrittenstes Thema des Arztrechts"[621] bezeichnete Aufklärung zu einer Hauptpflicht des Arztes[622]. Herkömmlicherweise werden die vielfältigen Aufklärungspflichten des Arztes in zwei Kategorien unterteilt[623]. Zum einen lassen sich die ärztlichen Aufklärungspflichten der mit mannigfaltigen juristisch-dogmatischen Schwierigkeiten behafteten sog. Selbstbestimmungs- oder Eingriffsaufklärung zuordnen[624]. Nur diese, erst 1988 durch die ärztliche Berufsordnung als berufliche Pflicht eingeführte[625] Selbstbestimmungsaufklärung dient – wie ihr Name schon sagt – dem Selbstbestimmungsrecht des Patienten. Eine verfassungsrechtlich gebotene Einwilligung des Patienten in diagnostische, vorbeugende und heilende Eingriffe ist nur dann wirksam, wenn der Patient weiß, worin er einwilligt[626]. Die Einwilligung des Patienten als Subjekt, nicht Objekt der Behandlung bildet damit das Gegengewicht zur medizinischen Autorität des Arztes; medizinische Indikation und Patienteneinwilligung bilden ein „Junktim der ärztlichen Behandlung"[627]. Zum anderen lassen sich die ärztlichen Aufklärungspflichten der sog. therapeutischen Aufklärung oder Sicherungsaufklärung zuordnen. Diese Beratungs- und Unterrichtungspflichten für ein therapierichtiges Verhalten im gesundheitlichen Interesse des Patienten sind

---

[620] *Schirmer*, VSSR 1998, 279, 303 sowie *Rieger*, in: Rieger (Hrsg.), Lexikon des Arztrechts, Stichwort „Praxisnetz" (Nr. 4305), Rdnr. 60. – Zu diesen Vorschriften im einzelnen und dem Erfordernis, die ärztliche Entscheidungsunabhängigkeit bei einer Zusammenarbeit zwischen Netz und Industrie zu wahren, siehe unten IV. 3.

[621] So *Ehlers*, Die ärztliche Aufklärungspflicht, S. VII.

[622] *Laufs*, in: Rieger (Hrsg.), Lexikon des Arztrechts, Stichwort „Aufklärungspflicht" (Nr. 640), Rdnr. 1.

[623] Einzelheiten bei *Laufs*, in: Rieger (Hrsg.), Lexikon des Arztrechts, Stichwort „Aufklärungspflicht" (Nr. 640), Rdnrn. 1 ff. und bei *Kern/Laufs*, Die ärztliche Aufklärungspflicht, S. 53 ff., S. 183 ff.

[624] Dazu die Nachweise in Fn. 623.

[625] *Ratzel/Lippert*, MBO-Ä 1997, § 8 Rdnr. 1.

[626] Sog. „informed consent", dazu *Laufs*, in: Laufs/Uhlenbruck (Hrsg.), Hb. des Arztrechts, § 6 Rdnrn. 21 ff.

[627] So *Steffen/Dressler*, Arzthaftungsrecht, Rdnr. 321.

nicht Ausdruck des Selbstbestimmungsrechts des Patienten, sondern binden den Arzt als Nebenpflicht aus dem Behandlungsvertrag[628]. Diese beiden Arten ärztlicher Aufklärungspflicht sind voneinander wesensverschieden. Während Verstöße gegen die Pflicht zur Selbstbestimmungsaufklärung selbst die lege artis durchgeführte Behandlung rechtswidrig werden lassen, führen Versäumnisse bei der Sicherungsaufklärung zu einem Behandlungsfehlervorwurf[629].

Ohne auf weitere nicht netzspezifische Einzelheiten zu den von seiten der Ärzteschaft häufig als überfordernd empfundenen Aufklärungspflichten einzugehen[630], soll im folgenden nur der Frage nachgegangen werden, ob die Netzärzte die Patienten darüber zu informieren haben, daß sich ihr diagnostisches und therapeutisches Vorgehen bei bestimmten Indikationen nach Behandlungsleitlinien und die Medikamentierung nach einer im Netz erarbeiteten Arzneimittelpositivliste richtet. Dies wird grundsätzlich zu verneinen sein. Bei diesen Standardisierungsmaßnahmen handelt es sich um Regeln, die die diagnostischen und therapeutischen Aufgaben der Netzärzte in qualitativer und wirtschaftlicher Hinsicht konkretisieren sollen. Der Anspruch des Patienten auf eine lege artis durchzuführende Behandlung wird hierdurch inhaltlich nicht berührt. Grundlage für eine wirksame Einwilligung des Patienten ist nur sein Wissen über die Art und die Folgen der einzelnen diagnostischen und therapeutischen Maßnahmen. Da die Wahl der richtigen Behandlungsmethode grundsätzlich Sache des Arztes ist[631] und die Aufklärung dem Patienten kein medizinisches Entscheidungswissen vermitteln, sondern ihm aufzeigen soll, was der Eingriff für seine persönliche Situation bedeuten kann[632], ist der Umstand, daß die Auswahl der Behandlungsmaßnahmen durch den Netzarzt nicht nach einem individuellen, sondern nach einem standardisierten Therapieplan erfolgt, für die Wirksamkeit der Einwilligung ohne Belang[633]. Entscheidend ist, daß der Patient diejenige Behandlung erhält, die den größtmöglichen therapeutischen Nutzen verspricht.

Auch dort, wo im konkreten Fall eine echte Alternative zu der in der Leitlinie vorgesehenen Behandlung besteht, weil beispielsweise konkurrierende Leitlinien unterschiedlicher Institutionen zur selben Behandlung vorhanden sind und damit kein allgemein anerkannter Standard existiert[634], ist der Patient nicht darüber zu informieren, woher der Netzarzt sein Wissen nimmt. Gegenstand der Aufklärung über Behandlungsalternativen – das typische Beispiel ist die Wahl-

---

628 *Steffen/Dressler*, Arzthaftungsrecht, Rndrn. 323 ff.
629 *Laufs*, in: Laufs/Uhlenbruck (Hrsg.), Hb. des Arztrechts, § 62 Rdnr. 2 u. § 63 Rdnrn. 1 ff.
630 Zu den sich an der ärztlichen Aufklärungspflicht entzündenden Spannungen zwischen Juristen und Ärzten *Laufs*, in: Laufs/Uhlenbruck (Hrsg.), Hb. des Arztrechts, § 61 Rdnrn. 5 ff.; *ders.*, NJW 1974, 2025 f.
631 *Steffen/Dressler*, Arzthaftungsrecht, Rdnr. 375 mit umfangreichen Nachweisen aus der Rechtsprechung des BGH.
632 *Steffen/Dressler*, Arzthaftungsrecht, Rdnr. 329.
633 So auch *Schirmer*, VSSR 1998, 279, 291 f.
634 *Hart*, MedR 1998, 8, 13, spricht in einem solchen Fall von einer „Standardlücke“.

möglichkeit zwischen konservativer statt operativer Therapie – ist es vielmehr, dem Patienten die Eingriffsmöglichkeiten vor Augen zu führen, deren Vor- und Nachteile zu nennen und ihm das Für und Wider aufzuzeigen, damit der Patient, sachverständig beraten, entscheiden kann[635].

IV. Die Wahrung der ärztlichen Therapiefreiheit gegenüber beteiligten Krankenkassen, gewerblichen Netzmanagern und der Industrie

1. Die Furcht vor kassenseitig geforderten „exklusiven" Netzverträgen

Bislang sind an einem „gebundenen" Netz regelmäßig nur eine oder höchstens zwei Krankenkassen beteiligt[636], ein Umstand, der als Zeichen für den unter den Kassen herrschenden Wettbewerb auf dem Gebiet neuer Versorgungsformen gedeutet wird[637]. Der damit zum Ausdruck kommende, mit dem Angebot eines Praxisnetzes verbundene, Vorteil im Wettbewerb gegenüber anderen Kassenarten um den Versicherten als Kunden sowie die mit den Netzärzten oder der Kassenärztlichen Vereinigung vereinbarten Sonderverhältnisse in Bezug auf Vergütung und Wirtschaftlichkeitsverantwortung[638] führen zu der, insbesondere von seiten der Kassenärztlichen Bundesvereinigung geäußerten, Befürchtung, von Kassenseite könnte Wert auf „Exklusivität" „ihres" Netzes gelegt werden[639]. Da eine solche „Exklusivität" nur im Wege einer patientenbezogenen Verwirklichung der netzspezifischen Qualitätsvorteile zu erreichen wäre, könnten die am Netz beteiligten Krankenkassen versucht sein, die – von ihnen mitfinanzierten – Behandlungsvorteile einer Netzversorgung nur den bei ihnen versicherten Patienten zugute kommen zu lassen und den versicherten Patienten der nichtvertragsgebundenen Krankenkassen vorzuenthalten. Das Angebot von erweiterten Präsenzzeiten, von einer Versorgung in einer netzeigenen zentralen Notfallpraxis, von fachärztlichen Hausbesuchen, von umfassender Unterstützung bei der

---

[635] *Laufs*, in: Laufs/Uhlenbruck (Hrsg.), Hb. des Arztrechts, § 64 Rdnr. 5; allgemein zur ärztlichen Aufklärungspflicht bei Behandlungsalternativen *Kern/Laufs*, Die ärztliche Aufklärungspflicht, S. 64 ff., S. 84 ff.; *Francke/Hart*, Patienteninformation, S. 35 ff. und *Steffen/Dressler*, Arzthaftungsrecht, Rdnrn. 378 ff.

[636] Am „Praxisnetz Berliner Ärzte" beteiligen sich beispielsweise die BKK und die Techniker Krankenkasse, siehe oben Teil 1 § 1 C.

[637] Z. B. von *Schorre*, in: KBV Kontext Nr. 4, Februar 1997, o. S. – Es soll aber nicht verschwiegen werden, daß die Bereitschaft der Kassen zum Engagement für neue Netzprojekte deutlich nachgelassen hat, dazu *Kaiser/März*, Perspectives on Managed Care 1999 (Heft 4), 46 sowie oben Teil 1 § 1 C.

[638] Siehe oben II. 2.

[639] So z. B. *Schirmer*, VSSR 1998, 279, 287 f. sowie *Schorre*, in: KBV Kontext Nr. 4, Februar 1997, o. S.: Beim Abschluß von Netzverträgen hätten die Kassen nicht Versorgungsgesichtspunkte im Blick, es ginge ihnen lediglich darum, sich durch eigene Versorgungs- und Vertragsprofile voneinander abzugrenzen; *ders.*, VSSR 1999, 217 ff. – Dazu, daß die Krankenkassen aus verfassungs- und kartellrechtlichen Gründen zur „Vertragsgleichheit" gegenüber den vernetzungswilligen Ärzten verpflichtet sind, siehe *Wigge*, MedR 1996, 51, 57 ff.

Vermittlung von Krankenhäusern und Ergänzungsleistungen, von „leitliniengestützter“ Behandlung und besonderem Patienten-Monitoring, von besonderen Dokumentations- und Zweitmeinungsverfahren etc. würde in diesem Fall nur für Patienten gelten, die bei den am Verbund beteiligten Krankenkassen versichert sind. Die übrigen, nicht bei einer der „Netzkrankenkassen“ versicherten Patienten der Netzärzte, die unter Umständen bereits seit Jahren zum festen Stamm der – erst später zur Netzpraxis gewordenen – Praxis gehören, würden dagegen auf die herkömmliche Versorgung einer Einzelpraxis verwiesen werden, obwohl die organisatorischen Voraussetzungen für eine Netzversorgung in der betreffenden Praxis vorhanden wären. Das Patientengut einer Netzpraxis würde so – aus überwiegend ökonomischen Gründen – in Netzpatienten und Nicht-Netzpatienten aufgespalten, und der einzelne Netzarzt wäre gehalten, für beide Patientengruppen ein unterschiedliches Leistungsspektrum anzubieten[640]. Angesichts des dadurch mittelfristig befürchteten Abschieds von den aus vertragsärztlicher Sicht „besonders erhaltenswerten“ Elementen des Solidarsystems[641], dem einheitlichen Leistungsrecht und den einheitlichen Versorgungsstrukturen, die bislang jedem Versicherten unabhängig von Kassenzugehörigkeit, Beitragshöhe, Alter, Geschlecht oder Morbidität eine hochwertige und vor allem gleichmäßige Versorgung garantieren[642], drängt sich die Frage nach der Haltung der ärztlichen Berufsordnung gegenüber einer selektiven patientenbezogenen Vorteilsgewährung im Rahmen eines Praxisverbundes auf.

a) Die netzspezifischen Qualitätsvorteile im Vergleich zur herkömmlichen Versorgungsweise einer Einzelpraxis

Standesrechtlich folgt der ärztliche Heilauftrag im wesentlichen zwei Maximen: naturwissenschaftlich-medizinischen Standards und sittlichen, zum Großteil aus dem Berufsstand selbst kommenden Ansprüchen[643]. Ohne einen Anknüpfungspunkt für eine patientenbezogene Differenzierung zu bieten, wird die grundsätzliche Ausrichtung jeder ärztlichen Tätigkeit am medizinischen Standard und an den Geboten ärztlicher Ethik in mehreren Vorschriften der Berufsordnung be-

[640] Bemerkenswert ist die widersprüchliche Position des Sozialgesetzgebers zur Nutzung dieser wettbewerblichen Komponente der Netzvereinbarungen durch die Krankenkassen. Einerseits solle mit der Einführung neuer Versorgungsformen mehr, vor allem kassenseitiger, Wettbewerb in die gesetzliche Krankenversicherung eingebracht werden, so der Gesetzentwurf der SPD- und BÜNDNIS 90/DIE GRÜNEN-Fraktion zum GKV-Gesundheitsreformgesetz 2000 vom 23.06.1999 (BT-Drucks. 14/1245, S. 1). Andererseits seien jedoch „gemeinsam und einheitlich ausgehandelte Verträge“ der Krankenkassen oder ihrer bevollmächtigten Verbände „wünschenswert“, so BT-Drucks. 14/1245, S. 92. – Im Hinblick auf die Implementierung von Wettbewerbsgesichtspunkten in die gesetzliche Krankenversicherung werden die Gesundheitsreformen des letzten Jahrzehnts deshalb auch von *Wigge/Frehse*, MedR 2001, 549, als inhomogen beklagt.

[641] So *Schorre*, VSSR 1999, 217.

[642] *Schorre*, VSSR 1999, 217 f.

[643] So *Laufs*, Der ärztliche Heilauftrag, S. 25.

tont. So definiert § 2 Abs. 1 MBO-Ä 2000 die allgemeine ärztliche Berufspflicht: „Der Arzt übt seinen Beruf nach seinem Gewissen, den Geboten der ärztlichen Ethik und der Menschlichkeit aus. Er darf keine Grundsätze anerkennen und keine Vorschriften oder Anweisungen beachten, die mit seiner Aufgabe nicht vereinbar sind oder deren Befolgung er nicht verantworten kann". An anderer Stelle formuliert die Berufsordnung in Bezug auf den zwischen Arzt und Patient geschlossenen Behandlungsvertrag etwas konkreter: „Mit Übernahme der Behandlung verpflichtet sich der Arzt dem Patienten gegenüber zur gewissenhaften Versorgung mit geeigneten Untersuchungs- und Behandlungsmethoden" (§ 11 Abs. 1 MBO-Ä 2000). Und: „Übernahme und Durchführung der Behandlung erfordern die gewissenhafte Ausführung der gebotenen medizinischen Maßnahmen nach den Regeln der ärztlichen Kunst" (Kap. C Nr. 2 MBO-Ä 2000).

Bei der Frage nach der berufsrechtlichen Zulässigkeit eines nach Kassenzugehörigkeit des versicherten Patienten unterscheidenden netzärztlichen Leistungsangebots fühlt man sich auf den ersten Blick an die in Zeiten zunehmenden Kostendrucks und immer knapper werdender medizinischer Ressourcen unter verschiedenen Aspekten und zwischen unterschiedlichen Disziplinen geführte Diskussion um die Verteilungsgerechtigkeit im Gesundheitswesen erinnert[644]. Die Frage nach der Zulässigkeit eines unterschiedlichen, nach dem Versichertenstatus des Patienten differenzierenden ärztlichen Leistungsangebots ist kein neues Problem. In der kassenarztrechtlichen Literatur und Rechtsprechung wird z. B. im Hinblick auf den Doppelstatus des Vertragsarztes als Vertrags- und Privatarzt die Frage diskutiert, ob es diesem zur Steigerung der Rentabilität erlaubt ist, in seiner Praxis grundsätzlich angebotene und ausführbare vertragsärztliche Leistungen mit dem Hinweis, dafür keine ausreichende Vergütung im GKV-System zu erhalten, nur noch privat zu erbringen und damit ein unterschiedliches Leistungsspektrum für gesetzlich und privat Versicherte anzubieten. Ebenso wie dort ein solches ärztliches Vorgehen überwiegend als unzulässig beurteilt wird[645], ist man im Hinblick auf eine „exklusive" Gestaltung des netzärztlichen Versorgungsangebotes zunächst versucht, das in der Kassenzugehörigkeit des versicherten Patienten begründete Vorenthalten netzspezifischer

---

[644] Aus der umfangreichen Literatur seien nur einige Beiträge genannt: *Laufs*, in: Nagel/Fuchs (Hrsg.), Soziale Gerechtigkeit im Gesundheitswesen, S. 290 ff.; *Schreiber*, ebenda, S. 302 ff.; aus strafrechtlicher Sicht *Künschner*, Wirtschaftlicher Behandlungsverzicht und Patientenauswahl: knappe medizinische Ressourcen als Rechtsproblem, Stuttgart 1992 sowie grundlegend zu den mit einer „Ökonomisierung" der Medizin verbundenen Rechtsproblemen *Ulsenheimer*, MedR 1995, 438 ff.; *Hart*, MedR 1996, 60, 65 ff.

[645] Nach LSG Nordrhein-Westfalen, MDR 1999, 238 f., soll ein solches Vorgehen dem Vertragsarzt „schlechthin untersagt" sein; das BSG hat diese Rechtsprechung in verschiedenen Urteilen (MedR 2002, 37, 39 ff.; 42, 43 ff. m. Anm. *Peikert*; 47, 48 ff. m. Anm. *Steinhilper/Schiller*) jüngst bestätigt; so im Ergebnis auch *Krieger*, MedR 1999, 519, 522 f. und SG München, NZS 1994, 279, 283 f.; a. A. (noch) *Schiller/Steinhilper*, MedR 2001, 29 ff., insbes. 32 f. sowie zuvor *Steinhilper/Schiller*, MedR 1997, 59, 62.

Leistungen pauschal als eine dem ärztlichen Heilauftrag, insbesondere dem ärztlichen Ethos, widersprechende Ungleichbehandlung[646] zu qualifizieren. Bei näherer Betrachtung der Qualitätsvorteile einer Netzversorgung gegenüber der herkömmlichen Versorgungsweise in einer Einzelpraxis ergibt sich jedoch ein anderes Bild.

Es zeigt sich, daß es bei einer „exklusiven" Gestaltung der ärztlichen Netzarbeit – anders als bei der soeben beispielhaft skizzierten, sich aus dem Doppelstatus des Vertragsarztes ergebenden Problematik – nicht darum geht, den nicht bei einer der „Netzkrankenkassen" versicherten Patienten unter Umständen medizinisch notwendige, therapeutische oder diagnostische Maßnahmen vorzuenthalten. Denn Inhalt einer Netzvereinbarung ist nicht die Erbringung neuer, von der Normalversorgung in medizinischer Hinsicht abweichender Diagnose- und Therapiemethoden. Gegenstand einer Vernetzung von Arztpraxen ist vielmehr, den vertragsärztlichen Leistungskatalog in besonderer Form und zu verbesserten Konditionen anbieten zu können[647]. Die dazu verwendeten verschiedenen Vernetzungsmodule können dabei in zwei Kategorien eingeteilt werden: Sie bestehen zum einen in medizinisch-organisatorischen Maßnahmen in Bezug auf das netzärztliche Behandlungs-, Kooperations- und Kommunikationsverhalten und zum anderen in dienstleistungsorientierten Maßnahmen zur Serviceverbesserung. Zur ersten Kategorie gehören z. B. die im Netz erarbeiteten Behandlungsleitlinien oder die Verwendung von standardisierten Patientenbegleitbriefen, zur zweiten Kategorie sind z. B. zentrale Notfallpraxen, verlängerte Sprechzeiten oder Patientenschulungen zu zählen. Das fachliche Behandlungsverhalten der Netzärzte wird durch eine Vernetzung streng genommen nicht verändert[648]; verändert und verbessert werden soll dessen organisatorischer Ablauf durch eine gemeinsam erarbeitete Standardisierung und Konkretisierung des inhaltlich gleichbleibenden medizinischen Vorgehens bei Diagnostik und Therapie. Der Qualitätsvorteil einer Netzversorgung bezieht sich damit nicht auf

---

[646] Zu den verfassungsrechtlichen Grundlagen möglichst gleicher Gesundheitschancen für alle Patienten siehe *Schreiber*, in: Nagel/Fuchs (Hrsg.), Soziale Gerechtigkeit im Gesundheitswesen, S. 302 f.

[647] *Wigge*, MedR 1996, 172; vgl. auch *Schirmer*, MedR 1997, 431, 438, der davon ausgeht, daß die Versorgungsziele einer Vernetzung vor allem „versorgungsorganisatorische und wirtschaftliche Abläufe" betreffen.

[648] Zuzugeben ist, daß die im Netz unter Umständen eingesetzten Disease Management-Programme durchaus auf das fachliche Behandlungsverhalten des Arztes einwirken. Indem dem Arzt vorgegeben wird, welche Behandlungsmethoden er anzuwenden hat, wird zwar die Therapiefreiheit des Arztes eingeschränkt, aber über die medizinische Qualität des „gemanagten" Behandlungsvorgehens ist damit noch nichts gesagt. Daß ein Netzarzt sich bei der Behandlung eines Netzpatienten nach standardisierenden Leitlinien richtet und gegenüber einem Nicht-Netzpatienten einen „individuellen" Therapieplan einsetzt, bedeutet nicht zwangsläufig, daß das „individuelle" therapeutische Vorgehen qualitativ schlechter ist und ändert nichts an der grundsätzlichen Klassifizierung der Qualitätsvorteile einer Netzversorgung als organisatorischer Natur im Gegensatz zu medizinisch-inhaltlichen Versorgungsvorteilen.

ein gegenüber der herkömmlichen Versorgung in einer Einzelpraxis in medizinischer Hinsicht erweitertes und verbessertes Behandlungsangebot, sondern es soll lediglich durch organisatorische Maßnahmen dessen Struktur- und Prozeßqualität verbessert werden[649].

b) Berufsrechtliche und tatsächliche Grenzen eines nur für versicherte Patienten vertragsgebundener Krankenkassen geltenden netzärztlichen Leistungsangebots

Da sich die „Exklusivität" des netzspezifischen Versorgungsangebots damit nur auf das Vorenthalten organisatorischer Besonderheiten einer in fachlicher Hinsicht ansonsten gleichbleibenden medizinischen Behandlung beziehen kann, kann sie nicht grundsätzlich als dem ärztlichen Heilauftrag widersprechend angesehen werden. Auch wenn die berufsrechtliche Verpflichtung, eine dem medizinischen Standard und dem ärztlichen Gewissen entsprechende Behandlung zu erbringen, die patientenbezogene Differenzierung des netzspezifischen Leistungsangebots nicht grundsätzlich verbietet, zeigt sie doch deren rechtliche und zum Teil selbstverständliche Grenzen auf. Legitim ist ein solches Vorgehen nur dann, wenn dem nicht bei einer der vertragsgebundenen Krankenkassen versicherten Patienten dadurch nicht eine medizinisch indizierte und dem medizinischen Standard entsprechende Behandlung vorenthalten wird. Die Grenze des nicht nach juristischen, sondern nach medizinischen Maßstäben zu beurteilenden „allgemein anerkannten Standes der medizinischen Erkenntnisse"[650] darf nicht nur aus berufsrechtlichen, sondern auch aus kassenarzt-[651], haftungs-[652] und strafrechtlichen[653] Gründen in keinem Fall unterschritten werden. Solange ein bei einer Nicht-Netzkrankenkasse versicherter Patient entsprechend der bei ihm gestellten medizinischen Indikation und dem Standard der ambulant-ärztlichen Versorgung behandelt wird, ist der Wunsch einer am Netz beteiligten Krankenkasse nach einem „exklusiv" nur für ihre Versicherten geltenden netzspezifischen Leistungsangebot zwar berufspolitisch nicht gewollt[654], im Grundsatz berufsrechtlich aber nicht verboten.

---

[649] Zu den Begriffen Struktur- und Prozeßqualität siehe Buchborn, MedR 1993, 328 f. sowie *Schneider*, MedR 1998, 151.

[650] So die in § 70 Abs. 1 S. 1 SGB V zu findende kassenarztrechtliche Formulierung für den berufsrechtlich mit „Regeln der ärztlichen Kunst" umschriebenen medizinischen Standard.

[651] Für den Vertragsarzt machen die §§ 70 Abs. 1, 76 Abs. 4 SGB V die Beachtung des medizinischen Standards zur vertragsärztlichen Pflicht, hierzu *Hess*, in: Nagel/Fuchs (Hrsg.), Leitlinien und Standards im Gesundheitswesen, S. 59 ff.

[652] Zum Sorgfaltsmaßstab des § 276 Abs. 1 S. 2 BGB und zur Bedeutung des Standardbegriffs im Haftpflichtrecht, siehe *Steffen/Dressler*, Arzthaftungsrecht, Rdnrn. 133 ff. sowie *Schreiber*, in: Nagel/Fuchs (Hrsg.), Leitlinien und Standards im Gesundheitswesen, S. 167 ff.

[653] *Künschner*, Wirtschaftlicher Behandlungsverzicht, S. 211 ff.

[654] In diese Richtung lassen sich wohl die oben in Fn. 639 angeführten Beiträge von *Schirmer* und *Schorre* deuten.

Gleiches gilt im Hinblick auf das ärztliche Ethos. Das in der Kassenzugehörigkeit des Patienten begründete Vorenthalten netzspezifischer Qualitätsvorteile ist erst dann als berufsethisch unvertretbar zu bewerten, wenn dem Nicht-Netzpatienten dadurch die medizinisch notwendige und den Regeln der ärztlichen Kunst entsprechende Behandlung verweigert würde. Solange dieser jedoch in medizinischer Hinsicht ordnungsgemäß behandelt wird, wäre es verfehlt, das Vorenthalten netzspezifischer Zusatzleistungen als unethisch zu beurteilen. Konsequenterweise müßte man sonst die durch nicht vernetzte Einzelärzte erfolgende Versorgung als medizinisch minderwertig oder zumindest nicht ausreichend qualifizieren. An die Grenze des berufsethisch Vertretbaren könnte allenfalls das Abweisen von Patienten nichtvertragsgebundener Krankenkassen während der in die Abendstunden verlängerten Sprechzeiten der Netzärzte stoßen[655]. In Einzelfällen kann hier die Grenze zur Behandlungsverweigerung überschritten sein. Als Gegenstück zur freien Arztwahl des Patienten sieht § 7 Abs. 2 S. 2 MBO-Ä 2000 zwar ebenfalls für den Arzt die grundsätzliche Geltung der Vertragsfreiheit vor: „Auch der Arzt (ist) frei, eine Behandlung abzulehnen". Die Vorschrift bestimmt jedoch einschränkend, daß dies nicht für Notfälle und bei besonderen rechtlichen Verpflichtungen gilt. Eine solche stellt die in den §§ 95 Abs. 3 SGB V, 13 Abs. 5 BMV-Ä, 13 Abs. 4 EKV-Ä ausgesprochene Einschränkung für den Vertragsarzt dar. Dieser darf die Behandlung eines Versicherten nur „in begründeten Fällen" und damit nicht willkürlich ablehnen[656]. Während die Überlastung des Arztes – allerdings nur die echte Überlastung, er darf auch keine Privatpatienten mehr annehmen können – als ausreichender Grund für eine Behandlungsverweigerung angesehen wird[657], wird die aus rein wirtschaftlichen Gründen erfolgende Abweisung überwiegend als unzulässig beurteilt[658].

Berufsethisch schlechterdings unvertretbar wäre es, wenn in Praxisnetzen mit eigener Budgetverantwortung innerhalb der bei einer der Netzkrankenkassen versicherten Patientengruppe eine Risikoselektion vorgenommen würde[659], wenn also aus Gründen der Rentabilität beispielsweise versucht würde, chronisch Kranke, die eine kostenintensive Behandlung benötigen, vermehrt an Ärzte außerhalb des Netzes zu überweisen und junge Patienten mit sog. günstiger Risikostruktur an das Netz zu binden. Eine solche gezielte Abschichtung der „guten" von den „schlechten Risiken" wäre – auch wenn sie im Einzelfall schwer nachzuweisen

---

[655] *Schirmer*, VSSR 1998, 279, 288.

[656] Ausführlich zu den eine Behandlungsverweigerung durch den Vertragsarzt rechtfertigenden Gründen *Krieger*, MedR 1999, 519, 520 ff. sowie *Ratzel/Lippert*, MBO-Ä 1997, § 7 Rdnr. 7.

[657] *Narr/Hess/Schirmer*, Ärztliches Berufsrecht, Rdnr. B 115; *Krieger*, MedR 1999, 519, 520.

[658] Vgl. die Nachweise oben in Fn. 645.

[659] Ein derartiges, aus den amerikanischen Managed-Care-Organisationsformen der Health Maintenance Organisations bekanntes Vorgehen befürchten *Schorre*, VSSR 1999, 217, 220 und *Schirmer*, VSSR 1998, 279, 293 f.

wäre – mit der Aufgabe des Arztes, der Gesundheit des einzelnen Menschen und der Bevölkerung zu dienen (§ 1 Abs. 1 MBO-Ä 2000) sowie die Gesundheit zu schützen und wiederherzustellen (§ 1 Abs. 2 MBO-Ä 2000), unvereinbar[660].

Berufsrechtliche Grenzen für das Vorenthalten bestimmter Vernetzungsmodule können sich aus ausdrücklichen Ver- und Geboten der ärztlichen Berufsordnung ergeben. So macht es § 5 MBO-Ä 2000 für jeden Arzt zur Berufspflicht, „an den von der Ärztekammer eingeführten Maßnahmen zur Sicherung der Qualität der ärztlichen Tätigkeit teilzunehmen [...]“[661]. Solange es sich bei den im Netz angewandten Behandlungsleitlinien oder Disease Management-Programmen also um solche handelt, die von Ärztekammern, Kassenärztlichen Vereinigungen oder wissenschaftlichen Fachgesellschaften erarbeitet worden sind, kann eine auf sie gestützte Behandlung den versicherten Patienten nichtvertragsgebundener Krankenkassen – auch aus haftungsrechtlicher Sicht[662] – nicht vorenthalten werden. Ähnliches gilt für ein anderes typisches Vernetzungsmodul, die zentrale Notfallpraxis eines Netzes[663]. Auch wenn zentrale Notfallpraxen nicht unbedingt netzspezifisch sind, sondern auch von nicht vernetzten Einzelpraxen als zusätzliche Serviceleistung organisiert werden[664], muß eine solche zentrale Notfallpraxis zu den Qualitätsvorteilen einer Netzversorgung gezählt werden. Der ambulant-ärztliche Notfalldienst während der Abend-, Nacht- und Wochenendstunden soll auf eine zentrale und gleichbleibende und damit schnell erreichbare Anlaufstelle konzentriert werden. Da jeder niedergelassene Arzt aus § 26 MBO-Ä 2000 zur Teilnahme am Notfalldienst berufsrechtlich verpflichtet ist, kann den versicherten Patienten nichtvertragsgebundener Krankenkassen das Aufsuchen einer netzeigenen zentralen Notfallpraxis nicht verwehrt werden.

Darüber hinaus ist davon auszugehen, daß dem Wunsch der Krankenkassen nach einer „exklusiven“ Gestaltung „ihres“ Netzes häufig in tatsächlicher Hinsicht Grenzen gesetzt sein werden. Bestimmte Behandlungsvorteile, die eine Netzversorgung bieten kann, sind in der täglichen Arbeit der Netzärzte nicht nach Versichertenstatus der Patienten trennbar[665]. Während das standardisierte Einholen von Zweitmeinungen, das Anbieten erweiterter Sprechzeiten sowie

---

660 Vgl. SG München NZS 1994, 279, 284.

661 Vgl. § 135 a SGB V, der für den Vertragsarzt die Verpflichtung zur Qualitätssicherung zu einer kassenarztrechtlichen Pflicht macht.

662 Zu der haftungsrechtlichen Bedeutung der Standardisierung medizinischer Vorgehensweisen siehe *Laufs*, in: Nagel/Fuchs (Hrsg.), Soziale Gerechtigkeit im Gesundheitswesen, S. 290 ff.; *Steffen/Dressler*, Arzthaftungsrecht, Rdnrn. 133 ff. sowie *Schreiber*, in: Nagel/Fuchs (Hrsg.), Leitlinien und Standards im Gesundheitswesen, S. 167 ff.

663 Ausführlich dazu bereits oben § 3 A. II. 1. e).

664 So z. B. die „Freiburger Notfallpraxis“ in Freiburg i. Br., die von der Kassenärztlichen Vereinigung Südbaden und den niedergelassenen Haus- und Fachärzten der Stadt getragen wird.

665 Ähnlich auch *Schirmer*, VSSR 1998, 279, 287 f.

Maßnahmen des Case Managements jedenfalls theoretisch nach Patientengruppen trennbar wären, muß z. B. der Pharmakotherapie nach im Netz erarbeiteten Arzneimittelpositivlisten, der Anwendung bestimmter Leitlinien und den der Dokumentation des Behandlungsverlaufes und der innerärztlichen Information dienenden Vernetzungsmodulen die patientenbezogene Teilbarkeit in der täglichen Praxis abgesprochen werden. Es wäre lebensfremd, davon auszugehen, daß ein Netzarzt in seiner Praxis verschiedene Arzneimittelpositivlisten vorhält und je nach Kassenzugehörigkeit des versicherten Patienten nach einer anderen Positivliste über die Medikamentierung entscheidet. Ebenso würde die Entscheidung über Anwendbarkeit und Nichtanwendbarkeit bestimmter Behandlungsleitlinien und ein daraus folgendes unterschiedliches diagnostisches und therapeutisches Vorgehen sowie die nach unterschiedlichen Standards erfolgende Dokumentation und innerärztliche Kommunikation einen unrealistisch hohen Aufwand im Praxisalltag erfordern. Anstatt den ohnehin mit enormen Verwaltungsaufgaben belasteten und unter erheblichem Zeitdruck stehenden Arbeitsalltag der Ärzte zu erleichtern, würde er zusätzlich erschwert.

Zusammenfassend läßt sich festhalten, daß die ärztliche Berufsordnung – im Gegensatz zum Vertragsarztrecht, das ein „kassenarztrechtlich begründetes Günstigkeitsprinzip" enthalten soll, welches die Weitergabe aller qualitätsorientierten Vorteile an alle versicherten Patienten gebiete[666] – dem Wunsch einer am Netz beteiligten Krankenkasse nach „exklusiver" Vorhaltung des netzspezifischen Leistungsangebots für die bei ihr versicherten Patienten nicht grundsätzlich entgegensteht. Die Versorgungsvorteile einer Vernetzung liegen nicht in besonderen diagnostischen und therapeutischen Maßnahmen, sondern in der Verbesserung der versorgungsorganisatorischen und wirtschaftlichen Abläufe. Der ärztliche Heilauftrag, das ärztliche Berufsethos und nicht zuletzt die ärztliche Therapiefreiheit sind erst dort betroffen, wo es nicht mehr um das Vorenthalten qualitäts- und dienstleistungsorientierter Maßnahmen, sondern um die Versagung von medizinisch notwendigen therapeutischen oder diagnostischen Behandlungsmaßnahmen geht. Einer dahingehenden Einwirkung der Netzkrankenkasse, daß die Netzärzte den Versicherten nichtvertragsgebundener Krankenkassen bestimmte medizinische Maßnahmen vorenthalten müssen, stünde insbesondere die ärztliche Therapiefreiheit entgegen. Entscheidungsgrundlage für das ärztliche Vorgehen bei Diagnostik und Therapie ist und bleibt die Person des einzelnen Kranken, sie kann nicht durch die Weisung anderer Instanzen ersetzt werden[667].

---

[666] So der Vorschlag von *Schirmer*, VSSR 1998, 279, 288, allerdings ohne nähere Begründung, woraus sich ein solches ergeben könnte.

[667] Vgl. *Laufs*, Arztrecht, Rdnr. 16: Der Arzt „kann – wie der Richter – nur dann verantwortlich und nach seinem Gewissen handeln, wenn er sich allein an das Recht und die Berufsethik, nicht aber an die Weisungen anderer Instanzen gebunden sieht".

Mit der Feststellung, daß die Berufsordnung einer „exklusiven“ Vorhaltung des netzspezifischen Leistungsangebots nicht grundsätzlich entgegensteht, ist aber nur gesagt, daß sich die Netzärzte an einer „exklusiven“ Gestaltung ihrer Netzarbeit beteiligen *dürfen*. Ob sie sich an einer solchen Gestaltung beteiligen *sollten*, sollte von den Netzärzten im Hinblick auf das zu ihren Patienten nichtvertragsgebundener Krankenkassen bestehende besondere Vertrauensverhältnis mit Bedacht entschieden werden[668]. Diese werden sich durch ein nach Kassenzugehörigkeit des Patienten differenzierendes Leistungsangebot regelmäßig zurückgesetzt fühlen, ein Umstand, der sich eher vertrauenszerstörend, denn vertrauensbildend auswirken wird.

Angesichts der verschiedenen rechtlichen und tatsächlichen Grenzen, die einer „exklusiven“ Gestaltung des netzspezifischen Leistungsangebots im Einzelfall gesetzt sind, scheinen die Befürchtungen, die durch die Praxisnetze den Abschied von einer hochwertigen und gleichmäßigen Versorgung aller versicherten Patienten eingeleitet sehen[669], – jedenfalls bislang noch – verfrüht.

2. *Die Einrichtung einer gewerblich organisierten Leitstelle für den Praxisverbund*

Eine in gewerblicher Form organisierte Netzleitstelle kann im Einzelfall verschiedene Funktionen erfüllen. Zum einen kann sie für die Netzärzte wie für die Patienten unterhalb der Ebene der ärztlichen Berufsausübung liegende Koordinationsaufgaben übernehmen und als „Lotse“ durch das Gesundheitssystem fungieren. Den Netzärzten steht sie in einem solchen Fall zur Verfügung, wenn beispielsweise ein ärztlicher oder nichtärztlicher Besuchsdienst erforderlich ist, der vom Netzarzt nicht selbst übernommen wird, wenn eine Kurzbetreuung als Alternative zur Einweisung notwendig wird, wenn ein Krankenhausbett zu organisieren ist, wenn ein Pflegedienst benötigt oder eine Rehabilitationsmaßnahme erforderlich wird. Gegenüber den Patienten dient die Leitstelle im wesentlichen als Vermittler von Hausbesuchen im Rahmen des Notdienstes oder von Arztkontakten, wenn die Praxis des behandelnden Arztes nicht besetzt ist[670]. Zum anderen kann die Leitstelle bei einem hochentwickelten, mit eigener Budgetverantwortung ausgestatteten Praxisverbund als mit eigens dafür ausgebildeten Netzmanagern besetzte[671] Managementzentrale fungieren, bei der zur

---

[668] Zu dem besonderen Vertrauensverhältnis zwischen Arzt und Patient siehe oben § 4 A. I.

[669] *Schorre*, VSSR 1999, 217 ff.

[670] So die Funktionsbeschreibung der Leitstelle der „Medizinischen Qualitätsgemeinschaft Ried (MQR)“ bei *Rüschmann/Roth/Krauss*, Vernetzte Praxen, S. 26 f. Im „Medizinischen Qualitätsnetz München (MQM)“ werden diese Funktionen durch die „Netzzentrale“ erfüllt, siehe dazu *Lehnert*, Perspectives on Managed Care 1999 (Heft 4), 49.

[671] Zu den möglichen Aufgaben solcher Netzmanager im einzelnen siehe *Meyer-Lutterloh*, Praxiskooperationen und Praxisnetze, S. 78.

Kostensteuerung die Leistungs- und Kostendaten der im Netz erfolgenden Behandlungsmaßnahmen zentral zusammengeführt werden[672].

Bei der erstgenannten Funktion der Leitstelle als Koordinationsinstanz ergeben sich in Bezug auf die ärztliche Therapiefreiheit keine berufsrechtlichen Probleme. Die Zuhilfenahme eines gewerblichen Netzbetreibers für solche unterhalb der Ebene der ärztlichen Berufsausübung liegenden organisatorischen Maßnahmen ist ebenso zulässig[673] wie die Übertragung der Geschäftsführung des gesamten nichtmedizinischen Bereichs, wie z. B. der Aufgaben des Personalwesens, der kaufmännischen Seite des Einkaufes und des Services von medizinischen Geräten, des Versicherungswesen, der Organisation der Abrechnung sowie der Konten- und Buchführung, auf eine mit Nichtärzten besetzte Netzleitstelle[674].

Bei der Ausgestaltung einer netzeigenen Leitstelle als Managementzentrale ist unbedingt auf die Bewahrung der netzärztlichen Entscheidungsunabhängigkeit zu achten. Durch ein Leistungs- und Kostenmanagement der Leitstelle darf das netzärztliche Behandlungsverhalten nicht unter den Einfluß von Nichtärzten geraten. Solange die zentrale Zusammenführung der Leistungs- und Kostendaten der einzelnen Netzärzte sowie des gesamten Netzes der ärztlichen Selbststeuerung im Hinblick auf die durch die Vernetzung beabsichtigten Ziele dient, ist die Tätigkeit einer mit Nichtärzten besetzten Leitstelle unter dem Aspekt der ärztlichen Therapiefreiheit nicht zu beanstanden[675]. In einem solchen Fall besteht deren Aufgabe lediglich in der organisatorischen und technischen Bewältigung der Datenverarbeitung. Die Leitstelle stellt den Netzärzten wertneutrale Informationen über die im Netz erzielte Qualität, die erzielten Einnahmen und die entstandenen Kosten bereit, die diese zur Diskussionsgrundlage für das netzärztliche Qualitätsmanagement im Rahmen ihrer Qualitätszirkelarbeit oder in Netzkonferenzen machen können. Einfluß auf das therapeutische und diagnostische Behandlungsverhalten der Netzärzte wird hierdurch nicht genommen.

Vor dem Hintergrund, daß in der ökonomischen Literatur als „Voraussetzung für die medizinische Effektivität und Qualität sowie die wirtschaftliche Effizienz von Gesundheitsnetzen" gefordert wird, daß das „finanzielle Risiko bei der Managementgesellschaft" liegen müsse und daß die „Erfolgs- und Verlustbeteiligung des einzelnen Netzmitgliedes unabdingbare Voraussetzung für die Motivation zur Erreichung der Netzziele" sei[676], ist jedoch zu bemerken, daß

---

[672] Dazu dient z. B. im „Medizinischen Qualitätsnetz München (MQM)" das „Netzbüro", vgl. *Lehnert*, Perspectives on Managed Care 1999 (Heft 4), 49.

[673] *Schirmer*, VSSR 1998, 279, 301.

[674] So *Taupitz*, MedR 1993, 367, 373, für integrative Gesundheitszentren sowie *Stebner*, Recht der biologischen Medizin, Bd. 1, Rdnr. 47 a, für sehr große Gemeinschaftspraxen.

[675] Zu einem solchen „selbststeuernden" ärztlichen Informationssystem der „Ärztlichen Qualitätsgemeinschaft Ried (ÄQ Ried)" siehe *Szecsenyi/Magdeburg/Broge*, Perspectives on Managed Care 1998, (Heft 2), 20 ff.

[676] *Eichhorn*, Perspectives on Managed Care 1999 (Heft 4), 11, 14.

bestimmte Vergütungsgestaltungen an die Grenze des berufsrechtlich Zulässigen stoßen können[677]. Eine Fremdsteuerung des netzärztlichen Versorgungsverhaltens darf es durch die Einrichtung einer netzeigenen Leitstelle nicht geben. Grundlage für netzärztliche Behandlungsentscheidungen müssen medizinische Erwägungen im Interesse des Patienten sein und bleiben. Aus diesem Grund wird es als unzulässig anzusehen sein, wenn der Netzbetreibergesellschaft umsatzabhängige Nutzungsentgelte zugesagt werden oder wenn bei der Vereinbarung eines netzeigenen Budgets der Betreibergesellschaft ein fester Anteil am Budget oder am erzielten Einsparergebnis zugesagt wird[678].

Darüber hinaus kann sich bei der Einrichtung einer netzeigenen Leitstelle ein zivilrechtliches, genauer gesagt vertretungsrechtliches, Problem ergeben. Entgegen der tatsächlichen Rechtslage, die den Abschluß des Behandlungsvertrages mit dem einzelnen Netzarzt und nicht mit dem Verbund als Gemeinschaft aller Netzärzte vorsieht, kann bei den die Leitstelle aufsuchenden Patienten, verstärkt durch die Informationen der Kassenärztlichen Vereinigung und der am Netz beteiligten Krankenkasse, der Eindruck entstehen, die therapeutischen und diagnostischen Leistungen würden von den im Netz zusammengeschlossenen Ärzten gemeinschaftlich erbracht. Um einer gemeinschaftlichen, durch einen so gesetzten Rechtsschein begründeten, Haftung zu entgehen, sollte bei der Einrichtung einer netzeigenen Leitstelle unbedingt darauf geachtet werden, die Patienten in geeigneter Weise über die tatsächliche Rechtslage zu informieren[679]. Geschehen könnte dies z. B. durch entsprechende mündliche Hinweise oder durch das Aushändigen von Informationsblättern. Das bloße Auslegen aufklärender Informationsblätter oder das Anbringen entsprechender Aushänge wird wohl nicht genügen, da auf diese Weise nicht ausreichend sichergestellt ist, daß der Patient diese Information zur Kenntnis nimmt.

3. *Die Zusammenarbeit des Netzes mit der Industrie*

Eine Zusammenarbeit eines Praxisverbundes mit der Industrie ist in vielfältigen Formen denkbar. Berichtet wird von direkten Finanzierungshilfen in Form von Anschubfinanzierungen der Netze, von Übernahmen der durch die Inanspruchnahme von Netzberatungsfirmen und Netzgründungsworkshops entstandenen Kosten, aber auch von der Bereitstellung und Entwicklung spezieller Netzsoft-

---

677 Allgemein zu berufsrechtlich problematischen Umsatz- und Gewinnbeteiligungen *Ahrens*, MedR 1992, 141, 145 f.; *Ratzel/Lippert*, MBO-Ä 1997, § 31 Rdnrn. 33 f.; *Taupitz*, MedR 1993, 367, 370, 372 f. sowie *Hess*, in: Kasseler Kommentar, Band 1, § 95 Rdnr. 43 u. § 98 Rdnr. 46.

678 *Schirmer*, VSSR 1998, 279, 301 sowie *Rieger*, in: Rieger (Hrsg.), Lexikon des Arztrechts, Stichwort „Praxisnetz" (Nr. 4305), Rdnr. 61.

679 So bereits *Rieger*, in: Rieger (Hrsg.), Lexikon des Arztrechts, Stichwort „Praxisnetz" (Nr. 4305), Rdnr. 50; eine dahingehende Warnung enthält auch der Vortrag von *Kiesecker*, „Ärztliche Kooperationen – Beurteilung aus berufsrechtlicher Sicht" auf dem 3. Gesundheitsforum der Bezirksärztekammer Südwürttemberg am 8. April 2000 in Reutlingen.

ware und der Erstellung und dem Druck von Netzunterlagen. Ebenso ist eine kontinuierliche Zusammenarbeit zwischen Industrie, insbesondere der pharmazeutischen Industrie, und Netzen in den Bereichen Fortbildung, Patientenschulung, Netzmarketing, EDV sowie im Rahmen des Disease Managements bekannt[680]. Vereinzelt ist auch von einem Sponsoring durch örtliche oder überörtliche Firmen die Rede, das darin besteht, Praxisbedarf und Geräte zum Selbstkostenpreis zu liefern oder leihweise zur Verfügung zu stellen[681].

Wie auch immer die Zusammenarbeit des Netzes mit der Industrie im einzelnen geartet sein mag, zu beachten sind in jedem Fall die Gebote der §§ 32, 33, 34 und 35 MBO-Ä 2000, die auf die „Wahrung der ärztlichen Unabhängigkeit bei der Zusammenarbeit mit Dritten" abzielen[682].

Direkte wie indirekte Finanzierungshilfen der genannten Art von seiten der Industrie sind vor dem Hintergrund des § 32 MBO-Ä 2000 problematisch. Dieser bestimmt zur „Annahme von Geschenken und anderen Vorteilen": „Es ist unzulässig, sich von Patienten oder von Dritten Geschenke oder andere Vorteile, welche das übliche Maß kleiner Anerkennungen übersteigen, versprechen zu lassen oder anzunehmen, wenn hierdurch der Eindruck erweckt werden kann, daß der Arzt in seiner ärztlichen Entscheidung beeinflußt sein könnte". Da es sich bei den in unterschiedlicher Art und Weise gestalteten Zuschüssen zu den Investitionskosten eines Netzes regelmäßig um Vorteile handeln wird, die „das übliche Maß kleiner Anerkennungen übersteigen"[683], muß darauf geachtet werden, daß hierdurch nicht der Eindruck unzulässiger Beeinflussung entsteht. Ob sich die Netzärzte tatsächlich in ihrer ärztlichen Entscheidungsunabhängigkeit beeinflussen lassen, ist unerheblich, schon der Eindruck einer solchen Beeinflussung im Sinne einer dafür sprechenden Vermutung genügt[684]. Während eine solche Vermutung bei „bezuschußten" Lieferungen von Büromaterial und -geräten fernliegt, da diese regelmäßig nur Hilfsmittel bei der ärztlichen Berufsausübung darstellen[685], wird der Eindruck der unzulässigen Beeinflussung bei

[680] *Schmidt*, Perspectives on Managed Care 2000 (Heft 1), 7, 10 f.; *Schröder*, Perspectives on Managed Care 1999 (Heft 3), 42, 43; *Rüschmann/Roth/Krauss*, Vernetzte Praxen, S. 23 f. sowie *Bauer/Keller*, Pharma-Marketing Journal 2000 (Heft 2), 49 ff., 53.

[681] So ein Bericht über die Einrichtung der zentralen Notfallpraxis der Bünder „Ärzteinitiative Medizin und Mehr (MuM)" in praxisNETZ 2000 (Heft 3), 12 f.

[682] So die Abschnittsüberschrift. – Allgemein zum Verhältnis von Arzt und Industrie *Ratzel*, MedR 1998, 98 ff. sowie *ders.*, in: Schmid/Ratzel (Hrsg.), Arzt Recht Wirtschaft, Kap. 9, S. 50 ff. Als Pendant zu den für Ärzte geltenden Berufspflichten haben die Mitglieder des Bundesverbandes der pharmazeutischen Industrie (BPI) einen Kodex erarbeitet, der vergleichbare Selbstbeschränkungen enthält, dieser „Kodex der Mitglieder des Bundesverbandes der Pharmazeutischen Industrie" ist in seiner Fassung v. 12.9.1988 als Anhang VI zu *Ratzel*, in: Schmidt/Ratzel (Hrsg.), Arzt Recht Wirtschaft, Kap. 9, S. 81 ff. abgedruckt.

[683] Beispiele nennen *Ratzel/Lippert*, MBO-Ä 1997, § 32 Rdnrn. 5 f.

[684] *Ratzel/Lippert*, MBO-Ä 1997, § 32 Rdnr. 7.

[685] Für die Lieferung von medizinisch-technischen Geräten gilt allerdings das Gebot des § 33 S. 3 MBO-Ä 2000; dieses untersagt die Annahme unzulässiger Vorteile von Herstellern

Zuwendungen von seiten der pharmazeutischen Industrie, vor allem im Hinblick auf die in Praxisnetzen häufig verwendete Positivliste für Arzneimittel, nur schwer zu entkräften sein.

Durch die Vorschrift des § 34 MBO-Ä 2000 soll vermieden werden, daß sich der Arzt durch individuelle Absprachen oder durch Maßnahmen der Fremdwerbung an einen Hersteller von Arznei-, Heil- oder Hilfsmitteln ökonomisch bindet und sich dadurch seiner Freiheit begibt, streng nach therapeutischen und wirtschaftlichen Gesichtspunkten zu behandeln und zu verordnen[686]. Eine an Provisionsvereinbarungen orientierte Verordnung wäre unärztlich, da sich die Verordnung allein an sachlichen, den Interessen der Gesundheit des Patienten dienenden Maßstäben orientieren muß[687]. In seinen im vorliegenden Zusammenhang relevanten Absätzen 1, 3 und 5 bestimmt § 34 MBO-Ä 2000 zu „Verordnungen, Empfehlungen und Begutachtung von Arznei-, Heil- und Hilfsmitteln“:

> *„(1) Dem Arzt ist es nicht gestattet, für die Verordnung von Arznei, Heil- und Hilfsmitteln von dem Hersteller oder Händler eine Vergütung oder sonstige wirtschaftliche Vergünstigungen zu fordern oder anzunehmen. [...]*
> *(3) Dem Arzt ist es nicht gestattet, über Arznei-, Heil- und Hilfsmittel, Körperpflegemittel oder ähnliche Waren Werbevorträge zu halten oder zur Werbung bestimmte Gutachten zu erstellen. [...]*
> *(5) Dem Arzt ist es nicht gestattet, Patienten ohne hinreichenden Grund an bestimmte Apotheken, Geschäfte oder Anbieter von gesundheitlichen Leistungen zu verweisen.“*

Absatz 1 stellt klar, daß es zwischen der finanziellen oder materiellen Unterstützung von seiten der Industrie und den medizinischen Inhalten der ärztlichen Netzarbeit keinen Zusammenhang geben darf. So wäre es ein Berufsrechtsverstoß, wenn sich die Netzärzte die Aufnahme eines Arzneimittels in die netzeigene Positivliste durch einen wie auch immer gearteten Zuschuß bezahlen ließen, sei es unmittelbar in Form einer finanziellen Zuwendung oder mittelbar durch die kostenfreie Bereitstellung von Netzsoftware oder durch die kostenlose Erstellung von Netzunterlagen des dadurch „begünstigten“ Arzneimittelherstellers[688].

Das Verbot des Absatz 3 ist vorliegend im Zusammenhang mit dem Gebot des § 35 MBO-Ä 2000 zu sehen. Dieser bestimmt: „Werden Art, Inhalt und Präsentation von Fortbildungsveranstaltungen allein von einem ärztlichen Ver-

---

oder Händlern aus dem Bezug von Arznei-, Heil-, Hilfsmitteln oder medizinisch-technischen Geräten.

686 Dazu *Ratzel*, MedR 1998, 98, 100 f.

687 *Dahm*, MedR 1992, 250, 255 f., m. w. Nachw. aus der berufsgerichtlichen Rechtsprechung.

688 *Schirmer*, VSSR 1998, 279, 303.

anstalter bestimmt, so ist die Annahme von Beiträgen Dritter (Sponsoring) für Veranstaltungskosten in angemessenem Umfang erlaubt. Beziehungen zum Sponsor sind bei der Ankündigung und Durchführung offen darzulegen"[689]. Veranstaltungen, die der Fortbildung der Netzärzte dienen, dürfen demnach durch finanzielle und materielle Beiträge – letztere können z. B. im Druck der Tagungsunterlagen bestehen – durch die Industrie unterstützt werden, solange mit dem Sponsoring nicht die Forderung nach einer durch die Netzärzte zu erbringenden Werbeleistung für bestimmte Arznei-, Heil- und Hilfsmittel, Körperpflegemittel oder ähnliche Waren verknüpft wird. Obwohl § 35 MBO-Ä 2000 ausdrücklich nur solche Veranstaltungen anspricht, die der Fortbildung der Ärzte dienen, muß auch das Sponsoring von durch das Netz angebotenen Patientenschulungen als zulässig angesehen werden. Solange die Beziehung zum Sponsor offengelegt wird, beispielsweise durch einen Aufdruck auf den Schulungsunterlagen „Druck erfolgte mit freundlicher Unterstützung der Firma XY", und den Patienten nicht der Eindruck vermittelt wird, die Produkte der unterstützenden Firma gelten von seiten der Netzärzte aus medizinischer Sicht als besonders empfehlenswert, sind Beiträge der Industrie zur Veranstaltung von netzeigenen Patientenschulungen nicht zu beanstanden.

Schließlich ist das Verbot des § 34 Abs. 5 MBO-Ä 2000 zu beachten. Da der Patient nicht nur die freie Wahl hat, welchen Arzt er aufsuchen möchte, sondern auch, welche Apotheke oder welches Geschäft er aufsuchen will, um sich die Verordnung des Arztes zu beschaffen, darf eine finanzielle oder materielle Zuwendung an ein Praxisnetz nicht mit einer Zuweisungsabsprache an die unterstützende Firma verbunden werden. Wenn zu einem früheren Zeitpunkt festgestellt wurde[690], daß das Zuweisungsverbot des § 34 Abs. 5 MBO-Ä 2000 bei einem Praxisverbund nicht einschlägig ist, dann bezieht sich diese Aussage nur auf solche Zuweisungen, die einen sachlich gebotenen, an dem jeweiligen Versorgungsziel des Netzes orientierten Grund haben. Lediglich ökonomisch motivierte Zuweisungen sind auch im Praxisverbund nach wie vor unzulässig.

B. Die Kommunikation im Praxisverbund – Die Schweigepflicht des Arztes

Voraussetzung für die mit der Vernetzung von Arztpraxen beabsichtigten Versorgungsverbesserungen ist eine optimale Abstimmung der Zusammenarbeit und der Kommunikation zwischen den Netzärzten. Die mit einem Praxisnetz verfolgte Zielsetzung, die Zusammenarbeit zwischen den vernetzten Einzelpraxen und mit anderen Leistungserbringern zu fördern, macht es notwendig, Patienten- und Behandlungsdaten an Dritte zu übermitteln und dort weiterzuverarbeiten. Dabei können die im Netz erhobenen Daten für ganz unterschiedliche Zwecke Verwendung finden. Zum einen sind sie unabdingbar für die von einem Praxisverbund angestrebte kooperative und fachübergreifende Behandlung des

---

689 Siehe hierzu die Kommentierung von *Ratzel/Lippert*, MBO-Ä 1997, § 35 Rdnrn. 1 ff.

690 Siehe oben § 3 A. I. 2. sowie II. 1. c).

Patienten. Unnötige Doppeluntersuchungen und -verordnungen lassen sich nur vermeiden, wenn den verschiedenen am Behandlungsprozeß beteiligten Netzärzten und unter Umständen auch den am Netz beteiligten nichtärztlichen Leistungserbringern die notwendigen Informationen über den Patienten, über Voruntersuchungen und deren Ergebnisse zeitnah zur Verfügung stehen. Zum anderen sind die Netzärzte im Rahmen des netzeigenen Qualitätsmanagements darauf angewiesen, auf die im Praxisverbund erhobenen Patienten- und Behandlungsdaten zugreifen zu können und diese auszuwerten. Die von den netzeigenen Qualitätszirkeln, Netz- und Fallkonferenzen zu leistende Qualitätssicherung benötigt transparente Versorgungsabläufe; ohne Datengrundlage ist die Evaluierung und Optimierung des netzeigenen Qualitätsmanagements nicht möglich[691]. Ferner sind die im Praxisverbund erhobenen Versorgungsdaten Grundlage für die Kostensteuerung und die Überprüfung des Netzbudgets durch das Netzmanagement. Und schließlich bedarf es einer Datengrundlage für die Bewertung des Netzerfolges gegenüber den im Einzelfall am Verbund beteiligten Kassenärztlichen Vereinigungen und Krankenkassen, um z. B. Aussagen darüber treffen zu können, ob die beabsichtigten Versorgungsveränderungen und Einsparungen erreicht wurden. Die Datenerhebung und -auswertung ist damit auch eine Grundlage für Zahlungen an das Netz[692]. Da der standardisierten Erhebung, zeitnahen Verfügbarkeit und zweckbezogenen (Weiter-)Verarbeitung von Patienten- und Behandlungsdaten im Praxisverbund eine erhebliche Bedeutung zukommt, wird im folgenden zu untersuchen sein, welche Anforderungen sich aus der berufsrechtlichen Pflicht des Arztes zur Verschwiegenheit an die von einem Praxisverbund eingesetzten Kommunikations- und Informationsinstrumente ergeben.

I. Die ärztliche Schweigepflicht

Die Schweigepflicht des Arztes wird durch mehrere Rechtsvorschriften angeordnet. Zunächst ist sie eine standesrechtliche Pflicht, die auf einem althergebrachten Berufsgrundsatz beruht. Ihren historischen Ursprung findet sie im Hippokratischen Eid; bereits dort heißt es: „Was immer ich sehe und höre, bei der Behandlung oder außerhalb der Behandlung, im Leben der Menschen, so werde ich von dem, was niemals nach draußen ausgeplaudert werden soll, schweigen, indem ich alles Derartige als solches betrachte, das nicht ausgespro-

---

691 Vgl. *Eichhorn*, Perspectives on Managed Care 1999 (Heft 4), 11, 14, der es als „Voraussetzung für die medizinische Effektivität und Qualität sowie die wirtschaftliche Effizienz von Gesundheitsnetzen" ansieht, daß es dort die „totale Information über Leistung und Kosten aller Netzmitglieder sowie des Gesamtnetzes gibt".

692 Für die auf einem Modellvorhaben basierenden Praxisnetze macht § 65 SGB V die wissenschaftliche Begleitung und Auswertung zur gesetzlichen Pflicht; für Praxisnetze im Rahmen der integrierten Versorgung ist eine solche Evaluation fakultativ (§ 140 h SGB V).

chen werden darf"[693]. Darüber hinaus ist die ärztliche Pflicht zur Verschwiegenheit eine vertragsrechtliche Nebenpflicht aus dem Behandlungsvertrag und ein Verstoß hiergegen durch § 203 Abs. 1 Nr. 1 StGB strafbewehrt[694]. Der mit der Anordnung der ärztlichen Schweigepflicht verfolgte Schutzzweck ist ein doppelter[695]: Zuerst liegt dem Schweigegebot das durch Art. 2 Abs. 1 GG i. V. m. Art. 1 Abs. 1 GG sowie durch das Bundesdatenschutzgesetz (BDSG)[696] geschützte Individualinteresse des Patienten am Schutz seiner Privat- und Intimsphäre zugrunde[697]. Bei den gegenüber einem Arzt gemachten persönlichen und intimen Angaben handelt es sich in der Regel um äußerst sensible Daten, von deren Bewahrung das private Glück, das berufliche Fortkommen sowie die Fortdauer der sozialen Integration des Patienten in seinem Umfeld abhängen kann[698]. Nach den Worten des *BVerfG* „muß und darf" derjenige, der sich in ärztliche Behandlung begibt, „erwarten, daß alles, was der Arzt im Rahmen seiner Berufsausübung über seine gesundheitliche Verfassung erfährt, geheim bleibt und nicht zur Kenntnis Unbefugter gelangt. Nur so kann zwischen Patient und Arzt jenes Vertrauen entstehen, das zu den Grundvoraussetzungen ärztlichen Wirkens zählt, weil es die Chancen der Heilung vergrößert und damit – im ganzen gesehen – der Aufrechterhaltung einer leistungsfähigen Gesundheitsfürsorge dient"[699]. Angesprochen ist damit zugleich die zweite Schutzfunktion des Arztgeheimnisses: Es dient dem öffentlichen Interesse an der Funktionstüchtigkeit des Arztberufes. Nur ein allgemeines Vertrauen in die strenge Verschwiegenheit des Arztes gewährleistet eine effiziente Gesundheitspflege. Der Patient wird nur dann bereit sein, die für eine erfolgversprechende Behandlung notwendigen Angaben gegenüber dem Arzt zu machen, wenn er die Gewißheit haben darf, daß dieser stets auf die Vertraulichkeit dieser Angaben und Auskünfte achtet.

---

[693] Zitiert nach *Laufs*, Arztrecht, vor S. 1. Auch heute noch ist die Pflicht zu schweigen Teil des in der Berufsordnung enthaltenen ärztlichen Gelöbnisses: „Ich werde alle mir anvertrauten Geheimnisse auch über den Tod des Patienten hinaus wahren." – *Bongen/Kremer*, NJW 1990, 2911, bezeichnen die ärztliche Schweigepflicht als „Kernstück der ärztlichen Standesethik".

[694] Zu den verschiedenen Rechtsgrundlagen der ärztlichen Schweigepflicht siehe *Kiesekker/Rieger*, in: Rieger (Hrsg.), Lexikon des Arztrechts, Stichwort „Schweigepflicht" (Nr. 4740), Rdnrn. 1 ff.; *Kamps*, ZaeFQ 1999, 754, 755 ff.; allgemein und ausführlich zum ärztlichen Berufsgeheimnis *Laufs*, Arztrecht, Rdnrn. 420 ff.

[695] *Laufs*, ZaeFQ 1999, 732 sowie *Schlund*, in: Laufs/Uhlenbruck (Hrsg.), Hb. des Arztrechts, § 70 Rdnrn. 15 ff.

[696] In der Fassung vom 18.5.2001 (BGBl. I, S. 904 ff.).

[697] BVerfGE 32, 373, 379 f.; die neuere verfassungsgerichtliche Rechtsprechung (BVerfGE 65, 1, 42) hat aus dem allgemeinen Persönlichkeitsrecht als zusätzlichen verfassungsrechtlichen „Datenschutz" das Grundrecht auf informationelle Selbstbestimmung abgeleitet.

[698] Das BVerfG geht in seiner Entscheidung 32, 373, 380, davon aus, daß die Offenbarung ärztlicher Aufzeichnungen über Krankheiten, Leiden oder Beschwerden dem Betroffenen „peinlich oder seiner sozialen Geltung abträglich" sein kann.

[699] BVerfGE 32, 373, 379 f.

Ihre berufsrechtliche Rechtsgrundlage findet die ärztliche Schweigepflicht in § 9 MBO-Ä 2000. Dieser bestimmt in seinen vorliegend relevanten Absätzen 1, 2 und 4:

> *„(1) Der Arzt hat über das, was ihm in seiner Eigenschaft als Arzt anvertraut oder bekannt geworden ist – auch über den Tod des Patienten hinaus – zu schweigen. Dazu gehören auch schriftliche Mitteilungen des Patienten, Röntgenaufnahmen und sonstige Untersuchungsbefunde.*
> *(2) Der Arzt ist zur Offenbarung befugt, soweit er von der Schweigepflicht entbunden worden ist oder soweit die Offenbarung zum Schutze eines höherwertigen Rechtsgutes erforderlich ist. Gesetzliche Aussage- und Anzeigepflichten bleiben unberührt. Soweit gesetzliche Vorschriften die Schweigepflicht des Arztes einschränken, soll der Arzt den Patienten darüber unterrichten. [...]*
> *(4) Wenn mehrere Ärzte gleichzeitig oder nacheinander denselben Patienten untersuchen oder behandeln, so sind sie untereinander von der Schweigepflicht insoweit befreit, als das Einverständnis des Patienten vorliegt oder anzunehmen ist."*

II. Der Datenfluß im Praxisverbund

1. Der Datenaustausch zwischen den Netzärzten zu Behandlungszwecken

Die Art und die Wege, die die einzelnen Praxisnetze wählen, um die für ihre ärztliche Arbeit erforderliche Übermittlung und Verarbeitung von Patienten- und Behandlungsdaten zu realisieren, können im Einzelfall sehr verschieden sein. So kann sich zunächst die Art des Dokumentationskonzepts unterscheiden. Zum Teil gibt es zentrale Dokumentationskonzepte, in denen die Koordination haus- und fachärztlicher Versorgung von den im Netz vertretenen Hausärzten übernommen wird[700]. Sämtliche Versorgungsdaten werden bei dem den Patienten behandelnden Hausarzt in einer zentralen Dokumentation zusammengeführt und können von den mit- und weiterbehandelnden Netzärzten dort abgerufen werden. Ebenso zu finden sind dezentrale Dokumentationskonzepte, bei denen die Patienten- und Behandlungsdaten nur fallbezogen an andere Netzärzte weitergeleitet werden. Typische in Praxisnetzen verwendete Kommunikationsmittel sind standardisierte Überweisungsbegleitbriefe und den Patienten an die Hand gegebene Patientenbücher[701]. In naher Zukunft ist die Einrichtung von zentralen

---

[700] Auf einem solchen zentralen Dokumentationskonzept beruht z. B. das Modellkonzept „Vernetzte Praxen" der *Kassenärztlichen Vereinigung Nordbaden*, das dem Rechtsgutachten von *Rieger*, MedR 1998, 75 ff., 79, zugrunde liegt.

[701] Ein Überblick über die im Netz einsetzbaren Kommunikationsmittel findet sich bei *Meyer-Lutterloh*, Praxiskooperationen und Praxisnetze, S. 75 f.

elektronischen Patientenakten vorgesehen[702]. Bei der Verwendung von standardisierten Überweisungsbegleitbriefen werden diese unmittelbar im Anschluß an die ausgesprochene Überweisung dem weiter- oder mitbehandelnden Netzarzt z. B. per Fax zugestellt. Sobald dieser auf dem Überweisungsbegleitbrief Untersuchungs- und Therapieergebnisse vermerkt hat, leitet er den Überweisungsbegleitbrief umgehend an den überweisenden Netzarzt zurück. Patientenbücher und zentrale elektronische Patientenakten stellen demgegenüber eine deutlich umfassendere Form der Datenübermittlung dar. In beiden werden nicht nur die für den einzelnen Überweisungsvorgang notwendigen Daten festgehalten, sondern sie enthalten neben den persönlichen Daten und Angaben zur Anamnese alle Informationen über chronische Erkrankungen und Risikofaktoren des Patienten, dazu den aktuellen Stand sämtlicher Medikamentenverordnungen aller Netzärzte. Sie geben Auskunft über Zeitpunkt und Ergebnis wichtiger Untersuchungen und enthalten eine Übersicht über die behandelnden Netzärzte[703].

a) Die Einwilligung des Patienten in die Informationsweitergabe – Die Regelung des § 9 Abs. 4 MBO-Ä 2000

Die ärztliche Schweigepflicht wird wegen des grundgesetzlich geschützten informationellen Selbstbestimmungsrechts des Patienten in sachlicher Hinsicht als umfassend aufgefaßt[704]. Neben der gesamten Anamnese einschließlich persönlicher und familiärer Verhältnisse des Patienten und allen Untersuchungsergebnissen schließt sie auch die Identität des Patienten und die Tatsache, daß sich jemand überhaupt in ärztlicher Behandlung befunden hat, ein[705]. Umfassend ist der Schutz der ärztlichen Schweigepflicht aber auch in persönlicher Hinsicht. Denn grundsätzlich gilt die ärztliche Pflicht zur Geheimhaltung auch gegenüber Kollegen, und zwar nicht nur gegenüber denjenigen, die der Patient nicht konsultiert, sondern zunächst auch gegenüber den mit- und weiterbehandelnden Kollegen[706]. Zwar verpflichtet Kap. C Nr. 2 MBO-Ä 2000 die gemeinsam

---

[702] Vgl. § 140 b Abs. 3 S. 3 SGB V, der für Praxisnetze im Rahmen der integrierten Versorgung die Sicherstellung „einer ausreichenden Dokumentation, die allen an der integrierten Versorgung Beteiligten im jeweils erforderlichen Umfang zugänglich sein muß", fordert.

[703] So die Beschreibung von *Meyer-Lutterloh*, Praxiskooperationen und Praxisnetze, S. 75 f. Zum Aufbau eines elektronischen Kommunikationssystems eines Netzes siehe *Enger*, in: Szecsenyi/Magdeburg (Hrsg.), Ärztliche Qualitätsgemeinschaft Ried, S. 27 ff.

[704] Zum Verhältnis des Rechts auf informationelle Selbstbestimmung zur ärztlichen Schweigepflicht siehe *Lang*, Das Recht auf informationelle Selbstbestimmung des Patienten, S. 55 ff.

[705] BGH ArztR 2000, 233; ausführlich zum inhaltlichen Umfang der Schweigepflicht *Laufs*, Arztrecht, Rdnrn. 434 f. sowie *Dierks*, in: Schmid/Ratzel (Hrsg.), Arzt Recht Wirtschaft, Kap. 11, S. 3 f.

[706] So ausdrücklich Punkt 4.1 der „Empfehlungen zu ärztlicher Schweigepflicht, Datenschutz und Datenverarbeitung in der Arztpraxis" der *Bundesärztekammer* in DÄBl. 1996 (Heft 43), A-2809, A-2810; siehe auch *Ratzel/Lippert*, MBO-Ä 1997, § 9 Rdnr. 8; *Andreas*, ArztR 2000,

behandelnden Ärzte, sich gegenseitig die zur Behandlung des Patienten notwendigen Informationen zur Verfügung zu stellen, doch macht § 9 Abs. 4 MBO-Ä 2000 deutlich, daß der Wille des Patienten die Behandlungsgrenze für alle den Patienten behandelnden Ärzte bildet[707]: Die Weitergabe von Patienten- und Behandlungsinformationen – gleich in welcher Form, ob auf manuellem oder elektronischem Wege[708] – zwischen den denselben Patienten gleichzeitig oder nacheinander behandelnden Netzärzten ist nur „insoweit" zulässig, „als das Einverständnis des Patienten vorliegt oder anzunehmen ist". Da die Entscheidung, ob seine Daten an andere ihn behandelnde Ärzte weitergegeben werden dürfen, demnach durch den Patienten zu treffen ist, ist dieser grundsätzlich vor Beginn der Behandlung im Praxisverbund umfassend über Zweck und Umfang der Verarbeitung seiner Daten im Netz zu informieren[709] und zur Abgabe einer Einwilligungserklärung aufzufordern[710].

Nach der berufsrechtlichen Konzeption wird die Weitergabe von Patienten- und Behandlungsinformationen allerdings nicht nur durch eine ausdrückliche Einwilligungserklärung des Patienten legitimiert, ausreichend für ein befugtes Offenbaren patientenbezogener Informationen zwischen den verschiedenen den Patienten behandelnden Netzärzten kann im Einzelfall auch eine stillschweigende (konkludente) Entbindung von der Schweigepflicht sein[711]. So wird im Verhältnis von mit- oder weiterbehandelnden Ärzten zueinander aus berufs- und strafrechtlicher Sicht gemeinhin von einer die Übermittlung von Diagnosen und Befunden legitimierenden konkludenten Einwilligung des Patienten ausgegangen[712], da die Weitergabe von Untersuchungsergebnissen durch den Fach- oder Konsilarzt an den ein- oder überweisenden oder das Konsil veranlassenden (Haus-)Arzt allgemein üblich sei und der Patient von der Weitergabe wisse und diese im Regelfall auch wolle[713]. Auch wenn dies ausdrücklich nur für die „Rückmeldung" von Diagnosen und Befunden durch aufgesuchte Fach- oder Krankenhausärzte an den die Weiter- oder Mitbehandlung veranlassenden

---

296, 298 sowie *Laufs*, ZaeFQ 1999, 732, 736 f., der diesen Grundsatz als die „Schweigepflicht unter Schweigepflichtigen" bezeichnet.

707 *Laufs*, ZaeFQ 1997, 732, 736 f. sowie *Ratzel/Lippert*, MBO-Ä 1997, § 9 Rdnr. 8.

708 Zu den rechtlichen Anforderungen an die elektronische Übermittlung von Patienten- und Behandlungsdaten siehe beispielhaft *Ulsenheimer/Heinemann*, MedR 1999, 197 ff., 202 f.; *Reichow/Hartleb/Schmidt*, MedR 1998, 162 ff. sowie *Dierks*, ZaeFQ 1999, 787 ff.

709 Die Pflicht zur umfassenden Information über den Datenfluß innerhalb des Praxisverbundes ergibt sich aus § 4 Abs. 3 BDSG sowie aus dem Bestimmtheitsgebot des § 4 a Abs. 3 BDSG; zur Anwendbarkeit des BDSG auf die Patientendokumentation eines Netzes, siehe unten b).

710 Zur Frage der Schriftform dieser Erklärung siehe unten b).

711 So ausdrücklich Punkt 4.3 der „Empfehlungen zu ärztlicher Schweigepflicht, Datenschutz und Datenverarbeitung in der Arztpraxis" der *Bundesärztekammer* in DÄBl. 1996 (Heft 43), A-2809, A-2810.

712 *Laufs*, ZaeFQ 1999, 732, 736; *Andreas*, ArztR 2000, 296, 298 sowie *Ulsenheimer/Heinemann*, MedR 1999, 197, 202.

713 So OLG Hamm MedR 1995, 328, 329 und OLG München NJW 1993, 797, 798.

(Haus-)Arzt vertreten wird, muß grundsätzlich gleiches zum einen für den umgekehrten Informationsweg, also die Übermittlung von Patienten- und Behandlungsdaten durch den Hausarzt an den weiter- oder mitbehandelnden Fach- oder Krankenhausarzt, und zum anderen für den Informationsaustausch mit den in die Behandlung einbezogenen nichtärztlichen Netzmitgliedern gelten[714].

Fraglich ist jedoch, ob diese Grundsätze auch im Rahmen einer netzeigenen zentralen elektronischen Patientenakte Geltung beanspruchen können. Zu bedenken ist, daß es sich bei einer solchen Datenbank um eine „Zusammenballung höchst sensibler Daten“[715] handelt, die zunächst allen Netzmitgliedern zugänglich ist. Das im Wege der konkludenten Einwilligung letztlich nur vermutete Einverständnis des Patienten in den Austausch seiner Daten wird sich auch im Fall der Mit- oder Weiterbehandlung durch andere (Fach-)Ärzte des Netzes regelmäßig nur auf die im konkreten Behandlungsfall notwendigen Informationen beziehen; über den akuten Krankheitsfall hinausgehende Informationen, z. B. über für diesen unbedeutende Vorerkrankungen des Patienten, werden davon im Regelfall nicht erfaßt sein. Zudem kann nicht davon ausgegangen werden, daß der Patient im Sinne einer „Generaleinwilligung“ damit einverstanden ist, wenn sich sein Augenarzt, bei dem er seine Sehstärke feststellen lassen will, über den Zugriff auf die zentrale Patientendokumentation eines Netzes darüber informieren kann, wegen welcher Beschwerden der Patient einen Urologen aufgesucht oder sich einer psychotherapeutischen Behandlung unterzogen hat[716]. Die Rechtfertigung einer Weitergabe von Patienten- und Behandlungsdaten mit Hilfe der Figur der konkludenten Einwilligung kann daher – wenn überhaupt – nur gegenüber den jeweilig am Behandlungsprozeß beteiligten Netzärzten in Betracht kommen und dies nur soweit, als es sich dabei um die für den konkreten Behandlungsfall notwendigen Informationen handelt[717]. Zugriffe anderer, nicht mit der Behandlung des Patienten befaßter Netzmitglieder auf die in einer netzeigenen Datenbank zentral und umfassend gespeicherten Patienten- und Behandlungsdaten sind unter diesem Gesichtspunkt keinesfalls zu rechtfertigen[718]. Solange der Zugriff und die Verfügbarkeit der Patienten- und Behandlungsdaten in einer zentralen Netzdatenbank nicht durch entsprechende technische Vorkehrungen auf die an der Behandlung des einzelnen Patienten beteiligten Netzmitglieder und auf die für den konkreten Behandlungsfall notwendigen Informationen beschränkt werden können, ist für eine bloße Vermutung der

---

714 *Rieger*, MedR 1998, 75, 79; vgl. auch *Schirmer*, MedR 1995, 341, 385, für die Medizinische Kooperationsgemeinschaft.

715 So *Schneider*, Datenschutzbericht-BW 1999, S. 39.

716 So das von *Schneider*, Datenschutzbericht-BW 1999, S. 39, warnend angeführte Beispiel.

717 In diese Richtung geht wohl auch die Äußerung von *Ratzel/Lippert*, MBO-Ä 1997, § 9 Rdnr. 19, daß eine konkludente Einwilligung des Patienten „vor allem bei einfach gelagerten Sachverhalten“ in Betracht komme.

718 So auch *Schirmer*, MedR 1995, 341, 385, für die Medizinische Kooperationsgemeinschaft.

Patienteneinwilligung kein Raum[719]. Letztlich wird die Annahme einer konkludenten Einwilligung des Patienten nur bei der Verwendung von Patientenbüchern oder standardisierten Überweisungsbegleitbriefen vertretbar sein: Bei ersteren hat der Patient die Entscheidungsgewalt darüber, ob er die darin enthaltenen Informationen dem von ihm aufgesuchten Netzarzt zur Verfügung stellen will, und letztere sind nur an den mit- oder weiterbehandelnden Netzarzt gerichtet und werden sich – schon allein aus zeitlichen Gründen – regelmäßig auf die Darstellung der für den konkreten Krankheitsfall notwendigen Informationen beschränken.

b) Die Form der Einwilligung – Die unterschiedlichen Regelungen der ärztlichen Schweigepflicht, des Datenschutz- und Kassenarztrechts

Während für den Bereich des Berufs- und des Strafrechts eine formlose mündliche oder konkludente, in Notfallsituationen auch eine mutmaßliche Einwilligung des Patienten in den Informationsaustausch zwischen den ihn behandelnden Netzmitgliedern genügt, fordern das auf die Erstellung und Nutzung einer Patientenkartei, gleich ob diese manuell oder elektronisch geführt wird, anwendbare Bundesdatenschutzgesetz (BDSG)[720] sowie das Kassenarztrecht eine schriftliche Einwilligungserklärung des Patienten. Da es sich bei den zur Behandlung benötigten Patientendaten um personenbezogene Daten i. S. v. § 3 Abs. 1 BDSG handelt, bedarf die Einwilligung in ihre Weitergabe an Dritte gemäß §§ 4 Abs. 1, 4 a Abs. 1 S. 3 BDSG grundsätzlich der Schriftform, „soweit nicht wegen besonderer Umstände eine andere Form angemessen ist". Darüber hinaus findet auf Vertragsärzte und in der GKV zugelassene nichtärztliche Leistungserbringer, wie z. B. Heilmittelerbringer oder Erbringer häuslicher Krankenpflege, die allgemeine vertragsarztrechtliche Norm des § 73 Abs. 1 b SGB V Anwendung. Danach ist der umfassende Datenaustausch zwischen Haus- und Fachärzten und anderen in der GKV zugelassenen nichtärztlichen Leistungserbringern an die schriftliche Einwilligung des Versicherten geknüpft[721]. In Rede steht

---

[719] Ähnlich auch *Garstka*, ZaeFQ 1999, 781, 784 – Dazu, daß eine zentrale elektronische Patientenakte eines Netzes im Hinblick auf das informationelle Selbstbestimmungsrecht des Patienten hoch problematisch ist, *Schneider*, Datenschutzbericht-BW 1999, S. 39 ff., dort auch zu den komplexen technischen Anforderungen, die das Datenschutzrecht an solche netzeigenen zentralen Sammlungen von Gesundheitsdaten stellt. Zu den Problemen der Finanzierbarkeit eines netzbedingten Mehr an Datenschutzes *Hüber*, ZaeFQ 1999, 785, 786.

[720] Vgl. *Dammann*, in: Simitis/Dammann, BDSG, Stand: Dez. 1998, § 3 Rdnr. 83; *Bongen/Kremer*, NJW 1990, 2911, 2912 f. sowie *Wienke/Sauerborn*, MedR 2000, 517, 518 f.

[721] Das Schriftformerfordernis wurde erst mit dem Gesundheitsreformgesetz 2000 vom 22.12.1999 (BGBl. I, S. 2626) in § 73 Abs. 1 b SGB V eingefügt. – Dazu, daß diese Neufassung einerseits zu einer wesentlichen Erweiterung der Befugnis zum gegenseitigen Datenaustausch gegenüber der bisherigen Rechtslage beiträgt, andererseits durch das Erfordernis der schriftlichen Patienteneinwilligung jedoch eine Erschwerung flexibler Entscheidungen im Netz bewirkt wird, *Rieger*, in: Rieger (Hrsg.), Lexikon des Arztrechts, Stichwort „Praxisnetz" (Nr. 4305), Rdnrn. 71 f.

damit auf den ersten Blick das Verhältnis zwischen der ärztlichen Schweigepflicht auf der einen und dem Datenschutz- und Vertragsarztrecht auf der anderen Seite. Da die vertragsarztrechtliche Rechtslage in Bezug auf die Praxisnetze jedoch nicht einheitlich ist, sondern die verschiedenen, die Praxisnetze betreffenden Regelungen des SGB V unterschiedliche Regelungen im Hinblick auf die Form der Einwilligung des versicherten Patienten enthalten, treten weitere Konkurrenzfragen hinzu.

Für ein „gebundenes“ Praxisnetz, das auf einem Vertrag der integrierten Versorgung basiert, bestimmt § 140 a Abs. 2 S. 2 SGB V eine Ausnahme von der allgemeinen Norm des § 73 Abs. 1 b SGB V. Danach darf ein behandelnder Leistungserbringer aus der gemeinsamen Dokumentation aller an dieser Versorgungsform Beteiligter die den versicherten Patienten betreffenden Behandlungsdaten und Befunde abrufen, „wenn der Versicherte ihm gegenüber seine Einwilligung erteilt hat“. Anders als nach § 73 Abs. 1 b SGB V muß nach dem Wortlaut der Vorschrift die Einwilligung des Patienten nicht schriftlich erfolgen. Und auch für ein auf einem Modellvorhaben basierendes „gebundenes“ Praxisnetz kann sich – jedenfalls theoretisch – eine Abweichung von der in § 73 Abs. 1 b SGB V postulierten Schriftform der Einwilligung ergeben[722]. Denn § 63 Abs. 3 S. 1 SGB V sieht vor, daß „bei der Vereinbarung und Durchführung von Modellvorhaben [...] von den Vorschriften des Vierten Kapitels dieses Buches [...] sowie den nach diesen Vorschriften getroffenen Regelungen abgewichen werden“ kann. Die Frage nach der Form der Einwilligung ist damit nicht einheitlich zu beantworten, die Antwort hängt vielmehr davon ab, ob und wie das jeweilige Praxisnetz in das Kassenarztrecht eingebunden ist.

Nach dem eben Gesagten gilt § 73 Abs. 1 b SGB V nicht für Praxisnetze, die auf einem Vertrag der integrierten Versorgung beruhen. Für Netze, die auf einem Modellvorhaben gründen, kann § 73 Abs. 1 b SGB V als Vorschrift des Vierten Kapitels des SGB V durch die Vertragspartner des Modellversuchs abbedungen werden. Zu beachten ist die in § 73 Abs. 1 b SGB V angeordnete Schriftform damit für „gebundene“ Praxisnetze, die auf einem Strukturvertrag nach § 73 a SGB V beruhen und für Vertragsärzte, die sich in „freien“, nicht in einen Vertrag mit einer Krankenkasse eingebundenen Netzen zusammengeschlossen haben. Soweit § 73 Abs. 1 b SGB V auf den Informationsaustausch im Praxisnetz anwendbar ist, kommt es auf das Verhältnis zwischen Datenschutzrecht und ärztlicher Schweigepflicht nicht an. Für die im Netz vertretenen Vertragsärzte ist das Einholen einer schriftlichen Einwilligungserklärung des Patienten dann eine aus der Zulassung zur vertragsärztlichen Versorgung (§ 95 SGB V) folgende kassenarztrechtliche Pflicht, deren Nichtbefolgung disziplinarische Maßnahmen seitens der zuständigen Kassenärztlichen Vereini-

[722] Anders aber wohl *Schirmer*, DuD 1998, 69, 73, allerdings nur im Hinblick darauf, ob in einem Modellvorhaben auf die Einwilligung also solche verzichtet werden kann.

gung nach sich ziehen kann[723]. Zu fordern ist allerdings, daß aus Gründen der Praktikabilität eine auf den vom Versicherten gewählten Hausarzt ausgestellte schriftliche Einwilligungserklärung in die Datenerhebung und Datenweitergabe ausreichen muß. Andernfalls, wenn für jeden Fall der Datenübermittlung eine schriftliche Einwilligung eingeholt werden müßte, würden flexible Entscheidungen im Praxisverbund häufig unmöglich gemacht, und die mit dieser Vorschrift bezweckte Stärkung der Koordinationsfunktion des Hausarztes würde blockiert[724].

Ein anderes Bild bietet der Blick auf diejenigen Praxisnetze, die in einen Vertrag der integrierten Versorgung nach §§ 140 a ff. SGB V eingebunden sind. Soweit es um den Austausch von Informationen im Rahmen integrierter Versorgungsformen geht, bestimmt § 140 a Abs. 2 S. 2 SGB V abweichend von § 73 Abs. 1 b SGB V und den §§ 4 Abs. 1, 4 a Abs. 1 S. 3 BDSG, daß eine formloses Einwilligung des Patienten in die Datenerhebung und -weitergabe genügt. Angesprochen ist damit das Verhältnis zwischen der ärztlichen Schweigepflicht und dem Vertragsarztrecht auf der einen und dem Datenschutzrecht auf der anderen Seite. Hierzu bestimmt § 1 Abs. 3 S. 1 BDSG: „Soweit andere Rechtsvorschriften des Bundes auf personenbezogene Daten einschließlich deren Veröffentlichung anzuwenden sind, gehen sie den Vorschriften dieses Gesetzes vor". Damit wird das Prinzip der Subsidiarität des BDSG, sein Charakter als „Auffanggesetz", ausgedrückt. Bundesrechtliche Vorschriften außerhalb des BDSG, deren Gegenstand die Erhebung, Verarbeitung und Nutzung personenbezogener Daten sind, sind gegenüber dem BDSG vorrangig[725]. Vorliegend bedeutet dies, daß § 140 a Abs. 2 S. 2 SGB V, der die Einwilligung des Patienten in den Informationsaustausch nicht an die Schriftform knüpft, den §§ 4 Abs. 1, 4 a Abs. 1 S. 3 BDSG vorgeht. Anders als bei in einen Strukturvertrag eingebundenen oder vertragsärztlich besetzten „freien" Praxisnetzen genügt damit in einem auf einem Vertrag der integrierten Versorgung basierenden Praxisverbund eine formlose mündliche oder konkludente Einwilligung des Patienten in die Weitergabe seiner Daten unter den ihn behandelnden Netzmitgliedern[726].

---

[723] Vgl. § 81 Abs. 5 SGB V sowie § 95 Abs. 6 SGB V.

[724] *Hess*, in: Kasseler Kommentar, Band 1, § 73 Rdnr. 9 sowie *Rieger*, in: Rieger (Hrsg.), Lexikon des Arztrechts, Stichwort „Praxisnetz" (Nr. 4305), Rdnrn. 71 f.

[725] *Auernhammer*, BDSG, § 1 Rdnr. 26; *Gola/Schomerus*, BDSG, § 1 Anm. 7.1 u. 7.2 sowie *Walz*, in: Simitis/Dammann, BDSG, Stand: Dez. 1998, § 1 Rdnrn. 268 ff.

[726] So im Ergebnis auch *Rieger*, MedR 1998, 75, 79 u. *Schirmer*, VSSR 1998, 279, 295, beide allerdings in Bezug auf § 73 Abs. 1 b SGB V a. F., der noch kein Schriftformerfordernis enthielt; anders als hier hält *Rieger*, in: Rieger (Hrsg.), Lexikon des Arztrechts, Stichwort „Praxisnetz" (Nr. 4305), Rdnrn. 73 f., im Hinblick auf § 140 a Abs. 2 S. 2 SGB V das BDSG zwar für einschlägig, nimmt im Ergebnis aber auch an, daß eine formlose Einwilligung für die Rechtfertigung des Datenaustausches ausreichend ist.

Schließlich gibt es noch eine letzte Gruppe von Praxisnetzen, für die der netzspezifische Informationsaustausch kassenarztrechtlich nicht oder zumindest nicht ausdrücklich geregelt ist. Zu ihr gehören diejenigen Praxisnetze, bei denen im Wege des Modellvorhabens nach § 63 Abs. 3 S. 1 SGB V die allgemeine Vorschrift des § 73 Abs. 1 b SGB V abbedungen wurde sowie diejenigen – realiter wohl eher selten aufzufindenden – Praxisnetze, in denen sich lediglich Privatpraxen zusammengeschlossen haben. Anders als im Rahmen von § 140 a Abs. 2 S. 2 SGB V steht die soeben angesprochene Subsidiaritätsregelung des § 1 Abs. 3 S. 1 BDSG in Bezug auf außerhalb des BDSG stehende bundesrechtliche Vorschriften, die die Erhebung, Verarbeitung und Nutzung personenbezogener Daten zum Gegenstand haben, bei der Regelung des § 63 Abs. 3 S. 1 SGB V nicht in Rede. Aus datenschutzrechtlicher Sicht sind hiermit nur solche Normen gemeint, die genau den Sachverhalt ansprechen, der auch Gegenstand der entsprechenden BDSG-Vorschrift ist[727]. Von einer im Hinblick auf die Regelungsmaterie „Erhebung, Verarbeitung und Nutzung personenbezogener Daten“[728] deckungsgleichen Regelung kann bei der Abbedingungsbefugnis des § 63 Abs. 3 S. 1 SGB V nicht gesprochen werden. Dafür ist diese viel zu unbestimmt. Wenn damit keine konkurrierende bundesgesetzliche Regelung i. S. v. § 1 Abs. 3 S. 1 BDSG existiert, steht hier letztlich das Verhältnis zwischen ärztlicher Schweigepflicht auf der einen und Datenschutzrecht auf der anderen Seite in Frage. Maßgebend ist insoweit die Vorschrift § 1 Abs. 3 S. 2 BDSG, die bestimmt: „Die Verpflichtung zur Wahrung gesetzlicher Geheimhaltungspflichten oder von Berufs- oder besonderen Amtsgeheimnissen, die nicht auf gesetzlichen Vorschriften beruhen, bleibt unberührt“.

Die Interpretation dieser Vorschrift ist in der Literatur umstritten. Ein Teil der Literatur vertritt die Auffassung, hierbei handele es sich lediglich um eine Konkretisierung des § 1 Abs. 3 S. 1 BDSG, der in Bezug auf spezielle bundesrechtliche Vorschriften die Subsidiarität des BDSG anordnet. Standesrechtlich geregelte Geheimhaltungspflichten sollen den Regelungen des BDSG deshalb vorgehen[729], so daß vorliegend eine formlose mündliche oder konkludente Einwilligung des Patienten in den Datenaustausch für dessen Legitimation genügen würde. Gänzlich anderer Ansicht ist die wohl überwiegende Meinung, die dieser Regelung nur deklaratorischen Charakter beimißt: Sie basiere auf dem Gedanken, daß es schon vor dem Erlaß des BDSG Datenschutz gegeben habe, der seinen Ausdruck in zahlreichen spezifischen Geheimhaltungsregelungen gefunden habe. § 1 Abs. 3 S. 2 BDSG diene lediglich dem Zweck, diese vor

---

[727] *Gola/Schomerus*, BDSG, § 1 Anm. 7.2; *Auernhammer*, BDSG, § 1 Rdnr. 26 sowie *Walz*, in: Simitis/Dammann, BDSG, Stand: Dez. 1998, § 4 Rdnr. 12 und *Walz*, ebenda, § 1 Rdnrn. 281 ff.

[728] So die Formulierung in § 4 Abs. 1 BDSG.

[729] *Auernhammer*, BDSG, § 1 Rdnr. 29, § 4 Rdnr. 14; *Rieger*, Lexikon des Arztrechts, 1984, Stichwort „Datenschutz“, Rdnr. 544 sowie *Schlund*, in: Laufs/Uhlenbruck (Hrsg.), Hb. des Arztrechts, § 76 Rdnr. 24.

dem Inkrafttreten des BDSG geltende Rechtslage als Minimalschutz für den Bürger zu garantieren[730]. Soweit das Schutzniveau dieser besonderen Geheimhaltungspflichten gegenüber dem des BDSG geringer sei, fänden die strengeren Vorschriften des BDSG Anwendung[731]. Wenn man mit dieser wohl als herrschend zu bezeichnenden Meinung davon ausgeht, daß für die gleichzeitig in den Anwendungsbereich des BDSG fallende Weitergabe von Patientendaten die strengeren Anforderungen der §§ 4 Abs. 1, 4 a Abs. 1 S. 3 BDSG gelten, ist grundsätzlich für die Weitergabe von Patientendaten in einem auf einem Modellvorhaben basierenden oder rein privatärztlich besetzten Praxisnetz eine schriftliche Einwilligungserklärung des Patienten erforderlich.

Diskussionswürdig ist, ob vorliegend nicht die in § 4 a Abs. 1 S. 3 BDSG als Ausnahmeregelung enthaltenen „besondere[n] Umstände" gegeben sind, die es rechtfertigen, ausnahmsweise auf die Schriftform der Einwilligung des Patienten in den netzinternen Informationsaustausch zu verzichten. So wird in der arztrechtlichen Literatur vertreten, der Verzicht auf die Schriftform der Einwilligung müsse immer dann möglich sein, wenn der Patient ausreichend über Zweck und Umfang der Verarbeitung seiner Daten und der Tragweite seiner Einwilligung informiert sei und die Einhaltung der Schriftform wegen besonderer Umstände zu einer Erschwerung, Verzögerung oder Verhinderung der Einwilligungserklärung führen würde[732]. Der Eintritt des Patienten in das Netz sei als ein „besonderer Umstand" i. S. v. § 4 a Abs. 1 S. 3 BDSG anzusehen, da andernfalls die Effizienz neuer Versorgungsstrukturen, die gerade auf den unkomplizierten Abruf von Patienten- und Behandlungsdaten im Netz angewiesen seien, gefährdet würde.

Zuzugeben ist dieser Auffassung, daß das Einholen einer schriftlichen Einwilligungserklärung beim Patienten in jedem Einzelfall, also vor jedem einzelnen Behandlungsschritt, zu einer erheblichen Erschwerung und Verzögerung des Behandlungsablaufes, letztlich zum Nachteil des Patienten, führen würde[733]. Im Hinblick darauf, daß es sich bei § 4 a Abs. 1 S. 3 BDSG aus datenschutzrechtlicher Sicht um eine möglichst restriktiv anzuwendende Ausnahmevor-

---

[730] OLG Bremen NJW 1992, 757; *Walz*, in: Simitis/Dammann, BDSG, Stand: Dez. 1998, § 1 Rdnr. 288, § 4 Rdnr. 38; *Gola/Schomerus*, BDSG, § 1 Anm. 7.3; *Bongen/Kremer*, NJW 1990, 2911, 2913; *Körner-Dammann*, NJW 1992, 729, 730 sowie *Ortner/Geis*, MedR 1997, 337, 340.

[731] *Gola/Schomerus*, BDSG, § 1 Anm. 7.3; *Walz*, in: Simitis/Dammann, BDSG, Stand: Dez. 1998, § 1 Rdnrn. 297 f., insbes. 300.

[732] *Rieger*, in: Rieger (Hrsg.), Lexikon des Arztrechts, Stichwort „Praxisnetz" (Nr. 4305), Rdnr. 74, dort allerdings in Bezug auf die Regelung des § 140 a Abs. 2 S. 2 SGB V; *ders.*, MedR 1998, 75, 80 sowie *Schirmer*, VSSR 1998, 179, 295 f., beide in Bezug auf § 73 Abs. 1 b SGB V a. F.

[733] So *Rieger*, in: Rieger (Hrsg.), Lexikon des Arztrechts, Stichwort „Praxisnetz" (Nr. 4305), Rdnr. 74 sowie *ders.*, MedR 1998, 75, 80.

schrift handelt[734] und daß medizinische Daten mit zu den sensibelsten personenbezogenen Daten gehören, bei denen das Schutzbedürfnis der Betroffenen besonders groß ist[735], können diese reinen Praktikabilitätserwägungen jedoch nicht zur völligen Abkehr von der Schriftform führen. Wenn soeben in Bezug auf die Schriftformregelung des § 73 Abs. 1 b SGB V gesagt wurde, aus Gründen der Praktikabilität müsse es ausreichen, wenn der Patient seine Einwilligung in den behandlungsbezogenen Datenaustausch im Netz einmalig schriftlich erteilt, so gilt entsprechendes auch hier. Die widerstreitenden Interessen – die Warnfunktion der Schriftform auf der einen Seite, die den Betroffenen davor schützen soll, sich unbedacht und vorschnell zu äußern[736], und das Interesse des Praxisverbundes an der Flexibilität der diagnostischen und therapeutischen Entscheidungen auf der anderen Seite – sind derart zu einem angemessenen Ausgleich zu bringen, daß man zwar grundsätzlich an der Schriftform der Einwilligung festhält, die Pflicht zur Schriftlichkeit jedoch auf die erstmalige Erklärung beschränkt[737]. Ein solches Vorgehen, das für alle folgenden Behandlungsschritte eine formlose mündliche, unter Umständen auch eine konkludente Erneuerung der einmal, bei Eintritt des Patienten in das Praxisnetz, schriftlich erteilten Einwilligung genügen läßt[738], ist für die Realisierung eines flexibel funktionierenden und effizienten Praxisverbundes erforderlich, aber auch ausreichend. Die Effizienz der Netzarbeit und das verfassungsrechtlich geschützte informationelle Selbstbestimmungsrecht des Patienten bleiben damit gleichermaßen gewahrt.

Als Ergebnis bleibt festzuhalten, daß wegen der uneinheitlichen Haltung des Kassenarztrechts für die einzelnen Arten von Praxisnetzen unterschiedliche Formanforderungen an die Einwilligung des Patienten in den netzinternen Informationsaustausch gestellt werden. Während die in einen Strukturvertrag oder ein Modellvorhaben eingebundenen sowie die privat- oder vertragsärztlich besetzten „freien“ Netze eine schriftliche Einwilligungserklärung einholen müssen, bewirkt die Regelung des § 140 a Abs. 2 S. 2 SGB V, daß für den Informationsaustausch in Praxisnetzen im Rahmen der integrierten Versorgung das formlose Einverständnis des Patienten ausreichend ist. Da keine sachlichen Gründe für diese unterschiedliche Behandlung erkennbar sind, sollte de lege

---

[734] *Simitis*, in: Simitis/Dammann, BDSG, Stand: Dez. 1998, § 4 Rdnrn. 43 f.; *Gola/ Schomerus*, BDSG, § 4 Anm. 6.1.

[735] *Körner-Dammann*, NJW 1992, 729, 730.

[736] *Simitis*, in: Simitis/Dammann, BDSG, Stand: Dez. 1998, § 4 Rdnr. 37.

[737] Ähnlich auch *Schirmer*, DuD 1998, 69, 73.

[738] Die mündliche, allerdings nicht die konkludente oder mutmaßliche Erneuerung einer einmal schriftlich erteilten Einwilligung wird aus datenschutzrechtlicher Sicht ausdrücklich als zulässig angesehen, siehe dazu *Simitis*, in: Simitis/Dammann, BDSG, Stand: Dez. 1998, § 4 Rdnrn. 43 f.; a. A. in Bezug auf die Ausdrücklichkeit der Einwilligung *Auernhammer*, BDSG, § 4 Rdnr. 15.

ferenda eine Vereinheitlichung der kassenarztrechtlichen Rechtslage unternommen werden[739].

2. *Die Datenübermittlung an weitere Netzeinrichtungen zum Zweck des ärztlichen Qualitätsmanagements und zur Budgetsteuerung*

Die Übermittlung von Patienten- und Behandlungsdaten im Praxisnetz beschränkt sich nicht auf das Verhältnis zwischen den verschiedenen, denselben Patienten behandelnden Netzärzten. Insbesondere in fortentwickelten „gebundenen" Praxisnetzen mit eigener Budgetverantwortung finden zudem besondere Informationssysteme Anwendung, die der Evaluierung und Optimierung des Qualitätsmanagements durch netzeigene Qualitätszirkel, Fall- oder Netzkonferenzen und der Kostensteuerung dienen[740]. Die medizinische Dokumentation, nach § 10 MBO-Ä 2000 eine Berufspflicht, dient in diesem Zusammenhang nicht nur der Beweisbarkeit im Falle von Behandlungsfehlern, sondern der objektiven Analyse der medizinischen Behandlung aus unterschiedlichen Blickwinkeln[741]. Um die Versorgungsweise eines Praxisverbundes bewerten und verbessern zu können, werden die Behandlungs- und Verordnungsmaßnahmen und -ausgaben für alle durch die Netzärzte behandelten Patienten zentral, z. B. bei der netzeigenen Leitstelle, zusammengeführt.

Die Grundregel des § 9 Abs. 4 MBO-Ä 2000 ist auf ein solches Vorgehen nicht anwendbar, da es hier nicht um die medizinische Behandlung selbst geht. Sofern patientenbezogene Daten zur Verfügung gestellt werden sollen, ist gemäß §§ 4 Abs. 1, 4 a Abs. 1 S. 3 BDSG eine schriftliche Einverständniserklärung des Patienten erforderlich, in der der Zweck der Datenverarbeitung genau bezeichnet sein muß (§ 4 a Abs. 3 BDSG)[742]. In der Regel dürfte es jedoch ausreichen, wenn den entsprechenden Netzeinrichtungen, den Qualitätszirkeln und/oder der Managementzentrale nicht personenbezogene Daten, sondern lediglich Patienten- und Behandlungsdaten in anonymisierter Form zur Verfügung gestellt werden. Wenn diese Daten entsprechend § 3 Abs. 6 BDSG so verändert werden, daß die „Einzelangaben über persönliche oder sachliche Verhältnisse nicht mehr oder nur mit einem unverhältnismäßig großen Aufwand an

---

[739] Zu bemerken ist, daß der Gesetzentwurf der Regierungsfraktionen (BT-Drucks. 14/1425, S. 8) in Bezug auf § 73 Abs. 1 b SGB V noch keine Schriftform vorsah. Um eine Konformität mit dem Datenschutzrecht zu erreichen, wurde die Schriftform erst durch den Gesundheitsausschuß (BT-Drucks. 14/1977, S. 21 f., zur Begründung S. 163) eingefügt. Demgegenüber ging der Gesetzentwurf der Regierungsfraktionen (BT-Drucks. 14/1425, S. 24, zur Begründung S. 91) in Bezug auf § 140 a Abs. 2 SGB V davon aus, daß eine Schriftform der Einwilligung aus „Gründen des Datenschutzes unverzichtbar" sei. Hier ist das Schriftformerfordernis erst im Laufe des politisch sehr umstrittenen Gesetzgebungsverfahrens weggefallen.

[740] Ein Beispiel für ein netzeigenes Informationssystem geben *Szecsenyi/Magdeburg/Broge*, Perspectives on Managed Care 1998 (Heft 2), 20 ff., für die „Ärztliche Qualitätsgemeinschaft Ried".

[741] Dazu *Bäumler*, MedR 1998, 400, 402.

[742] *Schirmer*, VSSR 1998, 279, 297.

Zeit, Kosten und Arbeitskraft einer bestimmten oder bestimmbaren natürlichen Person zugeordnet werden können", bedarf es keiner Zustimmungserklärung des Patienten: „Wo kein Personenbezug besteht, bedarf es auch keiner Einwilligung"[743]. In diesem Fall ist also eine „doppelte" Dokumentation zu erstellen, welche in der „Managementdokumentation" den Patientenbezug beseitigt und nur die für die Evaluation und die Budgetkontrolle erforderlichen Angaben enthält.

C. *Die Information des Patienten über den Praxisverbund – Das ärztliche Werberecht*

Das Verhältnis des Netzes zu den Patienten ist auch dort angesprochen, wo es um die „Öffentlichkeitsarbeit" eines Praxisverbundes geht. Das mit der Vernetzung von Arztpraxen angestrebte Ziel – die Verbesserung der Versorgungsqualität bei gleichzeitiger Minimierung oder zumindest Beibehaltung der Kosten – läßt sich nur erreichen, wenn möglichst viele Patienten für dieses neue, auf freiwilliger Basis funktionierende Versorgungsmodell zu gewinnen sind. Das im Medien- und Kommunikationszeitalter und in Zeiten zunehmenden Konkurrenzdrucks ohnehin immer größer werdende Bedürfnis der Ärzteschaft nach Präsentation des eigenen Leistungsangebots in der Öffentlichkeit wird im Rahmen von Praxisnetzen noch dadurch verstärkt, daß es sich dabei um eine neue, vielen Patienten bislang noch weitgehend unbekannte Versorgungsform handelt, an deren Eingliederung in das Gesundheitswesen nicht nur die beteiligten Ärzte, sondern auch die Krankenkassen und der Sozialgesetzgeber große Erwartungen knüpfen. Zu einer Regelversorgungsform[744] können Praxisnetze, gleichgültig auf welcher Rechtsgrundlage sie beruhen, nur dann werden, wenn sie potentielle Patienten in ausreichendem Maße über ihr Leistungsprofil und ihre Arbeitsweise informieren können. Die Patienten werden ihre Entscheidung für eine Versorgung im Verbund allein nach dem für sie erkenn- und fühlbaren Vorteil und Nutzen des dortigen Versorgungsangebotes treffen[745]. Da die Außendarstellung damit einen wesentlichen Faktor für die Realisierung eines funktionierenden und

---

[743] So *Simitis*, in: Simitis/Dammann, BDSG, Stand: Dez. 1998, § 4 Rdnr. 52. Vgl. auch *Schirmer*, VSSR 1998, 279, 301, mit dem Hinweis, daß sich eine eventuell beabsichtigte gewerbliche Weiterverwertung der so erstellten „Arzt- oder Patientenprofile" an dem Verbot des § 3 Abs. 2 MBO-Ä 2000 messen lassen müßte.

[744] So der Regierungsentwurf zum Gesundheitsreformgesetz 2000 im Hinblick auf die neu in das SGB V eingefügte Integrationsversorgung (BT-Drucks. 14/1245, S. 93). Daß es zu deren Erfolg der Transparenz bedarf, hat der Sozialgesetzgeber mit der Regelung des § 140 a Abs. 3 SGB V anerkannt, die dem Versicherten einen umfassenden Informationsanspruch über das neue Leistungsangebot der Integrationsversorgung gibt.

[745] Vgl. *Tophoven*, KrV 2000, 239, 240. – Zum Aufbau eines professionellen Netzmarketing aus betriebswirtschaftlicher Sicht *Lingenfelder/Kronhardt*, in: Kreyher (Hrsg.), Handbuch Gesundheits- und Medizinmarketing, S. 313 ff.

effizienten Praxisverbundes bildet, soll im folgenden die Haltung der ärztlichen Berufsordnung zu der „Öffentlichkeitsarbeit" eines Netzes hinterfragt werden.

I. Arzt und Werbung in der MBO-Ä 2000: Vom kategorischen Werbeverbot zur sachlichen Patienteninformation

Klassischer Baustein und Kernstück des ärztlichen Standesrechts war bislang ein Verbot jeglicher Werbung[746]. Dem Arzt wurde jede geschäftliche Herausstellung seiner beruflichen Leistungen mit dem Ziel der Förderung der eigenen Leistungsverwertung auf Kosten der Mitbewerber, d. h. seiner ärztlichen Kollegen, ausdrücklich untersagt[747]. Nach traditioneller Begründung soll das ärztliche Werbeverbot „eine Verfälschung des ärztlichen Berufsbildes verhindern, die einträte, wenn der Arzt Werbemethoden verwendete, wie sie in der gewerblichen Wirtschaft üblich sind. Hinter diesem Zweck steht wiederum das Rechtsgut der Gesundheit der Bevölkerung. Die ärztliche Berufsausübung soll sich nicht an ökonomischen Erfolgskriterien, sondern an medizinischen Notwendigkeiten orientieren. Das Werbeverbot beugt einer gesundheitspolitisch unerwünschten Kommerzialisierung des Arztberufs vor"[748].

Auch wenn seit jeher galt, daß Werbung dem ärztlichen Beruf wesensfremd sei, weil sie sich schwerlich mit der den Arztberuf kennzeichnenden Zurückhaltung und Unaufdringlichkeit vereinbaren lasse[749], zeigt sich in der Rechtsprechung vor allem seit der Sanatoriumsentscheidung des *Bundesverfassungsgerichts*[750] eine zunehmende Tendenz zur Lockerung des berufsrechtlichen Werbeverbots[751]. Das noch bis zur MBO-Ä 1997 in der ärztlichen Berufsordnung enthaltene und nach seinem Wortlaut uneingeschränkte Werbeverbot war

---

[746] Zum historischen Ursprung der Werbebeschränkungen für Ärzte *Ring*, Wettbewerbsrecht der freien Berufe, S. 396 f. sowie *Schulte*, Werbeverbot, S. 19 ff.; *Laufs*, NJW 2001, 1768, bezeichnet die standesrechtlichen Werberegeln als „überliefertes Merkmal der Freiberuflichkeit".

[747] Der Begriff der Werbung ist im Bereich des ärztlichen Standesrecht kein anderer als auch sonst im Wettbewerbsrecht, siehe dazu *Baumbach/Hefermehl*, Wettbewerbsrecht, Vor §§ 3-8 UWG Rdnr. 1.

[748] So BVerfGE 85, 248, 259, 260 f. = NJW 1992, 2341 ff.; siehe auch BVerfGE 33, 125, 170 = NJW 1972, 1504, 1509; BVerfGE 71, 162, 172 f. = GRUR 1986, 382, 384; *Piper*, in: Köhler/Piper, UWG, § 1 Rdnr. 677; *ders.*, in: Festschrift für H. E. Brandner, S. 459; *Laufs*, Arztrecht, Rdnr. 70 sowie *ders.*, NJW 2001, 1768, 1769: „Das Verbot soll Suggestionen, Irritationen, Ängste und Verführungen verhindern".

[749] *Laufs*, NJW 1997, 3071, 3072; *ders.*, NJW 1995, 1590, 1595; *Piper*, in: Festschrift für H. E. Brandner, S. 450.

[750] BVerfGE 71, 183 ff. = NJW 1986, 1536 ff. = MedR 1986, 134 ff. sowie BVerfGE 71, 162 ff. = NJW 1986, 1533 ff. = MedR 1986, 128 ff.

[751] Dies nicht nur in Bezug auf den Arztberuf, sondern für die freien Berufe insgesamt: Für Rechtsanwälte war insoweit die Entscheidung BVerfG 76, 196 ff. = NJW 1988, 194 ff., bahnbrechend.

in den Augen des *BVerfG* „in sich brüchig“[752] und wegen der den Ärzten zustehenden Berufs- und Meinungsfreiheit der Art. 12 Abs. 1, 5 Abs. 1 GG in verfassungskonformer Weise dahingehend auszulegen, daß nicht jede, sondern nur die berufswidrige Werbung verboten war[753]. Vor dem Hintergrund der ärztlichen Grundrechte aus Art. 12 Abs. 1, 5 Abs. 1 GG müssen Werbebeschränkungen durch hinreichende Gründe des Gemeinwohls gerechtfertigt und zur Erreichung des verfolgten Zweckes – dem Schutz der kranken Patienten vor unsachlicher Beeinflussung und Verunsicherung – geeignet und erforderlich sein. Berufswidrig können nur diejenigen Werbemaßnahmen sein, die diesen Zwecken zuwiderlaufen; Maßnahmen, die trotz Ausstrahlung gewisser werblicher Wirkungen diese Zwecke nicht beeinträchtigen oder sich sogar unter dem Gesichtspunkt des Informationsbedürfnisses der Bevölkerung als notwendig und geboten erweisen, sind demgegenüber als berufsrechtlich zulässig anzusehen[754]. Für interessengerechte und sachangemessene Information, die keinen Irrtum erregt, muß den Ärzten im rechtlichen und geschäftlichen Verkehr Raum bleiben[755].

Angestoßen durch diese Liberalisierungstendenzen in der Rechtsprechung ist das Recht der Arztwerbung in den letzten Jahren immer mehr in Bewegung geraten[756]. Dem Schutz des leicht beeinflußbaren Kranken vor verwirrender Anpreisung und der Erhaltung des Vertrauens, daß der Arzt nicht gewinnstrebend gewerblich tätig werde, ist zunehmend ein in der modernen Informations- und Kommunikationsgesellschaft unabweisbares, durch fortschreitende Spezialisierung der ärztlichen Anbieter noch stärker werdendes Informationsbedürf-

---

[752] BVerfGE 71, 183, 198 = NJW 1986, 1536 f.

[753] So schon *Jarass*, NJW 1982, 1833, 1836 ff.; BVerfG NJW 1994, 1591 ff. = MedR 1994, 325. Die verfassungsgerichtlichen „Schlaglichter“ finden sich bei *Papier/Petz*, NJW 1994, 1553, 1555; ein Überlick über Entwicklung der Rechtsprechung zum ärztlichen Werberecht geben die jährlichen Aufsätze von *Laufs*, zuletzt NJW 1998, 1750, 1760; NJW 1999, 1758, 1760 f.; NJW 2000, 1757, 1758. – Dazu, daß angesichts des eindeutigen Wortlauts der ärztlichen Berufsordnung eine verfassungskonforme Auslegung hätte ausscheiden müssen, *Ring*, Wettbewerbsrecht der freien Berufe, S. 420 f.

[754] Fallbeispiele aus der neueren Judikatur bei *Rieger*, in: Rieger (Hrsg.), Lexikon des Arztrechts, Stichwort „Werbeverbot“ (Nr. 5530), Rdnrn. 17 ff. sowie *ders.*, MedR 1999, 513, 514 ff.

[755] BVerGE 82, 18, 28; zuletzt BVerfG MedR 2000, 479.

[756] Zum Verhältnis der standesrechtlichen Werberegeln zum allgemeinen Wettbewerbsrecht des UWG siehe *Rieger*, in: Engler/Geserich/Räpple/Rieger, Werben und Zuwenden im Gesundheitswesen, Rdnrn. 381 ff.; *Ring*, Wettbewerbsrecht der freien Berufe, S. 453 ff. sowie *Piper*, in: Festschrift für H. E. Brandner, S. 451 f. – Im Hinblick auf die nach wie vor umfassenden und restriktiven Werberegelungen der ärztlichen Berufsordnung wird in der Literatur zum Teil gefordert, die standesrechtlichen Vorgaben auf eine Generalklausel zu beschränken und das werbende Verhalten von Ärzten überwiegend dem – einen ausreichenden Schutz bietenden – UWG zu überlassen, so *Römermann/Schulte*, MedR 2001, 178, 180 u. *Bahner*, Das neue Werberecht für Ärzte, S. 63 f.

nis des Patienten gegenüber getreten[757]. Informationsfreiheit und Markttransparenz zum Nutzen des Patienten wurden immer mehr betont[758], das Werbeverbot selbst wurde jedoch zunächst noch nicht in Frage gestellt. Mittlerweile werden im Hinblick auf die verfassungsrechtliche Rechtfertigung des ärztlichen Werbeverbots neue Ansätze erkennbar. Nach im Vordringen befindlicher Ansicht in Rechtsprechung[759] und Literatur[760] sind die standesrechtlichen Werberegelungen für Ärzte nicht mehr nur an deren Berufs- und Meinungsfreiheit zu messen, sondern in erster Linie dem verfassungsrechtlich geschützten Selbstbestimmungsrecht und dem daraus abgeleiteten Informationsanspruch des Patienten als Entscheidungsgrundlage für dessen freie Arztwahl zuzuordnen. Seine Begründung findet dieser neue Prüfungsmaßstab im Zweck der standesrechtlichen Werbebeschränkungen. Dieser in der Sicherstellung einer sich allein an medizinischen Notwendigkeiten orientierenden Behandlung liegende Zweck wird „geradezu vereitelt, wenn der Patient selbst bei essentiellen gesundheitlichen Problemen von verläßlichen eigenverantwortlichen Steuerungsmöglichkeiten aktiv ferngehalten wird und nur durch Zufall auf einen Spezialisten stoßen kann, der die für sein medizinisches Problem indizierten Behandlungsmethoden beherrscht und anbietet“[761]. Aus diesem Grund wird heute davon ausgegangen, daß die Wahrnehmung des Patientengrundrechts auf freie Arztwahl ein umfassendes Informationsrecht des Patienten verlangt. Die Wahl des zu konsultierenden Arztes ist nur dann wirklich frei, wenn der Patient die Möglichkeit hat, sich anhand wahrheitsgemäßer sachlicher Informationen einen vergleichenden Überblick über Art und Qualität des zur Verfügung stehenden Leistungsangebots zu verschaffen[762].

---

[757] Zu dem zum Teil grundlegend gewandelten ärztlichen Berufsbild ausführlich *Papier/Petz*, NJW 1994, 1553 f.

[758] Vgl. etwa die Entscheidung des Europäischen Gerichtshofs für Menschenrechte im Fall Barthold, NJW 1985, 2885 ff. Auch der *Sachverständigenrat für die Konzertierte Aktion im Gesundheitswesen* hat sich wiederholt dafür ausgesprochen, das strikte Verbot der Arztwerbung zugunsten besserer Information des Patienten über die Leistungsfähigkeit von Leistungserbringern im Gesundheitswesen aufzulockern, so z. B. in seinem Sondergutachten 1997 unter den Ziffern 102-104 (zit. nach der im Internet unter http://www.svr-gesundheit.de/gutacht/gutalt/gutaltle.htm abzurufenden Kurzfassung); ausführlich zu den werbebezogenen Stellungnahmen des Sachverständigenrates *Barth*, Mediziner-Marketing, S. 169 ff.

[759] LG Kiel MedR 1999, 279, 281 f.

[760] *Papier/Petz*, NJW 1994, 1553, 1559 ff.; *Barth*, Mediziner-Marketing, S. 169 ff.; *Ehlers*, in: Festschrift für E. Deutsch, S. 540 ff., S. 544; *Rieger*, MedR 1999, 513 f.

[761] So die anschauliche Argumentation von *Papier/Petz*, NJW 1994, 1553, 1559, die im weiteren ausführen: „Das ärztliche Werbeverbot ist [...] jedenfalls im Falle ärztlicher Spezialmethoden kontraproduktiv; es fördert in diesen Fällen den gesetzlichen Zweck nicht, es blockiert ihn vielmehr.“

[762] Vgl. *Barth*, in: Kreyher (Hrsg.), Handbuch Gesundheits- und Medizinmarketing, S. 619 f.: Ebenso wie der Patient umfassend über seine Krankheit aufzuklären ist, ist er auch über die Person des Arztes aufzuklären.

Mit dem 100. Deutschen Ärztetag 1997 hat der Berufsrechtsgeber erstmals Transparenz und Patientenorientierung im Gesundheitswesen als das Gebot der Stunde anerkannt. Den Ärzten wurde die sachliche Information der Patienten in begrenztem Umfang erlaubt. Die standesrechtlichen Werbevorschriften haben allerdings erst mit dem 103. Deutschen Ärztetag 2000 eine bedeutsame Wendung genommen. Die dort verabschiedete MBO-Ä 2000 versucht, den Konflikt zwischen der zum Nachteil des Patienten vorherrschenden Intransparenz im Gesundheitswesen und der Gefahr der Irreführung des leicht zu beeinflussenden Kranken durch eine Umkehrung des ehemaligen Regel-Ausnahme-Verhältnisses zu lösen[763]. Anders als die MBO-Ä 1997, die nach wie vor von einem Verbot jeglicher Werbung als Regel und nur von einer ausnahmsweisen Zulässigkeit sachlicher Patienteninformation ausging, knüpfen die heutigen Werbevorschriften an den Grundsatz der erlaubten sachlichen Patienteninformation an und verbieten nur noch die berufswidrige Werbung. In seiner novellierten Fassung lautet § 27 MBO-Ä 2000 nunmehr:

> *„(1) Dem Arzt sind sachliche Informationen über seine Berufstätigkeit gestattet. Für Praxisschilder, Anzeigen, Verzeichnisse, Patienteninformationen in Praxisräumen und öffentlich abrufbare Arztinformationen in Computerkommunikationsnetzen gelten hinsichtlich Form, Inhalt und Umfang die Grundsätze des Kapitels D I Nrn. 1 bis 5. Berufswidrige Werbung ist dem Arzt untersagt. Berufswidrig ist insbesondere eine anpreisende, irreführende oder vergleichende Werbung.*
> *(2) Der Arzt darf eine berufswidrige Werbung durch andere weder veranlassen noch dulden. Dies gilt auch für die anpreisende Herausstellung von Ärzten in Ankündigungen von Sanatorien, Kliniken, Institutionen oder anderen Unternehmen. Der Arzt darf nicht dulden, dass Berichte oder Bildberichte veröffentlicht werden, die seine ärztliche Tätigkeit oder seine Person berufswidrig werbend herausstellen“.*

Eine einschneidende Lockerung hat das ärztliche Werberecht durch diese Neuregelung der Berufsordnung indes nicht erfahren. In tatsächlicher Hinsicht stellt die Novellierung keine Neuerung gegenüber der bisherigen Regelung und ihrer Auslegung durch die Rechtsprechung, sondern vielmehr eine klarstellende Anpassung an die Rechtsprechung des *Bundesverfassungsgerichts* dar. Die Pra-

[763] Zu den neu gefaßten Werberegelungen der MBO-Ä 2000 *Krüger-Brand*, DÄBl. 2000 (Heft 20), A-1346 f.; *Laufs*, NJW 2001, 1768 ff.; *Römermann/Schulte*, MedR 2001, 178 ff.; *Bahner*, in: Kreyher (Hrsg.), Handbuch Gesundheits- und Medizinmarketing, S. 602 ff. – Zu der nach Abschluß der Arbeit erfolgten erneuten Änderung der ärztlichen Werberegelungen auf dem dem 105. Deutschen Ärztetag im Mai 2002 in Rostock siehe unten Fn. 782.

xis steht wie bisher vor der schwierigen Abgrenzung zwischen erlaubter sachlicher Information und verbotener berufswidriger Werbung[764].

II. Der Auftritt des Praxisverbundes in der Öffentlichkeit nach der ärztlichen Berufsordnung

Grundsätzlich gelten die Werberegelungen der ärztlichen Berufsordnung auch im Praxisverbund. Für „gebundene" Netze ergibt sich allerdings seit der Einführung der integrierten Versorgung in das SGB V eine bedeutsame Besonderheit: Die berufsrechtlichen Bestimmungen über den Außenauftritt eines Praxisverbundes werden neuerdings überlagert durch die gesetzliche und damit höherrangige Vorschrift des § 140 a Abs. 3 SGB V. Danach haben die Versicherten „das Recht, von ihrer Krankenkasse umfassend über die Verträge zur integrierten Versorgung, die teilnehmenden Leistungserbringer, besondere Leistungen und vereinbarte Qualitätsstandards informiert zu werden. Dieses Recht besteht auch gegenüber den teilnehmenden Leistungserbringern und ihren Zusammenschlüssen". In der amtlichen Begründung heißt es dazu: „Integrierte Versorgungsformen müssen für die Versicherten transparent sein. Daher erhalten sie umfassende Informationsrechte gegenüber Krankenkassen und Leistungserbringern"[765]. Im Rahmen von Praxisnetzen, die auf einem Integrationsversorgungsvertrag beruhen, sind der Praxisverbund und die in ihm verbundenen Netzärzte also zur sachlichen Information der Patienten über das Leistungsangebot des Netzes nicht nur berufsrechtlich berechtigt, sondern auch kassenarztrechtlich verpflichtet[766]. Ausdrücklich normiert ist diese gesetzliche Informationspflicht zwar nur für Praxisnetze im Rahmen integrierter Versorgungsformen. Wenn diese jedoch zur sachlichen Information der versicherten Patienten über das netzspezifische Leistungsangebot und die daran teilnehmenden Leistungserbringer verpflichtet sind, kann eine dahingehende Information den „gebundenen" Netzen, die auf einem Modellvorhaben oder Strukturvertrag beruhen, umgekehrt jedenfalls nicht verboten sein[767].

Gleichgültig ist, in welcher Rechtsform der Praxisverbund ausgestaltet ist; die gesellschaftsrechtliche Form des Praxisverbundes bewirkt grundsätzlich keine Unterschiede in der Ausgestaltung und Reichweite des standesrechtlichen Werberechts. Zwar ist eine juristische Person wie z. B. eine GmbH nicht Mitglied

---

[764] *Zieglwalner/Gemke*, in: Kreyher (Hrsg.), Handbuch Gesundheits- und Medizinmarketing, S. 638 f.

[765] BT-Drucks. 14/1245, S. 91.

[766] *Rieger*, in: Rieger (Hrsg.), Lexikon des Arztrechts, Stichwort „Praxisnetz" (Nr. 4305), Rdnr. 64.

[767] *Rieger*, in: Rieger (Hrsg.), Lexikon des Arztrechts, Stichwort „Praxisnetz" (Nr. 4305), Rdnr. 67. – Für die an einem Modellvorhaben oder Strukturvertrag beteiligten Krankenkassen ergibt sich eine Pflicht zur Information der Versicherten aus §§ 13 ff. SGB I; von Seiten der Rechtsprechung wurde diese ausdrücklich anerkannt, vgl. OLG München, Urteil v. 30.11.2000, Az.: 6 U 2849/00; OLG Hamburg, Urteil. v. 24.6.1999, Az.: 3 U 227/98.

der Ärztekammer und als Nichtarzt nicht unmittelbar dem ärztlichen Standesrecht unterworfen[768], sie ist jedoch mittelbar an die standesrechtlichen Werberegeln der Ärzte gebunden[769]. Dies ergibt sich zum einen aus dem allgemeinen Gedanken der Rechtsumgehung: Eine juristische Person kann dann wettbewerbsrechtlich Störer sein, wenn sich die von ihr betriebene Werbung – bei nachweisbarer Umgehungsabsicht – als Umgehung des ärztlichen Werberechts darstellt[770]. Die mittelbare Bindung einer juristischen Person an das ärztliche Standesrecht erfolgt zum anderen dadurch, daß diese die in ihr verbundenen Ärzte nicht daran hindern darf, ihre ärztlichen Berufspflichten zu erfüllen. Die Berufsausübung der in ihr zusammengeschlossenen Ärzte, die keine Bindungen eingehen dürfen, die ihnen die Einhaltung ihrer Berufspflichten unmöglich machen[771] und zudem eine ihnen verbotene Werbung durch Dritte nicht dulden dürfen[772], muß so organisiert werden, daß die den Arzt betreffenden berufsrechtlichen Vorschriften nicht verletzt werden[773].

Gleichgültig ist ebenso, ob der Praxisverbund eine rein ambulant-ärztliche Kooperation darstellt oder auch sektoren- und berufsübergreifend tätig ist[774]. Für nichtärztliche Leistungserbringer gilt zwar auch das standesrechtliche Werberecht der Ärzte nicht unmittelbar, jedoch verlangt Kap. D II Nr. 11 Abs. 3 MBO-Ä 2000[775] für einen interprofessionell tätigen Praxisverbund, daß der Kooperationsvertrag zwischen den Netzärzten und den Angehörigen anderer Fachberufe gewährleistet, daß (unter anderem) das ärztliche Werberecht von den in den Praxisverbund einbezogenen Nichtärzten beachtet wird.

Das werbende Auftreten des Praxisverbundes und der in ihm zusammengeschlossenen Netzärzte in der Öffentlichkeit läßt sich einteilen in die Information gegenüber Patienten, die Information in Fachkreisen gegenüber Kollegen – die auch dazu dienen kann, weitere geeignete Ärzte und Kliniken zu einem Netz-

---

[768] Dieser Umstand wird immer wieder als Argument gegen die Zulässigkeit einer sog. „Heilkunde-GmbH" angeführt, dazu oben § 2 A. I. 2.; zur Werbung von Ärztehäusern und Gesundheitszentren, die in Form einer Kapitalgesellschaft geführt werden, *Dietze/Brandenburger*, Recht in der Arztpraxis, S. 52 f.

[769] Zum folgenden ausführlich *Taupitz*, in: Festschrift für K. Geiß, S. 503, S. 505 ff. sowie *Ring*, Werberecht der Ärzte, Rdnrn. 525 ff.

[770] BGH MedR 2001, 516, 518 f.; BGH NJW 2000, 1789, 1791 f. (Klinik Sanssouci); BGH MedR 1995, 113 f. m. Anm. *Rieger*; OLG Hamburg MedR 1995, 115, 116 f. m. Anm. *Rieger*; *Piper*, in: Festschrift für H. E. Brandner, S. 449, S. 464 f.

[771] Vgl. §§ 2 Abs. 1, 23 Abs. 2 MBO-Ä 2000.

[772] Das sog. Duldungsverbot ist in § 27 Abs. 2 MBO-Ä 2000 enthalten.

[773] OLG Hamburg MedR 1994, 451 f.; *Taupitz*, NJW 1992, 2317, 2324; dazu bereits oben § 2 A. I. 2.

[774] Zur Einbeziehung nichtärztlicher Leistungserbringer in den Praxisverbund siehe oben § 3 A.

[775] Ausgestaltet als Verweis auf die für die Medizinische Kooperationsgemeinschaft geltenden Grundsätze des Kap. D II Nr. 9 Abs. 1 MBO-Ä 2000; zu diesem sog. Berufsrechtsvorbehalt siehe oben § 3 A. II. 1. e).

beitritt zu bewegen – und das Auftreten in Zusammenarbeit mit den Medien[776]. Um potentielle nichtärztliche Kooperationspartner, wie z. B. ambulante Pflegedienste, Pflegeheime, aber auch pharmazeutische Hersteller oder Kassenärztliche Vereinigungen und Krankenkassen zu einem Beitritt oder zur Unterstützung des Netzes zu motivieren, kann im Rahmen eines Praxisverbundes unter Umständen auch die Information gegenüber diesem Publikum eine Rolle spielen[777]. Die Vorschrift Kap. D I Nr. 1 MBO-Ä 2000, die das Recht des Arztes zur Information gegenüber Fachkreisen erheblich weiter faßt als das Informationsrecht gegenüber Patienten[778], macht deutlich, daß sich die im folgenden anzusprechenden Werberegeln der ärztlichen Berufsordnung nur auf das werbende Auftreten des Arztes gegenüber dem Patienten beziehen; nur gegenüber diesem besteht die Gefahr einer potentiell gesundheitsgefährdenden irreführenden Anpreisung[779].

1. Die Darstellungsmöglichkeiten des Praxisverbundes nach Kap. D I MBO-Ä 2000

Mit der Neufassung der MBO-Ä auf dem 103. Deutschen Ärztetag sind die Ankündigungsmöglichkeiten des Praxisverbundes gegenüber der MBO-Ä 1997[780], die lediglich dem Verbund die Bekanntgabe seines Zusammenschlusses in Zeitungsanzeigen und Verzeichnissen gestattete, dem einzelnen Netzarzt jedoch die Angabe seiner Netzzugehörigkeit verwehrte[781], erweitert worden[782].

---

[776] „Öffentliches Wirken und Medientätigkeit" des Arztes sind in § 28 MBO-Ä 2000 geregelt. Da sich diesbezüglich keine netzspezifischen Besonderheiten ergeben, wird hierauf im folgenden nicht gesondert eingegangen werden.

[777] Vgl. *Lingenfelder/Kronhardt*, in: Kreyher (Hrsg.), Handbuch Gesundheits- und Medizinmarketing, S. 315 f.

[778] Dazu *Ratzel/Lippert*, MBO-Ä 1997, D I Nr. 1 Rdnrn. 1 f.

[779] Vgl. in diesem Zusammenhang die Entscheidung BVerfG NJW 1993, 2988 ff., im Hinblick auf die nur gegenüber Kollegen erfolgte Verwendung des nicht für die Angabe auf dem Praxisschild zulässigen Hinweises „CT und Nuklearmedizin nach telefonischer Voranmeldung".

[780] Dort Kap. D I Nr. 3 Abs. 5.

[781] Zu den netzbezogenen Informationsmöglichkeiten nach der MBO-Ä 1997 siehe *Rieger*, MedR 1998, 75, 80 f.

[782] Zwischenzeitlich ist das ärztliche Werberecht durch den 105. Deutschen Ärztetag im Mai 2002 in Rostock weiter gelockert worden. Die detailreichen, unübersichtlichen und teilweise nur schwer nachvollziehbaren Beschränkungen des Kap. D I MBO-Ä 2000 wurden ganz aufgehoben. Nunmehr beschränken sich die Werberegeln der ärztlichen Berufsordnung auf eine neu gefaßte Generalklausel (§ 27 MBO-Ä 2002), auf eine Regelung, die Bedingungen für die Eintragung in Verzeichnisse aufstellt (§ 28 MBO-Ä 2002), und schließlich auf eine neu eingefügte Regelung, die in abstrakter Form Bestimmungen über die Ankündigung von Kooperationen enthält (§ 22 a MBO-Ä 2002). Damit gibt es jetzt keine Beschränkungen mehr, die nach der Art des Informationsmediums unterscheiden. Nach § 27 MBO-Ä 2002 sind dem Arzt nunmehr alle „sachliche(n) berufsbezogene(n) Information(en) gestattet" und „berufswidrige Werbung ist dem Arzt untersagt". Nach § 22 a Abs. 4 MBO-Ä 2002 kann die

Auch wenn die Berufsordnung nunmehr von der grundsätzlichen Zulässigkeit sachlicher Informationen über die ärztliche Berufstätigkeit ausgeht, enthält sie nach wie vor restriktive Bestimmungen über den zulässigen Inhalt von Praxisschildern, Verzeichnisangaben und Zeitungsanzeigen. Allein bei Patienteninformationen in Praxisräumen und über das Internet sind umfassende Informationen über das (netz-)ärztliche Leistungsangebot erlaubt.

Für den Praxisverbund regeln die Vorschriften Kap. D I Nr. 2 Abs. 3 e), Nr. 3 Abs. 4, Nr. 4 Abs. 3, Nr. 5 Abs. 4 MBO-Ä 2000 dessen Bekanntgabe auf Praxisschildern, in Verzeichnissen, Zeitungsanzeigen und über das Internet. Die in diesen Bestimmungen aufgeführten Darstellungsmöglichkeiten des Praxisverbundes unterscheiden zwischen der Person des Informierenden – dem einzelnen Netzarzt oder dem Praxisverbund selbst – und zwischen dem Informationsmedium und dem darüber vermittelbaren Informationsinhalt. Die Vorgaben lauten dabei im einzelnen[783]:

- Kap. D I Nr. 2 Abs. 3 MBO-Ä 2000:
  „Folgende weitere Angaben dürfen, sofern die Voraussetzungen dafür vorliegen, auf dem ***Praxisschild*** *genannt werden: [...]*
  e) ***Zugehörigkeit*** *zu einem Praxisverbund nach Kapitel D II Nr. 11 [...].“*

- Kap. D I Nr. 3 Abs. 4 MBO-Ä 2000:
  „Ärzte, welche sich zu einem zugelassenen Praxisverbund (Kapitel D II Nr. 11) zusammengeschlossen haben, dürfen ***dies als Verbund in Zeitungsanzeigen*** *bis zu dreimal bekannt geben.“*

- D I Nr. 4 Abs. 3 MBO-Ä 2000:
  „Ärzte, welche sich zu einem zugelassenen Praxisverbund (Kapitel D II Nr. 11) zusammengeschlossen haben, dürfen ***dies in Verzeich-***

Zugehörigkeit zu einem Praxisverbund nach Kap. D II Nr. 11 durch Hinzufügen des Namens des Verbundes angekündigt werden.

[783] Die einzelnen Bestimmungen sind in den meisten Berufsordnungen der Landesärztekammern wortgleich übernommen worden. Abweichungen bestehen nur in den Berufsordnungen der Landesärztekammern Baden-Württemberg, Bayern, Hamburg, Mecklenburg-Vorpommern und Nordrhein (Stand: 1.3.2002). Während die drei letztgenannten die MBO-Ä 2000 noch nicht umgesetzt haben, enthalten die Berufsordnungen der Landesärztekammern Baden-Württemberg und Bayern inhaltliche Abweichungen: In der BO-Bayern fehlen die Bestimmungen zur Bekanntgabe des Praxisverbundes auf dem Praxisschild, in Anzeigen und im Internet ganz, hier darf der Praxisverbund nur in Verzeichnissen angekündigt werden; in die BO-BW hat die Vorschrift Kap. D I Nr. 5 Abs. 4 S. 2 MBO-Ä 2000 über die Patienteninformation im Internet mit leicht geändertem Wortlaut Eingang gefunden. Kap. D I Nr. 5 Abs. 4 S. 2 BO-BW lautet wörtlich: „Auf dieser Homepage dürfen *ebenso wie in Anzeigen gemäß Nr. 3* sachliche Informationen des Verbundes, die im Zusammenhang mit der Erbringung ärztlicher Leistungen stehen sowie organisatorische Hinweise zur Patientenbehandlung *gemäß Nr. 5 Abs. 3* gegeben werden“. (Hervorhebungen durch die Verfasserin).

__nissen__ zusätzlich zu eventuellen Einzelangaben der Praxis bekannt geben."

- D I Nr. 5 Abs. 4 MBO-Ä 2000:
  *„[1]Ärzte, welche sich zu einem zugelassenen Praxisverbund (Kapitel D II Nr. 11) zusammengeschlossen haben, dürfen **den Verbund** in **Computerkommunikationsnetzen** auf einer dem allgemeinen Publikum zugänglichen Homepage ankündigen. [2]Auf dieser Homepage dürfen sachliche Informationen **des Verbundes**, die im Zusammenhang mit der Erbringung ärztlicher Leistungen stehen, sowie organisatorische Hinweise zur Patientenbehandlung gegeben werden. [3]Jede berufsrechtswidrig werbende Herausstellung **des Verbundes** und/oder der **an ihm teilnehmenden Ärzte** ist untersagt"*[784].

a) Die Information der Patienten über Praxisschilder, Verzeichnisse und Zeitungsanzeigen

aa) Die Informationsmöglichkeiten des einzelnen Netzarztes

Dem einzelnen Netzarzt ist es nunmehr möglich, seine Netzzugehörigkeit auf seinem Praxisschild und zusätzlich zu Einzelangaben seiner Praxis in Verzeichniseintragungen, wie z. B. in Telefonbüchern oder „Gelben Seiten", aber auch in Verzeichnissen, die von Gesundheitsämtern, Krankenkassen oder Ärztekammern geführt werden[785], anzukündigen. Nach dem Wortlaut der Bestimmungen Kap. D I Nr. 2 Abs. 3, Nr. 4 Abs. 3 MBO-Ä 2000 soll die Ankündigungsmöglichkeit des Netzarztes auf die Angabe seiner bloßen Zugehörigkeit zu einem Praxisverbund beschränkt sein[786]. Es fragt sich allerdings, ob nicht entsprechend den Angaben, die in Bezug auf die Praxis des Netzarztes möglich sind, auf dem Praxisschild und in Verzeichnissen weitergehende Informationen gegeben werden dürfen, wenn diese besondere Netzleistungen zum Gegenstand haben, die dem Netzarzt aufgrund seiner Mitgliedschaft im Praxisverbund als eigene zurechenbar sind. Angesprochen sind damit vor allem Informationen über eine Netzleitstelle, die z. B. hausärztliche Besuchsdienste vermittelt oder über erweiterte Netzsprechstunden, die im Rahmen netzeigener Bereitschafts- oder Notfallpraxen angeboten werden.

---

[784] Sämtliche Hervorhebungen durch die Verfasserin.
[785] Zu der Art der Verzeichnisse siehe *Ring*, Werberecht der Ärzte, Rdnr. 342 ff.; *Ratzel/Lippert*, MBO-Ä 1997, Kap. D I Nr. 3 Rdnr. 5; nach einem Urteil des LG Kiel, MedR 1999, 279 ff., ist die Aufnahme von Ärzten in einen Patienteninformationsdienst (Arzt-Such-Service) – ähnlich einem Anwalts-Such-Service – berufsrechtlich nicht zu beanstanden.
[786] Zu der Frage, ob der Praxisverbund bei der Zugehörigkeitsangabe als solcher zu bezeichnen ist, siehe unten b).

Soweit es um Verzeichnisse geht, dürfte es die Vorschrift Kap. D I Nr. 4 Abs. 2 MBO-Ä 2000[787] erlauben, dort die Telefonnummer der Netzleitstelle sowie Informationen über die Erreichbarkeit der netzeigenen Bereitschafts- und Notfallpraxis wie deren Sprechzeiten, Telefonnummern und Adressen anzugeben[788].

Im Hinblick auf das Praxisschild ist zu bedenken, daß diesem eine zentrale Bedeutung für die Schaffung des Erstkontakts zwischen Arzt und Patient zukommt. „Es ist das erste Mittel, mit dem der Arzt der heilungsuchenden Bevölkerung seine Dienste anbietet. Es ist gleichzeitig für die Bevölkerung die einfachste und am leichtesten zugängliche Erkenntnisquelle, auf welchen Feldern sie von dem Arzt Hilfe erwarten kann"[789]. Wenn der einzelne Netzarzt wegen seiner Zugehörigkeit zu einem Praxisverbund in der Lage ist, durch eine Netzleitstelle und über eine Bereitschafts- oder Notfallpraxis des Netzes eine umfassende Patientenbetreuung in den Abend-, Nacht- und Wochenendstunden als eigene Leistung anzubieten[790], dann entspricht der Hinweis darauf sowohl auf Seiten des Arztes als auch der heilungsuchenden Bevölkerung einem dringenden Informationsbedürfnis. In Bezug auf die Praxis des Arztes macht dies die Berufsordnung selbst deutlich, indem sie bestimmt, daß der Arzt seine Sprechstunden auf seinem Praxisschild anzukündigen *hat* (Kap. D I Nr. 2 Abs. 1 MBO-Ä 2000), und daneben vorsieht, daß Privatwohnung[791] und Kommunikationsverbindungen auf dem Schild angekündigt werden *können* (Kap. D I Nr. 2 Abs. 2 MBO-Ä 2000). Der durch die Angabe der erweiterten Sprechzeiten und der telefonischen wie örtlichen Erreichbarkeit erfolgende Hinweis auf eine Netzleitstelle sowie eine netzeigene Bereitschafts- oder Notfallpraxis beschränkt sich auf das zur Information Notwendige und muß daher als sachangemessen gelten. Ein Verbot jeglichen Hinweises auf derart erweiterte Behandlungsmöglichkeiten würde dagegen zu einem erheblichen Informationsdefizit auf seiten der Patienten führen.

bb) Die Informationsmöglichkeiten des Praxisverbundes

Der Verbund selbst wird zunächst in der Vorschrift Kap. D I Nr. 3 Abs. 4 MBO-Ä 2000 angesprochen[792]. Danach darf der Praxisverbund seinen Zusammen-

---

[787] Dies allerdings nur dann, wenn „die Form, der Inhalt, der Umfang und die Systematik der Angaben vom Herausgeber des Verzeichnisses vor der Veröffentlichung mit der zuständigen Ärztekammer abgestimmt worden sind".

[788] Vgl. BVerwG NJW 1998, 2759 ff., zur Angabe von Anschrift und Telefonnumer einer ausgelagerten Praxis (Herzkathedermeßplatz) in den „Gelben Seiten".

[789] So jüngst BVerwG MedR 2002, 31, 33, im Hinblick auf das Führen der Bezeichnung „Akupunktur" auf dem Praxisschild.

[790] Dazu, daß dem einzelnen Netzarzt das gesamte Leistungsangebot des Netzes in werberechtlicher Hinsicht als eigenes zuzurechnen ist, *Rieger*, MedR 1998, 75, 80.

[791] Für Notfälle, vgl. *Ratzel/Lippert*, MBO-Ä 1997, Kap. D I Nr. 2 Rdnr. 9.

[792] Zur Darstellung des Verbundes im Rahmen von Patienteninformationen in den Praxisräumen der Netzärzte und über das Internet siehe unten c).

schluß in bis zu dreimal erscheinenden Zeitungsanzeigen[793] bekanntgeben. Auch hier ist der Inhalt der Ankündigung nach dem Normwortlaut beschränkt: Ankündigungsfähig soll nur die Gründung des Praxisverbundes sein, diese soll gleichzeitig den einzigen Anlaß für Zeitungsanzeigen über den Praxisverbund bilden. Allerdings müssen auch hier – entsprechend dem zulässigen Anzeigeninhalt in Bezug auf die Praxis eines Arztes (Kap. D I Nr. 3 Abs. 1-3 MBO-Ä 2000) – weitergehende Informationen über Existenz und Erreichbarkeit des netzspezifischen Leistungsangebotes wie sachliche Angaben über eine Netzleitstelle und netzeigene Bereitschafts- oder Notfallpraxen möglich sein. Dies ergibt sich zwar nicht aus dem strengen Wortlaut dieser Vorschrift, wonach sich der dort aufgezählte Anzeigeninhalt nur auf die Praxis des Arztes selbst bezieht. Jedoch folgt dies aus dem Informationsbedürfnis der heilungsuchenden Bevölkerung. Eine Anzeige, die nur die Angabe „Die Ärzte Dres. med. X, Y und Z haben sich zu einem Praxisverbund zusammengeschlossen" enthalten dürfte, wäre inhaltsleer; hieran ließe sich für die Bevölkerung nicht erkennen, was Gegenstand des Praxisverbundes ist und – vor allem – wie dieser für die Patienten zu erreichen ist. In dem Maße wie es dem einzelnen Arzt gestattet ist, in Zeitungsanzeigen auf seine Sprechstunden und seine telefonische und räumliche Erreichbarkeit hinzuweisen, muß es auch dem Verbund möglich sein, hier sachlich notwendige Angaben über sein netzspezifisches Leistungsangebot zu machen. Hierzu gehören die Telefonnummer einer Netzleitstelle sowie Sprechstunden, Telefonnummern und Adressen netzeigener Sonderpraxen[794].

Ähnliches muß auch im Hinblick auf den Anlaß für Zeitungsanzeigen über den Praxisverbund gelten. Diese nur auf die Gründung des Praxisverbundes zu beschränken, wäre im Hinblick auf das Informationsbedürfnis der Patienten nicht sachgerecht. Ebenso wie es dem einzelnen Arzt durch Kap. D I Nr. 3 Abs. 2 MBO-Ä 2000 erlaubt ist, „bei der Verlegung der Praxis und bei der Änderung der Sprechstundenzeit oder der Fernsprechnummer" eine Zeitungsanzeige zu schalten, müssen solche lediglich organisatorischen Charakter tragenden Anzeigen auch dem Verbund möglich sein. Ob es darüber hinaus zulässig wäre, die Neugründung einer netzeigenen Bereitschafts- oder Notfallpraxis mittels einer Zeitungsanzeige anzukündigen, ist fraglich. Angesichts der abschließenden Aufzählung des Kap. D I Nr. 3 MBO-Ä 2000, die einen solchen Anlaß nicht enthält, wird dies wohl zu verneinen sein.

---

[793] Zu der erforderlichen Qualität der Zeitung siehe *Ring*, Werberecht der Ärzte, Rdnr. 295 f.: Die Niederlassungsanzeige in einem Anzeigenblatt soll insoweit verboten sein; Anzeigenblätter seien keine Zeitungen.

[794] A. A. wohl *Kiesecker* in ihrem Vortrag „Ärztliche Kooperationen – Beurteilung aus berufsrechtlicher Sicht" auf dem 3. Gesundheitsforum der Bezirksärztekammer Südwürttemberg am 8. April 2000 in Reutlingen, allerdings in Bezug auf die MBO-Ä 1997: In Zeitungsanzeigen sollen nur die Namen und Praxisadressen der Netzmitglieder ankündigungsfähig sein.

Nicht angesprochen ist der Praxisverbund in den Regelungen über das Praxisschild. Anknüpfend an die Bestimmung Kap. D I Nr. 2 Abs. 3 f) MBO-Ä 2000, die die Angabe „Bereitschaftsdienst- oder Notfallpraxis" auf dem Praxisschild erlaubt, muß es jedoch dem Praxisverbund möglich sein, den hilfesuchenden Patienten durch netzeigene Praxisschilder den Ort seiner Bereitschafts- und Notfallpraxis anzuzeigen. Da die Berufsordnung selbst betont, daß das Anbringen eines Praxisschildes ein Informationsbedürfnis der Bevölkerung befriedigt, weil es vordringlich dem Zweck dient, der Bevölkerung die Praxis des Arztes anzuzeigen[795], wäre ein dahingehendes Verbot nicht sachgerecht. Es würde den Patienten unnötig erschwert, die Praxisräumlichkeiten eines Netzes zu finden[796].

b) Die Verwendung eines Netznamens und eines Netzlogos

Für den Auftritt nach außen, z. B. zur Verwendung auf Briefbögen, Patientenbüchern, in Netzbroschüren, Netzzeitungen, bei der Internetpräsentation und auf Einladungen zu Netzveranstaltungen, geben sich Praxisnetze häufig einen plakativen Netznamen, der farblich hervorgehoben und mit graphischen oder bildlichen Darstellungen in Form eines Logos versehen ist. Die zu findenden Namen und deren graphische Gestaltung sind hierbei so vielfältig wie die einzelnen Projekte. Bei der Namensgebung wird in der Regel auf die jeweilige Netzregion Bezug genommen, so z. B. bei den Namen „Praxisnetz Berliner Ärzte", „Ärztliche Qualitätsgemeinschaft Ried", „Ambulantes Netzwerk Neubrandenburg", „Biberacher regionales Gesundheitsnetz" oder „Initiative Bünder Ärzte Medizin und Mehr"[797]. Die Haltung der Berufsordnung zu einer solchen Namensgestaltung eines Praxisverbundes ist nicht eindeutig. Die den Praxisverbund betreffenden Werbevorschriften sprechen lediglich davon, daß die Netzärzte „den Verbund" (Kap. D I Nr. 5 Abs. 4 MBO-Ä 2000) oder ihre Zugehörigkeit „zu einem Praxisverbund nach Kapitel D II Nr. 11" (Kap. D I Nr. 2 Abs. 3 f) MBO-Ä 2000) ankündigen dürfen. Wie der Praxisverbund zu bezeichnen ist, wird nicht ausgesprochen[798].

Im Hinblick auf die Namensgebung ärztlicher Zusammenschlüsse ist das ärztliche Berufsrecht bislang durch eine ausgesprochen restriktive Haltung zur „Werbung mit dem Umfeld"[799] der Arztpraxis gekennzeichnet. Informationen über das räumliche oder sachliche Umfeld einer Praxis werden bisher weitge-

---

[795] Kap. D I Nr. 2 Abs. 13 a) MBO-Ä 2000.

[796] Wegen Kap. D I Nr. 2 Abs. 14 MBO-Ä 2000 kann es allerdings erforderlich werden, eine entsprechende Genehmigung der Ärztekammer einzuholen.

[797] Einen Überblick über die verwendeten Namen geben die Projektübersicht in *KBV* Kontext Nr. 9, Dezember 1998 sowie der regelmäßig in der Zeitschrift praxisNETZ erschienene „Netz-Steckbrief"; ferner *Schlicht*, Profitips für Praxisnetze, S. 48 ff.

[798] Durch die Änderung der ärztlichen Werberegeln auf dem 105. Deutschen Ärztetag im Mai 2002 in Rostock ist es nunmehr ausdrücklich gestattet, die Zugehörigkeit zu einem Praxisverbund nach Kap. D II Nr. 11 durch Hinzufügen des Namens des Verbundes anzukündigen (§ 22 a Abs. 4 MBO-Ä 2002).

[799] So *Barth*, Mediziner-Marketing, S. 263.

hend als unzulässige „Etablissement-Werbung“ beurteilt. In einem Urteil aus dem Jahr 1995 hat der *Gerichtshof für die Heilberufe Niedersachsens* zu der Bezeichnung „Röntgenpraxis am Hauptbahnhof“ entschieden, diese stelle eine unzulässige Etablissementbezeichnung dar[800], da sie geeignet sei, „bei Patienten und im Geschäftsverkehr den Eindruck einer besonderen, vergleichbaren Arztpraxen überlegenen Qualifikation und Leistungsfähigkeit zu erwecken“[801]. Der Arzt hat sich auf seinen Namen und eine eventuell gemeinsame Berufsausübung wie z. B. die Angabe „Gemeinschaftspraxis“ zu beschränken; die Bezeichnungen „Ärztehaus“[802] oder „Gesundheitszentrum“[803] sind größtenteils untersagt worden[804]. Derartige Bezeichnungen wurden in der Vergangenheit selbst dann verboten, wenn es sich tatsächlich um Einrichtungen handelte, die mehrere ärztliche oder nichtärztliche Leistungserbringer unter einem Dach vereinigten[805]. Eine solche Namensgebung galt als irreführend, weil nicht unerhebliche Teile des Verkehrs zwischen den Arztpraxen Beziehungen vermuten würden, die eine intensivere und kostengünstigere Behandlung gewährleisten würden[806].

Ob diese Erwägungen allerdings in Bezug auf die Namensgebung eines Praxisverbundes Bestand haben können, ist fraglich. Anders als bei einer Berufsausübungsgemeinschaft, die durch Kap. D I Nr. 2 Abs. 9 MBO-Ä 2000 verpflichtet wird, ihren Zusammenschluß mit der Angabe „Gemeinschaftspraxis“ oder „Partnerschaft“ anzukündigen, läßt sich den die Ankündigungsfähigkeit des Praxisverbundes betreffenden Vorschriften nicht entnehmen, daß die Zugehörigkeit eines Arztes zu einem Praxisnetz nur unter der Angabe „Praxisverbund“ ohne weitere Zusätze bekanntgegeben werden darf. Ihnen läßt sich lediglich die Aussage entnehmen, daß die Netzärzte ihre *Zugehörigkeit* zu einem

---

800 Gerichtshof für die Heilberufe Niedersachsens MedR 1996, 285 ff.; zu der unzulässigen Kenntlichmachung einer Praxisgemeinschaft als „Ärztekollegium am Albrecht-Dürer-Platz“ Henke, NJW 1974, 2035, 2039; ebenso „Dialysezentrum Eppendorf“, OVG Hamburg NJW 1988, 1542 ff., wobei hier Besonderheiten des Einzelfalles eine Rolle spielten.

801 So Ls. 1 des Urteils des Gerichtshofs für die Heilberufe Niedersachsens MedR 1996, 285 ff.; allerdings bestand hier die Besonderheit, daß Radiologen ohnehin nur auf Überweisung in Anspruch genommen werden und daher eine Ortsbezeichnung für den direkten Patientenkontakt entbehrlich schien.

802 BGH NJW-RR 1989, 235 f.; LG Cottbus, Urt. v. 27.8.1996, NJW 1997, 2458 f.

803 LG Cottbus, Urt. v. 12.4.1996, NJW 1997, 2459 f. Beide Urteile, auch LG Cottbus, NJW 1997, 2458, 2459, beschränken die Unzulässigkeit der Verwendung der Bezeichnungen „Ärztehaus“ und „Gesundheitszentrum“ ausdrücklich nur auf den Auftritt gegenüber den Patienten, im allgemeinen Geschäftsverkehr gegenüber An- und Zulieferern sowie Versorgungsbetrieben und eventuellen Handwerkern wird der Auftritt als „Gesundheitszentrum“ für zulässig erachtet.

804 *Ratzel*, in: Rieger (Hrsg.), Lexikon des Arztrechts, Stichwort „Praxisschild“ (Nr. 4310), Rdnr. 17.

805 In beiden Urteilen des LG Cottbus, NJW 1997, 2458 f. u. NJW 1997, 2459 f., ging es um Häuser, in denen mehrere ärztliche und nichtärztliche Einrichtungen untergebracht waren.

806 OLG Hamburg WRP 1982, 278 ff.

Praxisverbund ankündigen dürfen, wie dieser zu benennen ist, regelt die Berufsordnung nicht. Daß die Netzärzte ihrem Zusammenschluß einen anderen als den durch die Berufsordnung verwendeten – eher technischen – Namen „Praxisverbund" geben, kann für sich genommen nicht berufswidrig sein. Dies schon allein deshalb nicht, weil bei mehreren in einer Region vertretenen Praxisnetzen dem Patienten deren Unterscheidung möglich sein muß und mit der individuellen Benennung des Netzes dem Patienten eine einfache Differenzierung möglich wird. Berufsrechtlich kann eine Namensgebung eines Praxisverbundes nur dann zu beanstanden sein, wenn durch die inhaltliche Ausgestaltung des Netznamens (und des Netzlogos) eine „berufswidrige" Werbung betrieben oder allgemein vom Berufsbild des Arztes abgewichen wird[807]. Bei der Bezeichnung eines Praxisverbundes z. B. als „Qualitätsgemeinschaft" handelt es sich nicht um eine irreführende Angabe. Sinn eines Zusammenschlusses mehrerer Ärzte zu einem Praxisverbund ist gerade, durch eine arzt- und fachübergreifende Abstimmung einzelner Therapiemaßnahmen die Behandlung der Patienten zu verbessern und kostengünstiger zu gestalten. Wenn dies über die Benennung des Praxisverbundes nach außen gegenüber dem Patienten kundgetan wird, handelt es sich insofern um eine wahrheitsgemäße sachliche Information. Gleiches gilt für einen im Netznamen enthalten Hinweis auf die Netzregion; damit wird lediglich auf den Einzugsbereich des Praxisverbundes Bezug genommen[808].

Solange ein Praxisverbund in seinem Namen einen sachlichen Bezug zu seiner Arbeit herstellt, ohne damit die Grenze zur „anpreisenden, irreführenden oder vergleichenden Werbung" (§ 27 Abs. 1 S. 4 MBO-Ä 2000) zu überschreiten, ist der Auftritt eines Praxisverbundes unter einem Netznamen nicht zu beanstanden. Den Netzärzten kann es nicht verwehrt werden, bei der Angabe ihrer Netzzugehörigkeit z. B. auf dem Praxisschild den selbstgewählten Netznamen zu verwenden.

Die Verwendung von Logos war bislang berufsrechtlich untersagt. Während das *BVerfG* noch 1992 festgestellt hat, daß die in ärztlichen Berufsordnungen enthaltenen Verbote, Ankündigungen auf Briefbögen, Stempeln oder Rezeptvordrucken mit graphischen oder bildlichen Darstellungen zu versehen, keinen unverhältnismäßigen Eingriff in die durch Art. 12 Abs. 1 GG geschützte Berufs-

---

[807] Vgl. *Michalski*, Gesellschafts- und Kartellrecht, S. 271, unter Hinweis auf das Urteil BGH NJW 1972, 297, in dem der BGH in einer Bezeichnung einer Anwaltssozietät als „Sozialistisches Anwaltskollektiv" eine Abweichung vom Berufsbild der Rechtsanwälte gesehen hat: Es werde damit der Anschein hervorgerufen, die anwaltliche Tätigkeit werde nicht „unabhängig i. S. d. Ordnung des freiheitlichen, demokratischen, sozialen Rechtsstaats [...], sondern mit einer verengten, tendenziellen, einer bestimmten Ideologie verpflichteten Zielrichtung" ausgeübt.

[808] Vgl. *Möller*, in: Schmid/Ratzel (Hrsg.), Arzt Recht Wirtschaft, Kap. 2 Teil III, S. 12, zu einer Laborgemeinschaft, die unter Hinweis auf ihren regionalen Einzugsbereich unter einem Gesamtnamen auftritt.

ausübungsfreiheit darstellen[809], ist es in einem Beschluß von 1997[810] bezogen auf das Standesrecht der Notare, denen noch heute jegliche Werbung untersagt ist, zu einer gegenteiligen Überzeugung gelangt. In dieser Entscheidung hat das *BVerfG* festgestellt, daß ein Verbot, die Briefbögen farblich oder graphisch zu gestalten, die Berufsausübung unverhältnismäßig einschränke. In verfassungsrechtlich gebotener Weise sei zwischen der Werbung im engeren Sinne und einem sogenannten werbewirksamen Verhalten zu unterscheiden. Die Gestaltung von Briefbögen sei ebenso „lediglich werbewirksam" wie beispielsweise wissenschaftliche Veröffentlichungen oder die Verwendung der Berufsbezeichnung im privaten gesellschaftlichen Verkehr. Die graphische und farbliche Gestaltung des Briefbogens sei Ausdruck der Präsentation des Absenders. Was als üblich, angemessen oder als übertrieben gewertet werden müsse, unterliege zeitbedingten Veränderungen. Allein aus dem Umstand, daß eine Berufsgruppe ihren Briefbogen anders als bisher üblich gestalte, könne nicht gefolgert werden, daß dies unzulässige Werbung sei[811]. Die frühere Entscheidung des *Bundesverfassungsgerichts* zum ärztlichen Standesrecht kann damit wohl als überholt angesehen werden[812]. Dies um so mehr, als das frühere Verbot von Logos in der heutigen Musterberufsordnung nicht mehr enthalten ist; die *Bundesärztekammer* hat im Gegenteil die Verwendung von Logos bei der ärztlichen Internetpräsentation ausdrücklich für zulässig erklärt[813]. Wegen der Vorschrift Kap. D I Nr. 5 Abs. 5 MBO-Ä 2000, die die für den Internetauftritt eines Arztes zulässigen Angaben auch auf Ankündigungen auf Briefbögen, Rezeptvordrucken, Stempeln und im sonstigen beruflichen Schriftverkehr erstreckt, ist die Verwendung eines Netzlogos nicht nur bei der Internetpräsentation des Netzes, sondern auch auf Briefbögen, Patientenbüchern, in Netzbroschüren, Netzzeitungen und auf Einladungen zu Netzveranstaltungen nicht zu beanstanden.

Daraus folgt allerdings nicht automatisch, daß das Logo eines Netzes auch auf den Praxisschildern der Netzärzte, in deren praxisbezogenen Verzeichniseintragungen und bei Zeitungsanzeigen über den Zusammenschluß zu einem Verbund verwendet werden darf[814]. In systematischer Hinsicht folgen die auf diesen Medien zulässigen Angaben grundsätzlich den für Praxisschilder geltenden Regeln (vgl. Kap. D I Nr. 3 Abs. 1, Nr. 4 Abs. 1 b) MBO-Ä 2000). Die in Kap. D I

[809] BVerfG MedR 1993, 470; siehe auch OVG Koblenz NJW-RR 1997, 53 f., zur unzulässigen Verwendung eines Logos auf dem Praxisschild eines Tierarztes.

[810] NJW 1997, 2510 ff.

[811] So BVerfG NJW 1997, 2510, 2511.

[812] So OLG München, Urteil v. 4. 2. 1999, Az.: 6 U 1845/98, und auch *Ring*, Werberecht der Ärzte, Rdnr. 282 sowie *Bahner*, Das neue Werberecht für Ärzte, S. 107; zweifelnd wohl *Ratzel/Lippert*, MBO-Ä 1997, Kap. D I Nr. 4 Rdnr. 1.

[813] Siehe deren „Interpretationsbeschluß" über die „Darstellungsmöglichkeiten des Arztes im Internet", DÄBl. 1999 (Heft 4), A-228.

[814] Daß die Selbstdarstellungsmöglichkeiten eines Arztes auf dem Praxisschild stärker beschränkt werden können als in anderen Medien wurde jüngst durch BVerwG MedR 2002, 31, 33, anerkannt.

Nr. 2 MBO-Ä 2000 enthaltene, in Abs. 12 ausdrücklich als abschließend definierte[815] Aufzählung beinhaltet die Verwendung eines Logos nicht. Während die Verwendung eines Netzlogos im Rahmen von Angaben in Verzeichnissen wegen Kap. D I Nr. 4 Abs. 2 MBO-Ä 2000 noch möglich sein dürfte[816], ist die Wiedergabe eines Netzlogos auf dem Praxisschild des einzelnen Netzarztes und bei Zeitungsanzeigen des Verbundes nach dem strengen Wortlaut des Kap. D I Nr. 2 MBO-Ä 2000 nicht zulässig[817]. Zwar gilt auch hier der Grundsatz der Verhältnismäßigkeit[818] und es dürfte insoweit zweifelhaft sein, ob von der Verwendung eines Logos auf einem Praxisschild Gefahren für die Volksgesundheit ausgehen[819], es darf jedoch nicht übersehen werden, daß es sich bei einem Logo nicht um eine sachliche Information handelt, deren Fehlen zu einem Informationsdefizit der Bevölkerung führen würde[820].

c) Die Information der Patienten über das Internet und durch Netzbroschüren

Die weitestgehende Informationsmöglichkeit über den Praxisverbund sieht die Berufsordnung für das Internet vor. Über dieses Medium dürfen „sachliche Informationen des Verbundes, die im Zusammenhang mit der Erbringung ärztlicher Leistungen stehen, sowie organisatorische Hinweise zur Patientenbehandlung gegeben werden" (Kap. D I Nr. 5 Abs. 4 S. 2 MBO-Ä 2000).

---

[815] Nach höchstrichterlicher Rechtsprechung läßt sich dieser Norm allerdings nicht entnehmen, daß auf Praxisschildern keine Angaben erscheinen dürfen, die in dieser Vorschrift nicht ausdrücklich zugelassen sind. Eine derartige Interpretation der Norm sei sowohl mit ihrem Wortlaut als auch mit ihrem Sinn kaum vereinbar. Vor allem aber verstoße diese Auslegung gegen Art. 12 Abs. 1 GG, weil sie übermäßig in die Freiheit der Berufsausübung eingreife; so BVerfG NJW 1993, 2988 f. u. jüngst BVerwG MedR 2002, 31 ff. Dazu *Brünjes*, MedR 1996, 524, 525, der § 27 Abs. 8 MBO-Ä a. F. (=Kap. D I Nr. 2 Abs. 12 MBO-Ä 2000) in diesem Zusammenhang keine Bedeutung beimißt: „Hiermit sind ersichtlich nur Titel und Berufsbezeichnungen gemeint, da nur sie dem Wortsinn nach „geführt" werden können".

[816] Allerdings nur dann, wenn „die Form, der Inhalt, der Umfang und die Systematik der Angaben vom Herausgeber des Verzeichnisses vor der Veröffentlichung mit der zuständigen Ärztekammer abgestimmt worden sind".

[817] Siehe allerdings die bei *Bahner*, Das neue Werberecht der Ärzte, S. 80, zitierten Urteile des Berufsgerichts für Heilberufe beim VG Greifswald, die die Darstellung eines Äskulapstabes auf dem Praxisschild für zulässig erachten: „Der Äskulapstab stellt seit jeher das Sinnbild für den Heilberuf dar. Eine besondere Werbewirkung ist daher nicht ersichtlich".

[818] Dazu *Ratzel*, in: Rieger (Hrsg.), Lexikon des Arztrechts, Stichwort „Praxisschild" (Nr. 4310), Rdnr. 2 sowie die Rechtsprechung oben Fn. 815.

[819] *Rieger*, in: Rieger (Hrsg.), Lexikon des Arztrechts, Stichwort „Werbeverbot" (Nr. 5530), Rdnr. 14; *ders.*, in: Engler/Geserich/Räpple/Rieger, Werben und Zuwenden im Gesundheitswesen, Rdnr. 377, hält die Verwendung von Logos auf ärztlichen Praxisschildern wohl für zulässig.

[820] Auf diesen Aspekt legte das BVerwG MedR 2002, 31, 33, bei seiner Entscheidung über die Zulässigkeit der Angabe „Akupunktur" auf dem Praxisschild wert.

aa) Die Patienteninformation in Form von Netzbroschüren und deren Verbreitung

Nach dem Wortlaut bezieht sich diese Darstellungsmöglichkeit allerdings nur auf den Internetauftritt des Praxisverbundes. Unerwähnt bleibt, ob Informationen über das Leistungsangebot und die Arbeitsweise des Praxisverbundes auch in Form von über die Netzärzte zu verbreitenden Netzbroschüren, -zeitungen oder -faltblättern möglich sind. Was die Form des Informationsmediums angeht, so wird dies im Hinblick auf das hierdurch anzusprechende Publikum mit einem argumentum a maiore ad minus zu bejahen sein. Wenn sich der Praxisverbund schon dem weltweiten Publikum im Internet vorstellen darf, muß er sich erst recht dem deutlich kleineren Kreis der Netzpatienten vorstellen dürfen.

Eine andere Frage ist freilich, auf welchem Wege die Netzbroschüren, Netzzeitungen oder -faltblätter zu den Patienten gelangen. Kap. D I Nr. 5 MBO-Ä 2000 läßt unerwähnt, ob der einzelne Netzarzt in seinen Praxisräumen über den Praxisverbund informieren darf. Entsprechend Kap. D I Nr. 5 Abs. 1-3 MBO-Ä 2000 dürfte es dem einzelnen Netzarzt nicht zu verwehren sein, seine Patienten in Form von in seiner Praxis ausgelegten Netzbroschüren über das Leistungsangebot und die Arbeitsweise des Praxisnetzes zu unterrichten. Dies folgt zwar nicht aus dem strengen Wortlaut, nach dem sich die dem Arzt erlaubten Informationen auf das Leistungsangebot der Praxis des Arztes selbst beziehen müssen. Aus der Zugehörigkeit des Arztes zu einem Praxisverbund und den darauf beruhenden erweiterten Behandlungsmöglichkeiten des einzelnen Netzmitgliedes folgt aber, daß das Leistungsangebot des Praxisnetzes dem einzelnen Netzarzt als eigenes zuzurechnen ist[821]. Einem Netzarzt muß es deshalb gestattet sein, seine Patienten in seinen Praxisräumen über die Arbeitsweise und das Leistungsangebot des Netzes – zumindest in dem Umfang, in dem er es in Anspruch zu nehmen vermag – zu informieren. Wenn die Berufsordnung es dem einzelnen Netzarzt erlaubt, seine Zugehörigkeit zu einem Praxisverbund auf seinem Praxisschild anzukündigen, ist es nur konsequent, die auf dem Praxisschild begonnene Information in den Praxisräumlichkeiten fortzusetzen und zu vollenden. Dies gilt erst recht für Praxisnetze, die im Rahmen integrierter Versorgungsformen angeboten werden, denn bei diesen ist der einzelne Netzarzt zu einer umfassenden Information der Patienten über den Praxisverbund sogar gesetzlich verpflichtet (§ 140 a Abs. 3 SGB V).
Gleiches gilt im übrigen für das Auslegen von Netzbroschüren und -zeitungen in netzeigenen Praxisräumlichkeiten wie der Bereitschaftspraxis. Da es sich hierbei um eine Netzeinrichtung handelt, darf der Praxisverbund hier – ebenso wie ein einzelner Arzt – „seine" Patienten über sein Leistungsangebot und seine Arbeitsweise informieren.

[821] *Rieger*, MedR 1998, 75, 80.

Probleme bereitet die Frage, ob Informationsbroschüren über das Praxisnetz darüber hinaus an Patienten übersandt werden dürfen. Die Berufsordnung enthält kein ausdrückliches Verbot derartiger Direktwerbung; Kap. D I Nr. 5 MBO-Ä 2000 regelt nur die Patienteninformation *innerhalb* ärztlicher Praxisräume[822]. Dies läßt aber nicht den Schluß zu, die *außerhalb* der Praxisräumlichkeiten – auch unaufgefordert im Sinne einer „Briefkastenwerbung" – erfolgende Zusendung von Patienteninformationen sei zulässig, solange die darin enthaltene Information nur sachlich gehalten sei[823]. Denn hierbei bliebe unberücksichtigt, daß auch dann, wenn die Informationsbroschüren als zulässige Sachinformation über (netz-)ärztliche Leistungsangebote gestaltet sind, in ihrer Übersendung eine berufswidrige Werbung liegen kann. Dies gilt insbesondere dann, wenn die Übersendung nicht dazu dient, ein geäußertes oder offenkundiges Informationsbedürfnis der Bevökerung zu befriedigen, sondern darauf angelegt ist, die Angeschriebenen als Patienten zu gewinnen[824]. Vor allem in Bezug auf das unaufgeforderte Zusenden von an sich inhaltlich zulässigen Informationsbroschüren muß bedacht werden, daß es sich hierbei um eine typische Werbemethode der gewerblichen Wirtschaft handelt[825], der Arzt jedoch „nach Tradition und Recht kein Gewerbe betreibt"[826]. Die generelle Zulassung unaufgeforderter Informationsübersendungen birgt die Gefahr eines regelrechten „Werbewettlaufs" in sich[827]: Um nicht als rückständig zu gelten, könnte ein Vielzahl von Arztpraxen versucht sein, ihr Behandlungsspektrum und ihre gesamte Geräteausstattung großflächig in Form von Briefkastenaktionen zu „bewerben". Einer eher zu gesundheitspolitisch unerwünschten Irritationen der Bevölkerung führenden als zu einer aufklärenden Information beitragenden belästigenden „Reklameflut"[828] würde damit Tür und Tor geöffnet.

Anders als im Bereich anwaltlicher Werbung[829] ist es in Bezug auf die Arztwerbung durchaus umstritten, ob und wenn, an welchen Personenkreis,

---

[822] Vgl. *Barth*, Mediziner-Marketing, S. 510 f., der eine Änderung dieser Vorschrift dahingehend fordert, daß die Verteilung von Praxisbroschüren als Informationsgrundlage der freien Arztwahl auch außerhalb der Praxisräumlichkeiten möglich wird.

[823] So aber *Bahner*, Das neue Werberecht für Ärzte, S. 92 f.

[824] BGH MedR 1999, 70, 72.

[825] *Eich*, MDR 1989, 4, 11.

[826] *Laufs*, NJW 2001, 1768, 1770.

[827] Die Gefahr eines „Werbewettlaufs" wurde durch BVerwG NJW 1998, 2759, 2760, bereits in der Freigabe der Möglichkeit umfassender Angaben in Verzeichnissen wie Branchentelefonbüchern gesehen.

[828] Zu den mit einer „Reklameflut im Gesundheitswesen" verbundenen Problemen siehe *Laufs*, NJW 2001, 1768, 1769 f.; selbst die Kritiker des ärztlichen Werberechts warnen davor, den potentiellen Patienten durch eine Informationsflut zu überfordern, vgl. *Ehlers*, in: Festschrift für E. Deutsch, S. 541.

[829] Rechtsanwälten ist es durch § 6 Abs. 2 BORA nunmehr ausdrücklich erlaubt, mittels Praxisbroschüren, Rundschreiben und anderen vergleichbaren Informationsmedien zu werben. Allgemein zu anwaltlichen Praxisbroschüren *Eich*, MDR 1989, 4 ff. Nach einer Ent-

Patienteninformationen übersandt werden dürfen. Selbst im Bereich der Werbung von Kliniken und Sanatorien, denen nach der Rechtsprechung und wegen § 27 Abs. 2 S. 2 MBO-Ä 2000 ein inhaltlich deutlich weitergehendes Werberecht zugestanden wird[830], ist umstritten, ob deren Werbeprospekte „ungezielt" oder nur auf Anfrage hin versandt werden dürfen. Nach früherer, mittlerweile überholter Rechtsprechung durften Patientenanfragen nur individuell beantwortet werden, da Erwartungshaltung und Bedürfnis des Anfragenden auf ein individuelles Antwortschreiben, nicht aber auf einen allgemein und schematisch formulierten Werbeprospekt einer Klinik gerichtet seien[831]. Nunmehr will eine vermittelnde Ansicht die Zulässigkeit des Versandes von Klinikprospekten von einer entsprechenden Patientenanfrage abhängig machen und begreift die unaufgeforderte Zusendung von Werbematerial als unzulässige anpreisende Werbung[832]. Nach liberaler Auffassung soll dagegen nicht zwischen nachgefragter und unaufgeforderter Zusendung zu unterscheiden sein[833].

Auch im Bereich der Werbung ambulant tätiger Ärzte ist die Frage nach der Zulässigkeit von Zusendungen umstritten[834]. Die Rechtsprechung hierzu ist nicht einheitlich. Während der *BGH*[835] und das *OLG Hamburg*[836] – ohne näher auf die Unterscheidung zwischen nachgefragter und unaufgeforderter Zusendung einzugehen[837] – die Übersendung von Patienteninformationen als verbotene berufswidrige Werbung angesehen haben, hat das *Landesberufsgericht für Ärzte in Stuttgart*[838] eine solche Maßnahme ohne weiteres für zulässig erachtet.

Wenn die Zulässigkeit des verlangten wie unverlangten Zusendens von ärztlichen Praxisbroschüren damit begründet wird, zwischen einer Zeitungsanzeige und einer unverlangt zugeschickten Patienteninformation[839] oder zwischen dem

---

scheidung des OLG München (NJW 2000, 2824 ff.) soll der Versand von 30.000 Kanzleibroschüren nicht die Grenzen der Sachlichkeit überschreiten.

[830] Zur Werbung von Kliniken und Sanatorien siehe *Rieger*, in: Engler/Geserich/Räpple/Rieger, Werben und Zuwenden im Gesundheitswesen, Rdnrn. 389 ff. sowie *ders.*, in: Rieger (Hrsg.), Lexikon des Arztrechts, Stichwort „Werbeverbot" (Nr. 5530), Rdnrn. 18 ff., jeweils m. zahlr. Nachweisen.

[831] BGH NJW 1982, 2605 f.

[832] *Schulte*, Werbeverbot, S. 97 ff.

[833] *Rieger*, in: Engler/Geserich/Räpple/Rieger, Werben und Zuwenden im Gesundheitswesen, Rdnrn. 412 f.; so wohl auch *Ratzel*, MedR 1995, 91, 94.

[834] Zur Direktansprache von Patienten siehe *Barth*, Mediziner-Marketing, S. 513 f.

[835] BGH MedR 1999, 70 ff.

[836] OLG Hamburg MedR 2000, 195 f.

[837] Vgl. demgegenüber BVerfG NJW 2000, 2734, 2735: Hier hat es das Gericht für bedeutsam erachtet, daß das streitgegenständliche Faltblatt einer Zahnklinik nur in den Klinikräumen ausgelegt und niemandem unverlangt zugeschickt wurde.

[838] MedR 1996, 387 f. Streitgegenständlich war hier die Versendung von Informationen durch einen Augenarzt an Patienten seiner Praxis. Der Umstand der Versendung ist durch das Gericht nicht problematisiert worden; es wurde allein auf den Informationsinhalt abgestellt.

[839] So *Ratzel*, MedR 1995, 91, 94, allerdings in Bezug auf die Klinikwerbung.

Anklicken einer Homepage im Internet und dem Öffnen eines Briefes[840] bestehe kein Wertungsunterschied, so vermag diese Argumentation nicht zu überzeugen. Das erste – im Bereich der Klinikwerbung vorgebrachte – Argument kann im Rahmen ambulanter Arztwerbung nicht greifen, da hier wegen Kap. D I Nr. 3 MBO-Ä 2000 keine umfassende Selbstdarstellung in Form von Zeitungsanzeigen möglich ist. Das zweite Argument beinhaltet demgegenüber einen unzulänglichen Vergleich. Dem Anklicken einer ärztlichen Homepage ist nicht das Öffnen eines Briefes gleichzusetzen, gleichsetzbar ist das Anklicken einer Homepage lediglich mit einer Anfrage auf Übersendung von Informationsmaterial. Denn es stellt durchaus einen Wertungsunterschied dar, ob der Patient von sich aus eine ärztliche Homepage aufsucht – deren Adresse ihm in der Regel erst mal bekannt sein muß – oder ob der Patient einen bereits in seinem Hausbriefkasten befindlichen Brief öffnet. Während der Patient im ersten Fall von sich aus tätig wird und dadurch seinem Informationsinteresse Ausdruck verleiht, wird ihm im zweiten Fall die Information über das (netz-)ärztliche Leistungsangebot gleichsam aufgedrängt. Sie gelangt ohne sein Zutun in seinen Privatbereich. Davon auszugehen, es sei die freie Entscheidung des Patienten, die in dem Brief enthaltene Information zur Kenntnis zu nehmen oder den Brief ungeöffnet zu lassen, wäre lebensfremd.

Für die Werbung eines Praxisverbundes durch Netzbroschüren – immer vorausgesetzt, daß es sich inhaltlich um eine zulässige Sachinformation handelt – ergibt sich aus alledem folgendes Bild: Das Zusenden solcher Informationen über das Leistungsangebot und die Arbeitsweise eines Netzes auf Verlangen des Patienten ist berufsrechtlich zulässig. Das ergibt sich in der Tat aus einem Vergleich mit der erlaubten Internetpräsentation eines Netzes. Wenn es dem Praxisverbund durch Kap. D I Nr. 5 Abs. 4 MBO-Ä 2000 erlaubt ist, sich gegenüber einem zwar weltweiten, aber auf eigene Initiative die Verbundinformation abfragenden Publikum darzustellen, muß es ihm gleichermaßen erlaubt sein, ein durch das Aufsuchen einer der Netzpraxen oder durch eine konkrete Anfrage zum Ausdruck gebrachtes Informationsbedürfnis der Patienten zu befriedigen. Dies umso mehr, als nicht alle Patienten über einen Zugang zum Internet verfügen.

Das unaufgeforderte Zusenden von Netzbroschüren ist demgegenüber als unzulässige Anpreisung berufsrechtswidrig. Wegen fehlender Artikulation eines patientenseitigen Bedürfnisses nach Information muß das unaufgeforderte Zusenden von Informationen über den Praxisverbund als unzulässige Werbung um Patienten angesehen werden. Auch wenn grundsätzlich ein Bedürfnis der Bevölkerung nach Transparenz im Gesundheitswesen, gerade auch im ambulanten Bereich, als vorhanden vorausgesetzt werden kann, kann nicht davon ausgegangen werden, daß das Informationsbedürfnis in Bezug auf die Tätigkeit von regionalen Praxisnetzen bei jedem einzelnen potentiellen Patienten so groß ist, daß

---

[840] So *Bonvie* in seiner Problemstellung zu OLG Hamburg MedR 2000, 195.

er unaufgeforderte Informationen hierüber in seinem Briefkasten wünscht. Gleichwohl ist nicht zu verkennen, daß die Patienten, um ein Informationsbedürfnis entwickeln und später zum Ausdruck bringen zu können, erst einmal von der Existenz des Praxisverbundes und der Möglichkeit der umfassenden Information über sein Leistungsspektrum und seine Arbeitsweise erfahren müssen. Aus diesem Grund wird man es als zulässig ansehen müssen, wenn der Praxisverbund überall dort, wo er herkömmlicherweise mit Angaben über sich nach außen tritt, z. B. im Rahmen zulässiger Zeitungsanzeigen, einen zusätzlichen Hinweis auf die Verfügbarkeit einer netzeigenen Homepage oder einer Netzbroschüre, die auf Anforderung zur Verfügung gestellt werden kann, anbringt[841].

bb) Der zulässige Inhalt

Der inhaltliche Rahmen von Patienteninformationen über den Praxisverbund – gleich ob sie in gedruckter Form über Netzbroschüren oder elektronisch über das Internet gegeben werden – wird im wesentlichen von Kap. D I Nr. 5 MBO-Ä 2000 vorgegeben[842]. Nach dessen Abs. 4 dürfen mittels dieser Medien „sachliche Informationen des Verbundes, die im Zusammenhang mit der Erbringung ärztlicher Leistungen stehen, sowie organisatorische Hinweise zur Patientenbehandlung gegeben werden". Das Leistungsspektrum und die Arbeitsweise des Praxisverbundes dürfen demnach umfassend vorgestellt werden. Neben der Ankündigung netzspezifischer Besonderheiten wie einer „leitliniengestützten" Behandlung, Zweitmeinungsverfahren oder Hausbesuchsdiensten und organisatorischen Hinweisen z. B. über die Patienteneinbindung in den Praxisverbund, über die Datenschutzvorkehrungen im Praxisverbund oder über Lage und Sprechzeiten netzeigener Sonderpraxen, gehört dazu auch die Mitteilung der Namen und der Anschrift aller dem Netz angehörigen Ärzte[843]. Zu den erlaubten Informationen über den Verbund gehören ebenso die Namen und Adressen der einbezogenen nichtärztlichen Leistungserbringer. Auch sie sind Mitglieder des Praxisnetzes[844].

In Bezug auf die erlaubten Sachinformationen über die Praxis eines Arztes stellt Kap. D I Nr. 5 Abs. 2 MBO-Ä 2000 gegenüber der MBO-Ä 1997 eine Verschärfung dar. Während der Arzt bislang in beliebiger Zahl auf von ihm angebotene besondere Untersuchungs- und Behandlungsmethoden hinweisen

---

[841] *Eich*, MDR 1989, 4, 11, bezogen auf anwaltliche Kanzleibroschüren.

[842] Vgl. auch den Interpretationsbeschluß der *Bundesärztekammer* zu den „Darstellungsmöglichkeiten des Arztes im Internet", DÄBl. 1999 (Heft 4), A-228. – Ausführlich zu den erlaubten Angaben im Rahmen von Patienteninformationen über das Internet *Zieglwalner/Gemke*, in: Kreyher (Hrsg.), Handbuch Gesundheits- und Medizinmarketing, S. 641 ff.

[843] So auch *Rieger*, MedR 1998, 75, 80. Dies folgt nicht zuletzt aus Kap. D I Nr. 3 Abs. 4 MBO-Ä 2000, wonach alle beteiligten Ärzte ihren Zusammenschluß zu einem Verbund in Zeitungsanzeigen ankündigen dürfen.

[844] So wohl auch *Ratzel/Lippert*, MBO-Ä 1997, Kap. D I Nr. 5 Rdnr. 1.

durfte, ist deren Angabe nunmehr auf maximal drei beschränkt[845]. Es erscheint allerdings fraglich, ob diese Vorschrift auch für den Praxisverbund Geltung beanspruchen kann. Kennzeichen eines Praxisverbundes ist ja gerade das durch den Zusammenschluß einzelner Praxen gegenüber einer Einzelpraxis vergrößerte Leistungsangebot.

Die Generalklausel des § 27 Abs. 1 MBO-Ä 2000 verbietet eine vergleichende Werbung als berufswidrig[846]. Nach allgemeinem Wettbewerbsrecht ist ein sog. Systemvergleich jedoch zulässig[847]. In Patienteninformationen über den Praxisverbund ist es demnach möglich, objektiv und in sachlich gehaltener Form über die Arbeitsweise und die erweiterten Behandlungsmöglichkeiten des Netzes zu informieren, ohne die Leistungsfähigkeit von Kollegen außerhalb des Netzes herabzusetzen. Überschritten wird der Rahmen der zulässigen Information erst dann, wenn die Vorzüge der Behandlung im Netz gegenüber der sonstigen ambulanten Behandlung durch nicht dem Netz angehörige niedergelassene Ärzte besonders herausgestellt werden. In diesem Fall liegt eine unzulässige Werbung vor, weil auf Mitbewerber individuell Bezug genommen wird[848].

Bei der Gestaltung der Informationen über den Praxisverbund gilt grundsätzlich das Gebot der Sachlichkeit. Dieses verhindert jedoch nicht die Verwendung von sloganähnlichen Aussagen, von Fotos der Netzmitglieder und ihren Mitarbeitern[849] oder die graphische Gestaltung der Netzbroschüre und des Internetauftritts, sofern insgesamt der sachliche Inhalt überwiegt. Hinsichtlich der sprachlichen Einkleidung ärztlicher Sachinformationen ist in der Rechtsprechung eine zunehmend großzügige Tendenz festzustellen[850]. So hat das *BVerfG* jüngst in den in einer Patienteninformation einer Zahnklinik enthaltenen Aussagen „Der Natur ein Stück näher ... sicher", „Implantate – ein guter Weg", „Zahn für Zahn mehr Lebensqualität", „sicher – bequem – ästhetisch", „Ihre Gesundheit ist unser Anliegen" keine berufswidrige Werbung gesehen[851]. Zur Begrün-

[845] Diese Bestimmungen hat allerdings nicht in alle die MBO-Ä 2000 umsetzenden Berufsordnungen Eingang gefunden: nach den Berufsordnungen der Landesärztekammern Baden-Württemberg, Bayern, Bremen und Schleswig-Holstein ist die Angabe besonderer Untersuchungs- und Behandlungsmethoden nach wie vor zahlenmäßig unbegrenzt möglich (Stand: 1. 3. 2002).

[846] Krit. zum berufsrechtlichen Verbot vergleichender Werbung im Hinblick auf die jüngsten Entwicklungen im Bereich des Europarechts und der Rechtsprechung des BGH, *Römermann/Schulte*, MedR 2001, 178, 179.

[847] *Baumbach/Hefermehl*, Wettbewerbsrecht, § 1 UWG Rdnrn. 346 f.

[848] *Rieger*, in: Rieger (Hrsg.), Lexikon des Arztrechts, Stichwort „Praxisnetz" (Nr. 4305), Rdnr. 68.

[849] Der Interpretationsbeschluß der *Bundesärztekammer* zu den „Darstellungsmöglichkeiten des Arztes im Internet", DÄBl. 1999 (Heft 4), A-228, zählt „Bilder des Praxisteams" ausdrücklich zum Kreis der zulässigen Sachinformationen.

[850] Zu der Frage, welche netzbezogenen Werbeaussagen einer Krankenkassen noch zum Bereich interessengerechter und sachangemessener Information gehören, siehe unten 3. a).

[851] BVerfG NJW 2000, 2734, 2735; krit. dazu *Schwerin*, NJW 2001, 1770, 1771, die mit diesen Aussagen den Rahmen einer sachangemessenen Information verlassen sieht.

dung hat das Gericht ausgeführt: „Diese Zusätze gehen zwar über den Rahmen einer sachangemessenen Information hinaus und unterstreichen die Vorteile der Implantate, beziehen sich aber nicht auf (den Arzt) als Person. Es geht nicht um die Anpreisung eines bestimmten Arztes, sondern um die Bewerbung einer bestimmten Methode. Zudem ist kaum vorstellbar, dass durch diese Slogans ein Irrtum der Patienten entstehen kann“[852]. Auch das *OLG Koblenz* hat in einer neueren Entscheidung einen liberalen Weg beschritten und den auf einer Internethomepage eines Allgemeinarztes zu findenden Satz „Werden Sie wieder fit und agil durch die Sauerstoff-Ionen-Mehrschritt-Therapie“ dem Bereich sachangemessener Information zugeordnet. Begründet wurde dies damit, daß der Leser wisse, „dass mangelnde Fitness und Agilität auch vielfältige andere Ursachen haben können, die allein durch die „Sauerstoff-Ionen-Mehrschritt-Therapie“ nicht zu beseitigen sind“[853]. In Annäherung an den *Europäischen Gerichtshof*[854], der im Rahmen von Verbraucherinformationen – im Gegensatz zur deutschen Rechtssprechung – schon seit langem vom Leitbild des selbständigen, informierten und mündigen Verbrauchers ausgeht, der die konkurrierenden Angebote sachlich gegeneinander abzuwägen und so rationale Entscheidungen zu treffen vermag[855], signalisieren diese Urteile die Bereitschaft deutscher Gerichte, nunmehr von einem mündigen Patienten auszugehen, der durchaus in der Lage ist, sachliche Informationen aus einer Werbung herauszufiltern.

2. *Andere Werbemaßnahmen eines Praxisverbundes*

Andere, in der Berufsordnung nicht ausdrücklich angesprochene Werbemaßnahmen eines Praxisverbundes sind nicht allein wegen des Schweigens der Berufsordnung von vornherein verboten. Generell können interessengerechte und sachangemessene Informationen von Ärzten, die keinen Irrtum erregen, nach der Rechtsprechung des *Bundesverfassungsgerichts* nicht untersagt werden[856]. Entscheidend ist im Einzelfall der sachliche Inhalt und nicht die ausdrückliche Erwähnung in der Berufsordnung[857].

Die Werbemaßnahmen eines Praxisverbundes müssen sich deshalb an der Generalklausel des § 27 Abs. 1 MBO-Ä 2000 messen lassen. Im Rahmen einer

---

[852] BVerfG NJW 2000, 2734, 2735.
[853] OLG Koblenz, Urt. v. 30. 5. 2000, Az.: 4 U 192/00.
[854] Siehe nur EuGH EuZW 1998, 526 ff.
[855] Entscheidend für die wettbewerbsrechtliche Frage, ob im Einzelfall eine irreführende Werbung vorliegt, war bislang der „Eindruck eines flüchtigen, unkritischen Durchschnittsverbrauchers“, vgl. *Schünemann,* in: Festschrift für H. E. Brandner, S. 293. Krit. zum Verbraucherleitbild der deutschen Rechtsprechung *Barth*, Mediziner-Marketing, S. 416 f.: Deren Leitbild „war bisher im Grunde der an der Grenze zur Debilität verharrende, einer umfassende Betreuung bedürftige Verbraucher, der auch gegen die kleinste Gefahr einer Irreführung in der Werbung durch die besorgten deutschen Gerichte geschützt werden muß“.
[856] BVerfG MedR 2000, 479 ff., zur Führbarkeit einer in der DDR erworbenen Bezeichnung als „Facharzt für Sportmedizin“.
[857] *Barth*, in: Kreyher (Hrsg.), Handbuch Gesundheits- und Medizinmarketing, S. 625.

Einzelfallprüfung hängt die berufsrechtliche Bewertung einer Netzwerbung davon ab, ob das in Rede stehende Verhalten dem Bereich der (erlaubten) sachlichen Information oder der (verbotenen) berufswidrigen Werbung zuzuordnen ist. Das Gebot der Sachlichkeit muß sich dabei auf drei Komponenten beziehen: auf den Inhalt der Information einerseits, auf die Art und Weise ihrer Darstellung andererseits und schließlich auf ihre Art der Kommunikation[858]. Da jeder Einzelfall anders gelagert ist und es auch entscheidend darauf ankommt, an welchen Adressaten sich die Werbemaßnahme richtet, ist es nicht möglich, pauschale Aussagen über die Zulässigkeit oder Unzulässigkeit einzelner Werbemaßnahmen eines Praxisverbundes zu machen. Entscheidend ist eine Gesamtwürdigung aller Umstände[859]. Der Sinn und Zweck berufsrechtlicher Werbebeschränkungen für Ärzte bildet dabei das Kriterium für die Abgrenzung zwischen (erlaubter) sachlicher Information und (verbotener) berufswidriger Werbung. Deren Zielsetzung, den leicht beeinflußbaren Kranken vor irreführender Anpreisung zu schützen, muß heute wie in Zukunft Leitlinie bei der Selbstdarstellung des Arztes und seiner Zusammenschlüsse in der Öffentlichkeit sein. Entscheidend ist, ob im Einzelfall die sachliche Information oder der Werbeeffekt im Vordergrund steht[860]. Bei sachlich notwendigen Hinweisen und Aufklärungen ist ein werbender Nebeneffekt hinzunehmen, wobei dieser hinter dem Informationsinteresse zurücktreten muß[861]. Ein Überwiegen des Werbeeffekts und damit berufswidrige Werbung ist demgegenüber regelmäßig dann anzunehmen, wenn für die betreffenden Informationen kein oder nur ein geringfügiges öffentliches Interesse besteht[862]. In Bezug auf die ärztliche Arbeit in Praxisnetzen wird man hinsichtlich des letztgenannten Punktes häufig einen großzügigen Maßstab anlegen können. Denn es darf nicht übersehen werden, daß es sich bei den Praxisnetzen um eine neue Versorgungsform handelt, die den Patienten noch weitgehend unbekannt ist. Aufklärende Information über die Arbeit von Praxisnetzen bildet die Grundlage für deren Erfolg, der nicht zuletzt von der Akzeptanz durch die Bevölkerung abhängt.

---

[858] *Bahner*, Das neue Werberecht für Ärzte, S. 56.

[859] Dazu ausführlich *Piper*, in: Festschrift für H. E. Brandner, S. 455 ff.; *Rieger*, MedR 1999, 513, 514 sowie *ders.*, in: Rieger (Hrsg.), Lexikon des Arztrechts, Stichwort „Werbeverbot" (Nr. 5530), Rdnrn. 10 ff.

[860] Landesberufsgericht für Ärzte in Stuttgart MedR 1996, 387 f.; *Rieger*, in: Rieger (Hrsg.), Lexikon des Arztrechts, Stichwort „Werbeverbot" (Nr. 5530), Rdnr. 11.

[861] *Laufs*, in: Laufs/Uhlenbruck (Hrsg.), Hb. des Arztrechts, § 15 Rdnr. 14. – Aus diesem Grund sind bestimmte Maßnahmen im Rahmen des netzeigenen Case Managements, bei denen auf Patienten aktiv zur weiteren Einleitung diagnostischer oder therapeutischer Schritte zugegangen oder das Einhalten bestimmter therapeutischer Vorschläge oder Untersuchungstermine überwacht wird, nicht als berufsrechtlich verbotene Erinnerungswerbung zu werten (dazu *Kamps*, MedR 1994, 194 ff.); zur Zulässigkeit solcher „recall-Systeme" *Schirmer*, VSSR 1998, 279, 300 sowie *Ratzel/Lippert*, MBO-Ä 1997, Kap. D I Nr. 5 Rdnr. 1.

[862] *Piper*, in: Festschrift für H. E. Brandner, S. 455 f.

Im Grundsatz hat das *BVerfG* unlängst festgestellt, daß die Frage, „welche Werbeformen als üblich, angemessen oder als übertrieben bewertet werden", „zeitbedingten Veränderungen" unterliegt und das „dem Wandel – auch außerhalb der freien Berufe –" Rechnung zu tragen ist, „weil sich hierdurch die Wahrnehmungsfähigkeit und Wahrnehmungsbereitschaft der Öffentlichkeit ändern". „Allein aus dem Umstand, dass eine Berufsgruppe ihre Werbung anders als bisher üblich gestaltet, kann nicht gefolgert werden, dass dies unzulässige Werbung ist"[863]. Ob sich dementsprechend die Werbemaßnahmen der Ärzteschaft mehr und mehr den in deutlich weiterem Umfang zulässigen Maßnahmen der Anwaltswerbung annähern werden, so daß es Praxisnetzen z. B. erlaubt wäre, Vernissagen[864] oder bei Eröffnung einer netzeigenen Bereitschaftspraxis einen „Tag der offenen Tür"[865] zu veranstalten, bleibt abzuwarten. Bislang ist die Frage, ob die mit dem Beschluß des *BVerfG*[866] im Jahre 1987 eingeleitete weitreichende Lockerung des Werbeverbots für Anwälte auf das Verbot der Arztwerbung übertragbar ist, in der Rechtsprechung (noch) ungeklärt. Das *OLG Hamburg* hat – mit guten Gründen – eine Gleichstellung von Anwalt- und Arztwerbung verneint: „Daß das Werbeverbot für Ärzte schärfer gefaßt ist, stellt keine verfassungswidrige Ungleichbehandlung dar, denn die durch das Werbeverbot geschützten Interessen der Volksgesundheit und des Schutzes vor Beeinflussung und Verunsicherung durch Werbemethoden haben eine andere und erheblich gewichtigere Bedeutung als das durch das anwaltliche Werbeverbot betroffene Verhältnis zwischen einem Anwalt und dem Rechtssuchenden"[867]. Das *LG Kiel* hat demgegenüber die hier maßgeblichen Sachverhalte bei Ärzten und Anwälten als „durchaus vergleichbar" angesehen[868]. Man wird die Entwicklung abwarten müssen.

3. Das Duldungsverbot des § 27 Abs. 2 MBO-Ä 2000

a) Die Werbung durch am Netz beteiligte Krankenkassen

Eine Besonderheit „gebundener" Praxisnetze ist, daß diese zum Teil intensiv durch die am Netz beteiligten Krankenkassen „beworben" werden. So wirbt z. B. die Techniker Krankenkasse für das „Praxisnetz Berliner Ärzte" in einer

[863] BVerfG NJW 2000, 3195, zu einer Anwaltswerbung durch Sponsoring; vgl. LG Münster MedR 1999, 186 ff., zur Verteilung von Visitenkartenkalendern an Patienten.

[864] Vgl. OLG Hamm NJW-RR 1990, 1133 ff. (Einladung zu einer Vernissage durch Rechtsanwälte). – Über ähnliche „außerärztliche" Aktivitäten von Praxisnetzen wurde in der Zeitschrift praxisNETZ immer wieder berichtet, so z. B. von *Schüller*, praxisNETZ 2000 (Heft 1), 8, 9.

[865] Kliniken sind solche Informationsveranstaltungen über ihr Leistungsangebot erlaubt, dazu *Rieger*, in: Engler/Geserich/Räpple/Rieger, Werben und Zuwenden im Gesundheitswesen, Rdnrn. 422 f.

[866] BVerfG NJW 1988, 194 ff.

[867] OLG Hamburg MedR 1997, 177, 179.

[868] LG Kiel MedR 1999, 279, 282.

Broschüre mit dem Titel „Das starke Duo für Ihre Gesundheit: Praxisnetz Berliner Ärzte und die TK"[869] unter anderem mit folgenden Aussagen:

- *„Unser Ziel im Praxisnetz Berlin ist klar: Mehr Kooperation für Ihre Sicherheit."*
  „Das Netz für Ihre Gesundheit".
  „Schneller gesund – am besten zu Hause".
  „Mehr Wissen für mehr Lebensqualität".
  „Freie Arztwahl garantiert".
- Unter der Überschrift *„Ihre Gesundheit ist unser Anspruch": „[...] Im Praxisnetz heißt dies, daß Diagnostik und Therapie durch die intensive Zusammenarbeit der Ärzte zielgenau eingesetzt werden".*
- Unter der Überschrift *„Zeit ist unser größtes Kapital": „Dazu gehört: Der Arzt nimmt sich viel Zeit für das Gespräch mit dem Patienten. So kann der Arzt für die von Ihnen beschriebenen Symptome die beste Therapie finden. Gemeinsam mit Ihnen wird der Arzt rasch einen individuellen Behandlungsplan aufstellen. Je besser unterschiedliche Therapie- oder auch Rehabilitationsschritte dann koordiniert werden, umso schneller werden Sie gesund. Bei schwierigen Fragen gilt auch für Ärzte: Vier Augen sehen mehr als zwei. Die Kollegen im Praxisnetz beraten sich auf der Suche nach der geeigneten Therapie gegenseitig".*
- Unter der Überschrift *„Erfahrung, die sich auszahlt": „Weniger Röntgen, weniger EKGs, weniger Blutabnahmen. Untersuchungsergebnisse werden vom weiterbehandelnden Arzt genutzt, so daß Ihnen nicht zweimal die gleiche Untersuchung zugemutet wird. Therapien werden untereinander abgestimmt – so zum Beispiel die Wirkungsweise verschiedener Medikamente. Das ist wirtschaftlich und schont vor allem Ihre Gesundheit".*
- Unter der Überschrift *„Das Netz, das sich auszahlt": „[...] Wenn Sie sich von den Ärzten im Praxisnetz behandeln lassen, vermeiden Sie zum Beispiel teure Doppeluntersuchungen. Dafür werden Sie dann auch an den erzielten Einsparungen beteiligt. [...] Deshalb: Empfehlen Sie das Praxisnetz weiter".*
- Unter der Überschrift *„Starke Teams mit Durchblick": „[...]Hausärzte, Internisten, Augenärzte, Hals-Nasen-Ohrenärzte, Kinderärzte – das Praxisnetz wächst ständig. Eine aktuelle Ärzteliste – geordnet nach Facharztgruppen und den Berliner Bezirken – erhalten Sie in Ihrer TK-Geschäftstelle. Sie können sie aber auch gerne telefonisch bestellen oder mit der Karte am Schluß dieser Broschüre anfordern".*
- Unter der Überschrift *„Den Ärzten ins Netz gegangen: So einfach ist die Teilnahme": „Einfach die Postkarte auf der nächsten Seite ausfüllen, in einen Briefumschlag stecken und absenden. Sie erhalten in Kürze Ihre*

---

[869] Broschüre von August 1999.

neue Versichertenkarte, die dem Arzt zeigt, daß Sie Teilnehmer am "Praxisnetz Berliner Ärzte und die TK" sind".

Da solche kassenseitigen Werbemaßnahmen zweifellos auch den Netzärzten wirtschaftlich zugute kommen[870], ist hier das berufsrechtliche Duldungsverbot angesprochen. Während auf der einen Seite der Arzt nach § 27 Abs. 2 MBO-Ä 2000 „eine berufswidrige Werbung durch andere weder veranlassen noch dulden" darf, besteht auf der anderen Seite für eine an einem Netz beteiligte Krankenkasse nicht nur ein gesetzlich normiertes Recht, sondern sogar eine gesetzlich vorgegebene Pflicht zur Information ihrer Mitglieder über von ihr vorgehaltene Leistungsangebote. Denn das mit der Einführung vernetzter Systeme vom Gesetzgeber verfolgte Ziel – Verbesserung der Versorgungsqualität bei gleichzeitiger Minimierung oder zumindest Beibehaltung der Gesundheitsausgaben – ist nur erreichbar, wenn möglichst viele Patienten für diese neue Versorgungsform zu gewinnen sind. Dies setzt eine ausreichende Information der Kassenmitglieder über das Leistungsprofil und die Arbeitsweise solcher Netzmodelle voraus[871]. Ausdrücklich gesetzlich formuliert ist eine derartige Informationspflicht einer Krankenkasse gegenüber ihren Versicherten für Praxisnetze im Rahmen integrierter Versorgungsformen; hier gibt § 140 a Abs. 3 SGB V den Versicherten gegenüber ihrer Krankenkasse (und auch gegenüber den Netzärzten sowie dem Verbund selbst) das Recht, „umfassend über die Verträge zur integrierten Versorgung, die teilnehmenden Leistungserbringer, besondere Leistungen und vereinbarte Qualitätsstandards informiert zu werden". Für Krankenkassen, die sich im Wege eines Modellvorhabens oder eines Strukturvertrages an einem Praxisnetz beteiligen, ergibt sich eine solche Pflicht zur Information zumindest mittelbar aus den §§ 64, 73 a SGB V i. V. m. §§ 13 ff. SGB I[872].

Da das Verbot mittelbarer Werbung dort seine Grenzen finden muß, wo der werbende Dritte im Rahmen ihm gesetzlich zugewiesener Aufgaben handelt, ist der Konflikt zwischen berufsrechtlichem Duldungsverbot auf der einen und gesetzlicher Informationsberechtigung und -verpflichtung der Netzkrankenkassen auf der anderen Seite grundsätzlich durch eine Abwägung unter Berücksichtigung der Art und Weise der jeweiligen Werbemaßnahme zu lösen.

Werbende Aussagen, die die am Netz beteiligte Krankenkasse im Rahmen der ihr gesetzlich aufgegebenen Mitgliederinformation macht, können von

[870] Nach der Rechtsprechung des *BGH* ist für einen Verstoß gegen das berufsrechtliche Duldungsverbot nicht erforderlich, daß der Name des Arztes in der Werbung genannt wird; es reicht aus, daß die Werbung dem Arzt wirtschaftlich zugute kommt; vgl. BGH MedR 1995, 113 f.

[871] *Rieger*, MedR 1998, 75, 81; *Schirmer*, VSSR 1998, 279, 299.

[872] Ein kassenseitiges Recht zur Information ihrer Mitglieder über von ihr durchgeführte Modellvorhaben wurde durch das OLG München, Urteil v. 30.11.2000, Az.: 6 U 2849/00, ausdrücklich anerkannt.

vornherein nicht als wettbewerbswidrig angesehen werden[873] und deshalb auch nicht von den Netzärzten zu unterbinden sein. Ein gesetzeskonformes Verhalten der Krankenkassen ist nicht tatbestandsmäßig i. S. v. § 27 Abs. 2 MBO-Ä 2000[874]. Gesetzlich verpflichtet ist eine Netzkrankenkasse zur sachlichen Information ihrer Mitglieder, da diese für die Realisierung eines funktionierenden und effizienten Praxisverbundes erforderlich ist. Solange sich die Werbemaßnahmen einer Netzkrankenkasse also im Rahmen sachlicher Informationen bewegen, ist das berufsrechtliche Duldungsverbot nicht einschlägig; eine solche Werbung ist auch unter berufsrechtlichen Gesichtspunkten erlaubt. Der Schutzzweck der standesrechtlichen Werbevorschriften, die Bevölkerung vor unsachlicher Beeinflußung und Verunsicherung zu schützen, ist hier nicht betroffen, es liegt im Gegenteil gerade im Interesse der Bevölkerung, die für die Entscheidung für oder gegen die Versorgung in einem Praxisnetz notwendigen sachlichen Informationen zu erhalten. Dagegen sind Verlautbarungen der Netzkrankenkassen, die den Rahmen der sachlichen Information überschreiten, weil sie z. B. mehr Aussagen enthalten, als zur Unterrichtung der Patienten unerläßlich sind, wettbewerbswidrig und dürfen deshalb von den dermaßen „beworbenen" Netzärzten nicht geduldet werden[875].

Zum Kreis zulässiger sachlicher Information der Netzkrankenkassen über den Praxisverbund wird man neben Hinweisen auf die Existenz des Praxisverbundes in einem bestimmten regionalen Einzugsbereich, auf seine charakteristische Versorgungsweise und auf die Einbindung des versicherten Patienten in den Praxisverbund sowie deren Voraussetzungen auch die Erstellung und Versendung von wertneutralen Verzeichnissen der am Netz teilnehmenden Ärzte auf Anfrage der Versicherten zu zählen haben[876]. Denn wie es das *OLG Hamburg*[877] in einem Urteil über eine Netzbroschüre der Techniker Krankenkasse formuliert hat, ist es „geradezu eine Selbstverständlichkeit, daß die Beklagte die angeschriebenen Versicherten umfassend informiert, damit diese wissen, worauf sie sich einlassen. Das Praxisnetz setzt beteiligte Ärzte voraus, die Liste ist demnach nicht mehr als eine Darstellung der Organisation des Ganzen. Es ist deshalb in der Tat „fernliegend", wie das Landgericht sagt, darin irgendeine Empfehlung solcher Ärzte im Hinblick auf ihre Qualifikation sehen zu wollen. Der Gedanke der Klägerin wäre allenfalls dann stichhaltig, wenn die Beklagte sich

---

[873] Vgl. BGH NJW 1987, 329, 330 f., zu der werbenden Äußerung eines Präsidenten der Handwerkskammer, daß Innungskrankenkassen für das Handwerk besser seien als jede andere Krankenkasse, weil nur sie auf die speziellen Gegebenheiten im Handwerk ausgerichtet seien.

[874] *Rieger*, MedR 1998, 75, 81; *Schirmer*, VSSR 1998, 279, 299 f. So auch ausdrücklich OLG Hamburg, Urteil v. 24.6.1999, Az.: 3 U 227/98.

[875] *Rieger*, MedR 1998, 75, 81; OLG Hamburg, Urteil v. 24.6.1999, Az.: 3 U 227/98.

[876] *Rieger*, MedR 1998, 75, 81; a. A. *Schirmer*, VSSR 1998, 279, 299 f.

[877] OLG Hamburg, Urteil v. 24.6.1999, Az.: 3 U 227/98, S. 9.

dahingehend geäußert hätte, für das Praxisnetz nur besonders qualifizierte Ärzte ausgewählt zu haben"[878].

Im übrigen steht man – wie allgemein im ärztlichen Werberecht – vor allem hinsichtlich der sprachlichen Einkleidung der kassenseitigen Netzinformationen vor der im Einzelfall schwierigen Abgrenzung der (erlaubten) sachlichen Information von der (verbotenen) berufswidrigen Werbung. Da § 27 Abs. 1 S. 4 MBO-Ä 2000 pauschal die anpreisende, irreführende oder vergleichende Werbung als „berufswidrig" und damit gemäß § 27 Abs. 2 MBO-Ä 2000 als gegen das Duldungsverbot verstoßend stigmatisiert, sind bei kassenseitigen Äußerungen, die die Praxisnetze als besonders leistungsfähig, patientenfreundlich oder qualitativ hochstehend beschreiben, Konflikte mit den Ärztekammern vorprogrammiert[879]. Bei der Frage, welche netzbezogenen Aussagen noch zum Bereich interessengerechter und sachangemessener Information[880] gehören, haben mehrere Urteile der letzten Zeit einen liberalen Weg gewiesen. Die Netzkrankenkassen sind danach durch das Gebot der Sachlickeit nicht daran gehindert, ihre Netzinformationen werbemäßig zu gestalten und in der Werbesprache entnommene Formulierungen einzukleiden. So hat das *OLG München*[881] in einem Urteil, das die Werbung der Techniker Krankenkasse für das „Medizinische Qualitätsnetz München (MQM)" zum Gegenstand hatte, folgende in einem an ihre Mitglieder versandten Faltblatt enthaltenen Aussagen als zulässig angesehen:

- Unter der Überschrift *„Weil die Zusammenarbeit zählt": „Damit Ihre medizinische Versorgung verbessert werden kann"*[882].
- Unter der Überschrift *„Hier stehen Sie im Mittelpunkt": „Beim Medizinischen Qualitätsnetz München steht der Patient im Mittelpunkt. Und dadurch wird für Sie eine medizinische Behandlung ermöglicht, die erfolgsorientiert, transparent und zugleich kostensparend ist. [...] Auf Wunsch erhalten Sie von Ihrem Arzt schriftliche Berichte, die Ihre persönlichen Gesundheits- und Behandlungsdaten enthalten"*[883].

---

[878] Auch das OLG München hat mit Urteil v. 30.11.2000, Az.: 6 U 2849/00, die Versendung einer solchen Ärztliste für zulässig erachtet.

[879] *Schirmer*, VSSR 1998, 279, 300, hält solche Verlautbarungen für unzulässig.

[880] BVerfGE 82, 18, 28 = MedR 1993, 348, 349.

[881] OLG München, Urteil v. 30.11.2000, Az.: 6 U 2849/00; vgl. auch das vorausgegangene Urteil des LG München I v. 2.3.2000, Az.: 17HK O 193/00.

[882] Diese Ausführungen bezeichnet das Gericht als „sachlich und nicht übertrieben"; OLG München, aaO. (Fn. 881), S. 16.

[883] Nach der Urteilsbegründung sind diese Ausführungen „sachlich informativ": [...] „Da der Patient derartiges bisher nicht gewohnt ist und er nicht weiß, wie er hier welchem Beteiligten zugeordnet werden soll, wird er dahin informiert, er stehe im Mittelpunkt mit der Folge einer medizinischen Betreuung, die erfolgsorientiert, transparent und zugleich kostensparend sei. [...] Eine unzulässige Übertreibung ist hier nicht erkennbar."; OLG München, aaO. (Fn. 881), S. 16 f.

- Unter der Überschrift *„Punkt für Punkt erfreulich": „Die Netzärzte beabsichtigen, über individuelle Absprachen Ihre Wartezeit auf einen Arzttermin und in der Praxis zu verkürzen". „Intensiver Informationsaustausch zwischen den Ärzten verhindert, daß Sie unnötig mehrfach untersucht werden". „Damit Sie optimal behandelt werden, stimmen die Ärzte Ihre Therapien und den Einsatz von Medikamenten sowie Heil- und Hilfsmitteln aufeinander ab." „Bei bestimmten Krankheitsbildern oder auf Ihren Wunsch wird die Meinung eines weiteren Arztes eingeholt"*[884].

Das Gericht sah insgesamt in den streitgegenständlichen Aussagen keine Werbung für die an dem Modellvorhaben beteiligten Ärzte. Nicht „deren Qualifikation, Erfahrung oder Können" sei in den Vordergrund gestellt, sondern die Krankenkasse werbe „für ihr Modellvorhaben". Es führte dazu weiter aus: „Die dafür von ihr hervorgehobenen Gesichtspunkte stellen ebenfalls keine (mittelbare) Qualitätswerbung für die beteiligten Ärzte dar, denn es werden nur für das Modell Ziele und Wege dorthin (positiv) dargestellt, die über die Qualifizierung der beteiligten Ärzte nichts aussagen. Es wird [...] keine Verfälschung des ärztlichen Berufsbildes bewirkt. Die ärztliche Berufsausübung orientiert sich in der beanstandeten Information nicht an ökonomischen Erfolgskriterien des einzelnen Arztes, sondern an medizinischen Notwendigkeiten für den Patienten"[885].

In die gleiche Richtung geht ein Urteil des *OLG Hamburg*[886], welches im Jahr 1999 folgende Aussagen der Techniker Krankenkasse über das „Praxisnetz Berliner Ärzte" nicht als verbotene Arztwerbung erachtete[887]:

- *„Mehr Kooperation für mehr Sicherheit".*
- *„Neue Wege gehen heißt, Diagnostik und Therapie durch Zusammenarbeit der Ärzte zielgenau einsetzen. Dazu gehört: Der Arzt nimmt sich Zeit für den Patienten".*
- *„Muß ich meinen Hausarzt wechseln? Diese Broschüre enthält ein Verzeichnis aller 250 Ärzte, die schon beim Praxisnetz mitmachen. Wenn Sie Ihren Hausarzt hierin finden, ändert sich nichts. Ist er noch nicht dabei, fragen Sie ihn doch einfach, ob er mitmachen will".*

---

[884] Diese Aussagen sieht das Gericht (OLG München, aaO. (Fn. 881), S. 17 f.) als „tatsächlich Punkt für Punkt erfreulich" an: [...] „Der Hinweis auf die Abkürzung der Wartezeit auf einen Arzttermin und in der Praxis ist sachlich und kaum an Nüchternheit zu überbieten. Das Verhindern von Mehrfachuntersuchungen wird ebenfalls rein sachlich dargestellt, ist billiger und, z. B. beim Röntgen, auch eindeutig gesünder. Eine anreißerische Floskel ist hier nicht erkennbar. Das Abstimmen von Therapien und der Verabreichung von Medikamenten ist weder selbstverständlich oder gar gesichert noch ist dieser Hinweis unzulässig anreißerisch. Der Hinweis auf die Einholung einer weiteren ärztlichen Meinung ist ebenfalls rein sachlich. Der Patient weiß von dieser möglichen Pflicht des Arztes in der Regel nichts und fürchtet die Verärgerung des behandelnden Arztes, wenn er ihn um so etwas bittet".

[885] OLG München, aaO. (Fn. 881), S. 13.

[886] OLG Hamburg Urteil v. 24.6.1999, Az.: 3 U 227/98; vgl. auch das vorausgegangene Urteil des LG Hamburg v. 16.9.1998, Az.: 315 O 260/98.

[887] Zitiert nach dem Urteilstatbestand.

Die beiden erstgenannten Aussagen stellten nach Ansicht des Gerichts keinen Fall unzulässig vergleichender Werbung dar: Sie erschöpften sich darin, Angaben zum eigenen System zu machen, ein herabsetzendes Urteil über nicht am Praxisnetz beteiligte Ärzte sei darin nicht enthalten. Was Ärzte außerhalb des Praxisnetzes tun, bleibe damit völlig offen[888]. Bei der letztgenannten Äußerung werde demgegenüber zwar eine Aussage zu nicht am Praxisnetz beteiligten Ärzten gemacht, diese sei jedoch nicht unlauter. Denn die beklagte Krankenkasse gebe zu der aufgeworfenen Frage „Ist er noch nicht dabei, fragen Sie ihn doch einfach, ob er mitmachen will" keinerlei Entscheidungshilfe, sie empfehle nicht, den Arzt zu wechseln, wenn er nicht zum Praxisnetz gehört. Sie schlage dem Patienten vielmehr einen eigenen Weg vor, eine ihm möglicherweise unbequeme Wahl zu umgehen, weil eine eigene Entscheidung des Arztes eine solche des Patienten überflüssig machen könnte. Die Entscheidung, was geschieht, wenn der Hausarzt auf diesen Vorschlag nicht eingeht, bleibe allein beim Patienten[889].

b) Die Information durch Kassenärztliche Vereinigungen

Das Duldungsverbot des § 27 Abs. 2 MBO-Ä 2000 ist auch dort angesprochen, wo es um die Informationswerbung einer an einem Modellvorhaben oder einem Strukturvertrag beteiligten Kassenärztlichen Vereinigung für den Praxisverbund geht. Auch diese ist grundsätzlich berechtigt, Informationen über die von ihr mit angebotene neue Versorgungsstruktur an die Öffentlichkeit zu geben[890]. Allerdings ist hier das Konfliktpotential erheblich geringer als im Bereich der Kassenwerbung für einen Praxisverbund. Denn anders als für die an einem Netz beteiligten Krankenkassen ergibt sich für Kassenärztliche Vereinigungen aus ihrem Status als öffentlich-rechtliche Zwangskörperschaften[891] eine Beschränkung ihrer Informationsmöglichkeiten. Nach einem Beschluß des *Landessozialgerichts Baden-Württemberg* sollen die Kassenärztlichen Vereinigungen – entsprechend den Grundsätzen zur „staatlichen Warnung", die nur zulässig ist, wenn sie im Lichte des Verhältnismäßigkeitsgrundsatzes streng am Gebot der Sachlichkeit ausgerichtet ist[892] – bei ihren Äußerungen zu in ihrem Bezirk tätigen Praxisnetzen zur strikten Neutralität verpflichtet sein[893]. Das Gericht führt dazu aus: „Äußerungen zu Gunsten eines Verbundes durch eine Kassen-

[888] OLG Hamburg, aaO. (Fn. 886), S. 7 f.
[889] OLG Hamburg, aaO. (Fn. 886), S. 8 f.
[890] *Schirmer*, VSSR 1998, 279, 299; *Rieger*, MedR 1998, 75, 81; nach LSG Baden-Württemberg, Beschl. v. 24.7.2001, Az.: L 5 KA 5097/00 ER-B = MedR 2002, 212 ff. m. Anm. *Steck*, ergibt sich dieses Informationsrecht aus dem Sicherstellungsauftrag des § 75 Abs. 1 SGB V.
[891] Dazu ausführlich bereits obenTeil 2 § 3 B. I., S. 130 ff.
[892] Vgl. BVerwGE 82, 76, 77 ff.; BVerwGE 87, 37, 41 ff.
[893] LSG Baden-Württemberg, aaO. (Fn. 890), dort allerdings bezogen auf die Frage, ob eine KV berechtigt ist, Gesellschafterin eines Praxisnetzes zu sein; zum folgenden siehe dort S. 40 f.

ärztliche Vereinigung mit dem Anliegen, die Chancen dieses Verbundes zu stärken und anderen Gemeinschaften von Vertragsärzten den Marktzugang zumindest zu erschweren, berühren wie sonstige Leistungen zur Förderung Grundrechte der Mitglieder der anderen Verbünde in ihrer Eigenschaft als Zwangsmitglied der Bg[894] aus Art. 2 Abs. 1 GG und in ihrer Berufsausübung aus Art. 12 Abs. 1 GG und bedürfen daher einer gesetzlichen Rechtsgrundlage. Sie besteht indes für die Förderung einzelner Gemeinschaften von Leistungserbringern gerade nicht. Aus ihrer Grundrechtsbetroffenheit können daher die Angehörigen von Gemeinschaften von Vertragsärzten von den Organen einer Kassenärztlichen Vereinigung die Einhaltung einer strikten Neutralität beanspruchen, wie sie im Kommunalrecht hinsichtlich der Äußerung von Amtsträgern vor Wahlen entwickelt worden ist."

Wenn Kassenärztliche Vereinigungen damit nur wertneutrale Informationen ohne werbenden Gehalt an die Öffentlichkeit geben dürfen, sind Konflikte mit dem berufsrechtlichen Duldungsverbot nicht zu befürchten. Der Rahmen berufsrechtlich zulässiger Sachinformationen wird hierdurch nicht verlassen.

---

[894] Gemeint ist die Kassenärztliche Vereinigung als Beschwerdegegnerin in diesem Verfahren.

ZUSAMMENFASSUNG DER EINZELNEN ERGEBNISSE

Verankerung der Praxisnetze in der ärztlichen Berufsordnung

Ein **Praxisnetz** ist ein Zusammenschluß beliebig vieler Einzelpraxen einer Region, u. U. unter Einbeziehung von nichtärztlichen Leistungserbringern und regionalen stationären Einrichtungen, mit dem Ziel, durch enge Kooperation und Kommunikation zwischen den vernetzten Haus- und Fachärzten eine qualitativ hochwertige und kostengünstige ambulante „Rundumversorgung“ der Patienten zu erreichen. Regelmäßiges Ziel einer Vernetzung von Arztpraxen ist es, kostenintensive Krankenhausbehandlungen und Doppeluntersuchungen sowie unnötige und unkontrollierte Mehrfachinanspruchnahmen zu vermeiden. Struktur und Zielsetzungen eines Praxisnetzes – unterscheiden lassen sich im wesentlichen indikationsspezifische, kommunikationsorientierte, versorgungsstrategische oder auch betriebswirtschaftliche Ziele – sind dabei höchst individuell und können im Einzelfall ganz unterschiedlich ausgestaltet sein. Als **„Praxisverbund“** i. S. v. Kap. D II Nr. 11 Abs. 1 MBO-Ä 2000 läßt sich ein Praxisnetz dann qualifizieren, wenn es „auf die Erfüllung eines durch gemeinsame oder gleichgerichtete Maßnahmen bestimmten Versorgungsauftrages oder auf eine andere Form der Zusammenarbeit zur Patientenversorgung, z. B. auf dem Felde der Qualitätssicherung oder Versorgungsbereitschaft,“ gerichtet ist, wenn also sein hauptsächliches Kooperationsziel in besonderen Maßnahmen auf dem Gebiet der Patientenversorgung liegt. Ein Netz, das lediglich ökonomische oder berufspolitische Ziele verfolgt, ist kein Praxisverbund i. S. d. Berufsordnung.

In rechtlicher Hinsicht unterscheiden sich die Praxisnetze in einem grundlegenden Punkt. Sie lassen sich, je nach der Natur ihrer Rechtsgrundlage, in **„gebundene“ Netze** und **„freie“ Netze** einteilen. „Gebundene“ Netze sind in Modellvorhaben (§§ 63 ff SGB V), Strukturverträge (§ 73 a SGB V) oder Integrationsversorgungsverträge (§§ 140 a ff. SGB V) eingebettet, die mit einer oder mehreren Krankenkasse(n) vereinbart werden. Bei den „freien“ Netzen ist die maßgebliche Netzvereinbarung rein privatrechtlicher Natur. Seit der Neufassung der Vorschrift Kap. D II Nr. 11 MBO-Ä 2000 durch den 103. Deutschen Ärztetag 2000 in Köln lassen sich beide Netzarten unter die durch das Berufsrecht bereitgestellte Kooperationsform „Praxisverbund“ fassen.

In das herkömmliche Kooperationssystem der ärztlichen Berufsordnung läßt sich der Praxisverbund im Hinblick auf die persönlichen und fachlichen Bindungen zwischen den Netzmitgliedern als eine **Zwischenform** zwischen der Berufsausübungsgemeinschaft als engster und der Organisationsgemeinschaft als lockerster Form ärztlicher Verbindung einordnen. Anders als bei einer Berufsausübungsgemeinschaft werden die fachlichen Leistungen der Netzärzte nicht vergemeinschaftet, der Behandlungsvertrag wird nach wie vor mit dem einzelnen Netzarzt geschlossen. Im Gegensatz zu einer Organisationsgemeinschaft ist der Kooperationsgegenstand eines Praxisverbundes im Regelfall nicht auf den rein praxisorganisatorischen Bereich beschränkt, sondern bezieht sich weitergehend und hauptsächlich auf die Organisation der medizinischen Versorgung der Patienten. Lediglich in Einzelfällen, in denen nur ein geringer Vernetzungsgrad erreicht wurde, läßt sich ein Praxisnetz als Organisationsgemeinschaft qualifizieren.

Verhältnis der Netzärzte untereinander

Der Praxisverbund ist nicht nur in der **Rechtsform** einer BGB-Gesellschaft, sondern grundsätzlich auch in der Form einer juristischen Person des Privatrechts gestaltbar. Gesellschaftszweck eines Praxisnetzes ist – anders als bei der nach wie vor sehr umstrittenen „Heilkunde-GmbH" – nicht das Führen einer ärztlichen Praxis. Die ärztliche Tätigkeit in Bezug auf die „Niederlassung in eigener Praxis" wird durch eine Vernetzung nicht berührt. Die Ausübung der Heilkunde verbleibt in den Händen der selbständig niedergelassenen Netzärzte. Der Patient sieht sich nach wie vor nur dem einzelnen Netzarzt gegenüber und schließt nur mit diesem den Behandlungsvertrag; das Netz wird in das Behandlungsverhältnis nicht integriert.

Nach **Kap. D II Nr. 11 Abs. 2 MBO-Ä 2000** muß der Netzvertrag schriftlich geschlossen und der zuständigen Ärztekammer vorgelegt werden. Bei dieser Vorschrift handelt es sich weder um ein Verbotsgesetz i. S. v. § 134 BGB noch um eine gesetzliche Formvorschrift i. S. v. § 125 BGB. Auf die zivilrechtliche Wirksamkeit der Netzvereinbarung bleibt diese standesrechtliche Regelung ohne Einfluß: Zum einen fehlt es ihr am notwendigen Normzweck und zum anderen muß den Ärztekammern die Satzungskompetenz zur Herbeiführung unmittelbar zivilrechtlicher Nichtigkeitsfolgen abgesprochen werden.

Nach der Konzeption der Berufsordnung soll die **Teilnahme** an einem Praxisverbund allen beitrittswilligen Ärzten offenstehen. Praxisnetze sollen ihre ärztlichen Mitglieder nicht frei, sondern nur nach bestimmten Bedingungen auswählen dürfen: Die durch einen Praxisverbund aufzustellenden Aufnahmekriterien müssen für den Versorgungsauftrag des Netzes notwendig und dürfen nicht diskriminierend sein; sie müssen gegenüber der Ärztekammer offengelegt werden. Betroffen ist dadurch die durch Art. 12 Abs. 1, 9 Abs. 1 GG geschützte Auswahlautonomie des Praxisverbundes und der in ihm zusammengeschlossenen Netzärzte. Die Untersuchung hat gezeigt, daß mit dieser Regelung zwar grundsätzlich ein legitimer Eingriffszweck i. S. v. Art. 12 Abs. 1 GG verfolgt wird: Es soll eine zum Nachteil der Patienten ausgeübte – weil auch auf diese selektiv wirkende – diskriminierende Auswahl unter und Abschottung gegenüber den niedergelassenen Ärzten verhindert werden. Die verfassungsrechtliche Dimension der standesrechtlichen Aufnahmeregelung, insbesondere im Hinblick auf die schrankenlos gewährte Vereinigungsfreiheit des Art. 9 Abs. 1 GG, gebietet jedoch die verfassungskonforme einschränkende Auslegung der in Kap. D II Nr. 11 Abs. 1 S. 2 MBO-Ä 2000 aufgeführten Rechtsbegriffe „für den Versorgungsauftrag notwendig" und „nicht diskriminierend". Eine statische Anwendung, die völlig losgelöst vom Einzelfall und unterschiedslos für jeden Praxisverbund eine Pflicht zur Normierung sachgerechter Aufnahmekriterien forderte, wäre nicht verhältnismäßig; ihr fehlte es an der Erforderlichkeit. Die konkrete Marktposition des Praxisverbundes muß bei der Rechtsanwendung Berücksichtigung finden. Je größer die Marktmacht eines den Zugang beschränkenden Praxisverbundes ist, desto strengere Maßstäbe sind an diese Kriterien anzulegen. Eine netzeigene Ausschlußbedingung ist um so strenger auf ihre Notwendigkeit zur Erreichung des konkreten Versorgungsauftrages und ihre diskriminierende Wirkung zu untersuchen je größer die Bedeutung der Netzmitgliedschaft für einen außenstehenden Arzt ist. Und umgekehrt gilt: Je kleiner die Marktmacht eines Praxisverbundes und damit die Zugangsbedeutung für einen Netzaußenseiter im Sinne eines „Angewiesenseins" auf die Mitgliedschaft ist, desto geringere Anforderungen sind an die Notwendigkeit des Ausschlußkriteriums für die Erreichung des Versorgungsauftrages und an seine diskriminierende Wirkung zu stellen. Die Marktposition eines Praxisverbundes ist dabei eine Frage des Einzelfalles. Zu berücksichtigen bei der Entscheidung über die „Macht" eines Praxisverbundes ist seine Größe und seine fachliche Zusammensetzung sowie die damit zusammenhängende Frage nach der Möglichkeit einer wirtschaftlich sinnvollen Parallelgründung eines weiteren Netzes in der betreffenden Region. Hierbei kann es auch darauf ankommen, ob es sich bei dem zur Beurteilung stehenden Netz um ein „gebundenes" oder „freies" Netz handelt und wie fortentwickelt der Organisationsgrad des Netzes ist. Zu berücksichtigen ist, wie weit die durch das Netz erreichte Versorgungsbreite und -tiefe, die eine effiziente „Rundumversorgung" durch Primärärzte und Spezialisten gewährleisten soll, bereits fortgeschritten ist.

Verhältnis der Netzärzte zu nichtärztlichen Netzmitgliedern

Möglich und durch die MBO-Ä 2000 nunmehr ausdrücklich geregelt ist die **Einbeziehung von Krankenhäusern, Vorsorge- und Rehakliniken und von Angehörigen bestimmter nichtmedizinischer Fachberufe in den Praxisverbund**. Der Kreis der einbeziehbaren Einrichtungen und Berufsangehörigen und die bei der interprofessionellen und sektorenübergreifenden Netzarbeit zu beachtenden Grundsätze ergeben sich aus einer sinngemäßen Übertragung der berufsrechtlichen Vorgaben zur Medizinischen Kooperationsgemeinschaft des Kap. D II Nr. 9 MBO-Ä 2000:

- Durch die sektoren- und berufsübergreifende Zusammenarbeit darf die professionelle Weisungs- und Entscheidungsfreiheit der Netzärzte in fachlichen Angelegenheiten nicht angetastet werden. Allenfalls in Bezug auf Fragen der äußeren Organisation, die nicht die ärztliche Berufsausübung als solche betreffen, darf eine Entscheidungsabhängigkeit der Netzärzte bestehen. Das Verbot der Zuweisung gegen Entgelt des § 31 MBO-Ä 2000 ist im Rahmen der interprofessionellen Kooperation nicht einschlägig, solange sich die Patientenvermittlungen im Rahmen des jeweiligen Vernetzungszieles halten. Verboten sind solche Zuweisungen, die ihren Grund nicht in der Behandlung selbst, sondern in nichtmedizinischen, wirtschaftlich motivierten Erwägungen haben.
- Die Entscheidungen darüber, ob überhaupt und ggf. welche therapeutischen oder diagnostischen Handlungen vorzunehmen sind, haben allein die Netzärzte zu treffen.
- Die freie Arztwahl gilt auch gegenüber nichtärztlichen Leistungserbringern und stationären Einrichtungen. Solange eine durch die Netzärzte ausgesprochene Zuweisung an mit dem Praxisverbund kooperierende Physiotherapeuten, Apotheken oder andere Anbieter von gesundheitlichen Leistungen ihren Grund in dem Versorgungsziel des Netzes hat, ist sie berufsrechtlich zulässig. Das Zuweisungsverbot des § 34 Abs. 5 MBO-Ä 2000 ist in diesem Fall nicht betroffen.
- Die Entscheidung, welche nichtärztlichen Leistungserbringer bei der Therapie unterstützend hinzugezogen werden, obliegt den Netzärzten. Der Kooperationsvertrag darf keine Regelung enthalten, die die Netzärzte in medizinisch begründeten Fällen in der Auswahl derjenigen Personen, die sie bei der von ihnen durchgeführten Therapie unterstützend hinzuziehen möchten, einschränkt. Den Netzärzten muß es nach wie vor freistehen, auch außerhalb des Netzes stehende Nichtärzte zur Behandlungsunterstützung heranzuziehen.
- Der Kooperationsvertrag muß eine Regelung enthalten durch die sichergestellt wird, daß die nichtärztlichen Kooperationspartner die für den Arzt geltenden berufsrechtlichen Vorschriften beachten. Die Einhaltung der ärztlichen Berufspflichten durch die Netzärzte, z. B. in Bezug auf das ärztliche Werberecht, darf nicht durch die sektoren- und berufsübergreifende Zusammenarbeit unmöglich gemacht werden.
- Die Einrichtung zentraler Notfall- oder Bereitschaftspraxen durch einen Praxisverbund sowie die damit unter Umständen (z. B. bei Unterbringung der Sonderpraxis in Krankenhausräumlichkeiten) verbundene Inanspruchnahme netzfremder Einrichtungen, Geräte und Mitarbeiter ist berufsrechtlich zulässig. Voraussetzung ist, daß die Netzärzte über die ihnen durch das Krankenhaus zur Verfügung gestellten Praxisräume und -einrichtungen sowie ggf. das Praxispersonal nach den Erfordernissen ihres ambulant-ärztlichen Auftrages

disponieren können. Die Netzärzte müssen über eigene, nur ihnen zugängliche Behandlungszimmer mit allen erforderlichen Nebenräumen verfügen und diese Praxisräume des Netzes müssen als solche gekennzeichnet sein. Patientenanmeldung, Warte- und Sanitärräume sowie bestimme technische Einrichtungen wie z. B. Laborgeräte können gemeinsam mit der Krankenhausambulanz betrieben und genutzt werden.

Bei der **Auswahl** der in den Praxisverbund einzubeziehenden stationären Einrichtungen und nichtärztlichen Berufsangehörigen ist darauf zu achten, daß der Praxisverbund einen medizinisch-integrativen Zweck zu erfüllen hat. Die berufsübergreifende Zusammensetzung des Praxisverbund muß unter diesem Gesichtspunkt grundsätzlich funktionsbezogen sein. Die Auswahl der aufzunehmenden nichtärztlichen Teilnehmer ist nicht beliebig, sie hat sich danach zu richten, welcher Zweck mit dem konkreten Netzprojekt verfolgt wird. Eine Monopolisierung der sektoren- und berufsübergreifenden Zusammenarbeit im Rahmen eines Praxisverbundes dergestalt, daß sich die Netzärzte auf die Kooperation nur mit einem Vertreter der jeweiligen Leistungserbringergruppe beschränken, ist durch die Berufsordnung nicht ausgeschlossen. Eine entsprechende Anwendung der nur für Ärzte geltenden Aufnahmeregelung des Kap. D II Nr. 11 Abs. 1 S. 2 MBO-Ä 2000 scheidet aus kompetenzrechtlichen Gründen aus; den Ärztekammern steht keine Satzungskompetenz zur Regelung von Konkurrenzschutzfragen anderer Berufsgruppen zu. Berufsrechtlich ist eine monopolisierende Auswahl unter den in den Praxisverbund aufzunehmenden stationären und nichtärztlichen Kooperationspartnern lediglich mit den Instrumenten der Zuweisungsverbote der §§ 31, 34 Abs. 5 MBO-Ä 2000 und der „Arzt"wahlfreiheit greifbar. Solange sich die konkrete Kooperation im Rahmen dieser Gebote bewegt, insbesondere weder dem Patienten die Konsultation eines außerhalb des Netzes stehenden Krankenhauses oder Nichtarztes noch dem einzelnen Netzarzt die Ausübung seiner fachlichen Entscheidungsfreiheit unmöglich gemacht wird, ist die Beschränkung der Zusammenarbeit auf nur einen von mehreren örtlichen Leistungserbringern berufsrechtlich nicht zu beanstanden.

Darüber hinaus sind auf einer unterhalb der Einbeziehung liegenden Ebene **Kooperationsverträge** zwischen einem Praxisverbund und Sanitätshäusern, Medizintechnikunternehmen, Orthopädietechnikern, Rettungsdiensten oder ähnlichen Einrichtungen möglich. In besonderem Maße sind hierbei das Zuweisungsverbot des § 34 Abs. 5 MBO-Ä 2000 und die Vorgaben der ärztlichen Schweigepflicht zu beachten. Ersteres verlangt von Kooperationsverträgen, die die Zuweisung von Patienten zum Gegenstand haben, eine strikte Ausrichtung an medizinischen Indikationen. Erforderlich ist ein medizinischer oder therapeutischer Grund für die Patientenzuweisung an ein bestimmtes Unternehmen dieser Art. Rein wirtschaftlich motivierte Zusammenarbeitsformen sind nur auf der von der Patientenbehandlung losgelösten Ebene der Praxisorganisation zulässig, soweit es beispielsweise um die Beschaffung von Praxisbedarf geht.

Berufsrechtlich unzulässig ist eine **mitgliedschaftliche Beteiligung von Kassenärztlichen Vereinigungen an einem Praxisverbund**. Ein Praxisnetz, das primär berufspolitische und/oder wirtschaftliche Ziele verfolgt, ist kein Praxisverbund i. S. d. Berufsordnung. Kap. D II Nr. 11 Abs. 1 MBO-Ä 2000 fordert eine „Form der Zusammenarbeit zur Patientenversorgung". Von seiten der sozialgerichtlichen Rechtsprechung ist den Kassenärztlichen Vereinigungen aufgrund ihres Charakters als öffentlich-rechtlicher Zwangskörperschaft aller Vertragsärzte die Gesellschafterstellung in einem Praxisnetz sowie die einseitige Förderung einzelner Netze untersagt worden.

Verhältnis des Netzes zu den Patienten

Einschreibungen der Patienten in den Praxisverbund sind unverbindliche, nur organisatorisch wirkende Wahlentscheidungen des Patienten und als solche grundsätzlich berufsrechtlich zulässig. Der Verzicht des Patienten auf die Ausübung seiner Arztwahlfreiheit muß in jedem Fall freiwillig sein. Inhaltlich bezieht sich der Verzicht des Patienten lediglich auf die Inanspruchnahme nicht am Netz teilnehmender Ärzte, innerhalb des Netzes besteht nach wie vor freie Arztwahl. Sobald eine Überweisung an Ärzte außerhalb des Netzes medizinisch geboten ist oder vom Patienten gewünscht wird, ist der Verzicht des Patienten gegenstandslos. Der Patient ist an seine Einschreibeerklärung nicht gebunden, er kann zu jedem Zeitpunkt und ohne Angabe von Gründen die Überweisung an einen außenstehenden Arzt verlangen.

Typisches und berufsrechtlich zulässiges Element einer Vernetzung von Arztpraxen ist ein System von **Ringüberweisungen** von Netzarzt zu Netzarzt. Das Verbot der Zuweisung gegen Entgelt des § 31 MBO-Ä 2000 ist nicht einschlägig, da die netzinternen gegenseitigen Patientenzuweisungen auf medizinischen Erwägungen beruhen. Nur auf diesem Wege ist eine systematische Zusammenarbeit der Netzärzte möglich, die im Sinne des Patienten seine ambulante Behandlung optimieren und seine ambulante „Rundumversorgung" bewirken soll. Medizinisch gebotene oder vom Patienten gewünschte Überweisungen an nicht dem Praxisverbund zugehörige Ärzte dürfen durch die Netzärzte nicht behindert werden.

Um dem hohen Stellenwert der freien Arztwahl gerecht zu werden und zu vermeiden, daß sich der Patient gewissermaßen „im Netz gefangen" fühlt, ist er nicht nur über den unverbindlichen Charakter und die begrenzte Reichweite seiner Einschreibeerklärung zu **informieren**, sondern grundlegend darüber aufzuklären, daß seine Teilnahme an allen Elementen der Verbundversorgung freiwillig ist und sein Selbstbestimmungsrecht zu keinem Zeitpunkt gegen seinen Willen eingeschränkt werden kann.

Das in Netzen häufig praktizierte standardmäßige Einholen von **Zweitmeinungen** vor der Einleitung von operativen oder kostenintensiven Behandlungsmaßnahmen ist an die Zustimmung des Patienten gebunden. Der Patient darf durch die Netzärzte nicht zum Aufsuchen eines weiteren Arztes gedrängt werden.

Ein diagnostisches und therapeutisches Vorgehen der Netzärzte nach **Leitlinien** ist im Hinblick auf die ärztliche Therapiefreiheit und das Selbstbestimmungsrecht des Patienten zulässig. Da es sich hierbei um Orientierungshilfen im Sinne von Handlungs- und Entscheidungskorridoren handelt, von denen im Einzelfall abgewichen werden kann oder sogar muß, beraubt sich der einzelne Netzarzt bei ihrer Befolgung nicht seiner Möglichkeit und seiner Pflicht zu gewissenhaftem Ermessen und zur Ausübung seiner ärztlichen Intuition, die nötig sind, um den Eigenheiten des Einzelfalles gerecht zu werden. Der Erarbeitung von netzeigenen Leitlinien sind in zweifacher Hinsicht Grenzen gesetzt. Zum einen müssen sich die im Netz zu entwickelnden Behandlungsleitlinien – vor allem aus straf- und haftungsrechtlichen Gründen – am medizinischen Standard orientieren, dieser darf nicht unterschritten werden. Zum anderen darf nicht von solchen Leitlinien und Standards abgewichen werden, die als von „der Ärztekammer eingeführte Maßnahmen zur Sicherung der Qualität der ärztlichen Tätigkeit" i. S. v. § 5 MBO-Ä 2000 zu gelten haben. Deren Befolgung stellt eine Berufspflicht dar.

Die Erarbeitung und therapeutische Befolgung einer netzeigenen **Arzneimittelpositivliste** ist berufsrechtlich nicht zu beanstanden. Eine solche ist Ausdruck der Therapiefreiheit der Netzärzte, wenn nicht eine fremdbestimmte, sondern eine durch die Netzärzte selbst getragene Entscheidung über die Aufnahme oder Nichtaufnahme bestimmter Arzneimittel erfolgt. Unzulässig wäre es, wenn sich die Netzärzte bei der Erarbeitung ihrer Positivliste von einer durch den dadurch „begünstigten" Arzneimittelhersteller versprochenen Vergütung oder auf sonstige Weise erfolgenden Honorierung leiten ließen.

Der Umstand, daß die Auswahl der Behandlungsmaßnahmen durch die Netzärzte nicht einem individuellen, sondern einem standardisierten Therapieplan folgt, ist nicht Gegenstand der **ärztlichen Aufklärungspflicht**. Bei Behandlungsleitlinien und Arzneimittelpositivlisten handelt es sich um Regeln, die die diagnostischen und therapeutischen Aufgaben der Netzärzte in qualitativer und wirtschaftlicher Hinsicht konkretisieren; der Anspruch des Patienten auf eine lege artis durchzuführende Behandlung wird hierdurch inhaltlich nicht berührt. Die Wahl der im Einzelfall richtigen Behandlungsmaßnahme ist – auch dort, wo im konkreten Behandlungsfall eine echte Alternative zu der in der Leitlinie vorgesehenen Behandlung besteht – grundsätzlich Sache des Arztes. Woher der Arzt sein Wissen nimmt, ist für die Wirksamkeit der Einwilligung ohne Belang. Die Aufklärung soll dem Patienten kein medizinisches Entscheidungswissen vermitteln, sondern ihm aufzeigen, was der Eingriff für seine persönliche Situation bedeuten kann.

Einer **exklusiven Gestaltung** des netzärztlichen Leistungsangebots dahingehend, daß die Vorteile der Verbundversorgung nur den bei vertragsgebundenen Krankenkassen versicherten Patienten zukommen, steht das Berufsrecht nicht grundsätzlich entgegen. Berufsrechtliche Grenzen ergeben sich lediglich für das Vorenthalten einzelner Vernetzungsmodule, z. B. für die Anwendung solcher Behandlungsleitlinien oder Disease-Management-Programme, die Gegenstand der von der Ärztekammer durchgeführten Qualitätssicherung sind (§ 5 MBO-Ä 2000). Die Versorgungsvorteile einer Vernetzung liegen nicht in besonderen diagnostischen und therapeutischen Maßnahmen, sondern in der Verbesserung der versorgungsorganisatorischen und wirtschaftlichen Abläufe. Der ärztliche Heilauftrag, das ärztliche Berufsethos und nicht zuletzt die ärztliche Therapiefreiheit sind erst dort betroffen, wo es nicht mehr um das Vorenthalten qualitäts- und dienstleistungsorientierter Maßnahmen, sondern um die Versagung von medizinisch notwendigen therapeutischen oder diagnostischen Maßnahmen geht. Berufsrechtswidrig wäre eine Exklusivität des netzspezifischen Leistungsangebots nur dann, wenn den Versicherten nichtvertragsgebundener Krankenkassen medizinisch indizierte und den Regeln der ärztlichen Kunst entsprechende Behandlungsmaßnahmen vorenthalten würden.

Die Zuhilfenahme von gewerblichen Netzbetreibern für unterhalb der Ebene der ärztlichen Berufsausübung liegende Koordinationsaufgaben im Rahmen einer **Netzleitstelle** ist berufsrechtlich nicht zu beanstanden. Bei der Ausgestaltung einer netzeigenen Leitstelle als Managementzentrale ist unbedingt auf die Bewahrung der netzärztlichen Entscheidungsunabhängigkeit in medizinischen Angelegenheiten zu achten. Durch ein Leistungs- und Kostenmanagement der Leitstelle darf das netzärztliche Behandlungsverhalten nicht unter den Einfluß von Nichtärzten geraten. Bestimmte Vergütungsgestaltungen wie z. B. die Zusage umsatzabhängiger Nutzungsentgelte an die Netzbetreibergesellschaft können unter diesem Gesichtspunkt an die Grenze des berufsrechtlich Zulässigen stoßen. Grundlage für netzärztliche Behandlungsentscheidungen müssen medizinische Erwägungen im Interesse des Patienten sein und bleiben.

Bei der **Zusammenarbeit eines Praxisverbundes mit der Industrie** darf es zwischen der finanziellen oder materiellen Unterstützung durch die Industrie und der medizinischen Arbeit der Netzärzte vor allem im Hinblick auf die netzeigene Arzneimittelpositivliste keinen Zusammenhang geben. Zu beachten sind insoweit die Gebote der §§ 32, 33, 34 und 35 MBO-Ä 2000.

Bei der **Übermittlung von Patienten- und Behandlungsdaten** im Verhältnis der mit- oder weiterbehandelnden Netzärzte zueinander sowie gegenüber den in den Praxisverbund einbezogenen nichtärztlichen Leistungserbringern sind die ärztliche Schweigepflicht, das Bundesdatenschutzgesetz und darüber hinaus kassenarztrechtliche Sonderregelungen zu beachten. Grundsätzlich ist der Patient vor Beginn seiner Behandlung im Praxisverbund umfassend über Zweck und Umfang der Verarbeitung seiner Daten im Netz zu informieren und zur Abgabe einer Einwilligungserklärung aufzufordern. In einfach gelagerten Fällen – dazu sind z. B. die Datenübermittlung in Form von Überweisungsbegleitbriefen und Patientenbüchern zu zählen – kann aus berufs- und strafrechtlicher Sicht auch von einer die Übermittlung von Diagnosen und Befunden legitimierenden konkludenten Einwilligung des Patienten ausgegangen werden. Im Rahmen einer zentralen elektronischen Patientenakte ist solange für eine bloße Vermutung der Patienteneinwilligung kein Raum, wie der Zugriff und die Verfügbarkeit der Patienten- und Behandlungsdaten in einer zentralen Netzdatenbank nicht durch entsprechende technische Vorkehrungen auf die an der Behandlung des einzelnen Patienten beteiligten Netzmitglieder und auf die für den konkreten Behandlungsfall notwendigen Informationen beschränkt werden können.

Das Bundesdatenschutzgesetz fordert grundsätzlich eine **schriftliche Einwilligungserklärung** des Patienten in den **netzinternen Datenaustausch**. Wegen einer uneinheitlichen Haltung des Kassenarztrechts ergeben sich jedoch für die einzelnen Arten von Praxisnetzen unterschiedliche Formanforderungen. Während die in einen Strukturvertrag oder ein Modellvorhaben eingebundenen sowie die privat- oder vertragsärztlich besetzten „freien" Netze zur Einholung einer schriftlichen Einwilligungserklärung verpflichtet sind, bewirkt die Regelung des § 140 a Abs. 2 S. 2 SGB V, daß für den Informationsaustausch in Praxisnetzen im Rahmen der integrierten Versorgung das formlose Einverständnis des Patienten ausreichend ist. Für die Zukunft sollte diese Rechtslage vereinheitlicht werden.

Die **Datenübermittlung an weitere Netzeinrichtungen** zum Zwecke des ärztlichen Qualitätsmanagements und zur Budgetsteuerung bedarf wegen §§ 4 Abs. 1, 4 a Abs. 1 S. 3 BDSG einer **schriftlichen Einwilligungserklärung**. Verzichtet werden kann auf eine Einwilligung des Patienten nur dann, wenn nicht personenbezogene Daten, sondern lediglich Patienten- oder Behandlungsdaten in anonymisierter Form zur Verfügung gestellt werden.

Die **Werberegelungen** der ärztlichen Berufsordnung, die nach ihrer Neufassung im Mai 2000 die sachliche Information ausdrücklich erlauben und nur noch die „berufswidrige“ Werbung verbieten, gelten auch im Praxisverbund, gleich in welcher Rechtsform er ausgestaltet und ob er sektoren- und berufsübergreifend tätig ist oder nur eine rein ambulant-ärztliche Kooperation darstellt. Eine Besonderheit besteht für „gebundene“ Praxisnetze im Rahmen integrierter Versorgungsformen. Hier sind der Praxisverbund und die in ihm zusammengeschlossen Ärzte wegen § 140 a Abs. 3 SGB V nicht nur zur sachlichen Information der Patienten über das Leistungsangebot und die Arbeitsweise des Netzes berufsrechtlich berechtigt, sondern auch kassenarztrechtlich verpflichtet.

Der einzelne Netzarzt darf seine Patienten über seine Zugehörigkeit zu einem Praxisverbund auf seinem Praxisschild, in Verzeichnisangaben, in Patienteninformationen in seinen Praxisräumen und im sonstigen beruflichen Schriftverkehr informieren. Darüber hinaus ist es ihm gestattet, auf seinem Praxisschild und in Verzeichnissen die Telefonnummer der Netzleitstelle sowie Informationen über die Erreichbarkeit der netzeigenen Bereitschafts- oder Nofallpraxis, wie deren Sprechzeiten, Telefonnummern und Adressen, anzugeben.

Der Praxisverbund selbst darf seinen Zusammenschluß in bis zu dreimal erscheinenden Zeitungsanzeigen bekanntgeben. In dem Maße wie es dem einzelnen Arzt gestattet ist, in Zeitungsanzeigen auf seine Sprechstunden sowie seine telefonische und räumliche Erreichbarkeit hinzuweisen, muß es auch dem Verbund möglich sein, im Rahmen von Zeitungsanzeigen sachlich notwendige Angaben über sein netzspezifisches Leistungsangebot zu machen. Hierzu gehören die Telefonnummern einer Netzleitstelle sowie Sprechstunden, Telefonnummern und Adressen netzeigener Sonderpraxen. Darüber hinaus ist es dem Verbund – ebenso wie dem Einzelarzt – erlaubt, organisatorische Veränderungen der Praxistätigkeit mittels Zeitungsanzeigen, z. B. bei Änderung der Sprechstundenzeit der Bereitschaftspraxis, bekanntzugeben. Unzulässig ist es, die Neugründung von netzeigenen Bereitschafts- oder Notfallpraxen mittels einer Zeitungsanzeige anzukündigen.

Die Verwendung eines plakativen, einen sachlichen Bezug zu der Arbeit des Praxisverbundes aufweisenden **Netznamens** und eines individuellen graphisch gestalteten **Netzlogos** im gesamten beruflichen Verkehr ist grundsätzlich zulässig. Angesichts der nach wie vor bestehenden restriktiven Bestimmungen in Bezug auf den Informationsinhalt von Praxisschildern und Zeitungsanzeigen sollte von einer Wiedergabe eines Netzlogos auf diesen Medien abgesehen werden. Ausdrücklich erlaubt ist die Verwendung von Logos nur im Rahmen des Internetauftritts, der Patienteninformationen und des sonstigen beruflichen Schriftverkehrs wie z. B. Briefbögen und Rezeptvordrucken.

Die weitestgehende Information über den Praxisverbund erlaubt das Berufsrecht für den **Internetauftritt** und für in den netzeigenen Praxen und den Praxen der Netzärzte erhältliche **Netzbroschüren**. Hier darf das Leistungsspektrum und die Arbeitsweise des Verbundes umfassend dargestellt werden. Dazu gehört auch die Mitteilung der Namen und Anschriften aller dem Netz angehörenden Ärzte und nichtärztlichen Leistungserbringer. Erlaubt ist ein sog. Systemvergleich, der in objektiver und sachlich gehaltener Form über die Arbeitsweise und die erweiterten Behandlungsmöglichkeiten des Netzes informiert, ohne die Leistungsfähigkeit von Kollegen außerhalb des Netzes herabzusetzen. Netzbroschüren dürfen potentiellen Patienten nicht unaufgefordert zugesandt werden, hiermit würde gegen das Verbot der Werbung um Patienten verstoßen. Erlaubt ist allein das Zusenden auf Anfrage der Patienten.

Andere Werbemaßnahmen eines Praxisverbundes sind dann erlaubt, wenn sie sich nach einer Gesamtwürdigung aller Umstände des Einzelfalles, dazu gehören der Adressatenkreis, der Inhalt der Information, die Art und Weise ihrer Darstellung und die Art ihrer Kommunikation, als sachliche Information darstellen, an deren Veröffentlichung ein Interesse der Bevölkerung besteht. In Bezug auf die ärztliche Arbeit in Form von Praxisnetzen ist zu berücksichtigen, daß es sich hierbei um eine neue Versorgungsform handelt, die vielen Patienten noch weitgehend unbekannt ist.

Netzkrankenkassen und **Kassenärztliche Vereinigungen** dürfen Kassenmitglieder über das Leistungsprofil, die Arbeitsweise und über die für sie mit der Teilnahme an der Netzversorgung verbundenen Vorteile **sachlich informieren**. Dazu gehört auch die Versendung von Verzeichnissen der Netzärzte auf Anforderung der Versicherten. Auch wenn solche Werbemaßnahmen den Netzärzten wirtschaftlich zugute kommen, verstoßen sie nicht gegen das Verbot mittelbarer Werbung des § 27 Abs. 2 MBO-Ä 2000. Das Werberecht der Krankenkassen geht deutlich über das der Kassenärztlichen Vereinigungen hinaus. Während jene den von ihr mit angebotenen Praxisverbund „bewerben" dürfen, sind Kassenärztliche Vereinigungen aufgrund ihres Status als öffentlich-rechtliche Zwangskörperschaften zur strikten Neutralität verpflichtet, von ihnen dürfen nur wertneutrale Informationen ohne werbenden Gehalt an die Öffentlichkeit gegeben werden.

SCHLUSSBETRACHTUNG

Mit der Schaffung des „Praxisverbundes“ als neue Kooperationsform der ärztlichen Berufsordnung ist der Berufsrechtsgeber auf einen Zug aufgesprungen, den andere auf die Gleise gesetzt haben. Anfangs waren es Teile der Ärzteschaft und in der Folge der Sozialgesetzgeber, die die bestehenden Probleme im deutschen Gesundheitswesen – im wesentlichen sind dies die stetig zunehmenden Gesundheitskosten, die aus der starren Sektorierung folgenden Schnittstellenprobleme und der sich immer mehr verschärfende Konkurrenz- und Kostendruck in den Einzelpraxen – zum Anlaß genommen haben, die vor allem im Ausland gemachten positiven Erfahrungen mit integrativen Versorgungssystemen in Form von Praxisnetzen in Deutschland umzusetzen.

Insbesondere die sozialgesetzlichen Entwicklungen, die den Krankenkassen neue Vertragskompetenzen zuschreiben und eine Zuweisung von Versorgungs- und Budgetverantwortung auf Praxisnetze und damit eine dirigierte Leistungserbringung ermöglichen[895], haben dazu geführt, daß der Vernetzung von Arztpraxen von Anfang an das hierzulande negativ besetzte Etikett „Managed Care“ anhaftete. Aus diesem Grund wurden Praxisnetze zunächst von seiten der Standespolitiker und Kassenärztlichen Vereinigungen sehr argwöhnisch betrachtet. Man fürchtete eine Abkehr von der einheitlichen und gleichmäßigen Versorgung aller Versicherten sowie eine grundlegende Veränderung der Arzt-Patienten-Beziehung durch massive Beschränkungen der freien Arztwahl und der ärztlichen Therapiefreiheit.

Die Wirklichkeit zeichnet jedoch ein anderes Bild: Praxisnetze sind nicht mit Managed Care in seiner klassischen Form gleichzusetzen. Zwar übernehmen Praxisnetze Teile des Managed-Care-Gedankens, indem sie ökonomische und medizinische Elemente in einer ganzheitlichen disziplinen- und sektorenübergreifenden Versorgung verknüpfen[896]. Während Managed Care in seiner klassischen Form aber mit dem Terminus „von dritter Seite dirigierte“ Versorgung zu übersetzen ist, kann diese Definition für Praxisnetze nicht gelten. Das Leistungsangebot eines Praxisnetzes stellt vielmehr eine „unter den Leistungserbringern abgesprochene“ Versorgung dar. Den Netzen fehlt es regelmäßig an einem Dirigismus durch die Krankenkassen. Die ganz überwiegende Mehrheit der Vernetzungen gründet sich ohne Rückgriff auf die sozialrechtlichen Gestaltungsmöglichkeiten; eine gesonderte Beteiligung einer oder mehrerer Krankenkasse(n) findet nicht statt. Die breite Masse der Praxisnetze stellt sich eher als eine ärztlich organisierte und geleitete Kooperationsform denn als eine die herkömmliche Versorgungsstruktur grundlegend verändernde Versorgungsform

[895] Dazu *Pitschas*, VSSR 1998, 253, 255 f.
[896] *Orlowski*, VSSR 1998, 265, 277.

dar. Die Versorgungsvorteile einer Vernetzung von Arztpraxen, ggf. unter Einbeziehung von nichtärztlichen Leistungserbringern und stationären Einrichtungen, liegen nicht in neuartigen oder gegenüber der Normalversorgung in medizinischer Hinsicht abweichenden Leistungsangeboten. Gegenstand einer Vernetzung ist vielmehr, durch organisatorische Maßnahmen die Struktur- und Prozeßqualität der ambulanten Patientenbehandlung zu verbessern. Zu diesem Zweck wird von vorgeschriebenen Behandlungsroutinen in Form von Leitlinien, Arzneimittelpositivlisten sowie Case- oder Disease-Management-Konzepten Gebrauch gemacht, die durchaus die Therapiefreiheit des Arztes und damit das Recht des Patienten auf individuelle und fachgerechte Heilbehandlung berühren[897]. Bei solchen dem Managed-Care-Gedanken entnommenen Maßnahmen des Gesundheitsmanagements handelt es sich jedoch keineswegs um netzspezifische Erscheinungsweisen. Allgemein ist in den letzten Jahren die Tendenz festzustellen, „dem behandelnden Arzt weniger Ermessen und mehr Verhaltensanweisungen in die Hand zu geben“[898]. Vor allem im klinischen Bereich gehören behandlungsbezogene Standardisierungsinstrumente schon seit längerem zum ärztlichen Alltag. Die Kooperationsebene Praxisnetz stellt lediglich die ideale Basis für die Verwirklichung solcher Standardisierungsmaßnahmen im ambulanten Bereich dar[899]. Der Ausgestaltung des Gesundheitsmanagements im Rahmen von Praxisnetzen sind durch die freie Arztwahl und die ärztliche Therapiefreiheit klare Grenzen gesetzt. Einschränkungen der Arztwahlfreiheit sind nur auf freiwilliger und unverbindlicher Basis möglich und die zum Wohle des selbstbestimmten Patienten bestehende Therapiefreiheit des Arztes basiert auf dem Patientenrecht auf individuelle Therapie. Die Wahl der Therapie darf nicht ausschließlich von ökonomischen Erwägungen abhängig gemacht werden.

Die Einführung des Praxisverbundes in die ärztliche Berufsordnung stellt sich wie so oft[900] als eine Reaktion auf außerberufsrechtliche Entwicklungen dar. Nicht selten sind die ärztlichen Berufsordnungen den sich wandelnden Auffassungen der Allgemeinheit jahrelang „hinterhergehinkt“[901], ein Umstand, der dem ärztlichen Berufsrecht den Vorwurf eingebracht hat, es sei „antiquiert“ und

---

[897] *Laufs*, NJW 1999, 2717.

[898] *Schirmer*, in: BÄK/KBV/AWMF (Hrsg.), Curriculum Qualitätssicherung Teil 1, S. 193; siehe auch *Laufs*, NJW 1999, 2717 ff.

[899] So ausdrücklich der Bericht der *Arbeitsgruppe „Case Management und Vernetzung“* auf dem Symposium der KBV am 25./26. Oktober 2001 in Königswinter, abgedruckt in KBV Kontext Nr. 18, Februar 2002, S. 60.

[900] Vgl. die Beispiele bei *Francke*, Ärztliche Berufsfreiheit und Patientenrechte, S. 35 sowie bei *Francke/Hart*, Patienteninformation, S. 147 ff.

[901] Die ärztliche Aufklärungspflicht wurde z. B. erst 1988 zur Berufspflicht gemacht, vgl. *Ratzel/Lippert*, MBO-Ä 1997, § 8 Rdnr. 1; weitere Beispiele bei *Taupitz*, NJW 1986, 2851, 2855 f.

„anachronistisch“[902]. In Bezug auf die Regelung des Praxisverbundes ist dieser Vorwurf unberechtigt. Anders als in anderen Bereichen – man denke nur an die standesrechtlichen Werberegelungen, die erst im Jahr 2000 und damit 15 Jahre nach der grundlegenden Sanatoriumsentscheidung des Bundesverfassungsgerichts an die höchstrichterliche Rechtsprechung angepaßt wurden – hat der Berufsrechtsgeber im Bereich der Praxisnetze die Zeichen der Zeit schnell erkannt. Nur zwei Jahre nach der Etablierung der ersten Netzinitiativen im Jahr 1995 hat das Ärzteparlament 1997 auf dem 100. Deutschen Ärztetag die erste „Version“ des Praxisverbundes in die MBO-Ä aufgenommen. Auch wenn dieser Versuch schnell als untauglich erkannt wurde, weil mit dieser ersten berufsrechtlichen Konzeption nur ein sehr kleiner Ausschnitt aus der Lebenswirklichkeit der Praxisnetze erfaßt werden konnte, ist es insbesondere angesichts des auf seiten der Ärztekammern zunächst bestehenden erheblichen Mißtrauens gegenüber der Vernetzung von Arztpraxen anerkennenswert, daß eine rasche Reaktion auf die damals in weiten Teilen unabsehbare Entwicklung der Praxisnetze versucht wurde. Mit der Neufassung des Kap. D II Nr. 11 in der MBO-Ä 2000 hat der Berufsrechtsgeber jedoch den Weg der „Erprobung“ verlassen und ein praxistaugliches Instrumentarium für die Gründung von und die tägliche Arbeit in Praxisnetzen bereitgestellt.

Tatsächliche Entwicklungen lassen sich durch das Berufsrecht eben nicht verhindern, es sollte vielmehr dazu genutzt werden, jene mit Blick auf die Arzt-Patienten-Beziehung in sachangemessene und interessengerechte Bahnen zu lenken. Eine solche Flankierung durch das Berufsrecht ist gerade in einer Zeit, in der durch den Sozialgesetzgeber mit immer neuen Gesundheitsreformen in immer kürzeren Abständen versucht wird, der Kostenexplosion im Gesundheitswesen Herr zu werden, und in der dadurch eine komplexe, fast unüberschaubare und oft inhomogene Normenfülle produziert wird, im Interesse der Ärzte und der Patienten notwendig. Im Gegensatz zu der enormen Sparzwängen unterliegenden Regelungswut des Sozialgesetzgebers ist es die ärztliche Berufsordnung, die die aus gutem Grund althergebrachten Wesensmerkmale der Arzt-Patienten-Beziehung artikuliert und der täglichen Begegnung zwischen Arzt und Patient so einen verläßlichen, weil gleichbleibenden Rahmen gibt[903]. Im Bereich der Praxisnetze geben die sozialrechtlichen Vertragsmöglichkeiten nur ein Gerüst für deren Etablierung vor. Die Aufgabe der ärztlichen Berufsordnung ist es demgegenüber, das Fundament für die das Verhältnis zwischen Arzt und Patient kennzeichnende „vertrauensvolle und uneingeschränkte Zuwendung beider Partner“[904] zu legen. Mit der Neukonzeption des Praxisverbundes im Jahr 2000 auf

---

[902] So z. B. *Kleine-Cosack*, Berufsständische Autonomie, S. 22 sowie *Ehlers*, in: Festschrift für E. Deutsch, S. 534, in Bezug auf das ärztliche Werberecht.
[903] Siehe auch *Katzenmeier*, Arzthaftung, S. 17 ff., zu den Bedrohungen der Freiberuflichkeit des Arztes durch immer strengere Maßgaben des SGB V.
[904] *Laufs*, Arztrecht, Rdnr. 16.

dem 103. Deutschen Ärztetag in Köln ist der Berufsrechtsgeber diesem Auftrag gerecht geworden.

Auch wenn sich die mit der Etablierung von Praxisnetzen verknüpften hohen Erwartungen in wirtschaftlicher Hinsicht bislang nicht bewahrheiten konnten, so ist doch die mit den Netzprojekten bezweckte Verbesserung der ärztlichen, berufs- und sektorenübergreifenden Zusammenarbeit ein Ziel, das sich nicht nur im Interesse der Patienten weiter zu verfolgen lohnt. Nicht nur die Patienten benötigen zunehmend eine praxis-, disziplinen- und sektorenübergreifend organisierte Versorgung, auch für die beteiligten Ärzte, Nichtärzte und Krankenhäuser ist es notwendig, nicht (mehr) gegen-, sondern miteinander zu arbeiten.

Ob sich die Praxisnetze tatsächlich zu einer Form der Regelversorgung entwickeln werden und sich als ärztliche Kooperationsform auf ähnlich breiter Front werden durchsetzen können wie in den letzten beiden Jahrzehnten die Gemeinschaftspraxen und Praxisgemeinschaften, ist nicht mehr eine Frage des Berufsrechts, sondern der täglich „gelebten“ Erfahrung der Ärzte und ihrer Patienten. Die ärztliche Berufsordnung erlaubt einen umfassenden Versuch zu mehr Kooperation und Kommunikation in der Behandlung der Patienten, es ist an der Ärzteschaft ihn zu wagen.

Literaturverzeichnis

Ahlers, Dieter: Die GmbH als Zusammenschluß Angehöriger freier Berufe zur gemeinsamen Berufsausübung, in: Festschrift für Heinz Rowedder, München 1994, S. 1-19.

Ahrens, Hans-Jürgen: Praxisgemeinschaften in Ärztehäusern mit Fremdgeschäftsführung – Voraussetzungen und Grenzen ärztlichen Unternehmertums, MedR 1992, 141-146.

Ahrens, Hans-Jürgen/Knieps, Franz: Neue Formen des Gesundheitsmanagements – Politisches Umfeld und instrumentelle Möglichkeiten für Managed Care in der AOK, in: Eichhorn, Siegfried/Schmidt-Rettig, Barbara (Hrsg.), Chancen und Risiken von managed care: Perspektiven der Vernetzung des Krankenhauses mit Arztpraxen, Rehabilitationskliniken und Krankenkassen, Stuttgart 1998, S. 260-270 (zit.: Ahrens/Knieps, in: Eichhorn/Schmidt-Rettig (Hrsg.), managed care).

Andreas, Manfred: Die Vernetzung von Krankenhäusern und niedergelassenen Ärzten, ArztR 2000, 32-35.

- Ärztliche Schweigepflicht im Zeitalter der EDV, ArztR 2000, 296-304.

Andreas, Manfred/Debong, Bernhard/Bruns, Wolfgang: Handbuch des Arztrechts in der Praxis, Baden-Baden 2001.

Arnold, M./Jelastopulu, E./ König, H.-H./Seitz, R.: Managed Care – Teil 2: Übertragbarkeit in die Bundesrepublik Deutschland, RPG 1998, 37-44.

Auernhammer, Herbert: Kommentar zum Bundesdatenschutzgesetz, 3. Auflage, Köln 1993.

Bachmann,Gregor: Juristische Person und freier Beruf, NJW 2001, 3385-3386.

Bäumler, Helmut: Medizinische Dokumentation und Datenschutzrecht, MedR 1998, 400-405.

Bahner, Beate: Das neue Werberecht für Ärzte: Auch Ärzte dürfen werben, 1. Auflage, Berlin 2001.

- Ärztliche Werbung aus rechtlicher Sicht, in: Kreyher, Volker J. (Hrsg.): Handbuch Gesundheits- und Medizinmarketing: Chancen, Strategien und Erfolgsfaktoren, Heidelberg 2001, S. 597-613 (zit.: Bahner, in: Kreyher (Hrsg.), Handbuch Gesundheits- und Medizinmarketing).

Barth, Dieter: Mediziner-Marketing: Vom Werbeverbot zur Patienteninformation – eine rechtsvergleichende und interdisziplinäre Studie zur Kommunikation zwischen Patienten und Ärzten, Berlin 1999.

- Rechtliche Rahmenbedingungen des medizinischen Marketing in Klinik und Praxis, in: Kreyher, Volker J. (Hrsg.): Handbuch Gesundheits- und Medizinmarketing: Chancen, Strategien und Erfolgsfaktoren, Heidelberg 2001, S. 615-631 (zit.: Barth, in: Kreyher (Hrsg.), Handbuch Gesundheits- und Medizinmarketing).

Bartodziej, Peter: Ansprüche auf Mitgliedschaft in Vereinen und Verbänden, ZGR 1991, 517-546.

Bauer, Hans H./Keller, Thomas: Arzneimittelversorgung in Gesundheitsnetzen – Das 3-Schalen-Modell konzeptionell nutzen, Pharma-Marketing Journal 2000 (Heft 2), 49-53.

Bauer, Hartwig: Leitlinien als Grundlage rationalen ärztlichen Handelns, in: Eichhorn, Siegfried/Schmidt-Rettig, Barbara (Hrsg.), Chancen und Risiken von managed care: Perspektiven der Vernetzung des Krankenhauses mit Arztpraxen, Rehabilitationskliniken und Krankenkassen, Stuttgart 1998, S. 161-170 (zit.: Bauer, in: Eichhorn/ Schmidt-Rettig (Hrsg.), managed care).

Baumbach, Adolf/Hefermehl, Wolfgang: Wettbewerbsrecht, München 2001.

Baumberger, Jürg: Das Gesundheitswesen von morgen: Umbau oder Abbau?, in: Merke, Klaus (Hrsg.), Umbau oder Abbau im Gesundheitswesen?, Reihe Innovationen im Gesundheitswesen, Band 1, Berlin 1997, S. 252-259 (zit.: Baumberger, in: Merke (Hrsg.), Umbau oder Abbau im Gesundheitswesen).

- Managed Care – Strategien als Instrument zur Vernetzung der stationären und ambulanten Gesundheitsversorgung in der Schweiz, in: Eichhorn, Siegfried/Schmidt-Rettig, Barbara (Hrsg.), Chancen und Risiken von managed care: Perspektiven der Vernetzung des Krankenhauses mit Arztpraxen, Rehabilitationskliniken und Krankenkassen, Stuttgart 1998, S. 231-244 (zit.: Baumberger, in: Eichhorn/Schmidt-Rettig (Hrsg.), managed care).

Baumgärtner, Werner: Der MEDI-Verbund, in: KBV Kontext 14, Sicherstellung auf dem Prüfstand, Heft Nr. 14, Köln Juni 2000, S. 35-39.

Bausch, Jürgen: Was hat sich die KV Hessen von dem Projekt versprochen?, in: Szecsenyi, Joachim/Magdeburg, Klaus/Kluthe, B./Weber, C./et. al. (Hrsg.), Ein Praxisnetz erfolgreich gestalten – Erfahrungen und Ergebnisse aus zwei Jahren „Ärztliche Qualitätsgemeinschaft Ried“ (AQUA-Materialien Band VII), AQUA-Institut für angewandte Qualitätsförderung und Forschung im Gesundheitswesen GmbH, Göttingen 1999, S. 7-8 (zit.: Bausch, in: Szecsenyi/Magdeburg (Hrsg.), Ärztliche Qualitätsgemeinschaft Ried).

- Innovative Versorgungsformen, Professionalisierung ohne Regulierung, in: KBV Kontext 14, Sicherstellung auf dem Prüfstand, Heft Nr. 14, Köln Juni 2000, S. 41-43.

Bechtold, Rainer: Kartellgesetz – Gesetz gegen Wettbewerbsbeschränkungen, Kommentar, 2. Auflage, München 1999.

Beske, Fritz/Kern, Axel Olaf (Hrsg.): Leitlinien und Standards in der Medizin – Auf dem Weg in die Einheitsbehandlung?, Symposium des Instituts für Gesundheits-System-Forschung am 13. Mai 1998 in Hannover, Würzburg 1999.

Binder, Stephan: Effizienz durch Wettbewerb im Gesundheitswesen: Gesundheitssystemsteuerung durch wettbewerbsorientierte Anreize im Bereich der Leistungserbringung, Bayreuth 1999.

Böcken, Jan/Butzlaff, Martin/Esche, Andreas (Hrsg): Reformen im Gesundheitswesen – Ergebnisse der internationalen Recherche zum Carl-Bertelsmann-Preis 2000, Gütersloh 2000.

Böckenförde, Ernst-Wolfgang: Freiheitssicherung gegenüber gesellschaftlicher Macht, in: Posser, Diether/Wassermann, Rudolf (Hrsg.), Freiheit in der sozialen Demokratie, Karlsruhe 1975, S. 69-76.

- Grundrechtsgeltung gegenüber Trägern gesellschaftlicher Macht?, ebenda, S. 77-89.

Bogs, Harald: Das Grundrecht der Berufsfreiheit (Art.12 GG) im Spiegel des Arztsystems – Grundlagen, dargestellt anhand von Kassen- und Vertragsarztwesen der deutschen gesetzlichen Krankenversicherung, in: Festschrift für Werner Thieme, Köln 1993, S. 715-731.

Bongen, Wolfgang/Kremer, Ralf: Probleme der Abwicklung ärztlicher Privatliquidation durch externe Verrechnungsstellen, NJW 1992, 2911-2915.

Bonvie, Horst: Vergütung für ärztliche Dienstleistungen oder verbotene Provision?, MedR 1999, 64-66.

- Aktuelle Fragen des ärztlichen Berufsrechts, MedR 2002, 338-345.

Brandstetter, Arnulf: Der Erlaß von Berufsordnungen durch die Kammern der freien Berufe, Berlin 1971.

Breyer, Friedrich/Zweifel, Peter: Gesundheitsökonomie, 3.Auflage, Berlin 1999.

Breuer, Rüdiger: Freiheit des Berufs, in: Isensee, Josef/Kirchhof, Paul (Hrsg.), Handbuch des Staatsrechts, Band VI, § 147, 2. Auflage, Heidelberg 2001, S. 877-956.

- Die staatliche Berufsregelung und Wirtschaftslenkung, in: Isensee, Josef/Kirchhof, Paul (Hrsg.), Handbuch des Staatsrechts, Band VI, § 148, 2. Auflage, Heidelberg 2001, S. 957-1021.

Broglie, Max: Vernetzte Praxen als Tor zu Qualität, Patientenservice und Kostenbewußtsein, AusR 1999, 55-63.

Brohm, Winfried: Selbstverwaltung in wirtschafts- und berufsständischen Kammern, in: v. Mutius, Albert (Hrsg.), Selbstverwaltung im Staat der Industriegesellschaft, Festschrift für Georg Christoph v. Unruh, Heidelberg 1983, S. 777-807.

Brünjes, Michael: Anmerkung zu OVG Hamburg, Beschl. v. 24.5.1995 – Az.: OVG Bf VI 46/95 (Arztwerbung durch Eintragung in den „Gelben Seiten"), MedR 1996, 524-525.

Buchborn, Eberhard: Ärztlicher Standard: Begriff – Entwicklung – Anwendung, MedR 1993, 328-333.

Bundesärztekammer: Empfehlungen zu ärztlicher Schweigepflicht, Datenschutz und Datenverarbeitung in der Arztpraxis, DÄBl. 1996 (Heft 43), A-2809-2814.

- Darstellungsmöglichkeiten des Arztes im Internet (Interpretationsbeschluß), DÄBl. 1999 (Heft 4), A-228.

Clade, Harald: Freie Arztwahl – für den Patienten unverzichtbar, DÄBl. 1999 (Heft 11), A-676.

- Private Krankenversicherung – Separate Versorgungsnetze: Kaum realisierbar, DÄBl. 2000 (Heft 39), A-2495.

Cramer, Udo H./Henkel, Markus: Standesordnung und Wettbewerb – Plädoyer für Einheit von Norm und Vollzug, MedR 2000, 565-573.

Dahm, Franz-Josef: Zur Problematik der Gewährung von Preisnachlässen und Zuwendungen im Gesundheitswesen, MedR 1992, 250-256.

- Ärztliche Kooperationsgemeinschaften und Beteiligungsmodelle – im Spannungsfeld der Berufsordnung („MRT-Koop" u.a.), MedR 1998, 70-74.

- Die überörtliche Berufsausübungsgemeinschaft, AusR 2000, 134-139.

Dalichau, Gerhard/ Grüner, Hans: Gesetzliche Krankenversicherung SGB V – Kommentar sowie Bundes- und Landesrecht, Band I, Starnberg, Stand: 1. März 1999.

Damm, Reinhard: Gesellschaftsrecht der Freien Berufe im Wandel, in: Festschrift für Hans Erich Brandner, Köln 1996, S. 31-56.

Deutsch, Erwin: Medizinrecht: Arztrecht, Arzneimittelrecht und Medizinprodukterecht, 4. Auflage, Heidelberg 1999.

Dierks, Christian: Ärztliche Schweigepflicht, in: Schmid, Ronald/Ratzel, Rudolf (Hrsg.), Arzt Recht Wirtschaft – Handbuch zur erfolgreichen Praxisführung, Neuwied, Stand: April 1993, Kap. 11, S. 1-41 (zit.: Dierks, in: Schmid/Ratzel (Hrsg.), Arzt Recht Wirtschaft, Kap. 11).

- Datenschutz in der Telemedizin – rechtliche Aspekte, ZaeFQ 1999 (Heft 93), 787-791.

Dietze, Eckard/Brandenburg, Hans F.: Recht in der Arztpraxis – ein Ratgeber für Ärzte, Stuttgart 1998.

Donath, Roland: Rechtsberatungsgesellschaften, ZHR 156 (1992), 134-173.

Dreier, Horst (Hrsg.): Grundgesetz-Kommentar, Band I, Art. 1-19, Tübingen 1996 (zit.: Bearbeiter, in: Dreier (Hrsg.), GG, Band I).

Dressler, Wolf-Dieter: Die Bedeutung von ärztlichen Leitlinien im Rechtsstreit, in: Hart (Hrsg.), Ärztliche Leitlinien: Empirie und Recht professioneller Normsetzung, 1. Auflage, Baden-Baden 2000, S. 161-169 (zit.: Dressler, in: Hart (Hrsg.), Ärztliche Leitlinien).

DUDEN: Deutsches Universalwörterbuch A-Z, 3. Auflage, Mannheim 1996.

Ehlers, Alexander P. F.: Die ärztliche Aufklärungspflicht vor medizinischen Eingriffen: Bestandsaufnahme und Kritik, Köln 1987.

- Das Bild des Arztes in der Öffentlichkeit – Arzt und Werbung, in: Festschrift für Erwin Deutsch, Berlin 1999, S. 531-544.

Ehmann, Horst: Praxisgemeinschaft/Gemeinschaftspraxis, MedR 1994, 141-149.

Eich, Alexander: Die Praxisbroschüre – eine notwendige Form zulässiger „Informationswerbung", MDR 1989, 4-12.

Eichhorn, Siegfried: Vernetzung der Leistungsanbieter und die Chancen für das Krankenhaus, Perspectives on Managed Care 1999 (Heft 4), 11-14.

Eichhorn, Siegfried/Schmidt-Rettig, Barbara: Managed Care-Strategien zur Verbesserung der Effektivität, der Wirtschaftlichkeit und der Qualität der Gesundheitsversorgung, insbesondere der Krankenhausversorgung, in: Eichhorn, Siegfried/Schmidt-Rettig, Barbara (Hrsg.), Chancen und Risiken von managed care: Perspektiven der Vernetzung des Krankenhauses mit Arztpraxen, Rehabilitationskliniken und Krankenkassen, Stuttgart 1998, S. 3-40 (zit.: Eichhorn/Schmidt-Rettig, in: Eichhorn/Schmidt-Rettig (Hrsg.), managed care).

Emmerich, Volker: Kartellrecht, 8. Auflage, München 1999.

Enger, F.: Die Entwicklung der elektronischen Kommunikation in der Ärztlichen Qualitätsgemeinschaft Ried: Rückblicke – Ausblicke, in: Szecsenyi, Joachim/Magdeburg, Klaus/Kluthe, B./Weber, C./et. al. (Hrsg.), Ein Praxisnetz erfolgreich gestalten – Erfahrungen und Ergebnisse aus zwei Jahren „Ärztliche Qualitätsgemeinschaft Ried" (AQUA-Materialien Band VII), AQUA-Institut für angewandte Qualitätsförderung und Forschung im Gesundheitswesen GmbH, Göttingen 1999, S. 27-30 (zit.: Enger, in: Szecsenyi/Magdeburg (Hrsg.), Ärztliche Qualitätsgemeinschaft Ried).

v. Essen, Hans-Joachim: Kooperative Arbeitsweisen in ambulanten Zentren mit vernetzten Strukturen, in: Eichhorn, Siegfried/Schmidt-Rettig, Barbara (Hrsg.), Chancen und Risiken von managed care: Perspektiven der Vernetzung des Krankenhauses mit Arztpraxen, Rehabilitationskliniken und Krankenkassen, Stuttgart 1998, S. 74-85 (zit.: v. Essen, in: Eichhorn/Schmidt-Rettig (Hrsg.), managed care).

Fahrig, M.: Die medizinische Versorgung und die ÄQ Ried aus Sicht eines Patienten, in: Szecsenyi, Joachim/Magdeburg, Klaus/Kluthe, B./Weber, C./et. al.(Hrsg.), Ein Praxisnetz erfolgreich gestalten – Erfahrungen und Ergebnisse aus zwei Jahren „Ärztliche Qualitätsgemeinschaft Ried" (AQUA-Materialien Band VII), AQUA-Institut für angewandte Qualitätsförderung und Forschung im Gesundheitswesen GmbH, Göttingen 1999, S. 64-67 (zit.: Fahrig, in: Szecsenyi/Magdeburg (Hrsg.), Ärztliche Qualitätsgemeinschaft Ried).

Felder, Stefan: Erfahrungen mit Managed Care in der Schweiz, Qualitätsmanagement in Klinik und Praxis 1999 (Heft 2), 63-64.

Fiedler, Eckart: Wettbewerbsbezogene Gestaltung der Verträge zwischen Krankenkassen und Leistungserbringern, in: Eichhorn, Siegfried/Schmidt-Rettig, Barbara (Hrsg.), Chancen und Risiken von managed care: Perspektiven der Vernetzung des Krankenhauses mit Arztpraxen, Rehabilitationskliniken und Krankenkassen, Stuttgart 1998, S. 271-279 (zit.: Fiedler, in: Eichhorn/Schmidt-Rettig (Hrsg.), managed care).

Fischer, Friedrich-Wilhelm: Teamarbeit der Ärzte – Berufs- und gesellschaftsrechtliche Aspekte, München 1971.

Francke, Robert: Ärztliche Berufsfreiheit und Patientenrechte – Eine Untersuchung zu den verfassungsrechtlichen Grundlagen des ärztlichen Berufsrechts und des Patientenschutzes, Stuttgart 1994.

Francke, Robert/Hart, Dieter: Ärztliche Verantwortung und Patienteninformation – Eine Untersuchung zum privaten und öffentlichen Recht der Arzt-Patient-Beziehung, Stuttgart 1987.

- Charta der Patientenrechte, 1. Auflage, Baden-Baden 1999

Frank, Michael: Mögliche Brücken zwischen Klinik, Praxis und Pflege – Das Regensburger Modell am Caritaskrankenhaus St. Josef, in: Carstensen, Gert/ Ulsenheimer, Klaus (Hrsg.), Ambulantes Operieren – Vernetzung der Dienste, Heidelberg 1997, S. 53-69 (zit.: Frank, in: Carstens/Ulsenheimer (Hrsg.), Ambulantes Operieren).

Ganster, Günther: Freier Beruf und Kapitalgesellschaft – das Ende der freien Professionen?, Berlin 1999.

Garstka, Hansjürgen: Datenschutz in Praxisnetzen aus Sicht des Datenschutzbeauftragten, ZaeFQ 1999 (Heft 93), 781-784.

Gitter, Wolfgang/Köhler, Gabriele: Der Grundsatz der persönlichen ärztlichen Leistungspflicht – Ausformungen und Auswirkungen auf die Leistungserbringung in ärztlichen Kooperationsformen, Berlin 1989.

Glaeske, Gerd: Innovative Versorgungskonzepte mit Arzneimitteln im Rahmen neuer Versorgungsstrukturen, in: Merke, Klaus (Hrsg.), Umbau oder Abbau im Gesundheitswesen?, Reihe Innovationen im Gesundheitswesen, Band 1, Berlin 1997, S. 159-164 (zit.: Glaeske, in: Merke (Hrsg.), Umbau oder Abbau im Gesundheitswesen).

Glaeske, Gerd/Schefold, Dian (Hrsg.): Positivliste für Arzneimittel: Projektergebnisse unter Berücksichtigung pharmakologischer, juristischer und ökonomischer Aspekte, Baden-Baden 1988 (zit.: Bearbeiter, in: Glaeske/Schefold (Hrsg.), Positivliste für Arzneimittel).

Gleißner-Klein, Ingrid: Private Standesregeln im Wettbewerbsrecht – Die Berufsordnung der Heilpraktiker, Berlin 1990.

Gloy, Wolfgang: Handbuch des Wettbewerbsrechts, 2. Auflage, München 1997 (zit.: Bearbeiter, in: Gloy, Hb. des Wettbewerbsrechts).

Götting, Ulrike/Preuß, Klaus J.: Ärztenetze und Private Krankenversicherung, Perspectives on Managed Care 2000 (Heft 2), 16-20.

Gola, Peter/Schomerus, Rudolf: Bundesdatenschutzgesetz (BDSG), Kommentar, 6. Auflage, München 1997.

Graf v. Stillfried, Dominik: Managed-Care-Elemente in der Entwicklung der gesetzlichen Krankenversicherung, in: Arnold, M./Lauterbach, K. W./Preuß, K. J. (Hrsg.), Managed Care – Ursachen, Prinzipien, Formen und Effekte, Reihe „Beiträge zur Gesundheitsökonomie", Band 31, Stuttgart 1997, S. 229-251 (zit.: Graf v. Stillfried, in: Arnold /Lauterbach/Preuß (Hrsg.), Managed Care).

Grégoire, Ludo: Das niederländische Hausarztmodell, in: Eichhorn, Siegfried/Schmidt-Rettig, Barbara (Hrsg.), Chancen und Risiken von managed care: Perspektiven der Vernetzung des Krankenhauses mit Arztpraxen, Rehabilitationskliniken und Krankenkassen, Stuttgart 1998, S. 310-314 (zit.: Grégoire, in: Eichhorn/Schmidt-Rettig (Hrsg.), managed care).

Greulich, Andreas/Berchtold, Peter/Löffel, Nikolaus (Hrsg.): Disease Management. Patient und Prozeß im Mittelpunkt, Heidelberg 2000.

Grönemeyer, Dietrich H. W.: Med. in Deutschland – Standort mit Zukunft, Berlin 2000.

Grunewald, Barbara: Vereinsaufnahme und Kontrahierungszwang, AcP 182 (1982), 181-213.

Hart, Dieter: Rechtliche Grenzen der „Ökonomisierung" – Arzneimittel-, sozial- und haftungsrechtliche Aspekte der Pharmakoökonomie, MedR 1996, 60-71.

- Ärztliche Leitlinien – Definitionen, Funktionen, rechtliche Bewertungen – Gleichzeitig ein Beitrag zum medizinischen und rechtlichen Standardbegriff, MedR 1998, 8-16.
- Ärztliche Leitlinien und Haftungsrecht, in: Hart (Hrsg.), Ärztliche Leitlinien: Empirie und Recht professioneller Normsetzung, 1. Auflage, Baden-Baden 2000, S. 137-159 (zit.: Hart, in: Hart (Hrsg.), Ärztliche Leitlinien).
- *(Hrsg.):* Ärztliche Leitlinien: Empirie und Recht professioneller Normsetzung, 1. Auflage, Baden-Baden 2000

Hasselbach, Kirsti: Die Auswirkungen vernetzter Strukturen auf die Patientenzufriedenheit in ambulanten Artzpraxen – Eine theoretische und empirische Analyse, Diplomarbeit am Lehrstuhl für Allgemeine Betriebswirtschaftslehre und Marketing II, Prof. Dr. Hans. H. Bauer, Universität Mannheim, 1998 (zit.: Hasselbach, Patientenzufriedenheit).

Heberer, Jörg: Das ärztliche Berufs- und Standesrecht: Lehr- und Handbuch des Arztrechts für Ärzte und Juristen, 2. Auflage, Landsberg/Lech 2001.

Hellmann, Wolfgang: Netzmanager als Beruf – Ein neuer Fortbildungszweig, Perspectives on Managed Care 2000 (Heft 1), 16-17.

Henke, Norbert: Rechtsprobleme ärztlicher Zusammenarbeit im ambulanten Bereich, NJW 1974, 2035-2040.

Herzog, Horst: Vernetzte Praxen, Praxisverbund – Versorgungsstruktur oder Kooperation?, AusR 1999, 67-73.

Hess, Rainer: Der Begriff des medizinischen Standards aus der Sicht der vertragsärztlichen Versorgung, in: Nagel, Eckhard/Fuchs, Christoph (Hrsg.), Leitlinien und Standards im Gesundheitswesen: Fortschritt in sozialer Verantwortung oder Ende der ärztlichen Therapiefreiheit?, Köln 1997, S. 59-65 (zit.: Hess, in: Nagel/Fuchs (Hrsg.), Leitlinien und Standards im Gesundheitswesen).

Höfling, Wolfram: Vertragsfreiheit. Eine grundrechtsdogmatische Studie, Heidelberg 1991.

Huber, Felix/Hess, Kurt: HMO-Praxis – Ein alternatives Praxis-Krankenversicherungsmodell, in: Eichhorn, Siegfried/Schmidt-Rettig, Barbara (Hrsg.), Chancen und Risiken von managed care: Perspektiven der Vernetzung des Krankenhauses mit Arztpraxen, Rehabilitationskliniken und Krankenkassen, Stuttgart 1998, S. 245-259 (zit.: Huber/Hess, in: Eichhorn/Schmidt-Rettig (Hrsg.), managed care).

Hüber, Gerhard: Datenschutz in Praxisnetzen aus ärztlicher Sicht, ZaeFQ 1999 (Heft 93), 785-786.

Jarass, Hans. D.: Die freien Berufe zwischen Standesrecht und Kommunikationsfreiheit, NJW 1982, 1833-1840.

Kaiser, Roland H.: Zur Umsetzung von Leitlinien in Praxisnetzen, Perspectives on Managed Care, 1999 (Heft 2), 31-34.

Kaiser, Roland H./März, Markus: Praxisnetze in Hessen, Perspectives on Managed Care 1999 (Heft 4), 46-48.

Kamps, Hans: Wiedereinbestellung von Patienten, MedR 1994, 194-196.

- Schweigepflicht gegenüber Arbeitgebern, Krankenkassen, Medizinischen Diensten und Versicherungsgesellschaften aus Sicht einer Ärztekammer, ZaeFQ 1999 (Heft 93), 754-761.
- Ärztliche Kooperationen in Baden-Württemberg – Beurteilung aus sozialrechtlicher Sicht, Folie eines Vortrages auf dem 3. Gesundheitsforum der Bezirksärztekammer Südwürttemberg in Reutlingen am 8. April 2000.

Kasseler Kommentar: Sozialversicherungsrecht, Band 1, München, Stand: August 2001 (zit.: Bearbeiter, in: Kasseler Kommentar).

Kassenärztliche Bundesvereinigung: KBV Kontext 3, Vernetzte Praxen und flexible Vertragsformen – Weiterentwicklung der ambulanten Versorgung, Heft Nr. 3, 2. Auflage, Köln August 1997.

- KBV Kontext 4, Vernetzte Praxen und flexible Vertragsformen – Weiterentwicklung der ambulanten Versorgung, Dokumentation zum Symposium der KBV am 5./6. November 1996 in Königswinter, Heft Nr. 4, Köln Februar 1997, (wegen vergriffener Auflage nur im Internet abzurufen unter: www.kbv.de/Homepage/Archiv/kontext/Kontext_02_97/index.html, Stand: 18.10.2000).
- KBV Kontext Spezial, Die Entwicklung neuer Versorgungsstrukturen, Positionspapier der Kassenärztlichen Bundesvereinigung, Köln August 1998.
- KBV Kontext 9, Projekte zur Weiterentwicklung der ambulanten Versorgung im Überblick, Heft Nr. 9, Köln Dezember 1998, (eine aktualisierte Fassung von März 1999 ist im Internet abzurufen unter: www.kbv.de/Homepage/themen/vernprax/Projektregister/index.html, Stand: 23.8.2000).
- KBV Kontext 12, Praxisnetze – Innovation des Gesundheitssystems, Dokumentation zum Symposium der KBV am 18./19. März 1999 in Königswinter, Heft Nr. 12, Köln Juli 1999.

- KBV Kontext 14, Sicherstellung auf dem Prüfstand, Dokumentation zum Symposium der KBV am 10./11. Februar 2000 in Berlin, Heft Nr. 14, Köln Juni 2000.
- „Vorschaltgesetz 1999“ – Informationen und Handlungsempfehlungen für den Kassenarzt zum GKV-Solidaritätsstärkungsgesetz, Köln 1999.
- Arbeitsbuch für Netze, Köln, Stand: Januar 2000.
- Tätigkeitsbericht der Kassenärztlichen Bundesvereinigung, Köln 2001, im Internet abrufbar unter: http://www.kbv.de/publikationen/jahresbericht.htm, Stand: 19.10.2001
- KBV Kontext 18, Patientenbeteiligung im Gesundheitswesen, Dokumentation zum Symposium der KBV am 25./26. Oktober 2001 in Königswinter, Heft Nr. 18, Köln Februar 2002.

Kassenärztliche Bundesvereinigung/Spitzenverbände der Krankenkassen: Rahmenvereinbarung zur integrierten Versorgung gemäß § 140 d SGB V, im Internet abrufbar unter: http://www.kbv.de, Stand: 30.11.2000.

Kassenärztliche Vereinigung Nordbaden (Hrsg.): Modellkonzept „Vernetzte Praxen“ der Kassenärztlichen Vereinigung Nordbaden – Abschlußbericht der Arbeitsgruppe, Karlsruhe 1997 (zit.: Abschlußbericht der Arbeitsgruppe „Vernetzte Praxen“ der Kassenärztlichen Vereinigung Nordbaden).

Katzenmeier, Christian: Qualität im Gesundheitswesen – Patienteninformation – Patientenschutz – Verfahrensqualität, MedR 1997, 498-503.
- Kapitalgesellschaften auf dem Gebiet der Heilkunde, MedR 1998, 113-118.
- Patientenrechte in Deutschland heute, MedR 2000, 24-25.
- Arzthaftung, Tübingen, 2002.

Kern, Bernd-Rüdiger/Laufs, Adolf: Die ärztliche Aufklärungspflicht – Unter besonderer Berücksichtigung der richterlichen Spruchpraxis, Berlin 1983.

Keseberg, A.: Positivliste – Einschränkung der Therapiefreiheit?, DOK 1997, 293-295.

Kiesecker, Regine: Ärztliche Kooperationen – Beurteilung aus berufsrechtlicher Sicht, Folie eines Vortrages auf dem 3. Gesundheitsforum der Bezirksärztekammer Südwürttemberg in Reutlingen am 8. April 2000.

Kirberger, Wolfgang: Anmerkung zum Urteil des BGH vom 23.11.1998 – Az.: II ZR 54/98 (NJW 1999, 1326), EWiR 1999, 1097-1098.

Kleine-Cosack, Michael: Berufsständische Autonomie und Grundgesetz, Baden-Baden 1986.

Klingenberg, A./Szecsenyi, Joachim: Bewertung durch Patienten, in: Szecsenyi, Joachim/Magdeburg, Klaus/Kluthe, B./Weber, C./et. al.(Hrsg.), Ein Praxisnetz erfolgreich gestalten – Erfahrungen und Ergebnisse aus zwei Jahren „Ärztliche Qualitätsgemeinschaft Ried“ (AQUA-Materialien Band VII), AQUA-Institut für angewandte Qualitätsförderung und Forschung im Gesundheitswesen GmbH, Göttingen 1999, S. 82-115 (zit.: Klingenberg/Szecsenyi, in: Szecsenyi/Magdeburg (Hrsg.), Ärztliche Qualitätsgemeinschaft Ried).

Kluth, Winfried: Kassenärztliche Vereinigungen – Körperschaften des öffentlichen Rechts, MedR 2003, 123-128.

Köhler, Helmut/Piper, Henning: Gesetz gegen den unlauteren Wettbewerb, 2. Auflage, München 2001.

Koenig, Christian/Sander, Claude: Die Positivlistenregelung des § 33a SGB V – Ein neuer Anwendungsfall für die gemeinschaftsrechtliche Staatshaftung?, MedR 2001, 295-300.

Körner-Dammann, Marita: Weitergabe von Patientendaten an ärztliche Verrechnungsstellen, NJW 1992, 729-731.

Konferenz der deutschen Gesundheitsminister (GMK): Patientenrechte in Deutschland heute, Juni 1999, im Internet abrufbar über http://www.bremen.de/info/gesundheit/veroeffentlichungen.html, Stand: 29.12.2001.

Korts, Petra/Korts, Sebastian: Heilberufsgesellschaften – ärztliche Partnerschaft, Heidelberger Musterverträge, Heft 88, Heidelberg 1996.

Kossow, Klaus-Dieter: Chancen und Risiken der Integrationsversorgung, KrV 1999, 341-343.

Kraus, Peter/Müller, Michael C./Golombowski, Sidonie: Handbuch Managed Care – Ein Leitfaden für Ärzte, 1. Auflage, Holzkirchen 1998.

Krauskopf, Dieter: Bedeutung der Praxisnetze aus Sicht der Krankenkassen, in: Geschäftsführender Ausschuß der Arbeitsgemeinschaft Medizinrecht im DAV, Psychotherapeutengesetz – ärztliche Kooperationsformen: 1. Herbsttagung in Dresden 24./25.9.1999, Köln 2000, S. 141-145 (zit.: Krauskopf, in: AG Medizinrecht im DAV (Hrsg.), Ärztliche Kooperationsformen).

Krieger, Gerd: Die Behandlungsverweigerung bei Kassenpatienten, insbesondere wegen unzureichender Honorierung, MedR 1999, 519-523.

- Kooperation zwischen Ärzten und Angehörigen nichtärztlicher Fachberufe, in: Geschäftsführender Ausschuß der Arbeitsgemeinschaft Medizinrecht im DAV, Psychotherapeutengesetz – ärztliche Kooperationsformen: 1. Herbsttagung in Dresden 24./25.9.1999, Köln 2000, S. 169-178 (zit.: Krieger, in: AG Medizinrecht im DAV (Hrsg.), Ärztliche Kooperationsformen).

Krimmel, Lothar: Kostenerstattung und Individuelle Gesundheitsleistungen: neue Chancen für Patienten und Ärzte, Köln 1998.

Krüger-Brand, Heike E.: TOP IIa: Novellierung der (Muster-) Berufsordnung – Sachliche Information des Patienten erhält Vorrang, DÄBl. 2000 (Heft 20), A-1346-A-1348.

Künschner, Alfred: Wirtschaftlicher Behandlungsverzicht und Patientenauswahl: knappe medizinische Ressourcen als Rechtsproblem, Stuttgart 1992.

Lang, Franziska: Das Recht auf informationelle Selbstbestimmung des Patienten und die ärztliche Schweigepflicht in der gesetzlichen Krankenversicherung, Baden-Baden 1997.

Lang, Hans-Ulrich/Schade, Hans-Joachim/Lautenschläger, Manfred: Praxisgründung – Praxisführung – Die Antworten auf rechtliche, wirtschaftliche und steuerliche Fragen in der Arztpraxis, Erlangen 1987.

Larenz, Karl/Canaris, Claus-Wilhelm: Methodenlehre der Rechtswissenschaft, 3. Auflage, Berlin 1995.

Laufs, Adolf: Die Verletzung der ärztlichen Aufklärungspflicht und ihre deliktische Rechtsfolge, NJW 1974, 2025-2030.

- Berufsfreiheit und Persönlichkeitsschutz im Arztrecht, Sitzungsbericht 5 der Heidelberger Akademie der Wissenschaften (philosophisch-historische Klasse), Jahrgang 1982, Heidelberg 1982.

- Standesregeln und Berufsrecht der Ärzte, in: Heberer, Georg/Opderbecke, Hans-Wolfgang/Spann, Wolfgang (Hrsg.), Ärztliches Handeln – Verrechtlichung eines Berufsstandes, Festschrift für Walther Weißauer, Berlin 1986, S. 88-95.
- Der ärztliche Heilauftrag aus juristischer Sicht, Heidelberg 1989.
- Zum Wandel des ärztlichen Berufsrechts, in: Festschrift für Willi Geiger zum 80. Geburtstag, Tübingen 1989, S. 228-239.
- Arztrecht, 5. Auflage, München 1993.
- Standards, Kostendruck und Haftpflichtrecht, in: Nagel, Eckhard/Fuchs, Christoph (Hrsg.), Soziale Gerechtigkeit im Gesundheitswesen: ökonomische, ethische, rechtliche Fragen am Beispiel der Transplantationsmedizin, Heidelberg 1993, S. 290-297 (zit.: Laufs, in: Nagel/Fuchs (Hrsg.), Soziale Gerechtigkeit im Gesundheitswesen).
- Die Ärzte-GmbH und das Berufsrecht, MedR 1995, 11-16.
- Arzt und Recht im Umbruch der Zeit, NJW 1995, 1590-1599.
- Therapiefreiheit des Arztes, ZaeFQ 1997, 586-592.
- Zur neuen Berufsordnung für die deutschen Ärztinnen und Ärzten, NJW 1997, 3071-3073.
- Arzt und Recht – Fortschritte und Aufgaben, NJW 1998, 1750-1761.
- Arzt, Patient und Recht am Ende des Jahrhunderts, NJW 1999, 1758-1769.
- Immer weniger Freiheit ärztlichen Handelns, NJW 1999, 2717-2719.
- Zur Freiheit des Arztberufs, in: Festschrift für Erwin Deutsch, Berlin 1999, S. 625-633.
- Ärztliche Schweigepflicht gegenüber Angehörigen, Kollegen und Medien aus juristischer Sicht, ZaeFQ 1999 (Heft 93), 732-738.
- Patientenrechte, NJW 2000, 846-848.
- Buchbesprechung von Greulich, Andreas/Berchtold, Peter/Löffel, Nikolaus (Hrsg.): Disease Management. Patient und Prozeß im Mittelpunkt, Heidelberg 2000, MedR 2000, 559.
- Nicht der Arzt allein muss bereit sein, das Notwendige zu tun, NJW 2000, 1757-1769.
- Werbende Ärzte?, NJW 2001, 1768-1770.

Laufs, Adolf/Reiling, Emil: Ethik-Kommissionen – Vorrecht der Ärztekammern?, Heidelberg 1991.

Laufs, Adolf/Uhlenbruck, Wilhelm (Hrsg.): Handbuch des Arztrechts, 2.Auflage, München 1999 (zit.. Bearbeiter, in: Laufs/Uhlenbruck (Hrsg.), Hb. des Arztrechts). – Inzwischen in 3. Auflage (2002) erschienen. –

Lehnert, Peter: Das Münchner Qualitätsnetz (MQM) GmbH, Perspectives on Managed Care 1999 (Heft 4), 49-50.

Leisner, Walter: Berufsordnungsrecht und Werbeverbote: dargestellt am Beispiel der Werbung für apothekenübliche Erzeugnisse, München 1984.

Lingenfelder, Michael/Kronhardt, Markus: Marketing für vernetzte Systeme, in: Kreyher, Volker J. (Hrsg.): Handbuch Gesundheits- und Medizinmarketing: Chancen, Strategien und Erfolgsfaktoren, Heidelberg 2001, S. 313-339 (zit.: Lingenfelder/Kronhardt, in: Kreyher (Hrsg.), Handbuch Gesundheits- und Medizinmarketing).

Luxenburger, Bernd: Praxisgemeinschaft – sinnvolle Kooperationsform – Gestaltungsmißbrauch und Folgen, in: Geschäftsführender Ausschuß der Arbeitsgemeinschaft Medizinrecht im DAV, Psychotherapeutengesetz – ärztliche Kooperationsformen: 1. Herbsttagung in Dresden 24./25.9.1999, Köln 2000, S. 67-81 (zit.: Luxenburger, in: AG Medizinrecht im DAV (Hrsg.), Ärztliche Kooperationsformen).

Luyken, Rudolf/Heile, Bernhard/Mertens, Klaus/Pottschmidt, Günter/Wandtke, Fritz (Hrsg.): Sammlung von Entscheidungen der Berufsgericht für die Heilberufe, Köln, Stand: 1999 (zit.: Luyken, Entscheidungen der Heilberufsgerichte).

v. Mangoldt, Hermann/Klein, Friedrich/Starck, Christian (Hrsg.): Das Bonner Grundgesetz, Band 1 (Präambel, Art. 1-19 GG), 4. Auflage, München 1999 (zit.: Bearbeiter, in: v. Mangoldt/Klein/Starck, GG).

Maunz, Theodor/Dürig, Günter: Kommentar zum Grundgesetz, Band I, Art. 1-12, München, Stand: Mai 1994 (zit.: Bearbeiter, in: Maunz/Dürig, GG, Band I).

Menzel, Hans-Joachim/Schläger, Uwe: Der Patient im Gesundheitsnetz, DuD 1999, 70-75.

Merten, Detlef: Vereinsfreiheit, in: Isensee, Josef/Kirchhof, Paul (Hrsg.), Handbuch des Staatsrechts, Band VI, §144, 2. Auflage, Heidelberg, 2001, S. 775-807.

Mestmäcker, Ernst-Joachim: Zur gesellschaftsrechtlich organisierten Berufsfreiheit, in: Hefermehl, Wolfgang/Gmür, Rudolf/Brox, Hans (Hrsg.), Festschrift für Harry Westermann, Karlsruhe 1974, S. 411-426.

Metzinger, Bernd: Integrierte Versorgung – Eine Chance für die Krankenkassen?, KrV 1999, 348-351.

Meyer-Lutterloh, Klaus: Managed Care und Wettbewerb – Betrachtungen aus dem Blickwinkel eines Vertragsarztes, RPG 1998, 1-3.

- Praxiskooperationen und Praxisnetze, 2.Auflage, München 1999.
- Netzmanagement – Aufbau von Praxisnetzen, in: Kreyher, Volker J. (Hrsg.): Handbuch Gesundheits- und Medizinmarketing: Chancen, Strategien und Erfolgsfaktoren, Heidelberg 2001, S. 299-312 (zit.: Meyer-Lutterloh, in: Kreyher (Hrsg.), Handbuch Gesundheits- und Medizinmarketing).

Michalski, Lutz: Das Gesellschafts- und Kartellrecht der berufsrechtlich gebundenen freien Berufe; Köln 1989.

Möhrle, Alfred L.: Die ärztliche Berufsfreiheit aus ärztlicher Sicht, in: Wienke, Albrecht/Lippert, Hans-Dieter/Eisenmenger, Wolfgang (Hrsg.), Die ärztliche Berufsausübung in den Grenzen der Qualitätssicherung, Berlin 1998, S. 9-15 (zit.: Möhrle, in: Wienke/Lippert/Eisenmenger (Hrsg.), Qualitätssicherung).

Möller, Karl-Heinz: Laborgemeinschaften, in: Schmid, Ronald/Ratzel, Rudolf (Hrsg.), Arzt Recht Wirtschaft – Handbuch zur erfolgreichen Praxisführung, Neuwied, Stand: April 1993, Kap. 2 Teil III, S. 1-54 (zit.: Möller, in: Schmid/Ratzel (Hrsg.), Arzt Recht Wirtschaft, Kap. 2 Teil III).

Münchner Kommentar zum BGB, Band 1: §§ 1-240, 3. Auflage, München 1993 (zit.: Bearbeiter, in: MüKo, BGB).

- Band 5: §§ 705-853, PartGG, 3. Auflage, München 1997 (zit.: Bearbeiter, in: MüKo, BGB).

Munte, Axel/Krista, Karl: Interdisziplinär vernetzte Praxen: Wichtiger Schritt zu einem produktiveren Gesundheitswesen, in: Eichhorn, Siegfried/Schmidt-Rettig, Barbara (Hrsg.), Chancen und Risiken von managed care: Perspektiven der Vernetzung des

Krankenhauses mit Arztpraxen, Rehabilitationskliniken und Krankenkassen, Stuttgart 1998, S. 63-73 (zit.: Munte/Krista, in: Eichhorn/Schmidt-Rettig (Hrsg.), managed care).

Murswiek, Dietrich: Grundfälle zur Vereinigungsfreiheit – Art. 9 I, II GG, JuS 1992, 116-122.

Nagel, Eckhard/Fuchs, Christoph (Hrsg.): Leitlinien und Standards im Gesundheitswesen: Fortschritt in sozialer Verantwortung oder Ende der ärztlichen Therapiefreiheit?, Köln 1997.

Narr, Helmut/Hess, Rainer/Schirmer, Horst Dieter: Ärztliches Berufsrecht, 2. Auflage, Köln, Stand: Januar 1997, (zit.: Narr/Hess/Schirmer, Ärztliches Berufsrecht; Vorauflage (Stand: Januar 1988) zitiert als Narr, Ärztliches Berufsrecht).

Nehls, Roderich: „Managed Care – Labor Berlin" – Ist das BKK–Netz ein Modell für die Zukunft der ambulanten Medizin?, in: Merke, Klaus (Hrsg.), Umbau oder Abbau im Gesundheitswesen?, Reihe Innovationen im Gesundheitswesen, Band 1, Berlin 1997, S. 210-214 (zit.: Nehls, in: Merke (Hrsg.), Umbau oder Abbau im Gesundheitswesen).

Nicklisch, Fritz: Der verbandsrechtliche Aufnahmezwang und die Inhaltskontrolle satzungsmäßiger Aufnahmevoraussetzungen, JZ 1976, 105-113.

- Inhaltskontrolle von Verbandsnormen, Heidelberg 1982.

Ollenschläger, Günter/Thomeczek, Christian: Ärztliche Leitlinien – Definitionen, Ziele, Implementierung, in: Bundesärztekammer/Kassenärztliche Bundesvereinigung/AG der Wissenschaftlichen Medizinischen Fachgesellschaften (Hrsg.), Curriculum Qualitätssicherung, Teil 1: Ärztliches Qualitätsmanagement, Köln 1996, S. 177-181 (zit.: Ollenschläger/Thomeczek, in: BÄK/KBV/AWMF (Hrsg.), Curriculum Qualitätssicherung Teil 1).

Ollenschläger, Günter/Oesingmann, Ulrich/Thomeczek, Christian/Kolkmann, Friedrich-Wilhelm: Die „Leitlinie für Leitlinien" der Bundesärztekammer und der Kassenärztlichen Bundesvereinigung, in: Hart, Dieter (Hrsg.), Ärztliche Leitlinien: Empirie und Recht professioneller Normsetzung, 1. Auflage, Baden-Baden 2000, S. 41-48 (zit.: Ollenschläger/Oesingmann/Thomeczek/Kolkmann, in: Hart (Hrsg.), Ärztliche Leitlinien).

Orlowski, Ulrich: Neue Versorgungs- und Vergütungsstrukturen aus Sicht des Gesetzgebers, VSSR 1998, 265-277.

Ortner, Franz-Josef/Geis, Ivo: Die elektronische Patientenakte – Rechtsfragen medizinischer Dokumente in digitalen Dokumentationssystemen und digitalen Netzen, MedR 1997, 337-341.

Palandt, Bürgerliches Gesetzbuch, 61. Auflage, München 2002 (zit.: Palandt-Bearbeiter, BGB).

Papier, Hans-Jürgen: Unternehmen und Unternehmer in der verfassungsrechtlichen Ordnung der Wirtschaft, Veröffentlichungen der Vereinigung der Deutschen Staatsrechtslehrer (VVDStRL), Heft 35 (1977), 55-104.

Papier, Hans-Jürgen/Petz, Helmut: Rechtliche Grenzen des ärztlichen Werbeverbots, NJW 1994, 1553-1562.

Peikert, Peter: Anmerkung zu den Urteilen des BSG v. 14.3.2001, Az.: B 6 KA 54/00 R u. Az.: B 6 KA 36/00 R (MedR 2002, 37 ff. u. 42 ff.), MedR 2002, 46-47.

Philipp, Albrecht: Arzneimittellisten und Grundrechte: Eine verfassungsrechtliche Untersuchung der Ausschlüsse von Arzneimitteln von der Verordnungsfähigkeit zu Lasten der gesetzlichen Krankenversicherung aus der Sicht der Hersteller und der Verbraucher, Berlin 1995.

Pieroth, Bodo/Schlink, Bernhard: Grundrechte – Staatsrecht II, 17. Auflage, Heidelberg 2001.

Piper, Henning: Zur wettbewerbs- und berufsrechtlichen Bedeutung des Werbeverbots der ärztlichen Berufsordnungen, in: Festschrift für Hans Erich Brandner, Köln 1996, S. 449-472.

Pitschas, Rainer: Neue Versorgungs- und Vergütungsstrukturen in der gesetzlichen Krankenversicherung im Wirkfeld der Gesundheitsverfassung, VSSR 1998, 253-263.

Plassmann, Walter: Praxisnetze – Chancen, Risiken und Erfahrungen mit Systemen vernetzter Praxen, Herausgegeben von der *Deutschen Praxisnetz GmbH*, Lohe 17, 22926 Ahrensburg, 1999.

- Das Wörterbuch der Praxisnetze, Supplement zur Zeitschrift Praxisnetz, o. O., o. J.

Preißler, Reinhold: Modelle der Verzahnung von ambulanten und stationären Behandlungsformen, in: Schmid, Ronald/Ratzel, Rudolf (Hrsg.), Arzt Recht Wirtschaft – Handbuch zur erfolgreichen Praxisführung, Neuwied, Stand: April 1993, Kap. 2 Teil II, S. 1-36 (zit.: Preißler, in: Schmid/Ratzel (Hrsg.), Arzt Recht Wirtschaft, Kap. 2 Teil II).

- Verzahnung, Vernetzung und andere neue ärztliche Kooperationsformen – Eine kritische Auseinandersetzung, MedR 1998, 90-92.
- Das verfassungswidrige Verbot der überörtlichen Ärztesozietät, MedR 2001, 543-548.

Quaas, Michael: Zur Berufsfreiheit des Freiberuflers, insbesondere der Ärzte, MedR 2001, 34-37.

Ratajczak, Thomas: Rechtliche Ausgestaltung eines Praxisnetzes, in: Geschäftsführender Ausschuß der Arbeitsgemeinschaft Medizinrecht im DAV, Psychotherapeutengesetz – ärztliche Kooperationsformen: 1. Herbsttagung in Dresden 24./25.9.1999, Köln 2000, S. 105-139 (zit.: Ratajczak, in: AG Medizinrecht im DAV (Hrsg.), Ärztliche Kooperationsformen).

Ratzel, Rudolf: Ärztliches Standesrecht, in: Schmid, Ronald/Ratzel, Rudolf (Hrsg.), Arzt Recht Wirtschaft – Handbuch zur erfolgreichen Praxisführung, Neuwied, Stand: April 1993, Kap. 9, S. 1-100 (zit.: Ratzel, in: Schmid/Ratzel (Hrsg.), Arzt Recht Wirtschaft, Kap. 9).

- Ärztliches Werbeverbot und neue Kooperationsformen, MedR 1995, 91-94.
- Arzt und (Pharma-) Industrie – Ein Überblick unter Berücksichtigung des neuen Berufsrechts, MedR 1998, 98-101.
- Zivilrechtliche Konsequenzen von Verstößen gegen die ärztliche Berufsordnung, MedR 2002, 495-496.

Ratzel, Rudolf/Lippert, Hans-Dieter: Kommentar zur Musterberufsordnung für deutsche Ärzte (MBO), 2. Auflage, Berlin 1998.

Rebscher, Herbert: Integrierte Versorgungsformen, Modellvorhaben und die Rolle der KVen, in: KBV Kontext 14, Sicherstellung auf dem Prüfstand, Heft Nr. 14, Köln Juni 2000, S. 15-23.

Reichert, Bernhard: Handbuch des Vereins- und Verbandsrechts, 8. Auflage, Neuwied 2001.

Reichow, Hartmut/Hartleb, Uwe/Schmidt, Werner: Möglichkeiten medizinischer Datenverarbeitung und Datenschutz, MedR 1998, 162-167.

Richter-Reichhelm, Manfred: Chancen und Riskiken der Integrationsversorgung – Welchen Stellenwert haben die KVen?, praxisNETZ 2000 (Heft 3), 30-31.

Rieger, Hans-Jürgen: Lexikon des Arztrechts, 1. Auflage, Berlin 1984 (zit.: Rieger, Lexikon des Arztrechts, 1984).

- Verträge zwischen Ärzten in freier Praxis, Heidelberger Musterverträge, Band 41, 5. Auflage, Heidelberg 1993.
- Die Heilkunde-GmbH in der Rechtsprechung unter besonderer Berücksichtigung des Verfassungsrechts, MedR 1995, 87-90.
- Anmerkung zum Urteil des BGH v. 14.4.1994, Az.: I ZR 12/92 (MedR 1995, 113 f.), MedR 1994, 114-115.
- Rechtsgutachten zum Modellvorhaben „Vernetzte Praxen" der Kassenärztlichen Vereinigung Nordbaden, in: Kassenärztliche Vereinigung Nordbaden (Hrsg.), Modellkonzept „Vernetzte Praxen" der Kassenärztlichen Vereinigung Nordbaden – Abschlußbericht der Arbeitsgruppe, Karlsruhe 1997, S. 18-54.
- Vernetzte Praxen, Rechtsbeziehungen zwischen den Beteiligten – berufs-, vertragsarzt- und wettbewerbsrechtliche Aspekte, MedR 1998, 75-81.
- Informationsfreiheit versus Werbeverbot unter besonderer Berücksichtigung der Klinikwerbung, MedR 1999, 513-518.
- Werbung von Ärzten, Kliniken und Sanatorien, in: Engler, Cornelia/Geserich, Stephan/Räpple, Thilo/Rieger, Hans-Jürgen, Werben und Zuwenden im Gesundheitswesen – Eine Einführung in vier Teilen, 2. Auflage, Heidelberg 2000, S. 199-231 (zit.: Rieger, in: Engler/Geserich/Räpple/Rieger, Werben und Zuwenden im Gesundheitswesen).
- *(Hrsg.):* Lexikon des Arztrechts, 2. Auflage, Heidelberg, Stand: Dezember 2001 (zit.: Bearbeiter, in: Rieger (Hrsg.), Lexikon des Arztrechts).

Ring, Gerhard: Wettbewerbsrecht der freien Berufe – Unlauterer Wettbewerb durch standeswidriges Verhalten, 1. Auflage, Baden-Baden 1989.

- Das Werberecht der Ärzte, 1. Auflage, Baden-Baden 2000.

Römermann, Volker/Schulte, Mark: Werberecht und Verbot der überörtlichen Gemeinschaftspraxis nach der neuen ärztlichen Musterberufsordnung, MedR 2001, 178-182.

Rost, Martin/Klar, Rüdiger: Die Evaluation zum „Modellprojekt – Qualität und Humanität" der KV Südbaden und der AOK Baden-Württemberg – Auszug aus dem Projektbericht, im Internet abzurufen unter: http://www.kvsb.de/hauptframe/aktuell/vernetztepraxen.html.

Roth, Wolfgang: Die Grundrechte als Maßstab einer Vertragsinhaltskontrolle, in: Wolter, Jürgen/Riedel, Eibe/Taupitz, Jochen (Hrsg.), Einwirkungen der Grundrechte auf das Zivilrecht, öffentliche Recht und Strafrecht – Mannheimer Fakultätstagung über 50 Jahre Grundgesetz, Heidelberg 1999, S. 229-249.

Rüschmann, Hans-Heinrich/Roth, Andrea/Krauss, Christian (Hrsg.): Vernetzte Praxen auf dem Weg zu managed care? – Aufbau – Ergebnisse – Zukunftsvisionen, Heidelberg 2000.

Sachs, Michael: Sozietät zwischen Anwaltsnotaren und Wirtschaftsprüfern – Die Verfassungswidrigkeit eines Verbots, MDR 1996, 1197-1203.

Sachverständigenrat für die Konzertierte Aktion im Gesundheitswesen: Gesundheitswesen in Deutschland – Kostenfaktor und Zukunftsbranche, Band II: Fortschritt und Wachstumsmärkte, Finanzierung und Vergütung, Sondergutachten 1997 – Kurzfassung, im Internet abzurufen unter http://www.svr-gesundheit.de/gutacht/gutalt/gutaltle.htm, Stand: 27.02.2002.

Saenger, Ingo: Gesellschaftsrechtliche Gestaltung ärztlicher Kooperationsformen, NZS 2001, 234-240.

Salfeld, Rainer: Entwicklungstrends des Gesundheitssystems und Organisationsentwicklung der KVen, in: KBV Kontext 14, Sicherstellung auf dem Prüfstand, Heft Nr. 14, Köln Juni 2000, S. 25-34.

Schaefer, Marion: Pharmazeutische Betreuung als Dienstleistung der Apotheken für Patienten, Ärzte und Ärztenetze, in: Kreyher, Volker J. (Hrsg.): Handbuch Gesundheits- und Medizinmarketing: Chancen, Strategien und Erfolgsfaktoren, Heidelberg 2001, S. 519-538 (zit.: Schaefer, in: Kreyher (Hrsg.), Handbuch Gesundheits- und Medizinmarketing).

Scheler, Fritz: Von der Unabhängigkeit des Arztes und über die Arzt-Patient-Beziehung, in: Festschrift für Erwin Deutsch, Berlin 1999, S. 739-755.

Schiller, Herbert: Niederlassung, Praxissitz, Vertragsarztsitz, ausgelagerte Praxisräume, Zweigpraxis – Fragen zum Ort der Tätigkeit des (Vertrags-)Arztes, NZS 1997, 103-111.

Schiller, Herbert/Steinhilper, Gernot: Zum Spannungsverhältnis Vertragsarzt/Privatarzt – Darf ein Vertragsarzt Leistungen bei einem Kassenpatienten ablehnen, sie aber zugleich privatärztlich anbieten?, MedR 2001, 29-33.

Schirmer, Horst Dieter: Berufsrechtliche und kassenarztrechtliche Fragen der ärztlichen Berufsausübung in Partnerschaftsgesellschaften (Teil 1 und 2), MedR 1995, 341-352 u. 383-390.

- Rechtliche Anmerkungen zum Problem der Empfehlungen, Leitlinien, Richtlinien und Standards in der Medizin, in: Bundesärztekammer/Kassenärztliche Bundesvereinigung/AG der Wissenschaftlichen Medizinischen Fachgesellschaften (Hrsg.), Curriculum Qualitätssicherung, Teil 1: Ärztliches Qualitätsmanagement, Köln 1996, S. 187-204 (zit.: Schirmer, in: BÄK/KBV/AWMF (Hrsg.), Curriculum Qualitätssicherung Teil 1).
- Das Kassenarztrecht im 2. GKV-Neuordnungsgesetz, MedR 1997, 431-456.
- Rechtliche Ausgestaltung neuer Versorgungs- und Vergütungsstrukturen nach § 73a SBG V in kassenarztrechtlicher, berufsrechtlicher und wettbewerbsrechtlicher Hinsicht, VSSR 1998, 279-304.
- Die Entwicklung einer ärztlichen Kommunikationsordnung – zeitgemäßer Schutz des Patientengeheimnisses, DuD 1998, 69-74.

Schiwy, Peter/Dalichau, Gerhard/Brack, Stephanie: Deutsches Arztrecht – Sammlung des gesamten Medizinalrechts des Bundes und der Länder – mit Kommentierung, Starnberg, Stand: 1. August 2000 (zit.: Schiwy, Deutsches Arztrecht).

Schlicht, Gerhard (Hrsg.): Profitips für Praxisnetze – Das Handbuch für Ärzte, München 2000

- Über die Eigendynamik in Praxisnetzen, ÄBl.-BW 2001 (Heft 9), 339.

Schmid, Elmar: Kleine Ziele – große Wirkung: Systematik der Netze (Teil 1), praxisNETZ 2000 (Heft 2), 18-24.
- Leistungen verbessern – Wettbewerbsvorteile nutzen: Systematik der Netze (Teil 2), praxisNETZ 2000 (Heft 3), 28-29.

Schmidt, Jörg: Pharmaindustrie und Praxisnetze, die Qualität der Zusammenarbeit – Ergebnisse einer Befragung (Teil 1), Perspectives on Managed Care 2000 (Heft 1), 7-12.
- Perspektive Ärztenetz – Lohnt es sich zu investieren?, die Qualität der Zusammenarbeit – Ergebnisse einer Befragung (Teil 2), Perspectives on Managed Care 2000 (Heft 2), 11-15.

Schmidt, Karsten: Partnerschaftsgesetzgebung zwischen Berufsrecht, Schuldrecht und Gesellschaftsrecht, ZIP 1993, 633-652.

Schmidt-Bleibtreu, Bruno/Klein, Franz: Kommentar zum Grundgesetz, 9. Auflage, Neuwied 1999.

Schneider, Günther: Konfliktlösung: ärztliche Berufsfreiheit versus Regelungen der Qualitätssicherung – Vorschläge aus juristischer Sicht, MedR 1998, 151-154.
- Konfliktlösung: ärztliche Berufsfreiheit versus Regelungen der Qualitätssicherung – Vorschläge aus juristischer Sicht, in: Wienke, Albrecht/Lippert, Hans-Dieter/ Eisenmenger, Wolfgang (Hrsg.), Die ärztliche Berufsausübung in den Grenzen der Qualitätssicherung, Berlin 1998, S. 167-178 (zit.: Schneider, in: Wienke/Lippert/ Eisenmenger (Hrsg.), Qualitätssicherung).

Schneider, Werner: Datenschutz für unsere Bürger, 20. Tätigkeitsbericht des Landesbeauftragten für den Datenschutz in Baden-Württemberg 1999, Stuttgart 1999.

Schorre, Winfried: Vernetzte Praxen – wozu?, in: KBV Kontext 4, Vernetzte Praxen und flexible Vertragsformen – Weiterentwicklung der ambulanten Versorgung, Heft Nr. 4, Köln Februar 1997, o. S.; im Internet abzurufen unter http://www. kbv.de/Homepage/Archiv/kontext/Kontext_02_97/schorre.html, Stand: 18.10. 2000.
- Chancen und Risiken des Wettbewerbs aus der Sicht der Kassenärzte, VSSR 1999, 217-220.
- Praxisnetze und die Selbstverwaltung, in: KBV Kontext 12, Praxisnetze – Innovation des Gesundheitssystems, Heft Nr. 12, Köln Juli 1999, S. 33-36.

Schreiber, Hans-Ludwig: Rechtliche Kriterien der Verteilungsgerechtigkeit im Sozialstaat, in: Nagel, Eckhard/Fuchs, Christoph (Hrsg.): Soziale Gerechtigkeit im Gesundheitswesen: ökonomische, ethische, rechtliche Fragen am Beispiel der Transplantationsmedizin, Heidelberg 1993, S. 302-309 (zit.: Schreiber in Nagel/Fuchs (Hrsg.), Soziale Gerechtigkeit im Gesundheitswesen).
- Medizinische Standards als Orientierungspunkte für Qualitätssicherung und Versorgung – Rechtliche Gesichtspunkte, in: Nagel, Eckhard/Fuchs, Christoph (Hrsg.), Leitlinien und Standards im Gesundheitswesen: Fortschritt in sozialer Verantwortung oder Ende der ärztlichen Therapiefreiheit?, Köln 1997, S. 167-170 (zit.: Schreiber, in: Nagel/Fuchs (Hrsg.), Leitlinien und Standards im Gesundheitswesen).

Schröder, Erich: Qualitätsmanagement von Herz-Kreislauf-Erkrankungen, Perspectives on Managed Care 1999 (Heft 3), 42-43.

Schulenberg, Dirk: Gesundheitszentren – Allgemeine standesrechtliche Erwägungen, AusR 1999, 35-38.

Schulin, Bertram: Wandel vom Kassenarzt zum Vertragsarzt – Definition oder Statusänderung?, VSSR 1994, 357-379.

Schulin, Bertram/Igl, Gerhard: Sozialrecht: ein Studienbuch, 6. Auflage, Düsseldorf 1999

Schüller, Horst: Erfolgreiche „Praxisgruppe": Inhomogen, vielfältig und hochaktiv – Ärztenetz Schwarzenbach am Wald/Naila, praxisNETZ 2000 (Heft 1), 8-9.

Schulte, Knut: Das standesrechtliche Werbeverbot für Ärzte unter Berücksichtigung wettbewerbs- und kartellrechtlicher Bestimmungen, Frankfurt a. M. 1992.

Schulte-Sasse, Hermann: Praxisnetze als Regelversorgung, in: KBV Kontext 12, Praxisnetze – Innovation des Gesundheitssystems, Heft Nr. 12, Köln Juli 1999, S. 7-14.

Schünemann, Wolfgang B.: Mündigkeit versus Schutzbedürftigkeit, Legitimationsprobleme des Verbraucher-Leitbildes, in: Festschrift für Hans Erich Brandner, Köln 1996, S. 279-298.

Schürmann, Beate: Rechtsformwahl freiberuflicher Zusammenarbeit am Beispiel der rechts- und wirtschaftsberatenden Berufe, Hamburg 1997.

Schwerin, Mandy: Das ärztliche Werbeverbot – was bleibt?, NJW 2001, 1770-1771.

Schwoerer, Peter: Die Rolle der ärztlichen Körperschaften bei der Implementierung von Managed Care, in: Merke, Klaus (Hrsg.), Umbau oder Abbau im Gesundheitswesen?, Reihe Innovationen im Gesundheitswesen, Band 1, Berlin 1997, S. 145-150 (zit.: Schwoerer, in: Merke (Hrsg.), Umbau oder Abbau im Gesundheitswesen).

Schwoerer, Peter/Gerhard, Dieter/Hauenstein, Elisabeth: Mit „vernetzten Praxen" zu mehr Effizienz, DÄBl. 1995, A-1828-A-1833.

Seib, Volker M.: Bündelung vorhandener Ressourcen – Bayernweites Chirurgennetz, praxisNETZ 2000 (Heft 3), 8-9.

Seifert, Klaus: Konfliktlösung: ärztliche Berufsfreiheit versus Regelungen der Qualitätssicherung – Vorschläge aus ärztlicher Sicht, in: Wienke, Albrecht/Lippert, Hans-Dieter/Eisenmenger, Wolfgang (Hrsg.), Die ärztliche Berufsausübung in den Grenzen der Qualitätssicherung, Berlin 1998, S. 153-166 (zit.: Seifert, in: Wienke/Lippert/Eisenmenger (Hrsg.), Qualitätssicherung).

Seitz, Robert/König, Hans Helmut/Graf v. Stillfried, Dominik: Grundlagen von Managed Care, in: Arnold, M./Lauterbach, K. W./Preuß, K. J. (Hrsg.), Managed Care – Ursachen, Prinzipien, Formen und Effekte, Reihe „Beiträge zur Gesundheitsökonomie", Band 31, Stuttgart 1997, S. 3-21 (zit.: Seitz/König/Graf v. Stillfried, in: Arnold /Lauterbach/Preuß (Hrsg.), Managed Care).

Seitz Robert/Jelastopulu, Eleni/König, Hans Helmut: Einschätzung von Managed Care aus Sicht der Politik und Rechtsprechung, in: Arnold, M./Lauterbach, K. W./Preuß, K. J. (Hrsg.), Managed Care – Ursachen, Prinzipien, Formen und Effekte, Reihe „Beiträge zur Gesundheitsökonomie", Band 31, Stuttgart 1997, S. 343-358 (zit.: Seitz/Jelastopulu/König, in: Arnold /Lauterbach/Preuß (Hrsg.), Managed Care).

Senator für Arbeit, Frauen, Gesundheit, Jugend und Soziales der Freien Hansestadt Bremen: Versorgungsstrukturen für Diabetiker in Bremen, Ist-Stand-Analyse und Modellentwürfe für eine verbesserte integrative Versorgung, im Internet abrufbar unter: http://www.bremen.de/info/gesundheit/veroeffentlichungen.html.

Simitis, Spiros/Damman, Ulrich/Geiger, Hansjörg/Mallmann, Otto/Walz, Stefan: Kommentar zum Bundesdatenschutzgesetz, 4. Auflage, Baden-Baden 1992, Stand: Dezember 1998 (zit.: Bearbeiter, in: Simitis/Dammann, BDSG, Stand: Dez. 1998).

Sodan, Helge: Verfassungsrechtliche Anforderungen an Regelungen gemeinschaftlicher Berufsausübung von Vertragsärzten – Zum Spannungsverhältnis von Berufs- und Sozialversicherungsrecht, NZS 2001, 169-177.

Soergel, Bürgerliches Gesetzbuch mit Einführungsgesetz und Nebengesetzen, Band 2: Allgemeiner Teil 2, §§ 104-240, 13. Auflage, Stuttgart, Stand: März 1999 (zit.: Soergel-Bearbeiter, BGB).

Sommer, Jürg H.: Managed Care in der Schweiz: Vorbild für Deutschland?, in: Arnold, M./Lauterbach, K. W./ Preuß, K. J. (Hrsg.), Managed Care – Ursachen, Prinzipien, Formen und Effekte, Reihe „Beiträge zur Gesundheitsökonomie", Band 31, Stuttgart 1997, S. 221-228 (zit.: Sommer, in: Arnold /Lauterbach/Preuß (Hrsg.), Managed Care).

Spann, Wolfgang: Ärztliche Rechts- und Standeskunde, München 1962.

Starck, Christian: Regelungskompetenzen im Bereich des Art. 12 Abs. 1 GG und ärztliches Berufsrecht, NJW 1972, 1489-1493.

Staudinger, Kommentar zum BGB, Art. 1-6, 32-218 EGBGB, 12. Auflage, Berlin 1985 (zit.: Staudinger-Bearbeiter, BGB).

- §§ 90-240, 12. Auflage, Berlin 1979 (zit.: Staudinger-Bearbeiter, BGB).

Stebner, Frank A.: Das Recht der biologischen Medizin, Band 1: Standesrecht, Therapiefreiheit, Kassenarztrecht, Abrechnung, Kostenerstattung, Arzthaftung, Arzneimittelrecht, Heidelberg 1992.

Steck, Joachim: Anmerkung zum Beschluß des LSG Baden-Württemberg v. 24.7.2001, Az.: L 5 KA 5097/00 ER-B (MedR 2002, 212 ff.), MedR 2002, 220.

Steffen, Erich/Dressler, Wolf-Dieter: Arzthaftungsrecht: Neue Entwicklungslinien der BGH-Rechtsprechung, 8. Auflage, Köln 1999.

Steindorff, Ernst: Freie Berufe, Stiefkinder der Rechtsordnung?, Köln 1980.

Steinhilper, Gernot/Schiller, Herbert: Privatärztliche Liquidation – Möglichkeiten und Grenzen bei Leistungen für GKV-Patienten, MedR 1997, 59-64.

- Anmerkung zu den Urteilen des BSG v. 14.2.2001, Az.: B 6 KA 54/00 R, Az.: B 6 KA 36/00 R u. Az.: B 6 KA 67/00 R (MedR 2002, 37 ff., 42 ff. u. 47 ff.), MedR 2002, 51-53.

Stober, Rolf: Die Berufsfreiheit der freien Berufe, NJW 1981, 1529-1534.

Szecsenyi, Joachim: Einleitung: Warum werden Netze geknüpft?, in: Szecsenyi, Joachim/Magdeburg, Klaus/Kluthe, B./Weber, C./et. al.(Hrsg.), Ein Praxisnetz erfolgreich gestalten – Erfahrungen und Ergebnisse aus zwei Jahren „Ärztliche Qualitätsgemeinschaft Ried" (AQUA-Materialien Band VII), AQUA-Institut für angewandte Qualitätsförderung und Forschung im Gesundheitswesen GmbH, Göttingen 1999, S. 9-15 (zit.: Szecsenyi, in: Szecsenyi/Magdeburg (Hrsg.), Ärztliche Qualitätsgemeinschaft Ried).

Szecsenyi, Joachim/Magdeburg, Klaus/Broge, Björn: Evaluation und Qualitätsmanagement im Netz, Perspectives on Managed Care 1998 (Heft 2), 20-25.

Szecsenyi, Joachim/Magdeburg, Klaus/Kluthe, B./Weber, C./et. al.(Hrsg.): Ein Praxisnetz erfolgreich gestalten – Erfahrungen und Ergebnisse aus zwei Jahren „Ärztliche Qualitätsgemeinschaft Ried" (AQUA-Materialien Band VII), AQUA-Institut für angewandte Qualitätsförderung und Forschung im Gesundheitswesen GmbH, Göttingen 1999.

Taupitz, Jochen: Rechtliche Bindungen des Arztes: Erscheinungsweisen, Funktionen, Sanktionen, NJW 1986, 2851-2861.
- Die Standesordnungen der freien Berufe – Geschichtliche Entwicklung, Funktionen, Stellung im Rechtssystem, Berlin 1991.
- Buchbesprechung von Höfling, Wolfram: Vertragsfreiheit. Eine grundrechtsdogmatische Studie, Heidelberg, 1991, AcP 192 (1992), 341-348.
- Anmerkung zum Urteil des BGH v. 6.2.1992, Az.: IX ZR 95/91 (MedR 1992, 269 ff.), MedR 1992, 271-272.
- Die GmbH als Organisationsform ambulanter heilkundlicher Tätigkeit, NJW 1992, 2317-2325.
- Integrative Gesundheitszentren: neue Formen interprofessioneller ärztlicher Zusammenarbeit, MedR 1993, 367-378.
- Anmerkung zum Urteil des BGH v. 25.11.1993, Az.: I ZR 281/91 (MedR 1994, 152 ff.), MedR 1994, 154-155.
- Zur Zulässigkeit von Freiberufler-GmbHs – Heilkunde-GmbH: ja, Rechtsberatungs-GmbH: nein?, JZ 1994, 1100-1108.
- Berufsordnende Kammersatzungen als Schutzgesetze i. S. des § 823 II BGB, in: Festschrift für Erich Steffen, Berlin 1995, S. 489-506.
- Zur Verfassungswidrigkeit des Verbots, ärztliche Praxen in Form einer juristischen Person des Privatrechts zu führen, NJW 1996, 3033-3042.
- Anmerkung zum Urteil des BGH v. 13.6.1993, Az.: I ZR 102/94 (WM 1997, 86 f.), EWiR 1997, 77-78.
- Die Zukunft der ärztlichen Selbstverwaltung, MedR 1998, 1-7.
- Die Ärzte-GmbH und das ärztliche Werbeverbot, in: Festschrift für Karlmann Geiß, Köln 2000, S. 503-515.

Techniker Krankenkasse: Das starke Duo für Ihre Gesundheit: Praxisnetz Berliner Ärzte und die TK, Broschüre zur Patienteninformation, Hamburg, August 1999.

Tettinger, Peter J.: Wettbewerb in den freien Berufen – berufsgrundrechtliche Aspekte, NJW 1987, 294-301.
- Kammerrecht – Das Recht der wirtschaftlichen und der freiberuflichen Selbstverwaltung, München 1997.
- Grundfragen zahnärztlicher Freiberuflichkeit, MedR 2001, 287-294.

Thomeczek, Christian/Ollenschläger, Günter: Qualitätssicherung und ärztliche Berufsausübung: Aktuelle Situation und Ausblick, in: Wienke, Albrecht/Lippert, Hans-Dieter/Eisenmenger, Wolfgang (Hrsg.), Die ärztliche Berufsausübung in den Grenzen der Qualitätssicherung, Berlin 1998, S. 51-74 (zit.: Thomeczek/Ollenschläger, in: Wienke/Lippert/Eisenmenger (Hrsg.), Qualitätssicherung).

Tilmann, Winfried: Zur Rechtsstellung des Verbrauchers bei Wettbewerbsdelikten, ZHR 141 (1977), 32-80.

Tophoven, Christina: Integrationsversorgung – Entwicklungsperspektiven von Praxisnetzen, KrV 2000, 239-243.

Tophoven, Christina/Lieschke, Lothar (Hrsg.): Integrierte Versorgung. Entwicklungsperspektiven für Praxisnetze, Köln, 2003.

Traub, Fritz: Verbandsautonomie und Diskriminierung, WRP 1985, 591-599.

v. Troschke, Jürgen/Kosanke, Bodo: Die ärztliche Gruppenpraxis – kooperative Praxisausübung, Reihe Niederlassungsservice des Zentralinstituts für die kassenärztliche Versorgung in der BRD, Band 13, 1. Auflage, Köln–Lövenich 1976.

Tschada, Jürgen: Der Ärzteverbund als Unternehmen: Auf die Rechtsform kommt es an, praxisNETZ 2000 (Heft 3), 20-21.

Tscheulin, Dieter K./Rost, Martin: Versorgungsnetze als Weg zu marktwirtschaftlicher Entwicklungsdynamik, in: Kreyher, Volker J. (Hrsg.): Handbuch Gesundheits- und Medizinmarketing: Chancen, Strategien und Erfolgsfaktoren, Heidelberg 2001, S. 339-363 (zit.: Tscheulin/Rost, in: Kreyher (Hrsg.), Handbuch Gesundheits- und Medizinmarketing).

Ulsenheimer, Klaus: Qualitätssicherung und risk-management im Spannungsverhältnis zwischen Kostendruck und medizinischem Standard, MedR 1995, 438-442.

Ulsenheimer, Klaus/Heinemann, Nicola: Rechtliche Aspekte der Telemedizin – Grenzen der Telemedizin?, MedR 1999, 197-203.

Voll, Doris: Die Einwilligung im Arztrecht: Eine Untersuchung zu den straf-, zivil- und verfassungsrechtlichen Grundlagen, insbesondere bei Sterilisation und Transplantation unter Berücksichtigung des Betreuungsgesetzes, Frankfurt 1996.

Weide, Ursula: Managed Care – Vorsicht, Lebensgefahr!, MedR 2001, 72-76.

Weimar, Robert: Ärztliche Praxisnetze – Anwaltliche Gestaltung des Gesellschaftsvertrages, MDR 2000, 866-869.

Werner, Frank: Gemeinschaftliche ärztliche Berufsausübung und Formen interprofessioneller ärztlicher Kooperation – Eine vergleichende Untersuchung zum deutschen und südafrikanischen Recht, Frankfurt a. M. 1999.

Westebbe, Peter W.: Ärzte im Netz: Ein Bericht über Vernetzte Praxen und Praxisnetze in Deutschland – eine qualitative Untersuchung über die Entwicklung neuer Kooperations- und Organisationsformen in der ambulanten Medizin in Deutschland, hrsg. v. Janssen-Cilag GmbH, Abteilung Gesundheitspolitik, Referat „Neue Versorgungsformen", Neuss 1999.

Wienke, Albrecht: Leitlinien als Mittel der Qualitätssicherung in der medizinischen Versorgung, MedR 1998, 172-174.

- Einführung in die Thematik – Problemanalyse, in: Wienke, Albrecht/Lippert, Hans-Dieter/Eisenmenger, Wolfgang (Hrsg.), Die ärztliche Berufsausübung in den Grenzen der Qualitätssicherung, Berlin 1998, S. 1-8 (zit.: Wienke, in: Wienke/Lippert/Eisenmenger (Hrsg.), Qualitätssicherung).

Wienke, Albrecht/Lippert, Hans-Dieter/Eisenmenger, Wolfgang (Hrsg.): Die ärztliche Berufsausübung in den Grenzen der Qualitätssicherung, Berlin 1998.

Wienke, Albrecht/Sauerborn, Jürgen: EDV-gestützte Patientendokumentation und Datenschutz in der Arztpraxis, MedR 2000, 517-519.

Wigge, Peter: Wahlfreiheit oder Bindung der Versicherten – Die Gliederung der haus- und fachärztlichen Versorgung aus der Sicht der Versicherten, VSSR 1996, 399-423.

- Ärztliche Leistungserbringung durch Einzelverträge – Ein Zukunftsmodell für die gesetzliche Krankenversicherung?, MedR 1996, 51-59.
- Erbrobungsregelungen außerhalb des Budgets, MedR 1996, 172-175.
- Integrierte Versorgung und Vertragsarztrecht (Teil 1 und Teil 2), NZS 2001, 17-24, 66-71.

Wigge, Peter/Frehse, Michael: Bedarfsunabhängige Kooperationen zwischen Ärzten und Krankenhäusern, MedR 2001, 549-552.

Wigge, Peter/Kleinke, Sören: Kooperative Berufsausübung zwischen Apothekern und anderen Gesundheitsberufen, MedR 2002, 391-394.

Zentralstelle der Deutschen Ärzteschaft zur Qualitätssicherung in der Medizin: Beurteilungskriterien für Leitlinien in der medizinischen Versorgung, DÄBl. 1997 (Heft 33), A-2154-A-2155.

Zieglwalner, Stefanie/Gemke, Gwendolyn: Der Internetauftritt des Arztes aus rechtlicher Sicht, in: Kreyher, Volker J. (Hrsg.): Handbuch Gesundheits- und Medizinmarketing: Chancen, Strategien und Erfolgsfaktoren, Heidelberg 2001, S. 633-650 (zit.: Zieglwalner/Gemke, in: Kreyher (Hrsg.), Handbuch Gesundheits- und Medizinmarketing).

Zuck, Rüdiger: Die Zukunft der freien Berufe und staatlich gebundenen Freiberufe, in: Herrmann, Harald/Backhaus, Jürgen (Hrsg.): Staatlich gebundene Freiberufe im Wandel – Rechtliche und ökonomische Aspekte und Wissenschaft und Praxis, 1. Auflage, Baden-Baden 1998, S. 1-22.

- Der Gesetzgeber als quantité négligeable: Die Rahmenvereinbarung nach § 140d SGB V, NJW 2000, 3404.

Anhang

Anhang 1: Die (Muster-) Berufsordnung der deutschen Ärztinnen und Ärzte von 1997 (MBO-Ä 1997) 268

Anhang 2: Die (Muster-) Berufsordnung der deutschen Ärztinnen und Ärzte von 2000 (MBO-Ä 2000) 287

Anhang 3: Die Änderungen durch den 105. Deutschen Ärztetag in Rostock in Bezug auf den Praxisverbund – Auszug aus der (Muster-) Berufsordnung der deutschen Ärztinnen und Ärzte von 2002 (MBO-Ä 2002) 306

Anhang 4: Die Netzregelungen des SGB V: Modellvorhaben (§§ 63-65 a), Strukturvertrag (§ 73 a) und Integrierte Versorgung (§§ 140 a-140 h) 310

Anhang 1:

(Muster-) Berufsordnung für die deutschen Ärztinnen und Ärzte
- MBO-Ä 1997 -
– in der Fassung der Beschlüsse des 100. Deutschen Ärztetages in Eisenach[1]

Inhaltsübersicht

A. Präambel

B. Regeln zur Berufsausübung

I. Grundsätze
§ 1 Aufgaben des Arztes
§ 2 Allgemeine ärztliche Berufspflichten
§ 3 Unvereinbarkeiten
§ 4 Fortbildung
§ 5 Qualitätssicherung
§ 6 Mitteilung von unerwünschten Arzneimittelwirkungen

II. Pflichten gegenüber Patienten
§ 7 Behandlungsgrundsätze und Verhaltensregeln
§ 8 Aufklärungspflicht
§ 9 Schweigepflicht
§ 10 Dokumentationspflichten
§ 11 Ärztliche Untersuchungs- und Behandlungsmethoden
§ 12 Honorar und Vergütungsabsprachen

III. Besondere medizinische Verfahren und Forschung
§ 13 Besondere medizinische Verfahren
§ 14 Erhaltung des ungeborenen Lebens und Schwangerschaftsabbruch
§ 15 Forschung
§ 16 Beistand für den Sterbenden

IV. Berufliches Verhalten
1. Berufsausübung
§ 17 Niederlassung und Ausübung der Praxis
§ 18 Zweigpraxis, ausgelagerte Praxisräume
§ 19 Beschäftigung angestellter Praxisärzte
§ 20 Vertreter
§ 21 Haftpflichtversicherung
§ 22 Gemeinsame Berufsausübung
§ 23 Ärzte im Beschäftigungsverhältnis
§ 24 Verträge über ärztliche Tätigkeit
§ 25 Ärztliche Gutachten und Zeugnisse
§ 26 Ärztlicher Notfalldienst

2. Berufliche Kommunikation
§ 27 Unerlaubte Werbung, erlaubte sachliche Information über die berufliche Tätigkeit
§ 28 Öffentliches Wirken und Medientätigkeit

3. Berufliche Zusammenarbeit mit Ärzten
§ 29 Kollegiale Zusammenarbeit

4. Wahrung der ärztlichen Unabhängigkeit bei der Zusammenarbeit mit Dritten
§ 30 Zusammenarbeit des Arztes mit Dritten
§ 31 Unerlaubte Zuweisung von Patienten gegen Entgelt

---

[1] Die Bestimmungen zum Praxisverbund sind hervorgehoben.

§ 32 Annahme von Geschenken und anderen Vorteilen
§ 33 Arzt und Industrie
§ 34 Verordnungen, Empfehlungen und Begutachtung von Arznei-, Heil- und Hilfsmitteln
§ 35 Fortbildungsveranstaltungen und Sponsoring

C. Verhaltensregeln (Grundsätze korrekter ärztlicher Berufsausübung)
Nr. 1 Umgang mit Patienten
Nr. 2 Behandlungsgrundsätze
Nr. 3 Umgang mit nichtärztlichen Mitarbeitern

D. Ergänzende Bestimmungen zu einzelnen ärztlichen Berufspflichten
I. Regeln der beruflichen Kommunikation, insbesondere zulässiger Inhalt und Umfang sachlicher Informationen über die berufliche Tätigkeit
Nr. 1 Information anderer Ärzte
Nr. 2 Praxisschilder
Nr. 3 Anzeigen und Verzeichnisse
Nr. 4 Ankündigungen auf Briefbögen, Rezeptvordrucken, Stempeln und im sonstigen Schriftverkehr
Nr. 5 Patienteninformation in den Praxisräumen
Nr. 6 Öffentlich abrufbare Arztinformationen in Computer-kommunikationsnetzen

II. Formen der Zusammenarbeit (Gemeinschaftspraxis, Partnerschaft, Medizinische Kooperationsgemeinschaft, Praxisverbund)
Nr. 7 Berufsrechtsvorbehalt
Nr. 8 Berufsausübungsgemeinschaften von Ärzten
Nr. 9 Kooperative Berufsausübung zwischen Ärzten und Angehörigen anderer Fachberufe
Nr. 10 Beteiligung von Ärzten an sonstigen Partnerschaften
Nr. 11 Praxisverbund

III. Pflichten bei grenzüberschreitender ärztlicher Tätigkeit
Nr. 12 Zweigpraxen deutscher Ärzte in anderen EU-Mitgliedstaaten
Nr. 13 Grenzüberschreitende ärztliche Tätigkeit von Ärzten aus anderen EU-Mitgliedstaaten

IV. Pflichten in besonderen medizinischen Situationen
Nr. 14 Schutz des menschlichen Embryos
Nr. 15 In-vitro-Fertilisation, Embryotransfer

Gelöbnis

Für jeden Arzt gilt folgendes Gelöbnis:

„Bei meiner Aufnahme in den ärztlichen Berufsstand gelobe ich, mein Leben in den Dienst der Menschlichkeit zu stellen.

Ich werde meinen Beruf mit Gewissenhaftigkeit und Würde ausüben.

Die Erhaltung und Wiederherstellung der Gesundheit meiner Patienten soll oberstes Gebot meines Handelns sein.

Ich werde alle mir anvertrauten Geheimnisse auch über den Tod des Patienten hinaus wahren.

Ich werde mit allen meinen Kräften die Ehre und die edle Überlieferung des ärztlichen Berufes aufrechterhalten und bei der Ausübung meiner ärztlichen Pflichten keinen Unterschied machen weder nach Religion, Nationalität, Rasse noch nach Parteizugehörigkeit oder sozialer Stellung.

Ich werde jedem Menschenleben von der Empfängnis an Ehrfurcht entgegenbringen und selbst unter Bedrohung meine ärztliche Kunst nicht in Widerspruch zu den Geboten der Menschlichkeit anwenden.

Ich werde meinen Lehrern und Kollegen die schuldige Achtung erweisen. Dies alles verspreche ich auf meine Ehre."

A. Präambel

Die auf der Grundlage der Kammer- und Heilberufsgesetze beschlossene Berufsordnung stellt die Überzeugung der Ärzteschaft zum Verhalten von Ärzten gegenüber den Patienten, den Kollegen, den anderen Partnern im Gesundheitswesen sowie zum Verhalten in der Öffentlichkeit dar. Dafür geben sich die deutschen Ärztinnen und Ärzte die nachstehende Berufsordnung, in deren Text die Berufsbezeichnung „Arzt" („Ärzte") einheitlich und neutral für Ärztinnen und Ärzte verwendet wird. Mit der Festlegung von Berufspflichten der Ärzte dient die Berufsordnung zugleich dem Ziel,
- das Vertrauen zwischen Arzt und Patient zu erhalten und zu fördern;
- die Qualität der ärztlichen Tätigkeit im Interesse der Gesundheit der Bevölkerung sicherzustellen;
- die Freiheit und das Ansehen des Arztberufes zu wahren;
- berufswürdiges Verhalten zu fördern und berufsunwürdiges Verhalten zu verhindern.

B. Regeln zur Berufsausübung

I. Grundsätze

§ 1 Aufgaben des Arztes (1) Der Arzt dient der Gesundheit des einzelnen Menschen und der Bevölkerung. Der ärztliche Beruf ist kein Gewerbe. Er ist seiner Natur nach ein freier Beruf.

(2) Aufgabe des Arztes ist es, das Leben zu erhalten, die Gesundheit zu schützen und wiederherzustellen, Leiden zu lindern, Sterbenden Beistand zu leisten und an der Erhaltung der natürlichen Lebensgrundlagen im Hinblick auf ihre Bedeutung für die Gesundheit der Menschen mitzuwirken.

§ 2 Allgemeine ärztliche Berufspflichten (1) Der Arzt übt seinen Beruf nach seinem Gewissen, den Geboten der ärztlichen Ethik und der Menschlichkeit aus. Er darf keine Grundsätze anerkennen und keine Vorschriften oder Anweisungen beachten, die mit seiner Aufgabe nicht vereinbar sind oder deren Befolgung er nicht verantworten kann.

(2) Der Arzt hat seinen Beruf gewissenhaft auszuüben und dem ihm bei seiner Berufsausübung entgegengebrachten Vertrauen zu entsprechen.

(3) Zur gewissenhaften Berufsausübung gehören auch die Grundsätze korrekter ärztlicher Berufsausübung in Kapitel C.

(4) Der Arzt darf hinsichtlich seiner ärztlichen Entscheidungen keine Weisungen von Nichtärzten entgegennehmen.

(5) Der Arzt ist verpflichtet, sich über die für die Berufsausübung geltenden Vorschriften unterrichtet zu halten.

(6) Unbeschadet der in den nachfolgenden Vorschriften geregelten besonderen Auskunfts- und Anzeigepflichten hat der Arzt auf Anfragen der Ärztekammer, welche diese zur Erfüllung ihrer gesetzlichen Aufgaben bei der Berufsaufsicht an den Arzt richtet, in angemessener Frist zu antworten.

§ 3 Unvereinbarkeiten (1) Dem Arzt ist neben der Ausübung seines Berufs die Ausübung einer anderen Tätigkeit untersagt, welche mit den ethischen Grundsätzen des ärztlichen Berufs nicht vereinbar ist. Dem Arzt ist auch verboten, seinen Namen in Verbindung mit einer ärztlichen Berufsbezeichnung in unlauterer Weise für gewerbliche Zwecke herzugeben. Ebensowenig darf er zulassen, daß von seinem Namen oder vom beruflichen Ansehen des Arztes in solcher Weise Gebrauch gemacht wird.

(2) Dem Arzt ist untersagt, im Zusammenhang mit der Ausübung seiner ärztlichen Tätigkeit Waren und andere Gegenstände abzugeben oder unter seiner Mitwirkung abgeben zu lassen sowie gewerbliche Dienstleistungen zu erbringen oder erbringen zu lassen, soweit nicht die Abgabe des Produkts oder die Dienstleistung wegen ihrer Besonderheiten notwendiger Bestandteil der ärztlichen Therapie sind.

§ 4 Fortbildung (1) Der Arzt, der seinen Beruf ausübt, ist verpflichtet, sich in dem Umfange beruflich fortzubilden, wie es zur Erhaltung und Entwicklung der zu seiner Berufsausübung erforderlichen Fachkenntnisse notwendig ist.

(2) Der Arzt muß seine Fortbildung nach Absatz 1 gegenüber der Ärztekammer in geeigneter Form nachweisen können.

§ 5 Qualitätssicherung Der Arzt ist verpflichtet, an den von der Ärztekammer eingeführten Maßnahmen zur Sicherung der Qualität der ärztlichen Tätigkeit teilzunehmen und der Ärztekammer die hierzu erforderlichen Auskünfte zu erteilen.

§ 6 Mitteilung von unerwünschten Arzneimittelwirkungen Der Arzt ist verpflichtet, die ihm aus seiner ärztlichen Behandlungstätigkeit bekanntwerdenden unerwünschten Arzneimittelwirkungen der Arzneimittelkommission der deutschen Ärzteschaft mitzuteilen (Fachausschuß der Bundesärztekammer).

II. Pflichten gegenüber Patienten

§ 7 Behandlungsgrundsätze und Verhaltensregeln (1) Jede medizinische Behandlung hat unter Wahrung der Menschenwürde und unter Achtung der Persönlichkeit, des Willens und der Rechte des Patienten, insbesondere des Selbstbestimmungsrechts, zu erfolgen.

(2) Der Arzt achtet das Recht seiner Patienten, den Arzt frei zu wählen oder zu wechseln. Andererseits ist - von Notfällen oder besonderen rechtlichen Verpflichtungen abgesehen - auch der Arzt frei, eine Behandlung abzulehnen. Den begründeten Wunsch des Patienten, einen weiteren Arzt zuzuziehen oder einem anderen Arzt überwiesen zu werden, soll der behandelnde Arzt in der Regel nicht ablehnen.

(3) Der Arzt darf individuelle ärztliche Behandlung, insbesondere auch Beratung, weder ausschließlich brieflich noch in Zeitungen oder Zeitschriften noch ausschließ-

lich über Kommunikationsmedien oder Computerkommunikationsnetze durchführen.

§ 8 Aufklärungspflicht Zur Behandlung bedarf der Arzt der Einwilligung des Patienten. Der Einwilligung hat grundsätzlich die erforderliche Aufklärung im persönlichen Gespräch vorauszugehen.

§ 9 Schweigepflicht (1) Der Arzt hat über das, was ihm in seiner Eigenschaft als Arzt anvertraut oder bekannt geworden ist - auch über den Tod des Patienten hinaus - zu schweigen. Dazu gehören auch schriftliche Mitteilungen des Patienten, Aufzeichnungen über Patienten, Röntgenaufnahmen und sonstige Untersuchungsbefunde.

(2) Der Arzt ist zur Offenbarung befugt, soweit er von der Schweigepflicht entbunden worden ist oder soweit die Offenbarung zum Schutze eines höherwertigen Rechtsgutes erforderlich ist. Gesetzliche Aussage- und Anzeigepflichten bleiben unberührt. Soweit gesetzliche Vorschriften die Schweigepflicht des Arztes einschränken, soll der Arzt den Patienten darüber unterrichten.

(3) Der Arzt hat seine Mitarbeiter und die Personen, die zur Vorbereitung auf den Beruf an der ärztlichen Tätigkeit teilnehmen, über die gesetzliche Pflicht zur Verschwiegenheit zu belehren und dies schriftlich festzuhalten.

(4) Wenn mehrere Ärzte gleichzeitig oder nacheinander denselben Patienten untersuchen oder behandeln, so sind sie untereinander von der Schweigepflicht insoweit befreit, als das Einverständnis des Patienten vorliegt oder anzunehmen ist.

§ 10 Dokumentationspflicht (1) Der Arzt hat über die in Ausübung seines Berufes gemachten Feststellungen und getroffenen Maßnahmen die erforderlichen Aufzeichnungen zu machen. Diese sind nicht nur Gedächtnisstützen für den Arzt, sie dienen auch dem Interesse des Patienten an einer ordnungsgemäßen Dokumentation.

(2) Der Arzt hat dem Patienten auf dessen Verlangen grundsätzlich in die ihn betreffenden Krankenunterlagen Einsicht zu gewähren; ausgenommen sind diejenigen Teile, welche subjektive Eindrücke oder Wahrnehmungen des Arztes enthalten. Auf Verlangen sind dem Patienten Kopien der Unterlagen gegen Erstattung der Kosten herauszugeben.

(3) Ärztliche Aufzeichnungen sind für die Dauer von zehn Jahren nach Abschluß der Behandlung aufzubewahren, soweit nicht nach gesetzlichen Vorschriften eine längere Aufbewahrungspflicht besteht.

(4) Nach Aufgabe der Praxis hat der Arzt seine ärztlichen Aufzeichnungen und Untersuchungsbefunde gemäß Absatz 3 aufzubewahren oder dafür Sorge zu tragen, daß sie in gehörige Obhut gegeben werden. Der Arzt, dem bei einer Praxisaufgabe oder Praxisübergabe ärztliche Aufzeichnungen über Patienten in Obhut gegeben werden, muß diese Aufzeichnungen unter Verschluß halten und darf sie nur mit Einwilligung des Patienten einsehen oder weitergeben.

(5) Aufzeichnungen auf elektronischen Datenträgern oder anderen Speichermedien bedürfen besonderer Sicherungs- und Schutzmaßnahmen, um deren Veränderung, Vernichtung oder unrechtmäßige Verwendung zu verhindern. Der Arzt hat hierbei die Empfehlungen der Ärztekammer zu beachten.

§ 11 Ärztliche Untersuchungs- und Behandlungsmethoden (1) Mit Übernahme der Behandlung verpflichtet sich der Arzt dem Patienten gegenüber zur gewissenhaften Versorgung mit geeigneten Untersuchungs- und Behandlungsmethoden.

(2) Der ärztliche Berufsauftrag verbietet es, diagnostische oder therapeutische Methoden unter mißbräuchlicher Ausnutzung des Vertrauens, der Unwissenheit, der Leichtgläubigkeit oder der Hilflosigkeit von Patienten anzuwenden. Unzulässig ist es auch, Heilerfolge, insbesondere bei nicht heilbaren Krankheiten, als gewiß zuzusichern.

§ 12 Honorar und Vergütungsabsprachen (1) Die Honorarforderung muß angemessen sein. Für die Bemessung ist die Amtliche Gebührenordnung (GOÄ) die Grundlage, soweit nicht andere gesetzliche Vergütungsregelungen gelten. Der Arzt darf die Sätze nach der GOÄ nicht in unlauterer Weise unterschreiten. Bei Abschluß einer Honorarvereinbarung hat der Arzt auf die Einkommens- und Vermögensverhältnisse des Zahlungspflichtigen Rücksicht zu nehmen.

(2) Der Arzt kann Verwandten, Kollegen, deren Angehörigen und mittellosen Patienten das Honorar ganz oder teilweise erlassen.

(3) Auf Antrag eines Beteiligten gibt die Ärztekammer eine gutachterliche Äußerung über die Angemessenheit der Honorarforderung ab.

III. Besondere medizinische Verfahren und Forschung

§ 13 Besondere medizinische Verfahren (1) Bei speziellen medizinischen Maßnahmen oder Verfahren, die ethische Probleme aufwerfen und zu denen die Ärztekammer Empfehlungen zur Indikationsstellung und zur Ausführung festgelegt hat, hat der Arzt die Empfehlungen zu beachten.

(2) Soweit es die Ärztekammer verlangt, hat der Arzt die Anwendung solcher Maßnahmen oder Verfahren der Ärztekammer anzuzeigen.

(3) Vor Aufnahme entsprechender Tätigkeiten hat der Arzt auf Verlangen der Ärztekammer den Nachweis zu führen, daß die persönlichen und sachlichen Voraussetzungen entsprechend den Empfehlungen erfüllt werden.

§ 14 Erhaltung des ungeborenen Lebens und Schwangerschaftsabbruch (1) Der Arzt ist grundsätzlich verpflichtet, das ungeborene Leben zu erhalten. Der Schwangerschaftsabbruch unterliegt den gesetzlichen Bestimmungen. Der Arzt kann nicht gezwungen werden, einen Schwangerschaftsabbruch vorzunehmen oder ihn zu unterlassen.

(2) Der Arzt, der einen Schwangerschaftsabbruch durchführt oder eine Fehlgeburt betreut, hat dafür Sorge zu tragen, daß die tote Leibesfrucht keiner mißbräuchlichen Verwendung zugeführt wird.

§ 15 Forschung (1) Der Arzt muß sich vor der Durchführung biomedizinischer Forschung am Menschen - ausgenommen bei ausschließlich epidemiologischen Forschungsvorhaben - durch eine bei der Ärztekammer oder bei einer Medizinischen Fakultät gebildeten Ethik-Kommission über die mit seinem Vorhaben verbundenen berufsethischen und berufsrechtlichen Fragen beraten lassen. Dasselbe gilt vor der Durchführung gesetzlich zugelassener Forschung mit vitalen menschlichen Gameten und lebendem embryonalen Gewebe.

(2) Bei durchzuführenden Beratungen nach Absatz 1 ist die Deklaration des Weltärztebundes von 1964 (Helsinki) in der revidierten Fassung von 1975 (Tokio), 1983 (Venedig), 1989 (Hongkong) und 1996 (Somerset West) zugrunde zu legen.

(3) Zum Zwecke der wissenschaftlichen Forschung und Lehre dürfen der Schweigepflicht unterliegende Tatsachen und Befunde grundsätzlich nur soweit offenbart werden, als dabei die Anonymität des Patienten gesichert ist oder dieser ausdrücklich zustimmt.

(4) In Publikationen von Forschungsergebnissen sind die Beziehungen des Arztes zum Auftraggeber und dessen Interessen offenzulegen.

§ 16 Beistand für den Sterbenden Der Arzt darf - unter Vorrang des Willens des Patienten - auf lebensverlängernde Maßnahmen nur verzichten und sich auf die Linderung der Beschwerden beschränken, wenn ein Hinausschieben des unvermeidbaren Todes für die sterbende Person lediglich eine unzumutbare Verlängerung des Leidens bedeuten würde. Der Arzt darf das Leben des Sterbenden nicht aktiv verkürzen. Er darf weder sein eigenes noch das Interesse Dritter über das Wohl des Patienten stellen.

IV. Berufliches Verhalten

1. Berufsausübung

§ 17 Niederlassung und Ausübung der Praxis (1) Die Ausübung ambulanter ärztlicher Tätigkeit außerhalb von Krankenhäusern einschließlich konzessionierter Privatkrankenanstalten ist an die Niederlassung in eigener Praxis gebunden, soweit nicht gesetzliche Vorschriften etwas anderes zulassen.

(2) Die Ausübung ambulanter ärztlicher Tätigkeit im Umherziehen, in gewerblicher Form oder bei Beschäftigungsträgern, die gewerbsmäßig ambulante heilkundliche Leistungen erbringen, ist berufswidrig, soweit nicht die Tätigkeit in Krankenhäusern oder konzessionierten Privatkrankenanstalten ausgeübt wird oder gesetzliche Vorschriften etwas anderes zulassen.

(3) Auf Antrag kann die Ärztekammer von den Geboten oder Verboten der Absätze 1 und 2 Ausnahmen gestatten, wenn sichergestellt ist, daß die beruflichen Belange nicht beeinträchtigt werden und die Berufsordnung beachtet wird.

(4) Die Niederlassung ist durch ein Praxisschild kenntlich zu machen. Das Nähere zur Ausgestaltung des Schildes regelt Kapitel D Nr. 2. Hierbei ist der Arzt berechtigt, seine Sprechstunde nach den örtlichen und fachlichen Gegebenheiten seiner Praxis festzusetzen, und verpflichtet, die Sprechstunden auf dem Praxisschild bekanntzugeben. Ärzte, welche nicht unmittelbar patientenbezogen tätig werden, können von der Ankündigung ihrer Niederlassung durch ein Praxisschild absehen, wenn sie dies der Ärztekammer anzeigen.

(5) Ort und Zeitpunkt der Niederlassung sowie jede Veränderung hat der Arzt der Ärztekammer unverzüglich mitzuteilen.

§ 18 Zweigpraxis, ausgelagerte Praxisräume (1) Dem Arzt ist es nicht gestattet, an mehreren Stellen Sprechstunden abzuhalten. Die Ärztekammer kann, soweit es die Sicherstellung der ärztlichen Versorgung der Bevölkerung erfordert, die Genehmigung für eine Zweigpraxis (Sprechstunde) erteilen.

(2) Der Arzt darf in räumlicher Nähe zum Ort seiner Niederlassung Untersuchungs- und Behandlungsräume ausschließlich für spezielle Untersuchungs- oder Behandlungszwecke (zum Beispiel Operationen, medizinischtechnische Leistungen) unterhalten, in denen er seine Patienten nach Aufsuchen seiner Praxis versorgt (ausgelagerte Praxisräume). Dasselbe gilt für eine gemeinschaftlich mit anderen Ärzten organisierte Notfallpraxis in den sprechstundenfreien Zeiten.

§ 19 Beschäftigung angestellter Praxisärzte Der Arzt muß seine Praxis persönlich ausüben. Die Beschäftigung eines ärztlichen Mitarbeiters in der Praxis (angestellter Praxisarzt) setzt die Leitung der Praxis durch den niedergelassenen Arzt voraus. Der Arzt hat die Beschäftigung des ärztlichen Mitarbeiters der Ärztekammer anzuzeigen.

§ 20 Vertreter (1) Niedergelassene Ärzte sollen grundsätzlich zur gegenseitigen Vertretung bereit sein; übernommene Patienten sind nach Beendigung der Vertretung zurückzuüberweisen. Der Arzt darf sich grundsätzlich nur durch einen Facharzt desselben Fachgebiets vertreten lassen.

(2) Die Beschäftigung eines Vertreters in der Praxis ist der Ärztekammer anzuzeigen, wenn die Vertretung in der Praxisausübung insgesamt länger als drei Monate innerhalb von zwölf Monaten dauert.

(3) Die Praxis eines verstorbenen Arztes kann zugunsten seiner Witwe oder eines unterhaltsberechtigten Angehörigen in der Regel bis zur Dauer von drei Monaten nach dem Ende des Kalenderjahres durch einen anderen Arzt fortgesetzt werden.

§ 21 Haftpflichtversicherung Der Arzt ist verpflichtet, sich hinreichend gegen Haftpflichtansprüche im Rahmen seiner beruflichen Tätigkeit zu versichern.

§ 22 Gemeinsame Berufsausübung *Zur gemeinsamen Berufsausübung sind die in Kapitel D Nrn. 7 bis 11 geregelten* Berufsausübungsgemeinschaften von Ärzten (Gemeinschaftspraxis, Ärztepartnerschaft), Organisationsgemeinschaften unter Ärzten (zum Beispiel Praxisgemeinschaften, Apparategemeinschaften) und die medizinischen Kooperationsgemeinschaften sowie *der Praxisverbund zugelassen.*

§ 23 Ärzte im Beschäftigungsverhältnis Die Regeln dieser Berufsordnung gelten auch für Ärzte, welche ihre ärztliche Tätigkeit im Rahmen eines privatrechtlichen Arbeitsverhältnisses oder öffentlich-rechtlichen Dienstverhältnisses ausüben. Auch in einem Arbeits- oder Dienstverhältnis darf ein Arzt eine Vergütung für seine ärztliche Tätigkeit nicht dahingehend vereinbaren, daß die Vergütung den Arzt in der Unabhängigkeit seiner medizinischen Entscheidungen beeinträchtigt.

§ 24 Verträge über ärztliche Tätigkeit Der Arzt soll alle Verträge über seine ärztliche Tätigkeit vor ihrem Abschluß der Ärztekammer vorlegen, damit geprüft werden kann, ob die beruflichen Belange gewahrt sind.

§ 25 Ärztliche Gutachten und Zeugnisse Bei der Ausstellung ärztlicher Gutachten und Zeugnisse hat der Arzt mit der notwendigen Sorgfalt zu verfahren und nach bestem Wissen seine ärztliche Überzeugung auszusprechen. Gutachten und Zeugnisse, zu deren Ausstellung der Arzt verpflichtet ist oder die auszustellen er übernommen hat, sind innerhalb einer angemessenen Frist abzugeben. Zeugnisse über Mitarbeiter und Ärzte in Weiterbildung müssen grundsätzlich innerhalb von drei Monaten nach Antragstellung, bei Ausscheiden unverzüglich, ausgestellt werden.

§ 26 Ärztlicher Notfalldienst (1) Der niedergelassene Arzt ist verpflichtet, am Notfalldienst teilzunehmen. Auf Antrag eines Arztes kann aus schwerwiegenden Gründen eine Befreiung vom Notfalldienst ganz, teilweise oder vorübergehend erteilt werden. Dies gilt insbesondere:
- wenn er wegen körperlicher Behinderung hierzu nicht in der Lage ist,
- wenn ihm aufgrund besonders belastender familiärer Pflichten die Teilnahme nicht zuzumuten ist,
- wenn er an einem klinischen Bereitschaftsdienst mit Notfallversorgung teilnimmt,
- für Ärztinnen ab dem Zeitpunkt der Bekanntgabe ihrer Schwangerschaft und bis zu 12 Monate nach der Entbindung,
- für Ärzte über 65 Jahre.

(2) Für die Einrichtung und Durchführung eines Notfalldienstes im einzelnen sind die von der Ärztekammer erlassenen Richtlinien maßgebend. Die Verpflichtung zur Teilnahme am Notfalldienst gilt für den festgelegten Notfalldienstbereich.

(3) Die Einrichtung eines Notfalldienstes entbindet den behandelnden Arzt nicht von seiner Verpflichtung, für die Betreuung seiner Patienten in dem Umfange Sorge zu tragen, wie es deren Krankheitszustand erfordert.

(4) Der Arzt hat sich auch für den Notfalldienst fortzubilden, wenn er gemäß Absatz 1 nicht auf Dauer von der Teilnahme am Notfalldienst befreit ist.

2. Berufliche Kommunikation

§ 27 Unerlaubte Werbung, erlaubte sachliche Information über die berufliche Tätigkeit

(1) Der Arzt darf für seine berufliche Tätigkeit oder die berufliche Tätigkeit anderer Ärzte nicht werben. Sachliche Informationen sind in Form, Inhalt und Umfang gemäß den Grundsätzen des Kapitels D Nrn. 1-6 zulässig.

(2) Der Arzt darf eine ihm verbotene Werbung durch andere weder veranlassen noch dulden. Dies gilt auch für die anpreisende Herausstellung von Ärzten in Ankündigungen von Sanatorien, Kliniken, Institutionen oder anderen Unternehmen. Der Arzt darf nicht dulden, daß Berichte oder Bildberichte mit werbender Herausstellung seiner ärztlichen Tätigkeit unter Verwendung seines Namens, Bildes oder seiner Anschrift veröffentlicht werden.

§ 28 Öffentliches Wirken und Medientätigkeit Veröffentlichungen medizinischen Inhalts oder die Mitwirkung des Arztes an aufklärenden Veröffentlichungen in den Medien sind zulässig, soweit die Veröffentlichung und die Mitwirkung des Arztes auf sachliche Information begrenzt und die Person sowie das Handeln des Arztes nicht werbend herausgestellt werden. Dies gilt auch für öffentliche Vorträge medizinischen Inhalts.

3. Berufliche Zusammenarbeit mit Ärzten

§ 29 Kollegiale Zusammenarbeit (1) Ärzte haben sich untereinander kollegial zu verhalten. Die Verpflichtung des Arztes, in einem Gutachten, auch soweit es die

Behandlungsweise eines anderen Arztes betrifft, nach bestem Wissen seine ärztliche Überzeugung auszusprechen, bleibt unberührt. Unsachliche Kritik an der Behandlungsweise oder dem beruflichen Wissen eines Arztes sowie herabsetzende Äußerungen über dessen Person sind berufsunwürdig.

(2) Es ist berufsunwürdig, einen Kollegen aus seiner Behandlungstätigkeit oder als Mitbewerber um eine berufliche Tätigkeit durch unlautere Handlungen zu verdrängen. Es ist insbesondere berufsunwürdig, wenn ein Arzt sich innerhalb eines Zeitraums von einem Jahr ohne Zustimmung des Praxisinhabers im Einzugsbereich derjenigen Praxis niederläßt, in welcher er in der Aus- oder Weiterbildung mindestens drei Monate tätig war. Ebenso ist es berufsunwürdig, in unlauterer Weise einen Kollegen ohne angemessene Vergütung oder unentgeltlich zu beschäftigen oder eine solche Beschäftigung zu bewirken oder zu dulden.

(3) Ärzte, die andere Ärzte zu ärztlichen Verrichtungen bei Patienten heranziehen, denen gegenüber nur sie einen Liquidationsanspruch haben, sind verpflichtet, diesen Ärzten eine angemessene Vergütung zu gewähren. Erbringen angestellte Ärzte für einen liquidationsberechtigten Arzt abrechnungsfähige Leistungen, so ist der Ertrag aus diesen Leistungen in geeigneter Form an die beteiligten Mitarbeiter abzuführen.

(4) In Gegenwart von Patienten oder Nichtärzten sind Beanstandungen der ärztlichen Tätigkeit und zurechtweisende Belehrungen zu unterlassen. Das gilt auch für Ärzte als Vorgesetzte und Untergebene und für den Dienst in den Krankenhäusern.

(5) Der zur Weiterbildung befugte Arzt hat im Rahmen der gegebenen Möglichkeiten einen ärztlichen Mitarbeiter unbeschadet dessen Pflicht, sich selbst um eine Weiterbildung zu bemühen, in dem gewählten Weiterbildungsgang nach Maßgabe der Weiterbildungsordnung weiterzubilden.

4. Wahrung der ärztlichen Unabhängigkeit bei der Zusammenarbeit mit Dritten

§ 30 Zusammenarbeit des Arztes mit Dritten (1) Dem Arzt ist es nicht gestattet, zusammen mit Personen, die weder Ärzte sind noch zu seinen berufsmäßig tätigen Mitarbeitern gehören, zu untersuchen oder zu behandeln. Dies gilt nicht für Personen, welche sich in der Ausbildung zum ärztlichen Beruf oder zu einem medizinischen Assistenzberuf befinden. Angehörige von Patienten und andere Personen dürfen bei der Untersuchung und Behandlung anwesend sein, wenn der verantwortliche Arzt und der Patient zustimmen.

(2) Die Zusammenarbeit mit Angehörigen anderer Gesundheitsberufe ist zulässig, wenn die Verantwortungsbereiche des Arztes und des Angehörigen des Gesundheitsberufs klar erkennbar voneinander getrennt bleiben.

§ 31 Unerlaubte Zuweisung von Patienten gegen Entgelt Dem Arzt ist es nicht gestattet, für die Zuweisung von Patienten oder Untersuchungsmaterial ein Entgelt oder andere Vorteile sich versprechen oder gewähren zu lassen oder selbst zu versprechen oder zu gewähren.

§ 32 Annahme von Geschenken und anderen Vorteilen Es ist unzulässig, sich von Patienten oder von Dritten Geschenke oder andere Vorteile, welche das übliche Maß kleiner Anerkennungen übersteigen, versprechen zu lassen oder anzunehmen, wenn hierdurch der Eindruck erweckt werden kann, daß der Arzt in seiner ärztlichen Entscheidung beeinflußt sein könnte.

§ 33 Arzt und Industrie Soweit Ärzte Leistungen für die Hersteller von Arznei-, Heil-, Hilfsmitteln oder medizinisch-technischen Geräten erbringen (zum Beispiel bei der Entwicklung, Erprobung und Begutachtung), muß die hierfür bestimmte Vergütung der erbrachten Leistung entsprechen. Die Annahme von Werbegaben oder von Vorteilen für den Besuch von Informationsveranstaltungen der Hersteller ist untersagt, sofern der Wert nicht geringfügig ist. Dasselbe gilt für die Annahme unzulässiger Vorteile von Herstellern oder Händlern aus dem Bezug der in Satz 1 genannten Produkte.

§ 34 Verordnungen, Empfehlungen und Begutachtung von Arznei-, Heil- und Hilfsmitteln (1) Dem Arzt ist es nicht gestattet, für die Verordnung von Arznei-, Heil- und Hilfsmitteln von dem Hersteller oder Händler eine Vergütung oder sonstige wirtschaftliche Vergünstigungen zu fordern oder anzunehmen.

(2) Der Arzt darf Ärztemuster nicht gegen Entgelt weitergeben.

(3) Dem Arzt ist es nicht gestattet, über Arznei-, Heil- und Hilfsmittel, Körperpflegemittel oder ähnliche Waren Werbevorträge zu halten oder zur Werbung bestimmte Gutachten zu erstellen.

(4) Der Arzt darf einer mißbräuchlichen Anwendung seiner Verschreibung keinen Vorschub leisten.

(5) Dem Arzt ist nicht gestattet, Patienten ohne hinreichenden Grund an bestimmte Apotheken, Geschäfte oder Anbieter von gesundheitlichen Leistungen zu verweisen.

§ 35 Fortbildungsveranstaltungen und Sponsoring Werden Art, Inhalt und Präsentation von Fortbildungsveranstaltungen allein von einem ärztlichen Veranstalter bestimmt, so ist die Annahme von Beiträgen Dritter (Sponsoring) für Veranstaltungskosten in angemessenem Umfang erlaubt. Beziehungen zum Sponsor sind bei der Ankündigung und Durchführung offen darzulegen.

C. Verhaltensregeln (Grundsätze korrekter ärztlicher Berufsausübung)

Nr. 1 Umgang mit Patienten Eine korrekte ärztliche Berufsausübung verlangt, daß der Arzt beim Umgang mit Patienten

- ihre Würde und ihr Selbstbestimmungsrecht respektiert,
- ihre Privatsphäre achtet,
- über die beabsichtigte Diagnostik und Therapie, gegebenenfalls über ihre Alternativen und über seine Beurteilung des Gesundheitszustandes in für den Patienten verständlicher und angemessener Weise informiert und insbesondere auch das Recht, empfohlene Untersuchungs- und Behandlungsmaßnahmen abzulehnen, respektiert,
- Rücksicht auf die Situation des Patienten nimmt,
- auch bei Meinungsverschiedenheiten sachlich und korrekt bleibt,
- den Mitteilungen des Patienten gebührende Aufmerksamkeit entgegenbringt und einer Patientenkritik sachlich begegnet.

Nr. 2 Behandlungsgrundsätze Übernahme und Durchführung der Behandlung erfordern die gewissenhafte Ausführung der gebotenen medizinischen Maßnahmen nach den Regeln der ärztlichen Kunst. Dazu gehört auch
- rechtzeitig andere Ärzte hinzuziehen, wenn die eigene Kompetenz zur Lösung der diagnostischen und therapeutischen Aufgabe nicht ausreicht,
- rechtzeitig den Patienten an andere Ärzte zur Fortsetzung der Behandlung zu überweisen,
- dem Wunsch von Patienten nach Einholung einer Zweitmeinung sich nicht zu widersetzen,
- für die mit- oder weiterbehandelnden Ärzte die erforderlichen Patientenberichte zeitgerecht zu erstellen.

Nr. 3 Umgang mit nichtärztlichen Mitarbeitern Eine korrekte ärztliche Berufsausübung verlangt auch, daß der Arzt bei der Ausübung seiner ärztlichen Tätigkeit
- nichtärztliche Mitarbeiter nicht diskriminiert und insbesondere die arbeitsrechtlichen Bestimmungen beachtet.

D. Ergänzende Bestimmungen zu einzelnen ärztlichen Berufspflichten

I. Regeln der beruflichen Kommunikation, insbesondere zulässiger Inhalt und Umfang sachlicher Informationen über die berufliche Tätigkeit

Nr. 1 Information anderer Ärzte Ärzte dürfen andere Ärzte über ihr Leistungsangebot informieren. Die Information darf sich auch auf die Mitteilung von solchen Qualifikationen erstrecken, die nach dem maßgeblichen Weiterbildungsrecht erworben worden sind, jedoch als Bezeichnungen nicht geführt werden dürfen (fakultative Weiterbildung, Fachkunde). Bei der Information ist jede werbende Herausstellung der eigenen Tätigkeit untersagt.

Nr. 2 Praxisschilder (1) Der Arzt hat auf seinem Praxisschild seinen Namen und die Bezeichnung als Arzt oder eine führbare Arztbezeichnung nach der Weiterbildungsordnung (Facharzt-, Schwerpunkt- und Zusatzbezeichnung) anzugeben und Sprechstunden anzukündigen. Eine erworbene Facharzt-, Schwerpunkt- und Zusatzbezeichnung darf nur in der nach der Weiterbildungsordnung zulässigen Form und nur dann geführt werden, wenn der Arzt im entsprechenden Fachgebiet, Schwerpunkt oder Bereich nicht nur gelegentlich tätig ist.

(2) Das Praxisschild darf über die Angaben nach Absatz 1 hinaus Zusätze über medizinische akademische Grade, ärztliche Titel, Privatwohnung und Telefonnummern enthalten. Andere akademische Grade dürfen nur in Verbindung mit der Fakultätsbezeichnung genannt werden.

(3) Folgende weitere Angaben dürfen, sofern die Voraussetzungen vorliegen, auf dem Praxisschild genannt werden:

a.) Zulassung zu Krankenkassen

b.) Durchgangsarzt.

(4) Ein Arzt, der Belegarzt ist, darf auf seine belegärztliche Tätigkeit durch den Zusatz auf dem Praxisschild "Belegarzt" und die Hinzufügung des Namens des Krankenhauses, in dem er die belegärztliche Tätigkeit ausübt, hinweisen.

(5) Ein Arzt, der ambulante Operationen ausführt, darf dies mit dem Hinweis "Ambulante Operationen" auf dem Praxisschild ankündigen, wenn er ambulante Operationen, die über kleine chirurgische Eingriffe hinausgehen, ausführt und die Bedingungen der von der Ärztekammer eingeführten Qualitätssicherungsmaßnahmen erfüllt.

(6) Ein Arzt darf mit der Bezeichnung "Praxisklinik" eine besondere Versorgungsweise und besondere Praxisausstattung auf seinem Praxisschild ankündigen, wenn er

a.) im Rahmen der Versorgung ambulanter Patienten bei Bedarf eine ärztliche und pflegerische Betreuung auch über Nacht gewährleistet,

b.) neben den für die ärztlichen Maßnahmen notwendigen Voraussetzungen auch die nach den anerkannten Qualitätssicherungsregeln erforderlichen, apparativen, personellen und organisatorischen Vorkehrungen für eine Notfallintervention beim entlassenen Patienten erfüllt.

(7) Die Ärzte, die die Angaben zu Absätzen 4 bis 6 führen, haben der Ärztekammer auf deren Verlangen die für eine Prüfung der notwendigen Voraussetzungen der Ankündigung erforderlichen Unterlagen vorzulegen. Die Ärztekammer ist befugt, ergänzende Auskünfte zu verlangen.

(8) Die Bezeichnung "Professor" darf geführt werden, wenn sie auf Vorschlag der medizinischen Fakultät (Fachbereich) durch die Hochschule oder das zuständige Landesministerium verliehen worden ist. Dasselbe gilt für die von einer medizinischen Fakultät einer ausländischen wissenschaftlichen Hochschule verliehene Bezeichnung, wenn sie nach Beurteilung durch die Ärztekammer der deutschen Bezeichnung "Professor" gleichwertig ist. Die nach Satz 2 führbare, im Ausland erworbene Bezeichnung ist in der Fassung der ausländischen Verleihungsurkunde zu führen.

(9) Bei Berufsausübungsgemeinschaften von Ärzten (Gemeinschaftspraxis, Ärzte-Partnerschaft, Kapitel D Nr. 9) sind - unbeschadet des Namens einer Partnerschaftgesellschaft - die Namen und Arztbezeichnungen aller in der Gemeinschaft zusammengeschlossenen Ärzte anzuzeigen. Der Zusammenschluß ist ferner entsprechend der Rechtsform mit dem Zusatz "Gemeinschaftspraxis" oder "Partnerschaft" anzukündigen. Die Fortführung des Namens eines nicht mehr berufstätigen, eines ausgeschiedenen oder verstorbenen Partners ist unzulässig. Hat eine ärztliche Gemeinschaftspraxis oder Partnerschaft gemäß Kapitel C Nr. 9 mehrere Praxissitze, so ist für jeden Partner zusätzlich der Praxissitz anzugeben.

(10) Bei Kooperationen gemäß Kapitel D Nr. 9 darf sich der Arzt in ein gemeinsames Praxisschild mit den Kooperationspartnern aufnehmen lassen. Bei Partnerschaften gemäß Kapitel D Nr. 10 darf der Arzt, wenn die Angabe seiner Berufsbezeichnung vorgesehen ist, nur gestatten, daß die Bezeichnung Arzt oder eine andere führbare Bezeichnung angegeben werden.

(11) Zusammenschlüsse zu Organisationsgemeinschaften dürfen nicht angekündigt werden.

(12) Das Führen von Zusätzen, die nicht gemäß den vorstehenden Vorschriften erlaubt sind, ist untersagt.

(13) Für Form und Anbringung der Praxisschilder gelten folgende Regeln:

a.) Das Praxisschild soll der Bevölkerung die Praxis des Arztes anzeigen. Es darf nicht in aufdringlicher Form gestaltet und angebracht sein und das übliche Maß (etwa 35 x 50 cm) nicht übersteigen.

b.) Bei Vorliegen besonderer Umstände, zum Beispiel bei versteckt liegenden Praxiseingängen, darf der Arzt mit Zustimmung der Ärztekammer weitere Arztschilder anbringen.

c.) Bei Verlegung der Praxis kann der Arzt an dem Haus, aus dem er fortgezogen ist, bis zur Dauer eines halben Jahres ein Schild mit einem entsprechenden Vermerk anbringen.

(14) Mit Genehmigung der Ärztekammer darf der Arzt ausgelagerte Praxisräume gemäß § 18 erforderlichenfalls mit einem Hinweisschild kennzeichnen, welches seinen Namen, seine Arztbezeichnung und den Hinweis „Untersuchungsräume" oder „Behandlungsräume" ohne weitere Zusätze enthält.

Nr. 3 Anzeigen und Verzeichnisse (1) Anzeigen über die Niederlassung oder Zulassung dürfen nur in Zeitungen erfolgen. Sie dürfen außer der Anschrift der Praxis nur die für die Schilder des Arztes gestatteten Angaben enthalten und nur dreimal in der gleichen Zeitung innerhalb eines Zeitraumes von drei Monaten zur Bekanntgabe der Niederlassung oder der Aufnahme der Kassenpraxis veröffentlicht werden.

(2) Im übrigen sind Anzeigen in den Zeitungen nur bei Praxisaufgabe, Praxisübergabe, längerer Abwesenheit von der Praxis oder Krankheit sowie bei der Verlegung der Praxis und bei der Änderung der Sprechstundenzeit oder der Fernsprechnummer gestattet. Derartige Anzeigen dürfen aus diesem Anlaß höchstens dreimal veröffentlicht werden.

(3) Form und Inhalt dieser Zeitungsanzeigen müssen sich nach den örtlichen Gepflogenheiten richten.

(4) Ärzte dürfen sich in für die Öffentlichkeit bestimmte Informationsmedien eintragen lassen, wenn diese folgenden Anforderungen gerecht werden:

a.) Sie müssen allen Ärzten zu denselben Bedingungen gleichermaßen mit einem kostenfreien Grundeintrag offenstehen,

b.) die Eintragungen müssen sich grundsätzlich auf ankündigungsfähige Bezeichnungen beschränken.

Soll das Verzeichnis weitere Angaben enthalten, darf sich der Arzt eintragen lassen, wenn sich die Angaben im Rahmen der Bestimmungen nach Nr. 5 halten und die Systematik sowie die Art der Angaben vom Verleger des Verzeichnisses vor der Veröffentlichung mit der zuständigen Ärztekammer abgestimmt worden sind.

(5) *Ärzte, welche sich zu einem zugelassenen Praxisverbund (Kapitel D Nr. 11) zusammengeschlossen haben, dürfen dies als Verbund in Zeitungsanzeigen bis zu dreimal und in Verzeichnissen als Praxisverbund zusätzlich zu eventuellen Einzelangaben der Praxis bekanntgeben.*

Nr. 4 Ankündigungen auf Briefbögen, Rezeptvordrucken, Stempeln und im sonstigen Schriftverkehr Für sonstige Ankündigungen in Schriftform gelten die Bestimmungen der Nr. 2. Ärztliche Dienstbezeichnungen dürfen im Schriftverkehr angegeben werden; das gleiche gilt auch für Bezeichnungen, die nach der Weiterbildungsordnung nur am Ort der Tätigkeit geführt werden dürfen.

Nr. 5 Patienteninformation in den Praxisräumen (1) Sachliche Informationen medizinischen Inhalts (Absatz 2) und organisatorische Hinweise zur Patientenbehandlung (Absatz 3) sind in den Praxisräumen des Arztes zur Unterrichtung der Patienten zulässig, wenn eine werbende Herausstellung des Arztes und seiner Leistungen unterbleibt.

(2) Sachliche Informationen medizinischen Inhalts umfassen Beschreibungen bestimmter medizinischer Vorgänge, die in der Praxis des Arztes zur Vorbereitung des Patienten auf spezielle Untersuchungen oder Behandlungsmaßnahmen für zweckmäßig erachtet werden, oder Hinweise auf einzelne besondere Untersuchungs- und Behandlungsverfahren des Arztes im Rahmen seines Fachgebietes, die nicht den Kern der Weiterbildung ausmachen.

(3) Bei praxisorganisatorischen Hinweisen handelt es sich um Hinweise, welche die „Organisation" der Inanspruchnahme des Arztes durch Patienten in seinen Praxisräumen sowie den organisatorischen Ablauf in der Praxis selbst betreffen. Hinweise auf Sprechstundenzeiten, Sondersprechstunden, Telefonnummern, Erreichbarkeit außerhalb der Sprechstunde, Praxislage im Bezug auf öffentliche Verkehrsmittel (Straßenplan), Angabe über Parkplätze, besondere Einrichtungen für Behinderte können Gegenstand von praxisorganisatorischen Hinweisen sein.

Nr. 6 Öffentlich abrufbare Arztinformationen in Computerkommunikationsnetzen

Für öffentlich abrufbare Arztinformationen in Computerkommunikationsnetzen, insbesondere für Praxisinformationen ("virtuelle Schaufenster") gelten die Vorschriften der §§ 27 und 28 sowie des Kapitels D Nr. 1, Nr. 2 und Nr. 3 Absatz 3 entsprechend. Die Veröffentlichungen von nur für die Patienteninformation in Praxisräumen zugelassenen Mitteilungen (Kapitel D Nr. 5) ist in Computerkommunikationsnetzen gestattet, wenn durch verläßliche technische Verfahren sichergestellt ist, daß der Nutzer beim Suchprozeß zunächst nur Zugang zu einer Homepage des Arztes erhalten kann, welche ausschließlich die für das Praxisschild zugelassenen Angaben enthält, und erst nach einer weiteren Nutzerabfrage die Praxisinformationen zugänglich gemacht werden.

II. Formen der Zusammenarbeit (Gemeinschaftspraxis, Partnerschaft, Medizinische Kooperationsgemeinschaft, *Praxisverbund*)

Nr. 7 Berufsrechtsvorbehalt Soweit Vorschriften dieser Berufsordnung Regelungen des Partnerschaftsgesellschaftsgesetzes (Gesetz über Partnerschaftsgesellschaften Angehöriger Freier Berufe [PartGG] vom 25. Juli 1994 - BGBl. I S. 1744) einschränken, sind sie vorrangig aufgrund von § 1 Absatz 3 PartGG.

Nr. 8 Berufsausübungsgemeinschaften von Ärzten (1) Für die Berufsausübungsgemeinschaft dürfen Ärzte nur Gesellschaftsformen wählen, welche die eigenverantwortliche und selbständige sowie nicht gewerbliche Berufsausübung wahren. Solche Gesellschaftsformen sind die Gesellschaft des bürgerlichen Rechts (§ 705 ff. BGB) für die Gemeinschaftspraxis und die Partnerschaftsgesellschaft für die Ärztepartnerschaft. Es dürfen sich nur Ärzte zusammenschließen, welche ihren Beruf ausüben.

Sie dürfen nur einer Berufsausübungsgemeinschaft angehören; ausgenommen ist nur die Kooperation mit einem Krankenhaus oder vergleichbaren Einrichtungen.

(2) Die Berufsausübungsgemeinschaft ist nur zulässig an einem gemeinsamen Praxissitz. Ärzte, die ihrem typischen Fachgebietsinhalt nach regelmäßig nicht unmittelbar patientenbezogen ärztlich tätig sind, dürfen sich zu einer Berufsausübungsgemeinschaft auch derart zusammenschließen, daß jeder der Gemeinschaftspartner seine ärztliche Tätigkeit an einem Praxissitz ausübt, der den Mittelpunkt seiner Berufstätigkeit bildet. Ein eigener Praxissitz ist auch zulässig für einen Arzt, der die Voraussetzungen des Satzes 2 erfüllt, wenn er sich mit einem Arzt oder Ärzten, für die Satz 1 gilt, zusammenschließt.

(3) Bei allen Formen gemeinsamer Berufsausübung muß die freie Arztwahl gewährleistet bleiben.

(4) Der Zusammenschluß zu Berufsausübungsgemeinschaften und zu Organisationsgemeinschaften ist von den beteiligten Ärzten ihrer Ärztekammer anzuzeigen. Sind für die beteiligten Ärzte mehrere Ärztekammern zuständig, so ist jeder Arzt verpflichtet, die für ihn zuständige Kammer auf alle am Zusammenschluß beteiligten Ärzte hinzuweisen.

Nr. 9 Kooperative Berufsausübung zwischen Ärzten und Angehörigen anderer Fachberufe (1) Ärzte können sich auch mit selbständig tätigen und zur eigenverantwortlichen Berufsausübung befugten Berufsangehörigen der Berufe nach Absatz 2 zur kooperativen Berufsausübung zusammenschließen (medizinische Kooperationsgemeinschaft). Die Kooperation ist nur in der Form einer Partnerschaftsgesellschaft nach dem PartGG oder aufgrund eines schriftlichen Vertrages über die Bildung einer Kooperationsgemeinschaft in der Rechtsform einer Gesellschaft bürgerlichen Rechts gestattet. Dem Arzt ist ein solcher Zusammenschluß im einzelnen nur mit solchen anderen Berufsangehörigen und in der Weise erlaubt, daß diese in ihrer Verbindung mit dem Arzt einen gleichgerichteten oder integrierenden diagnostischen oder therapeutischen Zweck bei der Heilbehandlung, auch auf dem Gebiete der Prävention und Rehabilitation, durch räumlich nahes und koordiniertes Zusammenwirken aller beteiligten Berufsangehörigen erfüllen können. Darüber hinaus muß der Kooperationsvertrag gewährleisten, daß

a.) die eigenverantwortliche und selbständige Berufsausübung des Arztes gewahrt ist;

b.) die Verantwortungsbereiche der Partner gegenüber den Patienten getrennt bleiben;

c.) medizinische Entscheidungen, insbesondere über Diagnostik und Therapie, ausschließlich der Arzt trifft, sofern nicht der Arzt nach seinem Berufsrecht den in der Gemeinschaft selbständig tätigen Berufsangehörigen eines anderen Fachberufs solche Entscheidungen überlassen darf;

d.) der Grundsatz der freien Arztwahl gewahrt bleibt;

e.) der behandelnde Arzt zur Unterstützung in seinen diagnostischen Maßnahmen oder zur Therapie auch andere als die in der Gemeinschaft kooperierenden Berufsangehörigen hinzuziehen kann;

f.) die Einhaltung der berufsrechtlichen Bestimmungen der Ärzte, insbesondere das grundsätzliche Verbot der Errichtung einer Zweigpraxis, die Pflicht zur Dokumentation, das Verbot der Werbung und die Regeln zur Erstellung einer Honorarforderung, von den übrigen Partnern beachtet wird;

g.) sich die medizinische Kooperationsgemeinschaft verpflichtet, im Rechtsverkehr die Namen aller Partner und ihre Berufsbezeichnungen anzugeben und - sofern es sich um eine eingetragene Partnerschaftsgesellschaft handelt - den Zusatz "Partnerschaft" zu führen.

(2) Ärzte können sich unter Berücksichtigung des Gebots nach Absatz 1 Satz 3 nur mit einem oder mehreren Angehörigen folgender Berufe im Gesundheitswesen zu einer medizinischen Kooperationsgemeinschaft zusammenschließen:

a.) Zahnärzte
b.) Psychologische Psychotherapeuten, Kinder- und Jugendlichenpsychotherapeuten, Diplompsychologen
c.) Klinische Chemiker, Ernährungswissenschaftler und andere Naturwissenschaftler
d.) Diplom-Sozialpädagogen, Diplom-Heilpädagogen
e.) Hebammen
f.) Logopäden und Angehörige gleichgestellter sprachtherapeutischer Berufe
g.) Ergotherapeuten
h.) Angehörige der Berufe in der Physiotherapie
i.) Medizinisch-technische Assistenten
j.) Angehörige staatlich anerkannter Pflegeberufe
k.) Diätassistenten.

Die für die Mitwirkung des Arztes zulässige berufliche Zusammensetzung der Kooperation im einzelnen richtet sich nach dem Gebot des Absatzes 1 Satz 3; es ist erfüllt, wenn Angehörige aus solchen der vorgenannten Berufsgruppen kooperieren, die mit dem Arzt entsprechend seinem Fachgebiet einen gemeinschaftlich erreichbaren medizinischen Zweck nach der Art ihrer beruflichen Kompetenz zielbezogen erfüllen können.

(3) Angestellte Ärzte einer medizinischen Kooperationsgemeinschaft dürfen nur der Weisungsbefugnis der ärztlichen Partner unterstellt sein.

(4) Der Arzt darf sich nur einer einzigen medizinischen Kooperationsgemeinschaft anschließen.

(5) Die Mitwirkung des Arztes in einer medizinischen Kooperationsgemeinschaft bedarf der Genehmigung der Ärztekammer. Der Ärztekammer ist der Kooperations- oder Partnerschaftsvertrag vorzulegen. Die Genehmigung ist zu erteilen, wenn die vorgenannten Voraussetzungen für den Arzt erfüllt sind. Auf Anforderung haben die Ärzte ergänzende Auskünfte zu erteilen.

Nr. 10 Beteiligung von Ärzten an sonstigen Partnerschaften Einem Arzt ist es gestattet, in Partnerschaften gemäß § 1 Absatz 1 und Absatz 2 PartGG mit Angehörigen anderer Berufe als den vorstehend in Kapitel C Nr. 9 genannten zusammenzuarbeiten, wenn er in der Partnerschaft nicht die Heilkunde am Menschen ausübt. Der Eintritt in eine solche Partnerschaftsgesellschaft ist der Ärztekammer anzuzeigen.

Nr. 11 Praxisverbund *Ärzte dürfen sich, ohne eine Berufsausübungsgemeinschaft oder Organisationsgemeinschaft zu bilden, unter Beibehaltung ihrer selbständigen*

Berufsausübung und ihrer Praxissitze durch schriftlichen Vertrag, der der Vorlage an die Ärztekammer bedarf, zu einem Praxisverbund zusammenschließen, wenn der Zusammenschluß durch ein gemeinsames Versorgungsziel im Rahmen der vertragsärztlichen Versorgung der Versicherten der gesetzlichen Krankenversicherung aufgrund von Maßnahmen der Kassenärztlichen Vereinigungen begründet ist und die Mitgliedschaft in einem Praxisverbund allen dazu bereiten Ärzten offensteht. Soll die Möglichkeit zur Mitgliedschaft beschränkt werden (zum Beispiel durch räumliche oder qualitative Kriterien), müssen die dafür maßgeblichen Kriterien für den Versorgungsauftrag notwendig und nicht diskriminierend sein und der Ärztekammer gegenüber offengelegt werden. Ärzte in einem zulässigen Praxisverbund dürfen die medizinisch gebotene oder vom Patienten gewünschte Überweisung an nicht dem Praxisverbund zugehörige Ärzte nicht behindern.

III. Pflichten bei grenzüberschreitender ärztlicher Tätigkeit

Nr. 12 Praxen deutscher Ärzte in anderen EU-Mitgliedstaaten Führt ein Arzt neben seiner Niederlassung oder neben seiner ärztlichen Berufstätigkeit im Geltungsbereich dieser Berufsordnung in einem anderen Mitgliedstaat der Europäischen Union eine Praxis oder übt er dort eine weitere ärztliche Berufstätigkeit aus, so hat er dies der Ärztekammer anzuzeigen. Der Arzt hat Vorkehrungen für eine ordnungsgemäße Versorgung seiner Patienten am Ort seiner Berufsausübung im Geltungsbereich dieser Berufsordnung während seiner Tätigkeit in den anderen Mitgliedstaaten zu treffen. Die Ärztekammer kann verlangen, daß der Arzt die Zulässigkeit der Eröffnung der weiteren Praxis nach dem Recht des betreffenden Mitgliedstaats der Europäischen Union nachweist.

Nr. 13 Grenzüberschreitende ärztliche Tätigkeit von Ärzten aus anderen EU-Mitgliedstaaten Wird ein Arzt, der in einem anderen Mitgliedstaat der Europäischen Union niedergelassen ist oder dort seine berufliche Tätigkeit entfaltet, vorübergehend im Geltungsbereich dieser Berufsordnung grenzüberschreitend ärztlich tätig, ohne eine Niederlassung zu begründen, so hat er die Vorschriften dieser Berufsordnung zu beachten. Dies gilt auch, wenn der Arzt sich darauf beschränken will, im Geltungsbereich dieser Berufsordnung auf seine Tätigkeit aufmerksam zu machen; die Ankündigung seiner Tätigkeit ist ihm nur in dem Umfang gestattet, als sie nach dieser Berufsordnung erlaubt ist.

IV. Pflichten in besonderen medizinischen Situationen

Nr. 14 Schutz des menschlichen Embryos Die Erzeugung von menschlichen Embryonen zu Forschungszwecken sowie der Gentransfer in Embryonen und die Forschung an menschlichen Embryonen und totipotenten Zellen sind verboten. Verboten sind diagnostische Maßnahmen an Embryonen vor dem Transfer in die weiblichen Organe; es sei denn, es handelt sich um Maßnahmen zum Ausschluß schwerwiegender geschlechtsgebundener Erkrankungen im Sinne des § 3 Embryonenschutzgesetz.

Nr. 15 In-vitro-Fertilisation, Embryotransfer (1) Die künstliche Befruchtung einer Eizelle außerhalb des Mutterleibes und die anschließende Einführung des Embryos in die Gebärmutter oder die Einbringung von Gameten oder Embryonen in den Eileiter der genetischen Mutter sind als Maßnahme zur Behandlung der Sterilität ärztliche Tätigkeiten und nur nach Maßgabe des § 13 zulässig. Die Verwendung fremder Eizellen (Eizellenspende) ist bei Einsatz dieser Verfahren verboten.

(2) Ein Arzt kann nicht verpflichtet werden, an einer In-vitro-Fertilisation oder einem Embryotransfer mitzuwirken.

Anhang 2:

(Muster-) Berufsordnung für die deutschen Ärztinnen und Ärzte – MBO-Ä 2000 - - in der Fassung der Beschlüsse des 100. Deutschen Ärztetages in Eisenach - geändert durch die Beschlüsse des 103. Deutschen Ärztetages in Köln[1]

Inhaltsübersicht

A. Präambel

B. Regeln zur Berufsausübung

I. Grundsätze
§ 1 Aufgaben des Arztes
§ 2 Allgemeine ärztliche Berufspflichten
§ 3 Unvereinbarkeiten
§ 4 Fortbildung
§ 5 Qualitätssicherung
§ 6 Mitteilung von unerwünschten Arzneimittelwirkungen

II. Pflichten gegenüber Patienten
§ 7 Behandlungsgrundsätze und Verhaltensregeln
§ 8 Aufklärungspflicht
§ 9 Schweigepflicht
§ 10 Dokumentationspflichten
§ 11 Ärztliche Untersuchungs- und Behandlungsmethoden
§ 12 Honorar und Vergütungsabsprachen

III. Besondere medizinische Verfahren und Forschung
§ 13 Besondere medizinische Verfahren
§ 14 Erhaltung des ungeborenen Lebens und Schwangerschaftsabbruch
§ 15 Forschung
§ 16 Beistand für den Sterbenden

IV. Berufliches Verhalten
1. Berufsausübung
§ 17 Niederlassung und Ausübung der Praxis
§ 18 Zweigpraxis, ausgelagerte Praxisräume
§ 19 Beschäftigung angestellter Praxisärzte
§ 20 Vertreter
§ 21 Haftpflichtversicherung
§ 22 Gemeinsame Berufsausübung
§ 23 Ärzte im Beschäftigungsverhältnis
§ 24 Verträge über ärztliche Tätigkeit
§ 25 Ärztliche Gutachten und Zeugnisse
§ 26 Ärztlicher Notfalldienst

2. Berufliche Kommunikation
§ 27 Erlaubte sachliche Information über die berufliche Tätigkeit – berufswidrige Werbung
§ 28 Öffentliches Wirken und Medientätigkeit

3. Berufliche Zusammenarbeit mit Ärzten
§ 29 Kollegiale Zusammenarbeit

4. Wahrung der ärztlichen Unabhängigkeit bei der Zusammenarbeit mit Dritten
§ 30 Zusammenarbeit des Arztes mit Dritten

[1] Die Bestimmungen zum Praxisverbund sind hervorgehoben.

§ 31 Unerlaubte Zuweisung von Patienten gegen Entgelt
§ 32 Annahme von Geschenken und anderen Vorteilen
§ 33 Arzt und Industrie
§ 34 Verordnungen, Empfehlungen und Begutachtung von Arznei-, Heil- und Hilfsmitteln
§ 35 Fortbildungsveranstaltungen und Sponsoring

C. Verhaltensregeln (Grundsätze korrekter ärztlicher Berufsausübung)
Nr. 1 Umgang mit Patienten
Nr. 2 Behandlungsgrundsätze
Nr. 3 Umgang mit nichtärztlichen Mitarbeitern

D. Ergänzende Bestimmungen zu einzelnen ärztlichen Berufspflichten
I. Regeln der beruflichen Kommunikation, insbesondere zulässiger Inhalt und Umfang sachlicher Informationen über die berufliche Tätigkeit
Nr. 1 Information anderer Ärzte
Nr. 2 Praxisschilder
Nr. 3 Anzeigen
Nr. 4 Verzeichnisse
Nr. 5 Patienteninformationen in den Praxisräumen und öffentlich abrufbare Arztinformationen in Computerkommunikationsnetzen

II. Formen der Zusammenarbeit (Gemeinschaftspraxis, Partnerschaft, Medizinische Kooperationsgemeinschaft, Praxisverbund)
Nr. 7 Berufsrechtsvorbehalt
Nr. 8 Berufsausübungsgemeinschaften von Ärzten
Nr. 9 Kooperative Berufsausübung zwischen Ärzten und Angehörigen anderer Fachberufe
Nr. 10 Beteiligung von Ärzten an sonstigen Partnerschaften
Nr. 11 Praxisverbund

II. Pflichten bei grenzüberschreitender ärztlicher Tätigkeit
Nr. 12 Zweigpraxen deutscher Ärzte in anderen EU-Mitgliedstaaten
Nr. 13 Grenzüberschreitende ärztliche Tätigkeit von Ärzten aus anderen EU-Mitgliedstaaten

IV. Pflichten in besonderen medizinischen Situationen
Nr. 14 Schutz des menschlichen Embryos
Nr. 15 In-vitro-Fertilisation, Embryotransfer

Gelöbnis

Für jeden Arzt gilt folgendes Gelöbnis:

„Bei meiner Aufnahme in den ärztlichen Berufsstand gelobe ich, mein Leben in den Dienst der Menschlichkeit zu stellen.

Ich werde meinen Beruf mit Gewissenhaftigkeit und Würde ausüben.

Die Erhaltung und Wiederherstellung der Gesundheit meiner Patienten soll oberstes Gebot meines Handelns sein.

Ich werde alle mir anvertrauten Geheimnisse auch über den Tod des Patienten hinaus wahren.

Ich werde mit allen meinen Kräften die Ehre und die edle Überlieferung des ärztlichen Berufes aufrechterhalten und bei der Ausübung meiner ärztlichen Pflichten keinen Unterschied machen weder nach Religion, Nationalität, Rasse noch nach Parteizugehörigkeit oder sozialer Stellung.

Ich werde jedem Menschenleben von der Empfängnis an Ehrfurcht entgegenbringen und selbst unter Bedrohung meine ärztliche Kunst nicht in Widerspruch zu den Geboten der Menschlichkeit anwenden.

Ich werde meinen Lehrern und Kollegen die schuldige Achtung erweisen. Dies alles verspreche ich auf meine Ehre."

A. Präambel

Die auf der Grundlage der Kammer- und Heilberufsgesetze beschlossene Berufsordnung stellt die Überzeugung der Ärzteschaft zum Verhalten von Ärzten gegenüber den Patienten, den Kollegen, den anderen Partnern im Gesundheitswesen sowie zum Verhalten in der Öffentlichkeit dar. Dafür geben sich die deutschen Ärztinnen und Ärzte die nachstehende Berufsordnung, in deren Text die Berufsbezeichnung „Arzt" („Ärzte") einheitlich und neutral für Ärztinnen und Ärzte verwendet wird. Mit der Festlegung von Berufspflichten der Ärzte dient die Berufsordnung zugleich dem Ziel,

- das Vertrauen zwischen Arzt und Patient zu erhalten und zu fördern;
- die Qualität der ärztlichen Tätigkeit im Interesse der Gesundheit der Bevölkerung sicherzustellen;
- die Freiheit und das Ansehen des Arztberufes zu wahren;
- berufswürdiges Verhalten zu fördern und berufsunwürdiges Verhalten zu verhindern.

B. Regeln zur Berufsausübung

I. Grundsätze

§ 1 Aufgaben des Arztes (1) Der Arzt dient der Gesundheit des einzelnen Menschen und der Bevölkerung. Der ärztliche Beruf ist kein Gewerbe. Er ist seiner Natur nach ein freier Beruf.

(2) Aufgabe des Arztes ist es, das Leben zu erhalten, die Gesundheit zu schützen und wiederherzustellen, Leiden zu lindern, Sterbenden Beistand zu leisten und an der Erhaltung der natürlichen Lebensgrundlagen im Hinblick auf ihre Bedeutung für die Gesundheit der Menschen mitzuwirken.

§ 2 Allgemeine ärztliche Berufspflichten (1) Der Arzt übt seinen Beruf nach seinem Gewissen, den Geboten der ärztlichen Ethik und der Menschlichkeit aus. Er darf keine Grundsätze anerkennen und keine Vorschriften oder Anweisungen beachten, die mit seiner Aufgabe nicht vereinbar sind oder deren Befolgung er nicht verantworten kann.

(2) Der Arzt hat seinen Beruf gewissenhaft auszuüben und dem ihm bei seiner Berufsausübung entgegengebrachten Vertrauen zu entsprechen.

(3) Zur gewissenhaften Berufsausübung gehören auch die Grundsätze korrekter ärztlicher Berufsausübung in Kapitel C.

(4) Der Arzt darf hinsichtlich seiner ärztlichen Entscheidungen keine Weisungen von Nichtärzten entgegennehmen.

(5) Der Arzt ist verpflichtet, sich über die für die Berufsausübung geltenden Vorschriften unterrichtet zu halten.

(6) Unbeschadet der in den nachfolgenden Vorschriften geregelten besonderen Auskunfts- und Anzeigepflichten hat der Arzt auf Anfragen der Ärztekammer, welche diese zur Erfüllung ihrer gesetzlichen Aufgaben bei der Berufsaufsicht an den Arzt richtet, in angemessener Frist zu antworten.

§ 3 Unvereinbarkeiten (1) Dem Arzt ist neben der Ausübung seines Berufs die Ausübung einer anderen Tätigkeit untersagt, welche mit den ethischen Grundsätzen des ärztlichen Berufs nicht vereinbar ist. Dem Arzt ist auch verboten, seinen Namen in Verbindung mit einer ärztlichen Berufsbezeichnung in unlauterer Weise für gewerbliche Zwecke herzugeben. Ebensowenig darf er zulassen, dass von seinem Namen oder vom beruflichen Ansehen des Arztes in solcher Weise Gebrauch gemacht wird.

(2) Dem Arzt ist untersagt, im Zusammenhang mit der Ausübung seiner ärztlichen Tätigkeit Waren und andere Gegenstände abzugeben oder unter seiner Mitwirkung abgeben zu lassen sowie gewerbliche Dienstleistungen zu erbringen oder erbringen zu lassen, soweit nicht die Abgabe des Produkts oder die Dienstleistung wegen ihrer Besonderheiten notwendiger Bestandteil der ärztlichen Therapie sind.

§ 4 Fortbildung (1) Der Arzt, der seinen Beruf ausübt, ist verpflichtet, sich in dem Umfange beruflich fortzubilden, wie es zur Erhaltung und Entwicklung der zu seiner Berufsausübung erforderlichen Fachkenntnisse notwendig ist.

(2) Der Arzt muss seine Fortbildung nach Abs. 1 gegenüber der Ärztekammer in geeigneter Form nachweisen können.

§ 5 Qualitätssicherung Der Arzt ist verpflichtet, an den von der Ärztekammer eingeführten Maßnahmen zur Sicherung der Qualität der ärztlichen Tätigkeit teilzunehmen und der Ärztekammer die hierzu erforderlichen Auskünfte zu erteilen.

§ 6 Mitteilung von unerwünschten Arzneimittelwirkungen Der Arzt ist verpflichtet, die ihm aus seiner ärztlichen Behandlungstätigkeit bekanntwerdenden unerwünschten Arzneimittelwirkungen der Arzneimittelkommission der deutschen Ärzteschaft mitzuteilen (Fachausschuss der Bundesärztekammer).

II. Pflichten gegenüber Patienten

§ 7 Behandlungsgrundsätze und Verhaltensregeln (1) Jede medizinische Behandlung hat unter Wahrung der Menschenwürde und unter Achtung der Persönlichkeit, des Willens und der Rechte des Patienten, insbesondere des Selbstbestimmungsrechts, zu erfolgen.

(2) Der Arzt achtet das Recht seiner Patienten, den Arzt frei zu wählen oder zu wechseln. Andererseits ist - von Notfällen oder besonderen rechtlichen Verpflichtungen abgesehen - auch der Arzt frei, eine Behandlung abzulehnen. Den begründeten Wunsch des Patienten, einen weiteren Arzt zuzuziehen oder einem anderen Arzt überwiesen zu werden, soll der behandelnde Arzt in der Regel nicht ablehnen.

(3) Der Arzt darf individuelle ärztliche Behandlung, insbesondere auch Beratung, weder ausschließlich brieflich noch in Zeitungen oder Zeitschriften noch ausschließ-

lich über Kommunikationsmedien oder Computerkommunikationsnetze durchführen.

§ 8 **Aufklärungspflicht** Zur Behandlung bedarf der Arzt der Einwilligung des Patienten. Der Einwilligung hat grundsätzlich die erforderliche Aufklärung im persönlichen Gespräch vorauszugehen.

§ 9 **Schweigepflicht** (1) Der Arzt hat über das, was ihm in seiner Eigenschaft als Arzt anvertraut oder bekannt geworden ist - auch über den Tod des Patienten hinaus - zu schweigen. Dazu gehören auch schriftliche Mitteilungen des Patienten, Aufzeichnungen über Patienten, Röntgenaufnahmen und sonstige Untersuchungsbefunde.

(2) Der Arzt ist zur Offenbarung befugt, soweit er von der Schweigepflicht entbunden worden ist oder soweit die Offenbarung zum Schutze eines höherwertigen Rechtsgutes erforderlich ist. Gesetzliche Aussage- und Anzeigepflichten bleiben unberührt. Soweit gesetzliche Vorschriften die Schweigepflicht des Arztes einschränken, soll der Arzt den Patienten darüber unterrichten.

(3) Der Arzt hat seine Mitarbeiter und die Personen, die zur Vorbereitung auf den Beruf an der ärztlichen Tätigkeit teilnehmen, über die gesetzliche Pflicht zur Verschwiegenheit zu belehren und dies schriftlich festzuhalten.

(4) Wenn mehrere Ärzte gleichzeitig oder nacheinander denselben Patienten untersuchen oder behandeln, so sind sie untereinander von der Schweigepflicht insoweit befreit, als das Einverständnis des Patienten vorliegt oder anzunehmen ist.

§ 10 **Dokumentationspflicht** (1) Der Arzt hat über die in Ausübung seines Berufes gemachten Feststellungen und getroffenen Maßnahmen die erforderlichen Aufzeichnungen zu machen. Diese sind nicht nur Gedächtnisstützen für den Arzt, sie dienen auch dem Interesse des Patienten an einer ordnungsgemäßen Dokumentation.

(2) Der Arzt hat dem Patienten auf dessen Verlangen grundsätzlich in die ihn betreffenden Krankenunterlagen Einsicht zu gewähren; ausgenommen sind diejenigen Teile, welche subjektive Eindrücke oder Wahrnehmungen des Arztes enthalten. Auf Verlangen sind dem Patienten Kopien der Unterlagen gegen Erstattung der Kosten herauszugeben.

(3) Ärztliche Aufzeichnungen sind für die Dauer von zehn Jahren nach Abschluss der Behandlung aufzubewahren, soweit nicht nach gesetzlichen Vorschriften eine längere Aufbewahrungspflicht besteht.

(4) Nach Aufgabe der Praxis hat der Arzt seine ärztlichen Aufzeichnungen und Untersuchungsbefunde gemäß Abs. 3 aufzubewahren oder dafür Sorge zu tragen, dass sie in gehörige Obhut gegeben werden. Der Arzt, dem bei einer Praxisaufgabe oder Praxisübergabe ärztliche Aufzeichnungen über Patienten in Obhut gegeben werden, muss diese Aufzeichnungen unter Verschluss halten und darf sie nur mit Einwilligung des Patienten einsehen oder weitergeben.

(5) Aufzeichnungen auf elektronischen Datenträgern oder anderen Speichermedien bedürfen besonderer Sicherungs- und Schutzmaßnahmen, um deren Veränderung, Vernichtung oder unrechtmäßige Verwendung zu verhindern. Der Arzt hat hierbei die Empfehlungen der Ärztekammer zu beachten.

§ 11 Ärztliche Untersuchungs- und Behandlungsmethoden (1) Mit Übernahme der Behandlung verpflichtet sich der Arzt dem Patienten gegenüber zur gewissenhaften Versorgung mit geeigneten Untersuchungs- und Behandlungsmethoden.

(2) Der ärztliche Berufsauftrag verbietet es, diagnostische oder therapeutische Methoden unter missbräuchlicher Ausnutzung des Vertrauens, der Unwissenheit, der Leichtgläubigkeit oder der Hilflosigkeit von Patienten anzuwenden. Unzulässig ist es auch, Heilerfolge, insbesondere bei nicht heilbaren Krankheiten, als gewiss zuzusichern.

§ 12 Honorar und Vergütungsabsprachen (1) Die Honorarforderung muss angemessen sein. Für die Bemessung ist die Amtliche Gebührenordnung (GOÄ) die Grundlage, soweit nicht andere gesetzliche Vergütungsregelungen gelten. Der Arzt darf die Sätze nach der GOÄ nicht in unlauterer Weise unterschreiten. Bei Abschluss einer Honorarvereinbarung hat der Arzt auf die Einkommens- und Vermögensverhältnisse des Zahlungspflichtigen Rücksicht zu nehmen.

(2) Der Arzt kann Verwandten, Kollegen, deren Angehörigen und mittellosen Patienten das Honorar ganz oder teilweise erlassen.

(3) Auf Antrag eines Beteiligten gibt die Ärztekammer eine gutachterliche Äußerung über die Angemessenheit der Honorarforderung ab.

III. Besondere medizinische Verfahren und Forschung

§ 13 Besondere medizinische Verfahren (1) Bei speziellen medizinischen Maßnahmen oder Verfahren, die ethische Probleme aufwerfen und zu denen die Ärztekammer Empfehlungen zur Indikationsstellung und zur Ausführung festgelegt hat, hat der Arzt die Empfehlungen zu beachten.

(2) Soweit es die Ärztekammer verlangt, hat der Arzt die Anwendung solcher Maßnahmen oder Verfahren der Ärztekammer anzuzeigen.

(3) Vor Aufnahme entsprechender Tätigkeiten hat der Arzt auf Verlangen der Ärztekammer den Nachweis zu führen, dass die persönlichen und sachlichen Voraussetzungen entsprechend den Empfehlungen erfüllt werden.

§ 14 Erhaltung des ungeborenen Lebens und Schwangerschaftsabbruch (1) Der Arzt ist grundsätzlich verpflichtet, das ungeborene Leben zu erhalten. Der Schwangerschaftsabbruch unterliegt den gesetzlichen Bestimmungen. Der Arzt kann nicht gezwungen werden, einen Schwangerschaftsabbruch vorzunehmen oder ihn zu unterlassen.

(2) Der Arzt, der einen Schwangerschaftsabbruch durchführt oder eine Fehlgeburt betreut, hat dafür Sorge zu tragen, dass die tote Leibesfrucht keiner missbräuchlichen Verwendung zugeführt wird.

§ 15 Forschung (1) Der Arzt muss sich vor der Durchführung biomedizinischer Forschung am Menschen - ausgenommen bei ausschließlich epidemiologischen Forschungsvorhaben - durch eine bei der Ärztekammer oder bei einer Medizinischen Fakultät gebildeten Ethik-Kommission über die mit seinem Vorhaben verbundenen berufsethischen und berufsrechtlichen Fragen beraten lassen. Dasselbe gilt vor der Durchführung gesetzlich zugelassener Forschung mit vitalen menschlichen Gameten und lebendem embryonalen Gewebe.

(2) Bei durchzuführenden Beratungen nach Abs. 1 ist die Deklaration des Weltärztebundes von 1964 (Helsinki) in der revidierten Fassung von 1975 (Tokio), 1983 (Venedig), 1989 (Hongkong) und 1996 (Somerset West) zugrunde zu legen.

(3) Zum Zwecke der wissenschaftlichen Forschung und Lehre dürfen der Schweigepflicht unterliegende Tatsachen und Befunde grundsätzlich nur soweit offenbart werden, als dabei die Anonymität des Patienten gesichert ist oder dieser ausdrücklich zustimmt.

(4) In Publikationen von Forschungsergebnissen sind die Beziehungen des Arztes zum Auftraggeber und dessen Interessen offenzulegen.

§ 16 Beistand für den Sterbenden Der Arzt darf - unter Vorrang des Willens des Patienten - auf lebensverlängernde Maßnahmen nur verzichten und sich auf die Linderung der Beschwerden beschränken, wenn ein Hinausschieben des unvermeidbaren Todes für die sterbende Person lediglich eine unzumutbare Verlängerung des Leidens bedeuten würde. Der Arzt darf das Leben des Sterbenden nicht aktiv verkürzen. Er darf weder sein eigenes noch das Interesse Dritter über das Wohl des Patienten stellen.

IV. Berufliches Verhalten

1. Berufsausübung

§ 17 Niederlassung und Ausübung der Praxis (1) Die Ausübung ambulanter ärztlicher Tätigkeit außerhalb von Krankenhäusern einschließlich konzessionierter Privatkrankenanstalten ist an die Niederlassung in eigener Praxis gebunden, soweit nicht gesetzliche Vorschriften etwas anderes zulassen.

(2) Die Ausübung ambulanter ärztlicher Tätigkeit im Umherziehen, in gewerblicher Form oder bei Beschäftigungsträgern, die gewerbsmäßig ambulante heilkundliche Leistungen erbringen, ist berufswidrig, soweit nicht die Tätigkeit in Krankenhäusern oder konzessionierten Privatkrankenanstalten ausgeübt wird oder gesetzliche Vorschriften etwas anderes zulassen.

(3) Auf Antrag kann die Ärztekammer von den Geboten oder Verboten der Abs. 1 und 2 Ausnahmen gestatten, wenn sichergestellt ist, dass die beruflichen Belange nicht beeinträchtigt werden und die Berufsordnung beachtet wird.

(4) Die Niederlassung ist durch ein Praxisschild kenntlich zu machen. Das Nähere zur Ausgestaltung des Schildes regelt Kapitel D I Nr. 2. Hierbei ist der Arzt berechtigt, seine Sprechstunde nach den örtlichen und fachlichen Gegebenheiten seiner Praxis festzusetzen, und verpflichtet, die Sprechstunden auf dem Praxisschild bekanntzugeben. Ärzte, welche nicht unmittelbar patientenbezogen tätig werden, können von der Ankündigung ihrer Niederlassung durch ein Praxisschild absehen, wenn sie dies der Ärztekammer anzeigen.

(5) Ort und Zeitpunkt der Niederlassung sowie jede Veränderung hat der Arzt der Ärztekammer unverzüglich mitzuteilen.

§ 18 Zweigpraxis, ausgelagerte Praxisräume (1) Dem Arzt ist es nicht gestattet, an mehreren Stellen Sprechstunden abzuhalten. Die Ärztekammer kann, soweit es die Sicherstellung der ärztlichen Versorgung der Bevölkerung erfordert, die Genehmigung für eine Zweigpraxis (Sprechstunde) erteilen.

(2) Der Arzt darf in räumlicher Nähe zum Ort seiner Niederlassung Untersuchungs- und Behandlungsräume ausschließlich für spezielle Untersuchungs- oder Behandlungszwecke (z.B. Operationen, medizinisch-technische Leistungen) unterhalten, in denen er seine Patienten nach Aufsuchen seiner Praxis versorgt (ausgelagerte Praxisräume). Dasselbe gilt für eine gemeinschaftlich mit anderen Ärzten organisierte Notfallpraxis in den sprechstundenfreien Zeiten.

§ 19 Beschäftigung angestellter Praxisärzte Der Arzt muss seine Praxis persönlich ausüben. Die Beschäftigung eines ärztlichen Mitarbeiters in der Praxis (angestellter Praxisarzt) setzt die Leitung der Praxis durch den niedergelassenen Arzt voraus. Der Arzt hat die Beschäftigung des ärztlichen Mitarbeiters der Ärztekammer anzuzeigen.

§ 20 Vertreter (1) Niedergelassene Ärzte sollen grundsätzlich zur gegenseitigen Vertretung bereit sein; übernommene Patienten sind nach Beendigung der Vertretung zurückzuüberweisen. Der Arzt darf sich grundsätzlich nur durch einen Facharzt desselben Fachgebiets vertreten lassen.

(2) Die Beschäftigung eines Vertreters in der Praxis ist der Ärztekammer anzuzeigen, wenn die Vertretung in der Praxisausübung insgesamt länger als drei Monate innerhalb von zwölf Monaten dauert.

(3) Die Praxis eines verstorbenen Arztes kann zugunsten seiner Witwe oder eines unterhaltsberechtigten Angehörigen in der Regel bis zur Dauer von drei Monaten nach dem Ende des Kalenderjahres durch einen anderen Arzt fortgesetzt werden.

§ 21 Haftpflichtversicherung Der Arzt ist verpflichtet, sich hinreichend gegen Haftpflichtansprüche im Rahmen seiner beruflichen Tätigkeit zu versichern.

§ 22 Gemeinsame Berufsausübung *Zur gemeinsamen Berufsausübung sind die in Kapitel D II Nrn.7 bis 11 geregelten* Berufsausübungsgemeinschaften von Ärzten (Gemeinschaftspraxis, Ärztepartnerschaft), Organisationsgemeinschaften unter Ärzten (z. B. Praxisgemeinschaften, Apparategemeinschaften) und die medizinischen Kooperationsgemeinschaften sowie *der Praxisverbund zugelassen.*

§ 23 Ärzte im Beschäftigungsverhältnis (1) Die Regeln dieser Berufsordnung gelten auch für Ärzte, welche ihre ärztliche Tätigkeit im Rahmen eines privatrechtlichen Arbeitsverhältnisses oder öffentlich-rechtlichen Dienstverhältnisses ausüben.

(2) Auch in einem Arbeits- oder Dienstverhältnis darf ein Arzt eine Vergütung für seine ärztliche Tätigkeit nicht dahingehend vereinbaren, dass die Vergütung den Arzt in der Unabhängigkeit seiner medizinischen Entscheidungen beeinträchtigt.

§ 24 Verträge über ärztliche Tätigkeit Der Arzt soll alle Verträge über seine ärztliche Tätigkeit vor ihrem Abschluss der Ärztekammer vorlegen, damit geprüft werden kann, ob die beruflichen Belange gewahrt sind.

§ 25 Ärztliche Gutachten und Zeugnisse Bei der Ausstellung ärztlicher Gutachten und Zeugnisse hat der Arzt mit der notwendigen Sorgfalt zu verfahren und nach bestem Wissen seine ärztliche Überzeugung auszusprechen. Gutachten und Zeugnisse, zu deren Ausstellung der Arzt verpflichtet ist oder die auszustellen er übernommen hat, sind innerhalb einer angemessenen Frist abzugeben. Zeugnisse über Mitarbeiter und Ärzte in Weiterbildung müssen grundsätzlich innerhalb von drei Monaten nach Antragstellung, bei Ausscheiden unverzüglich, ausgestellt werden.

§ 26 Ärztlicher Notfalldienst (1) Der niedergelassene Arzt ist verpflichtet, am Notfalldienst teilzunehmen. Auf Antrag eines Arztes kann aus schwerwiegenden Gründen eine Befreiung vom Notfalldienst ganz, teilweise oder vorübergehend erteilt werden. Dies gilt insbesondere:
– wenn er wegen körperlicher Behinderung hierzu nicht in der Lage ist,
– wenn ihm auf Grund besonders belastender familiärer Pflichten die Teilnahme nicht zuzumuten ist,
– wenn er an einem klinischen Bereitschaftsdienst mit Notfallversorgung teilnimmt,
– für Ärztinnen ab dem Zeitpunkt der Bekanntgabe ihrer Schwangerschaft und bis zu 12 Monate nach der Entbindung,
– für Ärzte über 65 Jahre.

(2) Für die Einrichtung und Durchführung eines Notfalldienstes im einzelnen sind die von der Ärztekammer erlassenen Richtlinien maßgebend. Die Verpflichtung zur Teilnahme am Notfalldienst gilt für den festgelegten Notfalldienstbereich.

(3) Die Einrichtung eines Notfalldienstes entbindet den behandelnden Arzt nicht von seiner Verpflichtung, für die Betreuung seiner Patienten in dem Umfange Sorge zu tragen, wie es deren Krankheitszustand erfordert.

(4) Der Arzt hat sich auch für den Notfalldienst fortzubilden, wenn er gemäß Abs. 1 nicht auf Dauer von der Teilnahme am Notfalldienst befreit ist.

2. Berufliche Kommunikation

§ 27 Erlaubte sachliche Information über die berufliche Tätigkeit - berufswidrige Werbung (1) Dem Arzt sind sachliche Informationen über seine Berufstätigkeit gestattet. Für Praxisschilder, Anzeigen, Verzeichnisse, Patienteninformationen in Praxisräumen und öffentlich abrufbare Arztinformationen in Computerkommunikationsnetzen gelten hinsichtlich Form, Inhalt und Umfang die Grundsätze des Kapitels D I Nrn. 1 bis 5. Berufswidrige Werbung ist dem Arzt untersagt. Berufswidrig ist insbesondere eine anpreisende, irreführende oder vergleichende Werbung.

(2) Der Arzt darf eine berufswidrige Werbung durch andere weder veranlassen noch dulden. Dies gilt auch für die anpreisende Herausstellung von Ärzten in Ankündigungen von Sanatorien, Kliniken, Institutionen oder anderen Unternehmen. Der Arzt darf nicht dulden, dass Berichte oder Bildberichte veröffentlicht werden, die seine ärztliche Tätigkeit oder seine Person berufswidrig werbend herausstellen.

§ 28 Öffentliches Wirken und Medientätigkeit Veröffentlichungen medizinischen Inhalts oder die Mitwirkung des Arztes an aufklärenden Veröffentlichungen in den Medien sind zulässig, so weit die Veröffentlichung und die Mitwirkung des Arztes auf sachliche Information begrenzt und die Person sowie das Handeln des Arztes nicht berufswidrig werbend herausgestellt werden. Dies gilt auch für öffentliche Vorträge medizinischen Inhalts.

3. Berufliche Zusammenarbeit mit Ärzten

§ 29 Kollegiale Zusammenarbeit (1) Ärzte haben sich untereinander kollegial zu verhalten. Die Verpflichtung des Arztes, in einem Gutachten, auch soweit es die Behandlungsweise eines anderen Arztes betrifft, nach bestem Wissen seine ärztliche Überzeugung auszusprechen, bleibt unberührt. Unsachliche Kritik an der Behandlungsweise oder dem beruflichen Wissen eines Arztes sowie herabsetzende Äußerungen über dessen Person sind berufsunwürdig.

(2) Es ist berufsunwürdig, einen Kollegen aus seiner Behandlungstätigkeit oder als Mitbewerber um eine berufliche Tätigkeit durch unlautere Handlungen zu verdrängen. Es ist insbesondere berufsunwürdig, wenn ein Arzt sich innerhalb eines Zeitraums von einem Jahr ohne Zustimmung des Praxisinhabers im Einzugsbereich derjenigen Praxis niederlässt, in welcher er in der Aus- oder Weiterbildung mindestens drei Monate tätig war. Ebenso ist es berufsunwürdig, in unlauterer Weise einen Kollegen ohne angemessene Vergütung oder unentgeltlich zu beschäftigen oder eine solche Beschäftigung zu bewirken oder zu dulden.

(3) Ärzte, die andere Ärzte zu ärztlichen Verrichtungen bei Patienten heranziehen, denen gegenüber nur sie einen Liquidationsanspruch haben, sind verpflichtet, diesen Ärzten eine angemessene Vergütung zu gewähren. Erbringen angestellte Ärzte für einen liquidationsberechtigten Arzt abrechnungsfähige Leistungen, so ist der Ertrag aus diesen Leistungen in geeigneter Form an die beteiligten Mitarbeiter abzuführen.

(4) In Gegenwart von Patienten oder Nichtärzten sind Beanstandungen der ärztlichen Tätigkeit und zurechtweisende Belehrungen zu unterlassen. Das gilt auch für Ärzte als Vorgesetzte und Untergebene und für den Dienst in den Krankenhäusern.

(5) Der zur Weiterbildung befugte Arzt hat im Rahmen der gegebenen Möglichkeiten einen ärztlichen Mitarbeiter unbeschadet dessen Pflicht, sich selbst um eine Weiterbildung zu bemühen, in dem gewählten Weiterbildungsgang nach Maßgabe der Weiterbildungsordnung weiterzubilden.

4. Wahrung der ärztlichen Unabhängigkeit bei der Zusammenarbeit mit Dritten

§ 30 Zusammenarbeit des Arztes mit Dritten (1) Dem Arzt ist es nicht gestattet, zusammen mit Personen, die weder Ärzte sind noch zu seinen berufsmäßig tätigen Mitarbeitern gehören, zu untersuchen oder zu behandeln. Dies gilt nicht für Personen, welche sich in der Ausbildung zum ärztlichen Beruf oder zu einem medizinischen Assistenzberuf befinden. Angehörige von Patienten und andere Personen dürfen bei der Untersuchung und Behandlung anwesend sein, wenn der verantwortliche Arzt und der Patient zustimmen.

(2) Die Zusammenarbeit mit Angehörigen anderer Gesundheitsberufe ist zulässig, wenn die Verantwortungsbereiche des Arztes und des Angehörigen des Gesundheitsberufs klar erkennbar voneinander getrennt bleiben.

§ 31 Unerlaubte Zuweisung von Patienten gegen Entgelt Dem Arzt ist es nicht gestattet, für die Zuweisung von Patienten oder Untersuchungsmaterial ein Entgelt oder andere Vorteile sich versprechen oder gewähren zu lassen oder selbst zu versprechen oder zu gewähren.

§ 32 Annahme von Geschenken und anderen Vorteilen Es ist unzulässig, sich von Patienten oder von Dritten Geschenke oder andere Vorteile, welche das übliche Maß kleiner Anerkennungen übersteigen, versprechen zu lassen oder anzunehmen, wenn hierdurch der Eindruck erweckt werden kann, dass der Arzt in seiner ärztlichen Entscheidung beeinflusst sein könnte.

§ 33 Arzt und Industrie Soweit Ärzte Leistungen für die Hersteller von Arznei-, Heil-, Hilfsmitteln oder medizinisch-technischen Geräten erbringen (zum Beispiel bei der Entwicklung, Erprobung und Begutachtung), muss die hierfür bestimmte Vergütung der erbrachten Leistung entsprechen. Die Annahme von Werbegaben oder von Vorteilen für den Besuch von Informationsveranstaltungen der Hersteller ist untersagt, sofern der Wert nicht geringfügig ist. Dasselbe gilt für die Annahme unzulässiger Vorteile von Herstellern oder Händlern aus dem Bezug der in Satz 1 genannten Produkte.

§ 34 Verordnungen, Empfehlungen und Begutachtung von Arznei-, Heil- und Hilfsmitteln (1) Dem Arzt ist es nicht gestattet, für die Verordnung von Arznei-, Heil- und Hilfsmitteln von dem Hersteller oder Händler eine Vergütung oder sonstige wirtschaftliche Vergünstigungen zu fordern oder anzunehmen.

(2) Der Arzt darf Ärztemuster nicht gegen Entgelt weitergeben.

(3) Dem Arzt ist es nicht gestattet, über Arznei-, Heil- und Hilfsmittel, Körperpflegemittel oder ähnliche Waren Werbevorträge zu halten oder zur Werbung bestimmte Gutachten zu erstellen.

(4) Der Arzt darf einer missbräuchlichen Anwendung seiner Verschreibung keinen Vorschub leisten.

(5) Dem Arzt ist nicht gestattet, Patienten ohne hinreichenden Grund an bestimmte Apotheken, Geschäfte oder Anbieter von gesundheitlichen Leistungen zu verweisen.

§ 35 Fortbildungsveranstaltungen und Sponsoring Werden Art, Inhalt und Präsentation von Fortbildungsveranstaltungen allein von einem ärztlichen Veranstalter bestimmt, so ist die Annahme von Beiträgen Dritter (Sponsoring) für Veranstaltungskosten in angemessenem Umfang erlaubt. Beziehungen zum Sponsor sind bei der Ankündigung und Durchführung offen darzulegen.

C. Verhaltensregeln (Grundsätze korrekter ärztlicher Berufsausübung)

Nr. 1 Umgang mit Patienten Eine korrekte ärztliche Berufsausübung verlangt, dass der Arzt beim Umgang mit Patienten
- ihre Würde und ihr Selbstbestimmungsrecht respektiert,
- ihre Privatsphäre achtet,
- über die beabsichtigte Diagnostik und Therapie, ggf. über ihre Alternativen und über seine Beurteilung des Gesundheitszustandes in für den Patienten verständlicher und angemessener Weise informiert und insbesondere auch das Recht, empfohlene Untersuchungs- und Behandlungsmaßnahmen abzulehnen, respektiert,
- Rücksicht auf die Situation des Patienten nimmt,
- auch bei Meinungsverschiedenheiten sachlich und korrekt bleibt,
- den Mitteilungen des Patienten gebührende Aufmerksamkeit entgegenbringt und einer Patientenkritik sachlich begegnet.

Nr. 2 Behandlungsgrundsätze Übernahme und Durchführung der Behandlung erfordern die gewissenhafte Ausführung der gebotenen medizinischen Maßnahmen nach den Regeln der ärztlichen Kunst. Dazu gehört auch
- rechtzeitig andere Ärzte hinzuziehen, wenn die eigene Kompetenz zur Lösung der diagnostischen und therapeutischen Aufgabe nicht ausreicht,
- rechtzeitig den Patienten an andere Ärzte zur Fortsetzung der Behandlung zu überweisen,
- dem Wunsch von Patienten nach Einholung einer Zweitmeinung sich nicht zu widersetzen,
- für die mit- oder weiterbehandelnden Ärzte die erforderlichen Patientenberichte zeitgerecht zu erstellen.

Nr. 3 Umgang mit nichtärztlichen Mitarbeitern Eine korrekte ärztliche Berufsausübung verlangt auch, dass der Arzt bei der Ausübung seiner ärztlichen Tätigkeit nichtärztliche Mitarbeiter nicht diskriminiert und insbesondere die arbeitsrechtlichen Bestimmungen beachtet.

D. Ergänzende Bestimmungen zu einzelnen ärztlichen Berufspflichten

I. Regeln der beruflichen Kommunikation, insbesondere zulässiger Inhalt und Umfang sachlicher Informationen über die berufliche Tätigkeit

Nr. 1 Information anderer Ärzte Ärzte dürfen andere Ärzte über ihre Qualifikation und über ihr Leistungsangebot informieren. Bei der Information ist jede berufswidrig werbende Herausstellung der eigenen Tätigkeit untersagt.

Nr. 2 Praxisschilder (1) Der Arzt hat auf seinem Praxisschild seinen Namen und die Bezeichnung als Arzt oder eine Facharztbezeichnung nach der Weiterbildungsordnung anzugeben und Sprechstunden anzukündigen. Die nach der Weiterbildungsordnung erworbenen Bezeichnungen dürfen nur in der nach der Weiterbildungsordnung zulässigen Form und nur dann geführt werden, wenn der Arzt die von weiterbildungsrechtlichen Qualifikationen umfassten Tätigkeiten nicht nur gelegentlich ausübt.

(2) Das Praxisschild darf über die Angaben nach Abs. 1 hinaus Qualifikationen, die von einer Ärztekammer verliehen wurden, enthalten. Für die Angaben nach Satz 1 gilt Abs. 1 Satz 2 entsprechend. Privatwohnung, Kommunikationsverbindungen, medizinisch-akademische Grade und ärztliche Titel können angekündigt werden. Andere akademische Grade dürfen nur in Verbindung mit der Fakultätsbezeichnung genannt werden.

(2a) Ausgenommen sind hiervon ausdrücklich die als nicht führungsfähig bezeichneten Qualifikationen der (Muster-) Weiterbildungsordnung von 1992.

(3) Folgende weitere Angaben dürfen, sofern die Voraussetzungen vorliegen, auf dem Praxisschild genannt werden:

a.) Zulassung zu den Krankenkassen
b.) „hausärztliche Versorgung"
c.) „Durchgangsarzt" oder „D-Arzt", „H-Arzt"
d.) „Dialyse"
e.) Zugehörigkeit zu einem Praxisverbund nach Kapitel D II Nr. 11

f.) Bereitschaftsdienst- oder Notfallpraxis

(4) Ein Arzt, der Belegarzt ist, darf auf seine belegärztliche Tätigkeit durch den Zusatz auf dem Praxisschild „Belegarzt“ und die Hinzufügung des Namens des Krankenhauses, in dem er die belegärztliche Tätigkeit ausübt, hinweisen.

(5) Ein Arzt, der ambulante Operationen ausführt, darf dies mit dem Hinweis „Ambulante Operationen“ auf dem Praxisschild ankündigen, wenn er ambulante Operationen, die über kleine chirurgische Eingriffe hinausgehen, ausführt und die Bedingungen der von der Ärztekammer eingeführten Qualitätssicherungsmaßnahmen erfüllt.

(6) Ein Arzt darf mit der Bezeichnung „Praxisklinik“ eine besondere Versorgungsweise und besondere Praxisausstattung auf seinem Praxisschild ankündigen, wenn er

a.) im Rahmen der Versorgung ambulanter Patienten bei Bedarf eine ärztliche und pflegerische Betreuung auch über Nacht gewährleistet,

b.) neben den für die ärztlichen Maßnahmen notwendigen Voraussetzungen auch die nach den anerkannten Qualitätssicherungsregeln erforderlichen, apparativen, personellen und organisatorischen Vorkehrungen für eine Notfallintervention beim entlassenen Patienten erfüllt.

(7) Die Ärzte, die die Angaben zu Abs. 4 bis 6 führen, haben der Ärztekammer auf deren Verlangen die für eine Prüfung der notwendigen Voraussetzungen der Ankündigung erforderlichen Unterlagen vorzulegen. Die Ärztekammer ist befugt, ergänzende Auskünfte zu verlangen.

(8) Die Bezeichnung „Professor“ darf geführt werden, wenn sie auf Vorschlag der medizinischen Fakultät (Fachbereich) durch die Hochschule oder das zuständige Landesministerium verliehen worden ist. Dasselbe gilt für die von einer medizinischen Fakultät einer ausländischen wissenschaftlichen Hochschule verliehene Bezeichnung, wenn sie nach Beurteilung durch die Ärztekammer der deutschen Bezeichnung „Professor“ gleichwertig ist. Die nach Satz 2 führbare, im Ausland erworbene Bezeichnung ist in der Fassung der ausländischen Verleihungsurkunde zu führen.

(9) Bei Berufsausübungsgemeinschaften von Ärzten (Gemeinschaftspraxis, Ärzte-Partnerschaft, Kapitel D II Nr.8) sind - unbeschadet des Namens einer Partnerschaftsgesellschaft - die Namen und Arztbezeichnungen aller in der Gemeinschaft zusammengeschlossenen Ärzte anzuzeigen. Der Zusammenschluss ist ferner entsprechend der Rechtsform mit dem Zusatz „Gemeinschaftspraxis“ oder „Partnerschaft“ anzukündigen. Die Fortführung des Namens eines nicht mehr berufstätigen, eines ausgeschiedenen oder verstorbenen Partners ist unzulässig. Hat eine ärztliche Gemeinschaftspraxis oder Partnerschaft gemäß Kapitel D II Nr. 8 mehrere Praxissitze, so ist für jeden Partner zusätzlich der Praxissitz anzugeben.

(10) Bei Kooperationen gemäß Kapitel D II Nr. 9 darf sich der Arzt in ein gemeinsames Praxisschild mit den Kooperationspartnern aufnehmen lassen. Bei Partnerschaften gemäß Kapitel D II Nr. 10 darf der Arzt, wenn die Angabe seiner Berufsbezeichnung vorgesehen ist, nur gestatten, dass die Bezeichnung „Arzt“ oder eine andere führbare Bezeichnung angegeben wird.

(11) Zusammenschlüsse zu Organisationsgemeinschaften dürfen nicht angekündigt werden.

(12) Das Führen von Zusätzen, die nicht gemäß den vorstehenden Vorschriften erlaubt sind, ist untersagt.

(13) Für Form und Anbringung der Praxisschilder gelten folgende Regeln:

a.) Das Praxisschild soll der Bevölkerung die Praxis des Arztes anzeigen. Es darf nicht in aufdringlicher Form gestaltet und angebracht sein und das übliche Maß (etwa 35 ×50 cm) nicht übersteigen,

b.) bei Vorliegen besonderer Umstände, zum Beispiel bei versteckt liegenden Praxiseingängen, darf der Arzt mit Zustimmung der Ärztekammer weitere Arztschilder anbringen,

c.) bei Verlegung der Praxis kann der Arzt an dem Haus, aus dem er fortgezogen ist, bis zur Dauer eines halben Jahres ein Schild mit einem entsprechenden Vermerk anbringen.

(14) Mit Genehmigung der Ärztekammer darf der Arzt ausgelagerte Praxisräume gemäß §18 erforderlichenfalls mit einem Hinweisschild kennzeichnen, welches seinen Namen, seine Arztbezeichnung und den Hinweis „Untersuchungsräume" oder „Behandlungsräume" ohne weitere Zusätze enthält.

Nr. 3 Anzeigen (1) Anzeigen über die Niederlassung oder Zulassung dürfen nur in Zeitungen erfolgen. Sie dürfen außer der Anschrift der Praxis nur die für die Schilder des Arztes gestatteten Angaben enthalten und nur dreimal in der gleichen Zeitung innerhalb eines Zeitraumes von drei Monaten zur Bekanntgabe der Niederlassung oder der Aufnahme der Kassenpraxis veröffentlicht werden.

(2) Im übrigen sind Anzeigen in den Zeitungen nur bei Praxisaufgabe, Praxisübergabe, längerer Abwesenheit von der Praxis oder Krankheit sowie bei der Verlegung der Praxis und bei der Änderung der Sprechstundenzeit oder der Fernsprechnummer gestattet. Derartige Anzeigen dürfen aus diesem Anlass höchstens dreimal veröffentlicht werden.

(3) Form und Inhalt dieser Zeitungsanzeigen müssen sich nach den örtlichen Gepflogenheiten richten.

(4) Ärzte, welche sich zu einem zugelassenen Praxisverbund (Kapitel D II Nr.11) zusammengeschlossen haben, dürfen dies als Verbund in Zeitungsanzeigen bis zu dreimal bekannt geben.

Nr. 4 Verzeichnisse (1) Ärzte dürfen sich in für die Öffentlichkeit bestimmte Informationsmedien eintragen lassen, wenn diese folgenden Anforderungen gerecht werden:

a.) sie müssen allen Ärzten, die die Kriterien des Verzeichnisses erfüllen, zu denselben Bedingungen gleichermaßen mit einem kostenfreien Grundeintrag offen stehen,

b.) die Eintragungen müssen sich grundsätzlich auf die nach Kapitel D I Nr. 2 ankündigungsfähigen Bezeichnungen beschränken.

(2) Soll das Verzeichnis weitere Angaben enthalten, darf sich der Arzt eintragen lassen, wenn sich die Angaben im Rahmen der Bestimmungen nach Nr. 5 halten und insbesondere die Form, der Inhalt, der Umfang und die Systematik der Angaben vom Herausgeber des Verzeichnisses vor der Veröffentlichung mit der zuständigen Ärztekammer abgestimmt worden sind.

(3) Ärzte, welche sich zu einem zugelassenen Praxisverbund (Kapitel D II Nr. 11) zusammengeschlossen haben, dürfen dies in Verzeichnissen zusätzlich zu eventuellen Einzelangaben der Praxis bekannt geben.

Nr. 5 Patienteninformation in den Praxisräumen und öffentlich abrufbare Arztinformationen in Computerkommunikationsnetzen (1) Sachliche Informationen, die im Zusammenhang mit der Erbringung ärztlicher Leistungen stehen, und organisatorische Hinweise zur Patientenbehandlung (Abs. 3) sind in Praxisräumen des Arztes sowie in öffentlich abrufbaren Arztinformationen in Computerkommunikationsnetzen zur Unterrichtung der Patienten zulässig, wenn eine berufswidrig werbende Herausstellung des Arztes und seiner Leistungen unterbleibt.

(2) Angaben nach Abs. 1 dürfen, soweit sie auf besondere Untersuchungs- und Behandlungsmethoden (Tätigkeiten) verweisen, in Praxisinformationen und öffentlich abrufbaren Arztinformationen in Computerkommunikationsnetzen nur dann aufgenommen werden, wenn

a.) nicht mehr als drei Untersuchungs- oder Behandlungsmaßnahmen aufgeführt werden,

b.) diese Angaben nicht mit solchen der Weiterbildungsordnung oder solchen Qualifikationen, die von Ärztekammern verliehen wurden, verwechselt werden können.

Den Angaben muss der deutliche Hinweis vorangestellt werden, dass ihnen nicht eine von einer Ärztekammer verliehene Qualifikation zugrunde liegt.

(3) Bei praxisorganisatorischen Hinweisen handelt es sich um Hinweise, welche die „Organisation" der Inanspruchnahme des Arztes durch Patienten in seinen Praxisräumen sowie den organisatorischen Ablauf in der Praxis selbst betreffen. Hinweise auf Sprechstunden, Sondersprechstundenzeiten, Telefonnummern, Erreichbarkeit außerhalb der Sprechstunde, Praxislage im Bezug auf öffentliche Verkehrsmittel (Straßenplan), Angabe über Parkplätze, besondere Einrichtungen für Behinderte können Gegenstand von praxisorganisatorischen Hinweisen sein.

(4) Ärzte, welche sich zu einem zugelassenen Praxisverbund (Kapitel D II Nr. 11) zusammengeschlossen haben, dürfen den Verbund in Computerkommunikationsnetzen auf einer dem allgemeinen Publikum zugänglichen Homepage ankündigen. Auf dieser Homepage dürfen sachliche Informationen des Verbundes, die im Zusammenhang mit der Erbringung ärztlicher Leistungen stehen, sowie organisatorische Hinweise zur Patientenbehandlung gegeben werden. Jede berufsrechtswidrig werbende Herausstellung des Verbundes und/oder der an ihm teilnehmenden Ärzte ist untersagt.

(5) Entsprechendes gilt für Ankündigungen auf Briefbögen, Rezeptvordrucken, Stempeln und im sonstigen beruflichen Schriftverkehr.

II. Formen der Zusammenarbeit (Gemeinschaftspraxis, Partnerschaft, Medizinische Kooperationsgemeinschaft, Praxisverbund)

Nr. 6 –weggefallen –

Nr. 7 Berufsrechtsvorbehalt Soweit Vorschriften dieser Berufsordnung Regelungen des Partnerschaftsgesellschaftsgesetzes (Gesetz über Partnerschaftsgesellschaften Angehöriger Freier Berufe [PartGG] vom 25.7.1994 - BGBl. I S.1744) einschränken, sind sie vorrangig auf Grund von § 1 Abs. 3 PartGG.

Nr. 8 Berufsausübungsgemeinschaften von Ärzten (1) Für die Berufsausübungsgemeinschaft dürfen Ärzte nur Gesellschaftsformen wählen, welche die eigenverantwortliche und selbständige sowie nicht gewerbliche Berufsausübung wahren. Solche Gesellschaftsformen sind die Gesellschaft des bürgerlichen Rechts (§ 705 ff. BGB) für die Gemeinschaftspraxis und die Partnerschaftsgesellschaft für die Ärztepartnerschaft. Es dürfen sich nur Ärzte zusammenschließen, welche ihren Beruf ausüben. Sie dürfen nur einer Berufsausübungsgemeinschaft angehören; ausgenommen ist nur die Kooperation mit einem Krankenhaus oder vergleichbaren Einrichtungen.

(2) Die Berufsausübungsgemeinschaft ist nur zulässig an einem gemeinsamen Praxissitz. Ärzte, die ihrem typischen Fachgebietsinhalt nach regelmäßig nicht unmittelbar patientenbezogen ärztlich tätig sind, dürfen sich zu einer Berufsausübungsgemeinschaft auch derart zusammenschließen, dass jeder der Gemeinschaftspartner seine ärztliche Tätigkeit an einem Praxissitz ausübt, der den Mittelpunkt seiner Berufstätigkeit bildet. Ein eigener Praxissitz ist auch zulässig für einen Arzt, der die Voraussetzungen des Satzes 2 erfüllt, wenn er sich mit einem Arzt oder Ärzten, für die Satz 1 gilt, zusammenschließt.

(3) Bei allen Formen gemeinsamer Berufsausübung muss die freie Arztwahl gewährleistet bleiben.

(4) Der Zusammenschluss zu Berufsausübungsgemeinschaften und zu Organisationsgemeinschaften ist von den beteiligten Ärzten ihrer Ärztekammer anzuzeigen. Sind für die beteiligten Ärzte mehrere Ärztekammern zuständig, so ist jeder Arzt verpflichtet, die für ihn zuständige Kammer auf alle am Zusammenschluss beteiligten Ärzte hinzuweisen.

Nr. 9 Kooperative Berufsausübung zwischen Ärzten und Angehörigen anderer Fachberufe (1) Ärzte können sich auch mit selbständig tätigen und zur eigenverantwortlichen Berufsausübung befugten Berufsangehörigen der Berufe nach Abs. 2 zur kooperativen Berufsausübung zusammenschließen (medizinische Kooperationsgemeinschaft). Die Kooperation ist nur in der Form einer Partnerschaftsgesellschaft nach dem PartGG oder auf Grund eines schriftlichen Vertrages über die Bildung einer Kooperationsgemeinschaft in der Rechtsform einer Gesellschaft bürgerlichen Rechts gestattet. Dem Arzt ist ein solcher Zusammenschluss im einzelnen nur mit solchen an deren Berufsangehörigen und in der Weise erlaubt, dass diese in ihrer Verbindung mit dem Arzt einen gleichgerichteten oder integrierenden diagnostischen oder therapeutischen Zweck bei der Heilbehandlung, auch auf dem Gebiete der Prävention und Rehabilitation, durch räumlich nahes und koordiniertes Zusammenwirken aller beteiligten Berufsangehörigen erfüllen können. Darüberhinaus muss der Kooperationsvertrag gewährleisten, dass

a.) die eigenverantwortliche und selbständige Berufsausübung des Arztes gewahrt ist;

b.) die Verantwortungsbereiche der Partner gegenüber den Patienten getrennt bleiben;

c.) medizinische Entscheidungen, insbesondere über Diagnostik und Therapie, ausschließlich der Arzt trifft, sofern nicht der Arzt nach seinem Berufsrecht den in der Gemeinschaft selbständig tätigen Berufsangehörigen eines anderen Fachberufs solche Entscheidungen überlassen darf;

d.) der Grundsatz der freien Arztwahl gewahrt bleibt;

e.) der behandelnde Arzt zur Unterstützung in seinen diagnostischen Maßnahmen oder zur Therapie auch andere als die in der Gemeinschaft kooperierenden Berufsangehörigen hinzuziehen kann;

f.) die Einhaltung der berufsrechtlichen Bestimmungen der Ärzte, insbesondere das grundsätzliche Verbot der Errichtung einer Zweigpraxis, die Pflicht zur Dokumentation, das Verbot der Werbung und die Regeln zur Erstellung einer Honorarforderung, von den übrigen Partnern beachtet wird;

g.) sich die medizinische Kooperationsgemeinschaft verpflichtet, im Rechtsverkehr die Namen aller Partner und ihre Berufsbezeichnungen anzugeben und - sofern es sich um eine eingetragene Partnerschaftsgesellschaft handelt - den Zusatz „Partnerschaft" zu führen.

(2) Ärzte können sich unter Berücksichtigung des Gebots nach Abs. 1 Satz 3 nur mit einem oder mehreren Angehörigen folgender Berufe im Gesundheitswesen zu einer medizinischen Kooperationsgemeinschaft zusammenschließen:

a.) Zahnärzte

b.) Psychologische Psychotherapeuten, Kinder- und Jugendlichenpsychotherapeuten, Diplompsychologen,

c.) Klinische Chemiker, Ernährungswissenschaftler und andere Naturwissenschaftler

d.) Diplom-Sozialpädagogen, Diplom-Heilpädagogen

e.) Hebammen

f.) Logopäden und Angehörige gleichgestellter sprachtherapeutischer Berufe

g.) Ergotherapeuten

h.) Angehörige der Berufe in der Physiotherapie

i.) Medizinisch-technische Assistenten

j.) Angehörige staatlich anerkannter Pflegeberufe

k.) Diätassistenten

Die für die Mitwirkung des Arztes zulässige berufliche Zusammensetzung der Kooperation im einzelnen richtet sich nach dem Gebot des Abs.1 Satz 3; es ist erfüllt, wenn Angehörige aus solchen der vorgenannten Berufsgruppen kooperieren, die mit dem Arzt entsprechend seinem Fachgebiet einen gemeinschaftlich erreichbaren medizinischen Zweck nach der Art ihrer beruflichen Kompetenz zielbezogen erfüllen können.

(3) Angestellte Ärzte einer medizinischen Kooperationsgemeinschaft dürfen nur der Weisungsbefugnis der ärztlichen Partner unterstellt sein.

(4) Der Arzt darf sich nur einer einzigen medizinischen Kooperationsgemeinschaft anschließen.

(5) Die Mitwirkung des Arztes in einer medizinischen Kooperationsgemeinschaft bedarf der Genehmigung der Ärztekammer. Der Ärztekammer ist der Kooperations- oder Partnerschaftsvertrag vorzulegen. Die Genehmigung ist zu erteilen, wenn die vorgenannten Voraussetzungen für den Arzt erfüllt sind. Auf Anforderung haben die Ärzte ergänzende Auskünfte zu erteilen.

Nr. 10 Beteiligung von Ärzten an sonstigen Partnerschaften Einem Arzt ist es gestattet, in Partnerschaften gemäß § 1 Abs. 1 und Abs. 2 PartGG mit Angehörigen anderer Berufe als den vorstehend in das Kapitels C Nr. 9 genannten zusammenzuarbeiten, wenn er in der Partnerschaft nicht die Heilkunde am Menschen ausübt. Der Eintritt in eine solche Partnerschaftsgesellschaft ist der Ärztekammer anzuzeigen.

Nr. 11 Praxisverbund *(1) Ärzte dürfen, auch ohne sich zu einer Berufsausübungsgemeinschaft zusammenzuschließen, eine Kooperation verabreden (Praxisverbund), welche auf die Erfüllung eines durch gemeinsame oder gleichgerichtete Maßnahmen bestimmten Versorgungsauftrags oder auf eine andere Form der Zusammenarbeit zur Patientenversorgung, z. B. auf dem Felde der Qualitätssicherung oder Versorgungsbereitschaft, gerichtet ist. Die Teilnahme soll allen dazu bereiten Ärzten ermöglicht werden; soll die Möglichkeit zur Teilnahme beschränkt werden, z. B. durch räumliche oder qualitative Kriterien, müssen die dafür maßgeblichen Kriterien für den Versorgungsauftrag notwendig und nicht diskriminierend sein und der Ärztekammer gegenüber offen gelegt werden. Ärzte in einer zulässigen Kooperation dürfen die medizinisch gebotene oder vom Patienten gewünschte Überweisung an nicht dem Verbund zugehörige Ärzte nicht behindern.*

(2) Die Bedingungen der Kooperation nach Abs. 1 müssen in einem schriftlichen Vertrag niedergelegt werden, der der Ärztekammer vorgelegt werden muss.

(3) In eine Kooperation nach Abs. 1 können auch Krankenhäuser, Vorsorge und Rehakliniken und Angehörige anderer Gesundheitsberufe nach Abschnitt D II Nr. 9 Abs. 2 einbezogen werden, wenn die Grundsätze nach Abschnitt D II Nr. 9 Abs. 1 gewahrt sind.

III. Pflichten bei grenzüberschreitender ärztlicher Tätigkeit

Nr. 12 Praxen deutscher Ärzte in anderen EU-Mitgliedstaaten Führt ein Arzt neben seiner Niederlassung oder neben seiner ärztlichen Berufstätigkeit im Geltungsbereich dieser Berufsordnung in einem anderen Mitgliedstaat der Europäischen Union eine Praxis oder übt er dort eine weitere ärztliche Berufstätigkeit aus, so hat er dies der Ärztekammer anzuzeigen. Der Arzt hat Vorkehrungen für eine ordnungsgemäße Versorgung seiner Patienten am Ort seiner Berufsausübung im Geltungsbereich dieser Berufsordnung während seiner Tätigkeit in den anderen Mitgliedstaaten zu treffen. Die Ärztekammer kann verlangen, dass der Arzt die Zulässigkeit der Eröffnung der weiteren Praxis nach dem Recht des betreffenden Mitgliedstaats der Europäischen Union nachweist.

Nr. 13 Grenzüberschreitende ärztliche Tätigkeit von Ärzten aus anderen EU-Mitgliedstaaten Wird ein Arzt, der in einem anderen Mitgliedstaat der Europäischen Union niedergelassen ist oder dort seine berufliche Tätigkeit entfaltet, vorübergehend im Geltungsbereich dieser Berufsordnung grenzüberschreitend ärztlich tätig, ohne eine Niederlassung zu begründen, so hat er die Vorschriften dieser Berufsordnung zu beachten. Dies gilt auch, wenn der Arzt sich darauf beschränken will, im Geltungsbereich dieser Berufsordnung auf seine Tätigkeit aufmerksam zu machen; die Ankündigung seiner Tätigkeit ist ihm nur in dem Umfang gestattet, als sie nach dieser Berufsordnung erlaubt ist.

IV. Pflichten in besonderen medizinischen Situationen

Nr. 14 Schutz des menschlichen Embryos Die Erzeugung von menschlichen Embryonen zu Forschungszwecken sowie der Gentransfer in Embryonen und die Forschung an menschlichen Embryonen und totipotenten Zellen sind verboten. Verboten sind diagnostische Maßnahmen an Embryonen vor dem Transfer in die weiblichen Organe; es sei denn, es handelt sich um Maßnahmen zum Ausschluss schwerwiegender geschlechtsgebundener Erkrankungen im Sinne des § 3 Embryonenschutzgesetz.

Nr. 15 In-vitro-Fertilisation, Embryotransfer (1) Die künstliche Befruchtung einer Eizelle außerhalb des Mutterleibes und die anschließende Einführung des Embryos in die Gebärmutter oder die Einbringung von Gameten oder Embryonen in den Eileiter der genetischen Mutter sind als Maßnahme zur Behandlung der Sterilität ärztliche Tätigkeiten und nur nach Maßgabe des § 13 zulässig. Die Verwendung fremder Eizellen (Eizellenspende) ist bei Einsatz dieser Verfahren verboten.

(2) Ein Arzt kann nicht verpflichtet werden, an einer In-vitro-Fertilisation oder einem Embryotransfer mitzuwirken.

Anhang 3:

Die Änderungen durch den 105. Deutschen Ärztetag im Mai 2002 in Rostock in Bezug auf den Praxisverbund – Auszug aus der (Muster-) Berufsordnung der deutschen Ärztinnen und Ärzte von 2002 (MBO-Ä 2002)

Inhaltsübersicht[1]

A. Präambel

B. Regeln zur Berufsausübung

I. Grundsätze
§ 1 Aufgaben des Arztes
§ 2 Allgemeine ärztliche Berufspflichten
§ 3 Unvereinbarkeiten
§ 4 Fortbildung
§ 5 Qualitätssicherung
§ 6 Mitteilung von unerwünschten Arzneimittelwirkungen

II. Pflichten gegenüber Patienten
§ 7 Behandlungsgrundsätze und Verhaltensregeln
§ 8 Aufklärungspflicht
§ 9 Schweigepflicht
§ 10 Dokumentationspflichten
§ 11 Ärztliche Untersuchungs- und Behandlungsmethoden
§ 12 Honorar und Vergütungsabsprachen

III. Besondere medizinische Verfahren und Forschung
§ 13 Besondere medizinische Verfahren
§ 14 Erhaltung des ungeborenen Lebens und Schwangerschaftsabbruch
§ 15 Forschung
§ 16 Beistand für den Sterbenden

IV. Berufliches Verhalten
1. Berufsausübung
§ 17 Niederlassung und Ausübung der Praxis
§ 18 Zweigpraxis, ausgelagerte Praxisräume
§ 19 Beschäftigung angestellter Praxisärzte
§ 20 Vertreter
§ 21 Haftpflichtversicherung
§ 22 Gemeinsame Berufsausübung
§ 22 a Ankündigung von Kooperationen
§ 23 Ärzte im Beschäftigungsverhältnis
§ 24 Verträge über ärztliche Tätigkeit
§ 25 Ärztliche Gutachten und Zeugnisse
§ 26 Ärztlicher Notfalldienst

2. Berufliche Kommunikation
§ 27 Erlaubte Information und berufswidrige Werbung
§ 28 Verzeichnisse

3. Berufliche Zusammenarbeit mit Ärzten
§ 29 Kollegiale Zusammenarbeit

4. Wahrung der ärztlichen Unabhängigkeit bei der Zusammenarbeit mit Dritten
§ 30 Zusammenarbeit des Arztes mit Dritten
§ 31 Unerlaubte Zuweisung von Patienten gegen Entgelt

---

[1] Die für den Praxisverbund bedeutsamen Änderungen gegenüber der MBO-Ä 2000 sind hervorgehoben.

§ 32 Annahme von Geschenken und anderen Vorteilen
§ 33 Arzt und Industrie
§ 34 Verordnungen, Empfehlungen und Begutachtung von Arznei-, Heil- und Hilfsmitteln
§ 35 Fortbildungsveranstaltungen und Sponsoring

C. Verhaltensregeln (Grundsätze korrekter ärztlicher Berufsausübung)
Nr.1 Umgang mit Patienten
Nr.2 Behandlungsgrundsätze
Nr.3 Umgang mit nichtärztlichen Mitarbeitern

D. Ergänzende Bestimmungen zu einzelnen ärztlichen Berufspflichten
I. und Nrn.1 – 6 aufgehoben

II. Formen der Zusammenarbeit (Gemeinschaftspraxis, Partnerschaft, Medizinische Kooperationsgemeinschaft, Praxisverbund)
Nr.7 Berufsrechtsvorbehalt
Nr.8 Berufsausübungsgemeinschaften von Ärzten
Nr.9 Kooperative Berufsausübung zwischen Ärzten und Angehörigen anderer Fachberufe
Nr.10 Beteiligung von Ärzten an sonstigen Partnerschaften
Nr.11 Praxisverbund

III. Pflichten bei grenzüberschreitender ärztlicher Tätigkeit
Nr.12 Zweigpraxen deutscher Ärzte in anderen EU-Mitgliedstaaten
Nr.13 Grenzüberschreitende ärztliche Tätigkeit von Ärzten aus anderen EU-Mitgliedstaaten

IV. Pflichten in besonderen medizinischen Situationen
Nr.14 Schutz des menschlichen Embryos
Nr.15 In-vitro-Fertilisation, Embryotransfer

§ 17 Niederlassung und Ausübung der Praxis (1) Die Ausübung ambulanter ärztlicher Tätigkeit außerhalb von Krankenhäusern einschließlich konzessionierter Privatkrankenanstalten ist an die Niederlassung in eigener Praxis gebunden, soweit nicht gesetzliche Vorschriften etwas anderes zulassen.

(2) Die Ausübung ambulanter ärztlicher Tätigkeit im Umherziehen, in gewerblicher Form oder bei Beschäftigungsträgern, die gewerbsmäßig ambulante heilkundliche Leistungen erbringen, ist berufswidrig, soweit nicht die Tätigkeit in Krankenhäusern oder konzessionierten Privatkrankenanstalten ausgeübt wird oder gesetzliche Vorschriften etwas anderes zulassen.

(3) Auf Antrag kann die Ärztekammer von den Geboten oder Verboten der Abs. 1 und 2 Ausnahmen gestatten, wenn sichergestellt ist, dass die beruflichen Belange nicht beeinträchtigt werden und die Berufsordnung beachtet wird.

(4) Die Niederlassung ist durch ein Praxisschild kenntlich zu machen.
Der Arzt hat auf seinem Praxisschild
- *den Namen*
- *die (Fach-) Arztbezeichnung*
- *die Sprechzeiten sowie*

- ggf. die Zugehörigkeit zu einer Berufsausübungsgemeinschaft gem. § 22 i. V. m. Kap. D II Nr. 8 anzugeben.
Ärzte, welche nicht unmittelbar patientenbezogen tätig werden, können von der Ankündigung ihrer Niederlassung durch ein Praxisschild absehen, wenn sie dies der Ärztekammer anzeigen.

(5) Ort und Zeitpunkt der Niederlassung sowie jede Veränderung hat der Arzt der Ärztekammer unverzüglich mitzuteilen.

§ 18 Zweigpraxis, ausgelagerte Praxisräume (1) Dem Arzt ist es nicht gestattet, an mehreren Stellen Sprechstunden abzuhalten. Die Ärztekammer kann, soweit es die Sicherstellung der ärztlichen Versorgung der Bevölkerung erfordert, die Genehmigung für eine Zweigpraxis (Sprechstunde) erteilen.

(2) Der Arzt darf in räumlicher Nähe zum Ort seiner Niederlassung Untersuchungs- und Behandlungsräume ausschließlich für spezielle Untersuchungs- oder Behandlungszwecke (z. B. Operationen, medizinisch-technische Leistungen) unterhalten, in denen er seine Patienten nach Aufsuchen seiner Praxis versorgt (ausgelagerte Praxisräume). Dasselbe gilt für eine gemeinschaftlich mit anderen Ärzten organisierte Notfallpraxis in den sprechstundenfreien Zeiten.

(3) Mit Genehmigung der Ärztekammer darf der Arzt ausgelagerte Praxisräume mit einem Hinweisschild kennzeichnen, welches seinen Namen, seine Arztbezeichnung und einen Hinweis auf die in den ausgelagerten Praxisräumen durchgeführten Untersuchungs- und Behandlungsmethoden enthält.

§ 22 a Ankündigung von Kooperationen (1) Bei Berufsausübungsgemeinschaften von Ärzten (Gemeinschaftspraxis, Ärzte-Partnerschaft, Kapitel D II Nr. 8) sind - unbeschadet des Namens einer Partnerschaftsgesellschaft - die Namen und Arztbezeichnungen aller in der Gemeinschaft zusammengeschlossenen Ärzte anzuzeigen. Der Zusammenschluß ist ferner entsprechend der Rechtsform mit dem Zusatz „Gemeinschaftspraxis" oder „Partnerschaft" anzukündigen. Die Fortführung des Namens eines nicht mehr berufstätigen, eines ausgeschiedenen oder verstorbenen Partners ist unzulässig. Hat eine ärztliche Gemeinschaftspraxis oder Partnerschaft gemäß Kapitel D II Nr. 8 mehrere Praxissitze, so ist für jeden Partner zusätzlich der Praxissitz anzugeben.

(2) Bei Kooperationen gemäß Kapitel D II Nr. 9 muss sich der Arzt in ein gemeinsames Praxisschild mit den Kooperationspartnern aufnehmen lassen. Bei Partnerschaften gemäß Kapitel D II Nr. 10 darf der Arzt, wenn die Angabe seiner Berufsbezeichnung vorgesehen ist, nur gestatten, dass die Bezeichnung „Arzt" oder eine andere führbare Bezeichnung angegeben wird.

(3) Zusammenschlüsse zu Organisationsgemeinschaften dürfen nicht angekündigt werden.

(4) Die Zugehörigkeit zu einem Praxisverbund nach Kap. D II Nr. 11 kann durch Hinzufügen des Namens des Verbundes angekündigt werden.

§ 27 Erlaubte Information und berufswidrige Werbung *(1) Zweck der nachstehenden Vorschriften der Berufsordnung ist die Gewährleistung des Patientenschutzes durch sachgerechte und angemessene Information und die Vermeidung einer dem Selbstverständnis des Arztes zuwiderlaufenden Kommerzialisierung des Arztberufs.*

(2) Auf dieser Grundlage sind dem Arzt sachliche berufsbezogene Informationen gestattet.

(3) Berufswidrige Werbung ist dem Arzt untersagt. Berufswidrig ist insbesondere eine anpreisende, irreführende oder vergleichende Werbung. Der Arzt darf eine solche Werbung durch andere weder veranlassen noch dulden.

Werbeverbote aufgrund anderer gesetzlicher Bestimmungen bleiben unberührt.

(4) Der Arzt kann

1. nach der Weiterbildungsordnung erworbene Bezeichnungen,

2. nach sonstigen öffentlich-rechtlichen Vorschriften erworbene Qualifikationen,

3. Tätigkeitsschwerpunkte

und

4. organisatorische Hinweise

ankündigen.

Die nach Nr. 1 erworbenen Bezeichnungen dürfen nur in der nach der Weiterbildungsordnung zulässigen Form geführt werden. Ein Hinweis auf die verleihende Ärztekammer ist zulässig.

Andere Qualifikationen und Tätigkeitsschwerpunkte dürfen nur angekündigt werden, wenn diese Angaben nicht mit solchen nach geregeltem Weiterbildungsrecht erworbenen Qualifikationen verwechselt werden können.

(5) Die Angaben nach Abs. 4 Nr. 1 bis 3 sind nur zulässig, wenn der Arzt die umfassten Tätigkeiten nicht nur gelegentlich ausübt.

(6) Die Ärzte haben der Ärztekammer auf deren Verlangen die zur Prüfung der Voraussetzungen der Ankündigung erforderlichen Unterlagen vorzulegen. Die Ärztekammer ist befugt, ergänzende Auskünfte zu verlangen.

***§ 28 Verzeichnisse** Ärzte dürfen sich in Verzeichnisse eintragen lassen, wenn diese folgenden Anforderungen gerecht werden:*

1. sie müssen allen Ärzten, die die Kriterien des Verzeichnisses erfüllen, zu denselben Bedingungen gleichermaßen mit einem kostenfreien Grundeintrag offen stehen,

2. die Eintragungen müssen sich auf die ankündigungsfähigen Informationen beschränken und

3. die Systematik muss zwischen den nach der Weiterbildungsordnung und nach sonstigen öffentlich rechtlichen Vorschriften erworbenen Qualifikationen einerseits und Tätigkeitsschwerpunkten andererseits unterscheiden.

Anhang 4:

Die Netzregelungen des SGB V: Modellvorhaben, Strukturvertrag und Integrierte Versorgung

- Modellvorhaben:

§ 63 Grundsätze. (1) [1]Die Krankenkassen und ihre Verbände können im Rahmen ihrer gesetzlichen Aufgabenstellung zur Verbesserung der Qualität und der Wirtschaftlichkeit der Versorgung Modellvorhaben zur Weiterentwicklung der Verfahrens-, Organisations-, Finanzierungs- und Vergütungsformen der Leistungserbringung durchführen oder nach § 64 vereinbaren.

(2) Die Krankenkassen können Modellvorhaben zu Leistungen zur Verhütung und Früherkennung von Krankheiten sowie zur Krankenbehandlung, die nach den Vorschriften dieses Buches oder auf Grund hiernach getroffener Regelungen keine Leistungen der Krankenversicherung sind, durchführen oder nach § 64 vereinbaren.

(3) [1]Bei der Vereinbarung und Durchführung von Modellvorhaben nach Absatz 1 kann von den Vorschriften des Vierten Kapitels dieses Buches und des Krankenhausfinanzierungsgesetzes sowie den nach diesen Vorschriften getroffenen Regelungen abgewichen werden; der Grundsatz der Beitragssatzstabilität gilt entsprechend. [2]Gegen diesen Grundsatz wird insbesondere für den Fall nicht verstoßen, daß durch ein Modellvorhaben entstehende Mehraufwendungen durch nachzuweisende Einsparungen auf Grund der in dem Modellvorhaben vorgesehenen Maßnahmen ausgeglichen werden. [3]Einsparungen nach Satz 2 können, soweit sie die Mehraufwendungen überschreiten, auch an die an einem Modellvorhaben teilnehmenden Versicherten weitergeleitet werden.

(4) [1]Gegenstand von Modellvorhaben nach Absatz 2 können nur solche Leistungen sein, über deren Eignung als Leistung der Krankenversicherung die Bundesausschüsse nach § 91 im Rahmen der Beschlüsse nach § 92 Abs. 1 Satz 2 Nr. 5 oder der Ausschuß nach § 137 c Abs. 2 im Rahmen der Beschlüsse nach § 137 c Abs. 1 keine ablehnende Entscheidung getroffen haben. [2]Fragen der biomedizinischen Forschung sowie Forschungen zur Entwicklung und Prüfung von Arzneimitteln und Medizinprodukten können nicht Gegenstand von Modellvorhaben sein.

(5) [1]Ziele, Dauer, Art und allgemeine Vorgaben zur Ausgestaltung von Modellvorhaben sowie die Bedingungen für die Teilnahme von Versicherten sind in der Satzung festzulegen. [2]Die Modellvorhaben sind im Regelfall auf längstens acht Jahre zu befristen. [3]Verträge nach § 64 Abs. 1 sind den für die Vertragsparteien zuständigen Aufsichtsbehörden vorzulegen.

(6) [1]Modellvorhaben nach den Absätzen 1 und 2 können auch von den Kassenärztlichen Vereinigungen im Rahmen ihrer gesetzlichen Aufgabenstellung mit den Krankenkassen oder ihren Verbänden vereinbart werden. [2]Die Vorschriften dieses Abschnitts gelten entsprechend.

§ 64 Vereinbarungen mit Leistungserbringern. (1) [1]Die Krankenkassen und ihre Verbände können mit den in der gesetzlichen Krankenversicherung zugelassenen Leistungserbringern oder Gruppen von Leistungserbringern Vereinbarungen über die Durchführung von Modellvorhaben nach § 63 Abs. 1 oder 2 schließen. [2]Soweit die ärztliche Behandlung im Rahmen der vertragsärztlichen Versorgung betroffen ist, können sie nur mit einzelnen Vertragsärzten, mit Gemeinschaften dieser Leistungserbringer oder mit Kassenärztlichen Vereinigungen Verträge über die Durchführung von Modellvorhaben nach § 63 Abs. 1 oder 2 schließen.

(2) [1]Die Spitzenverbände der Krankenkassen können mit der Kassenärztlichen Bundesvereinigung in den Bundesmantelverträgen Grundsätze zur Durchführung von Modellvorhaben mit Vertragsärzten vereinbaren. [2]Dabei können Regelungen zu den Voraussetzungen und Bedingungen für die Teilnahme von Vertragsärzten sowie zur Festlegung einer Höchstzahl der zu beteiligenden Ärzte getroffen werden.

(3) [1]Werden in einem Modellvorhaben nach § 63 Abs. 1 Leistungen außerhalb der für diese Leistungen geltenden Gesamtvergütungen oder Budgets nach den §§ 84 und 85 oder außerhalb der Krankenhausbudgets vergütet, sind die Gesamtvergütungen oder Budgets, in denen die Ausgaben für diese Leistungen enthalten sind, entsprechend der Zahl und der Risikostruktur der am Modellvorhaben teilnehmenden Versicherten im Verhältnis zur Gesamtzahl der Versicherten zu verringern; die Budgets der teilnehmenden Krankenhäuser sind dem geringeren Leistungsumfang anzupassen. [2]Kommt eine Einigung der zuständigen Vertragsparteien über die Verringerung der Gesamtvergütungen oder Budgets nach Satz 1 nicht zustande, können auch die Krankenkassen oder ihre Verbände, die Vertragspartner der Vereinbarung nach Absatz 1 sind, das Schiedsamt nach § 89 oder die Schiedsstelle nach § 18 a Abs. 1 des Krankenhausfinanzierungsgesetzes anrufen. [3]Vereinbaren alle gemäß § 18 Abs. 2 des Krankenhausfinanzierungsgesetzes an der Pflegesatzvereinbarung beteiligten Krankenkassen gemeinsam ein Modellvorhaben, das die gesamten mit dem Budget nach § 12 der Bundespflegesatzverordnung vergüteten Leistungen eines Krankenhauses für Versicherte erfaßt, sind die vereinbarten Entgelte für alle Benutzer des Krankenhauses einheitlich zu berechnen.

(4) [1]Die Vertragspartner nach Absatz 1 Satz 1 können Modellvorhaben zur Vermeidung einer unkoordinierten Mehrfachinanspruchnahme von Vertragsärzten durch die Versicherten durchführen. [2]Sie können vorsehen, daß der Vertragsarzt, der vom Versicherten weder als erster Arzt in einem Behandlungsquartal noch mit Überweisung noch zur Einholung einer Zweitmeinung in Anspruch genommen wird, von diesem Versicherten verlangen kann, daß die bei ihm in Anspruch genommenen Leistungen im Wege der Kostenerstattung abgerechnet werden.

§ 65 Auswertung der Modellvorhaben. [1]Die Krankenkassen oder ihre Verbände haben eine wissenschaftliche Begleitung und Auswertung der Modellvorhaben im Hinblick auf die Erreichung der Ziele der Modellvorhaben nach § 63 Abs. 1 oder Abs. 2 nach allgemein anerkannten wissenschaftlichen Standards zu veranlassen. [2]Der von unabhängigen Sachverständigen zu erstellende Bericht über die Ergebnisse der Auswertung ist zu veröffentlichen.

§ 65 a Versichertenbonus in der hausärztlichen Versorgung. [1]Die Krankenkasse kann in ihrer Satzung bestimmen, unter welchen Voraussetzungen ein Versicherter, der sich verpflichtet, vertragsärztliche Leistungen außerhalb der hausärztlichen Versorgung nur auf Überweisung des von ihm gewählten Hausarztes in Anspruch zu nehmen, Anspruch auf einen Bonus hat. [2]In der Satzung kann bestimmt werden, welche Facharztgruppen ohne Überweisung in Anspruch genommen werden können. [3]Die Höhe des Bonus richtet sich nach den erzielten Einsparungen.

- ***Strukturvertrag:***

§ 73 a Strukturverträge. (1)[1]Die Kassenärztlichen Vereinigungen können mit den Landesverbänden der Krankenkassen und den Verbänden der Ersatzkassen in den Verträgen nach § 83 Versorgungs- und Vergütungsstrukturen vereinbaren, die dem vom Versicherten gewählten Hausarzt oder einem von ihm gewählten Verbund haus- und fachärztlich tätiger Vertragsärzte (vernetzte Praxen) Verantwortung für die Gewährleistung der Qualität und Wirtschaftlichkeit der vertragsärztlichen Versorgung sowie der ärztlich verordneten oder veranlaßten Leistungen insgesamt oder für inhaltlich definierte Teilbereiche dieser Leistungen übertragen; § 71 Abs. 1 gilt. [2]Sie können für nach Satz 1 bestimmte Leistungen ein Budget vereinbaren. [3]Das Budget umfaßt Aufwendungen für die von beteiligten Vertragsärzten erbrachten Leistungen; in die Budgetverantwortung können die veranlaßten Ausgaben für Arznei, Verband- und Heilmittel sowie weitere Leistungsbereiche einbezogen werden. [4]Für die Vergütung der vertragsärztlichen Leistungen können die Vertragspartner von den nach § 87 getroffenen Leistungsbewertungen abweichen. [5]Die Teilnahme von Versicherten und Vertragsärzten ist freiwillig.

(2) [1]Die Vertragspartner der Verträge nach § 82 Abs. 1 können Rahmenvereinbarungen zum Inhalt und zur Durchführung der Vereinbarungen nach Absatz 1 treffen, die von den Vertragspartnern nach Absatz 1 unter Berücksichtigung regionaler Bedürfnisse ausgestaltet werden können. [2]Sie schaffen in den Bestimmungen der Bundesmantelverträge die Voraussetzungen zur Durchführung der Verträge nach Absatz 1.

- ***Integrierte Versorgung:***

§ 140 a Integrierte Versorgung. (1) [1]Integrierte Versorgungsformen auf Grund der Verträge nach den §§ 140 b und 140 d ermöglichen eine verschiedene Leistungssektoren übergreifende Versorgung der Versicherten. [2]Das Versorgungsangebot und die Voraussetzungen seiner Inanspruchnahme ergeben sich aus dem Vertrag nach § 140 b und, soweit es die vertragsärztliche Versorgung einschließt, aus den Rahmenvereinbarungen nach § 140 d.

(2) [1]Die Teilnahme der Versicherten an den integrierten Versorgungsformen ist freiwillig. [2]Ein behandelnder Leistungserbringer darf aus der gemeinsamen Dokumentation nach § 140 b Abs. 3 die den Versicherten betreffenden Behandlungsdaten und Befunde nur dann abrufen, wenn der Versicherte ihm gegenüber seine Einwilligung erteilt hat, die Information für den konkret anstehenden Behandlungsfall genutzt werden soll und der Leistungserbringer zu dem Personenkreis gehört, der nach § 203 des Strafgesetzbuches zur Geheimhaltung verpflichtet ist.

(3) [1]Die Versicherten haben das Recht, von ihrer Krankenkasse umfassend über die Verträge zur integrierten Versorgung, die teilnehmenden Leistungserbringer, besondere Leistungen und vereinbarte Qualitätsstandards informiert zu werden. [2]Dieses Recht besteht auch gegenüber den teilnehmenden Leistungserbringern und ihren Zusammenschlüssen.

§ 140 b Verträge zu integrierten Versorgungsformen. (1) [1]Die Krankenkassen können mit den in Absatz 2 genannten Vertragspartnern Verträge über integrierte Versorgungsformen abschließen. [2]Die Vertragspartner haben die Integrationsversorgung nach Maßgabe des Absatzes 4 und, soweit sie die vertragsärztliche Versorgung einschließt, der auf Grund von § 140 d getroffenen Rahmenvereinbarung zu regeln. [3]In den Verhandlungen über den Abschluß eines Vertrages nach Satz 1 können sich Vertragsärzte von ihrer Kassenärztlichen Vereinigung beraten lassen. [4]Gemeinschaften zur vertragsärztlichen Versorgung zugelassener Ärzte und Zahnärzte, die Vertragspartner nach Satz 1 sind, können mit der Verteilung der auf die Gemeinschaft entfallenden Vergütungen oder Vergütungsanteile ihre Kassenärztliche Vereinigung beauftragen.

(2) Die Verträge nach Absatz 1 können nur mit

- Gemeinschaften zur vertragsärztlichen Versorgung zugelassener Ärzte und Zahnärzte sowie einzelnen sonstigen an der Versorgung der Versicherten teilnehmenden Leistungserbringern oder deren Gemeinschaften,
- Kassenärztlichen Vereinigungen,
- Trägern zugelassener Krankenhäuser, Trägern von stationären Vorsorge- und Rehabilitationseinrichtungen, soweit mit ihnen ein Versorgungsvertrag nach § 111 besteht, Trägern von ambulanten Rehabilitationseinrichtungen oder deren Gemeinschaften,
- Gemeinschaften der vorgenannten Leistungserbringer,

abgeschlossen werden.

(3) [1]In den Verträgen nach Absatz 1 müssen sich die Vertragspartner der Krankenkassen zu einer qualitätsgesicherten, wirksamen, ausreichenden, zweckmäßigen und wirtschaftlichen Versorgung der Versicherten verpflichten. [2]Die Vertragspartner haben die Erfüllung der Leistungsansprüche der Versicherten nach den §§ 2 und 11 bis 62 in dem Maße zu gewährleisten, zu dem die Leistungserbringer nach diesem Kapitel verpflichtet sind. [3]Insbesondere müssen die Vertragspartner die Gewähr dafür übernehmen, daß sie die organisatorischen, betriebswirtschaftlichen sowie die medizinischen und medizinisch-technischen Voraussetzungen für die vereinbarte integrierte Versorgung entsprechend dem allgemein anerkannten Stand der medizinischen Erkenntnisse und des medizinischen Fortschritts erfüllen und eine an dem Versorgungsbedarf der Versicherten orientierte Zusammenarbeit zwischen allen an der Versorgung Beteiligten einschließlich der Koordination zwischen den verschiedenen Versorgungsbereichen und einer ausreichenden Dokumentation, die allen an der integrierten Versorgung Beteiligten im jeweils erforderlichen Umfang zugänglich sein muß, sicherstellen. [4]Gegenstand des Versorgungsauftrages an die Vertragspartner der Krankenkassen nach den Absätzen 1 und 2 dürfen nur solche Leistungen sein, über deren Eignung als Leistung der Krankenversicherung die Bundesausschüsse nach § 91 im Rahmen der Beschlüsse nach § 92 Abs. 1 Satz 2 Nr. 5 und der Ausschuß nach § 137 c Abs. 2 im Rahmen der Beschlüsse nach § 137c Abs. 1 keine ablehnende Entscheidung getroffen haben.

(4) [1]Die Verträge können Abweichendes von den Vorschriften dieses Kapitels, des Krankenhausfinanzierungsgesetzes sowie den nach diesen Vorschriften getroffenen Regelungen insoweit regeln, als die abweichende Regelung dem Sinn und der Eigenart der integrierten Versorgung entspricht, die Qualität, die Wirksamkeit und die

Wirtschaftlichkeit der integrierten Versorgung verbessert oder aus sonstigen Gründen zur ihrer Durchführung erforderlich ist. [2]Wird infolge einer Vereinbarung nach Satz 1 für das Krankenhaus ein Budget nach § 12 der Bundespflegesatzverordnung nicht vereinbart, sind die von den Krankenkassen gemeinsam mit dem Krankenhausträger in einem Vertrag nach Absatz 1 vereinbarten Entgelte für alle Benutzer des Krankenhauses einheitlich zu berechnen.

§ 140 c Vergütung. (1) [1]Die Verträge zur integrierten Versorgung legen die Vergütung fest. [2]Aus der Vergütung für die integrierten Versorgungsformen sind sämtliche Leistungen, die von teilnehmenden Versicherten im Rahmen der einbezogenen Leistungen in Anspruch genommen werden, zu vergüten. [3]Dies gilt auch für die Inanspruchnahme von Leistungen von nicht an der integrierten Versorgung teilnehmenden Leistungserbringern.

(2) [1]Die Verträge zur integrierten Versorgung können die Übernahme der Budgetverantwortung insgesamt oder für definierte Teilbereiche (kombiniertes Budget) vorsehen. [2]Die Zahl der teilnehmenden Versicherten und deren Risikostruktur sind zu berücksichtigen. [3]Ergänzende Morbiditätskriterien sollen in den Vereinbarungen berücksichtigt werden

§ 140 d Rahmenvereinbarungen zur integrierten Versorgung. (1) [1]Die Spitzenverbände der Krankenkassen gemeinsam und einheitlich schließen mit den Kassenärztlichen Bundesvereinigungen im Rahmen der Sicherstellung der vertragsärztlichen Versorgung nach § 75 als Bestandteil der Bundesmantelverträge Rahmenvereinbarungen über die integrierte Versorgung nach § 140 a ab. [2]Zu vereinbaren sind insbesondere:

1. Regelungen zum Inhalt und zu den Mindeststandards des Versorgungsauftrags der integrierten Versorgung,
2. Regelungen zu den Mindestanforderungen an die Qualitätssicherung bei der Übernahme eines Versorgungsauftrags auf der Basis der nach §§ 135 a, 136 a, 136 b und 137 e Abs. 3 bestimmten Richtlinien,
3. Regelungen über die inhaltlichen Voraussetzungen zur Teilnahme der Vertragsärzte an der integrierten Versorgung einschließlich der Festlegung von einer Mindest- oder Höchstzahl der teilnehmenden Vertragsärzte sowie Regelungen zur Einbeziehung der hausärztlichen Versorgung nach § 73 Abs. 1 Satz 2, wenn die integrierte Versorgung nach § 140 b Abs. 1 eine oder mehrere der in § 73 Abs. 2 Nr. 1 und 3 bis 12 genannten Leistungen einschließt,
4. Regelungen zur Finanzierung der integrierten Versorgung und ihrer Vergütung sowie Regelungen zur rechnerischen Bereinigung der Gesamtvergütungen, die sicherstellen, daß Gesamtvergütungen entsprechend einem in den Rahmenvereinbarungen festzulegenden Maßstab bereinigt werden, soweit die budgetzugehörigen Leistungsbereiche Bestandteil der integrierten Versorgung geworden sind. Die Regelungen zur Vergütung und zur Bereinigung haben die Zahl und die Risikostruktur der Versicherten zu berücksichtigen. Ergänzende Morbiditätskriterien sollen berücksichtigt werden.

(2) [1]Die Vertragspartner haben die Rahmenvereinbarungen nach Absatz 1 bis zum 30. Juni 2000 zu treffen. [2]Kommt bis zu diesem Zeitpunkt eine Rahmenvereinba-

rung ganz oder teilweise nicht zustande, setzt das Bundesschiedsamt mit der Mehrheit seiner Mitglieder den Vertragsinhalt innerhalb von drei Monaten fest.

§ 140 e Rahmenvereinbarungen mit den Spitzenorganisationen. [1]Die Spitzenverbände der Krankenkassen können gemeinsam und einheitlich mit der Deutschen Krankenhausgesellschaft eine Rahmenvereinbarung über den Inhalt und die Durchführung der integrierten Versorgung nach § 140 a schließen, soweit sie Leistungen der stationären Versorgung einschließt. [2]Die Spitzenverbände der Krankenkassen können gemeinsam und einheitlich mit den für die Wahrnehmung der wirtschaftlichen Interessen gebildeten maßgeblichen Spitzenorganisationen von Leistungserbringern Rahmenvereinbarungen über den Inhalt und die Durchführung der integrierten Versorgung schließen.

§ 140 f Bereinigung, Ausgleich. (1) [1]Die Vertragspartner der Gesamtverträge nach § 85 haben die Gesamtvergütung unter Berücksichtigung der Rahmenvereinbarung nach § 140 d Abs. 1 Nr. 4 rechnerisch zu bereinigen.

(2) [1]Die Vertragspartner der Vereinbarungen nach § 84 Abs. 1 haben das Arznei- und Heilmittelbudget rechnerisch zu bereinigen, soweit die integrierte Versorgung die Versorgung mit Arznei- und Heilmitteln einschließt. [2]Die Budgets sind entsprechend der Zahl und der Risikostruktur der an der integrierten Versorgung teilnehmenden Versicherten zu verringern. [3]Ergänzende Morbiditätskriterien sollen berücksichtigt werden.

(3) Schließt die integrierte Versorgung die Versorgung mit Arznei- und Heilmitteln nicht ein, sind die Vertragspartner der Krankenkassen nach § 140 b Abs. 2 im Falle einer Überschreitung des Budgets nach § 84 Abs. 1 am Ausgleich der Budgetüberschreitung entsprechend des auf die integrierte Versorgung entfallenden Anteils an der Summe der von den Krankenkassen nach § 85 gezahlten Gesamtvergütungen zu beteiligen.

§ 140 g Bonus in der integrierten Versorgung. [1]Versicherten kann nach Maßgabe der Satzung der Krankenkasse ein Bonus gewährt werden, wenn sie die Teilnahmebedingungen mindestens ein Jahr eingehalten haben und die Versorgungsform zu Einsparungen geführt hat. [2]Aus den erzielten Einsparungen kann die Krankenkasse auch einen mit den Vertragspartnern festzulegenden Anteil für die an der Versorgungsform beteiligten Leistungserbringer und zur Förderung der Versorgungsform verwenden. [3]Das Nähere zu dem Anspruch der Vertragspartner auf den Anteil ist in den Vereinbarungen nach den §§ 140 b und 140 d zu regeln.

§ 140 h Auswertung der integrierten Versorgung. Die Krankenkassen oder ihre Verbände können eine wissenschaftliche Begleitung und Auswertung der integrierten Versorgung im Hinblick auf die Erreichung der Ziele der integrierten Versorgung nach allgemein anerkannten wissenschaftlichen Standards veranlassen.

Die Reihe RECHT UND MEDIZIN wird von den Professoren Deutsch (Göttingen), Laufs (Heidelberg) und Schreiber (Göttingen) herausgegeben. Ihre Aufgabe ist es, Monographien und Dissertationen auf dem Gebiet des medizinischen Rechts zu veröffentlichen. Dieses Gebiet, das an Bedeutung noch zunehmen wird, umfaßt auf der juristischen Seite sowohl zivilrechtliche als auch straf- und öffentlich-rechtliche Fragestellungen. Die Fragen können von der juristischen oder von der medizinischen Seite aus untersucht werden. Übergreifendes Ziel ist es, den medizin-rechtlichen Fragen nicht etwa ein gängiges juristisches Denkschema überzuwerfen, sondern die besonderen Probleme der Regelung medizinischer Sachverhalte eigenständig aufzufassen und darzustellen.

Die Adressen der drei Herausgeber sind:

Prof. Dr. Dr. h.c. Erwin Deutsch (Zivilrecht und Rechtsvergleichung)
Höltystraße 8
37085 Göttingen

Prof. Dr. Dr. h.c. Adolf Laufs (Zivilrecht und Rechtsgeschichte)
Kohlackerweg 12
69151 Neckargemünd

Prof. Dr. Dr. h.c. Hans-Ludwig Schreiber (Strafrecht und Rechtstheorie)
Grazer Str. 14
30519 Hannover

RECHT UND MEDIZIN

Band 1 Erwin Deutsch: Das Recht der klinischen Forschung am Menschen. Zulässigkeit und Folgen der Versuche am Menschen, dargestellt im Vergleich zu dem amerikanischen Beispiel und den internationalen Regelungen. 1979.

Band 2 Thomas Carstens: Das Recht der Organtransplantation. Stand und Tendenzen des deutschen Rechts im Vergleich zu ausländischen Gesetzen. 1979.

Band 3 Moritz Linzbach: Informed Consent. Die Aufklärungspflicht des Arztes im amerikanischen und im deutschen Recht. 1980.

Band 4 Volker Henschel: Aufgabe und Tätigkeit der Schlichtungs- und Gutachterstellen für Arzthaftpflichtstreitigkeiten. 1980.

Band 5 Hans Lilie: Ärztliche Dokumentation und Informationsrechte des Patienten. Eine arztrechtliche Studie zum deutschen und amerikanischen Recht. 1980.

Band 6 Peter Mengert: Rechtsmedizinische Probleme in der Psychotherapie. 1981.

Band 7 Hazel G.S. Marinero: Arzneimittelhaftung in den USA und Deutschland. 1982.

Band 8 Wolfram Eberbach. Die zivilrechtliche Beurteilung der *Humanforschung*. 1982.

Band 9 Wolfgang Deuchler: Die Haftung des Arztes für die unerwünschte Geburt eines Kindes ("wrongful birth"). Eine rechtsvergleichende Darstellung des amerikanischen und deutschen Rechts. 1984.

Band 10 Hermann Schünemann: Die Rechte am menschlichen Körper. 1985.

Band 11 Joachim Sick: Beweisrecht im Arzthaftpflichtprozeß. 1986.

Band 12 Michael Pap: Extrakorporale Befruchtung und Embryotransfer aus arztrechtlicher Sicht; insbesondere: Der Schutz des werdenden Lebens in vitro. 1987.

Band 13 Sabine Rickmann: Zur Wirksamkeit von Patiententestamenten im Bereich des Strafrechts. 1987.

Band 14 Joachim Czwalinna: Ethik-Kommissionen - Forschungslegitimation durch Verfahren. 1987.

Band 15 Günter Schirmer: Status und Schutz des frühen Embryos bei der *In-vitro*-Fertilisation. Rechtslage und Diskussionsstand in Deutschland im Vergleich zu den Ländern des angloamerikanischen Rechtskreises. 1987.

Band 16 Sabine Dönicke: Strafrechtliche Aspekte der Katastrophenmedizin. 1987.

Band 17 Erwin Bernat: Rechtsfragen medizinisch assistierter Zeugung. 1989.

Band 18 Hartmut Schulz: Haftung für Infektionen. 1988.

Band 19 Herbert Harrer: Zivilrechtliche Haftung bei durchkreuzter Familienplanung. 1989.

Band 20 Reiner Füllmich: Der Tod im Krankenhaus und das Selbstbestimmungsrecht des Patienten. Über das Recht des nicht entscheidungsfähigen Patienten, künstlich lebensverlängernde Maßnahmen abzulehnen. 1990.

Band 21 Franziska Knothe: Staatshaftung bei der Zulassung von Arzneimitteln. 1990.

Band 22 Bettina Merz: Die medizinische, ethische und juristische Problematik artifizieller menschlicher Fortpflanzung. Artifizielle Insemination, In-vitro-Fertilisation mit Embryotransfer und die Forschung an frühen menschlichen Embryonen. 1991.

Band 23 Ferdinand van Oosten: The Doctrine of Informed Consent in Medical Law. 1991.

Band 24 Stephan Cramer: Genom- und Genanalyse. Rechtliche Implikationen einer "Prädiktiven Medizin". 1991.

Band 25 Knut Schulte: Das standesrechtliche Werbeverbot für Ärzte unter Berücksichtigung wettbewerbs- und kartellrechtlicher Bestimmungen. 1992.

Band 26 Young-Kyu Park: Das System des Arzthaftungsrechts. Zur dogmatischen Klarstellung und sachgerechten Verteilung des Haftungsrisikos. 1992.

Band 27 Angela Könning-Feil: Das Internationale Arzthaftungsrecht. Eine kollisionsrechtliche Darstellung auf sachrechtsvergleichender Grundlage. 1992.

Band 28 Jutta Krüger: Der Hamburger Barmbek/Bernbeck-Fall. Rechtstatsächliche Abwicklung und haftungsrechtliche Aspekte eines medizinischen Serienschadens. 1993.

Band 29 Alexandra Goeldel: Leihmutterschaft – eine rechtsvergleichende Studie. 1994.

Band 30 Thomas Brandes: Die Haftung für Organisationspflichtverletzung. 1994.

Band 31 Winfried Grabsch: Die Strafbarkeit der Offenbarung höchstpersönlicher Daten des ungeborenen Menschen. 1994.

Band 32 Jochen Markus: Die Einwilligungsfähigkeit im amerikanischen Recht. Mit einem einleitenden Überblick über den deutschen Diskussionsstand. 1995.

Band 33 Meltem Göben: Arzneimittelhaftung und Gentechnikhaftung als Beispiele modernen Risikoausgleichs mit rechtsvergleichenden Ausblicken zum türkischen und schweizerischen Recht. 1995.

Band 34 Regine Kiesecker: Die Schwangerschaft einer Toten. Strafrecht an der Grenze von Leben und Tod – Der Erlanger und der Stuttgarter Baby-Fall. 1996.

Band 35 Doris Voll: Die Einwilligung im Arztrecht. Eine Untersuchung zu den straf-, zivil- und verfassungsrechtlichen Grundlagen, insbesondere bei Sterilisation und Transplantation unter Berücksichtigung des Betreuungsgesetzes. 1996.

Band 36 Jens-M. Kuhlmann: Einwilligung in die Heilbehandlung alter Menschen. 1996.

Band 37 Hans-Jürgen Grambow: Die Haftung bei Gesundheitsschäden infolge medizinischer Betreuung in der DDR. 1997.

Band 38 Julia Röver: Einflußmöglichkeiten des Patienten im Vorfeld einer medizinischen Behandlung. Antezipierte Erklärung und Stellvertretung in Gesundheitsangelegenheiten. 1997.

Band 39 Jens Göben: Das Mitverschulden des Patienten im Arzthaftungsrecht. 1998.

Band 40 Hans-Jürgen Roßner: Begrenzung der Aufklärungspflicht des Arztes bei Kollision mit anderen ärztlichen Pflichten. Eine medizinrechtliche Studie mit vergleichenden Betrachtungen des nordamerikanischen Rechts. 1998.

Band 41 Meike Stock: Der Probandenschutz bei der medizinischen Forschung am Menschen. Unter besonderer Berücksichtigung der gesetzlich nicht geregelten Bereiche. 1998.

Band 42 Susanne Marian: Die Rechtsstellung des Samenspenders bei der Insemination / IVF. 1998.

Band 43 Maria Kasche: Verlust von Heilungschancen. Eine rechtsvergleichende Untersuchung. 1999.

Band 44 Almut Wilkening: Der Hamburger Sonderweg im System der öffentlich-rechtlichen Ethik-Kommissionen Deutschlands. 2000.

Band 45 Jonela Hoxhaj: Quo vadis Medizintechnikhaftung? Arzt-, Krankenhaus- und Herstellerhaftung für den Einsatz von Medizinprodukten. 2000.

Band 46 Birgit Reuter: Die gesetzliche Regelung der aktiven ärztlichen Sterbehilfe des Königreichs der Niederlande – ein Modell für die Bundesrepublik Deutschland? 2001.
2. durchgesehene Auflage 2002.

Band 47 Klaus Vosteen: Rationierung im Gesundheitswesen und Patientenschutz. Zu den rechtlichen Grenzen von Rationierungsmaßnahmen und den rechtlichen Anforderungen an staatliche Vorhaltung und Steuerung im Gesundheitswesen. 2001.

Band 48 Bong-Seok Kang: Haftungsprobleme in der Gentechnologie. Zum sachgerechten Schadensausgleich. 2001.

Band 49 Heike Wachenhausen: Medizinische Versuche und klinische Prüfung an Einwilligungsunfähigen. 2001.

Band 50 Thomas Hasenbein: Einziehung privatärztlicher Honorarforderungen durch Inkassounternehmen. 2002.

Band 51 Oliver Nowak: Leitlinien in der Medizin. Eine haftungsrechtliche Betrachtung. 2002.

Band 52 Christina Herrig: Die Gewebetransplantation nach dem Transplantationsgesetz. Entnahme – Lagerung – Verwendung unter besonderer Berücksichtigung der Hornhauttransplantation. 2002.

Band 53 Matthias Nagel: Passive Euthanasie. Probleme beim Behandlungsabbruch bei Patienten mit apallischem Syndrom. 2002.

Band 54 Miriam Ina Saati: Früheuthanasie. 2002.

Band 55 Susanne Schneider: Rechtliche Aspekte der Präimplantations- und Präfertilisationsdiagnostik. 2002.

Band 56 Uta Oelert: Allokation von Organen in der Transplantationsmedizin. 2002.

Band 57 Jens Muschner: Die haftungsrechtliche Stellung ausländischer Patienten und Medizinalpersonen in Fällen sprachbedingter Mißverständnisse. 2002.

Band 58 Rüdiger Wolfrum / Peter-Tobias Stoll / Stephanie Franck: Die Gewährleistung freier Forschung an und mit Genen und das Interesse an der wirtschaftlichen Nutzung ihrer Ergebnisse. 2002.

Band 59 Frank Hiersche: Die rechtliche Position der Hebamme bei der Geburt. Vertikale oder horizontale Arbeitsteilung. 2003.

Band 60 Hartmut Schädlich: Grenzüberschreitende Telemedizin-Anwendungen: Ärztliche Berufserlaubnis und Internationales Arzthaftungsrecht. Eine vergleichende Darstellung des deutschen und US-amerikanischen Rechts. 2003.

Band 61 Stefanie Diettrich: Organentnahme und Rechtfertigung durch Notstand? Zugleich eine Untersuchung zum Konkurrenzverhältnis von speziellen Rechtfertigungsgründen und rechtfertigendem Notstand gem. § 34 StGB. 2003.

Band 62 Anne Elisabeth Stange: Gibt es psychiatrische Diagnostikansätze, um den Begriff der schweren anderen seelischen Abartigkeit in §§ 20, 21 StGB auszufüllen? 2003.

Band 63 Christiane Schief: Die Zulässigkeit postnataler prädiktiver Gentests. Die Biomedizin-Konvention des Europarats und die deutsche Rechtslage. 2003.

Band 64 Maike C. Erbsen: Praxisnetze und das Berufsrecht der Ärzte. Der Praxisverbund als neue Kooperationsform in der ärztlichen Berufsordnung. 2003.

Hartmut Schädlich

Grenzüberschreitende Telemedizin-Anwendungen: Ärztliche Berufserlaubnis und Internationales Arzthaftungsrecht

Eine vergleichende Darstellung des deutschen und US-amerikanischen Rechts

Frankfurt/M., Berlin, Bern, Bruxelles, New York, Oxford, Wien, 2003.
LXVII, 208 S.
Recht und Medizin. Herausgegeben von Erwin Deutsch, Adolf Laufs und Hans-Ludwig Schreiber. Bd. 60
ISBN 3-631-35790-7 · br. € 45.50*

Behindert antiquiertes, nationales Recht die Einführung grenzüberschreitender Telemedizin-Anwendungen zum Nachteil der Patienten? Zwei praxisrelevanten Themenkomplexen widmet sich diese Arbeit: Ärztliche Berufserlaubnis und anwendbares Haftungsrecht. Bedarf der international tätige Telemediziner in jedem Staat, in welchem er Patienten seine Dienstleistungen anbietet, einer zusätzlichen Berufszulassung? Hemmt damit die dem Schutze des Patienten dienende Erlaubnispflicht ärztlicher Tätigkeit den vereinfachten Zugriff auf weltweit verfügbares Expertenwissen? Darf ein Telemediziner, welcher in die Behandlung eines ausländischen Patienten involviert ist, auf die Geltung des ihm vertrauten Niederlassungsrechtes und Sorgfaltsmaßstabes bauen? Zeichnen damit im Falle der grenzüberschreitenden horizontalen Arbeitsteilung die beteiligten Ärzte nach unterschiedlichen Rechtsordnungen verantwortlich? Und wo muß der international behandelnde Arzt befürchten, gerichtspflichtig zu sein? Antworten gibt das vorliegende Buch mit einer Fokussierung auf US-amerikanisches, deutsches und europäisches Kollisionsrecht.

www.fsc.org

MIX

Papier | Fördert gute Waldnutzung

FSC® C083411

Kolibri 360 GmbH
Ferdinand-Jühlke-Straße 7
99095 Erfurt, Deutschland
produktsicherheit@kolibri360.de

Druck:
CPI Druckdienstleistungen GmbH
im Auftrag der
Kolibri 360 GmbH
Ferdinand-Jühlke-Str. 7
99095 Erfurt